國家古籍整理出版專項經費資助項目

李鳳苞往來書信

上

張文苑 整理

中華書局

圖書在版編目(CIP)數據

李鳳苞往來書信/張文苑整理. —北京:中華書局,2018.3
ISBN 978-7-101-11787-5

Ⅰ.李… Ⅱ.張… Ⅲ.李鳳苞(1834~1887)-書信集
Ⅳ.K827=52

中國版本圖書館 CIP 數據核字(2016)第 093711 號

書　　名　李鳳苞往來書信(全二册)
整 理 者　張文苑
責任編輯　歐陽紅
出版發行　中華書局
(北京市豐臺區太平橋西里 38 號　100073)
http://www.zhbc.com.cn
E-mail:zhbc@ zhbc.com.cn
印　　刷　北京市白帆印務有限公司
版　　次　2018 年 3 月北京第 1 版
2018 年 3 月北京第 1 次印刷
規　　格　開本/880×1230 毫米　1/32
印張 29½　插頁 3　字數 600 千字
印　　數　1-1500 册
國際書號　ISBN 978-7-101-11787-5
定　　價　128.00 元

李鳳苞雕像(崇明縣博物館收藏)

——轉載自《李鳳苞——清末崇明籍外交官》

雄姿燕頷壯志鷹揚爵此奇
質命中挽強睦姻任恤慷慨
激昂忠厚獲報子孫其昌才
豐命嗇天道茫茫、銘茲家乘
善、從長
駐德使者[illegible]弟李鳳苞拜題

李鳳苞題詞

——轉載自《李鳳苞——清末崇明籍外交官》

凡　例

一、本書根據北京大學圖書館藏《李星使來去信》抄稿，加以標點、分段整理而成。該抄稿是光緒三年(1877)正月至光緒十一年(1885)七月李鳳苞與天津軍械局委員劉含芳等人的來往書信，經彙抄整理成册，並按收發信函的時間先後編排，共兩函二十四卷；此前未曾刊行出版。

二、原抄稿編有總目、分卷細目，各封信函又擬有標題；其中，分卷細目的標題與信函標題稍有出入，如分卷標題爲《去信一號》，信函標題則爲《覆李丹崖信天字第一號》，爲保留原抄稿面貌，本書均照排。分卷細目標題下有該信函的内容概括，信函正文則批有眉識；兩者内容大致相同，爲免重復，眉識文字不再保留。有少數格式的細微調整，如"德國兵卒支領糧餉章程 第一章"，徑行調整爲"第一章 德國兵卒支領糧餉章程"。

信函正文用小四宋字排録；正文中的雙行小字夾注，以單行小五宋字排録。另有旁注，是閱信人(軍械局委員，偶有李鴻章批示)在來信行文側邊所批，去信中也偶見，本書用小五仿字並加圓括號排出以示區别。

信函有不少附件，爲禀文、合同、章程及機器圖説譯文等，以小四楷字排録以示區别。另有不少信未稱附致某某函或其他附件，但原抄稿未存，書中不再一一説明。

三、原抄稿是舊體書信格式，有提行、空格、謙稱、尊稱等，無分段，亦無標點。此次整理，除進行標點、分段外，格式用現今書信格式，提行、空格不再保留；表謙稱的小一號字，亦改爲大字。寫信人多用"○"（小一號的○，書寫於右下角）爲自稱"某"，本書改爲正文字號排録。

大部分信函没有稱謂，一小部分有，均照排。信末日期，去信有寫信、發信日期及相關信息，如"光緒九年九月二十六日　二十七日由文報局遞柏林"，來信則有發信、收信日期，如"光緒八年七月十五日發，九月十一日到"；收發時間應爲文書抄録時所登記，非原函落款，本書亦以小五號宋體排録（格式稍有調整，如小字雙行均改爲單行）。寫信日期應爲原函落款的，則以正文字號照排。

本書中除《來信五十九號》中的兩個表格爲原抄稿固有，其他表格的表格綫均由整理者根據内容添加。

四、原抄稿繁簡字、正俗字、異體字混用，爲閲讀方便，本書在不改變其意思的基礎上，一律改爲通用繁體字，如只、衹、祇（表示"僅僅"的意思）統一爲只，厘、釐統一爲釐，砲、礮、礟統一爲砲，噸、頓（質量單位）統一爲噸，復信、覆信統一爲覆信，鈔寫、抄寫統一爲抄寫；爲避諱而用"醕"、"甯"，均改爲醇、寧。當時的習慣用法，如新文紙、新文館、冒釘等，則保留原樣。

原抄稿中錯、脱、衍字者，除照録外，於錯字後加〔 〕訂正，疑有訛誤處則加以〔?〕；脱漏字以意增補，加〈 〉標明；爲了便於閲讀，某些地方也用〈 〉將省略的字詞補上，如"直隸天〈津〉、河〈間〉荒歉"，又如信函標題"〈去信〉天字第五十五號"；衍字加［ ］標明。某些明顯抄錯、衍字者，徑改、删，如“易折易修”徑改爲“易拆易修”。辨識不清者則用□表示。

五、原抄稿同一名稱前後有不同寫法，外國地名、人名、物名同名異譯者更是不少，如前有“辨士”，後有“本士”，爲保持原貌，均照排，在首見處酌加注釋，並列出後文所用異名。著名人物，如赫德、金登幹等，以通用名出現，本書中無異名者，一般不再加注。信函中多處出現蘇州碼子記數法，亦在首見處作注，之後均按原抄照排。

六、書名改爲《李鳳苞往來書信》。

七、《使德日記》自光緒四年十月初二日起，即爲原抄稿中《來信二十四號》所指“冬季日記”，時間段與來信十號至十五號相近。現將《使德日記》和俞樾所撰李鳳苞墓志銘重新整理，標點、分段，作爲附録收入本書。

整理説明

一

李鳳苞(1834－1887),字丹崖(另説字海客,號丹崖),原籍江蘇句容,出生於江蘇崇明縣(今屬上海),咸豐三年(1853)通過崇明縣院試。因爲史料闕如,李鳳苞三十多歲之前的經歷並不清楚,可以肯定的是科舉不順,止步於縣學增生。但他"博覽經史,尤精曆算"[一],對天文、地理、兵法、音韻等各門學問有異於常人的興趣。自鴉片戰争後,歐風影響中國,尤以沿海爲大。崇明位於長江出海口,李鳳苞早歲應已開始接觸西方事物。其自幼究心天象,讀《甘石星經》《丹元子》《步天歌》等,稍長即精研數理並"研究泰西新法","凡地理、兵法,下至風角、壬遁、劍術、醫藥、卜筮,旁及金石、碑版、篆隸、音韻,靡不通曉"[二]。

同治初年,因繪製《崇明縣圖》得到江蘇巡撫丁日昌

[一] 王清穆修、曹炳麟纂:《(民國)崇明縣志》,民國十三年修、十九年刊,卷十一《人物·宦蹟》。

[二] 俞樾:《皇清誥授榮禄大夫二品頂戴三品卿銜記名海關道李公墓志銘》,見本書附録二。

的賞識。丁氏出資助李鳳苞捐納得官[一]，並派其參與江蘇省輿圖局。自此，李鳳苞開始其參與洋務事業的歷程。同治九年(1870)丁日昌丁憂離職，將李鳳苞推薦給兩江總督曾國藩。同治十年(1871)曾國藩委任李鳳苞襄辦江南機器製造局局務，並命李鳳苞負責《地球全圖》的譯製、刊刻事務[二]。其後李鳳苞曾一度負責吴淞砲臺工程局，並長期在江南製造局譯書館擔任"筆述"職務。期間與洋員金楷理(Carl Traugott Kreyer)等合作譯出《行海要術》《兵船砲法》《營壘圖説》《布國兵船操練》《各國交涉公法論》等書；1872—1876 年間又與金楷理合作先後繙譯了近十種克虜伯(Krupp)火砲相關的書籍。可見此時李鳳苞已有相當的西文基礎及西方科技，尤其是軍事方面的知識，爲日後出洋及購器、購械、購艦打下基礎。

光緒元年(1875)李鳳苞隨丁日昌至天津謁見李鴻章，開始受知於李鴻章。五月，在總理衙門上報的出使儲備人才中，名列第二(依次是：主事陳蘭彬、員外郎李鳳苞、編修何如璋、知縣徐建寅、道員許鈐身、典簿葉源濬、編修許景澄、主事區諤良、同知銜徐同善)。十月，接任福

[一]《清史稿》稱"丁日昌撫吴，知其才，資以貲爲道員"。據黄清憲《李公行狀》，李氏先"以增廣生援例充貢"，后"捐候選主事，加捐員外郎，又加捐郎中，改捐雙月候選道"。(崇明縣政協文史資料委員會：《李鳳苞——清末崇明籍外交官》，2005 年，第 77 頁)本書《來信一百六號》稱"前於光緒二年四月二十五日由丁雨帥代由福建之黔皖協捐局，以雙月員外加雙月郎中"。

[二]《總署收總理船政大臣吴贊誠文》，《海防檔・乙 福州船廠(二)》，台北：中研院近代史研究所，1957 年版，第 689 頁。此圖至光緒四年始完工，本書《來信七十六號》稱爲《輿地全圖》。

州船政大臣的丁日昌將李鳳苞調至福建,任船政總考工。光緒二年(1876)四月,李鳳苞因丁母憂銷差奔喪,回到崇明。

光緒二年六月,李鳳苞被召至天津與李鴻章會晤,後作爲隨員參加李鴻章在煙臺與英國公使威妥瑪的談判。時清廷擬派生徒出洋,李鴻章、丁日昌認爲李鳳苞是監督一職的"妥員",期望他在監督學生之餘,同時監視日意格,並且意圖賦予其兼辦交涉的任務。李鳳苞於本年四月曾接手擬定《學徒出洋章程》共三十一條(後因經費等因素,此條例有所修改,最後版本爲同年十一月李鴻章上奏的《選派船政生徒出洋肄業章程》十條),章程中將學生留英與留法並提,"這顯示出洋學生在製造與駕駛方面同受重視",比之前日意格擬定的章程"可謂相當的進步"。同時,李鴻章期望李鳳苞肩負的另一個重要任務,就是訪求圖式及訂購新式鐵甲兵艦[一]。李鴻章曾經多次肯定、稱讚李鳳苞的能力與志向,謂其"學識閎通,志量遠大,於西洋輿圖算術及各國興衰源流,均能默討潛搜,中外交涉要務,尤爲練達,實屬不可多得之才"(《李鴻章全集》[二]第7册,第257頁);"李鳳苞究心洋務,才識精明,志趣亦甚遠大",如出洋歷練數年,"將來並可備絶域專對之選"(《李鴻章全集》第31册,第489頁)。

[一] 郭明中:《清末駐德公使李鳳苞研究》,台灣中興大學歷史學系2002年碩士論文,第35—36、39、43頁。

[二] 顧廷龍、戴逸主編:《李鴻章全集》,合肥:安徽教育出版社,2008年版。本文中所引《李鴻章全集》俱爲此版,下文不再一一注明。

光緒三年二月十七日(1877 年 3 月 31 日),李鳳苞以監督身份,與洋監督日意格率領福建船政學堂第一批留歐學生出洋求學。光緒四年(1878)七月,經駐英公使郭嵩燾保舉,在李鴻章等人的極力推動下,清廷下令李鳳苞賞加二品頂戴署理出使德國欽差大臣,經李鴻章等奏請仍兼管學生及採辦軍火。光緒五年(1879)閏三月,上諭"賞候選道李鳳苞三品卿銜,以海關道記名,充出使德國大臣"[一],正式出任駐德公使。光緒七年(1881),兼任出使奥地利、義大利、荷蘭三國公使。光緒十年(1884)四月,接替曾紀澤署出使法國大臣,協助李鴻章與法國談判。光緒十年九月,續任駐德公使許景澄抵達柏林,李鳳苞交卸使務。光緒十一年(1885)三月左右李鳳苞離德回國,六月抵達天津,與李鴻章多次籌商海軍、海防,八九月間進京,十月被革職,冬歸崇明。光緒十三年(1887)六月去世。

李鳳苞身後留下《四裔年表》《地球圖説》《泰西日記》《西國政聞彙編》《海防新義》《陸操新義》《李氏自怡軒算書》等著作、譯述,"皆寫定可讀"。已出版的《使德日記》應爲《泰西日記》的一部分,可惜未見後者全豹。另據稱譯成"法律、工藝、海陸軍各科書,計八十餘種",現有存目四十餘種[二]。

[一] 《清實録》第五三册(《德宗景皇帝實録(二)》),北京:中華書局,1987 年版,第 381 頁。

[二] 徐兵:《李鳳苞年譜》、《李鳳苞著述存目的作品》,崇明縣政協文史資料委員會:《李鳳苞——清末崇明籍外交官》,2005 年,第 161、171 頁。

二

光緒三年正月，李鳳苞尚未出洋，天津軍械局劉含芳就寫信委托他到歐洲後，處理留德武弁投訴李邁協的事情，督促該武弁等的學習，同時留心軍備。自此，開始了李鳳苞與天津軍械局負責人的長期通信。雙方的通信經謄抄彙集成《李星使來去信》(因爲是軍械局所編，故李鳳苞的信稱爲來信，軍械局的信稱爲去信)，先是藏於金陵大學[一]，後爲北京大學圖書館收藏。中華書局早年倩人抄録，預爲出版地步。

《李星使來去信》按收發信件的時間先後混合編排，共兩函二十四卷，每卷爲一册，封面貼有題"李星使來去信"的紅簽。自光緒三年正月初五日(1877 年 2 月 17 日)起，至光緒十一年七月二十四日(1885 年 9 月 2 日)止，收録了軍械局去信 99 封(其中有不列號 6 封)，李鳳苞來信 155 封(其中有不列號 7 封)。光緒十年四月，清廷任命許景澄爲駐德、法公使，同時令李鳳苞暫署駐法公使，協助與法國談判事宜。此後李鳳苞奔走於柏林、巴黎，抄稿中連續的通信僅至光緒十年八月，之後就是光緒十一年五月李鳳苞回國後處理行李的最後三封來信。去信最後一封是光緒十年二月發出的第九十三號。

通信的另一方主要是劉含芳，前後還有軍械局、製造

[一]　抄稿蓋有"金陵大學藏書"章，至於天津軍械局文件何以流落到南京，目前不得而知。南京圖書館亦收藏有定遠艦訂購合同《中國駐德大臣李與德國士伯雷度之伏耳鏗廠兩總辦訂定鐵艦合同》，尚不知兩者有無聯繫。

局各委員如馬建忠、鄭藻如、王德均、許鈐身、顧廷一、水様軒、吴毓蘭、張席珍等人會銜通信。劉含芳(1840—1898),字薌林,安徽省貴池縣人。1862年與其兄劉瑞芬一起加入李鴻章幕府,一直負責淮軍軍械糧餉,後升遷至道員;1870年隨李鴻章到天津,仍負責北洋的軍械供應,之後長期負責天津軍械局局務;1881年奉李鴻章之命籌辦旅順、威海魚雷營、水雷營,修建船塢,一直是李鴻章的得力助手。

劉含芳長期從事淮軍軍械供應、管理,對假手洋商購買軍火的弊病非常清楚,"自軍興以來,各省購用洋械,所費何只千萬,率皆聽信洋行,或以舊器充售,或以窳質假冒,種種弊端,難以畢舉"(《去信二號》),"各省分購,花樣不齊、膛徑不一,平時造子已屬費力,一朝有事,彼此子彈不能接濟,此將來深切隱憂,所誤非細"(《去信三號》),因此一開始就對李鳳苞在海外代購軍械寄以極大希望。李鳳苞果不負衆望,購買軍火力求價廉器精。與克虜伯廠再三談判,"置辯不休",最終"再減百分之五",劉含芳等人喜稱"以後中國購砲,定不致再吃暗虧,公家所益,實非淺鮮"(《去信四十號》)。李鳳苞購買兵槍時多方比較並實地查驗各槍優劣,且要求仿照德國兵部規章,自行派員前往驗收,"百桿中剔去三十桿之多",逐桿驗過後,又派徐建寅、金楷理抽查。據洋商密臘稱"中國購槍砲向不查驗,此舉大有礙於後日售軍火之洋商矣"(《來信三十七號》)。軍械所同事回信稱許"誠從來未有之事"(《去信三十八號》)。後來交卸離任時,李鳳苞總結稱"弟年來力矯積弊、務收實用者只有每件照官章驗收之一法”(《來信一百四十三號》)。然而李鳳苞尚未離開,當時洋商代購的槍即已聽任廠家發貨,“毛瑟槍五千並無查驗字樣,不必貴使派人相助”(《來信一百四十四號》)。

劉含芳對武備各方面建設極爲關注,舉凡藥庫、彈庫、砲台、兵房、船塢各種建設、儲藏法則條例,操練、裝備等武備各法,魚雷、火藥、槍砲等製造,甚至橡膠産品的工藝,希望能通過李鳳苞取法先進;“務令中國有器並能有法,早能仿造最新之藥”(《來信一百二十九號》)。如劉含芳稱“該國武備、軍儲是何良法,望閣下前往兵部遍看,並採訪章程寄知,以益學識”(《去信五號》),李隨即覓得德國砲隊規制十餘種、武庫藏儲收發章程七八種,擇善者譯出寄回(《來信八十七號》《來信一百號》《來信一百二十號》)。種種努力,從來信中所附大量的附件中可以看出。

此數年間,駐德的李鳳苞與天津軍械局劉含芳等人密切配合,一方購械器,譯圖説、制度,一方驗收、分撥,定址設廠、建塢,“考究稽核之權,惟執事是賴;至於内地斟酌損益多寡之需,則〇等是責”(《去信二十四號》),一直關注歐洲先進軍事技術的發展,謀求“最新最良”。李鳳苞從國外傳遞回來的軍械、軍事、製造方面的知識以及採買的各種軍火、設備,可以説是近代中國武備、海防建設規劃近代化乃至整個軍事近代化的重要開端,“具有濃厚德國特徵並與海軍裝備息息相關的裝備、人才、書籍、港口等大規模引進到中國,對中國海軍裝備産生了深刻影響,也促進了德國海軍裝備技術的發展"[一]。

李鳳苞以洋務人才出身,長於考核,且不避勞苦,先充學生監督,與英、法各政府部門、學校、軍械企業各方交涉,後任駐德公使,又兼商務談判、軍火設計、監造、驗收專家,甚至親自駐廠學習、繙譯"魚雷之内景及拆裝各説",以及其他爲數不少的軍事專業書籍。一身數任,既是李氏本人"性喜考訂"所在,更是"仰副國恩,勉酬知遇"的結果;另一方面,在某種程度上也可見當時專業人才匱乏、難以適應需要。對軍事裝備、技術、制度的引進消化以及人才的培養,是否、能否有一個全局的設計、籌劃和實施,確實非李、劉個人乃至天津軍械所能力所及;但是後來研究者認爲近代中國海軍裝備建設中"引進結構不合理"、"在武器的購買和引進上帶有很大的盲動性"[二],本書中亦可見一斑。

雙方來往信函基本爲辦理具體事務,以及觀察和譯介西洋的先進技術及管理手段,並無空論。此種風格,固是與公函性質有關,另一個原因,應該也與李鳳苞等人更具有技術性官員的氣質有關。李氏《使德日記》亦同,多記録而少議論;郭嵩燾、劉錫鴻等人則因對中西、新舊大發議論而引起社會强烈反響,可見風格迥異。同時,信函不同於日記、游記,更爲即時、真實再現,因日記、游記多爲事後出版,不少爲作者或後人所增删;來往信函更可互

［一］　楊杰:《論洋務運動時期德國對中國海軍裝備建設的影響》,國防科學技術大學碩士論文,2007年,第1頁。

［二］　楊杰:《論洋務運動時期德國對中國海軍裝備建設的影響》,第40頁。

相印證、對照。本書且收録有清晰的收發時間，展現出相關事件清楚而連續的過程；亦直觀反映當時海内外的通信條件及其對事務處理的影響，郵遞歷時日久，信息溝通並不及時。緊急時多用電報，但所費不貲，亦有舛誤之慮。

三

《清史稿》稱李鳳苞"以在德造艦報銷不實，被議革職"。李鳳苞出洋時間與曾紀澤基本同時。曾紀澤的七年（1878－1885）被稱爲"個人生命史上極不平凡的七年"，在中俄伊犁交涉及中法交涉事件中，展現了他杰出的外交能力，也爲他在近代史上留下令名。同時期的李鳳苞，在國外時間長達八年多，長期以來，卻只有三個月的《使德日記》面世，再無其他。郭嵩燾、曾紀澤、張德彝等人日記中屢見其蹤跡，但少深入記述。鍾叔河肯定"他的地理和國際知識比較豐富，也懂得外交"，認爲《使德日記》的文史價值是比較高的，但認爲"其政治見解和個人品格都不能和曾紀澤相比"[一]。中外物議、徐建寅《歐游雜録》中有意無意的掩蓋及與此相關的"報銷不實"案，使李鳳苞貪污軍費的負面形象流傳更廣、影響更大，"同時也將李鳳苞的其他貢獻一併抹煞"[二]。

本書以第一手的材料，展現李鳳苞這數年間在歐洲

[一] 鍾叔河："待憑口舌鞏河山"——杰出外交家曾紀澤的《使西日記》，載張玄浩輯校：《使西日記（外一種）》，湖南人民出版社，1981 年版。

[二] 郭明中：《清末駐德公使李鳳苞研究》，第 141 頁。

的一部分經歷以及天津軍械局、機器局對北洋軍事建制、軍火工業、人才培養等方面的建設，尤其是鐵甲艦的訂購，來往函件詳細記録了李鳳苞、徐建寅帶領船政學堂學生考察各國船廠、砲廠、鋼廠，對各方面的考察、衡量及學習，以及兩艘鐵甲艦從報價、議定到監造，直到最後驗收的過程。不僅如實反映李本人的作爲，足徵俞樾對其"有猷、有爲、有守"之贊；即對晚清外交、軍事、洋務、中外交流史方面，都良有補充，也可以反映在十九世紀七八十年代早期洋務及外交官員的一部分面貌[一]。

李鳳苞以捐員身份入仕，幾年時間至賞二品頂戴、三品卿銜，駐德國公使，手握鉅款，採買軍火，難免招人疑嫉。他招致幾個方面的攻擊，其一是赫德、金登幹等人以及英國軍火商。早在光緒六年(1880)十月，流言已傳入李氏本人耳中，克鹿卜派往天津的滿志豪生，返德國後與陳季同言"天津節署、道署、上海道署俱有蜚語，謂弟常與商人來往，購辦不盡核實"，"大約即施米德等懷忌造言，或各省採辦員弁因失利藪，而爲此謡也"(《來信五十四號》)。光緒七年四月密臘來説"中國不喜李某經辦"(《來信七十五號》)，劉含芳斥之"甚爲不經"(《去信六十七號》)。赫德和金登幹則從一開始就對李鳳苞插手購械深爲不滿，並百般掣肘，李鳳苞身邊的繙譯博郎即是赫德的

[一] 近來已引起學界注意，如2009年《安徽史學》第5期刊登陳先松《〈李星使來去信〉的發現及其學術價值》、2015年《安徽史學》第2期刊登吉辰《晚清首批留德軍事學生再考——以〈李星使來去信〉爲中心的考察》。

密探。博郎由赫德通過金登幹推薦給劉錫鴻[一]，後來隨李鳳苞到駐德公使館。李鳳苞倚爲軍火採辦的得力助手，稱“博郎謹慎勤能，華員中實無其匹”，“駕馭得宜，極爲應手，詢問查採，實全賴之”，然而博郎經常聲稱這些事金登幹就能勝任，且“公使不便兼理採辦”，導致李一度不想經理採購(《來信二十四號》)。光緒五年九月博郎辭職，李鳳苞奏調金楷理來接替工作。

其二是朝廷中借彈劾李鳳苞來達到其攻擊李鴻章目的的官員們，他們指責李鳳苞出身微賤，爲一“負販小夫”鑽營而來，在外洋裝學外夷，不遵定制，及狎妓出游，恣情佻達。而鐵甲艦遲遲不能回國服役，更引起朝廷上下不滿。李鴻章、李鳳苞、徐建寅、劉含芳他們極力籌劃建成，在當時可算國際先進水平的兩艘鐵甲艦，因中法關係緊張，在德、法兩國的威脅及有意拖延中，遲遲無法駛回中國，李鴻章電告“朝議頗責閣下不能將鐵艦駛回”(《李鴻章全集》第 21 册，第 115 頁)，隨即李鳳苞被參“藉鐵艦延宕，嗜利玩公，爲再行留任地步”(《李鴻章全集》第 21 册，第 117 頁)。光緒十年五六月間孤拔率法兵艦在馬尾終日威嚇，李鴻章以“北洋輪船皆小，本不足敵法之鐵艦大兵船”，“若一抽調，旅順必不能保”，拒絶將北洋軍艦抽調支援(《李鴻章全集》第 21 册，第 202 頁)。七月馬江一戰，福建水師一敗塗地。鐵甲艦遲遲未能駛回，失去一次

[一] 中國第二歷史檔案館等編：《中國海關密檔——赫德、金登幹函電彙編》第八卷，北京：中華書局，1995 年版，第 116、118 頁。

可以參與實戰、本應發揮驗證其作用的機會；後是在歐洲日新月異的軍備競賽、技術高速發展的形勢下，因無法得到裝備更新及有效維護，導致在1894年中日戰争中已是在武器的世代上落後於人。

其三就是徐建寅（仲虎）的作弄。李、徐兩人關係始於同事朋友，一度是黄金搭檔，最終反目成仇，不能不讓人嘆息。内情如何，長時間不爲人知，徐《歐游雜録》中偶吐心聲，但多有隱晦，就如考察各國工廠，多由李主導、徐同行，然《歐游雜録》中卻往往只記徐一人。

徐建寅爲徐壽第二子，父子與李鳳苞都長期共事於江南製造局。徐氏在製造局參與繙譯了大量化學、造船方面的書籍，並相繼在天津製造局、山東機器局任職，研製船械、軍火，成績不小。光緒五年李鳳苞舉其前來德國使館任參贊，對其深抱希望，來信中再三提到"俟仲虎來商"。光緒五年十月徐氏抵達柏林後，兩人在歐洲各國，或共同參觀，或分頭進行，對各國水師及軍工、船艦各廠進行了深入的考察。然而兩年後，光緒七年閏七月徐建寅"借閱操事，頓掀大波，堅請銷差"（《來信八十三號》），兩人最終反目成仇。徐與陳季同、魏瀚等人長期不和，所謂"閱操事"，可能因陳季同而起。而李鳳苞出差期間，未將駐德使館事務交待給參贊徐氏，徐嘆"重洋僕而輕華員，不亦異哉"（《歐游雜録》光緒七年七月二十七日）。種種跡象，本書與《歐游雜録》比對，則隱約可尋。

徐建寅憤而回國後，或許因仕途不順，"聞引見似辦不成，恐亦難免遍告廷僚耳"（《李鴻章全集》第33册，第

110 頁)；光緒八年(1882)正月徐到天津，就傳出李氏採購軍械時“其付價，明扣五釐之外，尚有暗扣一釐”的言論。劉含芳告知“是疑芳與執事通同舞弊者也”(《去信七十三號》)，李鳳苞立刻回信“承示仲虎竟有克鹿卜明扣五釐、暗扣一釐之説。此間每有訂購，必邀參贊在座，繙譯傳語，信札存案”(《來信一百四號》)，要求徹查，態度堅決。

隨後徐建寅在不同場合宣稱此事，“仲虎昨言克鹿卜規條，凡每年向該廠訂購各項，如過一百萬馬交易者，更讓百分之一”(《去信七十七號》)，“聞城北公在津污蔑更多，竟有鐵艦等件無不作弊之説，居然有垂聽之而傳述者”(《來信一百五號》)。由徐建寅提出指控，在某些官員的有意推動下，“浸潤之譖已遍津沽，信之者當已不少”(《來信一百七號》)。光緒八年至十年，李鳳苞連續數次被彈劾，均因“查無實據”，並未引起嚴重後果。直至光緒十一年七月後，續任駐德公使許景澄、隨員王詠霓關於“濟遠”弊病的言論在朝野傳開，“咸謂苟非李鳳苞勾串洋人侵蝕肥己，必不至船質與船價顛倒懸殊至於此極”。雖經李鴻章等人爲其辯護，但彈劾仍不斷。十月，李鳳苞被革職。直至光緒十五年、二十年仍有人參劾李鳳苞“與洋員金楷理朋比爲奸，侵蝕至百萬上下，‘濟遠’原價三十萬，報銷六十萬”[一]。

[一] 李喜所、賈菁菁:《李鳳苞貪污案考析》,《歷史研究》2010 年第 5 期,第 179—181 頁。

李鳳苞屢被彈劾，以致革職，最後抑鬱而終。徐建寅回國後出版其日記性質的《歐游雜録》[一]時，似是有意略去了定遠、鎮遠兩艦的訂購過程中李鳳苞的身影。李鴻章曾去信告知"仲虎每有違言"，"均不必深究"，但認爲鐵甲艦不能僅托付給福建海軍學生，慎重提出"乞執事隨時督同各監工等認真考核，勿任嬉游敷衍，蒙蔽草率"(《李鴻章全集》第33册，第110頁)。光緒八年三月二十六日李鳳苞來信中申辯當學生挑剔廠方工料時，自己"每親往復查"，而且徐建寅在的時候就已經不止一次。本書中"携仲虎"、"帶仲虎"、"與仲虎"的文字更是屢次出現。但在《歐游雜録》中，赴廠考察基本只有徐本人。事實上，從考察各國鐵甲艦優劣到定下德國伏爾鏗船廠，直至造成的整個過程中是李鳳苞在主事，徐建寅是其助手。徐建寅回國後，繼續在軍械製造及繙譯方面做出不小的成績，且思想傾向維新，更於1901年爲研製無煙火藥以身殉職，在近代史上留下令名。於是，在一定程度上成爲其反面的李鳳苞，長期背負污名。

光緒十一年十月十六日，上諭稱："二品頂戴三品卿銜記名海關道李鳳苞，品行卑污，巧於鑽營，屢次被人參劾，著革職，永不叙用。"[二]此後關於李鳳苞的記述，大都

[一]　該書原刻本無出版年份，應在光緒十七年(1891)之前，因是年出版之上海著易堂《小方壺齋輿地叢鈔》中有該書摘録，凡例稱"欲窺全豹，具有原書"。

[二]　中國第一歷史檔案館編：《光緒朝上諭檔》第一一册，桂林：廣西師範大學出版社，1996年版，第252頁。

視其貪污爲真。近年的研究，漸漸提出異議[一]。

四

李鳳苞來信基本都呈送李鴻章，劉含芳稱“凡執事所來公函，件件皆呈相閱，以代面談”(《去信三十七號》)，李鴻章有時直接在來信中批示。光緒五年十月十七日李鴻章《覆總署統籌南北海防》函中提及“適接丹崖八月初十日來書”(《李鴻章全集》第32册，第493頁)，應即本書中《來信二十四號》。李鳳苞與李鴻章的直接通信也可謂頻繁，如光緒六年十一月至七年四月即有十封函件匯報各情(《李鴻章全集》第33册，第45頁)。從本書可以看到，除天字號通信外，還有順字號、吉字號等來往函件。但這些函件以及致李鴻章函件，俱已散佚。2008年出版的《李鴻章全集》中收有不少致總署及李鳳苞、劉含芳、劉瑞芬等人的信函，内容彼此相關，正可互相參照。本書中對各批軍火的詳細報告，也在很大程度上豐富了北洋海軍建設初期的相關數據。

[一] 2002年台灣中興大學郭明中的碩士論文《清末駐德公使李鳳苞研究》對此事以資料缺乏，持懷疑態度；2005年崇明縣政協文史資料委員會印行《李鳳苞——清末崇明籍外交官》及其他數篇論文亦提出質疑，近者有李喜所、賈菁菁《李鳳苞貪污案考析》(《歷史研究》2010年第5期)爲其辯護。李、賈文依據三艦收支款項的原始清單，從預估價和實際支出分析，並從報價、造價、歸國費用等方面分析考察，提出“三艦的價格已壓至底綫，連與之競争的英國軍火商都難以置信”，威妥瑪在一份報告中曾猜測德國政府在偷偷地負擔軍艦的部分造價，“其目的在刺激重工業，不過實際上還指望增加它在遠東的政治影響”；認爲英國政府及軍火商方面發動對“濟遠”的攻擊，而作爲外交官的曾紀澤、許景澄、王詠霓“缺乏專業訓練，船艦知識貧乏”，故“失之輕率，導致偏聽偏信”。

因爲是與天津軍械局的通信，本書中對李鳳苞作爲駐德公使（後來又兼三國公使）的活動[一]也有所涉及，如他對於各種賽珍會（即博覽會）的關注，可見其對技術及商業方面頗有眼光獨到之處，但爲數不多。光緒六年二月李鳳苞致函李鴻章，“暢論中外形勢及歐洲各國隱情，非親蒞其境目擊其事者，不能言之切實如此”，並提出“延西員以精練陸兵，復練船以培養水軍，整學館以提倡實學，增船械以儲備戰具，而又整飭吏治，固結民心，選拔真才，裁節冗費，酌改科目，沙汰額兵，暢通商運，籌劃生計”等自强之策（《李鴻章全集》第 32 册，第 550 頁），亦可見其數年游歷海外、與各國官民上下交涉受到的觸動。

星軺日記需定時寄回總理衙門，本書中《來信二十四號》中有“由四弁帶呈冬季日記二本”，“一本呈政，一本乞轉呈節相擬正。本年日記尚未録清”語，此冬季日記應即後來的《使德日記》。《使德日記》[二]僅光緒四年十月初

[一] 吴相湘主編、台灣學生書局 1966 年出版的《駐德使館檔案鈔》，其中李鳳苞任内輯有三册。

[二] 《使德日記》歷年出版有 1891 年上海著易堂《小方壺齋輿地叢鈔》鉛印本（摘録，底本不詳），1895 年江標《靈鶼閣叢書》湖南使院刻本（目前所見最早的全本），1897 年湖南新學書局《游記彙刊》刻本，民國時佚名輯《游記叢鈔》抄本。1936 年商務印書館《叢書集成初編》本，據江標《靈鶼閣叢書》本重新排印，並有某些字眼訂正；後於 1985、2013 年影印再版。1968 年台北《近代中國史料叢刊》本，據江標《靈鶼閣叢書》版影印，後在《近代中國外交史料彙刊》重印。1981 年《走向世界叢書》之《使西日記（外一種）》簡體本，據江標《靈鶼閣叢書》版，以《叢書集成初編》本、《小方壺齋輿地叢鈔》本參校，進行標點、分段。2003 年北京綫裝書局《古籍珍本游記叢刊》本，據國家圖書館館藏民國《游記叢鈔》抄本影印，考其内容，有多處塗改，相對於江標《靈鶼閣叢書》版，稍有出入，脱漏不少。2006 年學苑出版社《歷代日記叢鈔》本，據《小方壺齋輿地叢鈔》版影印。

二至年底三個月的記録，已見其關注外國事物涵蓋面之廣。本書收録之信函，正可與該日記互相印證，特將《使德日記》重新校對、標點，作爲附録一一併出版。

《使德日記》中對是年發生的英阿戰爭、俄土之盟有不少叙述和討論。李鳳苞身在外洋，親身體會歐洲列强的巧取豪奪，對當時英國宣稱竭力保護中國，借他人之口指出"但恐所謂保護者，不過如今日據居伯魯島以保護土耳其而已"(《使德日記》光緒四年十二月二十九日)。光緒九年十一月十三日李鳳苞信中提及"近日又印成《秘智戰》及《英阿戰》，合成一册"(《來信一百三十五號》)，兩者前後呼應，可見其對國際形勢及海戰經驗的持續關注。

本次整理以1895年江標《靈鶼閣叢書》版爲底本，參考1936年商務印書館《叢書集成初編》本，吸納1981年《走向世界叢書》之《使西日記(外一種)》標點本的已有成果，重新標點、分段並加以簡單注釋。某些字，如十月十五日士旦丁"一千七百二十年入於布"一句，江標本及2003年綫裝書局本均作"一千七百二十年入於市"，1936年商務印書館本則作"一千七百二十年入於布"，本書即徑作"一千七百二十年入於布"，不再出校注。另收俞樾所撰李鳳苞墓志銘，與崇明島博物館徵集的墓志銘殘碑相校，並標點、分段，作爲附録二。

本書中外國人名、地名頗多，本次整理儘量有所注釋，但限於整理者水平與見聞，力有未逮之處，尚祈讀者批評指正。

本書整理歷時日久，中華書局歐陽紅女士堅持不棄，一直鼓勵,並付出巨大勞動。中山大學李吉奎教授通讀全書,提出不少寶貴意見。安東强博士幫忙從台灣帶回相關研究。孫天覺先生在國家圖書館幫忙查對相關資料。對各位先生給予的幫助,在此表示衷心的感謝。

二〇一五年十一月

於中山大學永芳堂

總目録（光緒三年正月初五日起　至光緒十一年七月二十四日止）

卷一　光緒三年正月初五日起至十一月二十五日止

目录

他竇星，請訪後膛銅砲，馬梯呢槍子並皮帶，銅箍子

去信八號 請察卞、朱兩弁

去信九號 抄伯相致克鹿卜函稿

致李丹崖信不列號一

去臘疊奉行知，出洋赴英、德各事均已入告。閣下赴德須帶巴公使[一]信件，亦由伯相函取，台旆啓程之時，當可寄到滬上。弟處於臘底接到該武弁等來函，卞、王、朱三弁已經出營，赴博洪砲廠學習製造機器等事，劉、袁、查、楊四人仍在營學習，甚爲妥帖。而李勱協[二]業已起程回華。

昨奉伯相鈞諭，並寄來巴公使覆函，云卞、王、朱三人業已出營，其兄巴提督不能與問等語。○思卞長勝、王得勝[三]雖係心高氣傲，其志趣尚有可取，此時既往砲廠，而李勱協聞已到滬，其如何安置細情，望閣下面詢確實。○已函知地亞士洋行密剌[四]，囑李勱協往見閣下。至該弁三人能果學習造砲，將來可望有成，亦是有用之事。但須閣下到彼，幾番詢考，能否有效、實係用心，亦難逃法鑒。假使一味虚飾，毫無實濟，真不虚心，難以造就，亦不妨飭令回華，免糜經費。惟朱耀彩浮蕩較甚，更宜加意，倘有劣跡風聞，亦可先飭回華懲辦，免致貽笑外人。是在卓見相機酌度辦理可也。

此舉乃伯相强兵之苦心。當時期望甚切，臨行囑咐

〔一〕 巴蘭德(Brandt)，時任德國駐華公使。

〔二〕 李邁協(Lehmaye)，後文又作李協勱，德國軍官，1873年受雇爲淮軍教習。

〔三〕 後文又作王德勝。

〔四〕 後文又作密臘，地亞士洋行商人。

至密且周。原囑七人先入陸師學堂，俟書理明白，仍須分入水師、鐵甲，惟時赴英之議尚未舉行。原知水師以英爲精，陸師以德爲最，而德之水師、鐵甲創辦未久即能自雄者，亦殆有深略存焉。現在只剩四人，勢難分作兩途。其留營四弁來禀，謂下月即可教隊。〇揆之洋法，想係充口令官教演該國新兵。惟查此事雖係武備入門之階，而更須責令讀兵書、精謀略，專求深奥。其陸師練兵規模、行軍法度、臨陣謀略、戰守要宜，殆非專心讀書，斷難探其門徑，更有升堂入室，其工非淺鮮也。該弁等年幼識淺，惟恐其稍有所得，則以爲道在是矣。全仗閣下到德之時，會同巴提督，敦友邦之誼、推見信之誠，督令該弁等工夫循階而升，期至奥境。將來國家收用人之效，伯相遂成材之心，皆賴藎籌碩畫，因而教成之，無任企禱之至。

謹將伯相來諭及巴公使來往信稿、該弁等禀稿抄成三摺，寄呈察核。輪船多便，務祈手教時頒，彼此消息常通，不啻覿面。海天迢遞，珍重爲佳，臨穎神馳，欲言不盡。專肅，敬請

台安。不一。

光緒三年正月初五日發。交信遠洋行，由旱道寄地亞士轉交。

致李丹崖信不列號二

新正初五日由驛肅寄一函，計邀青鑒。

本日午刻招商局來信，豐順已到碼頭。〇恐前信由驛稽遲，故將前函抄摺由輪船帶上，即祈察收鑒核爲盼。

惟閣下在滬詢李勱協情由並望示知，是爲至盼。專此，敬請

台安。不一。

光緒三年正月十八日

交招商局豐順輪船。

致李丹崖信不列號三

初五日由驛遞寄一函，十八日豐順到津，惟恐郵傳遲滯，又將前函抄呈，計已得邀青睬。

十八、二十等日接到卞、王、朱三弁及在德營之袁、劉、查、楊四弁來函。而在營四人尚屬妥帖，惟所習語言文字時刻未免太少。該弁工夫，前函業已詳告，須俟閣下到德再行察酌加緊。惟在廠三人，現在所習無非入手之事，既然令學，必須專於煉鋼造砲，行有餘力則旁及化學，庶不枉此遠行巨費。王得勝心地最專，非特較三人爲優，亦七人之冠也。其未出洋之前，〇嘗心愛之，蓋以武弁能專文字，誠屬難得。卞之氣高，是其次也；朱之性浮，又次之。該七弁來信及覆該弁等函稿，一併抄呈電鑒。

所請發電報於廠東專教一層，〇擬稟請伯相函知克鹿卜[一]廠，將該三弁撥歸克鹿卜，專學造砲，似比博洪廠爲佳。歷年克鹿卜廠曾有信來，請伯相派人往習，而伯相亦有覆函允之。且克鹿卜係該國第一大廠，煉鋼之法甲

［一］ 克虜伯（Krupp）。

於天下，以之往學，名實皆當。更屬久共交易之主顧，中國上相之威名信實，該廠久已欽佩，竭誠教導，誼所當然。至於博洪廠，非但局面窄小，法藝次之，更未與中國共交易。洋商之心，閣下知之，比○尤澈。以該弁等留學，似非盡善。李勱協在滬，想已晤過，詢問詳細。俟奉伯相鈞諭，當請函諭寄英，交閣下賫至克鹿卜商酌調辦。專此，敬請

台祺

再啓者，正封函間，適奉伯相函諭，抄寄德國巴總兵覆信一紙，相應與○處稟覆一併抄録寄呈，乞查收。即祈賜覆，是爲至盼。專此，敬請

台安。不一。

光緒三年正月二十二日

托廖子山交永清輪船帶至上海，交唐景星[一]妥寄。

覆李丹崖信天字第一號

初三日奉到覆函，敬諗騶從於正月二十八日赴閩就道出洋，○曾將來函抄呈伯相鈞鑒。

本日又奉相諭，並寄來巴公使致其令兄巴總兵一函，即刻專發，轉托景星妥寄閣下察收帶交。但巴使覆伯相函中有不願情等語，李勱協連日所述，且説巴總兵願意之至，在營四弁亦無違傲等情，但恐此意出於巴使之己見

[一]　唐廷樞，字景星，時任上海輪船招商局總辦。

也。玆將伯相手諭、巴公使來函一併抄呈。閣下到德，不難探悉隱衷。數日與李勱協細詢出洋原委繙譯所用賬目，因字跡甚多，繕寫未成，隨即趕寄閣下以憑核辦。台從到法京後，不妨先發一信致倏巴總兵，以通消息，惟高明酌行之。專此肅達，敬請

台安。俱惟心照，不一。

附寄巴公使一函又手摺一件，乞察收爲盼。

光緒三年二月初八日發。交永保輪船帶往福州，托船政大臣寄。

李丹崖自福州來信不列號一

前在滬上寄呈一函，想已達覽。今於臺灣回工，接讀手教二函並抄件，敬悉一切。

幼弁出洋，自應習有用之事，以補中國所未有，若澆鐵等工，猶爲中國所有之技也。高見擬調歸克鹿卜，最爲要著，應請中堂早日賜函，俾〇帶往[調]德國，相機移調。今細譯〔繹〕該弁各禀，但學粗藝，因屬洋人居奇，然忽想天文、地理，忽想化學、電學，亦未免浮淺躐等。賜諭訓飭之，極是玉意。在營者總以操習槍砲爲事，在廠者自以專習煉鋼爲事；至於機器之巧，該弁所經爲創獲者，安知非中國各廠已有之長技。高見以爲然否？俟〇到彼查訪，再行縷商。專此手覆，即請

勛安。惟照不宣。

光緒三年正月十六日發，二月二十四日到。

計抄禀李節相稿呈覽。

李丹崖稟中堂稟稿

敬稟者：〇於正月二十六日在上海繕發一稟，並大圓地球圖四軸，面托招商局唐道寄呈，計已得邀鈞覽。

比已二月初二日抵閩，奉雨帥[一]招，往臺灣一行，遂於初四日東渡。十二日回工，接天津軍械局劉道[二]抄示鈞函，轉飭於到德後將肄業各弁察酌妥辦，應否調下長勝等回華及四人應否添銀，校實詳覆，並諗憲節先赴省南巡閱、於二月杪回津等因。奉此，應俟一到彼中，速即遵辦。又接劉道函商，云博洪廠局面窄小，應請移至克鹿卜肄習，此意極爲有見。

查博洪煉鋼不過有壁斯瑪法，而克鹿卜則用群小罐，以猛火鎔鋼，其製罐、看火等法精妙絶倫，雖學者不易窺其底藴，然自宜取法乎上，以補中國未有之技。前月李勱協過滬，未得晤面，近來想已在津與劉道熟商。應否賜函克鹿卜，寄由〇賫去，以便調往學習之處，出自憲裁。〇起程後如有憲諭，可托洋人寄倫敦星使衙門，留俟面交最妥。

臺灣民情，近頗静謐。雨帥日以飭吏訓兵爲事，常有輪船在澎湖合操，以兼顧内外。其開煤墾荒，方

[一]　丁日昌，字禹生（雨生），時任福建巡撫。後文又稱丁中丞。

[二]　劉含芳，字薌林，後文又稱薌翁。自十九世紀六十年代起負責淮軍軍械，後主持天津軍械局，是本書去信的主要作者。後又擔任魚雷營總辦、旅順船塢工程局會辦。

議舉行，唯餉原〔源〕不裕，終難得手。昨與大北公司議設鷄籠至府城陸綫，該公司百計居奇，遂作罷論。日後天津水雷學生亦可自作陸綫，總可不假手於洋人矣。

現奉春帥[一]撥濟安船，於十七日載送出洋人等赴香港，二十二日乘法公司出洋。承發關防，頃已祇領開用，並擬遵諭於駛離中國地界之時，權用素服頂帶，以冀情義兩盡。手肅禀知，敬〈頌〉

福祺

光緒三年二月二十四日到。

覆李丹崖信〈天〉字第二號覆三年二月二十四日信

二月二十四日接到十六日自閩廠來函並抄禀稿，敬悉一是，藉諗寰海鏡平，旌麾順適，至以爲頌。

李勱協於二月初到津，〇與細詢顛末，抄寄一本專呈鑒覽。巴公使薦書，前因發天字第一號函中云托景星寄呈，後因永保輪船回閩，即改托船政大臣吴京堂寄交，此時當已收到。李勱協自京回津，詢其前次巴使所謂其兄不管此事之言，乃巴使因他事一時之憤詞，而薦書中並無此説。閣下到德，巴總兵爲人甚好，自當和睦照料。至於學生之優劣、工課之程途，已詢載於李勱協問答之中，祈

[一] 吴贊誠，號春帆，後文又稱吴京堂。光緒二年(1876)任福建船政大臣兼理臺灣海防，四年(1878)以光禄寺卿署福建巡撫，仍兼理船政。

察閲之,自有權斷。巴總兵請添之碼爾克[一]五千個,亦奉伯相函覆照准,由滬匯寄。又,第二年經費,業於二月發交上海地亞士,轉寄德國息必格銀行收存。

博洪廠下長勝等三人來信,克鹿卜甚願意。伯相一函,○處已擬妥譯成,伯相閲過,囑寄閣下察收,斟酌妥辦。

前月奉伯相札,議海口購用大砲。○因現用後膛太多,終恐貽誤,故復陳顛末,請方家察辦。惟查回德活特廠前膛鋼砲固佳,而子彈難造;瓦瓦司[二]前膛鋼砲雖好,而價值亦昂;惟阿墨士莊[三]熟鐵者,子彈易做,砲亦經久,價亦較廉。將來購砲,擬將砲上號頭、尺上碼數譯做華文,使弁兵易於認曉。

自軍興以來,各省購用洋械,所費何只千萬,率皆聽信洋行,或以舊器充售,或以窳質假冒,種種弊端,難以畢舉。閣下在滬多年,深知此中原委。現值台從久駐歐洲,若不趁此挽回頽風,則中國器械無日能精,水陸軍政何從自强也。敢請閣下將各廠各種砲位真貨實價、斤重、尺寸、致遠力量,索開賬單寄來,轉呈憲驗。另有九寸、八寸、七寸三種熟鐵大砲手摺一件,並懇與阿墨士莊廠議其價值,並自英至滬水險費用,亦祈估計示知,以便面呈伯相批定尊數、撥款造購。

[一] 馬克(Mark),古代歐洲貨幣單位,1873年起德國以馬克爲主幣。後文又作瑪克、碼克、馬、馬爾克、瑪而克、碼、瑪。

[二] 後文又作瓦瓦司凡。

[三] 阿姆斯特朗(Armstrong),後文又作安蒙士唐、阿蒙士唐、阿母士唐。

附寄李勱協問答及賬目一本、伯相覆巴總兵函稿一件、武弁來信一摺、克鹿卜去年來往函稿一摺、第二年經費公文一角、改購前膛砲公文一角、砲尺寸單一摺、前年稟槍稿一件，又克鹿卜信一件，共九件，均請察收。專此，敬請

台安。不一。

光緒三年三月初五日發。托英孟領事[一]帶交中國駐英欽差衙門轉交。

致李丹崖信天字第三號

二月初八日由船政衙門發天字一號、三月初八日由天津英領事衙門發天字第二號信附寄各件，當已先後仰邀青睬。近維旅祺綏燕，勛祉吉祥，至以爲頌。

屈指台旆抵英，當在浴佛日前後。前函尚有未盡，特再爲閣下陳之。

同治初年以來，沿海七省水陸洋槍，始則購用前膛，近則後膛並用，而各省分購，花樣不齊，膛徑不一。平時造子已屬費力，一朝有事，彼此子彈不能接濟，此將來深切隱憂，所誤非細。此種情形，未可爲外人道也。且所購者，皆英、法、美、奧舊器，並未購到真品。〇於三年前業已稟請伯相咨明南洋，擬各省合力購造一律，或仿俄、德辦法，酌定樣式，赴英廠定造。能自出新樣最好，否則酌定何種即以何種爲主，機簧儘可千變萬化，而膛徑與子彈

[一] 孟甘(Mongon)，1861年起任英國駐天津領事。

首尾分寸却須十八省兵槍與兵槍、馬槍與馬槍合而爲一。果能如此，庶有濟於將來；不然，則巨款空糜，大局不免貽誤，深切杞憂。論者謂滬、津已能自造林明敦[一]，殊不知各造各樣，彼此不相聞問。而將就之機器所成之槍，徒有外觀，難期實用，且所造之價值未必便宜。論中國沿海换用後膛洋槍，各局以全力造子，有事猶恐不敷，何能望其造槍够用，是徒有能造之名耳。論者又謂必須自家能造方有把握，此更外行之言，以中國現在工匠，只要有機器，何患不能造？又不知鋼鐵各料，尚未有自採，皆須仰丈〔仗〕於人，假有閉關絶約之時，即使手藝高超，其以何料自造？而况有槍無子，不亞徒手空拳。以俄、德之機器製作，尚且造槍於英廠，彼非不能自造，蓋亦因緩急與合算耳。

以○愚見，沿海軍營若欲换用後膛槍，則滬、津兩局急須以全力造子，未可造槍。然各省不能合而爲一，則此語亦屬枉然也。鄙見如斯，未知高明以爲然否？務望閣下在英，將各種後膛兵槍及自來火子品論高下等第、在英廠購造價值，寄單示知，彼此斟酌定議，以盡此心職。外省雖不可必，而南、北兩洋大臣當可合力，黎召丈[二]亦深有此意。俟閣下回信，當即會稟。專此，敬請

台安

再，各國後膛槍件名目開呈鑒核：

〔一〕 Remington，後文又作林明登。

〔二〕 黎兆棠，字召民，時任天津海關道，光緒八年（1882）接替吴贊誠代辦船政。後文又稱黎召帥、黎京堂。

英國亨利馬梯呢[一]口徑子樣有三種，其博可斯老式無用也，新式厚銅子殼者爲佳。

英國爲斯得理[二]

德國毛塞[三]

德國得來斯[四]

俄國俾爾打納[五]

美國中針林明敦

以上六種，須品論機具，何種經久耐用、兵勇時常自能拆裝。至於自來火子彈，請酌定一種，無論定造何槍，皆可以一種子彈造其槍膛。○處考驗子彈，其法各有所長，但未知何種存久白藥不變，何種銅殼堅結、復用次數最多。乞閣下與英人仔細論之，則此事自强之功，當推公爲第一也。

光緒三年三月十五日發。托英國領事寄交中國駐英欽差大臣衙門收轉交。

致李丹崖信天字第四號

自二月初八日至三月十五連發天字第一、二、三號三函，並附各件暨呈槍砲各情，當已仰邀青鑒。

[一] 馬提尼亨利(Martini-Henry)，後文又作馬氏尼亨利、亨利、亨利馬尼、亨利馬體尼、亨利尼梯。

[二] 後文又作提力、爲斯提力、愛治地力、埃蚩提力。

[三] 毛瑟(Mauser)，後文又作毛色、毛式、茅塞、卯斯。

[四] 德萊塞(Dreyse)，後文又作特來塞、特來色、特來式、特來、得來司、特來斯、脱來色。

[五] 後文又作倍爾當。

頃奉伯相面諭，函知閣下在英廠打聽鋼筒亨利馬梯呢兵槍價值，取樣一桿速寄天津呈驗，此間擬購兵槍一萬桿，子彈五六百萬顆。

惟歷年以來，所見英國亨利馬梯呢良窳不一、價值不齊。自此槍創造至今，膛徑已有數種，而機簧亦有變通。從前初成之時，機中製有倒鍵，裝子入膛無虞誤發；後來各商廠取巧省工，恃其靈巧，不用倒鍵，以致新加坡[一]營中有誤發轟房之事。初用之子，係烏理治[二]官局中總兵博可斯愛爾所出之式，子殼用薄銅皮、鐵底，與士乃得[三]子彈製法相仿，既費造工又難復用；厥後新式子彈厚銅作殼、壓撞而成，製作工器比前皆省，而銅殼並可重裝復用，若好銅作成，能以復用至數十次，最爲合算。赫德上年送來槍樣兩桿，機中亦無倒鍵，未知何廠所造。狄韋生送來之樣最好，乃英國里資地方格林活特巴德里廠所造。

閣下於此等精微素知底藴，近又住英，更不難考至盡善盡美，務望速寄真作實料、鋼筒有倒鍵之亨利馬梯呢兵槍樣一桿、新式子彈五千顆，由公司輪船帶交上海道衙門寄津。如公司船不願寄帶有藥子彈，即將未裝火藥之子殼、鉛箭各寄五千，另帶隨子須用之小銅帽萬粒，亦可隨槍速到。並打聽信實可靠之廠槍件、子彈在廠原價，詳細開來。自英至滬，水脚約計若干，保險一項可以徑保至天津，價需幾何，亦祈開示。將來定購、監造、驗收、付價、裝

[一] 後文又作新嘉坡。

[二] 後文又作烏里治、胡里治。

[三] 史奈德(Snider)，後文又作士乃德、司乃得。

船，統煩大才經理一切。伯相諭○併囑閣下將以上各情稟明欽差郭大人[一]，是爲至要。閣下經辦此事，更不必知會金登幹。

再，○更有請者，外國槍砲標尺洋文字碼之數，英、美、俄用碼[二]，德、法用密達[三]，而中國則論步。營中向以五尺爲一弓，每弓作兩步，以碼與密達核計步數，將官尚可知之，兵勇則未能曉也。約略施爲，一碼相錯數寸，千碼已數十丈矣。將來定造槍件，能果將標上洋文譯作漢文、標上碼數較改步數，於用槍之要，不無小有裨益。練兵如教犢，但能求簡捷之法，或可事半功倍。此○一己之愚見，未識尊意以爲如何？更未知廠中能辦得到否？

謹將以前各商開來亨利馬梯呢價單彙摺開呈，望閣下仔細打聽比例，務求貨真價實，以益軍儲。專此飛布，敬頌

升祺。伏惟霽照，不宣。

光緒三年四月十二日發。托英孟領事寄。

赫總税司面譯金登幹來信

亨利馬梯呢槍價單：

槍每桿英銀四鎊，三叁三叁。折中國銀十三兩三錢三分三〔二〕釐；

[一] 郭嵩燾，字筠仙，後文又稱筠帥、芸帥，時任駐英公使。

[二] 碼(Yard)，後文又作瑪。

[三] 米(Meter)，後文又作托、米脱、邁當，《使德日記》中作邁脱。

皮袋每份英銀十五喜林[一],折中國銀二兩四錢九分九釐;

子藥每千粒英銀五鎊半,折中國銀十八兩三錢三分一釐半。

要做一千桿帶十萬子,三個月可做成;五千桿帶五十萬子,六個月可做成。每二十桿要裝箱,英銀一鎊,折中國銀三兩三錢三分三釐。如定購一萬桿(不用皮袋),子五百萬粒,保險銀約五十兩,約共二十三萬一千六百五十四兩。若用自製砲船運來,運費可省。如定購五千桿帶子二百五萬粒,連裝箱、保險,共銀十一萬五千八百二十七兩。

英商狄韋生開來〈價單〉

三楞槍頭、有倒鍵亨利馬梯呢兵槍價單:

每千桿,每桿價銀四鎊六喜林。五千桿,每桿價銀四鎊五喜林。一萬桿,每桿價銀四鎊四喜林。二萬桿,每桿價銀四鎊三喜林。三萬桿,每桿價銀四鎊二喜林。

無倒鍵者:一千桿,每桿價銀四鎊四喜林。五千桿,每桿價銀四鎊三喜林。一萬桿,每桿價銀四鎊三喜林。二萬桿,每桿價銀四鎊二喜林。三萬桿,每桿價銀四鎊。以上無倒鍵者必致誤事,雖廉不要。

帶鋸刀頭有倒鍵者:一千桿,〈每桿〉價銀四鎊十

[一] 先令(Shilling),後文又作喜、昔、昔林、息令、先零、司令、昔令。

八喜林。五千桿，每桿價銀四鎊十七喜林。一萬桿，每桿價銀四鎊十六喜林。二萬桿，每桿價銀四鎊十五喜林。三萬桿，每桿價銀四鎊十四喜林。

子價：五萬顆，每千顆價銀六鎊。二十萬顆，每千顆價銀五鎊十八喜林。四十五萬顆，每千顆價銀五鎊十六喜林。九十萬顆，每千顆價銀五鎊十四喜林。一百八十萬顆，每千顆價銀五鎊十二喜林。五百四十萬顆，每千顆價銀五鎊十喜林。

裝箱費用在本價内。

英人璧德滿言明自願承辦馬梯呢亨利來福[一]槍價單

一、來福槍係蘇格蘭咽顛巴顯利有名廠所造。

二、每一枝槍有皮腰子袋，可裝五十子。另有通條、螺絲、刷子等件。

三、槍要裝箱、馬口鐵片，每箱可裝二十枝連套。

四、每月準可交五千桿。

五、在天津交貨，全套價銀每枝十五兩三錢。

在英倫交貨價目細賬開呈在後：來福槍，原價七十喜林；即英鎊三鎊半。皮子袋、皮帶，二喜林九辨士[二]；彈子甬〔鈎〕、扭螺絲，六辨士；看驗放行執照，一喜林；打包木箱、馬口鐵，一喜林六辨士；蘇格蘭至倫敦馬車費，九辨士；倫敦裝船費，六辨士；倫敦至上海水脚，每噸四兩。每桿攤二喜林；倫敦至上海保險

[一] 來復(Rifle)，槍管中的膛綫，後文亦作來復。

[二] 便士(Pence)，後文又作本、本士、本思、邊、邊士。

費,三分。每桿〈攤〉二喜林三辨士;上海過船,每桿攤六辨士;上海至津水脚,每噸六兩。每桿攤一喜林九辨士;上海至津保險費,每桿攤七辨士。

共四鎊四喜林一辨士。

彈子:英倫價銀每千顆十八兩五錢;即五鎊。打包裝箱,二喜林六辨士;倫敦裝船,一喜林;倫敦至上海水脚,七喜林六辨士;倫敦至上海保險費,五喜林六辨士;上海過船費,一喜林;上海至津水脚,一喜林;上海至津保險,一喜林三辨士。

在津交兑,每千顆價銀二十二兩。

以上三家所開價值,各有出入,皆非本廠原價,此單只可供閲而已,仍須方家以探底藴,自有著實之效。中國採辦,坐井觀天十數年矣。台從住英,則朝暾出而霧氣自消,日後或免吃暗虧耳。

致李丹崖信天字第五號

四月十三日托英領事寄上天字第四號信,想已達覽矣。

昨聞伯相云及閣下來函,謂四月杪可以赴德,計算刻下當已到過並晤巴君,細查一切矣。日前筠老寄伯相函,謂卞、王、朱三人已改派水師學習,昨接該三弁來信,仍在博洪,並未赴水師船去,未識其中是何緣故。此時閣下到德,自不難措置裕如。現在伯相又定克鹿卜後膛丁雨帥之意,謂前膛無用。大砲十三尊,正擬合同。前托閣下詢訪英廠大砲之舉,可以從容辦理,不必著忙。其購槍一層,仍望速賜回音。閣下到德,細查該弁等情由若何,是否李勱協從中弄巧?及德部郎所查情節,統乞詳細示知,是爲至盼。

在營四人,槍隊工夫已將就緒,似宜轉入砲隊。中國槍隊尚不乏才,惟砲隊法度須令該弁等格外留心,戰砲、守砲行軍法度、用砲規則,一一細習,是爲至要。更有請者,該國武備軍儲是何良法,望閣下前往兵部遍看,並採訪章程寄知,以益學識。肅懇,並請

台安

六月初十日

再啓者,馬梯呢槍件繁細,坐力更大,中國兵勇用之甚不相宜。前月奉中堂面諭,函知閣下,此係出自周薪如[一]之意也。〇前函托比論各槍,並望將價值示知,現在台從早已到德,亦可詢訪毛塞、得來司兩種,並祈遍訪,速賜示知,無任拜托。專肅,再請

台安

光緒三年六月二十七日發。托信遠商人高德士[二]交高阿羅福帶去。

致李丹崖信天字第六號

昨肅一函,計邀青鑒。

[一] 周盛傳,字薪如,淮軍將領,對後膛槍砲研究頗深,著有《操槍章程》。

[二] 後文又作柯德士。

頃閲德國新報,知卞、王、朱三人已送至威廉海口[三]里喃大練船操練砲法,慰甚。但新報内所載,卞稱王爺、朱稱提督,未知何由,望閣下就近訪察而訓誡之爲盼。此請

台安

光緒三年七月初三日發。

李丹崖自法國巴黎來信不列號二覆天字一號、二號信

飄零海外,箋候多疏,實深歉仄。五月朔在倫敦接天字一號各件,五月二十五日在巴黎接天字二號各件,屢辱手書,如親晤對。藉諗勛祺曼福,備著賢勞,引領之餘,曷勝忻慰。

〇於三月二十四日抵德,四月朔抵英,途中托庇平善。在英守候,久無確音。威酋[一]亦甚難覿面,又囑勿遠離,以致未歷槍、砲諸廠。五月二十渡法,謁見各酋,歷觀官民各廠,粗定章程,係俟開學時可將七八人入總監工官學,其餘分送藝工、礦務各官學及煉鋼民廠。

法國向不購他國砲械,專令民廠講求煉鋼,至今日而果底於成:陸路有鋼砲數百尊,砲臺、兵船纔造二十五噸、三十六噸之鋼砲數尊。日後得其煉爐詳圖,送回閩廠,不難仿作也。鄙意近日購軍火之議尚可稍緩,宜以全力速仿煉鋼之法,議造一律槍砲、一律子彈,則不致雜購軍火,徒費

[三] 德國威廉港(Wilhelmshaven),後文又作維廉哈芬、維廉士哈芬。

[一] 威妥瑪(Thomas francis Wade),時任英國駐華公使。

帑金,臨用貽誤,以蹈土耳其今日之覆轍。高明以爲然否?

〇擬七月朔束整赴德。前接巴君覆,云已托旁達代爲照顧矣。五月十五郭星使來諭,博洪廠三弁,已咨請調赴水師學習,並令〇籌墊英金錢百鎊交付備用。此款應否作何匯?還乞示明爲盼。

茲奉槍砲價單二紙,乞即轉呈,其水力、保險尚未開來。俟〇到英親看該廠,再行縷述。專泐,敬請
勛安。惟照不宣。

外,稟件並乞緘口轉呈,又槍砲單各一紙。

光緒三年六月二十五日發,八月三十日到。

李丹崖自英國倫敦來信不列號三覆天字三號、四號信

六月杪布第一號函件及第三號稟件,諒蒙查入,分別收遞。七月朔在巴黎接奉天字三號、四號手諭並飭查槍砲各件,今回倫敦擬即詳細查核,另俟稟覆。茲將德國查課各情繕稟一扣,謹求緘封轉呈中堂爵憲,實爲心感。

去年德羅他令每人月支六十瑪克爲早晚點心及零用,其房錢、大餐、教習各費歸哨長支發。今年正月瑞乃爾令克鹿卜廠每人月貼一百二十瑪克,德羅他又每人月給三十瑪克,是每人月支零用一百五十瑪克矣。在克鹿卜,聞係節相派來之官,即願津貼報效,其實决不當受。據四弁云,僅收六個月計九百六十他拉[一],即二千八百

[一] 塔勒(Taler/Thaler),十五世紀末以來中歐地區使用的一種貨幣。

八十瑪克，今蒙准加每年五千瑪克，不敢再受克鹿卜津貼矣。及○面詢克鹿卜，則云區區不及記憶矣。此款似應早日匯還該商爲是。再，息必格每月應給三弁一百八十四瑪克，今除在船飯食六個月已付英錢百鎊外，只須每人月支八十瑪克，並添備衣飾每人三百餘瑪克，均已函致息必格照辦矣。

此次○與陳委員[一]略携衣箱，不得不帶僕人，計上下三人，東至百靈[二]，北至海口，繞道换車，頗爲勞頓，耗費甚多。其斯邦道教練，酌賞五十瑪克。所有面試七弁德文及學館評定、四弁課分已托友譯出，俟後呈送備核。七弁俱屬守分，唯聞楊弁有寓主招贅之謠，已密囑德羅他確查酌遷。且見七人俱未必刻苦，○已諄囑再四，尚望隨時寄諭訓飭，俾知遵守，是所切禱。

正封發間，接奉中堂六月初一日手諭，云四月初二日有鈞函寄下，○處尚未收到，乞向文報處查明，示覆爲盼。敬請

勛安。惟照不宣。

光緒三年八月初七日發，十月初二日到。

再啓者，在德國聞營哨各官須由都城武備院出身，前年日本人曾入此院，近因院屋不敷，不准别國人進習。○曾面商兵部，允以一二年俟院屋展拓後，如中國有官家子

[一] 陳季同，字敬如，光緒三年(1877)李鳳苞、日意格帶領福建船政學堂第一批留歐學生出洋，陳任文案兼繙譯。此時兼任駐英、法公使館文案，後又隨李鳳苞任駐德使館參贊。

[二] 柏林(Berlin)，後文又作伯靈、伯林、柏靈。

弟學有根柢者派來,當爲設法入院。此院可習用兵機宜,兼與國主之宗室子弟同習陣法。如由兵丁出身不入此院者,僅可升至否脱惠倍而止,其識〔職〕如哨長,不能升爲營哨各官。此節未敘入禀,乞代爲轉禀是禱。

同前日到。

覆李丹崖信天字第七號覆第二號信

初二接倫敦寄來第二號手書[一],欣悉一是。

比將各件一併送呈伯相閲看,前寄第三號禀件已於八月三十日收到面陳矣。讀來函所論該國武備院之事及伯相禀内所訪各事,深爲拜服。

在德七弁,以後星軺可以常住伯靈,更易約束。楊弁不安本分,密囑遷移一節,更爲心感。○已函示該弁等用心習藝、儉以自持,冀成有用之器。克鹿卜津貼之款二千八百八十碼克,自應照數交派利寄還爲是。所請德羅他寶星,已經伯相奏請賞給矣。

閣下如赴澳國[二]訪購魚雷,更望留意後膛銅砲。聞此銅砲造法甚佳,其堅不減於鋼,更無炸裂之病,即日久損壞猶可重鎔復鑄,非若鋼之一損便廢而不可再爲佳料也。務祈閣下到彼之時,便中細訪,如得其法,則日後行軍之砲經費所省實多。美國黎約翰水雷到津,試後已經伯相吩示,退銷合同,作爲罷論矣。英國衛協魚雷,昨閲

[一] 即上一封《李丹崖自英國倫敦來信不列號三》。

[二] 奥地利,後文又稱奥國。

新報,有不能中靶之弊,未知是否。而澳造者,衆口稱佳。台從近在歐洲,最好訪察,若得一制敵之佳只,勝於鐵甲多多矣。

四月初二日伯相寄執事一函,詢之文報處,並無是事,旋即請示伯相,查閲内號,只有六月十二日一函由文報局寄去,内附有馬眉叔[一]一函,未知執事收到否?來稟中所叙"正繕稟間接六月初一日、十三日兩函",未知十三日之函即此信否?日昨伯相荐章保舉執事,當可秉節德邦,可欽可賀。王德勝來函,欲學工程、做砲台等事,將毋畏水師之難歟?〇遠隔數萬里,難以臆揣,務望執事察酌行之,是爲至盼。專〈此〉肅覆,〈敬〉請

台安

十月十七日

再啓者,馬梯呢槍已由春帥處合辦,函請閣下定購。如購妥此槍,務必將新式子藥、皮袋或百或十順購若干,以便作樣自造。又,克鹿卜四磅砲,中國購用甚多,而包鉛之子每逢放後,膛内不能乾净。近來克鹿卜新式銅箍子彈甚佳,閣下到德國,望面詢此老,以從前所購之砲改用銅箍砲子是否無礙,均祈示知。再叩

勛綏

光緒三年十月十七日發。托李勱協寄。

[一] 馬建忠,字眉叔,時在法國學習法律,並任駐英、駐法公使館繙譯。光緒五年(1879)取得學位后回國,入李鴻章幕府。

致李丹崖信天字第八號

前月十七日由招商局文報處發天字第七號信，刻下當蒙青照。

日昨接王得勝來函，詞意頗激，而卞、朱兩弁浮狂之性在所不免。特將王弁來函抄呈電鑒，並回明中堂，由執事到德察酌辦理。克鹿卜前付學生之款，已函囑滬局買鎊票交派利寄還。專此，敬請

台安。俱惟愛照，不一。伯相於昨日起節赴保定，特此附聞。附呈武弁五函，望閱後封交爲盼。

光緒三年十一月初六日發。

致李丹崖信天字第九號

初六日由文報局寄呈天字第八號信一件，並附武弁各函，計日當已達覽。

前函囑還克鹿卜之二千八百八十碼克，由〇處函知家兄[一]在滬買鎊票交派利，並奉伯相加函與克鹿卜道謝，統由家兄交派利寄德國妥交。特將伯相函稿抄呈電鑒。

近日台旆駐於何處？望便中示知爲盼。華若汀[二]

[一] 劉瑞芬，字芝田，劉含芳之兄，後文又稱芝翁。光緒三年至八年（1877—1882）間任蘇松太道兼江海關監督，光緒十一年（1885）任出使英國兼駐俄大臣。

[二] 華蘅芳，字若汀，時在上海江南機器製造總局繙譯館及格致書院任職。

將有神機營製造之委，因圓明園開機器局也。專此，敬請
台安

光緒三年十一月二十五日發。托信遠寄柏林。

卷二　光緒四年正月十二日起至十二月二十五日止

目录

巴提督

去信十七號　覆第四號來信，較試後膛槍，並寄去表二扣，提力槍及子並造子機器

來信五號　楊弁稍愈，稟請優恤梁弁，又王弁學習情形，查弁赴克鹿卜廠閱砲

來信六號　覆第十號去信，收到馬眉叔薪水、製造局購料款

去信十八號　詢英廠前膛馬槍

去信十九號　覆第五、六兩號來信，五弁再留一年，袁弁等入砲隊

來信七號　覆第十二、三、五、六共四號去信，收到船價二千鎊，又收料價、眉叔薪水六百兩，查詢各弁，王弁習水雷，雷音雷船價，銅箍砲子，在英、法學生

去信二十號　覆第七號來信，雷船雷架、雷〔煤〕艙，抄留嬴來函，雷船速率，西麗瓦敦電綫，王弁所習水雷，四弁宜入砲隊習學，並寄各件

來信八號　覆第十四號去信，蒲恩水雷砲未能試，槍子料與密臘訂，閱七瑞克水雷艇，又送日記，令雷音造雷艇，請補陳委員路費

來信九號　槍子料發運，密臘可托

去信二十一號　覆第八、九兩號來信，雷船行駛遲速，西麗瓦敦電綫價，赴德用費已經轉稟，袁弁息銀

來信十號　覆第十七號去信，收到試槍表，造子機器，拉否槍，看雷音雷艇，槍子料價銀有餘，飛里摩利未意之《萬國公法》

李丹崖自法國巴黎來信不列號覆天字五號、六號信

近日連接五、六號手教,欣悉勛祺佳勝爲慰。

各國巨砲,異曲同工,前已縷稟伯相察核矣。承示定購克鹿卜砲多尊,未知價式若何?昨經克鹿卜寄來實價一本,諒與派利經手之價不同,其中尚可稍讓。兹將原洋文呈覽。其各國新槍,已經各購一桿,容延專家考驗後奉覆。近聞法國水師將試各國新槍,以求一是。似〔俟〕彼考定,似較有把握也。

斯邦道四弁上午仍看操,下午讀書、習算,兼學地圖,每禮拜二次在第二營三哨學布陣之法。此皆德羅他之用心調度也,想已大有進益,明年可習砲隊矣。溪耳[一]練船教法頗有條理。

惟卞長勝仍夜郎自大,强欲管轄同儕。聞月前一接袁雨春信,云劉星使[二]意欲一見三人,卞即擅發電報匯調四百五十瑪克,單身告假。王、朱二人謂宜請參贊示或候監督信,卞以爲不服約束,大肆争鬧。同船咸笑之。〇因急須安頓法國各廠生徒,望後方能抵德,已請劉星使面加申飭,並托黎參贊[三]隨時查察矣。

各國章程制度,〇最願留心,惟須逐漸探討,非道聽塗〔途〕説所能得其厓略,容後録呈教正。至承詢新文紙

〔一〕 基爾(Kiel),德國北部重要港市。

〔二〕 劉錫鴻,字雲生,後文又稱雲翁,時任駐德公使。

〔三〕 黎庶昌,字蒓齋,時任駐英、駐德公使館參贊。

訛傳卞爲王爺，則係新文館臆度，毫無輕重，不足辨也。肅此，敬賀

年禧，並叩勛安。不具。

外呈克鹿卜原價一本。

光緒三年十月初三日巴黎發，四年正月十二日到。

覆李丹崖信天字第十號

正月間奉到手書，敬悉一是。

所寄克鹿卜砲價一本，已譯出。與派利原價較對，亦相彷彿。近來派利於本廠價内不敢虚貴，惟在水脚、車脚、保險等内賺錢。閣下有便，望詢訪之各項水脚、車脚、保險之費，則以後更有把握矣。法國水師既較各槍，自有定評，務祈併閣下所較者，一併示知，盼甚。

頃奉中堂函諭，將馬眉叔去年三月起至本年二月底止薪水匯寄外洋，執事察收。計共局庫平銀六百兩，合湘平銀六百十七兩四錢八分，交銀錢所條匯上海，交鄭雨軒[一]觀察代買鎊票，寄交閣下察收。務望到時賜覆爲盼。

水師三弁，經雲翁星使一番訓教，而執事以後又常往來於三國，當可馴帖矣。三人之中，王弁最妥。斯邦道四人幾時可入砲隊，亦望示悉。

本年用費，已經○處稟請，交上海匯交息必格銀行，

［一］ 鄭藻如，字玉軒，後文亦稱玉翁。時任江南機械製造總局幫辦，光緒四年(1878)任天津海關道，光緒七年(1881)出使美國、日斯巴尼亞(西班牙)、秘魯三國。

並六營四人所添之費亦已同寄去矣。此時當已寄到。

朱静山[一]回滬省親,三月初約可來津。筱雲[二]、宜齋、香畹[三],均代致意,均附筆覆候。去冬所寄第八、九號兩函並抄稿此時當已達覽,内有静山信一件,當亦收到。專此肅覆,敬請
台安

光緒四年二月十三日發。托鄭玉軒寄倫敦。

致李丹崖信天字第十一號

日昨肅呈一函,由鄭玉軒兄代寄馬眉叔薪水局庫平六百兩,合湘平六百十七兩四錢八分,到時望賜福示,以便敬覆伯相。此信並銀係托玉軒在滬買鎊,徑匯倫敦交閣下察收。

此時台從想仍在德。德國學生來信太重、日記本太大,曾經○處數次函囑改用輕便簿子,併華文、洋文爲一本,迄今猶是大小不齊,望執事再行面囑爲禱。山東機器局徐仲虎[四]正郎有函寄閣下,此次來函尚不甚重,○已函知以後改小。雖屬細微,不可不[可]省。

山西、河南以及陝西東境、直隸天〈津〉、河〈間〉荒歉,異乎尋常,人相食,害晋澤爲甚。内廷求雨,至今無效,深

[一] 朱格仁,字静山,同治十一年(1872)獲同文館歲試英文格物第一名。

[二] 王德均,字筱雲,後文又稱小翁、筱翁、曉翁,任職天津機器製造局,去信會銜者之一。

[三] 吴毓蘭,字香畹,時任軍械局會辦,光緒六年(1880)任天津河間兵備道。

[四] 徐建寅,字仲虎,後文又稱仲翁,時任山東機器局總司局務。

爲可慮。

茲寄水師三弁三函,望閣下閱後封交爲托。此等譖讒,原可一笑置之,乃小人不知忌憚,不得不誡耳。專此,敬請

台安

光緒四年二月十四日

托信遠洋行徑寄德國。

再,眉叔匯銀之信係第十號。

致李丹崖信天字第十二號

連寄七、八、九、十、十一號五函並眉叔薪水、武弁經費,計程當已先後得邀鑒矣。

月前奉伯相札行議覆總署所奏槍砲口令之事,茲將詳覆摺稿抄呈教正,伏乞賜覽而直訓之,俟奉批後再行抄寄。昨伯相已將此稿抄寄南洋,並囑品蓮[一]、玉軒兩兄帶入都門,先行面致總署,隨後亦即會同南洋入告矣。前托代詢克鹿卜銅箍子彈用於老砲是否相宜,未知閣下已面詢此老否?奥之銅後膛,其法最好,○私心慕之。聞斯邦都管局製造,執事曾細看過。如能探訪其法,内地能以自製其八、九至十二生的密達[二]者,則其妙無窮。蓋鑄

[一] 沈保靖,字仲維,號品蓮,曾相繼督辦江南製造總局、天津機器局事務,時任江西廣饒九南道。

[二] 釐米(Centimetre),後文又作生脱米特、生的、生特邁當、生特密達、生脱、生特、脱,《使德日記》中又作生德邁脱。

鋼之砲,用到十年之後,砲已成廢,料亦無用;内地無自採之料,仍復仰給於人,更有棄之可惜者也。銅能重熔,其便其利不可勝計。此〇一人之愚見也。質之高明,未識以爲當否? 眉叔薪水及武弁經費寄息必格者,如已收到望即示知,以便轉報。

雲生星使寄中堂函論收儲器械情形,於〇心誠合,拜服之至。但以採辦歸赫德一層,似乎不妥。且赫德並非真内行、真忠心公道,將來必有尾大不掉、貽誤非輕之勢。所購四船及砲,〇已知其大概矣。

附呈兩稿,並乞察收。專此,敬請
台安。鵠盼還雲。

光緒四年四月初三日發。托信遠徑寄德國柏林。

李丹崖自英國倫敦發來第一號信覆天字八號、九號信

月朔接八號、九號手書,敬悉種切,分致各弁函當即發寄。

〇前於十一月二十日赴德,聞溪耳三弁不睦,詳加訪察,總因卞弁狂妄自大、强欲統制同事,常告船主云渠官與中堂同品,李監督尚遜二級。朱弁嬉游頑疲,負氣爭競。王弁雖勤慎用心,遠勝二人,而言動俱欠大方,易致憎厭。其同遭摒斥於斯邦道,亦非無故。〇本擬概行撤回,緣溪耳提督凡納阿[一]及船主亥必尼阿[二]均主養其

[一] 後文又作凡呵尼。
[二] 後文又作亥必尼司、亥必尼士。

廉耻之議，力勸免撤。現方待爲營官，起居服食與船主同，分派哨官教以槍、砲、帆、纜及兵官規矩，並延專師教之語言，冀其漸知自愛。前在維廉哈芬海口，初蒙提督敬待如上賓，亦令夫人陪宴，各有精潔房艙，派人伺候。及調往溪耳時，自搬箱籠登岸，凡官弁、水手無一禮貌之者。提督又函囑溪耳提督，云三人不知自愛，勿以兵官看待，其鄙夷痛恨至於此極。而溪耳提督以爲中國派來非易，仍宜竭盡心力，多方陶成；苟可造就，則西四月可赴巡洋練船，與皇姪同習；實不屑教，然後撤回，則可告無憾矣。該弁等亦涕泣哀求，願具悔過切結，並囑暫勿稟達中堂，勉圖後效。

其斯邦道四弁亦蒙德羅他視同子弟，唯進境甚遲。查、劉二弁尤遜，微聞該弁終有不妥。此次又切囑德羅他確實訪察。前月接到德文函，云查得楊弁實與寓女始亂終棄，劉弁另與洋女奸生一子。向聞德國最重立品，斯邦道爲營官聚處，向無媪〔娼〕妓，而該弁等誘引閨女，詭訂聘娶，尤背該處國法人情，爲人類所不齒。德國向未藐視華人，即四弁在彼亦蒙格外看待。新歲德君請宴，四弁亦與之，君后一一點頭爲禮，視與各國公使無異。乃該弁不自愛如此，辜負栽培，貽累通國，實堪痛恨。若明告以此輩本非敦品武官，則又疑派來時有輕視彼國之心。〇本欲刻期請劉星使撤回懲辦，奈聞巴提督輩述及星使不滿人望，轉恐有所隔閡。且俟〇三月初旬抵德查察，酌量撤調。

其溪耳三弁，如果頑心依舊，則已不屑教誨，只有撤回而已。極念遴派資送，歷費艱辛，動糜巨帑，苟得稍有進益,不宜半途而廢。唯此時在英、法者四十餘人,諄戒嚴防,均能安分勵學。倘不懲該弁,恐年少者不免效尤,此不得已之苦衷也。以上各情,應否轉稟中堂,統候大才察奪。

前經歷試洋槍,唯林明敦及亨利馬尼最良。除林明敦能自造,其鋼管亦可造可購外,亨利馬尼在英國有二十餘廠造之。布[一]、美均有仿造,凡效其跳機者,納五昔令;效其來復紋者,納四令。近日布、美仿造已不納此款矣。英國官槍皆民廠分攬包造,但派員驗收而已。土耳其曾購五萬桿,亦請兵部派員驗收,耗費甚巨,殊不合算。今已送槍樣二桿,由福州船政轉呈,不日可以到津也。此後又訪得提力式之槍,雖英國未用而實勝於亨利馬尼,容購得槍樣再呈。總請轉稟中堂,俟考訂精確後再行定購爲是。其馬克登那水砲[二],近日方與議商試演。肅此謹覆,即請

勛安

光緒四年二月初五日倫敦發,四月初四日到。

摘抄譯出德羅他覆函云

收閲尊函,敬悉中朝念我教導四弁微勞,頒賞寶星,不勝感謝,此後益當奮勉圖報。

承囑之事,今已密查得楊弁與寓主女説定不娶,除此一事外,聰敏勤慎實冠四弁;袁弁尚勤;查弁最

[一] 普魯士(Preußen),後文又作布國,《使德日記》作布路斯、布愛森。

[二] 後文又作馬克多那水砲。

笨，又不勤，據教習云總不能有所進益；劉弁出〔初〕來甚勤，今最惰，終日似癡似迷，只愛嬉游，極不念國家派來之本意，曾私通一女，生子已殤，今此女已離斯邦道，日後再與往來，亦未可定。總候閣下親到時酌量辦理。

緣奉囑查，據實密告，此覆。

覆李丹崖信天字第十三號

正封信時，接二月初五日倫敦來函，聆悉一是，八、九號信已達青睞，欣甚。

以前閣下來函，片紙隻字皆面呈伯相，以向各處來信皆如此。此次信後有眉叔寄書伯行[一]一層，因四世兄乃窗下用功之人，分心外務，恐受聲飭，〇即將來函與伯行一閱，詢其是否無礙。詎知其閱後即將尾條裁去，説有窒礙，且裁去尾條更不能上呈，恐伯相見之，疑〇與閣下有何私語，故此信始終未便呈閱。其所寄洋書，伯行已收到，云即有覆信與眉叔。

武弁之事，有關國體者，不能不撤回，免得日後清議，有傷伯相之明。倘能轉圜，務望閣下設法盡力，是爲至盼。此事係伯相與巴公使面議，因李勱協年滿回國，故令〇與其商議用費條款，實係不料該弁等如此。當初伯相之意，欲將六人交下長勝管帶，是〇執一不肯，鄙意同是

[一]　李經方，字伯行，李鴻章長子。

學習，恐啓争端，是故中止。楊弁係通永鎮標丁，最易制也。其父兄以安家薪水爲其定親，如其〈不〉力學，閣下可面諭他將來調回，治以禁錮之罪，追其安家薪水，並可説○之來信。

林明敦槍，○當年亦主意於此，殆後營中議論紛歧，而○以管窺之見，未敢與執。來函謂續訪之提刀槍，是否即係爲斯提力乎？外觀與馬梯呢相似也。以○愚見，馬梯呢、林明敦、茅塞、爲斯提力、得來司，數種均可用，惟購槍必須赴洋廠定造，無論槍有幾種，必須子彈膛徑一律，最爲合算。以中國營中情形，林明敦機簧簡便，兵勇易折〔拆〕易修，最爲相宜。然現在事勢，只有聽伯相核定，○不敢妄贊片詞。

閣下以後到德，如有回信，亦可交息必格，囑天津信遠行柯德士之弟寄來天津，亦最便捷。專此匆覆，並請

台安

光緒四年四月初四日

托信遠徑寄德國柏林。

致李丹崖信天字第十四號

初四日托天津信遠洋行寄去十二、十三兩號信，交德國息必格銀行轉交執事，未知已收到否？

昨日上院，伯相云春帆中丞有信來，云水雷砲係火箭幾枝。相意恐無大用，有不定購之意。執事既試此件，必須加意。倘非最利，可以不買，自以不買爲是，緣此物外

洋正在求精之時，今之新法即來年之舊法，非槍砲可比也。○與執事雖未久處，而品學早已佩服，故不得不以鄙見時參末議，爲恃愛之念。

吴春翁已署閩撫，雨帥已准開缺。兩江制軍鍵師[一]接署，將來此席必屬何小帥公[二]。

英商狄韋生回國，如須驅策，亦尚可用。事此，敬請

台安

光緒四年四月初十日發。交狄韋生代寄倫敦。

李丹崖自英國倫敦發來第二號信

前月二十六日稟覆中堂以後，竊思朱弁酒醉争鬧，急須往查，因於二十八日清晨上車，三十日午前到溪耳，方知意外之事已層見叠出，閣船爲之無措矣。

據船主云，朱弁尚不聽約束，二十三日德君生辰，朱弁該班，清晨大醉，强欲上岸，哨官勸之，朱遂脚踢大鬧，將刀割破咽喉以與拼命，遂聽上岸。前日巡夜兵擅開朱窗，船主罰令坐黑牢七日；今朱弁所爲，應坐牢十四日，因係華官，不與計較。詎知二十七日，卞弁忽云當差兵竊去六百瑪克，船主立將該兵查收搜閣，弁兵聯名力保，唯哨官曾見朱進卞房，遂與王弁商明，先看王房，次看朱房。朱房有女人信件及典票數紙，朱遂哭鬧，將金鎊四枚、鷄

[一] 應是劉坤一，時任兩廣總督，因兩江總督沈葆楨(字幼丹，後文稱爲幼帥)丁憂，署理兩江總督。

[二] 何璟，號小宋、筱宋，後文又稱筱帥，時任閩浙總督。

心槍子六枚吞下，急延醫看治，朱仍哭駡，醫生用藥，看守至三十日清晨，金鎊、槍彈全數泄下。凡失竊、自盡、吵鬧等事，皆西國所罕見，以是闔船張皇數日，手足無措。提督因人命事，重將竊案口供咨報海部，並録一份送〇處。

船主密告云：卞弁官氣太盛，與人不協，且每月百瑪克常説不敷，每有逋欠，恐無六百瑪克之多，二十七日所給月費百瑪克，下午已經耗盡，洗衣等費屢索不付，此亦明證也，唯西國從無浮報捏報，究不敢以此相疑。朱弁勾搭買〔賣〕新報之無賴女人乞丐之流，屢購衣履相贈，所入實不敷出，素不敦品，無怪人疑，况闔船弁兵一律查看，尚未指明朱弁竊，而反尋死哭鬧，實西國所未有；醫生今住本船病房，而女人屢欲上船同生同死，尤爲水師所未有；今幸監督來此，金、彈泄出，我輩可釋重負矣。王弁最用心自好。卞弁尚守規矩，唯意氣不相宜耳。

遂令卞、王各唤口令，操演本船之兵，先砲後槍。王果聲容俱合，卞則口音稍遜，並欠端凝。遂到病房探朱，則哭拜求死，情詞悔悔，船主挽其手進中艙飯酒，仍待如上賓焉。晤提督凡納阿，云朱須速撤，卞尚可留，王最用心。而卞弁自知在船總不相宜，願與朱歸。

次日三月初一，提督邀觀砲臺，携帶六十餘鑰，洞開各門，逐一引觀。其通氣、護濠、藏藥、貯電、浸電攬〔纜〕等處，無不周視，頗有新得，容後縷呈。是夕，提督請赴呷西努營房聽樂留膳，卞、王亦與焉。

船主又密告云，女人屢欲上船，願隨朱同行。〇遂於夜半令卞、朱來寓，清晨上車。初二日在漢倍克[一]搭船送往倫敦。

初三日，○往斯邦道查四弁。並謁德羅他校，云四弁現俱守分，較前勤奮；楊弁與寓女實無苟且，從前是同居懷忌造謠，現擬不日遷徙以避開〔嫌〕疑矣。劉弁所私係同居者之戚，尚顧廉耻，早歸母家，聞已遠嫁，决不再來矣。四弁現習槍隊，可以喚令，德君已兩次請宴，兵部亦屢次垂問，决不必撤。及晤巴提督，亦云然，願與德羅他力保，如有可疑，斷不肯姑息庇護，同失體面，現須仍留德羅他營習槍，到洋三年内必能精熟。遂查四弁所習行營圖及德文，果有進境。

劉弁具結悔過，三弁願爲聯保。並令陳季同面詢寓女及其父母，知父母年老，僅生一女，寸步不離，其家有店鋪市屋，可稱小康。女云：去年父母見楊弁素最勤篤，患病孤苦，令我服侍，母女兩人通夜在房相陪，幾及兩月，明知中國官生不能娶我，父母亦不肯遠嫁，我少讀書，頗知大義，娶我污我，界限劃然，今已禀請德營官另覓他寓矣。其父母亦云常喚楊來教以德語，外人勸云何不結爲婚姻，每以不便謝之，非有他故也。又詳訪此女通數國文字，言容端莊，心地明白，决非淫濫無耻可比，諒無他慮。

次日又在巴提督家遇德羅他校，云前匯五千瑪克僅存六百矣，每年四弁束脩等費須五千五百瑪克，又每月飯

[一] 漢堡(Hamburg)，後文又作漢布克、漢埠口、漢布口、漢波、漢坡克，《使德日記》又作罕倍克。

費雜用七百二十瑪克，息必格常不應手，如由巴提督另交都城銀號代理，似較穩便，惟不能加息耳，此月内須一千瑪克存備支付，餘請中國趕速匯來云云。又據息必格云，僅存六七千瑪克。卞、朱路費亦不及籌給，均囑〇墊付。計前代海部月費百鎊，此次路費一百數十鎊，巴提督先要一千瑪克，又卞、朱臨行賒去洋槍、千里鏡、時表等件二百餘瑪克，有賬呈覽。惟〇處出洋款極形支絀，不能懸墊，萬懇速賜匯兑歸款，並匯付巴提督數千瑪克，以便支用，是所切禱。

〇於初七日回倫敦，卞、朱已先到。十八日有英公司船開行，可送至南海口上船，有使署通事李華亭同行，一路可以照顧矣。敬求先期轉禀中堂，俟兩弁到華，分别懲戒，以儆其餘。朱弁尤爲可恨，唯提督凡納阿力請格外矜全，勿置死地，以副在船救活之苦心。統計王弁在船向無過犯，今去其害馬，冀可日起有功。

斯邦道常令四弁下鄉看操並繪地圖。行營地圖已習四五月，尚未了然，乞購上海局之《行軍測繪》，寄給爲要。如肯留心，則設伏、應敵、攻守、趨避各法，因地制宜，變動不居，洵足增長見識。今英、法尚無此操法，是德國陸軍之勝人處。惟恨四弁根底太淺，不能聽講，又不能叩問，只知日日看老兵在樹林操演打仗，終不免辜負教導之盛心耳。草泐奉布，敬請

勛安

附呈王弁日記及代還卞、朱欠賬單及失竊全案，乞查收。

光緒四年三月初十日倫敦發，四月三十日到。

王得勝稟李監督稟稿

謹稟觀察大人台前鈞安：

敬稟者，標下於昨早九點鐘開船出口門外，風浪甚大，於晚六點鐘回至原處停泊。今早八點鐘開船出口，至晚六點半鐘回溪。而晚八點鐘接讀憲台手示，得悉駕返伯靈。兹者，晚八點半鐘標下上岸，至各店開賬，書店、洋槍、千里鏡、手套店皆已關門，未有賬條。教習荷貝付伊飯酒費，伊一定不要，小舢舨船價伊已收下，祈大人寫信與船主，代筆謝謝教習荷貝。

再，標下今將二月分日記申呈，祈憲台轉移天津軍械總局爲感。謹此肅稟，恭叩

金安，伏祈垂察。

標下王德勝謹稟

今將賬目開列於後。

朱耀彩：書店，瑪而克十二個；洋槍、千里鏡，瑪而克三十四個；手套，瑪而克十六個；衣店，瑪而克二十八個半；煙店，瑪而克十個。

共一百零半個。

卞長勝：洗衣，瑪而克八個、三個半可落生[一]；當差，瑪而克六個；表店，瑪而克五十五個；書店，瑪

[一]　Kreuzer，德國舊時銀幣。

而克三十四個、七個可落生；洋槍，瑪而克三十二個、二個可落生；共一百三十六個瑪而克二個半可落生。付酒二十瓶，瑪而克十六個。付小舢舨，瑪而克六個。

總共二百五十八個瑪而克七個半可落生。

三月初三日申

王德勝自德國柏林稟呈卞、朱兩弁失竊全案稟

敬稟者，沐恩於正月三十日申呈正月分日記，諒意均邀慈覽。惟念今將二月分日記由李監督大人轉寄，以辦〔便〕閱看沐逐日學習情形，以後日記，李觀察面諭由倫敦轉呈憲台。沐今將未而亥而無阿否[一]口門圖及砲臺所用存藥庫圖，申呈大人存閱爲感。

兹者於二月初八日接讀憲台十一月初六日手示，得悉一切。

再稟，於去歲八月初四日所見三角鏡照看進口兵船之法，沐少謹情形，内裏不明，此法是用三角圖之算法。沐今在該國兩載矣，伊還未教學算法，因此内情不敢實具。

再，伊之藥庫有兩種，一種砲臺所用藥庫，是用磚砌夾墻，内有氣筒，有進風小窗洞，下面用地板，四圍皆通，夾墻之外，三面用砂土堆造，外生青草；〔第〕

[一] 即威廉港（Wilhelmshaven）。

一種兵船所用之藥庫，如出外游海回國，此藥未用，各船另有藥庫，亦有磚砌之庫，亦有木板造的庫，下亦用地板，皆在無人走路之處。未而亥而阿否此木房藥庫共有十三座，每座外靠窗皆有大輪車路。問，説如有事，只拾〔這十〕三座藥庫，三四點鐘可矣運上各船。此木板庫並無夾墻，外用鋁皮包的。

再，沐前聽講砲書，現在此書沐等各人皆有，沐筆下不通，恐譒〔繙〕不好，現在每日教讀砲書，就是此書，還未教完。

再，於念七日下午，卞長勝告箱内失去瑪而克六百元，伊即告禀船主，該船主即將各差兵巡收一番，無有情跡。卞長勝之當差咬定是朱耀彩進過卞長勝之房，後船主又叫卞長勝問可是朱耀彩所拿否，不知卞長勝如何回答。沐焉不知。

於念八日上午，卞長勝叫沐至伊房，伊告今本船各官合具公禀，告此錢實是朱耀彩所拿。沐聞聽此言，魂飛天外。卞長勝又叫切不可告與朱耀彩知，只是該船官盟過誓，叫不要告知。沐又與卞長勝商議，想何計洗去朱耀彩之身，卞長勝説合船官公禀，有何良計？

於念九日上午，船主叫沐至伊客房，問沐卞長勝可有六百個瑪而克否？沐回告伊，不知卞長勝有多少。後船主就將卞長勝差兵之口供及卞長勝之口供並本船各官之公禀給沐念讀。差兵之口供所允〔云〕，於上月念四日卞長勝同沐至提台公館赴會，朱耀彩在卞姓之房招巡三刻時候，那〔拿〕出一本書來，在官飯房看；又供朱耀彩在街上嫖，那裏來只［這］許多錢頑，此錢實是朱耀彩拿。卞長勝之口供所云，此錢在箱内，有三個禮拜未開此箱，前兩個禮拜此鎖匙總帶在身上，未〔惟〕有只〔這〕個禮拜此鎖匙放在書棌〔檯〕上，此錢是差兵所拿或是朱耀彩所拿，卞告不知，求船主查辦。本船各官之公稟所稟，今有差兵所具，實是朱耀彩拿此錢。另有一官，名福而來爾五司，伊爲見證，伊稟見朱耀彩進卞姓之房有三刻鐘時候。沐看完此三張稟稿，沐就有千口，與他人難以分白。

後船主同沐商議，要查朱耀彩之房，沐告如要查伊之房，必須將朱、卞二人到先生處讀書，沐同爾等偷查，如若查不出，恐朱姓不服，船主就告不防〔妨〕，是提台吩示叫查伊之房，沐看行不正，沐轉告如要查，三人房間皆查。後船主叫卞、朱同事至客房，沐先查身上，後查朱身上，後船主同至朱耀彩之房查看，並無形跡，查出前在里恩妻船調换表並衣服票一張，又有女信一封，後至沐房間查，並無情跡。下午朱耀彩又情〔尋〕短見，沐焉無法。

於三十日早李觀察來電信，叫沐十一點鐘至火車廠等候，後同至客寓，沐將此番情跡告禀監督。下午三點鐘，遂〔隨〕監督去拜提台，伊將此事告説監督。後李監督上船會船主，後吩示沐等㘎操，先操砲後洋槍。監督七點鐘回寓，並吩示卞、朱兩同事收拾衣箱上岸。

三月初一日上午九點鐘，沐至監督寓，後同李大人坐舢舨去看砲臺，至下午四點鐘回溪爾，晚七點鐘遂〔隨〕監督至營房赴會，十點鐘遂〔隨〕監督回寓。明早七點鐘李大人同卞、朱同事起程，吩示沐不必上岸送。因初二日阿爾可那出海游巡，於初三日晚接讀李觀察手示，令卞、朱同事往英，由倫敦搭船回華。敬此肅稟丹稟，恭叩

鈞安。伏乞垂鑒。

沐恩王德勝謹稟

光緒四年三月初六日申，五月初二日到。

覆李丹崖信天字第十五號覆第二號信

五月初二日奉到三月初十日自倫敦發寄手函，誦悉種切。閣下輶軒所涖，得以遍視秘藏，可謂入穴得子矣。欽佩欽佩。

屢讀上中堂稟函及水雷船艇説各節，細閱之下，有此間水雷局學生已知者，有尚須講習者。假以歲月，或冀可以貫通。兹懇者，奉伯相諭，囑水雷局教習柏專敬[一]在英國留嬴[二]廠代購鋼殼水雷船一號，囑○等函請閣下訂立合同購買，以便就近查察。惟查此項水雷船，雖不能如法國海部在地中海商廠購造之大，但價值不多。伯相之意，不過先購一號試驗。倘於防海果能有益，隨後再行酌

[一] 即《使德日記》中的柏教習。

[二] 後文又作雷音，《使德日記》作雷嬴、留嬴。

量添購。所需價值、運費銀二千鎊,已由○等詳請,交上海機器局提調王琴生太守買鎊匯寄倫敦,確交閣下察收辦理。並將○處原詳並譯出柏專敬信函議購節略,照繕清摺,先由上海寄呈台端。務望查照原議,照式完造,期於年内到滬爲妙。伯相意欲趁柏教習未經滿年,尚可教練用法。幸勿遲遲,不勝企禱。

承示在德武弁用款。本年所需七弁正款及斯邦都加款,○處已於二月十七日咨請松滬釐捐局撥放,由地亞士洋行買鎊,匯寄德國息必格銀行收存,交閣下支用。其斯邦道一款,並由李勱協函致該行,徑交巴提督收用,亦經抄稟、録批函致尊處,想此時當可寄到。至於尊處墊付之款,現在卞、朱二弁既以〔已〕回國,如該二弁新寄用款内敷抵更好。倘或不敷,即祈示悉,以便稟請寄還,以清界限。

卞、朱竟不成人,貽笑外邦,殊堪髮指。中堂既已加恩於前,不難執法於後。荷蒙撤退,欽佩莫名。王得勝前日寄來砲臺圖、藥庫圖,足見用心,堪受栽植。斯邦道四弁得閣下隨事〔時〕訓誡,自能安静力學。袁弁等來函,謂閣下並將該弁等日記携回伯林,更改錯字,該弁等深知感激。○昨已將原信送呈伯相,謂執事於百忙中親此細故,慰佩久之。該弁等須用《行軍測繪》,當已函由上海購買四部。俟寄來津,當覓便寄請分給。

海天在望,仰企爲勞,諸望珍重,不勝心祝。專肅,奉〈此〉布覆,〈敬〉請

使安

再,此信德國亦寄有一份,恐蜺旌尚在彼處,庶可早邀台鑒也。

光緒四年五月十四日發。此稿照繕三件,托上海王琴生並柏專敬各寄英國倫敦一件,托信遠寄德國柏林一件。

李丹崖自英國倫敦發來第三號信

今春兩肅手緘,想均達覽。近維賢勞懋著,即事多佳爲頌。

○於本月初在溪耳查看二人操演,俱有端倪。惟朱因船上弁兵以竊案相疑,卞亦見幾而作,願與同歸。遂於初五日送至倫敦,十六日搭英公司船開行。上船時除三月分月費及倫敦各費不計外,又另付二十鎊,合洋百元,爲路上雜費。令到滬時將○函面呈令兄芝翁公祖大人,派員送搭輪船赴津。所有令兄墊付路費,祈即匯兑歸楚爲要。此外一切情形,可令卞、朱詳細面呈,兹不贅述。

總之,卞於操演各法與王略同,頗顧體面。溪耳提督本擬留待秋間,以觀造就,惟因朱回無伴,願與同行,足〈見〉友愛出於天性。朱則年少聰敏,回華後身體强,尚可差遣。總望禀求中堂,念兩人遠涉重洋,二年辛苦,賞給差使,格外玉成,皆出自執事吹嘘之力,曷勝禱盼。

兹托卞游府帶回巴提督經手賬目一册,又德人里乞叨芬[一]查看中國礦産書一册,懇即轉呈中堂賞收。是書

[一] 李希霍芬(Richthofen),《使德日記》作爾里次叨芬,德國地質學家,十九世紀六七十年代多次來華進行調查。

即客秋克鹿卜誤以爲英國世爵所撰者也。此人今在百靈,不但詳辨中國地産,且廣搜中國地圖,考證頗有精到處。其第二册細論中國山脈、土性等事,較第一册更爲切用,今年秋季可以印成矣,俟購得再呈可也。兹乘卞、朱兩位回津之便,肅此,敬叩
勛安。不盡。

外,德文礦産書一本,巴提督用賬一本。

光緒四年三月十六日發,五月十七日到。

致李丹崖信天字第十六號

月前連寄三函,皆十五號。兩件寄英,一件寄德,爲購水雷船事,並托王琴生太守代買鎊票匯寄倫敦交閣下定購。此信計當先後達覽。此船係伯相托柏教習購辦,望執事早定早運,期於年内到滬爲佳。

卞、朱二弁已於天津見伯相,時〈伯相〉大動雷霆,要置諸法,○看事不好,即將執事來函趕即呈上。因有水師提督講情等語,相怒稍霽。隨交中軍監押,追賠用費,再行定罪。此時尚在監押,無敢於求情。○擬候樂山方伯[一]消假出來,再行設法轉求,或者看水師提督與執事分上,稍從輕減亦未可知。此時盛怒未息,斷難測其情形。

寄來礦書,已收到轉呈。此書大有益於中國,惜乎無人繙譯,如睹没字之碑。可惜可惜,令人着急。專繙此一

[一] 丁壽昌,字樂山,淮軍將領,光緒四年(1878)署津海關道,後任直隸按察使兼署布政使。

本，亦須一年餘方可了事，更無善畫圖者，亦是缺限。《行軍測繪》已於滬局取來四本，寄呈台端。乞察收分給，並望將卞、朱回華，伯相盛怒情形傳示該弁等，好生學習，勿自貽伊戚也。

雨軒入都後仍著回蘇，現在伯相奏留天津，津關一席，秋冬可望，爲之一喜。專覆，敬請
台安。俱惟愛照，不莊。

光緒四年五月二十八日發。托派利轉寄德國柏林。

李丹崖自英國倫敦發來第四號信

三月間卞、朱兩弁賫回礦産書及禀件，想蒙轉呈中堂收覽，感泐之至。卞、朱過滬時，令兄芝翁大公祖當已晋都，未知招商局能否照料，殊深繫念。

月前接奉二月十四日之十一號手書，敬悉一切。承示曾托鄭玉翁匯寄之馬眉叔薪水及十號手書，至今未見寄到。前接玉翁二月二十一日函，亦未叙及，未知曾否浮沉。乞向原手查明，示覆爲盼。

〇月前自法回英，適官學生徒均將大考散學，更調安插，方虞寸短。而劉星使嚴札相催，恫喝備至。奈感冒未愈，終難就道，惟有禀請暫緩。並禀候中堂裁察。

四月中旬〈接〉提督凡納阿函，業將王得勝調往海口砲臺，學習砲壘、水雷等。月初叠接巴提督函，知楊德明因足不出户，攻苦致疾，漸成癆瘵。未知應送病院調理，抑須遣送回華，尚須查明定奪。

日前又聞巴提督接其弟巴公使電信，有議約不成、辭行出京都之説，未知確否？便中乞示一二。

亨利馬呢、批布克、愛治地力三種槍樣均由船政轉呈，想已收閲。徐仲翁惠函亦已捧讀，容少痊泐覆。華若翁之圓明園廠曾否開辦，亦無確音。只以奔走疲勞，未及修候，負歉良多。晤時均乞道候。肅此，敬請
勛安，不盡十一。

光緒四年五月十四日倫敦發，七月初四日到。

息必格於前月收到上海匯來二百餘瑪克〔鎊?〕，已令劃付巴提督四千瑪克矣。又及。

覆李丹崖信天字第十七號覆第四號信

七月初旬捧讀第四號惠緘，備悉種切。其時奉伯相面諭，須俟槍樣寄到，彙同各國槍式立靶比試，然後定議，致稽裁覆。

辰下欣諗恭膺巽命，奉使伯靈，宣中朝之德意，聯萬里之邦交，偉抱豐功，遐邇欽矚，莫名忭頌。

〇等遵試各槍，以英國埃蚩提力（即來示所稱愛治地力者）爲上選，而美國比撥的馬梯呢（即來示所稱批布兑〔克〕者）次之。提力槍機堅樸簡便，不用鋼絲彈簧，可免銹損之病，於中土尤覺相宜。誠如來函所謂，雖未見用於英國，究能勝於馬梯呢。伯相現擬函商春帆中丞，能否合用，再行定議。玆先附呈試槍並價值表二扣，乞鑒核爲盼。

至將來購槍，必須兼購子彈並購造子機器，以便自

製。頃奉伯相面諭,先請台端將埃compute提力一種子彈每百實價若干,另確訪製造提力子彈機器以某國某廠爲最佳,每全份日做子五萬者實價若干,並各水脚、保險若干,逐一開單見示,以便覆候伯相核奪。

至外國運華槍子,向來多不裝藥。凡裝藥與否,價值相去幾何?又,造子之器,向以每日成子多寡,分別價值低昂。查洋人所云每日能成若干萬者,特指其力量所及而虚擬之,其實除去收拾器具、挑剔子殼,視原擬日成之數,不過七八折耳。假如購槍萬桿,則造子之器至少須實在日成五萬者,方爲有濟。乞將日成二萬、五萬、十萬者,每項全份機器價各若干〈探示〉。又,銅皮爲子殼根本,碾銅氣機、氣爐等件,亦須按照成子多寡之器配合足用。此等碾銅器件是否統在造子機器之内,抑另議購、其價若干,統祈分別探示,以便詳細轉覆伯相。期在年内定議,開春茶市,即可由滬買鎊寄英也。

前示德人里乞叨芬所著第二册之書已印成否?馬克登那水砲已演試否?赴德各弁品學有無進益?均深繫念,順望賜示,無任企切。

所有尊處三月以前寄來信件,節經照收奉覆,合併布達。除俟購買埃compute提力槍枝確有定議再行奉聞外,再前寄英國三函爲購辦水雷船一隻,托王琴生代匯二千鎊,現在已經收到否?念念。肅泐,敬請

台安,恭賀大喜。統祈勛鑒,不宣。

附呈試槍並價值表二扣。

光緒四年八月初八日發。交信遠洋行轉寄。

李丹崖自法國巴黎發來第五號信

前在英都感冒兼旬，癬疥迸發，形神憔悴。而劉京堂强派參贊，以不到差懷恨，動將參處恫喝。數萬里外遭逢若此，良可悲也。

月前聞楊德明病於德，梁丙年病於法，○亦抱恙在英，不能往視。旋聞楊已稍愈，到劉京堂處自陳，不願回華，醫生令到海濱調養，已函請巴提督發給路費，近聞漸可復元，足可告慰。梁丙年遠在法國南海之多郎[一]，距倫敦三四千里，洋醫既不對症，輒謂决不危險。○因兩日杳無音耗，於本月初二負病渡海，眩暈燥熱不能强支，在巴黎暫息一日。馳至多郎，而梁生於初二日病殂，撫棺一慟，百感紛來。既傷逝者，行自念也。初五日送至馬賽上船。○與日監督於初六日午刻回巴黎，已與馬賽公司議妥，經運至福州交卸矣。該生聰敏勤苦，爲諸生冠，仰無事，俯無育，孑然一身，客死重洋，深堪憫惜。謹照原定章程，禀請中堂奏予優恤，以慰幽魂，以勸後學。

溪耳提督來函，極蒙照料，而王弁云只能倫學，殊不可解。蓋察看調度之法爲最要，至於砲表之度、子藥之重，詳載砲書，可以披覽，若一一在操場抄録，易遭厭惡矣。王弁雖肯用心，而於此等處，殊未能體驗也。查、劉、袁三弁近頗盡心。查弁前奉劉京堂派往克鹿卜廠閲砲，

[一] 土倫(Toulon)，法國南部重要港口，後文又作多廊。

適郭星使亦到該廠，曾面加勉勵焉。

今英、法生徒均經考試散學，陸續調至巴黎閱看賽奇會中機器，以資印證，並須商請英、法海部、外部、工部，安插下半年肄習之地，一時未有定局也。肅此，敬叩

勛安。不盡十一。

光緒四年六月初十日巴黎發，八月二十日到。

李丹崖自法國巴黎發來第六號信覆天字十號信

前繕第五號函因館人誤遲，未及付驛，旋於十六日接到十號手教及黄蕢階鄉兄上海發寄匯豐現票兩紙，一係眉叔薪水，規銀六百五十一兩，[八?]五五。每兩五喜五本，合英錢一百七十七鎊四喜五本，當付眉叔，而眉叔擬下月隨〇往英游歷，將赴倫敦銀號面領也；一係王小翁囑匯購料規銀一萬兩，合英錢二千七百十八鎊十五喜。擬先行函知烏里治火箭廠之占君，俟〇下月到英，面同配貨，再訪他家價值，庶不吃虧。

〇今僑寓巴黎，有舊識之天文館、氣候館、化學、礦學各館監督，囑令陪同郭星使閱看，是以酬應頗勞而獲益不可少。唯近日天氣炎熱，舊痾未愈，不勝遠道，擬稍加調治，復元即赴德國親查肄業之弁，務令實有進益。王弁所習槍砲、水雷，如何教導方有實際，亦須與提督面商，非信札來往所能了事也。大約下月可赴英定購槍子之料矣。

昨於星使處，聞叔雲[一]兄之鑾府參軍已能擺脱，不勝額慶。◎於七月服闋，尚無擺脱之計，不識知己何以教我？近來十餘日不見札催，或已登白簡，亦未可知也。

今英、法生徒俱調集巴黎觀看印證，一面與海部、工部函商調度，俟有端倪再稟節相察核，並擬將一年辦理情形繕稟，敬求於叩見時先爲稟達是禱。肅此，恭請
勛安

光緒四年六月二十日發，八月二十日到。

封發時，接到由英寄來十二、十三號手書，容再縷覆。

致李丹崖信天字第十八號

八月初八日寄上第十七號一函，亮登籤掌，敬維藎體安和，時釐懋卽爲頌。

兹有啓者，直隸、淮、練各軍向有馬隊，所領馬槍日久必須更换，頃奉伯相面諭，擬酌購前門洋馬槍二三千桿以資换給，飭即函請台端先爲閲價，俾得定議托購。查外國馬、步各槍，現雖改用後門，而前門亦間有造賣。敢乞於英國各廠中，查詢某家前門來福馬槍最爲結實、有無配帶皮件（並懇查明槍上通條須要相連槍筒者）、槍名爲何、新造者每桿實價若干，逐一示知，以便稟請定購。如係舊物，以不必議。

瑣瀆清神，銘謝一切。專泐布懇，敬請

[一] 薛福成（字叔耘），此前劉錫鴻曾奏調其爲駐德使館三等參贊。

勛安。統布朗鑒，不宣。

光緒四年九月初九日發。托德國領事寄柏林。

致李丹崖信天字第十九號覆五、六兩號信

前月杪奉到五、六兩號覆函，敬諗尊體違和，喜占勿藥。炎風溽暑，力疾奔馳，勤苦至矣。

梁生之殂，大爲可惜，數萬里出洋不易，而儔人中選才尤難。昨接德國寄來日記，楊明德尚未痊愈。

○因海口操雷，小住匝月，已於初六日請伯相大閱，交過一場。並將來函兩件偕玉軒、香畹呈覽，伯相閱至遭逢之處，笑謂曰，他人樂極生悲，閣下則悲極生樂，此後自做欽差，當不受人恫喝矣；至王弁學水雷、求實際之處，則大加稱贊，且屬○等致函道喜。此時○揣騶從回伯靈已經服闋，則紅頂皇皇來索欽差之印者，即曩昔所恫喝者，劉公見面，顔色何如？乞便中密示數行，以博一笑。昨與玉軒談及，竟不解此公是何道理。

德國五弁，來年必留，前議係三年爲滿，望閣下將扣〔逗〕留情形作速函示，以便稟請來年用費，免得資用不濟，至爲盼禱。

水雷船之款，此時當亦收到。此係試辦，以速爲佳。

袁弁等來函欲進砲隊，未知何如？祈大才酌量可也。

肅覆，敬請

台安

光緒四年九月九日發。托德國領事寄柏林。

李丹崖自英國倫敦發來第七號信覆天字十二、十三、十五、十六等號信

兩月來連接十二、十三、十五號手書，始因就醫湯泉，繼又往來法、德，僕僕道途，未及箋覆，抱歉良深。昨初十日自德回英，次日又接十六號十四號未收到。手書，船價二千鎊、料價（二千七百十八鎊十五昔、二千六百六十一鎊九昔二）、馬薪水六百兩均向銀號填收，測繪四部容寄斯邦道弁收閱。近維勛祉凝釐，秋祺曼福，一符私祝。

月前在西班牙交界就浴，因英部續准學生五人上船，即馳回巴黎趕辦衣裝，資送到船。遂於二十九日赴德，各弁隨閱大操，及楊弁就浴，均於初四回營。訂晤巴提督、德羅他，並集各弁詳細查詢。其譯語較前純熟。習畫行營地圖，有教習韋拉督同測繪，已試測村落，均各用心，劉弁尤勝。每日上午閱林操，下午閱營房操，唯拜三、拜六則下午習繪地圖。〇意宜省閱操之功也，加誦讀。德羅他云，大操畢後應增讀書之時，總以明年六月習畢一哨之事，唯根底太淺，所得皮毛而已；一哨既熟，一營無難，回華後，另延德國營官教以調度，則一營一軍均可熟悉矣。〇再四懇請分哨帶隊，奈總支吾。蓋哨官權小，且不便令華人習帶洋兵也。既礙難經商兵部調入他營，又語言未熟，不能聽講，只能懇德羅他早日替換演帶而已。

其溪耳之凡提督避暑未回，兹將其原函送覽。語氣誠懇，實心肯教。而王弁總疑兵部有心阻當，不能遽窺其

秘。俟下次晤凡提督時再商之。此次王弁到百靈，面加查詢，所得已多，繪圖亦頗入彀，〇囑其專心於起落水雷、調度人工、管理砲臺等事，至於雷池引火、配合藥水，雖王弁未諳而華人知者甚多，不必瑣碎窮詰也。渠欲私往百靈專習文字，則負提督盛情，〇已切實諭令仍到溪耳學習矣。但溪耳唯西三四月上午操臺砲，西六月操浮靶砲準，西八月操水雷，其餘常操槍隊。然則凡提督函内另延明師，授以砲臺、水雷之學，自是正辦。

〇於初十日馳抵倫敦，知雷音赴法看會未回。介克所開槍子料件價值較貴於他商，月前已分投令他商開價。唯薄銅片則較賤，俟論妥後即可購定發運。昨十六日始晤雷音，則云只能一千四百鎊造一小船，其裝配雷架尚未經歷，須請人估算，至少須五百鎊。曾在七瑞克廠見一切器具堅定於船身，決非成船後另加裝飾也。〇念雷架、雷機須與全船配合，若僅造一船，決不合水雷之用也。云最多不到十六旱里，小於海里。只容一點鐘之煤，只在倫敦交卸，均與柏教習所訂不合。〇已駁令不得少於十七旱里，雷電器具列入合同，一體齊備，如能照辦則立約付銀，限以四月工竣，渠訂三日回音。唯由英抵滬，渠既不熟，只可另托他商矣。

前函承詢銅箍砲子用於老砲，〇知銅箍始創於瓦瓦司凡，淺紋多綫，來復砲俱合用，唯不可用於光膛砲及深紋少綫之砲。其銅砲，唯斯邦道官廠後膛砲最精，亦爲省費起見，然必用壓水〔櫃〕擠實其膛，俾免沙孔，又用螺絲鋼圈補其受藥處，其門劈用全鋼，最大者爲二十四生脱米特，又陸營所用八九生脱米特者，精緻勝於鋼。若法國舊法之銅砲,久廢不用矣。

今在英學生上鐵甲者十一人,唯嚴宗光[一]進習格令次年功課,以求深造。在法者又五人入巴黎官礦學,四人入賽隆[二]官藝學,計在官學者十八人,各員生考績甚優,馬眉叔兼中詞科。知注附及。

本月初七,劉京堂接都中電報,有派〇權代之信。荷蒙節相培植,極思勉效涓埃,唯才識庸愚,深懼不克勝任,尚望及時垂教,不遺在遠。

息必格匯款已到,〇處墊款俟後向算。專泐,敬請節安。不一。

附呈溪耳提督原函。

光緒四年八月十七日發,十月初八日到。

溪耳凡提督原函

李大人閣下:

敬覆者,白登[三]洗澡,奉到手書,藉悉勛福駢臻,至以爲頌。

〇於十五日前溪耳動身時,查王弁甚肯奮勉踴躍,與同舟官兵互相敬愛,船主黎白里甚嘉之,行將使學守口水雷新法,實與中華大有裨益,冬間當使學駕駛。此二字恐是譯誤,應是砲臺之學。現該弁已能教操砲兵,調度隊伍,與德官無異。〇總能留心,使常有精

[一] 嚴復,原名宗光。
[二] 沙隆(Châlons),法國東北部城市。
[三] 奥地利東北部城市,以熱礦泉著稱。

明洋師教導德語，至明春當可諳熟，而後觀書讀説，自能了悟，調回中華，可以濟用也。此覆，即叩

鈞安

溪耳提督凡呵尼頓首

文案陳季同譯

函覆凡提督云

蒙貴提督教導該弁，以敦友誼，我中國甚爲感謝，願早日遴派明師，教以德文、算學，並指示砲臺、水雷之學，俾得進益，是所切禱。即候

日佳

八月初三日

覆李丹崖信天字第二十號覆七號信

重九日由德領事寄去第十八、十九號兩函，想已達覽。頃於本月初八日奉到八月十七日第七號來函，具悉一是。

水雷船、雷架、煤艙等事，〇面詢柏教習，據稱留贏前次來信，雷架價值約一百五十鎊至二百鎊之譜。閣下來函所謂五百鎊者，如有另外預備之物，價值或當倍增；若照前議應用之數，斷無增價五百鎊之理。或者繙譯舛錯，亦未可知。兹由柏教習將留贏來函摘抄，洋、漢文各一份，呈閱爲證。如果船已定議，多收價值應由柏教習函令退回。又，煤艙只裝一點鐘之煤，亦無是理，應照單開六點鐘用煤之數。又云該廠造此船曾經有每點鐘二十一洋

里者,所説不至十六旱里,亦恐未必。總之,造成試驗,如與原議不符,儘可與其理論退價等語。尚望詳查是幸。

初八日〇等奉伯相諭,由上海發去電報,托閣下向倫敦西麗瓦敦[一]電綫廠打聽各種水雷所用頂好大小電綫實價,開單取樣,由輪船寄滬,轉寄天津,以便定購。此係專爲海口需用者,器具雖多而價值以電綫爲大宗,是以前次電報僅問電綫之價。

兹將應購各物開單寄上,一英文爲物數單,一英文爲電綫良窳叙略。又譯漢文手摺二扣,内有柏教習約估價值。只多不少,未便作準。其中名目恐多懸揣,請以物數考之,亦自瞭然。望閣下照單打聽實價,由電報寄一總數來華,以便酌量匯款趕辦。約計此單到歐洲,則閣下電綫樣單亦能到直隸。呈伯相閱後即可定議,由電報覆請照辦。至全單物件,總期來年五月到天津,不可再遲。本月初上海洋商斯米德[二]來津,欲求承辦。伯相之意,以假手洋商必滋流弊,或價值浮貴,或以貨就價,非特難核實,尤恐貽誤戎機,蓋電綫良窳關係非淺。斯米德所開漢文價摺一扣,抄呈以備考證。

在德國王弁所習水雷,誠如尊言,合藥非難,用雷爲難。而玻璃管水雷,似非迎大敵之利器。前年丹使[三]携來者,於此間急湍中頗不相宜。未知德之水軍所尚之式是何種類,望飭王弁便中繪圖寄知,以資討論。

[一] 後文又作昔爾乏唐、昔爾乏、息洛乏湯、西麗瓦、息洛乏唐、錫耳乏唐。

[二] 後文又作斯米、施密得、斯密德、施米德。

[三] 疑爲美國駐天津領事 O. N. Denny。

斯邦道四弁槍隊事畢，總宜入砲習學，爲切要工夫。若徒事槍隊調回，更失出洋之本旨，乞大才酌奪商辦。如來年仍須留洋習學，即請示知，俾早稟請，匯寄用費。

德國斯邦道寄來用賬，譯核不甚相符，茲將各款抄呈，以備查核，並祈示覆。專覆，敬叩

勛綏

光緒四年十月十四日發。由德國領事寄去。

計呈英文單兩件，一件四頁，一件三頁。水雷器具譯摺兩扣，斯米德價摺一扣，斯邦道賬單一紙，摘抄留嬴致柏士函（英、漢文各一件）。

李丹崖自英國倫敦發來第八號信覆天字十七號信

昨十七日一函諒察台覽。二十一日狄費孫[一]來，接到十四號手書，敬悉一是。

水砲之事，連日蒲恩來，云因馬克登違例多儲火棉，被有司查辦，昨方裝成水砲一枚，又因工匠不慎，以致轟壞房屋，受傷兩人，一時未能試演，又不能繳還試費，現方責成蒲恩。總因造法未精之故。高見極是，欽佩之至。

槍子料件，六月間已托人查價，適地亞士之密臘在巴黎，亦令查開。唯介克定須面商，不肯先開，及〇回英，見其所開獨昂，他商俱四千鎊左右，而介克獨四千二百鎊餘，外加經手一成，計浮六百餘鎊，既不肯減少，又在倫敦交卸。且云有天津信據爲

［一］　應即前面所提之狄韋生。

憑，不便另托他人，○實不能遷就。

遂函招密臘自漢倍克來英，馳往百明恩[一]，查開實價僅止三千七百零九鎊四昔六邊，其經手二分半亦在内。而介克又來相嬲，明告以已托他人，猶强再開價，四次減改仍四千鎊有餘。蓋本爲胡里治匠目，從未經手採辦，如此耽耽逐逐，雖價廉物美，亦不敢輕於信任也。

昨日已與密臘訂約，限西十二月中抵滬，最遲不得過西正月中旬。説定徑送天津，每噸水力五鎊，每百兩保費二兩半。凡滬商章程，立約付一半，貨到付一半。今銀在倫敦銀號，無息。擬將三千七百餘鎊全數交付，酌加利息，亦無不可。其水力、保費，俟到華日付給。似較介克可靠也。

前天又到七瑞克詳閲水雷艇。其速率俱有十八九海里，製造極精，船身較長，價亦甚昂。廠主云中國應用荷蘭所購之式。圖説具詳另紙。詢以雷音式是否合用，則曰若用攻敵，總須身長行速，蓋短易震覆、緩易受擊也；若爲肄習計，則可試購一號，唯桿架宜用新式。遂於二十二日與柏次(即柏教習之兄)商定，照天津所議，令雷音試造一號。計一千四百鎊，又架桿、輪索、電機、雷殻等二百四十五鎊，又寬備四葉輪一具，修機器具一箱，不得過二十五鎊。唯速率總不肯定，今與訂，以十六旱里半爲限，如短少半里，罰扣五十鎊；短於十六里者，罰令重造；如加速半里，則賞五十鎊。添立小合同，付銀四之一，以是日爲始，

[一] 伯明翰(Birmingham)，後文又作白明翰、伯明恩。

四個月工竣，在倫敦驗收，另商送華。○於去秋見英、法演試桿雷，亦用四年前所造之艇，其速率約十七旱里，則試造一號，演習手法，本不可少。日後應否向七瑞克定購，乞轉禀中堂鈞裁察奪。

外，抄上七瑞克廠記一段，及譯出該廠來函並圖件等，均呈查收轉呈爲感。敬請

勛安。不備。

外，抄件、譯件、艇圖。

光緒四年八月二十四日發，十一月初六日到。

再啓者，德國各弁用款，擬到德後向息必格查開細賬。以後用款由○核准出票向支，庶不致濫支購物，漫無稽考也。其去年墊付水師飯食一百鎊及卞、朱回費，亦可向支歸款。

唯出洋章程内，華監督及羅繙譯[一]每年雜費三千兩，本未籌及赴德之費，其陳文案同行及賞給教練等費更未籌及。今因倫敦租屋昂貴，羅繙譯用亦稍費，往來查課，舟車耗巨。日監督以一人查課，往來及游歷各費在雜費另支，弟則涓滴不肯另開。除○之澣衣、薙浴、茶點、僕俸、雜償一切瑣費悉由自給外，計第一年以到洋日至次年是日作第一年。已溢用雜費一千八百兩。是第一年内赴德三次，共用二百二十四鎊。去年七月第一次計用九十八鎊餘，十一月第二次計用五十六鎊餘，今年二月第三次計用六十八鎊餘，均與陳季同同行，三共計二百二十四鎊。内除蒙中堂優給薪水，無須補貼路費外，其陳委員用

[一] 羅豐禄，字稷臣，光緒三年(1877)福建船政學堂第一批留歐學生之一，並兼任繙譯，後又任駐英、駐德公使館繙譯。

款、路費等約居一半，計一百一十二鎊，應否補領津貼之處，先請稟懇中堂鈞裁核奪。如蒙允准，乞即函示，以便備具公牘，一面向息必格支取也。其第二年無論敷否，不須津貼。專此奉懇。再啓。

閱看七瑞克水雷艇廠記日記内摘出。

八月二十一，與羅稷臣上波得蘭盧得車場，行三刻抵哈摩士密次車場，又馬車一刻抵七瑞克之紹克羅福脱[一]廠。

是廠製造薄鋼片水雷小艇，獨擅其長，各國咸購之，取其輕捷也。去年五月，曾與日軍門[二]往觀，沿河支鐵棚三間、小樓五楹，置船三五艘，集工百餘人而已。今復往，則鐵棚增至八間，集工六七百人，在船臺者十六艘，在河者十艘。主人迎入辦公所，見其幼子方七八齡，效水手裝束。主人出示水雷艇各圖，其英國定造者，即去年所見來迎之式，譯言電光艇也；又有荷蘭及法蘭西定購者，皆桿雷艇及船面支架兼發魚雷者也。詢以法國有水底用壓氣發魚雷者，貴廠能否仿製？主人遂出，云但繪此圖尚未造過，且只有前發魚雷，不似法國之前後並發也。

閱畢，引觀河中各艇，因水淺不能試駛。先上英

[一] 後文又作沙呢克落福。

[二] 日意格(Giquel)，法國軍官，參與鎮壓太平軍及建設福州船政局，因功獲賞至加提督銜，故有此稱號。光緒三年(1877)以洋監督身份與李鳳苞一起率領船政學生赴歐留學。

國之來迎艇,爲是廠之最大,長八十七尺,寬十尺半,入水五尺,速率十八海里,用倒汽筒康邦機,旁有蓮花漏凝水櫃,以紅銅爲之,機關靈敏,製造精工,艙中有壓氣機,所以裝魚雷之氣也。其船面前端之魚雷架及桿雷之架索等尚未配全。有小官艙二,爲船主所住,湢厠咸備。計價六千五百鎊。

英國已購十二號,丹國購一號,尺寸、價值俱同。法國購十二號亦同,惟專送桿雷而不送魚雷,故不設雷架及壓氣機。初購六號,價五千五百鎊;續購六號,五千四百六十五鎊。所儲煤可行三點鐘;其凝水櫃中淡水回環爲用,由英至法之削浦[一],不必另添海水;其運舵處有厚鋼片員〔沿〕臺周鏤横縫四道,縫寬五密理邁當[二],長二十生特邁當,令掌舵者可以外窺而不虞槍子也;艙面緣以木條,鋪以帆布,髹以油漆,以免滑足。

其較小者,長七十五尺,寬十尺,入水四尺,速率十八海里,可送桿雷二或送魚雷三,康邦機馬力三百匹,水鍋每方寸可受力二百四十磅,今只用一百二十磅。其鍋中用黄銅管,前端以螺絲鑲合,後端無螺絲而寬餘半寸,船身鋼殼厚八分寸之一至三十二分之三,所儲煤可行一點鐘,速率十八海里。今荷蘭定購六號,則每號扣一百鎊,其雷桿、雷架、鐵索、電機等

[一] 瑟堡(Cherbourg),法國西北部重要港口。

[二] 毫米(Millimeter),後文又稱密里邁當、密令邁當、米令、密理密達、密理、米里米脱。

器,每號另加二百五十鎊。此式最合中國之用,許以詳細款目抄贈。

又次者,長六十七尺,寬八尺半,入水三尺半,速率十八海里,價三千四百鎊。最小者,長五十九尺,寬七尺半,入水三尺,速率十五海里,儲煤可行一點鐘,價二千五百鎊。

細觀各艇及圖式,知其有擅長者數事。

一爲艙門。其隔堵及出入之門,俱甚緊密,浪花不能添入,有圓疊挺簧連於鉸鏈之下,如有沉溺之患,則一舉手而艙門洞開。其緊要處俱用樹膠緣邊,水不能入。

二爲風扇。蓋艙門既密,則人不得呼吸,火不得透發,故設風桶於水鍋與機器兩艙之間。艙中引汽,通於短小鞲鞴,以轉風扇,每分時計轉一千次;然後掌火、掌機者得以换易新氣,令舊氣自火門達於煙囱,而火亦藉此透發矣。

三爲隔堵。鋼皮甚薄,鋼脊甚單,易被格林[一]砲子擊破,故必多作隔堵。惟機器艙爲一大格,左爲凝水櫃,右爲吸水機,長不及八尺,前爲水鍋艙,旁有煤護,此外前後各艙皆作小隔堵,雖極破漏不患沉溺。

四爲冷釘。凡紅熱泡釘,有冷縮之弊,且鎚時易

[一] 加特林機槍(Gatling gun),美國人加特林發明,當時往往稱格林砲。後文又作格令,《使德日記》作格得令。

傷薄鋼，故惟水鍋泡釘仍用紅熱，其餘船身各處俱用冷釘。頂徑十密理，脚長七密理，徑六密理半，係用炭鐵爲之，因木炭所煉者無硫、磷[一]、矽等質，其鐵獨純也。

五爲鍍鋅。凡薄鋼入鹹水易於銹蝕，唯鋼脅、鋼殼皆鍍以鋅，乃可免之。觀其廠中置鐵鍋如小船式，高四尺，長十餘尺，中寬二尺，餘嵌於磚爐，容鋅十五噸。將鋼件先置稀鹽强水方池中浸一時許，取置木桌上，刷去其垢，洗以清水，置烘爐乾之，提蘸鋅鍋中數次，即燦然如銀色矣。其蘸鋅之時，頻加敍〔煞〕拉穆尼[二]（一名洋石膏，天津亦用之）屑於鍋中，令鋅與鋼易於粘合也。

六爲架桿。嘗見英、法所用船面，架桿頗不靈活。今該廠新法，其在桿雷用空心鋼桿，可藏電綫，而又曲其後端，連於後轆，並連於前轆而周繞之；前轆係二枚相連，一以鐵索聯於艙中之汽機附輪；將近敵船，一發其機則三轆並動，桿插入水，以電發之。桿雷用火棉，三十五磅。其在魚雷，除用磨盤架施放者仍用舊法，其新法則置魚筒於兩旁，不用則收懸舷上，臨用則放落舷旁。法如附圖，用三角鍵定於舷（如甲），上以轆索收放之（如乙），其收起如左圖，其放下如右圖，是收放便捷，而雷艇往來一次，可以連

［一］ 磷（Phosphorus），後文又作燐、粦、發司發拉士、鏻。

［二］ Salammoniac，即氯化銨（NH4Cl），後文又作淡輕四緑。另有音譯爲沙拉摩尼亞克。

發魚雷三尾。以視舊法用高架轉動,良久只發一尾者,利鈍懸殊矣。

遍觀其廠,剪、鑚、刺〔車〕、刨等器,皆精小而恰適於用。只用檐外水鍋一具,長不及丈,以動倒汽筒二具,各方廣三尺餘,每分時約進退二百次。其汽先入一具,用過後又入一具,亦康邦之理。全廠各機俱賴以動。其剪撞相連之器,左右並用。凡治薄鋼不必大力者,均宜效之。廠中所用之圖,皆先畫蠟布,曬於藍紙,成爲陰紋,敷以凡力司油,褾放木板,發交工匠,亦省畫之一法也。閱畢,上車回倫敦,已暮色昏黄矣。

去冬聞蒲恩云,七瑞克小艇鋼殼太薄,行駛鹹水,輒易蝕破,故英國相戒不用。今見局面開拓,各國争購,且英國定造者尚在河中,則蒲恩之説明,是造謡嫉妒矣。附圖在紙尾。

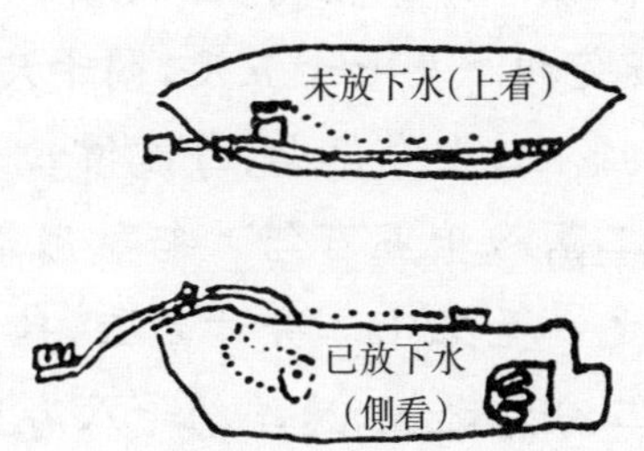

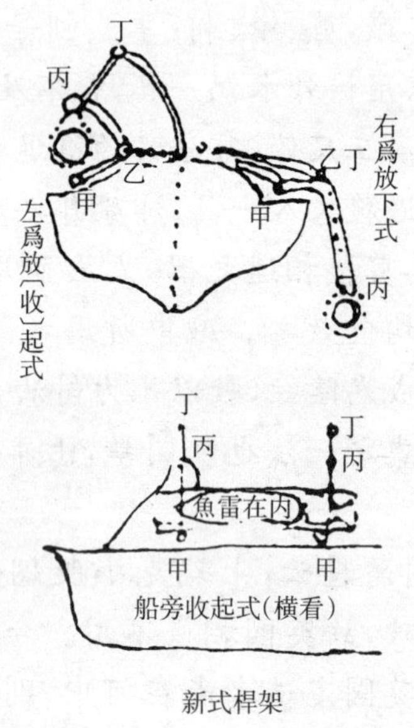

新式桿架

附抄該廠來函

昨承枉顧，談及貴國應照荷蘭所購水雷船定六號，在本廠交卸。長七十五尺，闊十尺，配水雷桿二，其水雷殼、電池、電綫俱全，每號價四千七百五十鎊，六號共價二萬八千五百鎊。船舨用畢士麻鋼做成，厚八分寸之一至三十二分寸之三，艙蓋厚八分寸之一至三十二分寸之五，速率約十八海里，折合陸里二十零四分里之三，煤支一點鐘。爲荷蘭所製者，船舵置於螺輪之後，故恐速率不能恰得十八海里，唯不及十八海里，荷蘭亦肯照收。機器馬力由二百五十匹至三百匹。船中設冷水櫃、蒸釜,可以常有清水。蒸釜係畢士麻鋼所造,配以羅莫鐵或方備鐵之火箱。其水雷桿皆係新式,望臺與機器房有通語機相連。

送上船圖二幅,一請台端收藏,一交羅豐禄先生收閱。

一千八百七十八年九月十九日

紹克羅福脱廠謹啓

李丹崖自英國倫敦發來第九號信

昨二十四日第八號函及水雷艇圖想已達覽。

今晨密臘自伯明恩來,槍子料件俱已購定,可於兩禮拜後催攢發運矣。遂於今午填給銀票四千二百鎊,或盈或絀及半價内每百鎊扣息一鎊,俱俟貨到時大裁核算。其徑送天津之水力、保費均不必另給,前函所云貨到給費者,係〇臆度之辭也。

密臘訪問價值,奔走獨勞,其價仍較賤於他商。請切實驗看,勿聽介克。如果貨皆適用,則其廉能實堪嘉尚,倘日後中堂飭購亨利馬尼槍及博洪砲等件,似尚可委托。今自歐洲省親回華,意欲叩謁中堂,以表遠人景仰之誠,惟望推愛引導,是所銘感。其雷音艇,候工竣驗收,設法運華,再臨時布達。兹乘密臘回華之便,附箋肅請

勛安造尺機價亦請向面算。

光緒四年八月二十七日發,十一月初六日到。

致李丹崖信天字第二十一號覆八、九兩號信

九月初九日、十月十四等日迭寄十八、十九、二十三號蕪函，計日亮登籤照。頃奉八月二十四日自倫敦寄到手示二函並雷艇圖十六紙、七瑞克廠記、各弁日記等件，又劉芝田觀察譯寄電報所寄電綫價值各節，備徵藎慮周詳，無微不至，欽佩莫名。敬維勛祺集吉，籌祉延釐，定符遠祝。

留贏廠水雷船已照議定造，且於行駛之遲速，訂明議增議罰一層，足使外邦知中國之有人，其心亦當佩服，但未識明歲春間能否到滬否耳。

查譯艇圖所載船身寬長，吃水深淺及每點鐘能行十八海里之説，每一海里約多一英里八分之一，足見外洋製造精益求精，不泥成法。而於廠記所云艙門、風扇、隔堵、冷釘、鍍鋅等製，更屬精妙絶倫，亦不能不使人意折也。

電報所寄西麗瓦敦各價覆與柏專敬、上海德商斯米德所估價值，雖互有低昂，然總以閣下所探之價爲實。前次曾經將柏、斯所估之價開摺寄閲，敬祈速賜探明七頭、四頭、單頭各種實價，寄樣來華，以便呈候伯相覆定購辦。以上各節，均經轉稟伯相鑒閲。

至於赴德用費一百二十鎊，亦經轉稟，照數補給，第未蒙批示於何局支領，容請示後再爲籌寄。茲特將原稟及批抄録一份呈候鑒察爲幸。

再，購辦槍子料合同一紙及尊函，一併送交王小雲兄

查收。惟此次所購,抑係僅屬物料?抑連脚、險在内?倘若餘有銀兩,並懇添購捲管銅皮若干,以備應用。

袁雨春華裕銀號股份息銀,今年業已算結,一俟湊有成數,再當送交。該銀號起息,昨亦詳知伯相矣,並乞便中諭知該弁是荷。專肅奉覆,敬叩

勛安。伏乞朗照,不宣。

外,抄録禀、批一份。

光緒四年十二月二十一日發。托上海道轉寄。

李丹崖自德國柏林發來第十號信

謬以軽才,荷蒙恩旨派署德使。綆短自慚,方希指示,適於昨日接奉第十七號手教並槍表二份及玉翁惠函,如親謦欬,欣幸何如。藉諗勛祺迪吉,凡百勝常爲慰。

承示埃蚩提力槍最勝,此槍係伯明恩人所創,發售未多且無人仿造,俟詢明價值再行奉覆。其廠亦未見有造子機器,大約與龍華廠造林明敦子者略同,中國可自製此器。其卷同〔捲銅〕之對輪,係堅鋼所成,不但非槍廠所造,且非機器廠所造,伯明恩亦有專造對輪之廠,訂購甚易也。

前月在柏林見有拉否[一]所創之槍,較爲堅樸,其針與柄相連,下用屈舌而不用圈簧,其用過之子殼最易出脱,聞地亞士行有此槍樣,乞飭取試驗之。

[一] 後文又作羅舞、力拂,《使德日記》作鑾伏,徐建寅《歐游雜録》作羅乏、羅物。

水雷艇以七瑞克者爲最。雷音廠所造，大約游艇及懸於船旁之脚艇，故行遲力弱，不合桿雷之用，既爲柏教習所定購，姑以試之耳。初四日柏次來，云此艇已上脅骨，請驗付二批經費，遂往觀焉。

是廠在倫敦西南達眉河[一]濱，廠極小，僅有板屋一埭，工匠不過三十人，其汽爐等五六器俱易遷徙，不過值數百鎊耳。有小艇長五十尺者二，係英海部定購，懸於船旁者也，值一千六百鎊。其臺上有船五。一長九十尺，直五千鎊，亦海部所購。一即中國所購，脅骨已全，方敷鋼片，脅骨相距十九寸，龍骨、鐵脅及鋼片皆不度〔鍍〕鋅，詰之則以未約對，並云如鍍鋅須加百鎊，遲半月。及歸，查合同本，云加漆，惟柏函有如可鍍鋅之語。此外三艇皆暹羅商家定造之游舫，配齊後可以拆開寄至暹羅合攏，大者長六十三尺、寬八尺三寸，小者長三十七尺、寬六尺六寸，值不過五百鎊，速率十二英陸里。大約貲淺工省，非水雷艇廠也。唯雷音爲人似尚可靠，不致有誤，遂將二批三百五十鎊付之。

昨又接密臘來函，係九月十九日漢倍克所發，云紙、蠟及巴馬油、舍利克[二]漆等項已由斯飛力尼船運往上海，其銅片二十噸可於下禮拜裝運，最遲至一個月可以全數裝運矣，渠於兩月後回華。所有匯來之槍子料價，除密臘付去四千二百鎊外，所餘之款，未知可劃作出洋或出使

[一] 泰晤士(Thames)河，後文又作台姆士河。
[二] 後文又作舍拉克、昔拉克。

之款，抑存俟訂購軍火？乞示明爲盼。

前傅蘭雅假滿到倫敦來謁筠帥，且云在上海所譯飛里摩利未意之《萬國公法》[一]欲在洋譯竣，因其中引用古語甚多，得以就近咨詢專家也。承筠帥面訂，正月初旬請渠伴送回華，是以乘此兩月閒暇，延至德國與繙譯官慶常晝夜趕譯，大約年内可竣。

德國學習武弁均能勤奮，足紓錦注。近因接任伊始，凡百冗雜，不盡欲言。即請

勛安

光緒四年十月初十日發，十二月二十五日到。

[一]《使德日記》作飛爾摩耳《公法論》。

卷三　光緒五年正月二十七日起
至六月二十七日止

目录

臘不董〔懂〕軍械，只可爲滬上轉運，煞士布馬槍，眉叔、五弁薪費已匯，提力槍價有異

去信二十五號　請飭袁弁等學習收驗槍械，手槍已令編號，將來兵槍亦應編號

來信十七號　覆第二十一號去信，購料餘款應添何物，驗留贏雷艇及起運，採辦不宜問價，色飛爾得造槍機，宜奏賞巴提督竇星，王弁調至柏林專教，詢馬槍購否

來信十八號　覆第二十二號去信，昔爾乏唐電綫，德國營官來華教練，日造五萬機無回信，提力造子機不可購

去信二十六號　覆第十七、〈十〉八兩號信，電綫，雷船，採辦，槍砲〔膛〕宜畫一，力拂槍已令照提力製造十桿，四弁用款已匯，手槍已定二百桿，前膛兵槍亦定二千桿

去信二十七號　覆第十九號來信，專定克鹿卜後膛砲，應購十二生砲十尊，槍宜購、子宜自造，定購後膛兵槍萬桿，詢擦拭槍砲法，克鹿卜買砲合約

去信不列號　四弁宜學量砲内膛，其於槍砲圖説亦應考究

李丹崖自德國柏林發來第十一號信覆天字十八、〈十〉九兩號信

昨初十日接奉十八、十九號手書,敬悉一切。

托訪前膛馬槍,當經函詢英、法、德所識各廠,已有數處函覆,云馬兵行速,各國概用後膛。又接息必格函,云英國伯明恩有廠,數年前曾造前膛恩飛爾[一]槍,發售波斯等國,聞中國亦曾購之。即函招密臘來,與訂運送天津,每桿三兩五錢,據云前年運送上海三兩六錢。並飭送樣至天津備驗。昨德國方福答邁廠函覆,云有德兵部購剩之毛色後膛馬槍一千六百桿,與陸營現用者無異,連包扎送至漢倍克海船,每桿三十五瑪克。外加漢倍克至天津水力、保費。第恐價值太賤,必是兵部驗剔之貨,擬俟送樣來時請陸營熟手試驗。如非驗剔之貨,再請稟明定購。今晨密臘云,另有兵部剔出之毛色馬槍二千桿,前經送樣至津,每桿約四兩五錢。今午又接巴黎函,云有煞士布[二]馬槍五千,因換格拉爾[三]新槍,由兵部減價發售,其紙捲與司乃得相同,自造甚便。據此間兵官云,馬槍宜用後膛,雖用舊槍亦較勝於前膛,是以亦令送煞士布樣到津。祈驗明應用何種,電示訂購。其愛治地力兵槍價值、機器,尚未開來,容再函催。

[一] 恩菲爾德(Enfield),後文又作恩費爾、恩非爾。

[二] 夏塞波(Chassepot),後文又作煞士鉢、砂士鉢、薩士布、薩士鉢。

[三] 格拉斯(Gras),後文又作格臘。

王弁於夏季習起落伏雷之法，秋冬更换班兵，只習槍隊，幸蒙前提督凡納阿另延教習專教，頗不曠廢。凡納阿因英倫兩鐵甲船撞沉株連解任，又遭同寅誣以怨望布謡，海部頗爲不懌。溪耳新報嘗論海部調度不善。凡納阿屢有函來，囑便見海部時代爲辯白。忠厚人横遭誣陷，良可惜也。新任雖肯照料，終不能及。擬來春開操砲臺水雷時，親往面托，或請海部致函，亦或可親切也。

斯邦道四弁現頗勤慎。楊弁已痊，亦照常帶排習課，每禮拜兩次到御馬苑習騎。前日德羅他來，云一軍一營全須一哨工夫純熟，今令四弁習帶隊，俱肯用心，唯劉弁稍遜，大約明年西九月可以習竣一哨之事，再由公使面懇兵部，派入砲隊續習一年，則陸軍大略可以全知，送回中國，可令按法分教，由四人而十六人，便可分教一營。一面由公使商借德國年富力强之現任幹練營官一員，曾充五六年且二十餘歲未娶者方可入選，德羅他自云僅充哨官，且年長身肥不能入選。赴華統帶，充爲華官，德人在俄充營官者甚多，日本學生在德充都司者二人，守備者二人。教以調度應變之法，不及三年可成勁旅，由一營而一軍，俱非難事，從前俄國曾用此法。雖聞劉大臣輕視洋官，然素知中堂大度，前委戈登領兵，頗收臂助，竊謂臨事應急，固易收功，而閒暇教操，尤能獲益，想不以華洋畛域也；否則四弁回華，但令唤操，不過添幾個李邁協耳，有何益哉？其言頗懇切，乞尊裁稟請中堂核奪。明年經費亦乞隨時匯寄。

再，月前接上海芝翁大公祖電報，查詢電纜及水雷之價,當經函詢倫敦之昔爾乏唐及柏林之西們士哈士[一]。蓋本月初二先接昔爾乏唐價單,因太繁不便電答,先摺出守口十二雷、電纜十六英里約價二千六百五十鎊,以電作覆,兹抄原賬譯呈台覽。

次日西們士送來各種圖説一大包,因重滯難寄,謹擇其切用者凡六種圖説,單譯清單、價單呈覽。日前又到該廠詳觀,工匠二千人,取精用宏,與昔爾乏相埒。其新創之法,一爲弧鏡,用電機令兩針相交便知敵船已到某處,較勝於載生洋行之舊法;載生行所設者,與法國多郎、削浦海口所見者同也。一爲陸路電報桿綫改爲伏綫,以七綹合成,外裹膠麻,埋置土中,可免敵兵偷割及颶風壞竿之弊;今德國與法國毗連處及柏林等城已改用是廠所造伏綫一千六百啓羅邁當[二],餘處亦擬改。一爲陸兵先鋒探路電報,用細綫聯以德律風傳話器,隨時收放,傳述甚清;聞德君以此贈俄軍,未到前程,一軍瞭然,遇有險阻,倉猝預備,全軍飛渡,土人驚爲神助,皆賴此器之節節探告、頃刻傳布也。一爲電運雷艇之舵,亦較英國所演者靈活;一爲煤礦傳語器,亦精妙。其餘火報、汽車報、各種電報、各種電燈,不及詳述。大約德國工料賤於英、法,如可合用,就德採購,由漢倍克上船亦屬甚便,總望轉呈中堂察核示遵爲盼。

再,前托密臘代購之司乃得槍子料件,先付去四千二百鎊,今又找付五十二鎊十昔九邊。又王曉翁囑購分度

[一] Siemens & Halske,後文又作西們士、西門士哈、西門哈士、西門士哈士蓋,《使德日記》作西們士哈爾士該。

[二] 千米(Kilometre),《使德日記》又作克羅邁當。

機器，連包扎、運、保各費計二百十三鎊十一昔。兩共支付四千三〔四?〕百六十六鎊一昔九邊。其貨俱已發運，計可抵津矣。所有水力、保險俱已算清。查前由上海匯來第一次二千七百十八鎊十五昔，第二次二千六百六十一鎊九昔二邊，共五千三百八十鎊四昔二邊，計餘一千零十四鎊二昔五邊，未經支動，或劃作出洋款、出使款收賬，或存備採購軍火，均乞裁示爲荷。

近來公使、官紳每日有二三人來答拜晤談。昨十五日各公使賀德君傷愈回都，○亦隨班進謁德君及后，各接談片刻，囑代請中國大皇帝聖安而已，唯巴使未痊、畢相未回，均不得覿面耳。

仲虎兄函匆匆未及泐覆，渠意惠然肯來，願充參贊，實深欣慰。其於製造、船械、軍火等事，見得到做得到，必無寶山空回之憾，實勝於在洋之○等數輩也。唯署使恐未便奏調參贊，乞先代請中堂鈞示爲荷。敬請
勛安

光緒四年十一月十九日發，五年正月二十七日到。

李丹崖自德國柏林發來第十二號信

前函想已達覽。

昨查驗毛式馬槍，機關尚屬靈便，想天津有樣，不必寄上，如定用此種，乞賜電報訂定。

日前又到羅舞一作拉否廠，逐一詳考其槍，簡樸靈便。即八月中旬函告之槍。未知地亞士槍樣曾否取閱？此亦私家

新造，尚未通行，與愛治地力等也。詢其槍桿及機簧鋼料，皆購於英之色飛爾得[一]廠，其造機簧之機，造自本廠，俱有一定規模，盡人可做，千萬如一。中國應有自造一律之槍，似宜酌定一式，不相沿襲，亦採色飛爾得鋼料，購機自造，固屬甚便，總請大才會同酌議，稟請中堂核定爲盼。

拉否廠前經俄國定造六門手槍四萬支，今又續造二萬支，係對面笑新式，精巧絶倫，合六十六小件，經七十八機器而成一槍，計價六十瑪克。俄派員在廠查收，凡差五千分寸之一者亦必剔出。此槍太精，不合華用。另有一種後樞六門者，乃五年前新樣，較爲簡樸，計價四十二瑪克。是廠爲樓七層，造手槍之機器有四千餘件，五年始備。竊謂中國兵槍、馬槍須自造，而手槍只須購用，因手槍機器繁多，且至多僅須二百桿，自造必不合算也，唯須議定一律耳。高明以爲然否？

近日西人度歲，酬應頗稀。昨晤巴提督，云巴使尚未痊癒，明晚地山[二]宫保來此，恐未能見面。

所識西士，論及中國通用元寶及墨西哥錢，莫不姍笑，蓋錢法之壞，窮極必變，若待他人强爲，則權必不自我操，急宜預爲籌備，以救其弊。近來廣採鑄錢善法及機器價值，英、法、德三國各廠可以較短絜長，酌量去取，一俟彙齊後，譯呈核稟興辦。

[一] 謝非爾德（Sheffield），後文又作色飛爾特、色非爾得、式飛耳德。

[二] 崇厚，字地山，此時任出使俄國大臣赴俄國談判，從海路經法國、德國到彼得堡。

兹先寄上愛治地力槍原單及王弁日記,乞查收爲荷。此請
勛安。不一。

光緒四年十二月初三日發,五年二月初十日到。

附呈愛治地力槍價。

愛治地力槍價

遵初七日函,查得愛治槍一萬桿,用默樂和來福法[一]配錐刀者,六十七昔林六邊士,包扎並運至英海口,每桿加一昔林半,内應扣出經手費五分。如用亨利來福法[二],每桿應減一昔林,計六十六昔林半。至製造彈捲機器,應先示明每禮拜做若干枝,應否照配汽機、甑釜、對輪、冷爐等件,一一示悉,方能估算。由倫敦運至上海,如洋槍裝成木箱者,每噸水力四十五昔林,機器等件每箱重不過於二噸者,亦四十五昔林。其保費,則裝成馬口鐵箱者,每原價百鎊加三十五昔林,不裝馬口鐵箱者不能估定。如物件甚多,則水力可以酌減。專此奉覆,静候尊示。

一千八百七十八年西十二月十二日

李丹崖自德國柏林發來第十三號信

去年丁雨帥、吴春帥囑查格令槍子機器,歷詢各廠,

[一] 後文又作默樂霍來福法。

[二] 後文又作顯理來福法。

均須詳開件數及每禮拜擬造若干，方能配機估價。

今年十月，風聞英國退勒采侖[一]廠造成格令槍子全機運送中國，單内廠價六千六百鎊，而加經手費一千一百鎊，未知運到中國另有經手耗費否也，但聞輾轉過手，耗費已多。該廠因前次山東造藥機器歷經蒲而捺指索刁難，遂痛恨經手之人，托友通函，請日後官爲經理對手交易，○遂乘勢令開中國所購格令子器之價。兹譯其信件並原賬，呈請核查，此項全機究係何省定購、何人經理，既可識過手者之貪廉，又可省再購時之耗折。唯請勿追既往、勿事聲張，以免商人怨毒，且令廠商樂於開示。安蒙士唐樂有經手人，一詢其砲船拆片之價即告金登幹致赫德，至今耿耿。是退勒之和盤托出，實爲難得。日後天津、江寧、福州等處，如須購此，須由尊處先飭津、滬洋匠詳查，如軋銅皮之對輪等件不必另添，其他項機器或可自造、或可酌減，均須臨時定奪。勿以原單交匠，恐自稱經手人也。今不經寄閩局者，因尊處於津、滬各局較易查核也。

此外有造槍各機價單，無論何槍均可造之所謂模架者，即前函所云造機簧之器，可以千萬如一者也。退勒廠大半用色非爾得鋼，其價亦尚合宜，唯捲槍桿之對輪乃美國舊式，與滬局無異，係用一片捲成，相合有縫。今歐洲各國，俱用徑一寸五六之鋼條，燒紅鋸作半尺之段，先鑽中孔，燒紅扯長，再用擠輪緊壓，然後光其内外，則無合縫之弊矣。

[一] 後文又作退辣、退拉、台辣。

又現造之飛爾得[一]槍，係該廠去年新創之法，其付價之法，可將全價及水力、保費加一存於倫敦銀號，俟貨已上船，一齊還價，則永無倒賬之慮，惟利息全歸該廠耳。

雷音艇價，因柏專敬之兄來函，遂於前月杪將第三批經費付去，然總慮其資本單薄，擬交行保險以免疏虞。

今歐洲貿易日衰，各廠皆外强中乾。前年日本、土耳其官爲經辦，叠遭倒賬，率舉商人以司，查工、墊銀、發運之事，而仍官爲調度之。今密臘願充是職，日後有購，俟官訂合同後由渠按工付價，運貨到華，給還全價，而予以百之二五[二]，未知是否可辦？密臘是否可靠？乞與鄭玉翁熟商，稟候中堂裁奪示遵爲盼。

初四日崇宫保過此，調繙譯慶常赴俄。十三日外部總辦古施婁來談，已録呈總署，想必抄寄中堂鈞覽。因乏人抄寫，不及另呈。日軍門囑呈賀年片，稟乞轉呈。肅此，敬請

勛安

光緒四年十二月十六日發，五年二月十六日到。

附呈譯録退勒采侖廠函。

退勒采侖廠函

退勒采侖公司來函：承詢格林槍子機器細賬，願照本行已代中國辦理之價開呈，其賬内並列現銀扣

[一]　後文又作飛而得。

[二]　此處應是百分之二點五。

讓之數,望日後再托本行代辦,緩日當寄呈各機器位置之圖。西十二月二十六日

又函云:前函所云各機器位置之圖,今特呈覽。另有造槍器具價單,計分六事。另有二賬,係造鐵筒器具,又一賬,係造鋼筒器具,唯革帶等件不在内。以上各價,只論機器,而刀與模子不在内,因不知欲造何式之槍,且管廠者必能自造也。蓋此項全機,無論何槍俱能製造。另有機器一副,係專造刀與模子之用。其軋槍筒等器,每日能軋成槍筒一百餘桿。然欲一日成百桿之機簧者,需器尚多。此副機器每禮拜能成二百桿之機簧,如隨意欲拓大,其廠添出機器,俱無不可。其造木柄器具,另加汽機四副,計一千三百九十鎊,則每日能成三百。其造馬氐尼亨利槍木柄機價亦在單内。

本行代造中國機器已多,其銀分三次交付,如需辦理,則將各機器上船、保險俱可代理,不必另加經手費。又有一法,如將全價存於倫敦銀號,另加水脚、保費,大約爲原價十分之一,亦存銀號,待上船後將起貨單送至銀號,由銀號匯銀過百明恩本行來往之銀號。如欲知本行是否可靠,可問銀號便知。其存銀之息,應歸本行收取。請兩擇之,如有未明,再請示知,當詳細奉覆。西十二月二十八日

又函云:本行自造之飛而得槍,每桿六十七息令,連刀在内,外加裝箱、送倫敦船上之費不能扣減,唯水力、保費可以代辦,不取經手費。定約以後四閱

月後，每月成千桿。如欲看樣，可造送一桿。如用三角刃，則減三息令。同日

苞按：函内所稱模子與刀即機簧，每件必有一同式之鋼塊作模，又必有一相配之磋輪，四周有楞，鋒利如刀。此二件裝配模架之上，凡有機簧，絲毫不用手工而能千萬如一，不爽毫髮也。

光緒四年十二月十六日發，五年二月十六日到。

覆李丹崖信天字第二十二號覆第十、十一、十二三號信

敬啓者，接奉自柏林寄到第十、十一、十二三號手函並倫敦之昔爾乏唐廠、柏林之西門士哈廠電綫、電燈、煤壙〔礦〕傳語機器各圖及提力槍價單、王弁日記等件，讀悉種種，仰見藎猷密勿，巨細不遺，欽佩無似。

查大沽應添水雷所用電綫、器具等物，曾於去年十月十四日開單寄呈台端察辦，又於十二月二十一日函請將前單所開之四頭、七頭各種電綫寄樣來華，比日想均達覽矣。惟查來函内所稱電綫僅有單頭者一種，而各種機器亦互有異同，又未知昔爾乏唐廠是否即柏專敬所指之西麗瓦敦，想台從見聞所及，必能確知爲某廠之物，實在真實可靠。第可慮者，恐購辦之物與用物之人，或心手不能相洽，或胸中具有意見，他日脫無成效，非但不能責其成功，且使其有所藉口，是以此次稟奉督憲批准，仍在柏專敬所指之西麗瓦敦廠購買，俾辦理前後一綫，想高明亦以爲然。

其西門士哈廠所造器物,兹承寄示圖式,得資考究,甚爲欣幸。若能再爲查取全副圖説以廣識見,更爲盡善,此時似毋庸向其議購器物也。

至於提力、煞士布、毛色、恩費爾前、後膛馬槍,又拉否廠所造兵槍、手槍各節,查提力一種,前承示及,係伯明恩人所造,並無專廠云云。兹查單價每桿六十七喜林六本士,約合荳規銀十二兩有餘,若能照來樣一律堅緻,似可購用。頃已稟知伯相,俟奉批示准購與否,再爲函達。

至承詢提力槍造子機器應以每禮拜成彈若干一層,查去年八月間,曾經函請尊處,探明提力子彈如在外國購買,每百顆實價若干;如購買機器自行製造,計機器全份日能做子五萬者,連碾銅、氣機、氣爐等件,按照成數配合足用,並水脚、保險一切在内,統需價脚若干。目下仍請查照前函原議,以機器全份日能造子五萬爲式,連碾銅、氣機、氣爐一概配合足用,實需價脚若干開單見示,以便稟候伯相核奪。

煞士布、毛色槍二種,價尚不貴,誠如明論,特恐爲剔剩之貨。兹奉憲批,請尊處將兩種槍樣寄至,以便酌定買。

至拉否兵槍,〇處已函致地亞士洋行,屬趕將槍樣寄津矣。拉否廠所造手槍,合七十餘機器而成,想必精緻,亦經轉稟伯相,請尊處採購一桿寄來,以廣聞見。恩飛爾馬槍應否購用,且俟煞士布、毛色寄到後再行請示函覆。

出洋武弁今年三月間已届三年期滿,兹亦稟請伯相酌核展限,俟奉批准,即將用費速爲匯寄也。

至商借洋官赴華統帶之議，如果真能選借幹練洋官，精練一軍，以爲分教諸軍張本，未始非自强之一法。惟是薪水多寡、年限久暫、訓練之章程若何、器械之儲備若何，皆須預爲妥籌，謀定後動，庶有把握。尚望詳察情形，賜覆一切爲幸。

兹特將原稟二件、批一件並應買電綫各物，照前單再繕一份呈請鑒察外，專此肅覆，敬請

勛安

附呈稟稿二紙、批一紙、水雷電綫詳節，並應添等件清單各一紙。

光緒五年二月十八日發。托上海道轉寄。

李丹崖自德國柏林發來第十四號信覆天字二十號信

臘月二十六接奉十月十四日二十號尊函並柏教習抄函，方悉留氏雷架有一百五十鎊至二百鎊之説。惜未早見此函，致八月間索價四五百鎊，及以七月接到抄案内約二百鎊一語與論，而彼謂函中約數不足憑，辯論三日，始定二百四十五鎊，又添四葉輪、器具箱等二十五鎊。其速率則抄案云十六里至十八里，未云海里；今尊函云該廠造此船曾有二十一洋里者，〇恐此語是柏教習矇混之辭。查此次抄示洋函，亦但云十八至二十英里者價一千八百七十五鎊，非謂此一千四百鎊之船，且見留氏所造皆游艇，其機器、風扇均無加速之法，則一千八百七十五鎊船能行二十里之説，亦不足信。大抵洋匠必好爲浮夸，以圖攬辦，及與訂約，必多躲閃。蒲恩之水砲亦然。如雷架論

至二百四十五鎊,速率論至十六旱里半,已大費唇舌矣。其煤艙可容五點鐘用爲率,惟試驗時只允載一點鐘之煤,因發雷時亦須一點鐘之煤也,蓋多載則尚不及十六洋里半也。查抄案云,總期敷四點、五點之用,如船行有礙,不必求寬。今尊札云須照單敷六點用,此單亦未蒙抄示。

查留氏僅有二十餘匠,支搭河邊鐵棚,本非工廠,亦非水雷艇。因尊處所托槍捲、雷艇二事,匠人介克既貪狠浮開,萬不可就;而柏次則事已訂定,且夏間手示云姑試一隻,乘柏專敬教導,〇遂不敢再爲易轍。然原約四個月者,今已逾期,而經柏次手已付價四之三矣,猶不敢責以逾期者,實恐其藉詞捲遁也。鄙意尚能如約十六里半、架桿二百四十五鎊又四葉輪等二十五鎊,於二月間工竣驗收,已爲萬幸,因其價實賤於真正水雷艇也。如柏教習實有把握,可令增至二十一洋里、賤至一百五十鎊者,乞飭柏教習發電報與論,苟有貽誤亦惟柏教習是問。緣〇素性疏闊,遇此窶匠,心常悚惕。羅委員又不耐此等事,近復奉筠帥促譯英律,更不能兼顧也。

英之昔爾乏唐、德之西們士兩廠水雷電綫,前月已將原單寄呈,想飭令柏教習核定應用若干,稟請伯相定奪。今接洋文二件、華文三摺,亦經分别抄寄原廠估核矣。該兩廠爲著名電纜大廠,無論七綫、四綫,必能精良,外此仿製各家,大約如水雷艇之有留氏耳。德國守口雷向用玻管,英國則用銅球白金片,尊札謂急湍不相宜,未知謂不中抑不發?蓋玻管較白金易發,若偶置一二枚,萬難倖中,必列前後兩行,各離十丈餘,遠處再列兩行,亦如之,則或可命中也。近因游行之魚雷尚未妥善,水砲尚未試成,故各國仍專改於守雷、送雷而已。五弁、雷圖及斯邦道弁今年九月槍隊蕆事、接習砲隊各情,俱詳前函。如向昔爾乏定購電綫,可徑托柏教習手匯錢訂購,則渠本該廠匠目,必較爲便捷也。

在德各弁用款,未奉明文,向未顧問,想李邁協及息必格必有細賬呈覽也。今承囑查,業已函知息必格,俟開細賬來當再寄呈。向所往來之麗如、匯豐均無行息,惟息必格有之。前年冬際巴提督欲管是款,只欲管四弁用款,不管王弁,似王弁款可仍留在息必格也。說明不出行息,迄無覆示,是以仍聽息必格管理,以圖行息之微利。巴提督於去年面詢數次,只以婉辭覆之而已。近日王弁來柏林商議,渠頗用心,奈近日但操新兵,無甚心得,雖相待甚優而營哨終存客氣,每諉稱王弁文字未熟,尚難深造。今擬函托溪耳新提督偕德棱添師教導,以冀速成。斯邦道四弁亦閱讀如常,查試德語,均有進境。以上五弁經費,均乞續匯來洋,以資接濟。

今將八月間柏次手與留贏訂立印憑洋文抄呈台覽。惟訂立印憑時,但據抄案爲憑,此次抄示之二十一洋里、六點鐘煤艙、一百五十鎊雷架等字樣,俱不在抄案中,是否稟案時漏叙,抑柏教習於稟案後接函,未蒙示明。謹將原抄案呈候台核。敬請
勛安

附呈留贏訂立印憑。

光緒五年正月初二日發,三月初三日到。

柏次與留嬴訂立印憑

外國去年九月十九日在留嬴定水雷船，雷桿及電綫等多在其内，價二百四十五鎊，連十瓶電氣箱亦在其内。又預備四葉輪及器具箱，價二十五鎊，不能再多矣。照一點鐘走十六里半旱里設，走不到十六里半，扣去五十鎊；若不到十六里，則退回定銀，不要；使能走十七旱里，則加給五十鎊。約定四個月做成。

李勷協譯

李丹崖自德國柏林發來第十五號信

日前息必格送來收發細賬，適羅豐禄在巴黎，今回柏林，亟令譯出，並原洋文送覽，不符之處，亦經注明，乞高明察核。

其巴提督經手之款，亦令抄細賬並各收單送覽。唯水師營、砲臺營代管之飯食費，向無賬來，亦不便向索。斯邦道四弁，既德羅他云，習至西九月初旬，全曉一哨之事，可以商調砲隊，則本年經費應請作速匯來。擬將四弁所需每月七百三十六馬克，並巴提督手加費四百餘馬克，即每年五千馬克之款。一併交存巴提督經管，俟調入砲隊時再托砲隊支應經管，雖無利息而可省周折。在英學生俱於六個月前交海部支應代管。

王弁有志向學，而資質淺鈍，提督、營官每嫌者，德語不够，未能聽講看書，只能看操演槍砲、起卸水雷而已。查溪耳爲德水師第二要口，維廉士哈芬爲第一。精華所萃，每日有宿將開堂講解，苟通曉德文，在彼大可深造。若王弁者，加功數年恐難熟悉，但令觀看，實無大益。王弁屢疑營官秘不肯授，欲就柏靈讀書，然苟柏林無武備之師，總不忍令輕離溪耳也。現已切實函托營官亥必尼司，察看能否聽講，或調至柏林誦習武備之書。如再無進益，只有資送回華耳。其於槍砲操法、守口水雷之起卸各法，實已真知灼見，可無寶山空回之憾，但限於材質，難求深造而已。

近日每朝會、宴會，與各兵官談，德國陸軍之長專在槍隊，非精通德語入武學院四五年者，不能盡其底藴。惟入院之先必須考驗，如英之格林尼次然。若砲隊只能遠擊，馬隊只能衝突，皆賴槍隊保衛，故其法亦粗淺易習，然亦必在武學院讀書。

又，斯邦道予告提督士脱侖德云，斯邦道四弁既無根柢，若專精槍隊，勤習野操，用心於設伏迎敵之法，則必能盡得其皮毛，以成一藝，然恐中國將謂武官不必識字，只須一二年泛習水陸各事以裝模樣而已。昨又聞日本二人在槍隊七年，已充都司，又一人在此五年，專習軍營支應，每考必列優等。日本使向中國隨員云，若中國則宜多習數事以爲糊口計，此技不售更有他技也。人言如是，謹質高明。乞將出洋本旨示知，俾知遵守。

正月初九、十六皆朝會，十六日則與四弁同見同宴。德君夫婦皆識四弁，且謂衣服參用中西最妥。惟詢〇，則每曰劉大人何時回任？蓋彼中通例，署使皆公使派代，不達於君也。本月三十、下月初五尚有朝會兩次，其餘公使、官紳亦嘗有宴會，酬應頗煩。巴使亦見一次，尚未出門。留嬴艇屢催未竣，第四批價亦未付。知念附及。

敬請

勛安

光緒五年正月三十日發，三月十八日到。

覆李丹崖信天字二十三號覆第十五號信

二月十八日寄去天字二十二號蕪函，計日想塵台鑒。

頃奉正月二十九日第十五號來函並息必格用賬洋文兩本、議摺一扣，容俟核後再行函布。弟〇到津後，曾將來函面呈相閲。其水師及砲臺營各賬，誠如來諭，未便亟索。本年經費與執事所墊，及眉叔一年薪水，統經由滬匯寄，到時希即察收爲禱。巴提督處加費，交其自管，本是正辦。王弁及斯邦道都四弁去留，伯相之意，既經執事督辦，自應由執事就近作主，此間遠隔數萬里，難於遥定也。

津門武弁出洋本旨，大非美國及英、法生徒可比。初以重費赴美，成效未識何如，閩廠繼有英、法之行，事屬要舉，而款項籌措更非易易，此間焉能比其什一。溯查津弁赴德緣由，係乙亥、丙子之間巴使過津，謁伯相時談及兵政，巴使慨然樂從，因有砲隊武弁赴學之議。適丙子春暮，教習李勱協年滿回國，偕曾蘭生[一]、楊宜齋赴相轅叩辭，伯相將巴使之言詢之於李，而李則欣然承允代帶出洋。西人之性，本以有事爲榮。惟時李勱協已屬意於王弁，因其在親兵、水師常常偷暇問學德語、德文於李，李故愛之，而王亦心嚮之也。隨後各營派送，共得七人，遂以成行。究竟巴使前談、李勱協之原議，皆未如士脱侖德之精爽確實也。此事之成，實誤於李勱協稟辭之時也。津弁出洋情形大略如此。

中國出洋之弁學習水師，與陸師又有區别。水師、輪船爲中國向所未有之創舉，一切章程法度悉屬創始，行止自由，無律可限。若陸師之法，以知己知彼論之，自然以深造貫通爲實學，以現用考之，但能師其藝而難於用其律。中朝軍政，執事素所深知。若以勇營仿洋章，則出入無時，人易變换，非若他國有真籍之民能稽察也。以兵營仿辦，則歷代成法，非但疆臣不敢言，亦樞府所不敢議也。若以貴官子弟先學語言文字之根底，以入其國學，專習大將之兵法，此舉固佳，然中國之貴官子弟願自刻苦、有志於成者，似亦不可多得。總之，出洋五弁，應由執事察其可否以定去留。

雷音之船，係去年六月間柏教習呈圖於伯相，因其新法，諭令詢價試辦，並非居然見信也。當時七瑞克之信未來，亦未知有高於此者。將來如果添購，自應專向七瑞克名廠爲是。該教習在英，名爲電學博士，其實教習之任不

[一] 新加坡出生華人，曾任留美事務所繙譯，與容閎同事。

足當之，人雖平和，究非教人之師也。當時福建聽斯米之詞，倉卒雇來，及送來北洋已三年矣，經費已糜數萬，而成效無多。現在大沽海口電綫、雷房將次編置，天津達於大沽電報亦已置成，該教習本年八月滿期，不能不令其回去，留之無益，徒費廪糈。而此處學堂勢難中止，西人新法日精，尤當研究，生徒繼習，預代亦不能繼無其人。○等私意，擬請執事在英留意其有可充此雷電之教習者，物色一人，寄信來津，○等再行面禀伯相酌定，拜托拜托。

密臘此次未來天津，係羅德孟[一]代勞。該商向共往來，深知其忠厚無〈异？〉於以前，所事間因不諳而誤，亦非有心。此後台旆在洋，滬上爲適中之地，亦必須此樞紐，彼此呼應較靈也。專肅敬覆，順請

勛安

附呈詳稿並批一紙。

光緒五年閏三月十三日發。托信遠行寄。

李丹崖自德國柏林發來第十六號信

前函想已達覽，地亞士主密臘諒可抵津，應購槍械，可由尊處面商定奪。

五弁肄業各情，既詳禀中堂，計可發交台覽。楊弁卧病於柏林紳士家，○處常派人往省，該紳苦勸勿令回斯邦道。此係斯邦道房東之兄，現任將作大匠，富於貲，舉家

[一]　後文又作魯德孟。

侍奉楊弁，添雇婢媪，廣求醫藥。房東母女亦晝夜陪侍，親逾骨肉。細訪其故，只因五〔楊〕弁年來閉户讀書，不苟言笑，遂視爲親人，實别無他故，不知其何修得此也。

第二年用款及眉叔第二年薪水均乞稟明中堂，匯寄來洋爲盼。其槍料餘款是否劃入，亦乞示知。手泐，恭請勛安

光緒五年二月二十八日發，閏三月二十一日到。

覆李丹崖信天字二十四號覆十六號信

月初寄覆第十五號來函，此時正在中途。昨奉二月二十八日第十六號來函，敬悉一是。

德商密臘，弟〇在滬曾經晤談，此次該行夥魯德孟携後膛銅砲及力拂新槍即來函所謂拉否者。來津，昨經奉諭試驗。拉否所用毛塞子捲，僅藥一錢二分，較提力所用亨利馬梯呢子少藥三分。以提力與拉否比較，提力穿板十一寸，拉否僅穿七寸，是其力量遠遜於提力；以機簧繁簡、遲速較之，則提力機簧共計十二件，拉否機簧共只四件，而遲速相等，是其機簧簡便較勝於提力。頃囑該商再按提力之膛徑、來福，重做一桿來較，則高下易判，去從自定矣。此時之考究，爲日後劃一之基，求撙節、經久於將來，故不殫煩瑣，慎始以圖其終也。

津滬所有林明敦造子機器，於新式馬梯呢、毛塞、格林等子，非不能造。津局以前項機器造格林砲子，已成數百萬枚，無非换用模擡耳。且全器模擡，即不易式亦月須

數更，成子分鼇方能萬顆均匀一律。特患其槍多用廣，來不及耳，故前議有增器之請。若新購之槍萬桿，專作收存，不發各營，以閒中歲月，日造日積，亦未嘗不可將就。若論有備無患，則非增器不可也。

來函謂密臘抵津，應購槍械可由○處面商定奪。查○等去冬十月試槍之後定見者提力也，弟○今春過滬，與該商面談，彼尚不知有此新式，而更不知後來之亨利馬梯呢子經〔徑〕、式樣。此次魯德孟來津，逐一與看，始自瞭然。若與議提力，則該商尚未知底細；若與議拉否，則力量遠遜，更難定議。密臘人本忠厚，非無用處，究竟工商異途，中外一轍，從前間有吃虧之處，未始非由隔膜所致。只知計本取息，不遑顧其利鈍者，乃商人之本色也。

此時公駐外洋，萬寶在目，考究稽核之權，惟執事是賴；至於内地斟酌損益多寡之需，則○等是責。在洋奔走，雇用車船裝載瑣事及公司到滬起卸轉運，必須有人内外樞紐，庶得靈便。若專用該商爲經手承運，即與以五分行用，較之自派委員，並不過費，且外洋裝載、上海卸載，亦中國人員所難經手。○等愚見，凡遇大批採辦，即用該商承運，作中外之樞紐，例給五分，已與經辦相等。其考究、稽核、兑款之權，仍由執事主之，庶與兩洋上年原奏之案相符，亦外省慎重採辦之道也。至於平日零星採辦瑣屑之事，自不便相煩，仍可時與該商交易。若此等大批，仍由弟等與滬商面定，即或伯相暫時見允，設將來總署以自違前奏垂詢，彼此將何詞以對？且自軍興以來，委員採辦槍砲，有數十萬一批之巨款者，惟克鹿卜砲，係該商每年必有稟函上呈伯相,非販商與委員交易可比也。

後膛馬槍煞士鉢,法産也,門機以内有刺針、撞針之分。外洋工例之求精,煞士鉢本匠之慧敏,此時當有新式。馬槍膛徑與兵槍又有區别,此時亦須考究定見,爲將來劃一之根源。前函托寄煞士鉢、毛色馬槍等樣,祈照寄下,俾資討論。

五弁果實如此舉止,亦是體面。楊弁既已病重,前經稟奉伯相面諭,函達執事,去留悉聽尊裁。

眉叔薪水、五弁用費及執事墊款,均已早匯去矣,核計此時當可到德。槍子料餘款已由筱雲觀察函請執事多買銅皮各件,即此一端,若非執事秉節在洋,此款又爲外人賺去而莫之知也。

去冬船政大臣來函,謂提力槍價,槍頭者五十八喜林半。執事今年來函,謂刀頭者六十七喜林半。是否刀頭與槍頭專貴九喜林,抑係槍枝亦有漲價在内?乞便中示知,以便酌核爲禱。專此布覆,敬請

勛安

光緒五年閏三月二十四日發。交信遠洋行代寄柏林。

光緒五年四月初八日天字第二十五號

昨發天字二十四號函,陳閱試槍表一扣,此時當在中途。

頃奉伯相恭録札行,敬諗執事恭膺巽命,簡授真除,引領星軺,莫名雀躍。

購槍之事,已面與密臘同夥魯德孟細説,俟渠到德趨謁,當可逐一陳之,再祈吩示。以後無論何項,非包辦物件,總須交出原單,只取行用,别不准夾取絲毫,最爲妥當。而在洋稽察、付價之權,仍懇執事主之,以符總署及兩洋前奏。凡瑣屑之事,○等斷不敢奉煩,實以大宗不能不如前議也。將來成交收驗,擬責成該商延請名手驗收具保,如俄之法,相去二千分之一即剔除不收。此係俄國較手槍,未知兵槍較膛相去若干即剔,亦乞查示。此種微尺較用,亦非甚難,望飭令袁弁等學習,如能嫻熟,更可監之,且爲用洋械必不可少之工夫。此次伯相囑定手槍二百桿,雖係試辦,亦須較之,仿俄所剔剩者。○等已向該商魯德孟叮囑明白,現畫一戳記,令編二百號,即將來營中偶有遺失,亦便稽查。如將來兵槍成交,亦令編號。專此拜賀,敬請勛祺

附呈購槍詳稿並合同一紙。

光緒五年四月初八日發。交何瑞棠代寄。

李丹崖自英國倫敦發來第十七號信覆天字二十一號信

前月接奉十二月天字二十一號手書,承示七心、四心、單心電綫各價。前因電示太簡,未經區别頭數,恐西麗瓦敦寄滬之樣未必齊全,但既蒙以電綫樣轉呈伯相定議,自應静候覆示。今於三月來英,閏月初八日接電示,云如未購,可在上海立約訂購;遵以電覆,云上海定購甚好,想蒙察照矣。兹將該廠補開各價附呈備核。

再,函内云餘銀添購捲管銅皮,而先一日接王曉翁函,云銅皮已由東局撥到,須添購各料俟前批運到再定,迄今未有續函。此時應添何料,似可飭密臘函辦,並關照○處將前存餘銀就近劃付。因此項餘銀尚在匯豐,暫記另款,既無息又虞倒閉,頗不放心也。

月前與留嬴、柏次屢訂驗收之期,遂於三月十六日帶同羅豐禄來英。詎料工多繚〔潦〕草,訂至二十六日勉强試輪,在達眉江來往數次。是日連遭風雨,感冒卧病,今未痊癒也。核算每點鐘只行十二英里,據云新機滯澀,尚須拆卸打磨,冀可速率如約。其桿架亦未裝全,多方延緩,實不能久候。

查金登幹代中國採辦,頗有條理,英之商部、印度部俱經備案。蓋赫德司與約,未購時不准亂問價值,英廠每謂華官及滬商常來詢價取圖,查無回音,以是大廠概置不理,小廠浮開圖騙。已購後不准他人查詢。英廠謂華員一人購定、十人查探,總因大吏無真心信托之人,頗爲不便。凡欲購物,由金税司先向商部查開殷實之廠數家,各令開價,擇宜定購,不與購者即函覆之。是以各廠深知有問必購,與泛問價值者迥别,遂樂開實價,樂與成交也。爰將留嬴印度〔憑〕、收條已付三期及餘款備牘檢交金税司,代邀船機官監工考核,驗收運載赴華。昨經邀集面認,想可妥給矣。惟萬一速率不能如約,亦只可從重罰減,權收其船而已,蓋雷艇本無如此賤價,日後總宜與大廠定造也。

洋槍總應自造,其桿須購英之色飛爾得,其機器須議定欲造何槍方購何機。總宜隨時核議備價,即與擇宜訂約，定可格外便宜。若徒再詢價，必招厭惡，至實要購時亦難取信矣。

採辦之員，〇非有意推諉，實才非其長。且英、法各廠函訂易誤，親往稽時諸多未便，如向德國購辦，猶爲近便。乞將鄙意上達節相，另容詳稟。

斯邦道弁近頗勤奮，冀可秋季習全一哨之事，業與兵部商議，計可改入砲隊兼習，不爲無益。楊弁病已略瘥，閱看操書頗能領悟，應否回華俟再察核。巴提督前月藉端抱怨，旋經親來暢叙，諄囑勿稍芥蒂。續又照顧四弁，頗爲周到。此老易喜易怒而秉性爽直，實堪嘉尚也。請轉稟節相，以紓慈廑，如能奏賞寶星，最爲有益於大局也。

王弁在溪耳，已將收放水雷、臺砲操法習過，而語言未熟不能聽講，難以深造。業於三月初旬已調至柏林，專延營塾教習，詳加考驗，尚可造就。現將學過之藝逐一講解，可保一年之内全得明曉，並能測繪地圖。已定每日九點鐘至十一點專教渠一人，四點至七點隨同大幫學習。月脩二百馬克，外加該弁繕費，誠屬太費，然非是則僅得皮毛，全功盡棄。輾轉思維，始與訂定矣。

前數函所云馬槍等，應否定購？均乞早日裁覆爲盼。安蒙士唐四船西六月杪可竣，派徒協駕回華之舉，既與曾劼侯[一]、金税司熟商，諸多不便，已作罷論。蒲恩水砲餘款不肯繳還，大費唇舌。前日柏林來函，云接奉總署致德外部之文，擬譯就送去。以上各節容併英、法查課情形縷

[一] 曾紀澤，字劼剛，因襲其父曾國藩一等毅勇侯爵，故又稱曾劼侯、曾襲侯。

呈節相，請先爲轉稟厓略，是所切禱。

荔秋[一]星使於閏月初二到英，晨夕聚晤，今擬明日初十日與○同往德國，小住五六日即往西班牙。○擬與日軍門面商完竣，亦旋柏林。

感冒頭暈，不能作楷，乞原恕。此請

勛安。不盡。

附上西麗瓦敦原單價（華、洋文各一紙）。

光緒五年又月初九日倫敦緘，五月初三日到。

息洛乏湯水雷電纜價單

計開：

四股單心外包樹膠鐵綫，每英國陸里在倫敦實價九十五鎊。

七股單心，九十七鎊。

四心，二百九十鎊。

七心，四百三十鎊。

七股單心並四心、七心三種，係照英國國家所用之件估算價值。

李丹崖自德國柏林發來第十八號信覆天字二十二號信

前在倫敦寄上十七號函，想已達覽。昨二十二日回柏林，接二十二號手書，敬悉一切。

[一] 陳蘭彬，字荔秋，時任駐美、西、秘三國公使。

查電器、電綫之大廠，天下只有兩家，一爲英之昔爾乏唐，即西麗瓦敦。一爲德之西們士，即西門哈士蓋。其餘皆小鋪也。欲購何種，隨詢隨訂必最便宜，其匯銀、運送可托息必格爲之，甚便也。即密臘之友，如慮疏虞，可令以數萬鎊存於銀號作抵押，西國有此辦法。若屢向詢價，轉托滬商，俱大吃虧。

今水雷新樣，電綫因割法日巧，是以只用單心分綫，而不用四心、七心之總綫，只於匯接處略用。今既柏教習有用熟之法，只可遷就之。俟後欲用何式守雷，離岸若干，或先繪港口詳細深淺圖，又查明冬夏潮汐上下若干、水力若干。約匯銀兩寄交該廠配製，必能盡善。如多購則可派監工來華指授設施，更勝於教習之約略估算，徒多耗折。皆年來體驗，一得之愚也。

德國陸營官材藝甲於歐洲，若偕練弁來華，實能有益。其薪水等事，自當商定預告也。

每日造五萬槍子似嫌太多。機器，函詢數廠，尚無回覆，當再催之。前送上海英國退拉廠圖説，未知可用否？聞各種槍子造法同，只略换數件而已。

提力廠向未攬造大宗，每股百鎊今值五鎊，且機器已大半典押於人。若定辦此槍，則或先收買其股份，然後再與定約，或全購其機器，酌雇其工匠運華專造，俱可得大便宜。然衡以西國採辦之法，則寧向國家所用大廠定購，不肯貪小利，冒險相托也。恐債浮於本，則收其股份亦屬無益，承辦未成俱可指押於人，及發運時債主蜂聚，反滋訟累。拉否手槍、毛式馬槍，昨日均已購得，其西門士各圖亦已取來，容俟覓便寄上。

近日甫回使館,設宴洗塵及邀赴樂會、茶會者仍多,不得不略爲周旋,且痰嗽未愈,頭暈不能握筆縷述,容再續泐。專此手覆,即請
勛安

光緒五年閏月二十五日發,五月二十日到。

光緒五年五月二十三日天字第二十六號覆十七、十八兩號信

閏三月二十四日、四月初八等日迭寄二十四、五號蕪箋,計日可邀台覽。頃奉十七、十八兩號賜函,敬悉種種。

西麗瓦敦電綫,因水雷教習柏專敬本年八月滿期,而水雷局學生效學三年,教習將去,而大沽海口布置演練尚無全具,是以○處於上年令其默開約值,函懇閣下詢問實價,寄樣來華,以便呈候中堂核定,並未另托他商,亦非以柏教習之單爲準也。迨本年三月間接讀第十四號手函,有昔爾乏唐定購電綫可經〔徑〕托柏教習手匯錢定購之語,若再往返函商,必多時日。而海口須置,勢難再遲,惟恐教習一行,各生無所咨問,日後雖有全具,用之不當,亦等於無,故不得不急急也。然猶恐尊處又與該廠議有成就,故又由電報詢問。及接電報覆音後始行稟明中堂,與新載生洋行議定,蓋柏君原係該行薦至福建者也。其七心、四心、單心電綫各價,比之照譯來單,大致均屬相彷,是該洋行亦知閣下曾經探問,故尚未受其矇蔽。

要之,滬上洋商頗多夸詐。誠如尊見,無論購買何項

械器,少不可省費,必須於有名大廠自購之,未可專托滬上洋商也。○等前數年間屢將此情上達伯相,前年星軺啓程之時,亦復以此爲意。凡遇大批採辦,仍望執事主持,前函已備陳之矣。而在英者相駐太遠,雖有火輪舟車,究屬難於遥制。以後凡英國事件,○等當遵來示,另行稟請伯相設法。在德之事,務懇費神。

留嬴水雷船,承示已於達眉江試驗。速率不能如約,顧亦小洋廠,意中事耳,所以○處定議時仰請執事簽立合同。執事又有議增議罰之條,如果新機滯澀,復經磨琢,可以加速,猶曰試辦,則然耳,即使姑爲收用,誠如來諭,必當從重議罰也。此事前次業已陳明,當柏君獻圖許定之時,乃閣下七瑞克之函未到以前也。

金登幹代中國採辦,頗有條理,在閣下察之既久,當得真確。若云已購不准查詢,恐未可一概言也。來書注語云總因大吏無真心信托之人、頗爲不便等語,在從前中國並無在洋之人,凡事皆經洋商,誠難全信。是以派利經辦砲子,弟○由恰克圖發一電報而罰回洋蚨八千元,亦未始非詢之益也。此後閣下駐節歐洲,不但○等不須詢問,更可少勞神,增見識,而有裨大局,誠非淺鮮。

至明示以洋槍總應自造,誠爲思深慮遠之言。但所用不逾萬桿,而購辦機器、雇用洋匠需費甚繁。縱或造及成數,能否與外國所造一律堅緻,一樣合算,誠不能必;而況各省器械不能合而爲一;煤、鐵未開,需用物料無一非仰給於人,縱有現成機器,似亦難乎爲計。是以前數年間,妄議以槍械購諸外洋、子彈必須自造,但思外洋槍械日異月新，學其步趨，雖多無益。是以近二年來，於槍械一項不殫參稽，總期機簧簡捷而適於用，定其膛徑，執一不易，無論機簧千變萬化，而槍之膛徑定爲畫一，以爲一勞永逸之計。今年四月間密臘送來力拂槍樣，已托其按照提力槍筒長短、膛徑大小照製十桿，如果合式即可定買，前函亦經詳告。倘此槍定後，將來無論何樣新式機簧，任其不同，膛徑均歸一定，庶造子機器百變，無事更張，而經費亦少資節省。且該廠又在德邦，閣下亦便於查察。高明所見，尚望指示。

王得勝天分既高，又肯用力，此次調至柏林，已詳請伯相仿照斯邦道都四弁，自本年三月起每年加給一千二百五十馬爾克，業經由滬匯寄矣。安蒙士唐四船得大才商度，自能籌畫萬全，甚欽佩也。力拂手槍已定購二百桿，前膛馬槍亦定購二千桿，密臘回國，想將合同呈驗矣。

津郡比得大雨，晉省亦已霑足，併以布聞。專此肅覆，敬請

勛安

計抄呈稿並批一紙。

托畢德格[一]文報處寄德國柏林。

光緒五年五月二十九日天字第二十七號覆十九號信

敬覆者，本月二十五日奉到閏月二十五日自柏林寄

[一] 畢德格（Pethick），1874年來華任美國駐天津副領事，後辭職任李鴻章英文秘書。

來第十八號來函並王弁日記，均已聆悉。

承示電器、電綫，英以昔爾乏唐、即西麗瓦敦。德以西們士兩家大廠所造者爲佳，則此次所定西麗瓦敦者，諒無工料偷減之弊。若以後再有所購，自應繪港口之淺深，注潮汐之力量，奉煩執事照法核辦，斷不再經滬上洋商，以期器精費省。

頃奉伯相面諭，以執事來函内有砲則定一式，議明立約，陸續定購，最爲合算；自英砲炸裂後，各國專信後膛，將來比較精確，似以定用克鹿卜爲是；克鹿卜父子屢來邀觀，曾與略談，倘中國定用此砲，總可議減價值立約，遞年陸續配造，匯價只須銀號轉付，可省經手展轉耗費等語。但未知所立之約，係載明定購砲位若干尊數之約？抑係專爲減價幾成、認定主顧、以後不買他商後膛砲之約也？如須有砲數之約，則砲之大小多寡難以預定；倘係議減價值、專認主顧之約，此間儘可與其議立，以後隨時需用，則隨時開單匯款，寄至尊處照單定購，更爲妥當。至匯寄款項自由銀行，而運砲來華，想必不經派利，是否由尊處將提貨單或托公司，或托銀行，帶至上海，交招商局提貨，抑或由機器局提貨。應如何辦法，統祈蓋籌，分晰賜示，以便遵照。

此次應購十二生的密達後膛長鋼砲十尊，即請尊處與其定議，應須價值及在德應給水脚、保險共計若干，均望核算，由電報寄知上海道署，〇處接報後即由上海照數匯付。上年所定之合同一併抄呈，用備考核。其砲如有現成者，更可付價即運，尤爲妥速。應需架式及隨帶子彈數目、砲位尺寸，另開一單，呈乞察閲。

至後膛洋槍，來函以槍與子總以自造爲宜，手槍可以購用。然此時内地所以只能造子，未能添器造槍之故，已於前函陳之。更兼鋼鐵各料，無一不購自外洋，設使有不能採辦之時，是徒有其器也。且所購造槍機器，如每日成槍不多，則雖竭數年工作，仍恐不敷分撥，倘每日成槍能多，則機器必貴。試以沿海七省計之，用槍不過十萬桿，此十萬桿造成，機器亦無用矣。更有建廠、員匠各費，亦未必十分合算。刻下〇等稟請由尊處定購後膛兵槍萬餘桿，一切情形另將原稟録呈電鑒。

尊處購得之毛式馬槍、拉否手槍及西門各圖，遇有妥便乞賜即寄，俾增見識。而毛式馬槍向未見過，如果馬隊合用，則馬槍更有憑式矣。

更有請者，營中常用槍砲，機簧内膛自以時常擦拭抹油始無銹澀之患，而局中收存之件，竟有不盡然者。從前屢詢西人教習，亦均以擦油收存爲然，及至期年之後，反生厚銹，油亦洋油，並無水氣。其小巧物件，以石灰收之者，兩年有餘依然光亮。大砲始以鮮牛油乾熬塗存，亦有微銹，後易以猪油，稍覺經久，蓋牛油之性本有嫌氣。德國兵部存儲槍砲甚多，其收存之法，用物制銹之方，及子彈一切軍械收儲揀拾之法則條理，務祈便中詢閲，分晰録示，以資準則，並請飭在洋各弁於得閒時觀看學習，用補將來儲器之益。〇等見寡識淺，於耳聞之外，無非意度，執事督諸生諸弁於外洋，萬法具備，生弁得一分技藝，即將來武備中添一分精益，無任企禱之至。專此肅覆，敬叩

勛祺

再啓者，四月初九日第十九號來示已奉到，昨晚始到。藉諗執事已拜綸音，拜賀拜賀。

所寄毛式馬槍、拉否手槍即力拂也。皆未寄到，遍詢文報、商局並函上海代查，俟一到津即行呈閲速覆。

再者，克鹿卜買砲合約，可以"天津李中堂處"立之，而未可用"中國"兩字也。浙撫梅中丞已有只要便宜之説，而定瓦瓦司者。來函謂蒲恩簍商，○於台從在津之時已曾談及矣。又，拉否夫人之繳擬買湖色者。公乃中朝節使，恐日後别省購砲，則該商必啓齟齬，想大才自有權衡也。專肅，再叩

鴻禧

交文報處寄德國柏林，六月初六日發。

光緒五年六月二十七日天字不列號

初五日奉到第十九號來函，而槍樣未到，已於第二十七號函中順述，想已早達青聰。○旋即於文報、招商等局及地亞士洋行根查，至今不及下落，如一送來，立即呈驗，送營試演，若有定局，即迅發電報寄德。

再有懇者，斯邦道各弁聞將調砲隊，凡砲隊操法以及規矩，自必精求周備，而於量砲内膛一層工夫，亦必不可少者。内地各營用砲均欠精到，狃於潑戰拚命之通病，不但不能知彼，更有不能知己者也。是望各弁回華之後，多得一分竅要，即爲營中、局中多去一分舊病。質之高明，當亦爲然。

德國考究槍砲最認真，○曾見有後膛槍圖説，自發源以至於今，歷歷著述，繪畫精微，聞其砲位考據亦然。凡此諸書，皆各弁宜熟閱者也，望執事令其講而讀之，回華之後，當令其譯刊。

金楷理[一]赴德，不但於繙譯得人，而於一切事皆妥當，○已函告家兄，伯相亦囑若汀赴滬順商之，當可照辦。事此，敬請

台安

文文報處寄德國柏林。

[一] 金楷理(Carl Traugott Kreyer)，德裔美國人，十九世紀六十年代即在上海江南製造局從事繙譯工作，其中不少譯書與李鳳苞合作。後文又作金楷。

卷四　光緒五年七月初五日起
至十二月十三日止

目录

子殼向美定購，克鹿卜砲只須八七米里米脱

來信二十六號　查、劉、袁三弁已上船，楊弁仍留舊寓，柏林南鄉試槍砲法，試提力槍，再造力拂八桿，德軍人數，調金楷理

去信二十九號　覆第二十三、〈二十〉四、〈二十〉五、〈二十〉六共四號來信，袁弁等已抵津，棉藥機器匠，鐵甲，又請寄印花

來信二十七號　覆不列號去信，查砲膛内裂紋，及驗槍器，馬槍一千三百桿尚未驗，購雷艇餘款數，又驗雷艇覆文

附力拂手槍驗結試槍説

來信二十八號　續選槍樣二種，特來塞廠新毛瑟式馬槍，空彈向英〈定〉造，請匯槍子、手槍價，採辦宜札委一人，密臘不可重托，克鹿卜砲用何生脱

去信三十號　覆第二十八號來信，漢納根看力拂兵槍，請寄新選二種槍，兵、馬槍子應一律，造子捲銅皮機器，詢三種空彈價，並請各購一二萬，克鹿卜砲確須十二生者

李丹崖自德國柏林發來第十九號信

前函諒均邀覽，唯乞早日示覆。

兹托信局寄上毛式馬槍樣一桿，係經兵部驗過，非剔存之貨。共有一千三百桿，每桿三十五馬克，其子藥捲每千枝一百十二馬克，俱係送至漢倍克之價。其漢倍克送至天津，可托息必格承辦也。唯該商不能久候，再三訂定，自發信後兩月内回覆。大約可候至六月十五日。如須定購，乞在兩月内賜以英字電覆，只須云馬槍若干、子藥若干，便可照數購定，並籌付價值，一面請速匯歸款。若兩月已滿，不見電示，即聽憑另售矣。

又，拉否親送俄國定造之手槍一桿，諄囑代呈節相，不肯收價。拉否本此間富商世族，向充議院紳士，亦與畢相抗辯不應加税者也。雅意贈獻，似不必過卻。唯其夫人每見必稱中國淺色湖縐之佳，頗有羨意。若能購一衣料交密臘寄贈，並傳伯相諭謝之，則日後托辦造槍機器、造子機器，必能順手，頗於公事有益。且無市井習氣，非英國窶商蒲恩等所可同日而語。如欲購此種手槍，則請稟商函示定造。

又，瑞典使館送來《編銃説》，謹飭譯寄上，請轉呈節相覽閲。雖不及格令砲之靈敏，而堅樸輕便，易於運用，實遠勝於法國梅叨落士[一]矣，梅叨落士即八年前上海所購十餘

[一] 後文又作梅叨洛士。

尊,以二十五槍合成大鋼砲一尊者也。布法之役,布人以輕騎襲之,將此砲全行劫去。陸軍中似可兼收並蓄。如欲購用,亦請稟商函示,以便托瑞使查價代購,若只購一尊,恐未便瑣瀆耳。

王弁在柏林,連日有感冒,進境尚遲,而每月脩、饍已須三百餘馬克。該教習欲俟教滿三月,詳加考驗,再定行止。楊弁到柏林一次,德羅他堅信醫生之説,以爲此時回華,不勝跋涉,病必復發,須洗温泉兩月,約須一千餘馬克。或遣或留,臨時再定。然〇觀癆瘵非洗可愈,苟或增劇,更難著手,擬再延醫察看,苟無把握,不如早日遣回爲妥。其餘三弁,日隨大操。所議營官到華教練之薪費章程,尚無確覆。

昨初七日〇往觀三營合操迎敵各式,今初九日上午又蒙外部邀觀總閲。步、馬、砲各隊四十餘營,共約五萬人。軍容之盛、軍律之嚴,實遠勝於法國也。

月前接總署電信,猥以材輕資淺,叠荷隆恩,真除德使。受任愈重,圖報愈難。唯望不遺在遠,時錫良箴,俾知遵守。是所心禱,不盡神馳。肅此,敬請
勛安

光緒五年四月初九日發,六月初五日到。

李丹崖自德國柏林發來第二十號信

前函及槍樣大小各一件,一係馬槍、一係手槍。想已達覽。

四月十二日接王曉翁函,囑將購料餘存一千十四鎊

二昔令五邊士照單添購造子各料，已據地亞士轉托息必格查開價值。遂訂息必格於十八日到柏林面訂合同，並照蕫付現銀，扣還預息，一照密臘第一次辦理，計可趕速配運到華矣。惟當時交付銀票，息必格不肯收受，謂方接天津匯到鎊票兩紙，一係學習武弁款七百六十九鎊十昔令三邊，一係不知何款一百二十鎊，共八百八十一〔九?〕鎊十昔三邊，其銀在倫敦，而購料亦須倫敦付銀，請先准劃收此款，以省匯寄周折。遂填收八百八十一〔九?〕鎊十昔三邊，其餘應俟中曆五月上旬找給。

又據息必格面稱，現須赴鄉養疴，將武弁用款，截至西六月杪，餘存二千五百三十馬二十五分並新收款，一併交使館支應博郎[一]經管。〇已將賬票面交博郎，俟訪得穩當銀號，存寄支用。其取息多寡，未能預定也。唯一百二十鎊若是給還陳文案隨德查課之款，則去冬已由息必格劃還，今應將此一百二十鎊歸入學習武弁項下，以清款目。

昨又接滬關轉匯到馬眉叔薪水一百六十一鎊五昔七邊，容俟眉叔考畢，來德游歷礦廠時，面交收領。唯函內稱爲第三年薪水，而出洋後似是第二次，是否連在津所給計算？乞便中示知。

楊弁病未痊癒，醫生力持不便坐船之議，已於四月十五日由〇處墊費，飭赴法國交界之阿母士就浴温泉。昨

［一］ 博郎(W. C. Brown)，曾任粵海關副税務司，1877 年赫德將他介紹給劉錫鴻，後擔任駐德使館繙譯、支應，1879 年 10 月左右辭職。

德君亦往該處矣。其餘三弁,仍看林操。德羅他力言送入砲隊之有損無益,然另延德員赴華之議一時未定,只可秋間送入砲隊閱看,業已縷呈節相察奪矣。王弁專師教導,進境甚遲。◎今亦兼習德語,兩師造教,迄未成句,方知德語實爲天下至難,無怪二三年未能聽講也。肅此,敬請

勛安,並賀午禧。不備。

光緒五年五月初六日發,七月初六日到。

再,近日又訪有毛式手槍,頗爲適用,遲日當購一桿寄呈察核也。曉翁上巳日函未及裁答,晤時乞道候。定秒精表大約何價?乞示知照辦。

李丹崖自德國柏林發來第二十一號信覆天字第二十三號信

箋候久疏,幾及兩月。辰維政祺迪吉,藎祉增綏如頌。

六月十二奉到閏月十三日尊函,敬悉七弁出洋緣由,敬當從長斟酌,力求有益,以副節相爲國培材之意。

三弁調砲隊之事,歷經商詢宿將,或云須先入學堂,或云可隨看大閱。六月初十日,因兵部未回,遂與代辦尚書宓德格[一]商之。據云入學堂則曠日持久,看大閱則地廣人衆,均無益處;唯中曆七八月間,馬、砲、步各隊合演

[一] 後文又作密尚書。

之期，在柏林及西北之弗里沙克、西南之普士屯，可托德羅他代雇馬匹，與砲隊哨官商明，令三弁騎隨砲隊細看，而晚與步隊同宿，則既有熟人照料且可隨時詢問，但須令該弁逐日詳記如何分合、如何配搭及與步隊相濟爲用之理，約須一月，如能用心閲記，尚可留習砲隊。惟自備馬匹、夫役、衣服、鞍韉，爲費必五倍於步隊。倘但看熱鬧茫然不知，則日後獨演砲隊更不能知，不如早回，蓋合演後大閲，大閲後即招新兵，教以施放之法，此中國既能，不必學，所學者係與兵官同習運用之法也。俟有聰穎子弟送來，大約習話三年、武學二年、砲隊二年，必能卒業，當竭力助之云云。其言頗爲誠懇。今與德羅他面商五六次，方定雇馬照辦，俟合演時即可隨閲也。

楊弁就浴兩月，已回斯邦道。經醫官哈德威驗，云症既減而體甚虚，若令遠歸，經赤道熱地再傷肺經，必不能救，應俟秋凉起程云云，似可照辦。王弁仍在柏林，專師教導，頗能勤奮。該弁等用費統交博郎經管，收儲鐵櫃，因市面未定，不敢寄存銀號也。眉叔抱病，月前暫進醫館調治，昨二十七日始離館，擬往鄉間調養。

留嬴小艇，屢經金登幹派員赴試，未能驗收。今午突接柏次函，云此艇已於前日赴華，而金登幹迄無驗收確信，殊爲可疑。已電詢，未有覆音。

查柏專敬是電報學生，本非教習。今承囑代訪雷電教習，非專門兵官不可，已函托英友代求，遲日當可報命。唯中國洋員，薪水太貴，下駟之骨不惜千金，恐後難爲繼耳。

馬槍未見電示，諒作罷論矣。

前曾屢續電纜等件，以昔爾乏唐、即西麗瓦。西們士爲最，天下用之。三月間得電示，已在上海定購，想可無誤。而前月屢有電綫小舖來，云現奉中國委辦水雷，欲求公使咨明外部，准往海口詳觀仿造等語。恐是載生等行之故智，欲以小舖貨搪塞，想高明决不受欺。去年函告欲觀弧鏡可到載生行觀之，是請觀其式，非請購其器也。其器甚舊，不如西們士新式之良。其圖已寄上。

前月與陳季同觀克鹿卜試砲，實爲精妙。派利必有譯呈。又往克鹿卜廠、葛魯生[一]廠觀看，俟暇録呈台覽。近日守候國書，尚未奉到。俟呈遞後，擬赴德之舍次考夫[二]、澳之懷台脱[三]一觀，皆專造水雷名廠，屢有函訂矣。

息必格續購槍子料件，月前已運齊，想可抵津。其原賬附呈察核，連水脚、保費，計九百四十一鎊七昔六邊，應餘七十二鎊十四昔十一邊。羅委員、博繙譯云稍有槍樣價、路費、信資等小費，俟算明後實餘若干，再行函告。或購他物，或抵五弁費，統候示明定奪。

仲虎不紀月日信已收閲，近日想可起程來洋，不必作覆矣。肅此，敬請

勛安

光緒五年七月初三日發，九月初六日到。

［一］ 後文又作葛魯松、葛羅松、格魯孫、葛羅孫、格羅松、科魯孫。

［二］ 後文又作刷次考甫。

［三］ 後文又作懷台特。

光緒五年九月十八日天字第二十八號覆二十一號信

月之初六日奉到七月初三日自柏林發來第二十一號手書,敬聆一是。

陸師四弁調入砲隊之舉,密尚書所論頗爲誠懇,閣下已與德羅他商定照辦,最爲妥當。所需經費若干,應請酌核示知,以便稟請照匯。楊弁於操演各事,性頗相近,未竟其工,遽爾病回,殊爲可惜。王弁既能勤奮,甚是可嘉,將來用船、用雷之法,仍望隨時商酌,循序而進教之。眉叔近狀當已勿藥,殊深惦念。

留贏小艇昨已到津,係金登幹函交上海稅司轉寄交天津海關稅司,却無在英驗收憑據。未知收驗之時是何情形,○等已托津海關稅司德催琳[一]函托上海稅司轉詢金稅司矣。究竟是何光景,此時尊處當已知之。細看此艇,並不爲奇,工料皆屬平常。若照此式,天津亦能自造,只須購買鋼板。當去年夏間柏專敬呈圖定購之時,並未知有七瑞克之沙呢克落福之廠,以致受其矇蔽,深堪痛恨,却非圖便宜也。故當時定議稟請交閣下酌奪者,亦係未敢深信之意耳。

雷電教習既承托英友代覓,未知期年得到華否?然此席非但專門兵官,更須電報及電學諸藝精通,教習學生而能自督造者,庶克勝任。現擬將前批學生十二名分派

[一] 德璀琳(Detring),後文中又作德璀林、德崔林、德琳。

於海口,照料雷電器具及自津至大沽電報。自十一月起,挑選津海關義學之幼童自十三歲至十七歲者二十名,先習英文語言,期年之内當稍有涯涘。屆時教習來華,即可接笋教導。其薪水之數及合同年限,祈執事就近酌定。至於柏專敬,乃福建省城於臺防有事之時托載生洋行代雇,及事平後送來天津,其學問之淺深無從考核,而薪資之多寡皆依原議,並非天津自雇者也。俟電綫到津,將大沽雷電布置,封河之前即行辭退。

馬槍電報此時當已達到。子彈五十萬顆,不必裝藥,只須購其銅帽、鉛箭,來津之後再行裝藥。此批利器擬作儲備,不發操防。内地自製之藥頗能合用,非圖省此些微,蓋因裝藥久存,凡用臘者易生緑銹,無法可防。前於六月間第二十七號函内,懇於德之武庫詢明各種儲器良法,並令在洋各弁往看學習,當蒙鑒覽。購製利器既費巨貲,臨之得利,固在用器之人,而平時積儲,亦在於典守者慎重檢點,固所當然。尤須得其良法,方不致徒勞無補。此批用款,已早禀請由滬關照付,祈核數,由電信取給,以期迅速。

西麗瓦敦電綫,去冬原係禀請閣下經辦,旋接來函,未蒙允諾,而又推及柏專敬,是以○等轉禀伯相,奉批之後又復由電信詢問,閣下覆信囑滬關與洋行定購最妙。因須用甚迫,故○等只好向斯米德購定,而價比密臘稍廉。無可奈何,非所願也。上海洋行無一家可靠,彼數萬里而來經商,所爲何事?以外國所産,中人茫然莫辨者,不矇爲何?故其來者紛紛若鶩,圖維百計,彼此相傾。若無重利，誰肯如此？經辦之員若圖其便宜，彼即以假冒充數，即或不惜重價，亦難望其有真貨，而更滋物議。合十餘年之往事而計之，亦皆如是也。是以伯相深知此中情形，乃有去年之奏，經畫之心，亦良苦矣。即閣下出洋之時，弟〇亦曾述及。此次所定斯米德者，皆已運到上海，俟招商局齊運來津，當加意察驗，以杜假冒。承示一切，同深心感。

子料所多之款，請閣下留之以備後來之用，但示明數目，此間准練俾好撥賬。

仲虎已於節前由津起程，此時當已在洋。曾蘭生函已即轉交。息必格賬，弟德均照收。

拉否所呈手槍及毛式馬槍樣一桿，至七月二十一日方寄到，而定槍電報已早發矣。蓋經閣下斟酌，又係德國軍中尚用之品，必無差誤。迨槍樣來津，驗之果係精品。而寄來無子，即以〇局所存之毛式兵槍子彈試之，恰能合膛。以是知德國用器之道，不惟兵槍膛一律，且馬槍用子亦屬一律，誠善法也。現在兩月尚未奉到閣下覆音，未知此批一千三百桿尚在否？深以爲念。

至囑送拉否夫人艷色湖縐，前擬購湖色者送之，嗣問派利行人，據稱德國所尚者爲楊妃色，已函托上海代購，托仲虎帶交尊處，當不致誤。

本年五月，〇等禀請購兵槍萬桿，請閣下就近酌定其式，其機簧最簡者自以力拂即拉否。爲精，第二十七號函中曾將原詳抄呈鑒覽，未知此時已定局，殊深悵望。

本月初一日接上海道署送來電報，問所購鋼砲樣式，字不甚明，金楷理亦莫能解。○等第二十七號去信托購克鹿卜十二生的密達長鋼砲十尊，係砲臺需用。照去年所購二十尊，一式全用輪架，並將尺寸、身重、輪架各情隨信開摺寄呈。兹再照繕一摺，祈察收照辦爲禱。

外國海口以及兵船、城守，於夜間防範均有電光燈，可及十數里之遥。昨有英人皮碩浦送來一具，用皮帶輪，藉鍋爐汽力轉動發電，愈速而光愈大，照耀如同白晝，光芒刺目，不能正視，惜無逼光之具，不能照遠。據碩浦説，此份電具，若單用鍋爐，三個半馬力即能敷用。但未知德國、英國海口現用者爲何式。○等竊思電光器具海口必不可少，外洋行之多年，其法不一，内地茫無聞見。應用何種爲是，務祈便中一詢底細，並圖説、價值，如須鍋爐者，必須機器、鍋爐全具皆備乃爲適用，統祈寄信示知，以便禀請購辦。此次英人送來一具，並無鍋爐，乃就製造局汽機試演耳。其意亦欲求售，○等恐受人矇，不敢交易，以詞却之而去矣。專此肅達，並頌
台祺

托穆麟德[一]寄德國柏林。

李丹崖自德國柏林發來第二十二號信

初三日函諒邀察照。

昨據金登幹送來節略云，雷艇已於月杪經海部官驗

[一]　穆麟德(P. G. von Möllendorff)，後文又作穆鄰德，時任德國駐天津領事。

收，只行十四洋里又百分之十五，酌扣價一百五十鎊，又加雷架等二百七十鎊，於三十日包扎裝運。俟將包扎裝運各費核定後，當有細賬開來，可以送上也。留嬴幾有不能了局之勢，卒能密爲防維，通融驗收，實由金税司之練達。渠謂經理此艇，較阿蒙士唐砲船更有十倍辛苦，良非虚語。

斯邦道三弁，今日先到柏林隨操，望後赴鄉追隨砲隊。

〇於初八日奉到國書，諒日内可以賫遞。月初擬赴奥之懷台脱等廠，以擴見聞。肅此，敬請
勛安

光緒五年七月初十日發，九月二十八日到。

李丹崖自德國柏林發來第二十三號信覆天字二十四、二十五兩號信

七月二十六日奉伯相六月二十五日咨，命查兵槍何種爲佳，速爲訂購以歸畫一等因。伏查各省槍砲久應一律，兹奉明諭，益當實力講求，以免遺誤。遵即乘近日拜客之便，遍訪知交，親閱八九廠。知新式甚多，俱訂送槍樣，大約十日後可齊，擬請相熟營官同往鄉間詳試。又聞兵部有歷試各國槍之秘表，如能借抄尤妙。一面已令力拂廠試造加藥之槍十桿，總宜從長擇定，不能執一也。

大約槍之妙，一曰遠而綫直，抛綫太彎，雖中無益。只須看

槍面照星,一百步、二百步等太高祗〔低〕相去者,即知其綫甚彎[一]。二曰捷而省力,每分時約發十五六次。三曰簡而堅久。而各國又以用慣者爲便,如布國官俱云毛式最好,然毛式連針柄伸縮,故簧硬易壞,難以拆卸,又不及亨利之遠,實非善槍。日本寧用士乃德,英之舊式。而不用毛式,非無意也。今令力拂仿造加藥加長之槍,恐管質、管厚、螺紋、鋼底等事未能銖兩悉稱,若勉强仿之,實爲冒險。不然各國何不加藥以與亨利抗衡乎?又聞西國試槍,有抛擲、浸水、埋沙、暖炕、冰窖各法,以試能否經歷燥濕晴雨。統俟訪明現用試法詳告。

昨二十九日午密臘來,面交二十四及二十五號惠函,敬悉一切。合同及試表周妥精細,敬佩之至。承示大批軍火應歸〇稽核兑付,只給密臘五分等語。夫採辦軍火,實國家重務,苟可勉盡心力,無論巨細,豈敢避勞?況〇性喜考訂,樂此不疲,諒邀鑒及。且又有可省者二:一、凡不經密臘訂定,只令運送者,只須給運費、保費之五分也;一、凡有大批,可與密臘論實,只給二分半也。總之,可省公中一錢,總應省之。惟〇實有難處,非敢推諉也。情形未熟,幫助不力。去年水砲試費,除耗一半外,應歸之款,無法可索;留嬴艇幾致脱空,幸托金税司接辦集事。而赫德昨來公文,誚責其英國各廠曾詢價者,每來函以久不訂購爲怨。其餘難處甚多,容再縷述。

前月十八日接電示,囑購馬槍一千三百、子殼五十

[一] 此處原抄有一準星示意圖,因模糊難辨,未照録。

萬，諒係四月間函達之毛式馬槍，今托博郎函催該商，驗收後即可運送。

又，金稅司來信，云有英錢八千餘鎊匯至倫敦銀號，未知何款。

其手槍二百，據密臘云已加印裝箱，發送漢倍克船，當即派王弁趕赴查驗，恐已不及。此實不遵合同，容與密臘再論。

承示提力前後價異，查一係前年十二月面詢，一係去年十月函詢。今檢羅委員原譯送覽，内有"仲銀五分"字樣，想前年所稱係不加行用，非但錐劍之異也，俟羅委員檢得原洋文再送閲。總之，提力僅造樣槍，並無大廠，隨時説價，本無一定也。

因今午德太子初見，不及縷述，乞先轉稟伯相，俟考定槍式，備文呈覆。肅此，敬請

勛安

光緒五年八月初二日發，十月初六日到。

愛治地力槍價覆函[一]

照譯白明翰伯明恩厄子愛治地力公司覆信。

初七日賜函已領到，查現在厄子地力洋槍一萬桿，用默樂霍來福法配劍刀者，每桿應價六十七喜林六便士，包扎並運至英國海口費，每桿一喜林六便士，内應扣出經手仲銀五分。如用顯理來福法，每桿

[一] 此函與《來信十二號》中所附《愛治地力槍價》爲同一信函，繙譯稍異。

比默樂霍減價一喜林，計應六十六喜林六便士。至製造子管機器，應先詢明每禮拜應做子管若干，汽機、蒸釜、幹軸、漸冷爐應否照配，方可算定。由倫敦至上海，洋槍水脚，裝成木箱，每噸四十五喜林十分；機器，每箱重不過二噸，四十五喜林十分。保險，裝在馬口鐵箱者，每百鎊三十五喜林，如不裝馬口鐵箱，無一定扯算數目。物件如係甚多，水脚可以減輕。肅此奉覆，專候尊裁。

外曆七十八年十二月十二日

李丹崖自德國柏林發來第二十四號信覆天字二十六、二十七兩號信

本月初四日接二十六號、二十七號手書並伯相六月初九日鈞諭，飭查各事，遵當探討明確，一一詳覆。

鐵甲船雖以參差雙圓臺者爲吃水甚深，不如仍用八角臺者，即日本定造及土耳其售英之兩號是也。土耳其船經赫總司開價，○有全船細圖，當囑三弁帶呈，此皆倫敦之森澻答[一]廠所造，工料最良。又聞日意格四年前已向格蘭士哥[二]之奈比阿司廠查開圖價甚詳，近來更無新式，唯護機、分堵、吹風、轉舵及浮木貼舷、象皮[三]堵水諸法俱改新制。○俱查看明曉，只須定造時一一定明而已。

[一] 後文又作森繆答。

[二] 格拉斯哥(Glasgow)。

[三] 即橡膠皮。

大約應購者不外此兩廠，雖可參詢他廠，總須擇購一廠，否則各廠咸怨，下次難與交易。因屢有洋商托名詢問船械各價，久仍不購，遂謂華人寡信，徒來相嬲也。應請先稟伯相，查日意格、赫德所呈圖，擇定一試〔式〕，實在需購，飛速示知。當俟徐仲虎到，同赴英、法参考他廠後，即當訂定。並可派仲虎駐廠督造，必能事事精當。如恐巨款匯寄不便，則可竟托赫德擇相宜之廠定造，以專責成，並不必○與仲虎查詢他廠，參雜其間也。

前函中不喜他人詢價及大吏無信任之人等語，皆録金登幹述赫德之語。其實各廠有喜過手，有不喜過手，固非概不准詢價也。來示有此後既歸弟辦，不再詢價一語，未免有誤會處。總之，歸赫德辦者，弟總不敢詢價。非有所畏，實恐積恨，有妨大局耳。

近來各國紛議停造鐵甲，如可緩辦，尤爲合算。況既有鐵甲，應同時並舉四事。一爲砲臺庇護，今吴松〔淞〕臺孤露，不足庇護，宜於口内電報房處添築之。一爲船塢修理，今滬關之塢太淺，且離海太遠。其尤要者，一爲快船，若鐵甲無快船輔佐，則孤注而已。日意格所購快船圖，雖不過十二洋里，而機器等尚屬新制，似應趕造；一面再由洋廠定造全鋼之船，自可更速，蓋此事本非一蹴可幾也。一爲水雷，有行雷可以出奇，有伏雷可以堵守，而後鐵甲不爲快船所困。四者中水雷尤要，而水雷尤以綿藥爲要，因雷殼可仿、電綫可購，而棉藥用處甚多，購運、庋藏均非易易。此間有棉藥廠，擬商明令王弁往習，明年帶同洋匠回華開造。是否有當，乞先稟請伯相示。

前聞柏教習昆季皆昔爾乏學徒，是以函請匯錢托辦，想可向昔爾乏定購，而不知是載生所薦，此則○之疏忽也。

前函奉商若能專購克鹿卜，當可訂定，陸續成造，此係克鹿卜幫辦之議。其意謂中國能如布國之不用他砲，只須定永久合同，不必限定砲數、銀數，並不必先期付價，凡欲用砲，悉歸該廠承造，或議明若干年内應成某式砲若干、某式砲若干，則可酌添工匠，排日緩造。蓋近年布軍添砲不多，工匠大半停散，中國偶購一二批，須添匠趕造，不得不視爲過路生意也；且聞派利恒入不敷出，該廠年貼一二千鎊，大約仍取資於中國砲價而已，則因天津固取信已久，可對手交易，而滬商鑽營日工，若不派人則他省不知有克鹿卜矣。其言頗近理，然各省亂購，萬不能畫一也。各國俱有一定槍砲，將來中國總應擇定。

今囑由○處訂購十二生特砲十尊。此間砲官謂此砲係備土簍營壘中攻打堅城之用，須擇堅平地、用良馬曳之，猶不能速行；凡砲並器車，不便多於六馬，多則轉折不靈，中國馬弱地軟，萬不能曳。德砲隊亦概用八八生特砲，若將十二生特者用之水師，又嫌太小，且車架不合。擬俟克鹿卜覆函到後，再發電報奉商。

毛式馬槍之商，於六月間頻來催詢，今移居佛郎克缶格[一]，函商五六次，欲先收銀後驗貨，昨來函益復游移，必有抵押調換之弊，且銅捲須由他廠另造。今與博郎商定，擬另向大廠定購，必有把握也。

[一] 法蘭克福(Frankfurt)，《使德日記》作佛郎克福格、佛郎福格。

力拂仿提力之式已成二桿，訂明日往鄉演試。其手槍二百，憶及是五十馬克，查冬季日記印本[一]亦然，此日記已另送總署。而十二號信録存之稿則六十。弟每寫畢後令人摘要録存備查。大約寫信時專注意於四十二馬之一種，而改以“五”字誤作“六”字，擬與力拂面説，當可仍照五十也。一字粗疏，幾至誤付二千餘馬克，連行用計之。足見此役之萬難勝任也。驗槍之器甚煩，王弁既不能施用，且槍已裝艙，不便取出，今力拂願具查驗切結，似亦可靠。此槍明日由漢倍克開船矣。

承囑考定槍式以歸畫一，不敢但以力拂爲是，擬於三四日後，偕博郎往萊因河[二]邊各槍廠親閲演試，一晝夜火車程。俟有把握再行咨覆。

其造子器無過英之退勒采侖廠，已詳第十三號函。該廠歷受滬商揹索，願與華官對手交易。擬俟考定槍式、電請訂購後，即函托該廠定造造三四萬子之器，配送到華，特先奉告。

又，前函所陳採辦難處，更在輔理之乏人。博郎謹慎勤能，華員中實無其匹，○駕駛得宜，極爲應手，詢問查採，實全賴之；然背後常有金税司實能勝任，西人恒專辦一事，不喜拉雜，公使不便兼理採辦等語，是其心終屬勉强也。羅豐禄性專誦讀，陳季同喜考武事，而不習製造。此二人皆書生本色，視貿易爲鄙，不能耐煩。錢、劉兩員，

[一] 應即後來出版之《使德日記》，手槍價見載於光緒四年十一月二十八日。

[二] 萊茵(Rhein)河，後文又作來音河、來因河。

但能繕文書。更有總署所派二人，則未解事學生耳。惟望仲虎早來，或可分任而已。

楊弁未痊，不能出户。〇昨親往查看，醫生堅稱未便遠行，應送意大利調養，〇不便允從，只可由馬賽送回中國。三弁閱操已回，日記頗不詳細。砲隊官謂未能習砲，巴提督又痛切促行。現擬本月十九日四弁均由馬賽上船，王弁仍留柏林學習，先此奉告。

囑仿〔訪〕擦槍砲油，已得兩種，爲布國常用，俟交三弁帶呈。

如有採購事，來往電報乞用總署華字碼數即崇宫保加序印行者。爲妥。此間由滬改電尊處，以津字（其碼2020）發端。乞先函托芝翁大公祖，凡接電碼首字是2020或英文天津字樣者須寄尊處。又千百數目只用真數，不必逐字查碼，如云二千五百四十五鎊，只用2545 3139，此“鎊”字，代“磅”字〔一〕。如遇語氣易混處則加一字，如2545 2337是也。如有不必秘密且用英字較省者，仍如英字爲宜。請酌之。

遲日由四弁帶呈冬季日記二本，係藥水印出，手槍價在十一月二十八日。一本呈政，一本乞轉呈節相擬正。本年日記尚未録清。拉雜手覆，諸乞鑒原。敬請

勛安

光緒五年八月初十日發，十月初五日到。

〔一〕原抄稿中，磅、鎊混用爲貨幣、質量單位，爲閲讀方便，本書統一改用鎊爲貨幣單位，磅爲質量單位。

李丹崖自德國柏林發來第二十五號信

前函想已達覽。

今日楊德明等四人起程，其路費僅給至上海，所有上海旅費及到津船價，已備文請芝翁大公祖墊給，請由津局歸款。又，楊弁應在南方度冬，亦請芝翁大公祖妥爲安頓，俟開河後北上銷差矣。四弁在德，始終勤奮，兵部及巴提督臨别面談，深爲喜悦，德羅他就浴在鄉，專回送行，極爲繾綣，可見該弁等之尚能見重於外人也。

力拂仿提力之槍二桿，昨十二日親往演槍處逐一試發。其力與提力相等，而提力坐勢較勁，似以力拂爲良，唯應改七八處，已囑令將其餘八桿一一試改，容後再行縷述。

今日密臘付去手槍二百之價並到津保費、到滬運費，並用錢共一萬七百七十七馬克零六，原收單奉上，乞查收。其子殼等件，據云向美國定購，徑運中國，未便由此間驗收也。馬槍甚游移，且藉口於兩月已逾限，大約不能成交矣。

武備書及船圖等另呈中堂查收。内有鐵甲船英海部按期驗收單據，甚爲緊要，如日後欲購，大可仿辦，〇處均未留副本也。日記一本呈政。因四弁刻須登車，草泐數行，敬請

勛安

光緒五年八月十五日發，十月十七日到。

克鹿卜砲，僉請陸路只須八七米里米脱，其十二生脱者，但備攻堅之用。已於昨日發電請核示矣。又及。

李丹崖自德國柏林發來第二十六號信

昨十五日發二十五號，交查弁賫呈，計可達覽。

是晚安頓臥車，令楊弁上車，不料甫登車即吐血數盂，神志昏暈，不能言動，幸有房東母女伴送，行至斯邦道，車棧管事者不敢收留，遂留舊寓。其三弁仍直至馬賽上船。今晨接斯邦道電報，即派員往視，午刻又令博郎邀同治療名醫同往診治。據云萬不能任舟車之勞，且冬季寒冱，宜居温地，不過延歲月而已。溯該弁自到洋來，最肯用心，詢以情形，頗有條理，不似他弁之糊模影響也，去年得病，醫謂不久可痊，未便遣回，該弁亦面禀劉京堂，謂尚可支持，情願卒業，不料日以危殆如此。德國最重武官，毛爾格[一]嘗撫病兵，頗有吴起之風，是楊弁醫藥調治各費，勢難過於節嗇以啓物議。苟非全愈，舟車總不收受，勢難起程。如有不測，離海極遠，運送甚難，只能寄葬斯邦道而已。應否預告該弁家屬之處，統候卓裁。

去年閩生梁丙年在德國海邊已耗運柩費千餘金，是不得不計算也。近日爲該弁等籌辦起程，令洋醫診治，洋員伴送，實爲之心力交瘁。出洋生徒之最用心、最有志者輒不永年，前歲日本生徒亦然，誠不可解也。

[一] 毛奇(Moltke)，普魯士和德意志名將。

近日尚有公事未了，來因河查槍未能成行。

昨十二日，偕博郎、力拂、密臘往柏林南鄉德國演槍砲處。凡築試道四十餘，每道支木棚一，寬廣二丈，向南開路，長八百邁當，寬五丈。極南處築土山，高六丈，道旁高埂夾之，高約二丈，俱植樹。自土山起每五十邁當立石記之，土山西南築土窟，支木棚爲候準處。自土山起每五丈作横土埂，高尺半，覆以草，以驗彈子之不及靶者。太過、不及俱有罰。兩道相距約十二三丈。其木靶置土山北麓，八層合成，每層厚二寸又四分寸之一，下承方盤，上束方圈，可以拆卸，靶高四尺，寬三尺。一人執紅方旗以指示中處，俟執旗者避入土窟方可發槍，又一人隨執旗者執筆登記，法良善也。以上詳記之以便照辦，聞陸路七八生脱之輕砲亦在此試，十二生脱則海口試。

是日雇用第二十七號試道，有兵目二人承差，先試距靶一百五十邁當，新改刀頭者八寸、七寸八，新改尖刀者六寸半、七寸，提力原槍七寸半、八寸。次試三百邁當，八寸、七寸五，七寸二、七寸五，七寸、七寸五。次試四百五十邁當，三種各深入七寸半。以上皆入木靶分寸。提力機關少鬆，坐力較勁。因與力拂議改數事，再造八桿：一、來復用提力式，是八陰紋，易於積垢，應改四紋方槽，各造四桿以試之；二、機柄扭轉無一定盡際，應仿毛式有一定之限，以驗是否關緊；三、英鋼、德鋼應各造四桿試之；四、照星造牌全不準，須算準改正；五、機管前後須適中，不可太前；六、須染提力之黑色，以免生銹；七、木殼須用堅紋硬木；八、試仿新式亨利略短一寸餘者，亦造二桿；九、藥膛八角處須加長加厚，餘處須薄，如提力試時遞加鉛條於彈子之前，以試其裂否；其餘尚有須改處均與面定，不贅。

箱内呈有《亨利槍説》一本，講近時利弊頗詳，請酌譯之，頗可藉資考證也。

又，日昨咨文内稱須令該弁等合教一哨一百二十五年少聰穎之兵，係參仿德軍人數定之：必上操場者九十六名，吹號者四名，隊長四名，護勇四名，書記一名，差兵、水、火夫共六名，其餘四名爲額准告假。實應給假而逾額者，以差兵等補入操場。一切布置，筆難盡述，如三弁不甚了了，請擇譯洋書，由大才參酌之。

金楷理譯德文武備書，實能勝任。前擬奏調來德，因五月間出奏時，未接中堂覆示與上海電覆，故未並調及，六月初旬接電覆而摺已久發矣。今聞該西士合同期滿，在滬守候，若不爲招留，必謀别就。應請稟明中堂，飭赴津局譯書。如不能邀准，則請函致芝翁大公祖詢明金楷理，如仍願來德，可速發電報，當即奏調來此，專譯武備，是所禱盼。德文甚難，能以華語暢達如金楷理者，實以絶無僅有。蓋有用之才不可不惜，若聽就别館，不但失一佐理，且深知華事之西人，萬一所遇不淑，反足爲中國之患，想高明亦早鑒及此也。

馬眉叔今日往薩孫看銅礦、銀礦，因夏秋抱病不能趕補功課，是以下月歲考不能應試，大約閲看半月後即可起程回華矣。

匆匆不及另肅，敬求摘要面稟中堂垂鑒，是所禱懇。手泐，敬請

勛安

光緒五年八月十六日發,十月十五日到。

光緒五年十月二十六日天字第二十九號覆二十三、〈二十〉四、〈二十〉五、〈二十〉六四號信

連奉第二十三、〈二十〉四、〈二十〉五、〈二十〉六四號惠函,讀悉種切,敬諗賢勞卓著,中外欣服,欽佩之至。

袁雨春等三弁已於本月抵津,帶來書籍各件亦經轉呈伯相。所有定購毛瑟馬槍,該廠頗涉游移,未識此時能有成局否?力拂手槍二百桿,今日已據上海地亞士洋行運到。前次托購克鹿卜砲位,亦經於前函内開明口徑、架式、數目,計日亦可達覽。

王得勝習造棉藥,學成之後帶機器、匠目來華,此舉甚善,伯相云請執事照辦甚妥。又,鐵甲船之事,已經伯相將二十三號來函摘抄寄送總署矣。

津郡比日河冰漸堅,伯相定於十一月初三日啓節赴省。前奉伯相諭,云有部文印花係元旦需用者,此處已經用完,屬由尊處趕速寄來,愈速愈妙。茲際封河,輪船僅此一隻,此信照樣寫成兩件,此一件托德領事代寄以期迅速,又一件交新載生行主帶呈,均作天字第二十九號者。金楷理因便血留滬稍爲調養,眷屬已與仲虎同行,此時當將抵德矣,如其病愈亦即起程。

茲有新載生德國商人步邁司岱[一]回國,伊極欽仰丰采,請〇等爲之介紹,乞賜伊一見爲幸。一切細情另函奉

[一] 後文又作補海司岱、布海師岱、布邁士岱。

達。專此,肅請

勛安

李丹崖自德國柏林發來第二十七號信覆天字不列號信

月杪接到薌翁六月二十七日不列號函,敬悉一切。

驗試槍砲之技,德國另有官弁,係由格致官學考選充補。係察料質、受力、配藥、配彈子、定準各事及察舊槍砲是否可用。至於查砲内膛之有無裂紋、剥蝕,則用火漆或黄臘驗之,甚易耳。兹驗膛徑大小是否一律,則回德活得器最精。至於驗收已成之槍是否合用,則有量驗之準器,每一種槍有器三四百件,每件三五六份不等,共約二千件,謂之全副,皆堅鋼爲之,計價一萬七八千馬克。力拂手槍之準器亦如之。只須絲毫不肯苟且之匠目,學習旬日即可任事,此間此等匠目每日五馬克。惟每種槍必十餘人各任一事。如驗槍機嘴者不問槍筒,驗木者不問鐵。王弁心較細,可令學習,但須知中國定用何槍方能定習何器耳。

昨二十八日崇宫保過此,暢叙竟日。總署久無信到,未知修約事有無成説?此間畢司馬[一]因病赴鄉,外部畢魯亦托病告退,德君准給假半年,外部辦事尚無專人。議者謂德俄有違言,以致紛更推卸,未識其確否也。不日擬與博郎往來因河查各廠,再行詳覆。

馬槍一千三百現知尚在奥國本廠,已托密臘詢明,旬日間可以驗購。從前皆掮客兜攬糾纏許久,毫不足恃也。

[一] 俾斯麥(Bismarck),《使德日記》中作畢士馬克。

此槍本爲布國訂造之大批官槍,覆驗時又剔出二千桿,其緊要處有弊病者,又加廢字戳印,剔去七百。所存一千三百,不過外件微有不符,留於廠中以備續收。今久不續收,由廠覓售也,其廠價大約可三十馬。新者四十餘馬克。擬於臨購時延訂官匠赴廠覆驗,如果弊病不在緊要處方始收用。凡出售他國之槍砲,皆不用準器覆驗,恐緊要處猶不免弊病。

楊弁近日少愈,已能暫坐啜粥。雷艇驗費等已據金登幹算清,約餘一百九十餘鎊,俟有清單來另譯送上。事此泐覆,敬請

勛安

光緒五年九月初二日發,十月二十九日到。

外,總税覆文(洋、華文),力拂手槍覆驗結(洋、華文),力拂試槍説,醫生驗楊弁單。

赫總税務覆文

一、四月二十五日大人照會謹已領到,内開大人會晤並非駐紮之文案金登幹,托其收取、裝運水雷艇一事。

二、本總税司已照會業經照辦之金登幹如文辦理,想必能足大人之意。

三、尚有應行聲明者:金登幹經本總税司飭明,外間所托之事,非由本總税司交與者不得承辦。金登幹爲總税司屬員,其職甚屬精細。一則税司之事辦理能精,一則别人之事與總税司無涉者,不致因難辦錯誤而至貽累,故宜立爲成例,事之非由總税司交

與者不准承辦。大人如有一件事，宜從頭至尾總交金登幹辦理者，金登幹有空暇工夫，儘可著其辦理，總稅司能信其事必辦至妥當。如別人所辦之事未完未妥，或只辦一份及事有辯爭之處，尚望大人改用別法，俾金登幹於已有責成之事，不至因外事而紛亂。本總稅司深知別人之錯誤，能改正者少而貽累者多也。

一千八百七十九年七月初十日　赫德花押

力拂手槍覆驗結

力拂謹奉書於大人閣下：竊〇按照諭飭送至中國之槍，考查詳細，毫釐不差，並用驗槍器俱照俄國章程覆加查驗，此二百桿槍力拂可具甘結。再我因自顧聲名，無論何國需用軍械，必須先行詳驗合式。應請大人放心，且國家亦不必再遣驗看之員來此復查也。

力拂試槍説

今奉中國委造新槍二桿，係仿提力式之普利更那耳[一]來復紋，可用英國之第二號穆士克德[二]彈捲，亦與提力所用相同。今造之二槍，係於十天内造成，尚有許多弊病，今説明如下：

[一] 後文又作卜里谷那爾。
[二] 後文又作馬士概特第。

有尖刃之一桿裝藥處膛徑稍大；

無阻機以防其自己開放，又無鈎出銅殼之器；

因時候太促，槍桿未染顏色，以致易於眩目，不宜命中；

準星尚未配準，因試槍時用德軍火藥，其力過大之故；

槍之分兩太重，因照英國提力分兩，今槍管由前往後可以作薄，可以改短，可似先送中國力拂槍之輕重；

二槍把是比從前槍把及德國槍把短一寸，因槍管長，故將槍把改短，其板機處亦稍移於後，而英國提力槍把定嫌太長。今願將續造八桿内選一桿永作定樣造之，造此八桿必加意小心，可免以上各弊。

八桿槍造成，可用中國所造英國第二號穆士克德彈捲。此八桿擬四桿用英國之鋼，四桿用德國之鋼，因衆人云德國鋼較良，故須試之。今擬造刀頭者四桿，尖刃者亦四桿；槍管用力拂來復紋者四桿，用普利更那爾來復紋者亦四桿。普利更已非新樣，因難擦易污之故，然德國亦仍喜用之。不如用力拂來復紋，較之樸實適用。又，提力後門之機，亦不合於兵手。

今將八月十二日試得槍子之力開列於左[一]。

[一] 與《來信二十六號》中的數據有不同，原文如此。

試槍時用提力槍一桿、刀頭之力拂槍一桿、尖刃之力拂槍一桿；一律用英國第二號穆士克德彈捲，照德兵官槍各裝藥五格蘭[一]又十之七；槍靶用二寸半堅厚之木，木八層，距遠一百五十邁當、三百邁當、四百五十邁當，每槍各試兩次，若再遠則不能命中，因靶子太小之故，靶寬三十寸、高四十五寸。

<table>
<tr><td colspan="2">槍樣</td><td>靶遠
一百五十邁當</td><td>三百邁當</td><td>四百五十邁當</td></tr>
<tr><td>提力</td><td rowspan="3">槍子打進靶子</td><td>七寸半二次</td><td>一次七寸四分之一
一次七寸半</td><td>一次七寸八分之一
一次七寸半</td></tr>
<tr><td>刀頭力拂槍</td><td>兩次七寸半</td><td>一次八寸
一次七寸四分之一</td><td>一次七寸八分之一
一次八寸</td></tr>
<tr><td>尖刃力拂槍</td><td>兩次七寸半</td><td>一次七寸八分之一
一次七寸半</td><td>一次七寸半
一次七寸</td></tr>
</table>

於放槍時看出，提力槍後坐之力大於力拂槍，因力拂槍後門關閉嚴緊之故。今擬造之八桿，須算槍子出口之力有一定之準數。光緒五年八月十二日在柏林第二十七號槍道演試。

醫生哈脱維希脉案

千總楊德明於西九月三十晚起身回國，於登輪車後忽又嘔血，自應暫停動身，仍居斯邦道舊寓。現該千總卧床不起，診得肺腑已被熱症損壞，精力衰憊

[一] 克(Gramme)，後文又作葛稜麼、格蘭、格蘭末。

已極，萬不能按時動身，應即安心居住，設法調養。

柏林一千八百七十九年十月初二日

同日到。

李丹崖自德國柏林發來第二十八號信

一月來各廠送到槍樣十餘種，選得二種，似較勝於力拂。本擬與博郎赴來因河查閱各廠方能定見，今博郎已辭退交卸，且雨雪載途，各廠已汰匠度冬，當俟仲虎來洋商定，春融往閱矣。

毛式舊馬槍一千三百，歷經掮客輾轉鑽營，過手者幾至一二十人，迄無定準。前謂中國販槍砲之洋行大半無賴光棍，豈知外國更甚。博郎常謂採買須與商販計論，非體面事，不應出使人兼管者，職是故也。今只可不購此舊槍。另托特來塞向代布國造槍。大廠定造新毛式馬槍一千五百桿，每桿三十一馬克。前禮拜已立合同，約定十一月杪由○處派德員量試驗收。内膛及機關悉照布國驗法，不准差至二千分寸之一，其外形木殼等可差至半密里邁當。其每桿配空彈五百，亦另托英廠照布國所用上等銅皮定造，亦於十一月驗收發運。惟其價有一百五十、一百二十、七十五馬克三種，俟托布國官詳考可定何種。以上各件，但派密臘代爲照料運送。惟此項槍及槍子價，並前次墊發之力拂手槍價一萬七百餘馬克，俱未蒙匯到。如果使德經費内不便久墊，擬於下旬發電催匯。

近與公法師閒談，知公使及參贊、隨員俱不便與商廠書立合同,因合同必防涉訟,而涉訟即失公使權利。如遇廠商背約,不惟不能請斷,且問官一見合同,指爲違犯公法,反欲議罰。只應由公使札委一人或本國或别國人。爲採辦委員,或爲領事,不算出使人員。可令與商人立約,亦可出頭争訟。然今尚難其人,密臘亦未便重托,且待仲虎來商,再定應派何人。

其查考稽察收支,〇總不辭勞瘁也。十五日擬赴法查課,並與日監督商議一切。仲虎約於二十四五日到巴黎,適可相遇。楊弁近已稍痊,大約臘月可偕黎蒓齋參贊回華。今將斯邦道賬單及昔必格〈賬〉譯送查核,其博郎手收支各賬及雷艇、槍子料各賬,俟譯齊再行送核。克鹿卜砲究竟應用〡二生脱,抑用〨〡〨生脱[一]? 前電諒已達覽,並乞早日示明,以便訂購。手泐,敬請

勛安。不具。

光緒五年十月初七日發,十二月十二日到。

外附賬單。

光緒五年十二月十三日天字第三十號覆二十八號信

昨由文報局遞到十月初七日自柏林所發第二十八號

[一] 此處用蘇州碼子記數,分别是十二生脱和八點八生脱。後者八字碼之間用豎條隔位,其數爲八點八。後文中有用圓點代替豎條,表示同樣的意思。蘇州碼子是一種傳統的記數方式,曾經廣泛用在商業及生活中。其一至九的寫法是〡、〢、〣、〤、〥、〦、〧、〨、〩,以〇表示零,使用時往往與漢字數字混用以免混淆;又有寫成兩行,以“十”“百”“千”“萬”寫在第一位數或某位數的下面,表示其數量級。此種記數方式,本書多處出現,以後如非需要,不再一一標注。

來函,敬悉種切。

力拂兵槍樣已交新雇教隊洋官德國人漢納根[一]察看。初云機簧甚簡,兵勇易於拆抹,及携去細看,又謂機簧太小,恐打仗用久不甚結實。○等思其前後兩語皆有情理。正擬肅函寄達,頃來書謂已選得二種較勝力拂,具見考核精詳,欽佩無已。乞於看驗後一併速寄天津,並須各配子彈若干。較試之後,敝處即行由上海電報寄信執事迅速定購。其槍價、子價、造子機器價望先示約數,俾得撥匯款項,免致耽擱。

其已經執事定造之新毛式馬槍,其所用子彈,似當與前寄之兵槍樣能共子者爲要。○等前詳所陳,謂機簧任其萬變而用子必須一律,蓋取平時可省經費,臨事又能通融。彼時雖僅指兵槍而言,迨接執事寄來未帶子之毛式馬槍樣一桿,○等曾以力拂兵槍子試之,口徑恰合。足知德國軍律,馬、步槍通用一色子彈,信而有徵,且亦見其用器之精審也。將來擇定式樣,定購大批,自當仿照辦理,故敝處於九月十八日第二十八號信内已縷陳及之。但届時必當購備造子機器,而捲銅皮機器尤不可少。特來塞當即歷年洋商所稱之得來斯,廠大工精,素有所聞。此次所定造之新毛式馬槍一千五百桿,以三十一馬克計算,銀數每桿約六兩有零,價亦甚廉。更經執事考較,所省所益,實爲不少。空彈在英廠定造,各取其長,尊議極是。

[一] 漢納根(Hanneken),德國退役軍官,德璀琳長婿,後文又作漢内根、漢那根、漢奴根。

又,來函所開三種價值,未知是以五百顆計價,抑以一千顆計價?核算一百五十馬克銀數將及三十兩,若一千顆尚不甚貴,倘僅五百似不合算。此種子彈,營中平日操演打靶後,若將子彈銅殼的的歸原,繳局重裝,則貴者當是質堅工精,可以多裝數次,購價雖昂,實可節省;倘領子一千繳殼五百,則價廉者究屬便宜。若此項子彈此時尚未驗收,擬請執事將一百五十馬克、一百二十馬克、七十五馬克者分匀購買。若於三者之中已經定購一種,則請將未購之二者,每種添購一二萬枚搭寄來津,俾知等差所分究在何處,未始非考鏡之一端,且可爲將來計較也。質之高明,想以爲然。

力拂手槍價,已於八月二十日由江海關道台寄去一萬二千馬克,交地亞士洋行匯呈。計距執事發信之日僅四十七天,此時當已察收。毛式馬槍價,亦經滬關兑收四千三百六十五鎊六本士,存於上海麗如銀行,專候執事由電信取用。如所存不敷,徑由尊處電信,向滬關兑匯。亦曾於二十八號信内抄詳録批寄達,此時當蒙察閲。

公法司〔師〕所論公使、參贊不便與商人訂立合同,確於權利有礙,更屬體制攸關。執事來函謂密臘未便重托,且待仲虎來商,札派一人充爲採辦,部署詳審,拜服之至。楊弁竟得生還,此間又多得一人之用,實爲欣幸。克鹿卜砲的確須購十二生脱者十尊,二十八號信内已有細單開陳矣。斯邦道、昔必格賬已收到。許仲弢[一]兄處已代致意。昨奉伯相寄來法國海部定雷艇合同,詳細周密,業經捧讀。前托仿〔訪〕求德國兵部儲械法則並各章程,乞留意焉。肅此布覆,敬請
勛祺

計抄呈力拂手槍申稿一紙。

此信照樣另有一份。交文報處由上海、地中海水路遞呈,托德國穆領事由恰克圖旱路遞呈,均於十八日發。

〔一〕 許鈐身,字仲弢,曾受任爲郭嵩燾駐英使館副使,未赴任。此時在天津照料、操練砲艇。本書去信會銜者之一。

卷五　光緒六年正月初八日起
至五月初八日止

目录

去信三十一號　法國地中海雷艇，請查魚雷、雷艇價，請派學生習裝、用雷法，電燈，棉藥

去信三十二號　兵槍宜速定萬桿，槍子，造子機器，子徑必須劃一

來信二十九號　收一萬二千馬又三千七百四十六鎊，毛瑟馬槍已定一千五百桿，銅殼向英定六十萬，裝藥器，槍添銅蓋等件尚須千鎊，鐵甲，克鹿卜砲可與們士好孫面訂

來信三十號　覆二十八號去信，寄驗收雷艇憑據，雷電教習，槍以特來色、力拂爲優，克鹿卜十二生砲，電燈，雷艇用餘銀數，湖縐已付力拂

去信三十三號　覆二十九、三十兩號來信，又匯二千鎊添購腰帶、子盒，詢王弁所習棉藥，及機器匠目，電燈即定一二座，兵槍萬桿、子五百萬、造子機器

來信三十一號　試力拂新造八槍，三弊，參考各廠槍枝，舍利們，克鹿卜十二生砲，砲子宜向葛羅松定造，電報，又試力拂槍單

來信三十二號　覆二十九號去信，付馬槍並子價銀，請匯槍款，棉藥未商妥，力拂槍價單

去信三十四號　覆三十一、〈三十〉二兩號來信，兵槍萬桿，舍利們已到津，們士好孫不認減價，十二生砲已定，槍款

去信三十五號　兵槍電報，槍款已匯寄，造子器，舍利們電學不高

去信三十六號　抄寄滬關先後匯槍款信，槍子，速詢造子器價、兵、馬槍價，皮帶、盒或購或造請電示，請寄德國老後膛兵、馬槍

來信三十三號　覆三十號去信，馬、步槍徑應一律，收付馬槍款，已遣密臘赴伯明恩廠購銅殼，兵槍用何種，亨利、毛瑟價，洋藥價，鐵甲，十二生砲並子已趕造

來信三十四號　楊弁存銀寄德領事處，杜屯好甫槍藥，各種槍價，詢定何槍，活獅，鐵甲，克鹿卜砲合同已定

來信三十五號　收到二千鎊，步槍、獵槍，造子機，軋銅架，舂器，詢延杜屯好甫造藥監工否，十二生有無成議，寄法國汕答佃廠兵、馬槍各一桿、子百枚

去信三十七號　覆三十三、〈三十〉四、〈三十〉五三號來信，應購造子機，槍及子，毅軍槍，汕答佃槍並子未到，克鹿卜砲已定，製藥器，請購有藥槍子，獅已辭，電碼本已收，力拂手槍子請代付存款

光緒六年正月初八日天字第三十一號

客冬嘉平十八日肅覆第二十八號來函,催寄後膛兵槍樣子並酌帶子彈等件。其信照樣兩份,一由南洋,一由北路寄呈,防其耽擱遺失也。

日昨〇等奉伯相批諭,以法國購置魚雷艇合同,惜未將魚雷式樣如何製法載入,或係該國自製,候艇成安設,又不肯售與他人,則無可如何,應由該道等速函詢李星使屬爲探查,如魚雷艇可以包管購運,即照法國所購式、價先行訂購一隻,俟到津後,演習得力,再行購製四號等因。奉此,查執事寄來法國海部與地中海廠定製雷艇合同,華、洋文各一紙,伯相自省城寄津,囑〇等討論。其中不能解者,即質之法國駐天津兵船主副將福宜亞。其人誠樸,肯說直話,謂此等雷艇可以出海迎敵,大沽若有數號,必能擊退敵船,且法國魚雷不論何國皆可售,並不秘密。〇等詢以船身長八丈有零,恐公司輪船掛帶爲難,該船主稱地中海廠與法國輪船公司係屬一事,若令其包運中國,當可照辦等語。但此項雷艇,各國僉稱尚用之新式,其最要者雷之準速、艇之靈捷兩端,原合同中既無雷法、雷價,或因法國自有造雷之廠。此項魚雷能否購辦,其價幾何,此間未得底細。從前郭筠老有寄伯相函,謂五百金一具之魚雷乃回脱衛司所造。法國此艇所用是否即係一式,抑又有精妥之法?統祈執事查明示覆,以先廣見聞。

至試演魚雷以及雷艇情形,執事在洋當已見過。如果得利，即請仿照法國合同各節，訂購雷艇一隻，隨帶魚雷十餘具，包運中國，若能包運天津更好，因恐招商局船難勝掛帶耳。所需價值、脚、險若干鎊，請由電報寄信上海道轉寄天津，以便稟請照匯應用。

駛艇之法，此時中國尚不乏人，惟於裝雷、駛雷之技，無有知其底藴者。此間學堂所習，除守口各雷外，艇上所用，僅係裝炸藥之桿子雷，其中並無自行駛射之汽機。此項魚雷，其中必有奥竅。望執事於出洋學生中挑派一二人，令其學習裝法、用法，隨艇及雷來，至天津演試之後即可稟令管帶。果能得力，則以後所添之艇，均可歸其教習管轄。並請查訪其書以及法國用人給餉之數，寄來繙譯，擇要仿辦。庶辦一端具有一端之規模，用一費可收一事之實效。將來各口，或皆踵行，則成法具在，不難次第舉辦而傳授之。其造魚雷之法，若果照福副將所稱不甚秘密，亦請派習工之學生學其製造。無任盼望，偏勞之至。

再，去年二十八號信内請查訪海口所用之電光燈價值、式樣，聞現在大行者西們士式樣。二十九號信内覆王弁習造棉藥，此兩事均與用雷相表裏，現在有何眉目？均望便中示知，以便呈明伯相。且棉藥須擇有清泉之區，静曠之所，扦基建廠，一切布置，又當先事綢繆者也。專此布達，敬請

台安

愚弟 許鈐○ 吴○○ 鄭○○ 劉○○ 頓首

此信照樣另有一份。交文報局由上海、地中海水路遞呈，托德國穆領事由恰克圖旱路遞呈。

光緒六年正月十五日天字第三十二號

嘉平十三日及正月初八等日肅布三十及三十一號兩函,並附呈伯相咨文一件,諒可次第達覽。

前奉第二十八號來函,謂各廠送到槍樣十餘種,選得二種,似較勝於力拂。敝處昨將覆陳三十號信稿抄呈,奉伯相批,云但得較勝者即應尅期定購,若待往返試驗,又過一年,再説若竟誤用,誰執其咎等因。第思此項槍樣,既經執事考定,倘此時已將槍樣寄送在途,如果開河後能到天津,○等試驗後應即稟明伯相,由電信請定,一面詳匯槍價,俾期迅速;設若槍樣尚未發寄,即請執事就近試驗,於二種中擇其尤勝者,迅與訂立合同,定購一萬桿,期於今年次第全數運津,若能再速尤妙,仍請寄電信,囑上海劉道台函知○處速將槍價詳明匯寄。

其槍子一項,每槍至少須配五百出,至造子機器尤不可少,祈一併定購。惟子徑祈查照前函,必須劃一爲要。

執事智珠在握,聞見甚多,在德試驗,其試法必較此間尤備。此係實在情形,並非諉卸之説,伏乞核定施行,幸甚盼甚。

電光燈,伯相批示,囑函請執事速爲探價,尤望示悉。再,三十一號覆函内陳魚雷艇一節,昨亦呈奉伯相批示,請由執事裁定。兹先將稟稿原批抄呈,伏希垂察。匆匆布達,容再縷陳。敬請

勛祺

附呈清摺一扣。

此信照樣另有一份。交文報局由上海、地中海水路遞呈,托德國穆領事由恰克圖旱路遞呈。

李丹崖自德國柏林發來第二十九號信

前月中旬赴法查課,月杪與仲虎同抵柏林。來往托庇平善,生徒亦各勤勉。近日帶仲虎謁部臣、公使、官紳,年内略有應酬、朝會等事。俟春融道通,擬偕仲虎游歷英、法船廠,考訂一切也。

近維政祉綏佳,勛祺曼福,一如私祝。月前承匯到德銀一萬二千馬克。又由金登幹來信,有英銀三千七百四十六鎊,計日想可匯到,諒是力拂手槍及毛式馬槍、槍子之價。

毛式馬槍,已於前月初旬,與特來色大廠在德國西南境,爲著名大廠。訂造一千五百桿,每桿三十一馬克,共約二千三百五鎊。其空心銅殼,亦於英國伯明恩廠訂造六十萬枚。照英國兵部定式,用堅韌銅皮,連藥者每千枚八十八昔令,今只購空殼,計銅殼連銅帽每千四十五昔令。鉛子連儭紙每千二十五昔令,蠟底每千四昔令。共每千枚七十四昔令。計六十萬枚,共二千二百二十鎊。係裝内鋅外木之箱,在倫敦船上交卸。均令密臘代與該廠訂立合同,年内可以交齊發運,明年開河可以抵津。又於柏林大廠商購裝藥機器一架,亦布國所用,靈便异常,約共二百鎊。

以上三宗，共約英銀四千七百餘鎊，訂在臘月初旬交貨付楚。俟後將各合同抄送台覽。其較尊處所定一千三百桿、五十萬枚略增者，因與該商熟商，欲少購則須增價，故酌定此數耳。其馬槍照布國軍營，須添槍口之銅蓋、護機布帶及寬備之螺絲、挺簧，現與特來色商添，須另加價值。以上各項，除已匯到外，約須一千餘鎊，仍望早日匯來歸墊。至雷艇及槍子料，俱有盈餘。俟將博郎、金登幹經手賬譯全，方有確數送覽。

現王弁照常學習，並繪砲臺圖，因遍地積雪，未能兼演測地。楊弁稍愈，急欲回華，俟有同伴方行。

前月在巴黎接到電報，承詢土耳其八角臺鐵甲兩艘實價若干，當即函詢英海部可否轉售。今日方接到總理船部提督司徒瓦德覆函，云柏耳來、奥利恩兩船此英國所取之名。似可商售於中國，但曾經英國添改成爲水軍利器，其奥利恩爲尤善，所有原價，及續添物件價，俟飭工廠核算開送候奪，我英國不肯浮開，亦不願折閱也。〇一俟開有總價，當再電覆，且須與商能否但購奥利恩一艘，恐未必允耳。敬祈先行轉稟中堂察奪。

又，力拂試造之德鋼、英鋼各槍，不日亦可演試。前擬購之克鹿卜砲，現有該廠專派之們士好孫[一]，不日到津，應用何種，可與面商也。專泐，敬請
勛安，並賀年禧。

光緒五年十一月十二日發，六年正月二十二日到。

[一] 後文又作門士好生、滿志豪生、滿士好生、門士好孫、們士好孫、們士皓孫、們司好生、滿士豪生、們士毫生、滿豪生等。

李丹崖自德國柏林發來第三十號信覆第二十八號信

昨接二十八號台函，詢及金登幹延海部官驗收憑據，除前已譯呈外，茲再抄洋文送閲。庶應添各件，逐一可按洋名，日後添購雷艇可備查考也。

雷電教習，前訂馬那杜船之雷砲官，今海部照章禁勿教授華生，恐亦不肯赴華矣。因今年英、法漸以客氣相待，動必照章，不似前二年之可以推情訂教也，只可緩圖之。且兵官但明布置、修理，若製配之理法，則廠中監工之事，決不能兼擅其長也。

考訂各槍，大約以特來色及力拂兩種爲優。今力拂試造八桿，定於下禮拜可試。前聞克鹿卜云，用於陸路者既嫌十二生脱太重，用於砲臺者又嫌太小，且配入砲臺者不必用後面之子藥車。本可用於砲臺，唯或配架、或配輪，其後面子藥車決不必用也。是以懷疑，發電候示。今既叠奉開摺函催，只可照辦。蓋華、洋砲臺軍火大相徑庭，本不能於數萬里外强作解人也。馬槍一千五百桿、空彈六十萬枚均經定造，不日可竣。其應添皮帶各件，總須另價，尚未訂定。海口電燈有兩種，一爲兩炭相接之舊式，一爲兩炭相並之新式。俄國西伯利亞人亞伯拉考甫所創。其電則以格賴姆、西們士兩家爲佳，俱用鍋爐皮帶也，俟詳開送閲。然必實在要購，方能詳詢其價，諒邀燭鑒。息必格云薄紙十刀本未算價，今已令購補矣。

承詢所餘尾數，今查雷艇價原收二千鎊，付出一千六百五十鎊，又找付一百四十九鎊十五昔五邊，又找付四鎊四昔三邊，又共雜用四鎊十邊，計尚餘一百九十一鎊十九昔六邊；其槍子料件，前餘一千十四鎊二昔五邊，第二批又付九百四十一鎊七昔六邊，共雜用二鎊二昔，計尚餘七十鎊十二昔十一邊。其雜用細賬，俟譯出續送。

地亞士行交來之妃色湖縐一匹，已於昨日寄到，當已面交密臘帶付力拂矣。草泐，覆請

勛安

光緒五年十一月二十七日發，六年正月二十九日到。

外附洋文件。

光緒六年二月十六日天字第三十三號覆二十九、三十兩號信

新正初八、十五兩日寄呈天字第三十一、三十二號兩函，專爲雷艇及電光燈、棉藥器具、購買後膛兵槍等事。每函照樣兩份，一由南洋，一由北路，計程可冀達覽。

昨迭接柏林發來二十九號、三十號來書，藉諗勛猷曼福，至以爲忭。

二十九號函内所示，購辦馬槍各件約尚短銀一千餘鎊，〇等已詳請由滬匯寄二千鎊交尊處應用。至擬添之槍口銅蓋、護機皮帶、寬備之螺絲、挺簧，皆切要之件，萬不可少。更有皮腰帶、裝子皮盒亦係萬不可少之具。内地自造，每個需銀七錢一分，然皮質生硬，見雨受潮即出皮硝，不似外洋皮之精緻。仍請執事按馬槍之數配購一

份,是爲至要。馬槍一千五百桿、子六十萬出,並不爲多,將來仍恐須添,方够臨事分撥。

王弁學習繪圖、測地,甚是妥善。執事去年八月初十日第二十四號函内,有令王弁往習製造棉藥,今年帶同洋匠回華之説。〇等於今年呈閲三十一號去信稿時,奉伯相面諭,函請執事仍將王弁調入水師,將來果能學一管帶回來,亦多得一管帶之用,不必隨同洋匠回華,儘可先令洋匠帶機器來等語。水師人才至希罕也,伯相求之若渴,尚祈執事設法辦理。至棉藥機器,前函已催詢價值,但未知每日可成棉藥若干磅。此間所成不必過多,每日成一二百磅,積之一年,源源造辦,當可敷用。祈執事酌示價值,以便禀請匯款。

柏耳來、奥利恩兩艘之事,已將原函面呈伯相,已接執事電報,另有回信。電光燈,已奉伯相面諭,請即定購新式全副者一二座,不必遲緩,其價每具諒不過數百元耳,執事儘可做主等語。

第三十號來函,前訂馬那杜船之雷砲官爲海部禁阻,且兩家漸以客氣相待,恐其中必有主之者。前聞巴夏禮已回英國,未知是否。〇等因新舊學堂學生、幼童皆素習英文、英語,故前函專托在英延訂。倘將來英竟窒礙,亦未可因噎廢食,學堂英文儘可習學,不爲徒勞。若果英人執一,或執事在德,竟能物色好手,則學堂工夫不妨兼習德文。且德、法、俄三種繙譯,内地甚少其人,各童年在十五歲以下者居多,進而習之,斷不吃虧。現在仍專英學,統俟執事察酌寄示,以便遵行。

購買兵槍,已奉伯相諭寄發電報,即定購特來色後膛兵槍一萬桿,每槍配子藥五百出,並造子機器全副,不必待寄樣來,需款若干請即核明,用電報寄示,以便匯寄。其槍件各項,儘年内運到最妙。已於初十日托滬關先用電報布達,諒早入覽。此種兵槍,敝局有樣,新雇教習德人漢納根亦謂此槍與毛塞並佳,勝於力拂多多,故有此定見。祈執事即速飭委趕辦,幸勿遲疑。兹特將前寄電報及稿抄呈台覽。

小雲兄另有回信奉上,祈察收。開來各賬已均聆悉,妃色湖綯知已轉交,偏勞之至。香畹已履新任,因本任河務、賬務案牘事煩,請卸敝處會辦。專此,敬請

勛祺

愚弟鄭〇〇 劉〇〇頓首

重六錢四分,托德國穆領事寄柏林。

李丹崖自德國柏林發來第三十一號信

本月初十、十一兩日,親偕仲虎詳試力拂所造之八槍。因大操場積雪甚深,不易掃除,遂到旭春好司之演槍房試驗。其房距靶只一百八十八米脱,不能試其透力,因靶太近也;又不能試其準頭及子綫之平否,則因人手持發,無定架以安槍也。所可試者,只連發百次,其機簧有無鬆懈、有無洩漏而已。至於渣滓之潔净、藥膛之無漲縮,皆槍筒之功也;準頭之定、透力之深,皆子彈來復綫之佳及做工之精也,俱與槍式無干。今驗得力拂槍式施放

百次，機簧不鬆，並無洩漏事件，亦簡易於拆修，惟有三弊：一、扭閉之法係法國後膛砲之螺紋法，倘稍有泥沙銹滯，即難吻合，爲害匪淺；一、扭閉時推進轉右，俱須用力，兵丁臨敵倉卒，或天凍手顫，或用力太久，俱有扭閉不緊之弊，今試五十次後不能連發，固因槍筒太熱，亦因發槍者手顫之故；一、半機後復欲開放，必須兩手持機，緩緩放鬆，若倉卒一放，必致誤發。有此三弊，即非盡善。今參考數廠，皆與力拂互有短長。一爲特來色廠，即托造毛式馬槍之廠也，其簧亦用螺圈，而較柔於毛式。一爲素耳，亦名曹愛爾廠，只用雞嘴，不用挺簧。一爲旁密耳舍林廠，則用人字簧，與力拂略同，皆德製也。前後所驗數十種，内惟此數種最良，然尚不能定用何種。擬各購一桿，詳注利弊，送津比較，方可定見也。

水雷電機教習，今有舍利門[一]，前爲德國水師兵官，精於雷電等學，著有成書，今馬克衣佛[二]廠托渠到中國、日本發售水雷。而馬克衣佛現教在英之駕駛生。已與商明，如中國欲延舍利門爲教習，可隨時酌定。計二三月間該員可以抵津。乞禀商伯相，察看該員可否留用。以免東鄰之捷足先得，似亦一舉兩得之計也。

克鹿卜之十二生脱砲，前已致函該廠，續因們士好孫不日可抵華，將欲訂定净價，是亦未即與該廠切實定購，因望們士好孫抵華，或可格外議減其價。此爲撙節帑項

[一] 後文又作施立盟、舍利們。

[二] 後文又作馬克佛衣、馬克依佛、馬克依、馬克敷、馬克依弗。

起見，想蒙諒察，不以遲延見責也。至於克鹿卜向不造彈，其彈皆出於格魯孫廠。德國家所用砲彈，半爲格魯孫所造，半爲丹即官廠所造。一經克鹿卜轉手，例必加耗。以後無論在華在洋定購克鹿卜砲，總不必兼購砲彈，應徑向格魯孫另購爲是。一得之愚，不敢不貢也。

又，聞德國海口砲臺之後壁，即用陸路之〣．〣生脱、〡〇．生脱等車砲，既可隨時安置，又可出臺逐擊也。因敵既抄於臺後，即宜以陸軍陸砲擊之。惟臺後有敵人，可築平行壘之地，則臺之後壁間置〡二．生脱砲，所以攻堅也。

又，頃接上海覆電，云前日電報無處可寄。竊查八月初十之二十四號函内，曾請尊處函托芝翁大公祖，日後遇有電報首字 2020 者即係津字，須轉送尊處云云，何以仍無處可寄？想尊處必已致函，特滬道署事冗，偶忘耳。乞再致函爲禱。其碼字之《電信新法》一書，諒節署必有此書矣。手泐，敬請

勛安。不備。

光緒五年嘉平月二十六日發，六年二月二十日到津。

外抄件及原洋文。

昨二十四日所發電信係：（津）八角兩鐵甲英肯轉售，實價〢〦〧〦〇〤、〢〧〥〧〧〡鎊，（〥〤三三百七十五）亦可單售等字[一]。

譯力拂試槍單

[一] 此段用蘇州碼子記數，表示兩艘鐵甲艦的價格分别是 267604、275771 鎊，總價是 543375 鎊。

今造成之力拂槍八桿，各列號數，其第一、二、七、八號用德鋼，第三、四、五、六號用英鋼。德鋼之點質最勻，便於成做，德、奥、俄、意四國俱用之，惟英、法兩國俱用本國之鋼。其第三、五、七、八號俱用劍頭，餘四桿俱三角刃。其槍重，除劍刃在外，第一號三克魯[一]九十分，第二號四克魯五分，第三號四克魯一分，第六號四克魯五分，第七號三克魯九十五分，第八號四魯七分。扯勻之，則每桿重四克魯。查布國步隊之毛式槍則重四克魯七十五分，俄國之倍爾當槍則重四克魯三十分，英國地力愛治槍則重四克魯十二分，比較得力拂爲最輕。今第一、第三、第四、第六、第七、第八，計六桿，俱用卜里谷那爾之來復綫，與地力愛治相同，其第二、第五兩桿用力拂來復綫。據力拂云，卜里谷那爾之綫易壞而不易洗，而擊之命中未必良於他法，故歐洲内地各國不用此綫。此八槍俱可用馬士概特第二號之槍子，因天津東廠可以自造也。

今在柏林之旭春好司所試兩桿，一爲第二號，是德鋼用力拂來復綫；一爲第六號，是英鋼用卜里來復綫。兩槍各試百次，初五十次連發，後五十次因槍管太熱，略停之，試畢後機關無恙，並無渣滓。是日未試其透力，因前在哈生海特已試過其力也。距靶一

[一] 千克(Kilogramme)，後文又作啓、啓羅各冷、啓羅格令、克羅閣冷、啓羅閣冷、氣羅、看羅、啓羅、器羅、紀路、紀路格蘭末。

百八十八米脱，靶有二十圈，最大圈之半徑五十生特米脱，最小者二生特半，自外而内，分作二十圈，如中於外圈者其數爲一，中於中心者其數爲二十。今將兩槍所中各百次之數列如左。數碼具見洋單，不另譯。

第二號之準扯作〡二〥三，第六號之準扯作〡二〦〧。

所差皆高下之差。其槍上之照星，皆以一百米脱計之。其止軌即以半開爲止軌，亦與毛式異。

三角刃重三十七分，劍頭重一克魯三十分，其劍鞘重十三分。

李丹崖自德國柏林發來第三十二號信覆天字二十九號信

昨接二十九號尊函，敬悉一切。

毛瑟馬槍一千五百桿，久托著名大廠特來式定造，月初已墊付價三停之一，下禮拜可以派員查量驗收矣。毛瑟槍子六十萬枚在英造就，前日接有電信，昨令密臘赴英查收發運，並已墊付四萬五千馬克，交密臘帶去矣。唯此間墊款已多，下禮拜驗收槍械又須挪墊。而客冬電匯之三千七百餘鎊，初疑是尊處槍款，今悉是使館公款。仍望早日電匯濟用爲盼，否則輾轉挪劃，徒多耗費。且稍不應手，一被洋商看破，殊失體面也。諒高明鑒及之。

棉藥廠主易人，尚未商妥，王弁仍專師教授。今日使英繙譯官德明[一]字在初由俄過此，令仲虎乘其同伴，今午赴法查閱船械機器各廠矣。楊弁擬於二月初偕德明回華，知注附及。

昨力拂開來按八桿之式蔓造槍價，另譯並原洋文送閲。手泐，敬請

勛安

光緒六年正月十一日發，三月初六日到。

附件　力拂槍價德鋼、英鋼同價。

	一千桿	五千桿	一萬桿	二萬桿	三萬桿	五萬桿
每桿洋槍價　值*	七十二馬	六十七馬	六十三馬	六十馬	五十七馬	五十四馬
包扎費	七十五分					
三　角	五馬	五馬	五馬	四馬半	四馬半	四馬半
刀　劍	七馬	七馬	七馬	六馬半	六馬半	六馬半
柏林至漢倍克運費	二十分					

* 每二十桿裝一馬口鐵箱，外加木箱。

漢倍克至上海運費，每噸三鎊，每八十桿作一噸算，每桿應費七十五分。柏林至上海保險，每百鎊應一鎊零四分鎊之三，每桿應一馬二十五分。運費、保險時價不同，以上所擬只按大略而言，採辦時應照時價爲是。

[一] 張德彝，原名德明，字在初，京師同文館首屆學生。

洋槍工料與德國國家所用者相同，勘驗亦可照兵部章程，因本廠不能兼造工料稍遜之槍也。交卸時，應請住〔駐〕德欽憲自派官員，照章逐桿勘驗。器具約價一萬五千馬，如中國國家要用，此器具本廠亦可照造。惟應俟採辦洋槍定局後，方可算出實價。

空心槍子每千枚七十四喜林，連包裝運至倫敦船上。只無火藥，餘件俱全。

光緒六年三月十一日天字第三十四號覆三十一、〈三十〉二兩號信

二月初十日此間發去電報碼，托上海道衙門電寄閣下，定購特來兵槍一萬桿。頃接上海回信，已於二月二十日發寄柏林。○等於二月十六日寄去三十三號信内，已詳陳原委，當達清聰。務祈偏勞，以速爲妙。其隨兵槍應用之皮子盒，亦祈配購。此間皮盒、皮條價約七錢上下，倘其價逾一兩，只好以内地造者將就用之。棉藥機器亦於三十三號信内詳陳，倘日成一二百磅者不合其法，即日成二三百磅者亦可也，統乞閣下酌之。王得勝必須設法派入水師學習，未可令其回華爲要。

上月二十日奉到去臘二十六日第三十一號來函，並試槍摺一紙、洋文表一紙，敬悉一是，即經送呈伯相鑒閲。試槍各情精細備至，佩甚佩甚。至於購辦兵槍一項，已有電報及三十三號去函，兹不贅述。

英人施立盟即舍利們，此名其自片也。已於昨日到津，粗

談大略。俟其所帶電具各件到津，再行試驗。延訂一節，此時不便與之先説，稍遲兩日再商。此人自言在土耳其兵船作大副，所售馬克佛衣電具價貴異常。雷電教習，伯相已托赫税務司物色其人，約於明年秋間來華，特以奉告。

們士好孫其自譯名爲滿志豪生。亦於前日抵津，深談一切。其與閣下在柏林問答減價一層，堅不承認，並出其洋文譯對，但説有此意思，要中國能立兩三年合同、定二三百萬交易，可以推情相讓若干等語。中國購械，各具一心。即以伯相之聲望，且恐不能令他省合而爲一，專購克鹿卜廠物件，況○輩乎？直隸、北洋用砲，此間必能劃一，若欲他省劃一，則無如何也。十二生的密達砲十尊已照老章定購矣。葛羅松子彈價必較克鹿卜爲廉，○處前四年購過生鐵開花子一批，工作欠精。以後若有購定，非有人駐廠驗收不可。

前寄中堂鐵甲電報，比時即由上海道署從旱道寄至保定，並未耽延。

本月初六日接奉正月十一日三十二號來函，謂此間所匯槍款並未收到。查此款係金登幹繳回之銀一萬七千四百餘兩，○所於去年秋間詳定，請飭滬關提存，候尊處電信即匯，嗣於十一月間又復咨請滬關照數匯寄。本年二月初六日接二十九號來信，云約計其數尚少一千餘鎊，○處即時詳請二千鎊，於二月十六日又經録批，咨請滬關照匯，並於○處寄覆三十三號信内抄稿呈請鑒核。未知上海因何耽擱，容即飛咨催詢，以供支應。合肅先覆，

敬請

台安

愚弟鄭〇〇/劉〇〇頓首

托穆領事寄柏林，重一錢八分，十四日發。

光緒六年三月二十五日天字第三十五號

月之十四日由德國天津領事發去三十四號函，計已在途，不日當蒙鑒覽。

昨接滬關於十六日寄來閣下十五日所發電覆，云“特來色不及造，有現成新好毛瑟萬桿，四十二碼，如要，請匯價”，計二十四字。此處覆報本日發，由滬關代寄柏林，云“毛瑟每桿四十二馬克照購萬桿，子五六百萬，先匯銀五萬鎊，如不敷，水脚、保險運來再付。津寄。”計共三十七字。現已會同支應局，將前款照數詳請銀十九萬兩，運交滬關，買鎊匯寄閣下收用。

此次槍價頗廉，其子價恐有不敷，二次再匯。其造子機器，除鍋爐之外，凡捲銅機器一切周全，應須價若干鎊，並祈問明示覆，或連水脚、保險，以便照匯。其機器或英或德，均維大才酌定。

仲虎年力富强，精明老幹，現在游歷當已周遍。此閣下之臂助也。

英人舍利們電學工夫不甚高超，昨在海光寺小雲處試演，幾乎誤轟樓廠。因電力未得詳細，誤用大箱試綫，此間學生、工匠力勸不從，致有此失。所傷樓上、樓下工匠兩人，尚無大礙。且其情性剛愎，恐不堪師任。前日作閒談面詢，彼亦不肯。已回明伯相，聽其去也。所售馬克敷電具，無甚新奇，而索價至數萬兩，揣其來意，似非非想。所携之那敦飛[一]砲，等於哈基開司[二]，機關頗簡。彼云要十尊方賣，不准仿造，要買過六百尊方准仿造。亦惟有望洋興嘆而已。

兹將詳請匯價銀五萬鎊原文並録憲批另摺抄呈外，敬請

台安

愚弟鄭〇〇劉〇〇頓首

由文報局遞寄，重三錢。

計呈清摺一扣。

光緒六年三月二十五日

光緒六年四月初四日天字第三十六號

三十二號來函内催毛瑟馬槍款，敝處於三月十二日函詢滬關，去後本月初二日接滬關函覆，係於二月初五日交赫税務司於二月十三電匯，計四千四百五十五鎊十八西林，又添撥二千鎊，亦於二月十七日電匯，此時當早收到。特將去信、回函一併抄呈台覽。

前月二十八日，敝處交文報局發遞三十五號信，因穆

［一］後文又作那登費、那倫飛、那登、湻登飛。

［二］後文又作哈乞開思、荷乞開士、哈乞開司、哈乞開士、哈乞開斯、荷乞、荷乞開司、荷乞開思、荷士開士。

鄭德進京。爲毛瑟兵槍萬桿、子殼鉛箭五六百萬顆。此項子彈或由英造,或由德購,或不裝藥,或已裝藥,統乞卓裁酌奪。惟造子機器請執事酌奪,速詢其價,或由電報,或由函示,以便料理撥款速辦。

前項槍子價已於四月初一日撥解十九萬兩,交滬關買鎊電寄柏林。今效外洋雙信之法,將前寄三十五號函一併抄呈電鑒。再有請者,得來斯兵槍、馬槍新造之價未蒙賜及,乞便中一詢示知。因此槍與毛瑟子徑一律,恐以後添買耳。

此次毛瑟兵槍萬桿,其皮帶、皮盒是否在外洋購買,抑歸内地自造,均祈執事察酌。倘歸内地自造,即乞於下次電報内附"皮盒自造"四字之碼,如在外洋購即附"皮盒已購"四字之碼,無任盼禱。專肅,敬請

勛安

愚弟鄭○○劉○○頓首

計重五錢,交文報局遞呈。

計呈清摺一扣。

再啓者,馬眉叔昨譯其法國友人一洋信呈伯相,求售林明敦、即法普交戰之時購存者,價五十五佛郎。砂士鉢老式用紙捲者,價並不廉,無用。兩種。○謁伯相時蒙示所譯之信,意將欲購,囑其詢問實價。○即力阻,其林明敦之價已貴於毛瑟矣,而砂士鉢乃有名壞槍,雖廉無用。與其賤價購此無用,不若多價而購得用。一則明賤暗虧,一則費實經久,其中合算,孰得孰失?眉叔洋務雖熟,而於此道似未見透徹。

前年劉雲生星使寄伯相函,謂德國收存老後膛槍,每桿價銀二兩可購,尚且未買。並聞德之老槍頗有新者,執事於便中不妨問其兵部,索兵、馬槍各一桿,紙捲子各數十枚附便寄下,並詢其價。假使伯相竟欲買砂士鉢,圖其便宜,說價五元,非佛郎也。是更不若向德購矣。此係防備一著,希執事留意焉。

此信因皆閒話,未與玉翁會銜。專肅,再請
台安。諸惟遠照,不莊。

愚小弟〇〇頓首

四月初四日庚字不列號,附三十六號信內。

李丹崖自德國柏林發來第三十三號信覆天字三十號信

晨間接誦嘉平十三第三十號尊函,敬悉一切。

槍膛本是通國一式,不分馬、步,日後定用何種,應亦照辦一律。馬槍款因爲時不迫,是以未經致電滬關。今承示預存麗如四千三百六十五鎊六本士,而前日接到金登幹電匯者四千四百五十五鎊。未知即此款否?前已付去槍子款四萬九千五十八馬克六二,薄紙等價百二十五馬二八,共計四萬九千一百八十二馬克九。有收單五紙附上,乞查收,俱已配運在途。此係訪確伯明恩大廠各國常用之銅殼,是以專遣密臘往購,照毛瑟口徑。想必可靠。承囑酌購次下兩種銅殼,容購齊寄上試較。

其特來色廠馬槍一千五百,因新歲水淹停工,尚須三月初旬驗收,諒不再延。前十九日得電報囑購特來色槍一萬，已函請伯相鈞示，如實用何種，請再發電一二字，只須洋字槍名。以便趕辦。若用特來色之式，則須造機關，恐明春猶不能竣工。

今又聞德國鄉間有廠仿造亨利，約價五十九馬，即五十八昔令。毛瑟約價五十六馬。未知果否能照兵部查驗，容再親考之。德國火藥亦有仿造者，每百磅價九十二馬。英藥百磅價四十七昔令。未知果否合算，並請核示。

又，二十一日接電，囑詢兩鐵甲船，當令日意格致函英海部。今得覆函，原詳文附上，乞呈伯相鈞覽。知其不能再減，其若何分期尚未確覆。因日來英國換選議員，保黨減色，接辦海部者未知何人，是以肯售與否又不定也。竊擬交銀必在倫敦，立合同之日，先付一半或三之一，其餘交船日付訖。屆時中國銀款總以匯交倫敦銀號爲妥。其駛回中國經費，似應一律籌備，方可訂立合同。諸俟得有確覆，再發電字請示，煩先轉禀伯相爲懇。

十二生特砲械，於十一月、十二月譯摺函致克鹿卜兩次。及正月間專遣其總管人晏凱[一]來覆，云須俟們士好孫議定方造，可以節省。今接尊函，又於今午函催該廠，並令先立合同，趕造運津，倘們士好孫議有净價，再按净價扣除。諒二三日間即可訂定興造矣。其砲子亦已另函托格魯孫定造矣。此項砲及砲子之款，應先付幾何，俟訂定合同，再行發電請匯。或暫由此間墊付，均無不可。

楊弁開船後將及兩旬，並無電報，想一路安好，可以

[一] 後文又作晏格。

生入玉關矣。王弁測地器已購定,現仍照常學習,足紓錦注。

正封發間,又接到電報兩緘,一係金楷於今日開船;一係德國修約,於本月二十一日公同畫押,當已譯作德語,函告外部矣。唯阿拂黑曼船案,此間方擬往外部剖説,未知曾否於二十一日一律議妥,無從懸揣也。肅此,敬請

勛安

光緒六年二月二十八日發,四月十七日到。

附收單五紙,司徒瓦德覆函一件(此件存院署)。

李丹崖自德國柏林發來第三十四號信

前函封發後,次晨即接馬賽公司來函云,由愛登來電報,云船過紅海,有一華人病故在船。弟想必是楊弁,俟接確信再行備文呈報。唯念該弁在洋勤苦精進,積勞成疾,去冬略減,即堅請回華,以圖報効,及到馬賽,知德部郎不能作伴,弟又勸留,而該弁又堅欲登舟,遂切托船主代爲照顧,不料賫志以殁,卒難生入玉關,殊深惋惜。聞該弁歷年節縮,有規銀二百十五兩,其匯票已寄駐〈滬〉德領事,若遲至七月,恐票期已滿,難以收取,如該弁之父具領,懇即移請滬關代爲匯兑交付爲盼。

前日又查得布國北境之杜屯好甫[一]廠所造槍藥,經

[一] 後文又作土頓好甫、土屯好甫、土屯考甫。

兵部驗過，橫炸力爲一千一百倍天氣，而出口速率爲每秒四百十七邁當，與布國官廠相同。每一百英磅價七十馬克。前聞是九十二馬。又驗英國之第二號馬司噶得里，火藥名，即上海、山東所仿造者。橫炸力爲一千五百倍天氣，出口速率爲每秒四百零六邁當，每一百英磅價四十五昔令。至於漢布克仿造之英藥，每百磅三十五昔令，則又次矣。大約與上海、山東所造相同。凡橫炸力愈大，愈與棉藥相近，槍膛易於受傷，而速率反減。因着火太速而無耐久之力。

昨接特來色函，請日間派員驗收馬槍。又據特來色開單云，今擬定各槍净價如下：

	每千桿	每萬	每兩萬	三萬以上	
特來色式	上等者	五十八馬	五十六馬	五十五馬	五十六馬
	次等者	五十四馬	五十二馬	五十一馬半	五十一馬
毛瑟式	上等者	五十八馬	五十六馬	五十五馬	五十五馬
	次等者	五十四馬	五十二馬	五十一馬半	五十一馬
亨利式	上等者	五十八馬半	五十八馬	五十八馬	五十七馬半
	次等者	四十八馬	四十七馬半	四十七馬三	四十六馬八

凡用鋸刀，每加八馬；用直刀，每加七馬；用三尖刀，每加四馬。其價連包扎，内鋅外木之箱，在漢布克船上交卸。凡稱上等者，即按兵部驗收法詳測；凡稱次等者，即詳測其内膛及關係處，而外形從略也。凡訂造一千至五千，約五個月可竣；造一萬者，七個月；造二萬者，十個月；三萬者，一年。此是約數。以上各價，面訂時或稍可相讓，亦未可知。應造何槍，静候核明，電示一字，以便速定。

又訪得棉藥廠兩處，亦兵部、海部所常用，俱距柏林有十餘點火車之路，不日將往面商也。

又有一事，懇轉請中堂鈞示。日昨柏林萬生院提調官菩提努士(Bodinus)來稱，前年巴公使蒙恭邸頒賞蒙古高鹿，已報明國君，豢養於萬生院中，並據巴使轉傳恭邸之諭，願得活獅一隻，今該提調已航得幼獅一隻，高二尺餘，頗爲馴伏，現報國君代裝鐵柙，將交中國駐德使臣代爲運送等情。查貢獻獅象入境，例應奏請諭旨，由地方官解送。今巴公使稱係恭邸所囑，可否不備公牘，徑托商船運交上海稅關，轉解天津之處。須俟中堂轉候恭邸示明飭，由尊處發英字電報二字，或云“獅來”，或云“獅緩”。以定行止。拜煩轉奉，不勝禱盼。

初三日敝處發碼字電奉覆，云“英鐵甲價不減，須躉付，但月中或海部換人，則肯售否又不定”，二十四字。諒已由滬關轉呈中堂查照矣。初四日接英海部提督司徒瓦德函，云兩船不能出售。原函抄呈。大約俟新海部有人，方能定見也。

查電報向章四碼作一字，今西四月初一日起，各國議改爲三碼作一字。中國《電信新法》書中俱四個碼作一字，是一字而算作兩字價矣，殊不合算。敝處已另定三碼之書，下月可以印竣寄上矣。克鹿卜合同大致已定，唯須略改，俟改正書押後，即行寄上。其砲已經尅期開工矣。手肅，敬請

勛安。不盡。

附抄件。

光緒六年三月初七日發，四月二十九日到。

李丹崖自德國柏林發來第三十五號信

前函諒邀察照。本月初八日又接到外部轉寄來之三十號副函,可見上海水驛較恰克圖更爲妥速也。前日上海又匯到英銀二千鎊,未知何款。

近又訪得有毛瑟之步隊槍及獵隊槍獵隊又名神槍隊,亦布國布〔部〕隊也,布法之役頗著戰功,其槍較步隊略輕短,其兵皆精健而輕捷。共萬桿,連法國式之刺刀法國現用。並包扎上船,每桿四十二馬克,大約一二月間即可交齊。此槍係布國前年在奥廠定製,因木質與合同不符布國兵部訂明用黑色之核桃木,而此槍則用洋楠木,有花紋而堅緻,似尚合用。且又逾期,故未收用,至今並未用過,而該廠仍望布國之復收也。竊謂此宗毛瑟,既廉且便,雖另行訂造,恐亦未能更佳,乞轉請中堂鈞示。如須購備此宗,則乞迅發英字電報云“Ready Mauze”。即已做成毛瑟槍之意。弟接此電,如未售去,即與該廠申論二事:一、須再減若干;一、須照布兵部詳測驗收。一經論定,即發電覆云“Mauze Price”,即請發毛瑟槍價之意。則請由電酌匯槍價值四十萬馬克之數,以便付價驗收也。日後無論用拂力〔力拂〕(□□□□□□)、特來色(dress),其膛口俱與毛瑟相同。以後電報,槍砲名俱以借字代之。其造子機器似可照此訂購。唯軋銅之大架,滬津已備,似不必再購。應否只購舂器,亦請發簡字英文電報云“Pounder”,即舂器也。以便照辦。

又聞格魯孫廠所訂製藥機器即布國現用之式。運送日本，另開大廠，並代訂杜屯好甫之總監工到日本開辦。與布國火藥相同。並乞轉請中堂鈞示，如須仿造此藥，可托杜屯好甫另延監工到津、滬、濟三局，規度地勢，酌添機器，似亦易於集事。火藥爲最要之件，愈精愈妙。布國之强，强於人心之堅定，强於槍砲之足恃，而實則强於火藥之獨精耳。

克鹿卜廠主就醫於意大利，其總管欲將十二生特之砲價一半現付，一半存於銀號，往返辯論數日未定。今致函於廠主，未有覆音。不知們士好孫在津有無成議？總之，皆因新聞紛傳中國將有事於倭、俄，以致該廠多所疑懼耳。

楊弁尚無確耗，知念附及。肅此，敬請

勛安

光緒六年三月十三日發，四月二十九日到。

再，前月囑購特來色槍一萬桿及擬購英國兩鐵甲船，魯德孟俱隨時有電報致密臘，諒是滬署僕役所洩。望此後加意秘密之。又及。

再啓者，近來又據日意格訪得法國汕答佃[一]官廠所造之兵槍連劍刀一桿、馬槍一桿，各配子一百枚，即法國現所用。並價單、圖説等件。乞囑津關，如該槍兩桿運到，希即檢收較試，因該官廠而可出售，較民廠更爲合算也。附肅，再請

勛安

[一] 聖艾蒂安(Saint-Étienne)，或譯爲聖太田，法國中東部重要城市。

光緒六年五月初八日天字第三十七號覆三十三、三十四、三十五三號信

連接三十三、三十四、三十五號來函，聆悉種切。

毛瑟馬槍價，敝處於四月初二日接滬關覆信，係於二月十三日經赫税務司由法蘭西銀行電匯，計四千四百五十五鎊十八司令九邊士，於三十六號信内抄寄原函，此時想已達覽。其二千鎊者，係閣下去冬所發二十九號來函，謂前款不敷千餘鎊，敝處詳請多備至二千鎊，免致支絀。其詳稿並批均於三十二號信内附呈，此時當亦達覽。薄紙並前購銅皮，乃製造局王小雲觀察所辦，亦已轉告。特來色廠毛瑟馬槍如三月初交清，此時當已在道矣。

兵槍萬桿，以閣下三月十六日寄來電報與敝處三月二十五日所覆電報爲準，以四十二馬克價已極廉。若非執事專心考求，焉能得此？已於四月初間解銀十九萬兩，交滬關電匯成五萬三千鎊，請照敝處電覆原開購槍萬桿、子五六百萬顆。如機器各項價有不敷，隨後添匯。以上各節，亦於敝處三十五號信内附抄原詳、原批呈鑒。

頃承詢造子機器，軋銅之大架滬津已備，似不必再購，應否只購舂器，請發簡字英文電報以便照辦等語。查津滬三局捲銅機器，津局只有一副，勉供津地兩局造子殼、造銅帽之用，若添造子機器，必非現有之軋銅軸器一副所能敷用。至於造子機器，海光寺製造局所有造士乃得子者，彼此大不相同，不能遷就。天津機器局一名東局。

所有林明敦子機器，以之供備各營現用林明敦槍、格林砲兩大宗，尚覺力不能敷，何能望其兼顧萬餘桿大批之毛瑟？是造毛瑟子之機器，必應專購一副全備者，自捲銅以至成子，日能三五萬者，庶於儲備始克有濟。其器或英或德，閣下在洋自有權衡，希即酌奪照購。抑更有請，其子殼銅質，内地所鎔捲者，不免開裂、脱底諸弊，求其復用二三次者，十僅六七。其鎔銅合料之秘奥，祈閣下飭出洋學徒一二人悉心討論其要，蓋此事關係亦非淺鮮。

又，四月二十九日接閣下十九日寄伯相電報，謂電燈、鋼砲已照購，槍現購五千，請匯銀五千鎊[一]。細繹來報五千鎊之銀，未知何項之價？若以五千毛瑟兵槍計之，則不止五千鎊之數。且前説之現成萬桿，豈其中只堪挑選五千耶？敝處因不能解，故未電覆，且全數槍價、子價亦皆匯去矣。此項萬桿兵槍，務必如數購定，以及子彈、機器，均不可少，而望之甚切也。

更有請者，昨河南毅軍宋軍門[二]過津，面請伯相允准代購毛瑟兵槍五百桿、子二十萬顆，更望閣下一併附購。如款不敷，即請於五萬三千鎊之不敷項下一併電示，當遵照詳匯，斷不至誤。

至於三十五號信内附頁所説法國汕答佃官廠所寄兵、馬槍樣、子彈，皆未寄來，俟其寄到，當遵示收驗。如果合用，須請閣下詢明其子之膛徑，應與現定毛瑟兵、馬

[一] 實爲五萬鎊，見《來信四十四號》。

[二] 宋慶，字祝三，時會辦奉天軍務，駐錦州、營口。

槍一樣分釐,是爲最要。

克鹿卜鋼砲十尊,此間已與滿士豪生定議,曾於三十四號信内陳明,此時當已達覽。頃接來函,謂已代定。敝處業已告知滿士豪生發電報知會該廠,免致兩歧,此間所定即係一事,俾毋重造也。

德國槍藥、砲藥之精,久有所聞。其造藥機器是否比英式機多用數種,抑或全然不同?未知内地三局之霖〔磷〕硝合藥、碾藥、砑藥、篩藥等廠器具能否就用幾種?仲虎於滬、津、濟三局造藥情形及目下各處所用之器最爲深知,乞執事與其分别斟酌,或添器或全换,及各項價款、雇匠情形,分晰示知,以便轉稟。此係伯相面囑函達,深以爲盼。

更請將德國軍營打仗備用之有藥槍子,順購十萬顆或數萬顆寄來,以資考究。棉藥之事,執事察看兩廠之後,希即示知顛末。德國萬生院畜進幼獅,已奉恭邸回函,請閣下婉詞致謝以辭之,並將恭邸覆函抄呈電鑒。鐵甲船事,所來函報均已面呈伯相,其英文者均經伯相抽去存院。凡執事所來公函,件件皆呈相閲,以代面談。

四碼電報吃虧不小。尊處所做三碼者望印兩本寄來,院上一份,敝處一份,能再多幾本更好。

楊弁於四月十五日在敝處病故,殊堪憫惜。其箱中存有銀二百七十餘兩,已令其寡嫂弱弟並衣物器表當面領去。並將其胞弟送於原營,以補其額,俾資度日。其洋商處寄匯之銀,已准德國領事來説現尚未寄到,俟其寄來再行面交該故弁家屬。尊處出洋病故之弁,曾有請恤者。

楊弁雖無嗣，其兄尚有子，倘能得一雲騎尉世襲，亦不没該弁辛苦一場。或由閣下咨商北洋，或由敝處詳辦，敬求示知。如尊處有前案可援，亦祈抄示，無任拜禱。

承囑滬署秘防僕役等情，均已函達矣。

再，力拂手槍、子十萬出並銅帽、銅珠各二十萬粒，已據地亞士洋行運送到津。應找價值，據該行送到價單，係去年九月二十九日閣下手批云云。查此款前已匯過一萬二千馬克，除由尊處付過力拂手槍價外，尚餘一千二百二十二馬克九十四非呢[一]，即留抵此項子價，前經函達青照。此次尚須找付之價，已經敝處詳請，除存尊處一千二百二十馬克之外，全數找給。兹將原詳、原批一併抄呈台覽，伏希查照。將前存者由尊處徑交，以清界限是幸。肅此，敬請

勛祺

愚弟鄭〇〇劉〇〇頓首

重三錢六分，於初九日交文報局寄柏林。

計呈照録恭邸覆伯相函清摺一扣，找付力拂手槍、子價值詳稿並批清摺一扣。

[一] 芬尼(Pfennig)，德國舊時輔幣，後文又作本呢、飛宜半。

卷六　光緒六年五月初十日起至七月初四日止

目录

五千並子六百萬,維丁廠裝子藥器,詳考造銅殼機,論魚雷價,簡明電字

來信四十號　造子全機以力拂爲良,水管汽鍋各益十三條,附寄圖一幅,此機明春開河可以運到

附力拂造子機價單

去信四十號　覆三十九、四十兩號來信,請訂雷艇,價亦詳匯,兵槍請速運,請購有藥槍子

去信四十一號　特來斯針頭兵槍

去信四十二號　請向葛羅松廠訂定十二、十五生砲用車輪架各十副,抄寄艇、雷、造子機並二十四生砲四詳稿及批

去信不列號　抄寄四十一、〈四十〉二兩號去信稿

李丹崖自德國柏林發來第三十六號信覆天字三十一號信

頃接三十一號尊函，因本期局立等發遞，謹先擇要覆之如左。

近日擬偕日意格往馬賽，安頓期滿生徒上船之後，即偕仲虎往英考訂船械。因十五日奉到伯相正月十二日函，云不日劼侯過德、可與妥商等論，恐來往蹉跎，不得不静候柏林。

其地中海雷艇能兼發魚雷，與〔比〕七瑞克稍大。兩者各有所長，皆當今利器。已托日意格、羅豐禄往地中海廠妥查定購，俟定合同，當電致滬關也。其魚雷本爲奥人懷台脱創製，英、法、德各國俱以巨貲購其法而開廠仿造。弟曾在法國多廊官廠詳閲其内景，雖機關繁賾，而尚易領悟。終年演試，聞已俱有心得，可以青出於藍。柏林之刷次考甫亦代售懷台之魚雷，而演試加精，價亦稍昂，布國海部亦曾用之。總之，只有大小兩種。將來中國或購其法，或向刷次考甫零買，或徑向懷台脱零購，俱無不可。價亦不昂，無所居奇也。惟英、法等國之心得，恐無從傳習。然不過壓氣、壓水以冀加速命中，聞迄今尚無把握焉。現擬各查價值而擇其何者合算，再行函請稟辦。其裝放須有匠頭來華教導，至於命中，則在演試之多。能否令學生在洋習造，尚容妥商再覆。

西們士最新之電燈，前日已購成一具。其價一萬六千馬克，昨已付價一半，約定五月上旬可以裝船發運。此燈有汽機、車架等件，又可分作二燈，各有三千燭光。置於砲臺、兵船、海口，無處不宜。

毛瑟馬槍一千五百桿，約定明日往驗。昨十五日發電奉覆，云特來色槍一年不及成造，今有現成之毛瑟萬桿，價四十二馬等語，想邀台覽。此即第三十五號函内所稱洋楠木之一萬桿也，應否購運，請即電覆匯價。克鹿卜廠主尚無覆函。匆匆泐覆，即請

勛安

光緒六年三月二十一日發，五月初十日到。

李丹崖自德國柏林發來第三十七號信覆天字三十二號信

昨二十五日接正月十五日三十二號尊函，又於二十三日未刻接到電示"二月二十日去函甚詳，望照酌辦。英鐵甲議兩起付交，似價須兩起蔓付，海部換人，果肯售否"等字，又是日申刻接到電示"特來色後膛兵槍，請速購萬桿"等字，一一敬悉。謹節要覆之，請轉稟節相鈞鑒。二月二十日函俟奉到後遵辦。

今英海部已換，果肯售否，未經議院議及。一有眉目，諒司徒瓦德必有電報知照，再當致電謹覆也。其兩船既先後交付，則每交一船自必蔓交一船之價，但未知未竣之一船應否於訂購時先付半價，尚未可知。

承囑速購後膛槍萬桿，已於本月十五日電覆。因特

來色新様萬桿决非本年可竣，訪有現成毛瑟萬桿，價廉物精，似可購用。又於本月二十一日三十六號函内詳述，諒邀亮察，轉禀核定矣。弟擬候至四月初六日，爲發電後三禮拜。不奉電覆，即擅將毛瑟萬桿訂購，照兵部驗法查收運送也。因近來槍様紛來，查得俱有弊病，未能較勝於特來色。昨又覓得榜密耳廠新様，似稍勝，其膛亦與毛瑟同。擬雇弁詳試。然其彈門短於毛瑟，空殼不易跳出。後門亦不及毛瑟之堅密，若造萬桿，亦非一年可竣。故鄙見以爲定用毛瑟最爲穩當，且秋初即可到津。日後改更善之槍，只須膛徑相同，則槍子仍可一律通用也。

其槍子及造子機亦當隨後定購。唯軋銅大器津滬之軋器，約每日可成二萬枚。應否另購，仍候核示。查去年函示日造二三萬子之機器，則每年工料約三十餘萬兩，一年造成一千餘萬枚，又需大廠存儲，外國亦無如此局面。外國操演開火甚少。似應計算津滬兩局照現用槍膛改造捶器，可以自造。每年已可成若干子，實應添購每日成子若干之機器，然後示明購辦，庶不舛誤。

造布國火藥之監工應否訂令赴華，及格魯孫造藥器應否添購，具詳前函，亦候轉禀核示。

新様電燈已於中旬訂定，共實價一萬五千六百馬，已付一半，約定兩月可竣。兹將華、洋文憑單抄送備查。

克鹿卜十二生特砲十尊亦於中旬訂令開造，西年底可竣。惟合同屢經商改。其始欲將全價預交銀號，而價亦浮於派利前年二十尊之舊約。廠主仍遨游意大利，而辦事人每堅稱定。前數日始論定，照派利舊約酌減百分之一。兹先將合同譯出呈覽。又與論既無經手，應讓百分之五釐。則云此十尊，津局於去秋已令派利電告廠主，故此次五釐仍須付於派利。以此置辯不休，歷經致函廠主，每令辦事人來覆，或稱各國一律交易，或稱區區小事不便瑣瀆廠主。昨又致函廠主，未知能否再讓五釐，仍不可定。其砲子亦托格魯孫開造，亦於秋冬可竣。

特來色馬槍，已於二十四日派西鐸、王得勝與兵部驗槍弁同往。今日接三人來函，云百桿中剔去三十桿之多，約二十日方驗畢，其精核可知。密臘云中國購槍砲向不查驗，購運中國者，盡皆剔退之物。此舉大有礙於後日售軍火之洋商矣。

魚雷艇已由日意格、羅豐禄往地中海廠確查。又晤法國兵官，云近來更有新式者，長二十七邁當，可在水面射放，且射放不在船頭而在船旁。果否合用，仍須查明定奪。一俟立定合同，即派生徒往習，以冀盡得其妙。又與輪船公司籌商，應將該艇配好拆開，由公司運至上海合攏。因艇身占地甚多，萬不能安置於艙面也。弟擬臨時再行熟商，擇善而從。

魚雷應向懷台脱廠訂購。若購其法，則可自造自用，而不能轉售於人。其大號之魚雷，長四邁當又四十二生特，圓徑三百五十五密理邁當六，若射至七百邁當之遠，則其速率每點鐘十八海里，若只射一百八十三邁當，則其速率每點鐘二十三海里，每尾實價九千六百佛郎。弟擬夏間與日意格往奥國懷台特廠，面商一切也。

專此肅達，敬求摘要轉稟節相察奏爲感。敬請勛安。不具。

光緒六年三月二十七日發,五月十七日到。

正封發間,又接科侖[一]電報,云前日毛瑟萬桿内有兵槍四千五百桿,今日訂售於南亞美利加矣。弟念此宗槍實屬價廉物精,不可再得,遂以電報止之。一面托密臘明日專往一議,總以兵槍四十馬、獵槍三十九馬爲則,或少增之。倘兵槍實已售去,即獵槍五千六百桿亦屬可用。如能購定,一面照兵部驗收,一面發電致滬,請匯槍價,大約一月後即可起運矣。不敢避專擅之嫌,以坐失此機會也。手肅,再請

勛安

附抄克鹿卜覆信及合同各譯件,又西們士電燈憑單、華、洋文。訂購克鹿卜十二生特砲合同。

三月二十六日

立合同

欽差出使德國大臣李代中國國家
來音河南愛生[二]廠東克鹿卜 所立合同如左:

計　開

第一條　此次約定欽差大臣李代中國國家,在克鹿卜廠定購照後粘尺寸砲一十尊,一切附件價值亦照粘單,共價一十三萬二千一百五十馬克。

第二條　克鹿卜情願照尺寸領辦此次定造之砲

[一] 科隆(Köln),後文又作可侖,《使德日記》作谷郎。

[二] 埃森(Essen),後文又作愛孫。

件，並能照約定期限完竣交卸。如此式砲件近來更有精新者，克鹿卜廠宜照最精新者製造。

第三條　西一千八百八十年六月初九日由李大臣先付克鹿卜第一條所載之價值一半。尚有一半，克鹿卜於完工時函請李大臣前來，或派人前來，詳細查驗工料，點收砲件，十四天内點驗完備時交銀。如砲件不能全數交卸，價值亦不能全數支取。倘買主於立合同之日願多付價值，克鹿卜當將一半價值之外照五釐利息算至完工之日，歸還買主。

第四條　工程完竣，每砲試放十次，並經總監工驗看工料，克鹿卜當將驗看、試放各字據繳還買主。如買主以該廠砲件甚多，恐魚目混珠，不在本廠試驗，亦聽其便。買主如看出砲有弊病，或工料不精，或尺寸不合，克鹿卜當將該砲收回，另製更換。若有此事，須於砲到指定地方三十天以内即告克鹿卜，逾期則克鹿卜可以不認賬。

第五條　交卸即在愛生。如買主欲該廠代爲裝寄亦可，惟一切運費及保險費係買主自出。如買主將砲件暫寄愛生，其寄存之費及不虞之事，均係買主自擔。

第六條　所有尺寸、圖式、期限等件粘單，亦算爲合同約字。

第七條　兩面或有翻異，或有辯説不清之事，可各選刑師一人，其刑師又同選一人，共三人詳細訊審。如兩人判是則是，判非則非。

此合同照立兩份，各執爲據。

西一千八百八十年五月初四日在愛生立

（代克鹿卜）美阿　畫押
大臣李　畫押

尺寸、期限、價值粘單

十二密里邁當鋼砲十尊，連備換各件，每價八千六百馬，共八萬六千馬。

照配砲車十架，每價三千五百五十馬，共三萬五千五百馬。

照配套車十副，每價八百四十五馬，共八千四百五十馬。

照配一切砲械傢伙，每副二百二十馬，共二千二百馬。

總共一十三萬二千一百五十馬。包扎費在内。以上各砲件，均於立合同後八個月在愛生交卸。

譯三月二十六日克鹿卜來函

奉到西四月初九日鈞諭，代中國國家定購十二密里邁當口徑十尊，照配砲車十副、砲械十副。又，代辦美阿轉述尊示，須當速辦。敝廠當已遵照興工，大約本年底可以一律完竣。至於交銀一節，此次可照鈞示辦理。將來雖不能以此爲例，然既蒙許大幫砲件均在敝廠購辦，亦易於商量也。送上合同二份，均照尊意改注，請賜押後，以一份擲下存據。合同内未載“們士皓孫議有減價，亦應照減”一節，因敝處價係劃一，向無減扣，且們君未有此權，斷難許減也。

運送砲件到華脚費若干,容俟探明再報。

訂購西們士新式電燈全機憑單三月二十五付。

本廠收到賬單,敬悉中國公使托,將全副燈器合成如下:兩汽筒之汽機,在〔載?〕走動之車架,與熟鐵之輪及條與鋼,可四游以定向;有二件容受器,全備箱匣及車燈等物;有二燈,用八號之光,大概每燈有三千燭光及保護之引光,亦可合兩器爲一,又能二燈互相更换。此器一切所有,合第一條之用,俱有不洩水之罩。

二個電燈所備如下:回電光之燈,三五層之顯光玻璃鏡,以銅鑲邊,全置於鐵罩之中,有螺旋,可横可直旋動其燈以定方向,及遮燈之鋼片,察看光準之窺筒並匣。又有一個寬備之電燈,兩個鐵架用以置燈,合第三條之用。

二百邁當第二百八十號之引綫,有銅綫四十九綹,圓徑九十密理邁當,合共繞於軸上。十二個接電之物。一個量電力之匣。一百邁當長之煤條,每條圓徑十四密理,約長三十生特邁當。

以上允許所成各件皆精細耐久,於兩個月内完竣。共實價一萬五千六百馬克,在柏林交付。於訂購時,先付三分之一,計五千二百馬。其餘一萬四百馬,於做齊驗看後交付。

西們士廠代押總辦喀爾海塞

西五月初四日

光緒六年五月二十一日天字第三十八號覆三十七號信

五月初九日由文報處寄去三十七號信，覆呈三十三、三十四、三十五三信内各事，此時正在途中。月之初十日接三月二十一日三十六號，十七日接三月二十七日三十七號來函，並抄來克鹿卜十二生的密達砲十尊合同、電燈節略各一紙，聆悉一是。

三月内滿士豪生在津雖經定過十尊，而東路須用，亦恐不敷。閣下現已重定十尊，尚不爲多。業經敝處詳請九千一百二十三鎊，以便併子彈、水、險全價付交，更可照抄來合同，請執事分别交存生息。此亦創辦之格，使中國以後採辦，不致暗吃洋商之虧。其電燈價先匯八百五十鎊。二共九千九百七十三鎊，並將詳稿抄呈電鑒。

兵槍萬桿最爲要緊。四月二十九日接十九日尊處發來電報，槍五千者（想係來函所謂兵槍）售去，只存獵槍五千矣，誠屬可惜。若果如此，應仍請閣下再行覓購，務必湊成萬桿，愈速愈妙。其槍款、子款、機器款已由滬關於四月初匯去五萬三千鎊，當已早收。其槍諒已配子，起運在途，不勝盼望。以後槍子能帶藥購運則更佳妙，倘或不便，亦隨數酌購有藥者。閣下明鑒，當知此中變通之意也。來函謂槍子及造子器隨後定購，然機器可隨後而子不可隨後也，有槍無子與無槍同。

敝處三十七號函内，請代宋軍〈門〉添購毛瑟兵槍五百桿、裝藥子二十萬顆。昨經支應局將款銀八千兩送來，亦併交滬關電匯，乞察收另辦。如款不敷，即少買子彈亦無不可。

毛瑟馬槍經閣下如此驗收，誠從來未有之事。不然，則所剔者，皆滬上洋商運售中國之物。倘能各省合而爲一，於簡器一道，豈小補耶。密臘之語的確心腹話也。若非執事苦心經營，焉能有此著實。

造子機器已於前函告知情形。而來函謂日成三萬者太多，弟等以爲恰好。縱或不購日成三萬之器，而日成二萬者亦必須全副。現在天津東局所用做子機器，原買即係日成二萬之器，以周旋上下計算，日不停晷，確有二萬次之運動，然自開造至今，亦不過日成一萬。而現有之格林砲五十餘尊，以及所購、所造林明敦槍，全以賴之，尚難充足。豈可望其再造毛瑟之子，以自貽誤耶？務望閣下購日成二萬毛瑟子之機器全副，不必牽就此間之原有也。

造藥機器已於三十七號函内請與仲虎商酌，或添器，或全換。仲虎於三處情形皆熟，仍望與商之後，即行示覆酌辦。此即伯相之意。至於監工之人，事所應有，伯相昨日之意，仍請閣下與仲虎商定示覆，再行定見也。伯相此次覆克鹿卜函已曾托及仲虎到廠之事，函稿抄呈，乞併與仲虎一閲。

定購水雷艇以及魚雷，伯相閲信後，面説應如何辦理之處，請閣下作主。若令在洋學藝之生徒赴廠習造，以脱手成功利用，誠如來諭，以冀盡得其妙。弟等愚見，若購定雷艇，必須先購若干具，以備雷艇之用。雷艇運至上海合攏，自滬至津更無大船可載，若令繞海邊而來，亦非易事。如僅船殼合攏,凡滬匠所能者,或調滬匠來津合攏,俟到滬時再由招商輪船運津合攏,較爲便當也。

王得勝本年用費,已於五月初九日詳匯四百兩又一千二百五十馬克,二共約合一百六十餘鎊,祈察收爲幸。

除將克鹿卜定砲及用費、毅軍托定槍械原詳、原批,照録清摺呈送冰案外,專肅布覆,敬請

台安

愚弟鄭〇〇
劉〇〇頓首

重六錢,二十七日由文教處發遞,附王弁家信二件。

計呈伯相覆克鹿卜函稿清摺一扣,詳匯克鹿卜砲價及電燈價原稿並批清摺一扣,毅軍托購槍械詳稿並批清摺一扣,詳匯王得勝本年用費原稿並批清摺一扣。

李丹崖自德國柏林發來第三十八號信

昨初二日由外部交來三十一號副函,較遲於水驛十二日。以後似可正副二函分兩期,並交水驛爲妥。

又,初四日接到電示,云"毛瑟每桿四十二馬克照購萬桿,子五六百萬,先匯銀五萬鎊,如不敷,水脚、保險運來再付"等字。英銀五萬鎊,諒不日可以匯到。唯此項毛瑟萬桿,前月二十七日一接科侖電報,即答電阻之,又令密臘於次日專往,而豈知來往致電時,已被南亞美利人抬價,購去四千五百桿,每桿六十佛郎。合四十八馬。所存獵隊槍已與訂定。不換木殼者每桿四十馬,換木殼,布國兵部一色者,每桿四十四馬。均照兵部法詳細驗收,如換木

殼，須於一月内換齊驗收。不日可訂立合同。即派西鐸等三人赴奥驗收矣。俟剔存若干後，擬與特來色廠訂定補造，以足萬桿之數。但其價約須每桿五十六馬也。槍子五六百萬枚，亦擬令蜜臘赴英定造，與前次馬槍子一律。近日西鐸等三人在特來色廠查驗馬槍，逐桿試放，精細峻嚴，實堪嘉尚，五日内可以裝箱發運矣。

克鹿卜應讓之五釐尚未談妥，而其砲久已興工。砲子亦據格魯孫開報云，現有新製氏耶曼當[一]之炸彈，其力更烈於棉藥。訂弟於月杪往廠親試訂購。距柏林半日之程。砲内火藥擬與杜屯好甫訂購，即克鹿卜從前代購者也。魚雷艇及魚雷十尾，連保、運各費，已據日意格查得，約估法錢二十五萬四千佛郎。擬俟劼侯過境晤商後，即偕仲虎往法親查，訂立合同。

俟匯到五萬鎊，除付現購毛瑟槍及子價第一批外，所餘之款擬挪付克鹿卜砲之半價、補造毛瑟之半價、魚雷艇等之第一批價等款，以先其所急。今將按時應付各項，另列約估清摺附覽。此後請按摺内各期，隨時電匯應付，以省發電請匯，徒多費也。或偶遲數日及零雜費用，可由此間暫墊。每半年造繕清册，寄送備案核銷。敬求轉稟核奏爲盼。因使款所存無多，不能蔓墊巨款，且無可靠銀號，不便存寄巨款，莫如按期隨匯隨付，最爲妥善也。專泐，敬請

勛安。惟照不宣。

[一] 炸藥(Dynamite)，後文又作氏耶米當、待乃麥。

光緒六年四月初五日發，五月二十一日到。

附送約估付款期限清摺。

約估按期訂付各款清摺

克鹿卜砲械等共一十三萬二千馬，訂定分兩期付。四月二十日先付六萬六千馬，十月初旬驗收付六萬六千馬。

格魯孫新式砲子及杜屯考甫火藥，約估共一十二萬馬。四月杪付一半六萬馬，八月杪付一半六萬馬。

現成毛瑟槍，約計剔净驗收四千四百桿，換木殼者以四十四馬計算。並零件共約二十萬馬。四月中旬全付。

擬托特來色補造五千六百桿，每桿約計五十六馬。並零件共約三十三萬馬。四月下旬付一半十六萬五千馬，八月驗收付一半十六萬五千馬。

毛瑟槍子六百萬枚並保、運零費，約五十萬馬。五月初旬付一半二十五萬馬，七月中旬付一半二十五萬馬。

馬槍子六十萬枚並保、運費，已付五萬馬，未與密臘結算。

馬槍一千五百桿及零件、驗費，約五萬八千馬，不日找清。

電燈價及零費，計一萬五千六百馬。已付五千二百馬，四月付五千二百馬，五月付五千二百馬。

魚雷艇及魚雷十尾並雜費，約估二十五萬四千佛朗，分三期。四月杪付八萬佛朗，七月付八萬佛朗，八月付九萬四千佛朗。

以上計收：二月二十三日匯到四千四百五十五鎊，作九萬九百二十九馬五五；三月初二日匯到二千鎊，尚未兑馬克，此項未知是否採辦用。

光緒六年五月二十七日天字第三十九號覆三十八號信

五月二十一日奉到四月初五日第三十八號來函，並約估付款期限清摺一扣，讀悉一一。

毛瑟馬槍子六十萬顆，已據地亞士洋行照數運津。毛瑟馬槍一千五百桿，計程當可抵滬。此兩款價值均經敝處詳匯，即尊處來單所收之四千四百五十五鎊滬關來文尚有十八喜林九本士。及二千鎊之款也。毛瑟兵槍四千四百桿者，此時當已配子起運。特來色補足萬桿之數，亦請閣下以速爲妙。槍子五六百萬，英國此等商廠甚多，必請先購先運。其尾批亦須十月以前未封河時趕到，方爲妥善。蓋此種物件，一經起存别處半年，必恐受病。造子機器亦不可太緩。此項槍價、子價、機器價均經詳請中堂，飭由滬關於四月初匯寄五萬三千鎊。本月初九日接滬關回信，已蒙照收。亦因使館不能墊用巨款，更恐耽擱運槍之期，是以全數約估寄去，免致支絀耽誤。

又，三十七號來函寄到與克鹿卜訂造十二生脱砲合同及電燈價值。敝處比接信後，即行詳請匯付全價。連電燈價及預籌保運等費，約計英銀九千九百七十三鎊，亦擬次第匯寄，並於三十八號函内告知。因合同内有克鹿卜能付全價可以認我一半利息五分，且該廠非比他廠窶商，似不致有失。此款滿士豪生在津亦有此議，俟將問答抄呈鑒核。

統計尊處所定各械，僅只雷艇一隻、魚雷十尾價值、保、運未經詳匯。以寄來約估按期付款摺内，合雷艇、魚雷總計一百五十五萬八千八百馬克，佛郎照馬克八折核算。以二零二[一]合英銀七萬七千一百六十八鎊六喜林四本士，與敝處以上詳請匯付之款六萬四千四百二十八鎊。計短匯一萬二千七百四十鎊。而定期摺内八月、十月居多，敝處當於八月節前詳匯前數。惟數萬里匯款，定購情形容有不同，故敝處凡匯尊處款項請購某物，均另立賬簿，逐款登記。閣下擬每半年造册送核，庶彼此不致舛錯，深爲欽佩。

來函内杜屯考甫火藥未識定購若干，未蒙示數。其機器造藥，已於三十七、〈三十〉八兩信内請與仲虎熟商，務祈詳細示覆，俾有遵循。氐耶曼當新製炸彈，其力更烈於棉藥，不知又用何法。閣下往驗後，望詳細示知爲禱。專肅布覆，敬請

勛祺

愚弟鄭〇〇
劉〇〇頓首

重二錢，由文報處遞。

［一］ 當時匯率，一英鎊兑二十點二馬克。

李丹崖自德國柏林發來第三十九號信

本月初五日函及約估按期付款，諒已達覽。

今惟魚雷、雷艇尚不能定，其餘略有變動，兹將近來十日内商定各事縷述如左。

其一，克鹿卜廠主已函囑辦事人，云前年派利所訂二十尊本是净價，載明另加行用五釐，前日合同又於净價内讓百分之一，今再情讓，凡李公使經辦者再減百分之五，注明合同，以表交誼等語。則合同十三萬二千馬内，又可減六千六百馬矣。

其二，馬槍一千五百及皮帶等件，已於十三日驗畢，共裝七十二箱發運送華。其查驗精細，悉同布國兵部，其膛徑之大於十一半密令邁當者俱剔换。日後另録查驗情形送覽。該廠實爲格外克己，以圖招徠。西鐸等咸謂應值四十馬。已付槍價及皮帶備件等價五萬六百三十二馬半，又驗收路費、辛工一千餘馬克及保、運等費（未有清單）。

其三，新好毛瑟，已訂定獵隊槍五千。原定换木者四十四馬，今因送樣不符，辯論十餘日，始得訂定木殼概照布式。原槍有黑木、黄木、白松木三種，且十桿有九桿破缺碰合，今照布兵部黑、黄並收，惟白木及碰合者概行剔换。其膛徑照布式略爲通融千分之三分，布式以十一密令爲中率，小至〡〇.〤〨大至〡一.〇〨爲應收之率，近年則收至〡一.〇〦，然昨收馬槍一千五百亦無大於〡一.〇〨者。兵部每年查驗各槍，如大至〡一.〣方廢棄不用，詢之兵官，咸謂〡一.〡正爲合用。以十一密令又十分之一爲至大之率。訂定净價每桿四十馬克，連密臘行用二釐半在内。除膛徑略爲通融外，悉照兵部驗收，已於十五日付定立約。大約一月内可以驗畢發運。

其四，此外另造五千以足一萬之數者，已與奥國廠商明，如膛口亦通融至｜一．一者亦四十馬，而該廠欲四十四馬。刀在内。又與兵部商明，令布國向造官槍之廠定購，每千桿無刀者四萬七千馬，又加刀八千馬。俟大宗官槍之價，容商定再行函告。

其五，毛瑟子六百萬，昨已邀英國伯明恩廠主鏗努克(kynock)面商。適路過柏林。彼欲每千七十五昔令，○以銅價甚賤辯之。訂定每千七十昔令，下月亦可訂定開造。

其六，裝銅殼内子藥等件之器，去年聞兵部云約需二千餘馬，實則二千餘鎊也，今將該廠合同稿及圖譯送節相鈞覽。其器共四宗，每宗有數器，只用人工摇之，不用汽機。用諸行營，最爲相宜。雖精妙靈捷，而共需净價五萬馬，似太昂貴，謹候核明請示。如須定購，請發電字如Wedding，即廠名維丁。即知准購此廠之器。或遇發電之便，末附此字亦可。

其七，每日造銅殼二萬之器，已有數廠開單來。貴賤懸殊，尚須詳考。英國退辣廠聞亦不妥。

其八，魚雷之價，前所估零購每尾八千佛郎，係照法國所購之價。今知他國購者須加一萬鎊以購法，且每尾須五百鎊，大約魚雷五十及器具造用各法須四萬鎊。地中海水面射雷之艇須十五六萬佛郎，或水底射雷之艇須二十三萬佛郎。如不購魚雷則但購桿雷之艇，亦可照法國合同定之。今代尊處定簡字電覆如下，倘節相飭購水底射雷之艇則發“Submergeu”字，須購水面射雷之艇則發一“Surfacc”字，須購桿雷艇則發“Pole”字，倘須購十雷並造法則發“10 Fish”，五十雷則發“50 Fish”字，庶○處接電即可遵辦矣。

此外火藥亦爲要事，布國火藥横力少而直力多，既不傷槍又可輕減，極宜仿造。俟與仲虎赴廠杜屯好甫之廠。考明，再行縷布。格魯孫之新式炸砲彈，亦須閲看方定。以上各節，統乞查照，轉禀示遵爲盼。專泐，敬請

勛安。不一。

光緒六年四月十九日發，六月十一日到。

李丹崖自德國柏林發來第四十號信

前函諒已達覽。

兹查維丁廠所造裝銅殼内子藥之器，計五萬馬，兵部前購之一副由斯邦道廠修改添備者不少，是其價實太昂貴，且止能裝合而不能製造，究非全器。遂照尊指，另訪日造子彈二萬之全器。而就英、德各廠酌量選擇，似以柏林之力拂廠爲良，器精價平，頗爲合算。今該廠方造俄國日成六萬子之器，因與撙節估計，代中國搭造日成二萬子之全機。自鎔軋以及裝合各器，共净價十八萬七千餘馬克。立約時先付半價，五個月告竣，找付半價。其中敷内漆之器、色紙之器俱爲新式。而水管之汽鍋尤爲最新最良，係以磚爲爐，中函各管，内水外火，無向來他式之各

病,而有應有之各益:其一,無轟裂之患;其二,占地較小;其三,輕而易運;其四,成汽較速;每方邁當火切面每點鐘化二十里脱[一]之水爲汽,如用佳煤,每煤一克羅閣冷化八里脱水爲汽。其五,任加壓力,可無危險;其六,省煤;其七,易於生火;由冷時生火,一刻時可成六個或八個,可至十二個天氣壓力。其八,易於潔净;各管有門可開,以刷刮之。其九,易於修理;因换管甚易也,最久不過費二十四點鐘工夫。其十,可以常用不停;其十一,汽不帶水;則因各管平置作數層,每管外徑〡〇〇密理,内徑〤〤密理,長〡〥〇〇至〢〣〇〇密理;其汽匯入方筒,螺旋上達,不致挾水。凡各管未用之先,以水力試之,可以受五十天氣壓力。其十二,可按用汽若干,常常添水;其十三,其價較賤於各式汽鍋。兹將力拂開來細賬華、洋文單送覽。裝箱運送海口及運、保費須另加,其器係廠中交卸。又附送《水管汽鍋説》一册、《安設造子全機廠屋總圖》一幅。如實須定購造子全機,則應即與訂定。請於六月杪之前不可再遲。迅即電覆云"18 Rocwe〔?〕",則知准購力拂十八萬餘馬克之器,弟當即向訂定趕造。並祈其時隨即電匯半價,並按廠屋全圖興工蓋造。大約正二月間河冰方泮,全機可以抵津安設矣。

近日王弁已購得測地各器,偕同塾師演測,下月可偕西鐸及驗槍弁赴奥驗收獵隊槍矣。該廠近日方在换配木殼。專此布達,鵠候電覆,餘容再布。手肅,敬請

勛安

光緒六年四月二十六日發,六月十二日到。

附上力拂廠價單一、廠圖一、《水管汽鍋説》一、價單

[一] 公升(Liter)。

（華文）一。

力拂廠定造製槍子銅殼、銅帽全副機器價單

每日做工十點鐘，可造二萬槍子之全殼並造須用銅板及一切鉛條等所備之器，可造三種，或毛式，或亨利，或林明登，但一時只能造一種。其機器分爲十宗。

銅廠。每日用銅約六百啓羅閣冷。其廠中一爲鐵箍及鐵板，備二個爐内之用，一千馬；烘乾爐及殼，六百五十馬；灌杓三十個，七百五十馬；二個模樣，五十馬。共二千四百五十馬。

軋輪廠。二對硬軋輪轤，轤徑十二寸、長十五寸，以備先後軋之，另有架及軸枕齒輪接連器具及離合之機關，一萬九千馬；較小之軋輪以備軋光者一對，又預備一對，五十馬；一精細軋輪爲銅帽用，二千五百馬；翦銅者二，計二千二百馬；圓翦及送入之器，三百五十馬；刮光器，九百馬。以上共二萬九千九百五十馬。

造殼廠。一個雙壓架令銅片成盂，二千七百六十馬；初次扯長者三器，其推路五寸，七千六百五十馬；二次扯長者二器，推路八寸，五千六百馬；初壓成邊之器一副，三千七百五十馬；二次壓成邊者，五千四百馬；翦殼口者，一千五百五十馬；種孔者，一千六百二十馬；軋照原形之器二，計三千二百五十馬；刺光殼頸之器二，計三千九百馬。以上共三萬五千四

百八十馬。

鉛子廠。鎔鉛爐及壓水器、以鉛成條之器，八千二百五十馬；壓成鉛子者，八千一百馬；令圓而光者，二千七百五十馬；色紙者，二千五百馬。以上共二萬一千六百馬。

造銅帽廠。壓架，一千六百馬；上漆器，九百馬；裝白藥器，一千零五十馬；壓錫箔器，一千九百馬；用汽烘漆令乾器，三百馬。以上共五千七百五十馬。

成彈合攏廠。裝蠟封者，二千八百馬；裝紙封者，二千五百五十馬；盪漆於殼内者，五千八百馬；裝子者，七千二百馬；重裝舊殼令合内徑之器，二千七百馬；去藥之器，二千四百五十馬。以上共二萬三千五百馬。

修機器廠。二號剸〔車〕床，合OL字式。另有皮帶輪换法，一千一百馬；又剸〔車〕床一架，磨光用，一千二百馬；又剸〔車〕床一架，用波氏快慢法，一千八百馬；又小刨床，一千九百馬；開縫之刨，一千九百馬；磨刀之器，七百五十馬；轉綫邊之器，三千馬；又刀件等，三千五百馬。以上共一萬五千一百五十馬。

各種量器。三種彈須用刀件等，每種二副，八千五百馬；量器每種三副，一爲工用，一爲驗收，一爲量母。六千六百馬。以上共一萬五千一百馬。

汽機、汽鍋等件。汽機一副，五十匹，用自漲力，一萬五千馬；汽鍋三個，柏爾非爾法，每二十五匹。一切零件及添水器，每一個可够用。一萬七千八百馬。共三萬二千八百馬。

革輪等件。剌〔車〕光之輪軸，共長二百二十尺，有十六接處、二十八托子、五個大革輪、四十個小革輪及一切小件等，五千七百二十五馬。

以上統共十八萬七千五百五馬。裝箱每百加三，約合五千五百九十馬。在柏林廠内交卸。烘爐及洗槽及洗去鏹水等器不在内，但磚烘爐之圖可由本廠送呈。

光緒六年六月十七日天字第四十號覆三十九、四十兩號信

六月十一、十二等日迭奉四月十九、二十六寄來第三十九、四十兩號賜函，並製槍子銅殼、銅帽機器價單、廠圖、《汽管鍋爐説略》三件，又華文一紙，敬悉一是。當即一一面呈伯相鑒閲。奉諭，由弟建〇照抄寄來簡字電報碼，托由上海寄達。請台端訂購水面射雷艇兩隻、懷台脱魚雷五十個，連購造法，又力拂廠造槍子機器全副。本月二十外，計能達覽。

查魚雷、雷艇之價，以來函約核計需英銀五萬二千六百七十餘鎊，再加以造子機器十八萬七千餘馬克，又合英銀九千二百五十餘鎊，二共六萬一千九百二十餘鎊。當由敝處陸續詳請，分批匯寄。閣下智珠在握，考核精詳。值此時而不惜重金購此利器，想智者自能洞察，所謂力求自强者，亦賴此以導夫先路也。

毛瑟獵槍五千桿,一月内可以驗完發運,其膛徑以十一密里密達又十分之一爲則,尤爲既精且速,計時當已在途,想漸次可以抵滬矣。其餘五千桿,亦經台端與兵部商明,與布國向造官槍之廠定購,更請催促其工,隨成隨驗,起運方速。毛瑟槍子六百萬粒,每千七十昔令,價亦甚廉,現在計當開造。均乞次第速運爲禱,不必待彙大批。果能搭購有藥者若干則更佳妙,或百萬或二百萬,均無不可。

毛瑟馬槍一千五百桿,尚未據滬上報到,想亦不致過遲寄來。

造子機器圖已經摘録尊函,咨交天津機器局,先行擇地照式設廠。一俟機器運到,即可布置開造,庶不致臨時轉緩耳。

承示克鹿卜砲價更能情讓,再減百分之五,尤徵閣下和輯之效,生彼傾慕。以後中國購砲,定不致再吃暗虧,公家所益,實非淺鮮。現在上海代克鹿卜承辦洋行前接滿士豪生來信,云已與斯米德訂立合同矣。此間要緊公事惟靠我公,至瑣屑者不敢相煩,已於前函縷達矣。專肅布覆,敬請

台安

愚弟 馬建○ 鄭藻○ 劉含○ 頓首

計呈與滿豪生問答一本。

光緒六年六月二十三日天字第四十一號

六月十九日肅布第四十號一函,請定射雷艇、魚雷、造子全機等事,當可先行達覽。

二十一日奉伯相面諭,托德國提督漢内根轉屬此間新關税司德璀琳之弟德達琳,代購兵部庫存之得來斯後膛針頭兵槍二萬桿、子六百萬顆。已先繕具電報,云"現托漢内根提督轉屬德達琳經手購運兵部特來色槍二萬、子六百萬,要百日到上海,匯去四萬四千鎊,望按單核付,餘款暫存,漢、德來見須秘密,倘百二十日不能到即罷論。津寄"七十字,於六月二十二日函致滬關發寄台端,想二十六前後即能寄達左右,並由滬關隨即匯去四萬四千鎊。兹特照繕與新關税司德璀琳及天津教習漢内根原開清單十二條並詳稿,寄呈察核。倘匯款尚有盈餘,即請暫存尊處,另待别用。敬祈查照辦理,務須計算於百二十日内全數能運到上海則辦,否則作爲罷論。倘或消息不佳,中途有懼,亦祈慎重爲要,至爲叩禱。

雷艇、魚雷、造子全機之款亦續匯寄半價,合併陳明。專此布達,敬請

台安

愚弟鄭〇〇/劉〇〇頓首

重二錢一分,托德璀琳交教習漢納根寄乃父漢内根面交。

計呈清摺二扣。

此事係伯相斷,望閣下速飭妥密辦理。因恐俄人説話,故漢内根提督不便經手,是以轉出德達琳商人經手也。閣下只管核單發款,幸勿露面,恐其兵部藉口不售。據漢内根教習説,此槍係勝法國以後所用,兵部尚存九分新者十五萬餘桿,並非大徑老槍也。

光緒六年七月初二日天字第四十二號

六月二十三日由上海道台轉發,敝處所寄托德國提督漢内根收購兵部所存得來斯針頭後膛兵槍二萬桿、子六百萬粒電報,計日諒已達覽。同日敝處又托天津税務司德璀琳寄呈第四十一號專函,定必先登籤照。此項槍械,係伯相主裁收買,限百二十日運滬。所有槍價、保、運等費,敝處已先托由滬關寬匯四萬四千鎊交尊處付價,想已查收矣。

魚雷、雷艇、二十四生的密達克鹿卜砲位、力拂廠造子機器各價,敝處於四十號信内已陳明一切。現亦約核廠價、水、險,詳撥一半(規平十四萬三千七百兩),已由支應局於六月二十六、二十八等日發庫平銀十三萬兩有零,核明前數,解交滬上,托由滬關買鎊匯寄,決不至有稽遲也。

克鹿卜十二生的密達砲位,連尊處今年所定,已共有四十尊,必須多備車架以防損壞更换之用,敝處所購者每副價三千五百五十馬克。十五生的密達砲亦已購過三十七尊,其座架上下兩層,價甚昂貴,若多爲購備,款又難支。前年曾經向克鹿卜廠定購車輛架一副,價三千七百馬克,頗便於用。惟查此等車輪砲架,不但葛羅松廠所造價廉,且聞克鹿卜亦或時有工忙轉托造於該廠者。擬請閣下向葛羅松廠購造十五生的密達砲用車輪架十副、十二生的密達砲用車輪架十副。如該廠有現成者,無論幾副,即請飭速購,搭運上海交招商局運津。如無現成者,亦祈飭速造運來。其須速之意,諒智者必知之也,至盼至禱。

現成毛瑟兵槍四千六百桿,此時當已起運在途,此間望之甚切。而續造一半,更望催趲,添人提驗,速運爲要。毛瑟馬槍一千五百桿,昨接上海來函,尚未抵滬。

滿士豪生問答已抄録一份,封由四十號函内寄上矣。兹將詳請魚雷、雷艇、毛瑟子機器、二十四生的密達大砲半價詳稿並伯相批,録呈冰案。其各項保、運及後半價,敬祈先期核示,以便詳請照匯,俾免耽擱付款之期。專肅馳布,敬請

台安。諸惟荃照,不具。

愚弟鄭〇〇劉〇〇頓首

即日由文報處遞,重五錢二分。

附呈清摺五扣。

光緒六年七月初四日不列號

六月二十五日托天津税務司德璀琳寄德提督漢内根轉交,請付得來斯後膛針頭兵槍二萬桿、子六百萬粒價

值、運、險之第四十一號函，又七月初二日由文報處遞呈，請購克鹿卜十五生的、十二生的密達砲輪架之第四十二號抄摺、統匯半價一函，惟恐稽遲，故特照繕清摺，呈請察核。專肅，敬請

台安

附呈清摺一扣。

愚弟鄭藻〇劉含〇頓首

卷七　光緒六年七月初十日起至九月十一日止

來信四十一號　覆三十三號去信,收五萬三千鎊,馬槍腰帶、皮盒,王弁不可改學駕駛,棉藥先購一二百擔,槍砲藥,雷電教習,獵槍,德槍子,測槍砲子藥機,葛羅松砲彈

來〔去〕信四十三號　覆四十一號來信,索游歷日記,試做皮帶、盒,王弁習管駕,棉藥購五百擔,詢鑼藥,槍砲藥,雷電教習,獵槍,毅軍槍,槍子,收馬槍,又測槍砲子藥機,葛羅松砲彈、砲架

去信四十四號　棉藥可徑運天津,並詢收存法,魚雷,又炸力物,電報鐵綫,砲臺座架並輪架,印度樹膠布口袋

來信四十二號　覆三十四、〈三十〉五、〈三十〉六叁號去信,定重十二生砲,請注銷們士好孫合同,子殼、銅帽、鉛箭價,槍子減定五百萬,槍藥,速率漲力器,吸水器,毛瑟擬選萬桿,皮帶、盒尚未定,譯舍利們水雷書

去信四十五號　在德訂購十砲價已詳同電燈價匯去,詢槍藥試具奧竅,收到馬槍、銅殼、鉛子,又摘抄歷次爲克鹿卜砲來信

去信四十六號　覆四十二號來信,請以停購砲價改購棉藥五

十噸,雷艇、魚雷,電燈,葛羅松造銅砲機器

來信四十三號　獵槍,毛瑟兵槍,槍子,克鹿卜十二、廿四生砲及砲架、鐵軌,葛羅松子暫停,槍子機器期,棉藥、電燈運期,吸水、打辮器,鋼條、鋸條,量槍砲子藥器及帶、盒,艇,雷,伏雷,匯銀,針槍,薩士布,槍子藥

來信四十四號　覆三十七號去信,兵槍,槍子機器,毅軍槍,試藥器,化〔槍〕子銅殼,鎊款,密臘不可靠,槍子皮盒、帶,老漢納根

去信四十七號　覆四十三、〈四十〉四兩號來信,兵槍,號頭改華文,槍子,造子器,棉藥,魚雷,燐銅,克鹿卜二十四生砲,格羅松子,試槍砲子機器,匯款,密臘靠不住

來信四十五號　接第二批槍電報,葛羅松〈造〉克鹿卜十二生砲子,試燐銅魚雷,毛瑟槍並子,特來色新槍價,停造十砲,棉藥器價,咨來賬册,馬克登試費,譯船書

來信四十六號　槍子交期,發運二千五百桿毛瑟槍,議二批毛瑟,葛羅松子,馬槍皮帶、盒,寄伏雷,停止津訂砲,取收單,二十四生砲議價

去信四十八號　覆四十五、〈四十〉六兩號來信,槍碼改華文,小銅帽須添購,詢維丁裝子藥器,克鹿卜十二生子亦可收買,們士好孫收單已請滬關寄,合同恐在們處,燐銅雷,催息必格賬

李丹崖自德國柏林發來第四十一號信覆三十三號信

前初七日在途間接到二月十六日三十三號尊函及抄件,敬悉一切。

所有地亞士行代匯之五萬三千鎊,由英到德,以鎊换瑪,至本月初四始全數收到。是日偕仲虎、金楷理往土屯好甫之棉藥廠及皮廠、木廠、藥廠數處,又往北海詳閲溪耳新舊砲臺五座及兵房、藥庫、彈庫等處,至昨日方回柏林。明晨訂定往閲西鄉各礦山並萊因河之機器大會,大約半月可返。

所有砲臺等事未及詳録,先摘述軍火各事如左。

一、馬槍所用腰帶、皮盒一千五百份已托密臘購之,一照布國價式。此外又備步兵所用背包及桿馬隊即烏hammer隊。所用槍袋、鞍韉等件各一全副,以爲程式。

二、王弁所習陸營陣法、水師砲法、守口雷電法、行軍測繪法俱已漸入門徑,至於駕駛之推步風色水性、行止調度各法素未問津,若令盡棄所學,送入出海之船從頭做起,以冀其成駕駛之材,恐徒勞無功,决不合算。昨與溪耳提督談及,亦云應回華充軍火教習,不應改習駕駛。前在阿耳科那一年,係槍砲練船,非習駕駛也。伯相必能洞鑒及此。今王弁測地甫回,擬令赴奥驗收槍件,日後可教驗槍,亦要務也。

三、布國棉藥向不自造,全購於民,所識宿將亦勸勿官造以蹈險地。曾觀數廠,造之甚易,價亦不昂。擬先購一二百擔送津試之，並令查開日造二擔之機器全價，以此較之。

四、土屯考甫藥廠甚大，克鹿卜全購之，而德國全用官藥，未嘗購之。大約砲藥所差不少，而槍藥則不及官廠，尚須詳考之。

五、英國之以客氣相待，其故不一，眉叔必能言之。

六、雷電教習總以馬克衣佛爲最妥當，再令廠主致電囑之。

七、獵隊槍半萬，不日往驗。其餘半萬，已有數廠送樣，不日可定。

八、槍子五百萬已在南德國之勞侖止[一]廠購定，悉照兵部驗收，净價每千枚七十瑪。火藥不在内。明日派陳季同及洋員、洋匠各一人前往驗收，當勝於密臘在英所購之六十萬枚也。

九、王筱翁囑購測槍砲速率之電氣機，係比利時人所創，已函令配造兩副送津。筱翁函未及覆，乞先致意。

十、格魯孫砲彈，德國全用之。廠廠曾造，究不合算。所訂十二生特砲彈，須俟親往閲定開工，弟擬月杪繞道一往，可令開造也。匆匆先覆，容再縷陳。手肅，敬請

勛安

光緒六年五月十七日發，七月初十日到。

[一] 後文又作羅侖士、羅玲士、羅陰士、羅泠士、羅令士。

光緒六年七月十二日天字第四十三號覆四十一號信

即日奉到五月十七日來函,敬悉四月二十五日由滬關所匯毛瑟兵槍、槍子各價五萬三千鎊,已蒙察收换碼應用。

近偕徐仲翁、金先生游歷棉藥各廠及砲臺、兵房、藥庫、彈庫、西鄉礦山、機器大會等處,洵屬大觀,令人羡慕而心嚮往焉。務望閣下將此行日記摘録一份,以開我心胸、廣我見聞。而更切要者,藥庫、彈庫、砲臺、兵房自前兩年函托之後,翹盼於今,無時或釋,將來奉到日記之時,當九頓首而謝也。

謹將來函十條覆呈於左。

一、毛瑟馬槍所用皮帶、盒已經購辦,甚爲妥當,但未知價值若干?步兵背包及桿馬隊槍袋、鞍韆樣式,祈飭速寄以便察酌辦理。近閲《申報》,上海新開外洋皮廠,敝處現往購皮百磅來津,試做兵槍之子盒。俟做成之後再行核價奉聞,以定兵槍帶、盒之主見,或購自外洋,或造自内地。蓋此項物件非機器做造,外洋工貴而器精,内地工廉而技劣,擬俟比較再行奉聞。

二、王弁調入水師習管駕之事,敝處前函因奉伯相面諭,深慮水師將才無多,而北洋創局,尤以得才爲急。今來函所謂與溪耳提督所商各節,亦是實情。而該弁果能於陸軍陣法、水師砲法、守口雷電、行軍測繪各法精通,亦不爲無用。已將來函面呈伯相鈞閲,准照辦理。

三、棉藥在外洋各國本皆商造官買，且開礦各事别項用處甚多，無奈中國民間商匠，土藥硝磺尚且有干例禁。倘閣下比較之後，造廉於購，則中國製造不得不蹈此險。望閣下此次多購數百擔爲率，尚可應一河之需。倘搭船不肯少裝，即千擔亦不爲多。此間初七日所發電報問棉藥匠、器，當已達到。

至於鑼藥一物，西名待乃麥。其力更猛於棉藥，據西人説爲魚雷所必需。此次尊處派學徒赴奥之懷台廠習學雷法，未知其法之中有應授造此鑼藥之法否也？設或奥之魚雷不用此藥而此法可求，亦望令諸徒學成此法。倘其器無須多價，即祈購買一份隨帶來津。緣守口沉雷不能偏廢，西人言守亦以此雷爲根本，與砲臺相爲表裏。此棉藥兩法必須全知，將來製用應專一種，望閣下擇其善者而定其器也。務煩清神，至爲盼禱。

四、德之官商各廠槍砲等藥詳考之後，祈細示知。而敝處五月初九日所發第三十七號信内，請與仲翁籌商德國槍藥之器能否就用津局之器而稍增之，亦祈查明示覆。

五、英之以客氣相待，眉叔曾言之，蓋亦不外乎此次之事，而兼有忌心也。

六、雷電教習，伯相已托赫總税司由英代請。敝處曾於三月十四日第三十四號函内告知，並將施立盟不堪教習等情奉告，當蒙察覽。但馬克依佛自係廠主，似難遠出作人教習。將來倘英不成，當圖於美。

七、獵槍已於初六日接電報，百日内有七千到滬。而兵部特來色針槍停購，已電止漢内根。望將匯去四萬四千鎊添購毛瑟或特來色槍萬桿、子五百萬。從前來函原議，本以特來色爲精，嗣因定造不及，而適有毛瑟萬桿之便。倘以後定造，似仍須與毛瑟同膛徑之特來色爲是，此間教習亦深爲然。惟閣下擇精趕速，是爲至要。附抄漢教習禀，祈察閲爲盼。

奉天宋軍門托購之毛瑟五百桿，未知定否？現在山東派員來津，托由尊處代購毛瑟、得來斯兵、馬各槍。務請閣下多訪確廠，於求精而外，更求其速。且粤東張制軍[一]上伯相書亦有隨同之意。是以弟先行函達，俾早料理。

八、槍子五百萬已經閣下派員前往驗收，每千七十碼克，僅合十三兩零。物精價廉，成功又速，自辦之益，於此已見。且此次解到之毛瑟馬槍一千五百桿於前日到津，弟等開箱點收，其精可愛，所加天字號頭，日後便於稽察營中之失落，而每槍另加鋼簧、子鈎一份，更屬大益。

九、小雲所托測槍砲速率電氣機，渠閲信後甚喜，願先覩爲快，囑代先行致謝，祈速運來。

十、砲彈自應以葛魯松爲是，前兩次函已詳陳之，近有閣下在德就近派員稽察，大可購辦。初七所覆電報，十二生特密達砲彈請購三千顆，分子母彈、鉛群子、生鐵子各一百〔千〕顆，蓋生鐵子津局能自造，少購無妨。

以上各條，照來函作覆以清眉目。外有本年陸續匯

[一] 張樹聲，字振軒，後文又稱振帥，時任兩廣總督，光緒八、九年間署理直隸總督。

付尊處之款未接收到之信者，開具一摺，呈請鑒核示覆，至爲盼禱。敝處四十二號信内托向葛魯松廠購買十五生特密達及十二生特密達車輪砲架各十副，以備砲架或有損換之用。望於接前信之後，飭查該廠有無現成者，即祈電示價值，以便匯款速運。專此肅覆，敬叩

勛祺

愚弟鄭〇〇劉〇〇頓首

即日由文報處遞，重三錢四分。

附呈清摺二扣。

謹將六年陸續匯付各款、未接收到回信之項開具清摺，呈請察核。

（十二生脱砲、毅軍槍價，八月初三准滬關覆文，於六月二十共匯去一萬二千一百九十八鎊十四喜林六本士，砲價九千九百七十三鎊，槍價二千二百二十五鎊十四喜林六本士。十月十二接李大臣來信，於八月十二日照收。）

（二十四生脱砲、造子機、魚雷、雷艇四項半價，九月初九准滬關覆文，於七月初五共匯去三萬七千鎊。先於八月廿三接李大臣來信，於七夕照收。）

六年五月十九日，詳由滬關匯去克鹿卜十二生脱砲十尊、電燈全價，規銀三萬七千八百兩。

五月二十一日，詳由滬關匯去毅軍托購毛瑟兵槍五百桿、子二十萬粒全價，湘平銀八千兩。

六月二十一日，詳由滬關匯去克鹿卜二十四生的密達砲二尊並子彈三種各一百顆半價，規銀二萬七千二百兩。

六月二十一日，詳由滬關匯去力拂廠日造二萬子全機一份半價，規銀一萬八千兩。

六月二十一日，詳由滬關匯去懷台脱魚雷五十個連做法器具半價，規銀七萬六千兩。

六月二十一日，詳由滬關匯去法國地中海水面射雷艇二隻半價，規銀二萬二千五百兩。

共規銀十八萬一千五百兩，湘平銀八千兩。

五月十一日，又詳由滬關匯去王弁本年用費、又在柏林延請教習等費，庫平銀四百兩，又一千二百五十馬克(約銀二百餘兩)。

〈漢納根稟文〉

隨員漢納根敬稟中堂爵前：

竊前購德國所造之槍，乃老式槍，今探得德國兵部不愛用此槍，中國不必買此，可另爲計議。

至中國所欲買之卯斯槍，家嚴信到，言及卯斯槍，今無賣者，如欲强求，價必甚昂。况德國目下兵多器少，機器局無閒置造，即造得此槍，時亦必久。不若另覓一機器局，造一新式，尚可速竣。現訪得德國斯摩達地方有一人，名特來斯，能造新式之槍，頗能打遠。特來斯，即造後門入子藥槍與老式特來斯槍之第一人。初造之時，各國稱仰。雖有效法置造者，皆莫能及其妙。當德、法兩國相敵時，法國乃新造之槍，較德國老式槍，所打稍遠。後德國欲求勝於法國者，遂有紙子者，可比法國槍之遠。又有銅子者。及覓得卯斯槍，能以打遠。雖又知特來斯所造新式槍稍勝於卯斯槍，奈已用卯斯槍，遂不能兩美俱用。今特來斯機器局尚在，内工人又多，又在閒假。中國如買特來斯槍，即可告知特來斯，特來斯即可專工爲中國置造。此乃特來斯新創之法，各國俱無，亦在所不能比。

且如今買此槍後，未嘗不可在中國立機器局。中國人亦可習學，如法置造。中國今所購之槍，並非一式。今購一槍，有一操法；明購一槍，又一操法。屢購屢改，何能精練？倘買特來斯新式槍，漸漸各營一體，槍無更改，操無變易，自然愈操愈精矣。肅此稟聞，伏祈

鈞鑒

光緒六年七月十七日天字第四十四號

月之十一日發去第四十三號信，覆尊處所來十條，交文報局專呈，此時當已在道。近維節祺增福，至以爲頌。所有前函未盡之詞，謹再條述於左。

一、前函第三條請先購棉藥千擔，而未言運送之事。第思外洋輪船到滬而不到津，德國帆船到津等於到滬。此藥應請閣下飭用帆船，徑運天津，或在海口，或在紫竹林交卸。蓋上海無可暫存之處，亦少照料之人，此種險物，與其多一番轉折，不若做一起工夫。而計算保、運之費，一起與兩起，並不吃虧。現在敝處料理五處，分存每

處兩百擔，約兩萬磅。以期慎重。其收存之法、搬運之宜，務祈我公與仲虎兄細譯示知，俾弁兵有所遵循，不致蹈危隔膜，是所至禱切禱。

二、魚雷學習，派去幾人？幾時能隨艇來津？亦望便中示及，以便料理。

三、昨聞法水師參將明亞説，西人格致家又尋一種炸力物件，比鏹藥之力猶大。未知何物，眉叔亦難言其質。倘可以問，亦祈便中問示。

四、此間陸路電報應安之處甚多。從前東局至節轅係用第八號鍍鉛鐵綫，後來節轅至大沽係第十一號鐵綫，皆係柏教習經手。其十一號者，每噸價二十八鎊；八號者，每噸價二十四鎊。今年大沽至北塘，係弟〇經辦，即前所剩之第十一號綫。現在尺綫無存，而將來應辦之處甚多。此物英産最精，其粗細有十六種。煩閣下與仲兄函托英之好友，代詢其十六種每種之徑數分釐、每噸若干邁、若干價，開單示知，免受西人之賺也。務祈費神，至爲盼禱。

五、此間諸將用砲，其有砲臺座架者又要備輪架，有輪架者又要换架座。即砲臺架。紛紛持論，各具一心。若一砲而兼兩架，公中實無此巨款。第思砲子、砲架，以葛魯松廠所造爲最，貨等而價廉。望閣下屬葛魯松廠將其大小輪架、座架師船、砲臺兩種。一併開單示知，以作藍本，並聲明於某架之下一禮拜能成幾個。至爲盼禱。

六、守口沉雷、浮雷之用棉藥者，其中必須印度樹膠布做之口袋。其大如帽，用裝乾棉藥以速火力。此間所購之雷皆已帶有此物，而自造之雷必須另購此物。煩飭王弁便中一查，或英或德，須購一二百個寄下。其價無多，是爲盼托。

以上六條，皆前函未及，故重陳之。務祈鑒察，是爲至禱。專此，敬請

勛安

愚弟鄭〇〇
劉〇〇頓首

十八日由文報處遞，重二錢。

李丹崖自德國柏林發來第四十二號信覆三十四、〈三十〉五、〈三十〉六叁號去信

五月十八日接三十五號，二十三日接三十六號，二十六日又接三十四號。各尊函所示皮盒、皮帶、槍子、棉藥器、王弁擬入水師事，歷經函覆，大半辦有頭緒。惟三十四號尊函忽有十二生特砲已照章定購一語，閱之駭然。

查此項砲械，自去秋至今，疊次承函催購，只以口徑不合，應行詢明，迄未示及所以必用十二生特之故，而二十八號尊函内但云必須照購。冬間遂由敝處與廠主函商，因申明們士好生有減價多購之議，而該廠不認，只可俟議定再辦。及新春連接二十九號、三十號尊函，層疊催購。弟恐急於待用，遂於二三月間趕速商訂。歷有十一月二十七之三十號、二月二十八之三十三號、三月初七之三十四號、三月十三之三十五號，無函不述明購砲之事。諒均於四五月以前收閱。並於三月中旬訂令開造，三月二十六

日訂立合同。又論讓價,較舊章廠價既讓百之一,又讓百之五,始交付半價。至四月十九日電報内附以“鋼砲已購”四字,且三十三號内述明“俟們士好生議定者”係議減價之説。且們士好生久無音信,疑其又蹈前年故轍,前年八月起程赴華而逗留埃及,至次年折回德國。故春間趕速訂購。敝處前後手函、電報,想已洞鑒無遺。且尊處前後催購十餘函,並無在津定購之示,既接“鋼砲已購”之電報,迄今月餘,亦未蒙電覆,想萬萬無重復定購之事。然二十六日方與仲虎游哈次官礦廠及機器賽奇會,一接三十四號尊函,不得不趕回柏林,召克鹿卜辦事人囑令停造十尊。而辦事人辯論數日,舌敝耳聾,迄未應允。昨又致函廠主,函稿譯録呈覽。諧否尚不可知。蓋注銷合同即屬退悔,例應賠罰。若注明重復,又同兒戲,職屬行人,有關國體。萬一能允停造,只能注銷們士好生之合同,將所付之款作爲敝處第二期付款。非弟之執持己見也,緣敝處所定,係照前章廠價讓至百分之六,約八千馬克,以後均可援照讓減。且驗收試放,一切可照布國章程派員辦理,較爲妥善也。倘高明亦以爲則,請迅告們士好生妥議注銷,以免脣舌,是爲至要。

又,五月十八日接電示,云“槍萬桿、子五百萬裝藥,請速照寄”字,與四月間電示略同,惟子則指定五百萬而加“裝藥”字樣。此時既令隨員陳季同、洋員芬鋭飛在南境巴頓[一]之羅侖士廠驗收子殼,係訂定六百萬並銅帽、鉛箭,上等者每千七十馬,次者每千六十馬。前次密臘所購,

[一] 後文亦作巴登(Baden)。

未經按章查驗，恐非上等之物。帶同兵役二名，照兵部法詳驗，昨來函云已驗八十萬枚。今照尊函，再向商減爲五百萬矣。至於殼内火藥，總以另箱運寄，不必裝入爲妥，今已向杜屯好甫商購矣。五月初旬在該廠及他廠詳考，知該廠尚遜於布國官藥。而實則無他妙巧，只須研細壓實，而壓尤爲緩燒之本，緩燒則漲力小而速率大。只須購試漲力器及試速率之長短柱器，屢屢詳試，儘可與布藥並駕。此係近來與仲虎親自考得之事，非臆斷也。今已購試速率器一副、試槍藥漲力器一副，試砲藥漲力者，一爲克鹿卜之銅底作孔藏刀法，一爲阿母士唐之彈底藏銅柱法，均可仿造。不日可由密臘寄回。得曉翁之精細測考，當可不讓西人矣。

德國吸水新器亦已購定小者一副，可寄曉翁試用矣。此器以湯氣凝爲真定〔空〕吸水，可以任意懸至深處，甚便也。毛瑟槍已先後派員分投驗收，約共有一萬五千桿，其價大半四十馬克，若外貌不精者尚可更换。擬精選萬桿，於兩三月間冀可驗齊發運矣。皮盒、皮帶有數種，尚未選定。

施立盟所撰水雷書，現經仲虎與金楷理譯及二卷。其人其書，實爲西國所推重。弟素不識面，而所識格致名士，咸謂其實有本領，不但日意格之保薦也。今尊函述及幾至誤事傷人，甚矣！盛名之難副也。豈著書者但能紙上空談耶？今奉中堂飭，總税司舉薦亦宜詳審考察，方不使施立盟輩純盗虚聲者濫充是選也。敬請

勛安。不具。

光緒六年六月初一日發，七月二十三日到。

再啓者，今晨已包封後接到克鹿卜覆函，兹再譯出併入包封，寄呈台覽。函内堅稱不能停造，因久無天津電報囑停，且無們士好生電報囑停，必定是兩批而非一批。又云若奉中堂囑停，雖本廠空得定銀，亦屬違背合同等語。其意謂如果停造一批，則不還定銀之外，再須議違背合同之罰也。商人徇利寡情，大概如此。尊處絶不示明，又無電覆，想已早有成竹。未知有何高見，可以調停之？望即示知爲盼。載請

勛安

初三日[一]

又四十二號。

致克鹿卜廠主函中曆六月初一日譯作德文寄去。

久未通候，繫念之至。所有貴友們士好生到華，由閣下向敝處索取照應貿易之函携帶往華，及聞福州已略有交易，而天津久無信息。然去冬天津欲購十二生特砲十尊，曾由敝處與貴廠函商，而們士好生未能即到天津，故遂於西五月四日徑向貴廠立定合同，並由敝處照付半價矣。

兹接天津西五月初十日函，有們士好生到津，已向訂購十砲之語。敝處恐們士好生之十砲即係此間所訂之十砲，其中必有重復之弊，因念中國將來與貴

[一] 前面有“光緒六年六月初一日發，七月二十三日到”，應是文書抄録時將前段信函落款日期“初一日”抄作發信日，實際上發信日期當在初三日或之後。此種情况，下文還有出現，不再一一注明。

廠交易正多，惟此時所用十二生特米脱者只須十尊，想貴廠工料宏多，尤非臨售方備者可比，應請推情將天津所訂之十二生特砲十尊暫行緩造。俟敝處函詢天津，如實有重復情事，再將天津所立合同掣銷，只造敝處所定之十尊，其天津所付之款亦可作爲敝處砲價也。專此奉布，即請

台安

光緒六年六月初三日午刻接到克鹿卜覆函

頃接尊函，云們司好生在天津經手之砲有不妥之事。但本廠當時收到天津所來電報，不得不立刻起造，是以現在不能停止也。

此外本廠尚有奉告者，西五月初四日在柏林所定合同，天津應已知之數禮拜矣。既知之，當已告們士好生及發電報告知尊處矣，而現在並無電報發來。故本廠之意，謂中國本欲購此兩批，且兩合同内亦各自不同，若欲停止一合同，尚不知天津者當停，或柏林者當停也。天津之合同於西四月十六日簽押，柏林之合同於西五月初四日簽押。

又，天津合同係李中堂派劉道台與們士好生約定，自付定銀之日起，七個月或九個月之内在上海交砲。今未有李中堂諭劉道台令本廠停造之明文，若不在所定之期内造成以運至上海，則本廠雖空收定銀，仍爲違背合同，故求尊處不必懷疑。且本廠萬不能照尊意辦理，因如照尊意，一則賠本，二則違背合

同故也,千乞原恕。肅此奉覆。

西七月初八日　克鹿卜謹覆

光緒六年七月二十四日天字第四十五號

即刻奉到六月初一、初三四十二號來信六頁,又克鹿卜往返信兩張,敬悉一是。

查敝處於三月初八日與滿士豪生定購十二生的密達砲十尊,係二月二十日接奉去年十二月二十六日閣下三十一號來函,囑由天津與滿士豪生定購,故將前函面呈伯相,即與滿士豪生照舊章定議者也。兹將閣下歷次來函摘抄寄呈鈞鑒。嗣於五月十七日又接閣下寄到三十七號信,並抄合同底稿。○等奉讀之下,惟恐不能停止,更又計算再添十砲亦不爲多,故即專詳請款,一併收買。曾於第三十八號信内詳叙,抄稿寄呈冰案,此時當已達覽。惟其款係由滬關撥練餉,並電燈價一起匯寄,約九千九百七十三鎊,但至今未接滬關覆文,未知此款已否寄到尊處。○等立即函詢滬關,俟有覆音,當即飛布。

再,昨於四十三號信内將歷次匯款未接回信者開有手摺,專呈閣下查核示覆,此款亦在其中。敝處三十八號信達到尊處後,此事即能瞭然,無俟多贅也。

槍藥試具購到後請速寄下,並祈細示奥竅。筱翁精細老手,惟事隔兩局,必須尊處細單始能遵照妥辦。仲虎兄在直相處有年,當知此中交接也。

再,毛瑟馬槍一千五百桿並銅殼、鉛子六十萬前已收

到,昨於四十三號信内已經詳達,兹特將詳稿並批抄呈察覽。專肅飛布,即請

台安

愚弟鄭〇〇劉〇〇頓首

二十六日發,重二錢,由文報處遞。

計呈清摺二扣。

仲虎仁兄大人、金楷理先生均此問候,恕未另柬。

摘抄來函。

五年八月十五日自柏林發二十五號來函(十月十七日到津):克鹿卜砲,僉請陸路只須〣〦米里米脱,其十二生脱者,但備攻堅之用。已於昨日發電報請核示矣。又及。

五年十月初七日自柏林發第二十八號來函(十二月十二日到津):克鹿卜砲究竟應用〡二生脱,抑用〣〣生脱? 前電諒已達覽,並乞早日示明,以便訂購。

五年十一月十二日自柏林發第二十九號來函(六年正月二十九日到津):前擬購之克鹿卜陸路砲,現有該廠專派之們士好孫,不日到津,應用何種,可與面商也。

五年十一月二十七日自柏林發第三十號來函(六年正月二十九日到津):前聞克鹿卜云用於陸路者云云,是以懷疑,發電候示。今既疊奉開摺函催,只可照辦。蓋華、洋砲臺軍火大相徑庭,本不能於數萬里外强作解人也。

五年十二月二十六日自柏林發第三十一號來函(六年二月二十日到津):克鹿卜之十二生脱砲,前已致函該

廠,續因們士好孫不日可抵華,將欲訂定净價,是亦未即與該廠切實定購,因望們士好孫抵華,或可格外議減其價,此爲撙節帑項起見。云云。

光緒六年七月二十九日天字第四十六號覆四十二號來信

月之二十三日接到四十二號來函,於二十五日即經覆發,當邀台覽。茲再臚舉四條,録呈鈞鑒。

一、今日巳刻由上海道寄到二十二日自柏林寄伯相電報,知津訂之克鹿卜十二生脱砲十尊已停,將所付定價作爲閣下在德國所定之半價。弟等比即面請伯相鈞諭,照停最好。惟查閣下所定之十尊全價,曾經敝軍械所當時專詳請款九千一百二十三鎊,札由滬關撥款匯寄柏林。此款之匯否,未准滬關覆文。敝軍械所於二十三日奉到來信之時,即行函詢滬上。然奉文之款斷無不匯之理,但恐練餉項下税額未敷,是以遲耳。而此款匯到德國,付砲之外尚有餘剩,今日覆電内即請先購棉藥五十噸裝運天津,以備此間海口守雷之用。兩局自造之雷,已有容千磅棉藥者六十餘具,數百磅者百餘具。即五十噸棉藥亦不過十一萬二千磅,僅可敷目前存雷之用。敝處四十三、〈四十〉四兩函已詳陳之,務望飭員照辦。所剩砲價,更有水脚、保險,應少之數,希即電示,即行照匯。

二、雷艇、魚雷,伯相之意,仍請閣下議購。誠如來函所謂,中國潮汐漲落不一,必須魚雷方可禦敵。

三、電光燈價八百五十鎊，已與砲價同匯。均經抄詳寄呈冰案。其燈何時可成，均祈示知。俟此一架到後，將來仍須添購。

四、葛羅松寄呈伯相八生脱堅銅後膛砲一尊，其法甚佳。聞德國斯邦道造此銅砲之機器，係葛羅松所造。中國無用之前膛銅砲甚多，弟德〇奉伯相諭，設法製造堅銅砲。竊思其所用之器，自以鐵範及壓水櫃爲要具，其他車牀各器似屬尋常之物。仲虎兄於敝局機器情形知之最詳，未知造此後膛銅砲，自八生脱至十五生脱者，以敝局廠力量而論，應添購者何具，需款若干，其全副器具價值若干，均望閣下與仲虎兄代爲籌畫示覆。若需器不多，爲款不巨，即祈由電覆示，不勝拜禱之至。專此，敬請
台安。俱惟心照，不一。

愚弟王德〇、鄭藻〇、劉含〇頓首

重二錢四分，由文報局遞。

仲虎仁兄大人、金楷理先生均此問候，恕未另柬。

李丹崖自德國柏林發來第四十三號

前二十八日得電示，催覆五月十八日速購槍及槍子之電。今晨電覆，云“力拂器、子、槍、砲已辦，帶、盒、艇、雷方議，十二生的子要否，望電”等字，諒登台覽。

前二十一日奉伯相電示，囑購水面射雷艇兩艘、魚雷五十尾並造用秘法、力拂造槍子器十八萬餘馬克等諭。

二十四日又奉電示,囑購克鹿伯二十四生的砲兩尊,連臺架及三種子各二百、藥千袋等字。以上各事,大半辦有就緒。適下旬曾襲侯過此信宿,仲虎將候姬人分娩,今午已賦弄璋。弟亦擬將槍砲各事部署略定,旬日内即可偕往英國查考鐵甲也。

茲將所辦各事略述如左。

一、獵槍五千,有西鐸、王得勝帶兵目二人久在奧國精細量驗,凡木殼稍有不符者必剔换,大約七月初十選定可裝運。其價,説定每桿四十馬,已付半價。

二、毛瑟廠所造兵槍五千,以足一萬之數者,業經陳季同馳往面商二次,今方議定開驗。其價自三十至四十馬,因該廠須訂定萬桿或訂定日後只購該廠,方肯減至三十馬左右,是以合同内未注價值,俟驗收再定。悉照布國驗收,兩月以内全數可以裝運。

三、槍子本照四月間電示五六百萬,已令陳季同及洋員鋭飛往萊因河廠訂定,親督查驗。及五月十八電示指定五百萬,又與該廠再三辯論,周折甚多。今仍購六百萬枚,每千净價六十五馬,另加紙底、蠟底,中秋節左右可以驗齊裝運。現已照布兵部驗收二百萬枚,裝箱付價矣。若減爲五百萬,則概須每千枚七十馬。

四、克鹿卜之十二生的十尊,正二月間其辦事人美阿曾云,俟們士好生到津來電即可開造,弟以爲可在津商訂。厥後們士好生久無信息,而美阿又云,前謂俟電信者只減價之説耳,所以弟遂與商訂。今詢美阿,又力辯云,天津所定價值不同,且連砲子等全價躉付,必非重復。弟念尊處迄今未有電音囑停，只可聽其並造二十尊矣，蓋籌備海防本不嫌多也。

五、克鹿卜二十四生的砲已與訂立合同，二砲及臺上砲架、鐵軌，共二十三萬五千一百六十馬。弟以比例算之，似較十二生的者更貴，且又有蔑付全價、不讓五釐之説。仍須反復辯論，非半月不能定奪。商人詭譎牟利，毫無直道如此。

六、十二生的子，本與格魯孫已有成説，及聞美阿云在津已連子蔑購，因恐再有重復，遂令暫停，而於今日電報内附請示明。其二十四生的子亦經開單令造，可與砲同時工竣也。

七、力拂造槍子器，已於二十四日照單開各件訂立合同，計十八萬七千五百零五馬，加裝箱費五千六百二十五馬，並願爲中國使臣情讓五釐。已現付九萬馬，限五個月告竣，驗試交卸。密臘二分半行用在内，水陸運、保費不在内。又訂定須照斯邦道造法，實須十點鐘内成造二萬枚者方可收受。

八、棉藥三種，共重二千磅，計五千五百馬；引火一千五百枝，計六十馬；運至上海，費一百二十四馬四八；保至天津，費一百七十八馬五；已於本月十二日付訖發運。

九、電燈及機器，全副共一萬五千六百馬，又運、保費五百七十六馬，已於本月十八日付訖發運。

十、吸水器及進水、出水、三十邁當。入汽等皮管二百八十八馬九五，已於本月十四日付訖，交密臘送華。打辮器亦已購存，可交密臘運送。又大小七種鋼條、鋸條，亦托密臘函令英廠配運,價俟統算。此條各件,皆代王曉翁定購。

十一、量槍砲子速率及火藥漲力之全機已閱驗選定,共價二千五百八十二馬四十分。此外尚有量火藥與水比重之器,未知津局已備否?如須補購,乞於電便附一洋文Wasser字即可照辦。得此數器,用心測試,即可造最精之火藥矣。

十二、皮帶、皮盒,已據英、德各廠送到多種,唯布國官用者最爲堅厚耐久。步兵所用一帶二盒須八馬二五,銅板帶扣,令鏨龍文。馬兵所用一帶一盒須五馬七五,皆堅厚工緻,非中國所易得。擬再參考數廠,即與訂購馬兵用者一千五百份、步兵用者一萬份。

十三、水面射雷之艇,德、法皆長二十七邁當,聞英國近亦改用此船。現日意格既隨劼侯赴俄,苟不能即回,擬托渠告地中海廠,即與訂定兩艘也。

十四、魚雷於近來詳加參考,鋼殼易銹,阻力不勻,即難命中。今德國欲易以燐銅,令刷次考甫廠試造全燐銅之魚雷。已在溪耳試過,下月將集水師宿將會議詳試,並訂弟届期閱試。弟已與該廠面商數次,大約全燐銅者每尾一萬馬,只須蔓購二十尾,另購其裝氣、送雷各器,並可教導用法,任憑仿造。唯燐銅殼係該廠秘製,必向定購也。擬俟試有把握,即與定購。器精價廉,不似懷台氏之鋼雷,居奇勒掯也。

十五、布國向用熟鐵鍍鋅之防口伏雷,王得勝所習即係此雷。上有五鉛管,觸發通電,立刻轟裂,是雷只用尋常火藥。今官廠未裝藥、未下水者有四五千枚,擬改用棉藥之雷，而觸發則改用磁球盒，磁球盒電器，地亞士行有樣。故欲將舊式用常藥之伏雷一概發售。連雷碇、雷索等，每枚約四五百馬。現托地亞士運一全雷呈送伯相鑒核。如欲購用，隨時可得數千枚，其價可與海部面商。如有戰事，可由商廠轉手，於公法無所窒礙也。查用常藥之雷，雖遜於棉藥，然各國用者尚多，唯電池藏於雷殼，無論己船、敵船，有觸必發，不能操縱由我。中國海口船多水淺，不能概用此雷，應否酌購四五百枚，未知海部至少肯售若干。以備不虞、以資演習之處，乞轉請伯相示遵爲盼。有圖附呈。

十六、匯銀概由電報，虧耗甚多。前年函商芝翁大公祖，承覆云恐銀號倒閉，雖電匯有虧而責成較輕。弟思日後若蔓匯巨款，似可擇麗如等可靠之銀行，照章掣正副提條，注明須由中國某公使畫押支取，則可杜冒支之弊。其正副提條分兩班公司船發寄，如正條被失屬實，可用副條。且大銀號之倒閉，五十日前必有消息，似可無慮。乞轉稟伯相裁核示遵。

前由地亞士匯到五萬三千鎊，因電報注明槍價，以致密臘欲一手獨攬，此後切勿注明款目爲禱。本月中旬又匯到五千七百零八鎊，未知是尊處採辦款？抑是出使經費？此後乞照期匯寄，寧預毋遲。其華洋員、兵目驗收辛工、路費及電報信資等，俱宜寬備。是所切禱。另有收付細册，乏人繕核，容後再寄。手泐，敬請

勛安

光緒六年六月二十九日發，八月十七日到。

附上伏雷圖。

七月初一日正封發間,接到電示"現托漢内根轉屬德達琳經手購運兵部之特來色槍二萬、子六百萬,百日内到滬,匯去四萬四千鎊,如一百二十日不到,作罷論"等字。當即電覆以"兵部特來色即十年前廢針槍,切不可購,請電止漢内根。毛瑟精槍百日内有七千到滬"等字,諒邀台覽。

漢内根提督昨有信來,尚未來謁。匯款據密臘云已經匯到,惟弟處未收到耳。弟歷次所述特來色新樣,係各國未用只造樣槍二三桿,非久成廢料之針槍也。十年前針槍價約合薩士布之半價,即馬眉叔所請購之槍。今薩士布不過十佛郎,而針槍則無價可定,兵部尚存六十萬桿無人顧問也。現趕速驗收之毛瑟及子藥,冀可早日運送。如須添購,毛瑟爲妥。今又購定布國所用槍子内之藥六萬磅,即可運滬。又接陳季同來信,云毛瑟廠定造之五千桿已訂定,每桿二十六馬,已驗收千桿。弟思其價太賤,是否更有加費,須俟陳季同詳覆也。載請

勛安

自德國柏林發來第四十四號覆天字三十七號信

本月初四日接三十七號尊函,敬悉一切。

槍及子具詳前函,照弟原電較賤,而驗收仍必精核,想邀台鑒。今據王弁自奥來信,陳季同自巴登來信,均係坐督催驗,大約一禮拜左右,毛瑟步槍三千、獵槍四千五百,槍子等三百萬枚,俱可發運矣。力拂造子器亦可遵合

同之期。

宋軍門囑添毛瑟槍五百、子二十萬，亦已飛囑該廠照數寬造。唯不能分開，只能一併解由尊處分撥也。汕答佃官槍由日意格發寄，今既未到，容再函詢。惟其膛係法國官槍，略大於毛瑟，諒尊處亦所素悉。與毛瑟同徑者，唯特來色之新樣耳。

克鹿卜十砲，既由尊處托滿士豪生發電，或能停造以免歧誤。或竟不能停，須稟請傅相恩准並購之處，總請尊裁酌奪。其二十四生的兩砲，函催數次，總無實價印本送來，殊爲可恨。火藥之精，實不在器，所閱數廠，其器略遜於中國，總在精於試驗而已。今已購定漲力、速率之器，日後必無〔有?〕把握矣。德國槍子，容覓購其鎔銅合料之秘，已囑仲虎探討，尚須多閱數廠方得其要。至於銅子殼之開裂脱底，固由於熔煉不精，亦由於銅底太薄。今羅陰士悉照布兵部所頒新章，加厚其下半截矣。力拂、毛〈瑟〉槍、子價，今日已照數找付。

楊弁係回津病故，所得恤典應由尊處稟辦，前年梁生亦由監督稟懇傅相具奏也。

來函示及五月初電報内五千鎊之説，根查敝處及電報局原紙印留之存根，俱是五萬鎊，係弟覆電示匯出五萬鎊之語也。不知由滬寄津，以 50000 誤爲 5000，殊不可解也。昨初五日密臘接滬電匯去三萬七千鎊，又指明購砲彈、雷艇，恐將來密臘多一鑽營，又多一耗費耳。總祈秘密爲要。昨夜敝處接滬電，亦知三萬七千之數，係〔俟〕匯到後再行電覆。今皮腰帶、雙皮盒、皮刀插、槍上皮帶、皮護機共六件合爲一副，銅帶扣上鑿成龍日形，不知再要添中國字否？乞電示。已購定一萬副，共八萬六千馬克。皆照布國所用驗收，而價則較廉，皆極品之黑皮。三禮拜内發運一千副，以後每月可驗收三四千副。

前日老漢内根及德琳來談，尚未知購槍之事。及弟告之，則曰針槍體重膛大，我亦勸中國勿購，且兵部未必肯售，我願中國總須購一律之槍，我可隨時效勞也，云云。今弟將匯到之四萬四千鎊托密臘暫存於德意志銀號，三個月收取，按每年三釐息，以候尊處電報應購何槍。計可有三百三十鎊之息，亦可小補於公也。因流存者不起息，故説定暫存三月。巴提督、德羅他嘗詢三弁何以久無音信，請飭三弁作洋文函致謝爲盼。弟一俟艇、砲略有就緒即可赴英，惟日意格既充俄參贊，不能偕往。雷艇之函亦未知曾否寄達地中海廠，殊爲盼望耳。手肅，即請
勛安

光緒六年七月初七日發，八月二十四日到。

光緒六年八月二十八日天字第四十七號覆四十三、〈四十〉四兩號來函

連接四十三、〈四十〉四兩號來函，具聆一是。

其槍械、棉藥，除已電覆外，所有應覆各事，條例於後。

一、毛瑟槍。來函於七夕以前已驗收七千五百桿，約計此時當在新嘉坡一路。此間因待用孔急，已於十九日

發電催詢其下剩之三千五百桿以及後批之一萬桿。又，宋軍門之五百桿均望速爲裝運。其槍上號頭，未識是否與馬槍一式，用"天字第幾號"之碼？今早伯相謂，槍上號頭數目用洋文不及用華文，使營中弁兵易知，始覺慎重，其佩帶銅扣上亦應加用"津字第幾號"華文，國初太祖、太宗弓箭皆有號頭、名字等語。〇思洋文則華弁難識，而華文洋匠難做，應否將未起解者改用華文，祈閣下相機辦理。即兩萬號之外，宋軍門五百桿亦可編列入號。誠如來諭，在洋合買，到津分給，妥當之至。

二、子彈。本年五月由地亞士解到密臘在英所購之馬槍子六十萬顆，刻令裝藥試放，百顆之中不過火者二十餘顆，殼用兩次即見數顆開裂。復取原殼百枚，用敝局所存大格林子用銅帽裝配，則個個皆響；又以東局所造小銅帽重裝試放，又個個皆響。考究其故，六十萬子之内已有數種銅質，且銅帽中錫箔間有鉛箔。密臘只顧賺錢，不知軍火竅要，是其一生老病。此次陳季同在德之來因河所定，當遠勝於前。以後軍火經手，幸留意於密臘也。

三、機器。來函謂造子機器已定，能可如期交收，甚爲欣慰。計算當在十一月杪可以起運，開河前後必可到津。伯相昨於十九日又發電報，請閣下添購維丁廠裝子藥機器全副價五萬碼克者，此時電報當蒙鑒閲。如有仗事，此器最爲要緊，望速與購定爲要。其重裝子藥之小銅帽，亦望酌購數百萬或千餘萬。天津兩局機器雖能自造，斷不敷用。

四、棉藥。此間海口所有浮雷、沉雷，皆應用棉藥者也。前經兩次發電，請購辦五十噸，約十一萬餘磅。昨接來函，已經試購二千磅，其價五千五百碼克，再加保、運等費，每百磅價值已在五十兩以上矣。七月間金陵江防在滬定購，每百磅包運上海，價規銀三十兩。是以前次接信之時，即發一電，請尊處停購。究竟此物之精粗，其價值相遠之多寡，中國向未辦過，無從考較。公與仲虎在洋所見甚廣，乞示其詳，以開茅塞。此間此物萬不可少，將來仍須詳請伯相定購也。

五、魚雷。懷台脱未成，而德之刷次考甫廠燐銅所造者，試驗若何？祈詳示。燐銅究是何銅？尚祈示我爲盼。然未識法艇能合用否？日意格赴俄未回，艇事近來何若？念念。來函謂德有現成守口水雷出售，弟等查此雷中國不甚合用，不可與談。

六、克鹿卜二十四生脱砲兩尊，現已定否？訂於何時交貨？並葛魯松子彈情形，均祈示知。此次伯相覆葛魯松函亦曾述及砲架、砲子交易，合將函稿抄呈鑒核。

七、試槍、砲子速率及火藥漲力之全器，前已照來函，電附寄來洋字之暗號，請買全副。火藥與水比重之器，弟芳曾已聞説，不但津局未有，即中國各局亦無此器，務望補購一份，並將用器之法則程式，細抄一份寄示，俾知門徑，千萬千萬。

八、匯款。前月接來函，已將密臘情形函達滬關。此次四十三、〈四十〉四兩號來函，亦已先後摘抄函送滬道，當可照辦。

洋商之惟利是圖，原屬本分。數萬里冒險經商，所爲者何？然亦有明白、糊塗之分。明白者，於賺錢之時，必顧思其事，必須用心辦理妥當而後賺錢，且所賺更許比人多，而於事且有好無壞。此明白洋商，可列之上等者也。密臘之爲人也，只知賺錢，並不顧事之好壞，專門賣假貨以欺人：同治十年，售挖河機器於孫竹堂，馬賽完工無用之廢物也；十一年，售電綫於北洋，外國之濫物也，至今存之，毫無用處，價數千金；光緒四年，售造子機器於金陵，至今未能配全，皆英廠散配之器也。此外舊槍、舊砲，皆其在手之技，是以伯相屢屢説其靠不住。此糊塗洋商，不但誤人，並自誤耳。以後惟公留意，切勿令其經手一事。既有陳季同之語言，公與仲虎之明核，考究精詳，更何須用此一笨物。弟芳鄙見如斯，未知高明以爲然否。專此，敬請

台安

愚弟王〇〇、鄭〇〇、劉〇〇頓首

重六錢，由文報處寄柏林。

附呈清摺一扣。

自德國柏林發來第四十五號

本月十二日晚連接電示兩次，一云“十二生脱子要三千，分三種。來電‘雷’字下是何字？望再寄”，一云“特來色針槍停購，已電止漢内根，望以四萬四千添購毛瑟或特來色精槍萬桿。造棉藥器並匠何如？望電”等字。查十

二生脱子，春間已照原摺五千之數托格魯孫開造，其價迄未開明；該廠云總比克鹿卜經手者格外精廉，不必問價，亦不必付定銀。續聞克鹿卜辦事人云砲及彈子均經天津另購，遂懇格魯孫暫停，而工已及半。今奉電示只須三千，又令該廠減作三千速造，尚未接其覆函，恐未必能減矣。

六月二十九日去電有"帶、盒、艇、雷方議"句，豈"方"字又被電局舛誤耶？今步兵皮帶、盒一萬份已購成付定，其馬兵一千五百帶、盒尚未訂定。魚雷已於昨十三日兵部及各國武隨員在刷次考甫廠試演，弟亦與焉。燐銅雷殼漲至一百八十五天氣始轟然脱底，而其筒尚無恙也，在英見鋼殼誠至一百天氣即不敢再增。今擬改造底式，可見燐銅之遠勝於鋼矣。今與商定二十尾及船面射放、船旁射放之器，一俟訂立合同，則雷艇即可配造矣。是帶、盒、艇、雷前電所謂方議者，至此而議定矣。

添購毛瑟萬桿、子五百萬，已函令陳季同向羅冷士説定，連紙、蠟底每千枚六十七馬，火藥不在内。唯毛瑟前定之五千桿，所有緊要機件雖照布兵部查驗，而外貌稍有疵病，經季同往返駁論旬日，始減至二十六馬，實爲格外便宜，此後决不肯辦。若内外全照官驗，則最少須五十馬。連刀及寬備之螺簧、彈鈎俱裝箱上船。若特來色新樣，則須五十餘馬，且製機開造，必十月之久方交一萬。今令季同與毛瑟廠主切實駁減，想二三日間必能説定矣。

克鹿卜頃有函來，云們士好生來函囑停造十砲，本廠雖可勉遵貴使之命，唯工已及半，所耗實多，且天津所定砲子早已造齊，不能不購云云。此函俟譯出再送上。其二十四生脱砲須俟美阿避暑回來方定合同，據云一面先行開工矣。棉藥機器等尚未開來，已催促數次矣。

布國轉售之守口伏雷，前次混稱四五百馬，已詳四十三號函中。頃又據刷次考甫開來細賬，云水雷鐵殼並電池等件四百六馬，雷碇一百六十五馬，浮表七十七馬，浮表碇二十八馬，加以繩索、電纜、記路表等件，連共八百四十馬，俱連裝箱上船；如購一千枚則八十四萬馬，至少須購五百枚，立約時付三分之一；四十日内可發一百枚，以後每八日可發一百枚，皆新好工料，與溪耳所用無異。前見溪耳尚存四五千枚，今非全換棉藥，欲換去一半耳。如須訂購，請發簡字電示云"minen 即伏雷之名。500"，即可切實駁減，遵照定購矣。

兹將收發各賬具牘咨送。其尚未清割之合同、收單，如槍、砲、火藥、皮盒等。尚須查核備用，容俟後寄。内有馬克登那水砲試費，當時節經呈明傅相，又經郭筠帥督令交付，其後屢試未成；蒲恩無細賬，未知所餘幾何，又將原收單交金税司送訟師核辦，耗費益多，難以開報；而唯此蔓付之試費一百八十五鎊，先已呈明，理合報公。兹併入雷艇項下，係屬同類，敬請呈求傅相核奪，是所切禱。

近日急欲赴英，心殊焦灼。俟魚雷訂定，陳季同回柏林，即可偕仲虎、金楷理起程矣。所譯船書亦已粗備，足供印證矣。手肅，敬請

勛安，並賀秋祺。不具。

光緒六年七月初十日發，九月初五日到。

自德國柏林發來第四十六號

前發槍子二百萬、獵槍二千四百桿,想邀察收。

昨晚陳季同回柏林,備述此次羅冷士、毛瑟兩廠格外討好,其價廉物精,實出意計之外。陳季同之議訂,洋員鋭飛之查驗,均堪嘉尚,實非洋商密臘、斯米德所可同年而語。今而知從來受洋商蒙蔽,真不少矣。羅冷士銅殼、鉛箭及銅帽,紙、蠟底,悉照布國官驗,每千實價六十七馬(合銀十二兩七錢三),裝箱送至海口。銅殼等六十五馬,紙、蠟底二馬。前後已訂九百萬,約明陸續交卸,至西十一月一日一律交齊,連裝運查驗,不出西國年杪全可開船矣。現留鋭飛及驗匠駐廠,昕夕不息,實爲勤奮異常。其毛瑟廠第一批五千已裝箱一半,可以配刀發運,此五千槍及刀頭,連裝運至海口,每桿二十六馬。(合銀四兩九錢四)又一半方在趕造。此外續訂之第二批,該廠願造最精之槍,價在五十馬以外。布國官價五十七馬。弟令開明何者必精、何者可通融,大約可在五十馬(九兩五錢)以內,數日間亦可立約矣。

王弁及西鐸在奥國,因奥君看廠,延擱數日,大約半月内全可上船矣。精細不苟,亦屬可嘉。今又購定格魯孫十二生脱無引火之硬炸彈一千,計一萬七千馬(八百五十鎊,三千二百三十兩);有引火之炸彈一千,計一萬一千五百馬(五百七十五鎊,〣〨[一],合銀二千一百八十五兩);有時

[一] 此處用蘇州碼子記數,其數爲三八,一英鎊兑銀三兩八錢。

秒引火之子母彈一千,計二萬一千八百馬(一千〇九二鎊,〢三,合銀四千一百四十二兩);洋鐵群子管一千,計一萬八千五百馬(九百廿五鎊,〢三,合銀三千五百十五兩)。以上彈皆用銅箍式,連藥袋在價內。四共六萬八千八百馬(三千四百四十鎊,〢三,合銀一萬三千七十二兩)。若照來電,三千分三種,原摺價引火之炸彈十五馬七,子母彈四十九馬,群子管二十四馬五。共應八萬九千二百馬,又藥袋三千計一千五十馬。總共九萬二百五十馬。是省二千一百餘馬,而多硬彈一千矣。想亦高明所許可焉。

又,馬兵所用皮肩帶及皮盒共五馬半,若購一千五百份,共應九千二百五十馬(四百六十二鎊半,合銀一千七百五十七兩五,每個一兩一錢七分。比天津貴三錢零,而貨色不止高一倍),亦上等佳皮。如欲定購,乞發一英文"馬"字可矣。

今送上布國伏雷十枚,又新式棉藥伏雷一枚另已呈明傅相。俟考驗後,如飭添購,請發電字"minen(伏雷名)200"二百或五百。可矣。

克鹿卜來往函,譯呈台覽。其尊處付款,應行劃作此間第二批者,須由尊處囑們士好孫函告該廠,將收單轉付敝處,方可抵劃,否則此間第二批仍須交付現銀也。洋人錢款,一以收單爲憑。萬望切速與們士好孫商辦爲要。若稍遲,則此間第二批不能逾期;且聞斯米德充克鹿卜之經手,其人奸詐著名,恐從中挑弄,又將有議賠議罰之説矣。諒高明必已鑒及。手肅,敬請

勛安

光緒六年七月二十一日發,九月初七日到。

再，二十四生脱砲，前月送來合同，内開砲價每尊八萬四千馬（前單六萬九千五百馬），砲架每副二萬六千二百馬（一萬六千四百五十馬），鐵軌等件每副七千三百八十馬，兩砲總共二十三萬五千一百六十馬（十七萬六千九百五十馬），因其價較昂於派利（兩砲五萬八千三百十馬，二千九百十一鎊，合銀一萬一千兩），故未書押。昨美阿來，云其砲實與派利所售迥異，可以詳開送閲。弟念如果實有不同，只可照二十三萬五千一百六十馬（砲價一萬一千七百五十八鎊，合銀四萬四千六百八十兩。匯去半價二萬七千二百兩，連子價所少尚多）訂定矣。又及。

西八月十九日克鹿卜來函

前七月初八日，本廠覆貴大臣廢天津合同之事。今告貴大臣，本廠已收到們士好孫來函，方知貴大臣及津局所訂十二生脱係重復訂購，實須十尊。此十尊砲已費工不少，因本廠欲免貴大臣爲難之處，又不欲誤造重復之貨，因此願將此砲只造十尊。但須説明本廠吃虧之處。唯天津所購之砲彈，今已將次告竣，係與砲無干，仍應照合同交代。再所有兩處合同，究竟應發〔廢〕那一個合同？柏林所訂者讓貴大臣百分之五，其餘俱同。今仍肯照讓，如此辦法，望可免一切疑難之處。是否？請賜函見覆。

覆克鹿卜信

昨接貴廠本月十九日函，承情將天津重復定購之十二生特砲十尊停造,又承允仍讓五釐。既係們士好生來函,自應將天津合同廢去,以免爲難之處。本大臣實所佩服,請即照辦。至於本大臣接天津來函,但知砲有重復,未知砲彈之有無重復,想們士好生可以致函貴廠也。覆請

台安

西八月二十四日

光緒六年九月十一日天字第四十八號覆四十五、〈四十〉六兩號信

連接七月初十、二十一〈日〉四十五、〈四十〉六兩號來函,具聆一是。

毛瑟兵槍之價,每桿二十六馬,已屬價廉至極。若非閣下之勤求,陳季同之結實,焉能如此。弟等面呈此函,傅相閱之,贊不絶口。夏間有洋商以此種來售,云三十五馬,弟却懷疑而却之,疑其必係閣下剔剩者,以之來矇也。以後定造之槍,内外皆照兵部驗法,價值自然非五十馬不可,傅相云只求内精不圖外眩,可省即省,惟閣下主之。但其槍上碼號數目,傅相擬將以後者用華文,使弁兵易識而慎重也。已於第四十七號信内呈明,當蒙鑒覽。

槍子一項,價亦甚廉,惟小銅帽似須酌量添購。津局原可自造,然以重裝計之,恐來不及。此次陳敬如所購,當遠勝於密臘前批矣。密臘在德,將何面目以對閣下?維丁重裝槍子藥之器,全副價值五萬馬者,此間八月十九

日函托滬關於八月二十五日發電，請閣下代購一份，並於四十七號信内陳明，此時當蒙飭辦矣。此槍與子，將來恐仍有須添也。葛魯孫十二生脱子彈，其價甚廉。其克鹿卜所做各子亦可收買，以全交情。已將此信面呈傅相矣。們士好生收單應在滬關，弟等已函詢滬道，請其徑寄尊處。若須合同，恐在們處。該洋人現已回國，計程當已到廠，特具洋文一函，祈閣下轉交爲荷。

德國待售之伏雷，俟寄來之樣到津，當遵示會同試驗，考究工料，所需之宜，再行面呈傅相，函覆閣下。其燐銅魚雷遠勝奥之鋼殼，聞之喜甚。然七月二十八日來電謂艇、雷未成，但未知所指之雷是奥是德？比時所覆之雷，請閣下仍須議購。若燐銅也務必設法購之，並配雷艇，是所切望。

電光燈，七月初一日來函云已起程，此時尚未到滬，未知中途何故。咨來之賬，另文達覽。再，出洋學生用款，息必格賬尚未交齊，望一催寄津爲荷。專此，敬請

台安

愚弟鄭〇〇
劉〇〇頓首

重五錢三分，由文報處遞。

附致們士好生一函。

卷八　光緒六年九月十九日起至十一月十八日止

目录

詢三字電碼錯否

去信五十二號　鐵甲上格林改用那登飛及應添電燈、鋼綱，收兵槍二千，皮帶、盒千二百副，維丁裝藥器必須買，請抄示驗槍砲藥器説

去信五十三號　詢鐵甲，又穆鄰德事，請添獵槍起子、拆〈器〉

來信五十號　覆四十一、〈四十〉二、〈四十〉三等號去信，接砲價改棉藥及兵槍裝子器電報，棉藥情形，運兵槍數，維丁裝藥器價，鏍藥不可用，論特色來廠，日記未訂，收匯款數

來信五十一號　覆四十四號去信，收四萬鎊，以後匯款請用電〔票〕，派葉生習魚雷，雷艇須拆運，帶、盒價，運伏雷十一枚，定廿四生特砲子，維丁裝藥器及棉藥器太貴，製棉藥廠名

去信五十四號　覆五十、五十一號來信，棉藥器、匠暫緩，維丁裝藥器必須購，密臘購槍子不好，棉藥，十二、十五生特砲車，匯款，日記，武庫規條，馬槍無需帶、盒，應添簧鈎、拆器

來信第四十七號覆三十八、〈三十〉九兩號去信

昨二十二日接到三十八、三十九號尊函，敬悉一切。王弁款亦已收到。

承示十二生的砲可多購以供東路之用，弟查此十砲，前據克鹿卜已願停造，若東三省砂磧之地，更嫌重笨，似須用克鹿卜陸軍之八生脱、九生脱、十生脱者爲宜。若十二生脱者，名曰攻城砲，雖可置砲臺後壁以破平行壘，然用處不多。應否改購陸軍之砲，請發簡電"8cm"（即生脱邁當也）或"9cm"或"10cm"，如仍須十二生脱，則云"12cm"，即可照辦矣。克鹿卜合同有預付下半期認息五釐之説，想是可靠。唯承示續批之九千九百七十三鎊尚未匯到，或在後批三萬七千鎊内，亦不可知。俟收到後可以交存。此間大銀號長存之息三釐，流存之息二釐；小銀號長存四釐，流存二釐半或三釐，俱包年算。凡言定一年、半年或三個月者爲長存，隨時可支取者爲流存。今克鹿卜肯認五釐，誠爲合算。

至於格魯孫砲子，只願先收三之一，即有透付亦不認息，因其價已極廉也。前定十二生脱子，四千枚共六萬八千八百馬。今又定二十四生脱者兩種子，照布國只用兩種。硬質者每枚八十三馬四，尋常者每枚五十七馬四，各三百，共四萬二千二百四十馬。均已立約，付定趕造。並有爲中國使臣格外再讓二釐之説，俟後亦可加注於合同内矣。氏耶曼當經兵部驗試不用，今擬試毗克令(Picric)，其力亦猛於棉藥數

倍,而易於自己生火。

唯克鹿卜二十四生脱砲屢次來函縷辯,謂派利於光緒元、二年只有長二十口徑、二十二口徑者,其二十五口徑者爲四年所創,已爲新式;昨所開者係長三十口徑,實今年最新之式,試得重積力增於二十五口徑者百分之三十五分,並將二十五、三十口徑之價目重數詳列。今譯送台核。○念三十口徑者布國尚未用之,去秋邁本地方集各國人演試,亦僅試二十五半口徑之二十四生脱砲,而未聞有三十口徑也。彼乃遞年加長,以新式爲居奇,而鐵軌、樁柱等件貴至五六倍,頗不可解。且砲管太長,究恐危險,不如定購去秋新試之二十五半口徑者爲最妥。奈該廠開來之賬,只有二十五而無二十五半者,不知何故。鄙意若二十五半者索價大昂,不如徑購二十五口者爲妥,諒所爭不在半個口徑也。不過長短相差四寸餘耳。敬求呈明傅相鑒核爲要。

承傅傅相鈞諭,雷艇、魚雷可由敝處作主。仰賴明鑒,專任得以詳審參訂,裨益於公,實所銘感。現魚雷已與刷次考甫粗定,全用燐銅,計魚雷二十尾二十萬馬,壓氣機一、其射雷筒三種二萬五千馬,統共二十二萬五千馬。不必以四萬鎊購懷台氏五十尾矣。燐銅又遠勝於鋼。雷艇,現於昨二十三日偕仲虎詳觀士旦丁[一]之吴爾鏗[二]廠。方代俄國定造水面射魚雷兼帶四桿雷之出海艇,長八十一尺,合〈二〉十五邁當。短於法國地中海者二邁當。寬十尺,

[一] 什切青(Stettin),今屬波蘭。

[二] 伏爾鏗(Vulcan),後文又作吴耳鏗、伏耳鏗。

前入水二尺，後入水五尺二，速率十七海里半；全用鍍鋅之鋼板，厚八分寸之一；艇首切水面有穴可射魚雷，向前有二桿雷，向左右亦有二桿雷，桿雷之制不同：英則專用極小之艇獨送，今亦改造八十尺之艇；法則專用大艇，在船首中綫送去，而不用左右；德人謂凡徑直趨送，自艇必先碰碎，何暇發桿，不如兩相擦過而旁桿爲妥，説頗有理。俱用機器推送。除射雷筒及壓氣機外，計價六萬五千餘馬。可隨快船駛至遠岸之處。並可合攏驗收後，由漢布克裝運上海。裝運費另加。雖短於地中海者約六尺，而價不及一半。地中海者若添二桿，又須加價，風浪甚大時，同一不能遠駛。且爲俄、德所現用，必是合式。法國兵船本遜於他國，且俄、德海邊多淺水，與中國相似。弟已令撿俄國合同詳繪細圖，即與定購一艘。俟日意格回法，俄約定須北京議改，在俄無事，不日將回法。或再向地中海定一艘。以爲比較，亦無不可，因六月電示應購二艘也。德國兵船大半造於吴爾鏗，此行可得不少。

總之，德國現用之船，一曰鐵甲，爲薩克孫一類之四船，尚有二艘方造未成。皆前後大小二定臺，二十六生脱之露砲六尊，甲厚十六寸，首尾無甲，入水十九尺九寸，速十四海里，除砲外，計六百餘萬馬；二曰大快船，爲毛爾凱一類之六船，已成四。長七十四邁當，寬十三邁當，入水十九尺，速十三海里半，十五生脱砲十六尊（上層四尊，下層十二），汽機二千五百匹，鐵脅、鐵殼外加木板、鋼皮，價約二百餘萬馬；三曰次等快船，爲拂來耶一類之九船，已造六。長六十九邁當，寬十一邁當，吃水十八尺半，速十五海里，十五生脱砲八尊，亦内鐵殼外木板而又加白鉛皮，即鋅。

價二百萬馬;四曰護海岸之砲船,即大蚊船。爲威斯伯一類之船,擬造十八,已成二。長一百四十尺半,鐵甲厚八寸,周環如馬掌形,入水十尺二寸,三十生脱露砲一尊,前有碰嘴,速九海里,船、砲共一百二十萬馬;五曰雷艇,即魚、桿並施,長十五或十七邁當之艇,與今俄國定造者略同,擬造十二艘,已成二。除魚雷筒外,計六七萬馬。此外舊式大小各種,皆不能再造矣。似中國設防,亦宜略仿其意,蓋此數種爲近時各國所尚,而中國海淺,與德爲尤相似也。

今槍子四百萬、獵槍四千四百十六桿、兵槍二千五百桿,俱已發運。槍藥六萬磅不日可運。槍子除已定九百萬外,又令密臘赴英補定一百萬,九、十月間一律可竣。步兵帶、盒已成千副,今日令王弁往驗矣。只待雷艇合同書押,一閲斯邦道廠,擬即於八月初一日赴英也。棉藥廠機器單已來,不及譯送。

另購德國馬、步兵所用皮件各一全副,送請驗核,並譯價單呈覽。如欲照購,祈即示明。肅此,敬請
勛安

光緒六年七月二十九日自德國柏林發,九月十九日到。

計送克鹿卜二十四生脱砲價相比單,電燈圖説(華、洋文),馬、步兵皮件單。

兩種二十四生脱克鹿卜砲價目、重數

二十五口徑砲身二尊,每砲價六萬九千五百馬,共價十三萬九千馬,每重一萬六千八百氣羅。

砲架二座,每價一萬六千四百五十馬,共價三萬

二千九百馬,每重一萬氣羅。

鐵軌二,每價一千四百七十馬,共價二千九百四十馬,每重二千五百氣羅。

零件二,每價一千五十五馬,共價二千一百十馬,每重一百氣羅。

堅彈一百四十枚,每價二百五十六馬,共價三萬五千八百四十馬,每重一百五十六氣羅二五。

常彈六十枚,每價六十三馬五十分,共價三千八百十馬,每重一百二十八氣羅八。

新藥桶二百個,每價一百二十一馬,共價二萬四千二百馬,每重三十五氣羅。

引火三百個,每價六十分,共價一百八十馬。

炸藥一千氣羅,每價二馬四十九分,共價二千四百九十馬。

以上屬二十五口徑之砲。

三十口徑砲身二尊,每砲價八萬四千馬,共價十六萬八千馬,每重一萬九千氣羅。

砲架二座,每價二萬六千二百馬,共價五萬二千四百馬,每重一萬四千八百氣羅。

鐵軌二,每價六千二百馬,共價一萬二千四百馬,每重一萬一千氣羅。

零件二,每價一千一百八十馬,共價二千三百六十馬,每重一百三十五氣羅。

堅彈一百四十枚,每價二百五十六馬,共價三萬五千八百四十馬,每重一百五十六氣羅二五。

常彈六十枚,每價六十三馬五十分,共價三千八百十馬,每重一百二十八氣羅八。

最新藥桶二百個,每價二百十二馬,共價四萬二千四百馬,每重六十五氣羅。

引火三百個,每價六十分,共價一百八十馬。

炸藥一千氣羅,每價二百四十九分,共價二千四百九十馬。

以上屬三十口徑之砲。

電燈用法附佛内透光鏡及分合電器圖四、發雷器及回光鏡照相圖二。

第一章　總論各器各事

全器分爲七宗:一、發電器二具;二、汽機鍋爐一具,與發電器同置一車之上;三、電綫繩;四、自行電燈二具,另備一具,窺鏡一個;五、燈殼二具,每具下有架;六、分合電器;七、各零件。

一、發電器。[力?]爲八丁相對之兩吸鐵,極間有成周之電綫,横過則此電綫内即發電氣,其方向依電綫與兩極之位置,此發電氣全賴此理也。其做法,用象皮包之銅絲即所言之電綫。數條,以數方繞於數條軟鐵合成之管外,至外面全蓋滿,如圖之卯卯申申[一],此管可合其本軸而旋轉左右之;外抱有曲鐵,如唧唧呻呻,曲鐵上下各有一彎吸鐵,如呻嗔唧與呻

[一]　此處及以下所説之圖,原抄稿皆未附有。來信附件的圖説中,往往是有説無圖(有些圖,信中旁注爲送某處)。以後不再一一注明。

辰咿，上下二彎吸鐵以同極相對；軟鐵管旋轉時，因彎吸鐵令左右二曲鐵有大力吸鐵氣，而軟鐵管亦變有横吸鐵氣，其極必與外曲鐵相反，則軟鐵外之銅絲在此兩相反之極間能發電力甚大，每旋轉一周，其所繞每條銅絲内發相反之電氣各一股。軟鐵管周内有多銅條湊合成管，各條分隔不傳電，軟鐵外每銅絲之端與此一銅條相連，外有銅絲簧與此銅條相切，以傳其電氣出外。

按：此電機之理，所發電氣之一股，先由吸鐵外繞之銅絲傳過，而加其吸鐵力，再傳出外，其餘電氣之一股令軟鐵管成吸鐵力；故旋轉愈速，電力愈大，汽機力無限大，電力亦無限大。惟電力過大，則銅絲發熱過大，而外包之物必壞，故有不可過之限，約以汽機每分時二百五十轉爲度，已於機上注明。又，記轉數器應隨時用而數之，不令過速爲要。凡電力與外電繩之阻力相涉，故外阻力愈小，轉數亦應愈少。

發電器二具，在車前軸之上。有匣蓋之，匣下有分合電器，可令二器之力各往一燈，或合往一燈。將轉動之先，必取下軸枕上之油瓶，盛滿油而插上。其銅條合成之管，須稍抹油，不可多。外切之銅絲簧如磨壞，另備者可换上。用匣蓋之，以防雨水及煙通内之煤屑也。匣旁有二門，宜開之，令内熱易散，慎勿任雨灑入内。

直立鍋爐與汽機，在車後軸之上。有汽筒二，人力添水筒一，自噴添水器一，看水玻管、看水塞門、汽制球、漲力表、穩平門並一切另件。

鍋爐内漲力試時至十一倍空氣，而用時不可過六倍空氣。煙通可卸下，置於車上。用毛〔皮〕帶連汽機，以動電機。管此各機，應派明白機器理法之人。

二、一切隨用之件，如鐵椎、鉗、螺絲、扳手、磋燈，共藏於可鎖之一箱，箱置於車上。

木劈四個，不用置於木箱内，用時墊於輪下，使不移動全機，不用時以油布蓋之。

三、電繩以銅絲數條絞成，外包油麻，打成辮，外徑三十五米令，足可傳電至三百邁當之遠，若過此，則徑必更大。電繩共備二條，每條長一百邁當，以銅夾連之，銅夾與電綫端不可生銹，切宜留心。電繩可在乾地或草地上，不可在水中。二繩相距應數邁當。如欲過水，宜在水中植高杙，而掛電繩於杙上。凡放開電繩，應照上圖之式，用二人對面立於甲、乙，放開、收盤皆然。如照下圖之式放之，則扭壞矣。

每燈有銅夾，一爲丙號，一爲人號，不可亂用，又不可遇汽機及車之鐵件。

四、電燈。每燈有凹回光鏡及窺鏡，各件不用，皆裝於木箱内。欲用之，先將上齒條緩向上，則炭條夾移開，即可裝好回光鏡，而後裝遠鏡於燈旁。

如圖，甲、乙爲炭夾，吁吁爲炭條，丙丙爲桿，以丁軸旋轉，戊、己亦桿，在戊軸旋轉庚條，能使二夾漸近；味爲銅絲螺簧，以傳電，呻爲鐵條，掛於丙桿，而在銅絲螺簧之中;銅絲可傳之電力大,則發吸鐵力亦大,而吸鐵條入内更深,吸入之力大於上齒條之重,其齒條之重,用丑螺絲加減之,則電力可大可小;辛、壬爲二齒條,用齒輪連接之,下齒條上升之數爲上齒條落下之半,其升落依炭燒之遲速,上齒條辛與庚條相連,庚條落至最低處,呻鐵條即至最高處,庚、辛二物相離,如已不連,即辛物更重而自能落下;落下之速,用擺機制之,呻鐵條内有罩以阻空氣直吹入内,免致吹電弧向旁而光小。電氣未傳入燈時,二炭條相切,辛齒條重而自落下,壬齒條輕而自升上,則呻在上而庚、辛二物不連,二炭條相接;若電氣傳入,則呻鐵條吸入銅絲螺簧内,則辛、庚再相連而向上,二炭即相離而成電光弧,而二炭尖漸遠離則光弧漸大,至極遠而阻力極大,銅絲螺簧之吸力减小,而二炭條又漸相近至平;如辛升上過高,則與庚物仍不相連,兩炭漸近,電力又大,即銅絲螺簧又吸鐵條入内,而令二炭條相離,此即自行之理也。

安置電燈於殼内,先抽出燈殼内之燈架,須先將庚螺絲推至旁燈,若已置於架内,有辰簧夾住之,否則恐落下。

庚螺絲可旋轉,即燈架可稍前或後,以配準其聚光點。燈底有銅夾以夾連電繩,燈未入燈殼時,已先夾住於架,以試二炭條之用。試時切不可令燈上下歪斜。

在後之左右窺鏡内,可觀炭尖之光,並相離合度及中正。如不合，可用象皮包之鑰，開辰、巳二螺絲較準之。窺鏡内所見爲倒影，一炭凹，一炭凸，下上與真者相反。凸者燒去倍速於凹者，炭若不好，則凸甚長而凹甚深，光不大，必停之而换炭，如不换亦須折去其長尖。

炭條凸者必在下，如窺鏡内觀之，則必在上。倘不如此，即應對易其電繩。

用電燈之章程如左。

窺鏡已裝好，即裝炭條，將上夾移之最高處，用木柄之鑰開夾炭條之三軸，將炭條插入其間，用辰、巳二螺絲較正之，令二炭條相遇在回光鏡之中點，且一綫參直，仍將上夾推上，任其自落下，觀之能合式即可用。

汽機已照法運動，而燈有嘶嘶之聲，光弧之大不及五米令者，則將丑螺絲向右數轉；如光弧大逾八米令而光現紫色，即將丑螺絲向左數轉。丑螺絲轉右加大光弧，轉左減小光弧也。光弧之像不正在窺鏡之中，則用象皮包之鑰較正之。此鑰切不可爲令二炭條相近之用，恐提高庚條也，慎之。蓋如此則不能相離，而燈壞矣。若炭已太短，則先停汽機而换新炭。

五、燈殼。殼内有佛内法之透光鏡一副，有玻鏡三塊，其面一凸一平，使光綫平行向前；有玻圈五道，以二次折光之理，亦使光綫平行向前。

燈殼後門忌開，開則冷風吹入，玻鏡熱而驟冷，恐致碎裂。下雨則閉前蓋,免水灑入。

傳電之繩,用丙或人銅夾夾於底板,不可遇下架。燈殼有上下、左右二旋轉,用寅、丑二輪夾定之。燈軸有簧,雖左右旋轉,電氣仍常可傳。又有銅絲伸縮簧,雖上下旋轉,電氣亦常可傳。欲左右緩轉用人螺絲,上下緩轉用戍螺絲,欲速轉則寬寅、丑二夾輪,手執辛辛二柄任意轉之。又,立弧、平弧俱有度分,已照一處,記其二弧之度分,再照別處;倘欲仍照原處,則對二弧所記之度即得。

六、分合電器。在電器之匣内,其用可分電至二燈,或合電至一燈。法,用另備之一梢插於此器之軸内而轉之,令對7號,即分電於二;令對2號,即合電於一。凡欲分或合,必停汽機。如合於某燈,則將不用之餘一燈之銅夾卸去,而較正某燈之炭尖。如分於二燈,則二燈之銅夾皆必接連。

七、零件。隨汽機之零件共八:一、罩於電機上之木匣;二、煙通上節;三、煤鍬;四、火鈎二件;五、捆各件於車之皮條二;六、墊於輪下之劈四;七、盛各件之箱,内有各件,蓋内載明各件之名;八、蓋全機之油布匣,蓋内有各零件之細數。

第二章　論用法(分三節)

一、安置之法。欲得其光力之全,則燈必置高處,愈高則影愈短,前物之影不甚掩後物,又須二燈便於合用。

汽機宜在二燈之間,而前有壘壁遮護,且勿使發出之煙至光綫内而遮掩其光。宜用枯煤爲佳,枯煤濕者又火力不足。如用生煤,須稍開火門,雖多費煤而煙可少。

汽機將用之先,管燈者應詳查六事:一、接電繩之銅夾能否夾住;二、是否各丙夾與丙夾在一繩,各人夾與人夾在一繩;三、兩電繩及銅夾是否遠離,而不在水中;四、電綫銅夾是否不遇汽機及燈架;五、分合器是否合法;六、各轉動處曾否添油。

二、照光之法。所照之處離燈在八百邁當以内,則人可即在燈處望之,如更遠則人必在燈旁之前望之矣。

管燈者與瞭望者必呼應相通,方可便用,故必有易傳之暗號。其法或另用一燈相照,或用吹聲,或用電報,而電氣傳聲筒爲最便。其暗號宜簡,止須左、右、高、低四者而已。如欲照廣大地面,則先夾住,不使上下旋轉,而但令左右緩之旋轉自甲至乙,次稍令上或下,而再左右旋轉自丙至丁。如此用之,則二人須另有一停止之號。又如欲望稍廣之地,則二燈之光可接連;欲望更清,則二燈之光可合照。

光能照之遠近與地面高低、天氣清濁有相關,不能一定。大約一燈之光,遠一千邁當可見單立之人,如穿淺色之衣則更清;如遠二千邁當處有兵一隊,而瞭望者距此隊兵五百邁當則不用遠鏡可見之,如兵行走則更清;若瞭望用遠鏡則可更遠於五百邁當。燈光若照於回光之物,則雖更遠而不用遠鏡亦易見。

倘物距燈更遠於二千邁當，則瞭望之人必更近於五百邁當，始能見之。

兩燈之光合照一處則更清。兩電力合於一燈，光力勝於一燈，而不及兩燈光之合。

三、人數。分爲二班：一班管機器及燈，頭目一人，用燈二人，管機一人，燒火一人，幫燒一人，運水一人（水遠則運水人更多），運水之人内，令四人安置燈架及電綫；二班管瞭望，頭目一人，傳記號、通信息三人，不足再添。

第三章　論收藏各器

燈若用畢而可久不用者，即將燈、燈殼、電機、汽機各處細細擦净，各鋼鐵皆抹以油，收藏之。如不久即須用者，即將各另件置於汽機車上，而置之棚下。

步兵所用各件

一、腰帶及銅扣一、藥彈匣二，價九馬六十分；

二、香牛皮槍帶一，價一馬四十分；

三、望表護殼一，價五十五分；

四、背箱一，價十一馬五十分；

五、背箱之帶二，價三馬二十五分；

六、捆煮飯器之帶二，價八十五分；

七、煮飯馬口鐵器，價二馬二十分；

八、大衣一及背箱内一切零件，價四十五馬；

共價七十四馬三十五分。

馬兵所用各件

一、掛刀之腰帶全,價三馬三十五分;

二、藥彈匣一及絡肩帶一,價五馬七十五分;

三、閒時繫馬之籠兜全,價六馬十分;

四、啣口鐵及轡繩,價二馬四十分;

五、騎時之籠兜及轡繩全,價七馬五十分;

六、鞍,内有鞍架一,肚帶一,上帶一,凳帶二,凳二,鞍褥一,馬掌鐵帶一,捆物帶一,馬胸帶一。價六十四馬七十分;

七、裝物所用袋二,價二十三馬六十分;

八、煮飯馬口鐵器全,價二馬三十五分;

九、盛煮飯器之袋一,價六馬六十分;

十、不知名,價十五馬五十分;

十一、捆毛毯之皮帶一,價二馬七十分;

十二、捆草之繩一,價一馬四十分;

十三、掛於馬口之食袋二,價二馬八十分;

十四、盛馬料之袋一,價二馬八十五分;

十五、馬刮一,價九十五分;

十六、不知名,價一馬九十五分;

十七、黑皮套(盛馬槍用)全,價十一馬十分;

共價一百六十一馬六十分。

去信第四十九號覆四十七號來信

九月十七日奉到七月二十九日自柏林發來第四十七

號惠函，並電燈圖説、馬、步兵皮件單等，拜誦之餘，敬悉一切。

〇等牖於習見，自星軺涖德以後，凡有新式船械，閣下必熟究而詳告之，實深欣幸。重九日曾肅寸函布覆，並附入致滿士豪生洋文一信，專爲津訂定價劃充德訂之尾價，必能先達台覽。

茲敬查照來函，分别疏覆，仍祈鑒察。

一、津定十二生脱砲十尊，除電覆照停外，已於七月二十九日第四十六號信内詳覆一切。其續批所匯之九千九百七十三鎊，係尊處所定十二生脱砲十尊全價及電燈價。敝處已准滬關文稱，係於六月十五日匯付，屈計發信之日已及一月有半。此時電匯到其三萬七千鎊一款，乃二十四生脱砲、魚雷、雷艇、力拂造子機器四項半價，已將原詳於第四十二號信寄呈。續批所匯，並不在此數内也。外有維丁重裝子藥之器，其價未匯，應須若干，望閣下電示，以便遵匯應用。其器以速爲妙。

二、葛羅松二十四生脱硬質、尋常兩種子已各定三百顆，其價已廉於克鹿卜。而十二生脱子四千顆，以共價六萬八千八百馬核算，每顆只在十七馬二分，誠爲極廉之價，宜其於三分之一外有透付者不肯認息。而我公實事求是，不肯絲毫放過，早使洋商誠服，故有爲中國使臣再讓二釐之説也，欽服無量。

三、二十四生脱之砲，承示該廠堅執現在者乃四年所創新式之二十五口徑之砲，其二十五半口徑者鐵路、樁柱價幾貴至五六倍。昨將原函呈傅相鑒閲，蒙諭即可購二十五口徑者。所争不在半個口徑,誠爲確論。免彼居奇,我亦適用,是在執事斟酌行之可也。

四、魚雷、雷艇,承示已與刷次考甫粗定,全用燐銅,價亦較懷台脱廉十分之四,且又燐銅遠勝於鋼,既不生銹,而射水又速。執事心精力果,探本窮源,不殫煩數,事事求於公家有濟,欣佩之至。原函呈閲時,蒙傅相批,必須募一外國慣用此雷之熟手隨艇、雷來華教演,不必專望在洋學生學習,恐其顧此失彼,兩誤堪虞。

吴爾鏗乃德國造船艇、水雷大廠,執事偕仲虎兄得諸目見,殊爲欣羡。執事既令撿俄國合同詳繪細圖與定一艘,現傅相諭令再定一隻,不必向地中海定購也,傅相云魚、桿並施最好。俟所造兩號到華,似當略仿其意,從長籌辦。但不知此兩號自簽立合同後,至速須何時可來?尤望執事電示,並督催之是幸。

又,傅相旁批原函謂"德國現用薩克孫類鐵甲,德提督云只可守口不能出大洋;其吃水十九尺之毛爾凱一類大快船,德提督云太深不宜;次等拂來耶快船,德提督云黄浦上海等口皆宜"。於二百萬馬又旁批云"連砲價,威斯伯一類之蚊船,德提督云中國最宜","最宜"二字圈出,又云"價不確,太貴"。

五、毛瑟槍子四百萬、獵槍四千四百十六桿、兵槍二千五百桿,承示均已發運,但屈計將及兩月,至今尚未到滬。此間待用孔殷,而遲遲者不知何故,甚爲盼切。再,電光燈亦未到,尤所盼望也,因試用後尚須添購耳。正書函間接滬關來信,知接閣下電報,已裝船七千桿矣。下餘仍望以速爲佳，正、三〈月〉兩期似太遲也。

六、兵槍帶、盒已令王弁往驗，想不日亦能發運。承示另購之德國馬、步所用皮件各一副，此時尚未到津。查閱價單，所開步兵皮件共計十一件，馬兵皮件共計二十七件，似用於中國兵勇較嫌繁重。此時樣子未到，且俟到後再請傅相定奪。肅覆，專此敬請

勛祺。諸惟台照，不盡。

光緒六年九月二十二日

愚弟鄭〇〇 劉〇〇頓首

二十六日由文報處遞寄柏林，重三錢。

來信第四十八號

連日將應付各款分投交托，一一預爲安頓，以便按付，並將魚雷、雷艇、大砲各事趕促商議。直至今午方將魚雷合同立定，計：燐銅魚雷二十尾，共二十萬馬；壓氣櫃連汽鍋等具三全副，共一千八百馬；船旁三四十尺長之船。懸放水中之氣送雷筒二具，共七千馬；水面上氣送雷筒一具，一萬二千馬；蓄氣櫃二具，共六千八百馬。其價内又格外讓去二釐半，已付三分之一。訂定明年西四月可照布國驗收，並可隨時派人學習。現擬派在法期滿藝徒一名來德，偕同王弁往習也。

大砲、雷艇亦有就緒。今晚酉刻，偕仲虎、金楷理起程，俟抵英後再行詳陳一切。兹寄上洋文三碼之電報書三本，一呈院，一存尊處，一請咨送滬道。望接到後先用

試用,以節靡費。現擬將常用之語及軍火船械各目續於其後,如尊處更有簡明之法,並乞指示之。

以上各節,因就道匆迫,不及呈明傅相,敬求轉呈爲感。手肅,敬請

勛安

外,電報簡碼三本。

光緒六年八月初三自德國柏林發,九月二十七日到。

去信第五十號覆四十八號來信

月之二十六日肅布第四十九號函,此時正在路上。

昨午奉到八月初三日四十八號來函、電報三母簡碼三本,當遵來示,一呈傅相,一咨滬關,一存敝局。承示燐銅魚雷二十尾、壓氣櫃連汽鍋三副、水中送雷筒二具、水面送雷筒一具、蓄汽櫃二具,總共二十二萬七千六百馬克,猶可讓去二釐五,派王弁及福建期滿學徒同往學習等。因即將尊函面呈傅相鑒閱,價廉器精,深爲欣幸。面奉相諭,以前函有請閣下覓雇用雷者一人,既令閩生、王弁往習,如能盡得其設施之妙,則前請擬雇之人即可無須雇矣。惟祈藎籌酌辦爲禱。

施立盟者,昨又奉傅相諭,自滬函招來津。因水師教習英人哥佳以俄船皆有那登費砲,呈請傅相購寸徑四管砲十尊,給此間大砲輪船置用,備擊人之水雷船。〇等閱其價本,前後兩歧,必多浮冒。春間來者係規銀價,所以弟芳付之不理,即此時所刊鎊價,亦未見真確。現在急辦

之十尊無可如何，弟芳今日上午已回請只買此批，以應哥佳之請，此外概不再買；專函尊處問其實價，來津再行計較。傅相云：我亦函致丹使[一]，請其於鐵甲船上添此砲，你可即寫信去托其問價以備參酌，日後購買，統由丹使一手，免得吃虧云云。合將施立盟所刊砲價、雷電價寄呈，並弟芳於二十五日問答一併寄上。務祈察核，於便中詢訪其本廠之實價並英之水師所買之價數示知，無任拜禱。所議合同，今日尚未簽字，注明照英國兵部之價，如以後查出不符，應該照罰。

至於馬克依單頭綫放十雷之電具、電鐘，亦望訪詢，英之水師果曾試否？其實價若何？併乞詢示，至爲盼禱。專此，敬請

台安

愚弟鄭○○劉○○頓首

光緒六年九月二十九日由文報處遞柏林，重七兩七錢。

附呈砲價一本、問答一扣。

仲虎觀察、金楷理先生均此問候，未另。

再密啓者，正封函間，接到滬關寄來閣下電報，云有現成好毛瑟五千桿，索價三十五先零，如要，電覆等。因此即持函上院，呈傅相閲後，囑即電覆，請閣下全數添購，不嫌其多。以後局面日開，前此兩萬，斷不濟用。蓋日來箕子故封之邦[一]咨儀曹，籲聖意，遴工選材，來析津習器

[一] 此處應指李鳳苞。

[一] 即朝鮮。

簡鋭,爲自保東藩之計。昨已入告允可,將來必須代帶克鹿卜、毛瑟兩家之物。合先密陳左右,請留意焉。渠使來此盤桓旬日而歸,情形甚長,難以細述。

更有請者,英國恩費爾前膛兵、馬兩種槍械,内地之軍未可偏廢。蓋用後膛,非特款項維艱,且腹地中州、秦、蜀、湘、黔一帶,即有精壯之士亦難入手;即用後膛,畿輔五鎮亦須更换;更有代人籌者,將來馬、步恐須兩三萬。若皆倚地亞士、施密得輩,則睁眼吃虧,以香港爲無盡之藏,殊太冤矣。我公於赴英之便,或請仲虎兄、金楷理先生、陳敬如游戎打聽英之存此槍者,其新物有幾何、價幾許,用而未舊者存幾何、價幾許,示我數行,以便持呈傅相,酌收若干,以備有用。此○等徹桑之私見也。再叩

勛安

附五十號。

又,棉藥一物,前因金陵在滬定購十萬,價值每百磅二十八兩,適因尊處試購二千磅之函到津,呈閲後以爲太貴,故由電請停五十噸之舉。弟芳心中竊疑,金陵之事是補海司岱經手,此鬼外行也,其中必有緣故,故函詢仰蘧[一]。昨接其來函,甚爲着急。蓋此物有兩種,一用於藥店、開礦,其力甚小,不能用雷,故價廉也。當時合同未曾注明,故甚憂耳。○已函商向其留撥五十磅來津,比試再行禀陳。將來此物仍恐奉煩大力,謹此先告緣由。惟

[一] 龔照瑗,字仰蘧,此時應在金陵機器製造局參與籌建火藥局。

此二千磅現尚未到，此時當在南洋新嘉坡一帶矣。

弟芳又叩

來信第四十九號覆四十號去信

十四日接奉四十號尊函。十二日接電示，云津訂砲照停，艇、雷仍望議購，並請先購棉藥五十噸送津等字。又，十二日由地亞士匯到匯豐票一月期之英銀一萬二千一百九十八鎊十四昔六邊。均已收到。

近日方在英查閱鐵船，密令著名各廠算估擬造合用之船，略有就緒。擬閱海口官廠之後，即往西境、北境履查大廠，擇定訂購。惟才輕任重，周折極多，又須明察暗訪，不能全恃繙譯之語，只有勉竭愚鈍，以冀無負委任。然訂定之後，監造、付款、驗收、運送，窒礙殊多，益深悚懼。本月十二日已將厓略呈明傅相，容後再行縷晰。

近又與吴耳鏗函論雷艇，亦多曲折，迄未訂定。又與克鹿卜函論二十四生脱砲，據覆，二十五半口徑長者，價與三十口徑者相等，其居奇實出情理之外。現已與訂定二十五口徑者，其價十七萬六千九百五十馬克，悉照前四十七號函附呈之單計算，合同已押。惟們士好生於十四日過倫敦，略叙數語即往愛孫，其天津十砲之款能否劃作此次二十四生脱付款，尚未接廠主覆函也。二十四生脱子亦擬托格魯孫承造，詳加驗收。而克鹿卜則謂已接上海電報，須連砲子，遂强列於合同中，再四辯説，始肯删去。

囑購棉藥，曾試辦二千磅，想已到津，未知合用否？今欲多購，只可分廠湊集。已函詢德國、英國二三廠，總擇精廉者定購，不敢亂收也。

毛瑟槍子前後已定一千萬枚，馬槍子不在內。連紙、蠟底每千枚六十七馬。毛瑟槍，初次選獵隊者四千四百十六桿，每桿四十馬；次購毛瑟本廠五千桿，每桿二十六馬；又次向毛瑟定造最精者一萬一千一百桿，每桿四十九馬。以上各價，驗收、辛工、路費不在內。業由陳季同、鋭飛訂定，方駐廠陸續驗收矣。皮帶、盒一萬副，經王弁、常匠驗收，不日亦可全運。力拂廠造槍子器，前月杪仲虎兄已查看一次，冀可如約矣。杜屯好甫槍藥六萬磅已竣，昨派陳季同帶布國兵官同往驗收。以上各件，雖嚴促趕運，恐驗裝需時，不能全在冰河前到津，殊爲焦急耳。

今船式一切惟與仲虎兄互商，擬調在法二學生來英隨同閲廠，既可覘其所學，又可藉助參考。至於訂立合同、詳開款目等事，益宜詳審。○與仲虎兄語文未達，恐有不妥，擬俟日意格來英，或邀廠〔來?〕德商明訂定，再當臨時酌奪。謹先布知，覆請

勛安

光緒六年八月十七自英國倫敦發，十月十三日到。

去信第五十一號覆第四十九號來信

十月十三日奉八月十七日倫敦寄來第四十九號惠函，讀悉種切。

棉藥五十噸，敝處托滬關於八月二十三日電請停購，諒必達覽。其尊處試購之二千磅，至今尚無到滬消息。昨聞新嘉坡有英國商輪船沉没，此項棉藥得無由此輪船裝運？望迅爲一查爲要。

承示收到地亞士由匯豐匯去之英銀一萬二千一百九十八鎊十四喜林六邊士，此係尊處所定十二生脱砲十尊之全價九千九百七十三鎊，並毅軍槍價、子價二千二百二十五鎊十四喜林六邊士之款。昨滬關寄到電示，知津訂砲價亦經尊處查收。所云車架兩種及毛瑟五千，當即由電覆云“車架兩種照購，毛瑟已覆電，如好照購。津寄”十七字，於十月十五日亥刻寄滬轉發，定可先邀鑒及。

頭批毛瑟，昨接地亞士運到百箱，計二千四百桿，此款想是獵槍。敝處尚在點收。電燈二盞亦經收到，昨夜請傅相在海光寺試看，其鍋爐之汽不甚够用。箱内尚有許多物件，無單無信，想係試藥、試砲之具也，務祈開一細單示知爲要。二十四生脱後膛砲已經尊處合同書押，甚慰之至。惟毛瑟槍此間待用孔亟，除此運到之二千四百桿外，其餘均無到滬確耗，津郡封河在即，眼見今年不能運津，甚爲念念。而毛瑟槍子尤望早到也。以後大批由外國發運，望於開船之日發一電音“某物開船”。所費無多，何物報金，即開於何物項下，亦是正用。此間已好放心，且傅相性急於火，若久候無信，徒對弟等着急。

尊處發來三字母電碼，上海電報公司要加印再肯發。未知本月初九日上海所發三字母之報“毛瑟五千照數添購”八字，是否相符？中途轉報有無錯誤？均乞示知爲

禱。專肅布覆，敬請

台安

愚弟鄭〇〇劉〇〇頓首

光緒六年十月廿六日由文報局遞去，重七錢七分。

仲虎仁兄、金楷理先生均此問候。

去信第五十二號

前月二十六日發去五十一號信，覆收電光燈各件。又十月初一日寄去五十號信，附呈英國那倫飛砲刊價説略、問答，托代察訪英兵部所購寸徑四管實價。此二函此時正在中途。務祈將英之砲價訪察的確寄示，至爲盼禱。

昨奉傅相發下閣下寄來鐵甲程式、魚雷合同、雷艇節略，敬聆一是。鐵甲大砲用克鹿卜三十零半生的密達砲四尊、二十一生的密達砲兩尊，最爲精利，較之前膛，加倍得力，良深欽佩。惟格林砲六尊不如改用那倫飛，前聞傅相面諭，曾經函致閣下添用那倫飛寸徑鋼子之砲，此時此信亦在中途。且英之所謂格林者，並非真正格林，乃法之嗞太來司[一]也。赫總税司前購八船，十六尊皆係嗞太來司，機簧長鬆，時虞凝滯。倘必須用格林之處，如英無造者，寧可購於美廠，運來自裝，並不費事。至於每船之電光燈、鋼絲網，皆鐵甲船中應須之物，想閣下當已籌及之。

正書函間，又解到兵槍二千桿，尚未起岸。又皮帶、

[一] 後文又稱米太來司。

盒一千二百副，計八箱。先開一箱呈驗，工料甚精，已蒙傅相驗閲，物精價廉，深以爲慰。敝處春間之信，所謂七錢者係一帶一盒，又中國皮料不及洋皮之結實、硝做得法，此次兩盒又有小件，比之内地，其實轉廉。○等已將此情面達相聽。但不知後批何日可到？

棉藥二千磅、兵槍子皆無到滬消息，盼望甚殷。第四十七號函請添購維丁廠裝槍子藥之器全副，並於八月十九日發有電報，此時未奉尊處覆音，殊深記念。此器必須速買，蓋千萬子藥，兩局無許多裝手，必須此器方能接濟，幸勿遲遲爲要，千萬千萬！

驗藥器、試砲器，此間兩局雖能知用，究未到竅，乞閣下便中抄一節略，俾透底藴。德國伏雷已到兩隻，此物内地所造者已可敷用，不須再買矣。專此布達，敬頌
台祺

愚弟鄭○○
劉○○頓首

光緒六年十一月初五日酉刻交由文報局遞柏林，重四錢三分。

去信五十三號

月之初五日肅寄天字第五十二號函，交文報局徑寄柏林，此時正在中途。

今早謁傅相，奉諭前接閣下八月十三日來函，謂鐵甲之事兩禮拜内即有電音，至今已兩月有餘，未來電報，殊深罣念。務望閣下於此信到後，倘未發電音，必須速發電信，示知確實，至以爲盼。

再懇者,德國駐天津領事穆鄰德,其人平正,公事亦明白,在天津前後數年,與各處共事甚好,昨於相轅談及,自願在津,不願他調,並懇傅相函達巴使,嗣恐巴使無此權,復懇〇等函請閣下便中順告渠國外部。弟芳因未敢允,請示傅相,乃蒙允囑函達閣下照辦。用敢肅達,敬請

台祺

愚弟鄭〇〇劉〇〇頓首

光緒六年十一月初九日交穆鄰德寄柏林,重四錢三分。

再,前後由地亞士解到獵槍四千四百十六桿,查僅有槍簧一份,設遇斷折,即無更換;兵勇初用此槍,必須使人人自知拆卸,方於用器有益,而起子、拆卸器具兩項均無。此槍本係購自現成,器具等件,執事想未另購,但此等器具爲必不可少之件,尚乞酌辦爲要。尊肅,再請

台祺

〇〇〇〇再頓

附五十三號。

來信第五十號覆四十一、〈四十〉二、〈四十〉三等三號去信

前月在倫敦又接電三次。一云滬關匯去德訂砲價請作棉藥五十噸價,不敷,望電示。八月二十五到柏林。一云棉藥太貴,停購。二十三日到柏林。一云前購毛瑟萬桿、子六百萬需用甚急,曾否分期起運? 四萬四千鎊改購萬桿、子五百萬,曾否定購? 速電覆;維丁裝子藥器照購全副,鐵甲票匯二十萬鎊已飭滬道照辦,赫既無准函,聽之。二十五日

到柏林。又,八月二十一日接四十一號,二十九日接四十二號及不列號,昨回柏林又接四十三各號尊函,敬悉一切。

棉藥力猛於常藥,而價亦倍蓰,歷訪英、德各廠,大略每德國一噸,大於英噸。至賤亦須五千二百馬克,今既不購,且俟緩商。其棉藥機器單久已開來,惟廠屋、匠目尚未估算,容俟齊全,譯送尊覽。

至於津訂砲價,總須尊處令克鹿卜承認,關照敝處,方可劃算,若但由敝處致函,彼總置若罔聞也。前月二十四生脫砲合同雖已畫押,而廠東又來函,云錢須現付一半,即不能以津付抵劃之謂。並須連砲子並售云云。今方與函駁,尚未定也。

毛瑟槍已發運六千七百二十六桿,槍子一千萬枚,陸續發運,約一月内可以運全。毛瑟槍連已運者,至本月杪約可運足九千四百十八桿。再於西正月、西三月初旬分兩期可運一萬一千一百桿,合成二萬五百十八桿。其維丁裝子藥器,共價五萬餘馬,兵部亦謂太貴,未知能減否,俟駁定訂購。鑼藥即氏耶曼當,歷經英、德兵部試驗,因猛險異常,屏棄不用。格魯孫曾用於砲彈中,兵部亦驗明不准,似以專用棉藥爲妥。

特來色亦向造毛瑟槍,其新式樣槍只成數桿,經兵部驗過,未經採用,是以若欲定造,非萬桿不可,且添置機器,非一年可畢。前已呈明,諒邀明鑒。漢那根實未知此情形也。將來若再蔓購大批,儘可從容向特來色訂造也。就今而論,惟毛瑟本廠物精價廉工速,因本有熟手及現成之機器也。漢那根所謂“毛瑟另有秘法，不肯造布國一律之槍售於他國”，此語毫無影響。蓋毛瑟創此法時，布國欲並令他廠趕速仿造，故購毛瑟之法以使毛瑟一時不得居奇，非不准其售於他國也。今造售者悉照官驗，絲毫不異，何秘之有？

十二生脱、十五生脱砲車，容訪確電覆。以上採購各件，不得不詳訪確論，考訂查驗，實爲慎重起見，不敢冒昧耗費，萬無稍事遲延，諒邀洞鑒。

此次在英，歷觀倫敦、力乏浦[一]、格蘭士哥、色飛爾特、抱士穆德[二]各處官、民船廠及鐵甲、鋼甲廠，考訂船式，訪明可靠之廠五六處，訂令詳繪細圖，逐一估算，約一月間可以彙齊，擇善定訂。並令德國士旦丁廠一律估算，是以於昨日抽空回柏林料簡一切。將來定購何廠，或邀廠主來德面訂，或再親往面訂，均無不可。英國海部司徒瓦德及總製造大臣亦均按圖晤商，僉謂此次訂造船式，實遠勝於奥利恩等船，並與商改數處，以臻妥協。其造竣送華，可自請告退英將管理，並招雇舵、水人等，亦可兼用中國官弁丁役，均已商量，粗有頭緒。惟萬一既開兵釁，則外、海部應照公法截留而已。

歷次日記，均因事冗，未得釐定付抄。此次渡海，感冒之後又頭暈，不能作字。容緩日詳呈傅相訓正，並乞指政。

[一] 利物浦（Liverpool）。

[二] 普茨茅斯（Portsmouth），後文又作抱士穆次。

承詢未接回信各款，謹答如下：一、承匯十二生脱砲及電燈全價，係於八月十二日密臘來票，九月十二期收銀九千九百七十三鎊。二、承匯宋軍門槍及子全價，係同日密臘來票，九月十二期收二千二百二十五鎊十四昔令六邊。三、承匯二十四生脱砲、力拂造子器、魚雷、雷艇共四項半價，係於七月初五日密臘得電，初八收到三萬七千鎊，合庫平十三萬兩。四、王弁用費，係於七月二十四匯到庫平四百兩，合二千二百九十七馬二十二分，又一千二百五十馬。此外於七月初八日收針槍價四萬四千鎊，暫存德意志銀號，以備付毛瑟續訂槍價。容年杪再將收付細賬備文移報冰案。此覆，即請

勛安

光緒六年九月初四日自德國柏林發，十一月十四日到。

來信第五十一號覆四十四號去信

昨初十日接四十四號尊函，敬悉前函未盡各條。

初四日接上海電報匯出四萬英鎊，至初八日收入倫敦之法國銀號，照流存二釐取息。九月初十日晨間，以英字電覆云“四萬鎊已收訖，毛瑟槍已發運七千，其餘一萬三千五百，西正、三兩月可以全數發運”等語，諒已登覽。是日下午又接上海電報，匯出四萬英鎊，今午始接倫敦匯豐銀號之信，俟匯到柏林之德意志銀號再行電覆。屢次以電報蕩匯巨款，吃虧甚多。前曾函請令兄芝翁大公祖徑用票匯，以正副票分兩期公司發寄，似亦甚妥。未知可

否辦理,請與令兄商酌之。

近日方與伏耳鏗等廠商核鐵甲船各件詳圖,俟他廠彙齊後,可以擇善訂定。今製造生鄭清濂已到柏林,幫同算繪。藝徒葉殿鑠明日可到,擬派往刷次考甫廠習造魚雷。伏耳鏗之雷艇業已購定,擬再派一藝徒往習。唯全艇不便裝載,須合攏後再行拆開三四段,裝入大船送華也。此外仍留一藝徒於地中海,俟地中海廠亦訂定一雷艇,俾可就近往習也。今王得勝仍驗收帶、盒,已發運四千副,大約本月杪可以驗畢萬副。續後應購與否,及應否並購馬兵帶、盒一千五百副,約每副五馬六七。請電示爲盼。陳季同所驗杜屯好甫槍藥,係與官廠毛瑟藥章程相符,已於月初交帆船發運。其伏雷十一枚,用常藥者十枚,棉藥者一枚。已於前月帆船裝運。歲暮俱能抵華。

克鹿卜之二十四生脱彈,再三駁論,因鋼彈實非他廠所能造,遂與續訂鋼彈二百枚,每枚二百五十六馬;常彈一百枚,每枚六十三馬半;硬鐵彈一百枚,每枚一百二十二馬;新式引火七百枚,每枚八十五非呢。其藥餅及新式藥筒,訪明係杜屯好甫及回士法里阿兩廠所造,已徑與函訂,不必克鹿卜轉手矣。硬鐵彈、常彈可以自造,且擊鐵甲不能奏功,是以各購一百枚。此項砲彈早已開造,惟津付之砲價可否劃作此款,尚未答應,但云不日們士毫生到柏林面談而已。

維丁之裝彈器,僉謂價貴,該廠又不肯讓,擬另訪他廠以求撙節。十二、十五生脱之砲車,既函詢格魯孫等廠,不日可以詳開價式,惟未必有現成者耳。

棉藥機器並廠房、棧房等,需銀七十萬兩,匠目二名,三年又需銀四萬兩,僅可成棉藥五十噸。其居奇冒開,殊不合理。不若採購棉藥爲宜,帆船裝載且可徑送天津,亦甚便也。其收存、搬運各法,俟訪明呈覽。大約棉藥常含水氣,只須水氣不洩,無甚危險,雖着火亦不過緩燒,甚易撲滅,不如常藥之險也。惟乾棉藥轟發最猛,收藏宜慎。前年見法國試用批克里格藥(Picric),係英人愛孛爾(abel)創造之,係用硝强水與喀保力克愛昔得(Carbolic acid)即煤氣酸。相合,又和阿摩尼阿[一]復合硝强水以成之。其力遜於鏴藥、氏耶米當。棉藥而猛於火藥,燃之亦不驟發,用於桿雷最宜,可免誤傷己艇也。今法國通用與否,俟訪明奉覆。電綫價及伏雷内膠罩,俱須查明詳覆。手泐奉覆,敬請

勛安

光緒六年九月十二日自德國柏林發,十一月十四日到。

去信第五十四號覆五十、五十一兩號來信

日昨奉到五十、五十一兩號來函,敬悉一是。

此兩函在途兩月之久,何其遲也。適於前兩日接到本月初三日電音,敬悉鋼甲已定,欣慰無已。棉藥器、匠如此之貴,且俟緩圖。至尊處前項所購棉藥之價,並不爲貴。金陵所定者,洋商誤以尺噸算重噸,已向江防局加價

[一] 氨(Ammonia)。

矣。此間擬俟試購之二千磅到津試用之後，再行函請添購大批，用夾板船配以他物徑運天津，更爲妥當。維丁裝子藥器必須購辦一副全備者，子彈方可應用。密臘經手之馬槍子六十萬，十響六七，貨色太壞，其中銀箔乃鉛箔也，而殼底火孔或大或小。不知其從何等壞廠，只求便宜多賺，不顧主顧。知公在洋，其生意必不久，賺一次是一次，其心太壞，不可與共矣。鏹藥太險，定見不用，誠如尊諭，專用棉藥爲宜。漢納根之於器械，耳食居多，彼本來未歷行陣，其言無足重，姑妄聽之耳。十二、十五生脱砲車，已於上月初七日來電，並津訂砲半價知已劃收，比已將車覆電照購矣。

歷次日記，務祈寄示以廣見聞。

寄開各款，均甚相符。敝處應候尊處來文，再爲專覆專報。滬關匯款，前已函商，惟恐倒閉不敢辦也。現又抄尊函，傳相諭，再行商之。雷艇兩隻已定，慰甚。必須運津方可合攏。王得勝驗收帶、盒，近當驗完。敝處從前有信令該弁周歷德之武庫，並覓抄其逐日規條、法則，至今未回信。閣下日記中或有此節，亦望抄示。並祈飭王弁再事陶鎔，將來回華，各處武庫皆可取法。

馬槍只用皮帶、子盒，華兵飲食起居各異，兵用帶、盒可以無須。前批所到馬槍，其隨槍預備簧、鈎及拆裝器具，皆極精良，各營將弁得而寶之。此次兵槍皆無此物，分槍各營日來索取，無以應之，頗招其怪。如無此件，仍乞飭購速運，以資發營拆擦之用。後膛機簧繁瑣，若無前項器具，頗多不便。

杜屯好甫槍藥及伏雷，開河當可到華，未知其船是否來津，抑係到滬也？凡軍火用夾板〈船〉，總以徑達天津爲最妥當。現在河冰向未堅實，輪船間有來者，來春開河之期或不過遲。

傅相今冬在津度歲，不赴保陽。津郡諸凡安謐如常，昨得小雪，不及半寸。專肅奉覆，敬請

台安

愚弟鄭○○劉○○頓首

光緒六年十一月十八日托穆鄭德寄柏林，重六錢。

附呈王筱雲兄一函，敬祈查收爲盼。

卷九 光緒六年十一月二十日起 至十二月二十九日止

目录

棉藥用法及價，定小銅帽四百萬，造子器改向力拂廠購，十砲到津請卅日内示知，槍碼，造鋼砲機價，粦銅，南局鋼件價、脚

來信第五十二號覆四十五號去信

昨十五日接四十五號尊函,垂詢未接回信各款,俱於五十號函内答覆,諒已邀覽。

查驗火藥機器早已發運,其圖説甚繁,俟仲虎兄稍暇,得與金楷理譯竣,當可抄呈。

傅相札委王筱翁辦理滬關撥匯之鐵甲船價二十萬鎊,本月初四、初十、十二、十四、十七等日歷經接到滬電,因英、德兩國銀號轉手遲延,是以除初十日接到倫敦之法銀號初八日所收四萬鎊外,直至昨十七日晨,始接到柏林德銀號所收十五萬鎊。遂於午刻以英字電覆,云"十五萬鎊亦收到。另有現成好毛瑟槍五千桿,每桿三十五昔令,要否?請電覆"等語,諒亦登覽。昨晚亥刻又接滬電續匯一萬鎊,今晨接倫敦信,知此款已在倫敦,不日亦可收到。今午又以英字電覆,云"除前已電覆共收十九萬鎊外,今日又接銀號信一萬鎊"等語。前後共收二十萬鎊,俟視船價緩急,分別暫存銀號,入賬取息。大約隨時可支之流存者,通年息二釐;暫存三個月或六個月者,通年息三釐。惟德意志銀號六個月可三釐半,然聞資本漸短,不甚可靠。容俟日間訂定船約後,將付、存各細數列牘,呈明北洋大臣衙門備案,以昭慎重。

所云現成好毛瑟五千桿,係昨毛瑟廠來告,此槍是前年布國令英國民廠幫造,而民廠寬造備添之物,亦可照布兵部驗收,大約可與四十馬之獵槍相爲伯仲,而稍遜於毛瑟廠新造之四十九馬之槍。因恐二萬五百餘桿西三月方能運畢，爲時太久，不如添購此現成五千，可以隨驗隨運也。諒不日即有電報示遵矣。

近日正與船廠詳加訂改細圖，已有兩廠估算價目，一係三十一萬三千四百餘鎊，爲英之達眉士廠；一係三十一萬九千四百餘鎊，爲英之森繆答廠，即前造奥利恩之廠。俱砲械在外。又，克鹿卜開送是船之砲及彈藥等，約需英錢六萬六千餘鎊。一俟各廠匯齊，力加駁減之後，即可定約。一面當縷呈傅相察奪。

克鹿卜二十四生特砲之藥，原開每出用六角單孔餅三十五啓羅（每啓羅二磅二五）並綢袋，外加布國新式螺蓋鋅筒，浸水不洩，藏之五六年不致變壞，前在溪耳見過。又加鋅裹木方箱，計共一百二十一馬，另加克鹿卜廠到船之火車運費。以上係克鹿卜合同内價。今訪得克鹿卜藥及藥筒皆杜屯好甫（的確）所造，遂令陳季同徑與訂購。昨日始與其幫辦亥耳曼尼在柏林訂定一切，照克鹿卜式，而每出實價一百十馬（約二十兩零），運至船上不再加費。先定六百出，四個月交卸。擬俟驗得果與布砲藥相同，再定四百出，以足一千之數。又訪得常代布國造砲藥之回士法里阿廠，所開净價由仲虎譯出，抄呈台覽。其所云裝箱在内者，只裝尋常大木箱，而非裝每出一筒之螺蓋筒也。螺蓋筒實價二十四馬。若將第五號藥加藥袋及新式鋅筒，外加木箱，則統合每出一百十三四馬（約二十一兩），較貴於杜屯好甫矣。

昨日格魯孫廠主來柏林，專詢十二、十五生特砲車各事。此物並無現成，今已星夜繪算，不日可以送核矣。

(十月初七日已來電)又,前送步隊皮件全副,内有餉簿一小本,茲經仲虎兄譯抄呈覽。有無可採,亦候裁核。手泐謹覆,敬請

勛安

光緒六年九月十八日自德國柏林發,十一月二十日到。

附上餉簿(華、洋文各一),火藥説並價(華文)。

德國兵卒餉簿

第一章 德國兵卒支領糧餉章程

第一節 論餉

一、承平時,每兵每日由基本餉内扣出十三本呢,送至公糧房。戰時則不必扣出。

二、無論承平或戰時,皆每十日發餉一次,先發後做。若兵或兵目或上兵目有小過,則將其餉交與一弁,令其逐日發給之。

三、兵卒有病或受傷而往病院,或遣放回家,或失陷於敵,或無下落,或裁革,其餉即停支。在承平時,未滿拾日而有此事,則已領而未做之餉必繳還,或下次發餉扣還;在戰時則不必繳還。兵卒犯重罪或稍輕牢罪,當在牢時亦不停餉。在營牢中,每犯每日給饅頭七百五十格蘭,另給餉銀三十本呢爲買用物。

四、承平時,如糧價貴而扣出之十三本呢不敷買糧,則另給津貼。其數按地方糧價之高下,每於點名時將津貼之數告知各兵。

五、兵卒住營房内者，餉及津貼皆按每月三十日發給，逢多於三十日之月亦不加給。若住帳棚或民房内，則逢多於三十日之月，則按所多之日，仍補給其餉及津貼。

六、營中或公糧房不能給糧，則將所扣十三本呢並津貼發給該兵。

七、戰時，若兵卒自餐，則每日另給饅頭價十二本呢、半菜價六十二本呢半。承平時，若移兵往遠處而在路自買飯食，則按每年現定章程辦理。

八、兵卒暫准假，其餉並所扣糧價十三本呢全給之，但津貼或饅頭價、菜價皆不給。

九、此當差津貼，每月按三十日計，承平時滿十日後發一次，戰時則先發十日。兵卒告假，或往病院，或入牢，或銷應得津貼之差使，於承平時，則此當差津貼即日停支；於戰時，則雖未滿十日，所[未]給者不必繳。

十、此當差津貼外，尚有數項另給津貼，按情形酌給，皆滿十日後發一次。

十一、條内所言另給津貼，即兵卒在病院内，除醫生囑咐所食之物外，每日每人給以現錢，其數列下：承平時，頭等弁、造軍火匠目及一營中管收支者，每日五十本呢；二等弁，四十本呢；三等弁，三十本呢；四等弁，二十本呢；兵目與兵，三本呢。此津貼滿十日後發給，月多於三十日僅給三十日。在戰時，所發之數與承平時同，惟先發十日。如未達逢一之期而入病院，至期發給津貼，而期前之數日不補，因其已支餉也。若未滿十日而出病院到營，則餉自到營當差之日起支，而病院溢支之津貼，從寬不繳。

十二、兵卒犯輕罪入牢，照常發餉。

十三、奉差遠出，或由鐵路，或輪船，或馬車，歷時自八點鐘至十五點鐘，則除按章津貼外，飯錢外另給酒錢二十五本呢；自十五點鐘至三十五點鐘，則給五十本呢；以後每八點鐘，給二十五本呢。

十四、兵卒如住民房，除戰時外，給餉與不住民房者同。

十五、兵卒遣放回家，按遣放之地離其家之遠近，給以路費。按一千八百五十四年十月初四日之章程。

第二節　論糧

先論承平時。

一、營内發給每兵每日饅頭七百五十格闌，如不發饅頭，則按市價折發現錢。

二、菜蔬，如不在公厨内共食，則不扣其每月十三本呢，且另按市價給以津貼。

三、秋季大操，因兵卒日日移行，每兵每日給肉二百五十格闌、大米一百二十格闌，無大米即給珍珠米一百五十格闌，或乾豆三百格闌，或山芋二千格闌，又給鹽二十五格闌，又給已烘之加非十五格闌。以上各物，或按市價折給現錢。

四、行路時，兵卒借住民房，則令民向官領此項而供備兵食，不另給錢與兵。如民<食?>兵不合意，則民可每日給每兵饅頭一千格闌，及第三條所有之各物。

五、兵犯中等罪或重罪而入牢，則每日給饅頭一千格闌。犯中等罪者，在牢逢第四日、第八日、第十二日給食暖物一日，更久，皆每三日給食暖物一日。犯重罪入牢，亦每間三日給食暖物一日。

次論戰時。

一、有戰事而召集之兵，自到營之日起，每日每兵給饅頭七百五十格闌，或乾餅五百枚，即一百七十格闌，另給大米或珍珠米一百二十五格闌，或乾豆、或麫粉二百五十格闌，或山芋一千五百格闌，另給鹽二十五格闌，烘過之加非二十五格闌，或未烘加非三十五格闌。

二、兵可食民房主之食，或領庫房之糧食，或領糧食之折價。

三、兵犯輕罪入牢，或候審暫押，則全給其照數之糧食。中等罪、重罪入牢，給以饅頭。如中等罪，則第四、第八、第十二等日給食暖物，後第〔每〕三日給食暖物一日。重罪，每第四、第八日給食暖物，後每三日給食暖物一日。牢中之餉如不足，則另給以補之。若兵在本營牢中，而在移營或戰時，則給以照數之糧食而不給津貼。

第二章　德國兵卒支領衣服物件章程

一、軍器，或皮帶，或馬上用物，或隨身各件，並大小衣服各件，由庫中發出者，仍屬本營，雖用至滿期而尚未敝壞，仍屬公物，兵卒不得以爲屬己，惟弁則不限此例。凡步兵、獵兵、神槍兵、工程兵、鐵路兵、步砲兵之弁靴一雙，用過一年或一年半後即可屬己。甲胄馬兵之弁長靴，用過三年作爲己物，或短靴用一年半亦作己物。火沙爾馬兵之弁長靴、短靴，用過一年半皆爲己物。他種馬兵或輜重兵、或馬砲兵之弁長靴、短靴，各用過一年半皆爲己物。此各弁之布衫，用過半年未壞亦爲己物。如尚可用而不必領新者，則可領新者之折價。但靴已壞而靴通未壞者，則必繳還庫房。

二、兵卒期滿遣放回家，給發已用過之衣服一副，如外褂一件、圓帽一頂、領子一件、褲一條，或呢或布；按天氣寒暖，靴或鞋一雙、内布衫一件，其餘各一件之衣不發。如前已有過期而尚可者，則可任其帶去，不可繳庫。凡補額兵或護國兵，事畢遣回，則舊衣亦不發給，須由其家自送衣來營换著而去。如有意外，亦可暫借兵衣穿回，但到家後必即换下，送營繳庫。

第三章　德國兵部戰時發餉章程

本書兼備戰時所用，故摘録兵部《戰時發餉章程》自一百七十四條至二百零四條列左。

第一百七十四條　兵卒照章令赴某餉庫領餉，謂之本屬餉庫；如遇意外之事，令赴别餉庫領餉，謂之非屬餉庫。病院内餉庫亦謂非屬餉庫。如遇要事,惟統領可在任何餉庫領需用之餉,分給屬下。其當差津貼及弁暫署武官之津貼,僅在本屬餉庫可領。若交鋒而衝散之兵,則可隨附别營,而在所附之營領餉。

第一百七十六條　餉庫不論本屬、非屬,發餉時應扣者必扣,不可誤發。

第一百八十九條　兵丁領餉,先將此餉簿送閱,方可照發。

第一百九十條　弁與官兵皆有此餉,俱爲本營主所發。

第一百九十一條　此餉簿内,須將里居、狀貌等一切照章詳細登明。

第一百九十二條　弁書記、弁及兵皆有此餉簿,發此餉簿之營主必畫押、蓋印於簿内。

第一百九十三條　弁兵届領餉之時,須自持此餉簿到本屬餉庫或非屬餉庫爲憑。凡遣放回家應給餉之數,或入病院、或入牢應給餉及别項之數,皆可在此餉簿内檢閲而計得其數,故此餉簿有各格,須於其相當之格内登記。其實領得之餉數及當差津貼、或另給津貼數,又其家屬於餉内留支之數,並一切餉、津貼起支、停支日期,均詳細登明。

第一百九十四條　前第一百九十條至一百九十三各條所開應登記之事,如少記一事,則此餉簿作爲廢紙,不作準用。如有此不作準用之餉簿來至餉庫,餉庫不得發餉。凡此兵卒持此餉簿至非屬餉庫領餉，而餉庫察有疑竇，必須詳查其簿與人是否符合。

第一百九十五條　兵卒必須親自持其自己之餉簿，前往餉庫請領應得之餉，不得托他人代領。

第一百九十六條　餉庫不論本屬、非屬，於發餉時，必須剪去此餉簿内此旬小票存案。倘兵卒謂剪去之此旬小票錯誤，則必於領餉時當面説明，若退後再來言之，則置之不理。

第一百九十八條　兵卒遺失此餉簿，必立即告明上官，無論在本屬餉庫處、非屬餉庫處，該上官必立刻查明而給一新餉簿。此新餉簿内，必在首頁詳細批明此爲某年某月某日之新餉簿，係代所失去舊餉簿之用等語。

第二百零一條　兵卒遣放回家，餉庫須先與該兵當面算給各餉數，算結發給清訖，兵卒即將此簿繳於餉庫存案，即爲一切俱已清訖之據。如餉庫存餉不足，不能給清，則餉簿仍給與兵收執，以便後日持此餉簿找領欠餉。

其餘各表未經譯出，只於原洋文内注明以清眉目。

德國萊因河回士法里阿合造藥公司遵開各種火藥各事如下

第一號　按布國七十一年之法造毛式槍藥，每里脱重九百二十五格蘭末。以水較，重一．六七。粒徑〇.三米令至一．二。含水不過萬分之七十五。用彈重二十五格蘭，藥重五格蘭末。放之，始速率中數爲四百三十邁當,而出入有五邁當。每百英磅裝可出海之箱,送至漢倍克或恩得海口,價一百十馬克。

第二號　布國陸路所用内徑八至九生的砲所用粗粒藥,每十里脱重九千七百五十格闌末。以水較,重一．六五。粒徑四至九米令。含水萬分之八十五。在内徑八生的之砲内用,彈重五．七紀路,藥重一．二紀路。放之,始速率五百五十邁當,出入有七。布國收藥時不計其漲力,但若代中國造,則可試放五次,得漲力中數,不過一千八百倍空氣。價每百英磅六十馬克,裝箱運送同上在内。

第三號　按布國六十八年之法造七孔六角餅藥,用於内徑十二、十五、十七生的鋼砲。每孔徑五米令,餅高二十四．六米令至二十五．一,對角徑三十四．六至三十五米令,孔徑四．七至五米令。每一千三百十四塊,重四十九．九紀路格闌末至五十〇．五。以水較,重一．六六。内含水萬分之八十。在十五生的鋼砲内用生鐵礫彈外包鉛殻,如七十二年之法。重二十七．七紀路格闌,用藥重六．二紀路格闌末。放五次,得速率中數四百六十邁當,多少十。漲力不過二千倍天氣。價每百英磅一百馬克,裝箱運送與前同。

第四號　按布國七十七年之法造七孔六角餅藥,每孔徑五米令,用於内徑十七生的至四十生的之砲。每一千三百十四塊,重五十二．四至五十三紀路格闌末。以水較,重一.七五五。大小皆與第三號同,含水亦同。在二十一生的内徑砲内用生鐵彈外包銅圈者,重一百〇八紀路格闌末,用藥重二十五紀路格闌末。放之,得始速率四百五十邁當,出入五。放五次,漲力中數不過二千五百倍天氣。價每百英磅[價]一百十二馬克,裝箱運送如前。此藥西班牙、葡萄牙、俄羅斯皆用之。

第五號　按布國七十五年之法造一孔六角餅藥,孔徑十米令,亦用於内徑十七生的至四十生的之砲。德國、丹馬[一]、荷蘭三國已用之矣,英國現議用此代其立方塊,而尚未定。每一千三百十四塊重五十至五十五.六紀路。以水較,重一.七五。大小與第三同。孔徑九.七至十米令。含水萬分之八十分。在内徑二十一生的砲内用生鐵彈外包銅圈者,重一百〇八紀路格闌,用藥重二十五紀路格闌。放之,得始速率四百六十五邁當,出入十。漲力不過二千倍天氣。價同四號。

又,亨利馬體尼槍藥照羅馬尼亞之法,及英國、法國別種火藥皆能造之。各價〔種〕火藥價有漲落,按硝價而定。

[一] 即丹麥,後文又稱丹國。

來信五十三號覆四十六號去信

今午接四十六號尊函，敬悉一切。

棉藥既續奉電示"價貴不必購"，則此項砲款應作何用，自應静候示知。惟承示自造之雷，容千磅者已六十餘具，數百磅者已百餘具，閲之頗爲驚駭。查英國十年前所造伏雷，用尋常砲藥五百磅，及其改用棉藥，亦五百磅。厥後各國屢試，深知水雷不能轟燬全船，只須轟破成孔，且藥力在水，雖多無用。遂定棉藥之數，在桿雷，或五十或七十磅，在伏雷，則九十或百磅，列國無多於此數者。今布國伏雷，棉藥亦只三十二或三十五、或四十啓羅格令，皆不及九十英磅也。中國舊式大雷徒耗棉藥，不如改造合用之雷，較爲得力。或大雷中減少棉藥亦可。

其水雷所用棉藥，須漂盡酸味，以口嘗之。除盡雜質，以化學分之。方可久儲無害。其價不能賤於每德國一噸即二千二百四十英磅。計五千馬克，各廠開來俱五千二三百馬，大約可駁至五千馬。歷詢各國，大略相同。若較賤者，即雜質未盡，帶水太多，皆開山、挖洞、鑿井所用，因暫時取用，可以無虞；另有開山所用乾潔之棉藥成卷者，亦甚貴。若藏儲太久，或置棧房或貯雷中。必有自轟之患。又次者，則用以轟毁沉船、轟裂巨石，更不合水雷之用，皆舊破棉布所成，色黄不純而粗糙者是也。其價不過五六分之一，亦有與火藥同價者。英國民廠常造之。風聞前月上海布海師岱蕙購四五十噸或云五噸。下等棉藥運往東邊，未知是否中國所購。Ston market

英廠所造，聞係南京所購，須防自轟之險，因其中硝太多，不能多含水也。乞速爲函詢各有採辦人員，預爲提防爲要。

竊揣中國千磅之雷，大約半誤於水雷教習，半因鍍鋅、銲錫未得其妙，不能不加厚其殼耳。歷觀西國，俱用薄殼小雷。前月偕仲虎看附近之谿克洛卜[一]廠，向代俄國、布國定造伏雷。兹譯俄合同二紙呈覽。今又新造五六千枚，尚未竣工。其來函所云每枚三百馬，加濕棉藥之匣三十五馬者，即布國舊存未用之雷改裝棉藥者也，似較刷次考甫價更廉。刷次考甫常藥者十枚、棉藥者一枚，此時諒已到津。並屬令詳開新造之價，尚未開來。應否購其改裝之雷，抑購其新造之雷，静候稟明傅相，電示飭遵，乞發簡字華文云“新谿若干”，或“舊谿若干”字樣。

爲伏耳鏗雷艇既定合同，又詳加駁詢，添注周妥，直至前三日方付定銀。兹將合同各件譯録附送備核。刷次考甫之魚雷方在製造，已派藝徒葉殿鑠往習，並延德文師教導矣。

昨午，滿志豪生辯論竟日，總請注銷柏林所立十二生特合同而以津訂爲準，仍願讓百分之五，蓋因柏林合同曾抹去第二批半價交存銀號取保之語，其意欲日後仍蔓交銀號取保也，鄙意定不答應。正封發間，滿志豪生又來，云原價外須加每百分之十九分爲運、保及雜費等，殊爲不解。若能津約中仍抹此語，則柏林合同可准銷去，而津付之九萬五千四十五馬十二分如果此數不符，乞迅賜函知爲盼。作第一批半價，而交砲

[一] 後文又作錫克洛卜。

時須由敝處再找第二批半價，其運、保各費俟克鹿卜開明，由敝處照給。至於四月間柏林所付六萬二千餘馬，可以作二十四生特之價。此事一二日間必商定矣。

承詢鑄銅砲之事，三年前曾見斯邦道官廠，及去年屢見格魯孫廠，俱於冷時用硬鋼柱逐段擠過。斯邦道用長柱，八九次，每次之徑較大半密理邁當，而外用束箍，每分時約擠入一密理邁當。格魯孫則用短柱二十餘枚，各長半尺，前半略小，其小徑如前次一段之大徑。其徑初時較大半密理，第五六次以後，較小十分密理之三分或二分。凡八生脱口徑之砲，最多可擠大其徑八密理，不用外箍而外徑亦不變，末數次每分時只入三分密理之一。今詳告仲虎，據云先須鎔鑄加精，自是不易之論，唯所云可用人工螺絲桿而不用水力，則恐未可靠。請大才裁酌之。

聞格魯孫只造八生脱砲。斯邦道則三年前見有造十二生脱者，其十八生脱二尊則以鋼裏約厚三分加入藥膛之內，以四周螺綫鑲合之。其監督之〔言〕另有秘法能造三十六生脱者，並指示旁室有極大之電器五六架，不知其有何秘法也。自去年春起，斯邦道廠嚴禁本國及各國人，概不准進觀，且云因方在試驗新法之故，大約即以大電器用之也。然德國水陸砲皆用克鹿卜，不見有銅砲一尊，不知何故。近聞奥國所謂鋼銅砲者，亦即格魯孫之法，惟砲用燐銅爲之耳，未知確否，須俟續訪奉告。

近來與克鹿卜訂約，十分艱難，該廠多方欺飾，毫無信實。昨送來價目册，一一查對，又與前開合同不符。日後須加意隄防，勿認爲體面大廠而遽以君子待之也。容

再縷述顛末，以見其底蘊。手此，即請

勛安

附件二。

光緒六年九月二十五日自柏林發，十一月二十日到津。

伏耳鏗廠造鋼雷艇合同

中國使與伏耳鏗訂立

一、代造一鋼艇，内有汽機、汽鍋、暗輪全備，附有詳説並圖。其一切按照圖樣，用上等工料，最爲堅固，按德國新近之法查驗。或交中國使者，或在士旦丁交與使者所派收之人。

二、本廠肯從立約之日起四個月内，在士旦丁之雖納門[一]海口試驗。

三、此艇速率每小時十七海里又八之三。在一測定海里之處行駛，除試得速率外，再行駛全力三點鐘之久，以驗汽機各事，試費由廠給。其試時須有够用三點鐘之煤，凡艇上魚雷等未經裝載之物，須有同重之物代之。

四、如試時速於十七海里八之三，每四分海里之一賞給一千五百馬克；如不及此速，四分海里之一亦照罰。如果試得不及十七海里之速，即不必收受，其先付之價及五釐息俱各繳還。

五、艇身汽機及附説内各隨件共價六萬五千馬

[一] 後文又作瑞納門、瑞逆門。

克。交價之時，其艇或在士旦丁，或在雖納門。此數應照三期交付：一在定合同時，先付二萬一千五百馬克；一在雷艇及汽機已在水時，再付二萬一千五百馬克；一在驗收時，找付二萬二千馬克。所付之錢，或交柏林白來喜和得爾，或交士旦丁之色羅吐。此次並無經手之人，故按德國海部一律辦法。

六、購船者可派中國官生往廠查視。方造之時，本廠不論何時，可以盡心詳細指點。如查得工料有不照合同之處，即可剔回，令廠中照合同另造。

七、如果合同有彼此不對之處，即托德國兵部評斷。

八、合同印稅由廠給付。此合同有二份，各簽押加印。

士旦丁　一千八百八十年十月二十日

伏耳鏗總辦押

附　鋼雷艇説

雷艇尺寸。全長八十七英尺十寸二，垂綫間長八十二尺七寸半，全闊十尺十寸，水綫處闊十尺五寸，龍脊至船邊五尺六寸，前入水二尺二寸，中入水三尺六寸，後入水五尺二寸。

總論。船有鋼板、鋼角條造成。除另注明之各件外，餘皆用鋼。上有鋼面，横分五隔，自上出入。後面一隔，有水手官弁住房。向前爲汽機、汽鍋艙。汽機有二汽筒，大小抵力合用至少二百五十實馬力，每分時螺輪四百周。汽鍋用火式,可受十倍天氣,以鋼爲之。火箱殼以紅銅爲之,有吹風汽機。其鍋爐與汽機間有吹風汽機吹入鍋爐中。鍋爐前之艙爲捩舵艙,舵工立於鋼臺内,便於四面觀望,在此艙内亦有運動雷桿之器。此船可裝配一放魚雷之管,此管爲定造者自備,托柏林刷次考甫代造。伏耳鏗可與該廠商量,令其所造隨件須與船合式,但刷次考甫送來各件,並魚雷之重不可過於二噸。艙面上有雷桿四,向前者二桿,向旁者二桿。前桿可伸出於前二十尺,在水綫下八尺,旁桿可前後動一百五十度,在水綫下七尺。自上艙面入艙之門,可關密不漏水。

詳論。所開之各件爲最小之尺寸,造時如可加大而能不減船之功力,則必加大之。一切俱用英國尺寸。龍脊用熟鐵,闊三寸,厚四分半,下厚一分半。前柱亦用熟鐵,闊厚與龍脊同。後柱亦用熟鐵,其形如圖。螺軸管通其中,後有鈕以容舵之樞。後柱與舵相連之脊厚二分、闊四寸半。船脅用鋼角條,高闊各一寸、厚一分。每二十寸用一脅,在鍋爐及汽機艙則更密。脅内之反鋼角條高闊各一寸、厚一分,與脅釘連。底立板用鋼,高五寸、厚十二分寸之一,上邊釘連鋼角條,亦高闊各一寸、厚一分。艙面之下,每脅有一横梁,用鋼角條,高一寸二分、闊七分,二端與脅相連處有鋼三角塊,厚七釐半。艙面用鋼板,在汽機鍋之上,厚一分二釐半,他處厚半分。船外板、龍脊、左右之板並上邊之板,在船中長三分之二處者,厚一分二釐半,其首尾厚一分;此外各板在船中長二分之一處者,厚一分,首尾厚六釐六。

論釘固之法。龍脊與左右之板相連,用雙行冒釘,他處皆用單行冒釘。其釘皆用最好之熟鐵。船外板與艙面板相連,用鋼角條,高闊皆一寸半、厚一分半。隔水横壁如圖之式,用鋼板,厚六釐六及半分,每相距十八寸,釘連一鋼角條,以加其堅固。此鋼角條高闊各一寸、厚一分。汽機、鍋爐下之基用鋼板、鋼角條,堅固足用。舵臺用鋼板,厚一分半,上有鋼蓋,易取去。舵立軸用熟鐵,徑二寸,後邊亦熟鐵,兩面釘連鋼板,厚半分。舵柄在艙面之下,連有鐵絲繩,至舵臺内之輪,舵工捩之。此外另備一舵柄,可在船尾用人手捩之。一切鋼板、鋼角條皆於未釘之前鍍鋅。船邊欄杆用熟鐵柱及熟鐵管。官員、水手艙内足敷八人居住,一切什物僅足敷用。艙面下柱徑一寸,爲空管。在可有之處,艙口蓋皆可關密不漏水。

放魚雷之管。購船者所備之管及二個魚雷,並一切隨件,不可過二噸之重。艙内並脅,本廠依相配之形式造之。雷桿大約依所送之圖式,而又依善法稍改之,使更便當。

船首有簧墊二,如汽車之法,用一錨合船用,並鏈條。如用轆轤,則用鋼絲繩而不用鏈。自舵臺通汽機艙,用傳號器並傳話管,又自汽機艙亦有傳話管。船内外用上等油漆,水綫下用有名免穢之油,使常光滑。

汽機用立汽筒二個，大小抵力，一內徑十一寸，一內徑十八寸，推路十二寸，可用外冷凝水，亦可用內冷凝水。汽筒用密質生鐵爲之，外包氈並木。一切另件各表皆全。挺桿、鞲鞴、摇桿、曲軸皆用小鑵鑄成之鋼。軸枕襯用燐銅，内再襯白銅。吹風、添水、運水並換清氣，或即在大汽機帶動，或另有一小機器爲之，不定。

外凝之櫃用紅銅，内管用黄銅，外鍍錫，螺軸用鑵鋼，枕襯用燐銅。螺軸管内鑲堅木，螺軸之頸外包銅。螺輪或用砲銅。或用鋼，通汽管用拉成無銲縫之紅銅管。

鍋爐用汽車之式，外板用西門司馬丁鋼。火爐用紅銅，煙管用銲縫之黄銅管。鍋爐火切面不少於五百五十方尺，一切隨件全備。有自噴添水器二個，依德國之法。其鍋爐可用至十倍天氣之漲力，按德國律法，應用水力試至十五倍天氣，且須將查驗之據與船一同交代。德國律法第十一節云，凡新造之鍋爐，尚未砌入磚牆内之先，或外殼尚未裝好之前，必封其各口，用水力試之；如鍋爐擬常用不過五倍天氣者，即用試時之水力須十倍天氣，其餘各種鍋爐則試時之水力必較擬用之數更多五倍天氣。每一天氣爲每平方生的邁當受一紀路格蘭之力。鍋爐外體必不可稍變形，亦不可稍洩水。如水自縫出，即爲不固，但如洩出之水如霧露之少則亦無妨。

一切添油、添水於轉動處之器皆全。其煙管並凝水管,須易於任便去其一管另易新管。又,螺軸亦便拆卸,而不必先拆别件。一切工料皆用上等者。除汽機、鍋爐所用之螺起並油壺、挑火各器等全備之外,每船另備各件,如螺輪一個、鞲鞴護圈每汽筒一個、挺桿並直輔捎〔梢〕一個、進退器一個、漲權條一副、小煙管五個、凝水管十個。

附録續經駁論添改數條

一、駁問:暗輪究竟應用砲銅,應用鋼?又,戽水、通氣、凝水各事,究竟全用其大汽機之力,抑另有小汽機?又,雷桿是否用英國法,帶於輪機推出;抑用法國法,以人手推出?又,驗收後拆開交於漢布克公司船,其應備冒釘、裝箱等費是否貴廠承辦?又,前日面允中國官生可以赴廠學習,何時可來?飲食居住若何?乞一一示明。

接覆函云:接西二十三日函,所論暗輪係以砲銅造之。其戽水、通氣俱藉大汽機運動,惟凝水櫃則另有小汽機。如造時有更改之處,必先通知貴處,俟允准後,再行更改。其桿雷,擬用人手推出爲妥。如桿雷有新增見識,應行更改者,總由本廠辦,不必加價。既造竣後,可拆爲數段,每段約二十五尺,則漢倍克可以裝載,其拆費,及裝於可出海之箱,以及合攏時須用一切冒釘等件,均由本廠承備,不必加價。今已遵命將此情節添入合同。所有第六節所云,中國官生須最遲至西十一月十五日必須到廠。將到時,請示明,以便安插住居飲食之所。第一批價已收到矣。此覆。

一、駁問:暗輪用砲銅,則與鐵相切,易生電氣,以致剥蝕,應否預防此弊?曾見英、法等國俱用砲銅,有無把握?又,逐段拆開後送至漢布克海口,是否由火車裝運,抑由駁船裝運?其費能否約估?乞示知。

接覆函云:接西二十四日等函,敬悉一切。暗輪宜用砲銅,較良於鋼,因鑄鋼脆而易折,故英、法等國俱用砲銅。此等船不用時應置碼頭,不應常在水中,不患電氣之蝕。是船造成後,逐段拆開載於火車運往漢布克。其運送之費,俟交卸時,與火車公司詳細估算,可以奉告。

柏林之谿克洛珀廠所造棉藥伏雷圖説

圖内第一爲雷殼,係最佳之熟鐵造成,縫與釘孔絶不滲水。高七百零五密理邁當,形如圓錐,上徑七百八十四密理邁當,下徑三百六十六密理邁當。底有一門,如甲,可容裝棉藥之器具。旁有孔,如乙。其丙係圈,以鐵絲爲之,鐵絲徑五密理邁當,其中有麻繩所結之網罩,可以容四十啓羅各冷之濕棉藥。其下如丁,丁爲三足架,以熟鐵爲之,可令雷碇纜相連,其碇以二百五十啓羅重之生鐵造之。其雷殼之旁如辛,辛兩耳圈,以便提置於水中。

第二爲棉藥匣。其匣如戊,爲六角柱形,内有乾棉藥,其下面中心有引火。

第三爲電池。雷殼上有電池五個,殼外各有鉛帽包藏玻管,滿以藥水,拜克羅米脱卜太生。如己;其下節在雷殼之内,各有鋅炭相合之電池,此電池另有螺絲,自雷殼外旋入,此電池一在中、四在邊,電池螺絲上又有螺絲,以旋連鉛帽。每雷五電池,每電池有二電綫,一達陰極,一達陽極,是十綫内同極者各五綫,合爲一條,而自旁門通向殼外而至火引同極之電綫,此旁門蓋密不令洩水,其火引之内有一鉑絲以聯此二電綫。

其發火之理,則凡船撞到此雷,大約必與一二鉛帽相遇,鉛帽立即彎曲,帽内之玻管亦立即破裂,藥水迸出,流入電池,炭鋅得藥水相聯,即發電氣傳至鉑絲,鉑絲甚細,不勝電氣阻力,頃刻成火,而引火之乾棉藥頃刻挈帶外面之濕棉藥同時轟發。

凡此用法轟燬敵船最有把握。昔俄土之戰,亦深信此法定能奏效,土國兵船在多惱河[一]之蘇里那口者,屢遇此種水雷轟燬而沉。

俄訂伏雷合同第一次。從原洋文譯出。

一、谿克洛珀與俄國水師武隨員訂立合同,定造水雷二百枚。

[一] 多瑙河(Donau),後文又作多淖河。

二、用最好之萊因河板，並無渣滓，其底及殼極爲光滑，不准有折痕及凸出之處，其一切工字釘等俱鍍以鋅，其縫俱須銲固。雷下三足以好熟鐵造之，其銲處不可有小疵，每足用工字釘三枚釘於雷殼。其雷旁有二孔，内有耳環二，每孔用工字釘二枚釘於殼上。

三、每雷備有旁門及蓋及螺圈各一副，皆上號黄銅造之。其門之内面鍍以鋅，又有一圈及相連之梢，此二件皆打銅爲之，亦鍍鋅。另備五個裝電池之螺絲圈，一個裝棉藥匣之匾圈，此圈銲合於雷殼之底。其雷殼之上下厚五密理邁當，其旁厚四密理邁當，其裝濕棉藥之匣，厚一密理邁當，匣之大小如圖，亦該廠所備。每以上一切，除裝乾棉藥及火引之六角匣外，唯環圈在内。不可過於九十六啓羅各冷。

四、雷已造竣，以水力用三倍天氣試之，不准滲漏。如略有滲漏即不收，如能銲好亦收，驗收時加以印戳。

五、已試水力後，即擦净，用油漆其内，又用黑油漆其外，以紅漆書明號數，裝入箱内。

六、以上二百枚，定約後四禮拜交卸。如果托其改换何式即不能如期，其多費工夫准其展期，但電池、螺絲及乾棉藥環圈不可改。

七、以上照章加印後，每枚三百三十五馬克，在柏林火車場交卸，惟裝箱不在内。每枚另備二塞，用可浮之象皮造之，並有公母螺塞及軟片，所有鐵件均鍍鋅。唯螺塞每副二馬克半,交卸時即付錢。

八、如果交卸之前有阻擋事,非該廠相干者,即訂購者之事,其錢仍須照付。

一千八百七十七年八月十六日立

又第二次合同從原洋文譯出。

一、定造伏雷二百枚,一如圖式,俄國武隨員及谿克洛珀各書押於圖下。

二、用萊因河上號之板,外面及工字釘螺絲俱鍍以錫,既合攏後仍用錫銲固其縫,再以馬口鐵及銲藥固之。一切既竣,眼同用二倍天氣之水力試之,如有滲漏者不收。

三、驗既如式,即加印戳,裝於火車可運之箱中。

四、每枚價三百馬克,每造成五十枚即交卸一次,共分四次交卸,亦四次付錢。

五、此二百伏雷在定約後三禮拜交齊,既造成若干即可交付。

六、如有他故不能運送,而非該廠相干者,仍應照付價錢。

一千八百七十七年十一月初二日立

光緒六年九月十九日廠主來函

云:今中國若欲定造,可以數日之間先交六百枚。此雷之精良可詢德國海部便知。另外德國用綑罩之式,用赫次法之電氣,有匣以藏火引,有活機可通電氣於内，有五個電池，各有鉛帽，玻管内有藥水，其下節皆有鋅炭之電池，其碇鏈與雷殼接連之各件俱全，每雷裝棉藥三十二啓羅各冷，但棉藥電綫不在内，碇及鏈亦不在内，計價三百馬克，即在溪耳交卸，此用網罩法之價也。如果另加濕棉藥之匣，再加三十五馬克。係柏林火車場交卸。另須加裝箱之費。前日説過本廠與德國所立合同，因常須查對，未便送上，如蒙枉顧，可以請觀。今特送上與俄國所訂兩次合同原文，密呈台閲，務請閲過後，即賜擲還。

西十月二十一日（即中曆九月十八日）

九月二十三日仲虎閲柏林東南邊赫克曼銅廠

是廠所購用之銅塊，高下不等，中等者每百分含純銅九十六分，其餘四分爲養氣、硫、燐、矽等異質，皆可煉而去之，使成可軋之韌銅。廠中鎔銅之倒焰爐共六座，每二座相並合用一煙通，以備迭更修理。因蓋與底皆易燒壞，雖用不鎔之砂爲底，亦僅可用十五日，即須重修也。

每爐能鎔七噸半，燒火十二小時，熱力至千二百度而全鎔。工頭以小杓取出小塊，焠於水中使冷，打匾鏨開觀之，如含硫等質，即開其後孔，令空氣通入，與硫化合成氣質，由煙通散出；與燐矽等化合成渣滓，浮於銅面。每十五分時用小杓取出觀之，如燐等已盡，而但有養氣，則速封後孔，開其前孔，以木炭入爐中，鋪滿銅面以隔絶空氣，再以新樹枝，徑三四寸，長十餘尺，由前孔插入銅中，則多發炭養氣及輕氣，與銅内之養氣化合，由煙通散出。因其氣發出之力，能使銅汁滚動，故全銅内之養氣皆能去也。新樹枝每五六分時，必燒去一段，必再插入。工頭仍用小杓取去觀之，如已合用，即令二工人以長柄大杓入爐中舀出銅汁，傾於方鐵盤内。盤長二尺餘，闊約二尺，深七八寸，内面襯鬆泥一層，每大杓約容三四十磅，每盤約容一噸。一盤已滿，再傾入第二盤。而已滿者，銅面之木炭塊並渣滓一概去之。各盤皆滿，約待十分中〔鐘〕，結成定質，即用起重架提起其盤，翻過倒出於鐵車上，掃去其外面所粘之沙泥，即推至軸軋。

軸廠乘其紅熱，軋之五分時之久，軋過二十餘次，而成長五六丈、闊五六尺、厚二三分之板，即已冷而不能再軋。若欲更薄，則剪斷之，至塊長數尺，入倒焰爐，烘至紅熱，再軋之。

其鎔銅倒焰爐之式，煙通在爐之旁，另於銅膛一端之上，砌磚管斜通於煙通，以放出餘火。此斜磚管之下有孔，高闊各約一尺，即名前孔。新樹自此孔斜入，因在煙通之下，故雖不封塞，而外空氣透入，即隨餘火出煙通，而不到銅面。其煤膛與銅膛之間另有一孔，高闊僅三四寸，即名後孔。若欲去銅内硫等質，即開之，放空氣入爐經過銅面；若欲去銅内之養氣，則須密封此孔，絶不洩氣爲要。

其軋軸長六七尺、徑二尺餘，汽機有四百匹實馬力,能進退旋轉以軋之。

仲虎閲柏林谿克洛珀伏雷廠記

水雷造法。用上等鐵板厚約半分,剪裁作摺扇形,外面鍍鋅,圈成圓錐截形爲其旁;再剪成大小二圓塊,燒紅熱,夾入生鐵模中,在大螺絲壓器内壓之,令成摺邊,而中亦彎凸;先將底邊與中皆搥成孔,鍍以鋅,用帽釘與旁釘連;再將蓋邊與中亦搥成各孔,而鍍以鋅;乘熱與旁配連,用木椎四面搥,令配合在蓋邊已有之各孔内,鑽其旁之孔而稍小於此,各孔内絞成螺絲,用螺釘旋連,而水雷全殻皆成。次用煤氣、空氣相合,由管中噴出成火,噴於雷殻之接縫及釘孔處令熱,稍敷以鹽强水,用錫條銲其縫,因已鍍鋅,故用錫極易銲粘也。蓋水雷之體須輕,浮力方大,故必用薄鐵板。鐵板既薄,若用鏨艌其縫,難免不漏,故必用銲粘之法,方可免水漏入。

鐵板之面先鍍鋅,其益有二,一可免浸於水中有生銹之病,二易於用錫銲連。其鍍鋅之法,用生鐵鍋,長丈餘、闊二尺餘、深三尺餘、厚一寸餘,下燒火,中鎔鋅,鋅面加淡輕四緑,鎔如油,鐵件先浸淡硫强水洗去銹,自淡輕四緑所蓋之處,緩緩浸入鋅中,至全件沉没,少頃,將淡輕四緑油概去,露出極净之鋅面,即將鐵件自此極净面内緩緩提出,而鍍成之鋅面亦極光滑。其生鐵鍋長丈餘,因廠中欲鍍長鐵也。若專爲水雷,則長四尺已足用矣。

來信五十四號

連日與滿志豪生反復辯論，疊次電詢廠主，至昨日方儀〔議〕定，結找三萬五千二百十馬十七分，細賬另潔附覽。

所允許者四件，云凡柏林李某訂購者：一、不必托銀號擔保後半之價，以省銀號耗費；二、不論何砲械，均於價册净價内，情讓五釐；三、工竣前十四日邀請派員赴廠，按布國章程驗收；四、保、運各事，或另派他人，或托克鹿卜代辦，照原單給還，不必定由克鹿卜包辦，免加每百分十九分之雜費。

又與論定四事：一、十二生特砲合同用柏林所定；〈二〉、其天津付款九萬五千四十六馬亦劃作本廠收款；三、二十四生特砲係價册内去年舊樣，比新樣更重且較貴九百馬，據云舊樣實爲可靠，且砲已造成不便改换；新價册於前禮拜始交來。四、十二生特子大半造成，今補立合同，唯各價與於本年價册不符，而與前年價册相符。據云係天津擇定，今亦不便更换，然按近年所試，似須補購鋼彈爲是，乞裁定示知。

日前該廠堅稱"情讓與免擔保、雜費等事，本廠吃虧甚多，凡駐别國公使及别任公使勿援爲例，且此後南北洋須專用本廠之砲"，請弟將此二事作函允准，彼方答應各事。弟始終不肯作函，又論數日，彼始一一答應。然歷觀該廠語語游移，希圖矇混，一經指破，又詭詞搪塞者，已非一次，雖局面寬大而市井習氣甚深。日後交易，不可不慎密防之。

滿志豪生又與陳季同言天津節署、道署、上海道署俱有蜚語，謂弟常與商人來往，購辦不盡核實云云。大約即施米德等懷忌造言，或各省採辦員弁因失利藪，而爲此謠也。此間偶經商人轉手者，只密臘一人，然皮帶、盒、手槍、造子器、伏雷、馬槍等物，均經再四訪問、比較而方托訂定。各廠送來帶、盒樣尚存不少，價高貨劣者居多。唯電燈似太貴，然無可比較，且西門士實不能駁減，非密臘所能串通浮開。其餘苟可不用轉手者，莫不邀來面訂，或令陳季同往訂，各國軍火多由武隨員經辦。以冀價廉物精。諒蒙傅相燭察洞鑒，雖有蜚語，所不計也。

今格魯孫十二生特砲車計價三千二百五十五馬，十五生特者三千五百九十五馬，亦經陳季同與之訂定，連包扎送至漢布克船上，明日可書押付定矣。又，筱翁囑仲虎購手運之鑿山器一具，亦已發函，不日可購定運華矣。皮帶、盒已發運七千五十副，本月可以全數驗畢發運矣。毛瑟廠第二批二千五百桿，因萊因河水淹旬日，須俟本月中旬方可驗收。羅冷士銅殼等已運七百萬枚，唯今晨接電，知帕滂提士[一]船在紅海觸礁失事，大約此船載有銅殼等共四百萬、毛瑟槍二千三百八桿，均經保險，俟有詳信再行奉告。

其二十四生特子，七月間本與格魯孫議定開鑄，續因

[一] 後文又作帕旁氏斯。

克鹿卜再四勸令並購砲子,遂暫止格魯孫,而與克鹿卜續訂常彈一百、子母彈一百、鋼彈二百、引火七百,而令格魯孫改爲硬鐵彈二百,以合六月二十四日電示六百之數。因鋼彈爲克鹿卜專門,硬彈爲格魯孫專門,故節取之,以各用其長,諒蒙察照。

伏耳鏗所定雷艇,又經商改龍骨等事,以便拆卸、合攏。並電令在法之二藝徒趕速來德赴習,計不日可到矣。手泐,敬請

勛安

光緒六年十月初二日自柏林發,十二月初三日到津。

附上克鹿卜砲械賬(華文)。

克鹿卜砲械賬光緒六年十月初一日與滿志豪生結定。

西五月初四日定:十二生特砲十尊,每尊八千六百馬克,共計八萬六千馬克;車架十座,每座三千五百五十馬,共計三萬五千五百馬克;套車十座,每座八百四十五馬克,共計八千四百五十馬克;器具十副,每副二百二十馬克,共計二千二百馬克。

以上共德銀十三萬二千一百五十馬克。

西十月二十八日補立合同:十二生特常子一千枚,每百枚一千三百七十馬,共計一萬三千七百馬克;子母子三百枚,每百枚三千二百二十馬克,共計九千六百六十馬克;群子二百枚,每百枚二千三百四十馬克,共計四千六百八十馬克;引火一千五百個,每百個十四馬克,共計二百十馬克。

以上共德銀二萬八千二百五十馬克。

西九月二十六日定:二十四生特砲二尊,每尊六萬九千五百馬克,共計十三萬九千馬克;臺架二座,每座一萬六千四百五十馬克,共計三萬二千九百馬克;軌道二副,每副一千四百七十馬克,共計二千九百四十馬克;零件二副,每件一千零五十五馬克,共計二千一百十馬克。

以上共德銀十七萬六千九百五十馬克。

西十月初八日補立合同:二十四生特砲常彈子一百個,每個六十三馬克五十分,共計六千三百五十馬克;子母彈一百個,每個一百二十二馬克,共計一萬二千二百馬克;鋼彈二百個,每個二百五十六馬克,共計五萬一千二百馬克;引火七百個,每個八十五分,共計五百九十五馬克。

以上共德銀七萬零三百四十五馬克。

四共總數德銀四十萬七千六百九十五馬克,廠主格外情讓五釐(二萬零三百八十四馬克七十五分),計净價三十八萬七千三百十馬二十五分。先付一半,應德銀十九萬三千六百五十五馬克十二分。西五月間柏林已付六萬二千七百七十一馬克二十五分,西五月間天津已付九萬五千零四十六馬克。又,柏林付款,自本廠接閱疊購確信之日起,至續定二十四生特砲之日止,計七十三日,利息五釐,計六百二十七馬克七十分。今找付三萬五千二百十馬克十七分,統計各款半價俱作收訖。

來信五十五號

前禮拜滿士豪生議定後即回愛生。初七日接克鹿卜來函,洵頗誠懇,仍云“日後五艤永可情讓,而後半期銀號取保之事,將來不便再讓,因本廠吃虧太多,且各國俱經照辦,不應獨異”等語,弟即覆以“既經滿士豪生電請允准情讓,不應前後互異”。然該廠如此翻覆,日後議購鐵甲船之砲,必再費唇舌矣。

初四日陳季同與格魯孫議定净價,十二、十五生特砲車之外,又開念四生特硬彈,每枚九十八馬,且云前開八十三馬四者,乃一百三十八啓羅之舊式,今九十八馬者,係新式一百五十八啓羅。而歷查前開各賬,却未載明輕重。此雖該廠故以低價勾引主顧,然較之克鹿卜價,所賤已多,只可與之訂定二百矣。此次又申明連情讓之二艤在内,實係净價。

弟遂於初七日以電告,云“津砲款劃來〩〨〇〤〥馬;車架兩種,價〣二〨〥、因碼字〣二〨〨是“災”字,故以此碼代之。〣〨〩〨馬;毛瑟槍五千要否? 候電”。今初九日午接簡碼電覆“毛瑟五千全數添購”八字,遵已飛飭鋭飛電致英廠,切實駁減。俟購定驗收,即可發運矣。查砲車架向無現成,今既得净價,本應遵四十二號尊函,即日付定訂購。然查四十三號,則云祈即電示價值,以便匯款;又查四十四號,則云請將大小輪架、座架一併開單示知,以作藍本。細譯〔繹〕前後尊函,似初擬即購而繼思不購者,所以必用電報請示也。

谿克洛卜亦有覆函,云新舊伏雷皆三十二啓羅棉藥,若定造四十啓羅者,價四百馬,電池、電綫在内。弟查近經海部親驗,棉藥四十啓羅爲合用適中之數列,不應購三十二啓羅者矣。尊示全用乾棉藥且須購樹膠口袋,查引火處則用乾棉藥半磅,其餘應用濕棉藥爲宜;樹膠與繩網罩無異,因雷殼中,本不洩氣也,而繩網罩實賤於樹膠;然棉藥摇動易碎之弊,則樹膠、繩網罩同有之,不如用薄鐵筒裝儲棉藥,捱緊不動者爲最妥。中國各廠自造伏雷,宜明此意。

前日紅海來電,云裝槍及槍子之船既擱淺後,旋又開行,諒無傷損。前禮拜羅玲士槍子已發八百萬枚,半月後一千萬枚全可發運。唯槍及槍刃驗收、發運俱不能速,萬分焦灼,無法可施。前者毛瑟槍既經該廠剔净,而二千桿中,驗剔者五百餘桿,萬不能用者一百餘桿,兩人趕急查驗,每日不過七八十桿。而擦油擔擱,合攏擔擱,裝箱擔擱,火車擔擱,馬頭擔擱,既上船矣,每因未滿載而停泊守貨;既開行矣,又須沿途起卸貨物。此等遲誤,皆所難免。日後擬由公司信船運送,雖水力極貴,而可扣定日期矣。

德海部又試得雷艇中只用壓氣器,不必蓄氣櫃,因蓄氣圓球可由壓氣器上徑移於射雷筒也。遂與刷次考甫商明,將前訂三十四馬之蓄氣櫃減去一具,添購不用圓球、二千五百馬之射雷筒並架二具,以便馬頭試演,並可安設於尋常小艇之旁也。

承囑訪購各種電綫,曾閲數處。昨又偕仲虎往閲那哈洛(N□□)廠,即去年載生行定購電綫之廠也。小屋五六間,工匠數十人,僅造電報所用精細小件,其各種電綫向不自造,寸尺皆購自他廠。似中國欲購電綫,總應向英之昔爾乏唐、德之西們士定購,較爲可靠。去年俱有價單送上,昨恐價值未備,又函囑兩廠再行詳開净價。俟開到,譯送台覽。

昨接地中海來函,云願照伏耳鏗圖式、價值,亦四個月爲限,代造雷艇一艘,且云因争名起見,情願虧本,其合同俱照抄去之伏耳鏗合同,約定一二日間寄到柏林,書押付定。是雷艇兩艘,俱有着落矣。手泐,敬請

勛安

光緒六年十月初九日未刻自柏林發,十二月十四日到。

〈去信〉天字第五十五號覆五十三、四兩號來信

前月二十日接奉五十三號函,並抄寄所譯棉藥、雷説、俄購水雷合同,又雷艇合同各一摺,本月初三又奉五十四號函並克鹿卜砲械賬一摺,均敬聆悉。

比時即將雷説、棉藥各節分致東局、南局、寧局,作者仿製,購者留心。寄來雷樣僅到兩枚,下餘皆未到滬,想因輪船沿洋起卸耽擱,或夾板〈船〉遇西北風司令,以致遲來。此間擬待閣下所寄雷樣全到,即行仿造,無意購買。而望棉藥、槍藥甚殷也。

前於十月間函托代訪英國水師所購那登費砲價,務祈訪明後速示。因合同内有照英價結算,轉眼開春砲到,

即須與其結賬清價。或請尊處打聽明白後，如果英買價廉，即祈電覆，需費無多。

後膛銅砲，以螺絲代壓水櫃擠銅之説，本係仲虎兄初論，此間並無此語也。承示一切，已得其略矣。

滿士好生乃挨及[一]流商，舉止一切，已見一斑。弟芳揣之，當是老克鹿卜年高，不甚理事，而小克年輕愛奉承，所用之人，皆非從前正士，以致屢屢如此。中外人事，理性皆同，創業者所交所用，與守業者兩異也。洋商所爲者何？豈可信之爲君子。天下豈有孳孳爲利之君子乎？至於蜚語兩字，津滬毫無影響。且斯米德向來不但未説閣下半字壞話，且亦未聞其提及也。只有聞其謁兩廣、兩江，盛説李大臣買更好，並且勸此兩處歸於一處，統照尊處辦理。除此而外，則中堂署中、弟藻署中、滬道署中，近皆與其無往來，且並不到也。斯米德從何而説耶？竊恐來説是非之輩，即係是非之人。彼此幸勿墮其奸計也。

來函謂十二生特之子補購鋼彈，請尊意酌添。更好一號吸水機器，弟均[二]已收到，可自行仿造五六號者。至鑿石器具猶未收到，皮帶、盒亦未聞到滬之信。所到之槍四千四百十六桿，比前購馬槍頗少零星器具。其鋼簧、子鈎，每槍必須一副也；拆裝手器，十槍必須一具也。以後所收之槍，必須添此，其〈已〉發運者，應請補之。此間各營比較特甚，實難相歧，弟等曾於五十三號函内陳明

[一] 即埃及(Egypt)。

[二] 即王德均。

矣。帕滂提士船如果屬實，即請速補爲要。雷艇、魚雷、伏雷，已蒙派生徒習學。而海口布置、伏雷用法，仍望閣下能否商之德國兵部，令王得勝與生徒等求盡其妙。敝軍械所前年第二十七號信内托代訪詢德之武庫法度，未識已有張本否？承允抄賜日記，此等事件想已在日記之中矣。專肅布覆，敬請

勛安

光緒六年十二月二十二日發。重四錢七分。

此信照樣兩封。一交文報局由地中海水路遞，一交穆鄰德由恰克圖旱路遞。

來信五十六號覆四十七號去信

前二十一日午刻接電示"車架兩種照購，毛瑟已電覆，如好照購"等字，遵即函催葛魯孫開送合同，並詢前所許讓之二釐。昨得回信，云二三日間廠主親到面商。不知尚有周折否也。

昨晚接四十七號尊函，敬悉一切。

承示密臘不妥之處，今晨邀到面詢，並檢示合同。據云每百枚有一二枚不着火者，容或有之，如果實有二十餘枚，理宜退還，賠繳全價，渠即函飭魯德孟赴津查看。請就近發還，並令賠繳，以示懲戒。洋商圖利欺人，乃其通病，雖克鹿卜等極大之廠，無不如是。密臘貌似謹愿，猶所不免，益見辦事之難矣。其金陵造藥器，實爲台辣所給，去年在英已確有所聞。其北洋電綫，實係西們士之

貨,不知何以無用。查各國電綫,以昔爾乏唐、西們士爲最良,價亦最貴,遠勝於去年載生行代購小鋪轉手之貨。前月函令詳開十六種綫價,迄未開來,其不肯急就,亦與他廠不同。

敝處採購全未專托密臘,不過裝運等事偶資熟手而已。即皮帶、盒、電燈等,均經面訂於前,驗剔於後,絶不受其欺朦。惟槍子六十萬枚遠在英國,不能專人往驗,致有是誤。今由陳季同、芬鋭飛驗收羅玲士九百萬枚全數發運之外,曾經密臘在英補購一百萬枚,亦由密臘力保,未派專人往驗,適於前禮拜發運,其價亦已付訖。今又令密臘加具保結,載明"倘此次一百萬槍子到津,查得不及羅玲士之物,定將全價及運、保費賠繳,永不再令經手"等語。

此間有照布兵部式定造驗子器全副,不日可寄送尊處備用也。棉藥之用於水雷者,每一英磅二昔林三邊士,用於礦工者一昔林九邊士,每德國百磅合一百十二英磅,俱運、保在外,其較賤者不可靠。重裝槍子之小銅帽,每千枚四馬克,可照布國驗收,運、保亦在外,其較賤者亦不可靠。擬酌購四百萬枚,正月初旬可以發運。裝子之器固以維丁爲最精,然價太貴且不能分用,今已向力拂訂購,具詳前函。又,力拂造子器旬日間可以造齊。

克鹿卜二十四生脱砲及子二月間可以交卸,其十二生脱十尊昨十八日來函催收。二十日令徐仲虎、鄭清濂往驗,兼閱廠工,今夕十一點鐘回柏林。據云抵廠時,十砲久經驗試,已抹油粉,其車架等大半裝箱,委係新製,惟細賬尚未開出,不能逐件查點,尚有零件未經造齊。良因印板合同内，但混稱“派員驗收”，亦可譯作點收。又混稱“該廠總監工每砲演放十次”，而無“派員逐一量核，眼同演放”之語，量驗之器甚煩，一時亦未能備。從前面允俱無實據。雖與理論亦已無及，只可照合同中送至天津，倘三十日内驗有不符，發電退還而已。廠商之狡獪含糊，類皆如是。方知特來、士台耶[一]、羅玲士、毛瑟等廠之任從驗剔，較之克鹿卜，實有正譎之别矣。

承囑每槍須編華碼一節，奈芬鋭飛不識華碼，且未備華碼鋼戳，今第一萬桿内未發運者僅存千桿，只可請於到津後飭匠加戳。一面此間將未運之第二萬桿自津一〇〇〇〇一萬號編至津二〇〇〇〇二萬號，其碼戳大約照此大小，印於槍之靠身一面廠名洋字之前。

又，葛魯孫開來之造銅砲機器價單，譯送台核。中國初試鋼銅，不須大做，然廠主屢謂局面太小，不甚合算。此外尚須雇一鎔銅匠頭，兼配機器。唯查單内各價昂貴異常（經仲虎兄與前購山東機器價目核對，貴賤懸殊，恐不合算），不知何故，尚容逐件推求其故。且大約剸〔車〕、鑽、刨各器及一切雜用之件，中國大半已備。請稟明伯相，專委筱翁逐一查核，何者應駁，何者已備，何者應添，並繪畫原有廠基、機址詳細地圖寄示，以便與該廠商議訂定也。昨又致函該廠，改估少做各機之價，亦云廠主可帶來。

英國伯明恩毛瑟槍五千已照來電訂購，唯初云連刀三十五昔林，繼云並不連刀，及再四致電，論定連刀三十

[一] 後文又作士旦耶、士台阿。

六昔林,已具合同矣。而今日來電,云實係尖刃而非刀頭,且云下月方可往驗。須再與論定,方可派芬鋭飛赴英也。

其第一萬桿内毛瑟廠之槍,初批由比利時海口陸續發運,繼嫌其太遲,將續批改送馬賽公司信船,以期迅速。豈知路非孔道,周折更多,又須守候法兵部護照,其水陸運費亦較昂貴。原合同内包送比利時海口,今改送馬賽,所溢之款廠主不認。再四訪問,實無善策。擬將克鹿卜砲或托該廠運送,或托密臘運送,令將原單送驗,以搭附漢倍克輪船。每月開行一次。或可較省周折也。

承詢𠔢銅係何物,查"𠔢"即燐火,爲化學中之一種元質,英名"發司發拉士"。此質喜與養氣相合,凡銅得𠔢則堅而韌,而銅質亦喜養氣,一得養氣則鬆脆易裂,故鎔銅者欲加𠔢而不加養。各國屢試,久無善法。今有三四廠能造𠔢銅,刷次考甫其一也。其法不過以純燐包封於薄銅皮匣内,投入已鎔之銅中,銅面加木炭,以收空中養氣,不令入銅而已。唯其火候、分劑最難察伺,故每秘不示人焉。

筱翁囑購之鋼件等,已於本月初二日發運。本價七十二鎊十二昔三邊,運至上海水力二鎊十二昔三邊,保費一鎊十昔三邊,運至天津二鎊六昔九邊,俱經付訖。手泐布達,即請

勛安

光緒六年十月二十三日自柏林發,十二月二十九日到。

再啓者,今晨正封發間,葛魯孫廠主携到續開之減估

造砲器價單,今並亟令譯出呈核。且云砲車等合同明日送來,實係凈價,分毫不能讓,特來面懇云云。謹以附聞。

葛魯孫來函

前送到天津之〧〨〥脫[一]之鋼銅砲,係先照常法以銅鑄成,又用擠法將内面擠成堅而脆,仍令外面軟而韌,向來凡用銅砲之弊,兹皆免之。如用之甚久,漸漸漲大,其弊病亦不過與鋼相等而已。其别種利益與尋常銅砲無異,一用至廢壞尚可重鑄,二不發銹。且鋼砲不過一二廠能造,惟銅砲則設廠仿造甚易。本廠用法國簡便之後門式,而參用白洛得懷爾圈。此外,凡砲内所用彈藥,與布國鋼砲相同,况此砲用銅箍新式之彈,已較良於布國舊鋼砲矣。今本廠爲布國拜晏、荷蘭、土耳其、西班牙代造製銅砲之機器,今又與比國訂造。又,奥國、意國亦用此法,而其機器非本廠所造。奥國陸路全用此種砲,今並將攻城、守城砲亦漸漸改用之。布國因欲趕造攻守之鋼銅砲,故又向本廠添訂機器。今將各機器詳述如左。

造鋼銅砲之機器價單

每年造陸路砲三百五十尊,或十二生脱者三百尊,或十五生脱者一百五十尊,或二十一生脱者田雞砲一百十尊。今將各價詳列,連裝箱運送漢布克海

[一] 此處用蘇州碼子記數,應是七.五、八.五脱。

口費在内。

一、鑽砲廠各件。四十四雙汽筒汽機一副,其漲力可至五倍天氣,重九千啓羅,價一萬四千三十馬。鍋爐三座,每座兩火管,每座有火切面三十五方邁當,重二萬四千七百五十啓羅,價一萬四千四百馬。隨鍋爐之零件三副,重八百啓羅,價二千四百馬。火爐、火栅等件,三千九百啓羅,價二千二百四十馬。添水器一具,重一百五十啓羅,價六百六十馬。輪軸二百三十邁當,重一萬一千五百啓羅,價八千五百四十馬。移動起重横梁二副,可起六千啓羅,每副上有二個行架,共重一萬啓羅,價九千五百七十馬。

磨光砲身並做來復綫之器,合於各砲内膛,可造三萬邁當長之來復紋,重一萬一千五百啓羅,價一萬四千馬。鑽砲内管之器四具,合於各砲内膛,一切隨件俱全,惟無鑽桿,可長三千六百密理邁當,重六萬八千啓羅,價八萬二千一百馬。

剌〔車〕砲器四具,可剌〔車〕外面,並可截去浮渣,合於各口徑,其半徑高七百五十密理,長五千二百密理,重六萬八千啓羅,價八萬九千馬。剌〔車〕砲耳器一具,合各砲内徑,七千五百啓羅,價一萬一千六百四十馬。平卧刨兩耳間之器,推路半邁當,各件俱備,八千七百五十啓羅,價一萬二千八百二十馬。剌〔車〕後門螺紋之器,其半徑半邁當,長四邁當,各件俱全,重八千三百啓羅,價一萬九百馬。

平卧刨去後門螺紋三道空隙之器,各件俱全,八千二百啓羅，價一萬二百五十馬。𨋹〔車〕砲後門鋼圈槽，一切俱全，尖高五百密理，中間長四邁當，重八千三百啓羅，價一萬九百馬。平卧鑽器，可穿引火孔及砲上他孔並活動之臺，可鑽三百五十密理邁當内徑、九百密理深之孔，各件俱全，重八千二百啓羅，價一萬二百五十馬。長刨，可截浮渣，循齒條而行，各件俱全，刨面可長五千密理，寬高俱一千七百密理，重一萬六千五百啓羅，價一萬三千八百十馬。刨凹凸之器，各件俱全，寬二百五十密理，長六百密理，重一千一百啓羅，價二千四十馬。刨長孔之器，可穿横拴之孔，其孔可長四百密理、寬三十五密理、深一百九十密理，重八百七十啓羅，價二千一百八十馬。直鑽，可鑽内徑七十密理、深二百五十密理，離心最遠可到九百五十密理，各件俱全，重二千三百啓羅，價三千七百二十馬。靠壁直鑽，下有可側轉之桌，可鑽徑五十密理、深一百八十密理之孔，各件俱全，重六百三十啓羅，價一千一百八十馬。𨋹〔車〕床，可𨋹〔車〕各種鑽桿，亦可造螺紋桿，各件俱全，其半徑四百密理，長五千密理，重六千三百啓羅，價八千五百廿馬。大小各刨床八座，可造後開門各零件，共重二萬二千四百啓羅，價三萬四千二十馬。小刨床一具，以刨光後門零件，各件俱全，可長一千四百密理，高寬俱五百七十密理，重一千六百五十啓羅，價二千六百三十馬。擠内管之櫃，合於各内徑，最大漲力五十萬啓羅，進退路四千二百密理，重三萬九千啓羅，價五萬一千二百五十馬。

分各種碎屑之器並電池全副，重一百啓羅，價四百四十馬。試牽力、折力之器並取水器，四千四百啓羅，價九千六百馬。墜錘，可以擊破碎廢料，一具，重四百啓羅，價六百三十馬。大平鐵板，寬二邁當，長四邁當，重四千七百啓羅，價五千七百七十馬。安砲身之架以細查内膛者，重一千啓羅，價五百八十馬。磨石並槽連革帶、輪軸兩副，重一千四百啓羅，價一千三十馬。

平行虎鉗十六具，一千四百啓羅，價二千二百二十馬。每鉗有一鑽桿，桿上有鋭端，可鑽八、九、〡二、〡〨生特之砲及二十一生特之田雞砲，共重七百啓羅，價一千三十馬。每鉗有第二次鑽桿及各徑之鑽，三百五十啓羅，價六百十馬。每鉗有第三次鑽桿及各内徑之鑽，七百啓羅，價一千三十馬。每鑽桿有刻來復紋之器，一千五百啓羅，價四千三百四十馬。每刻來復紋之器有相連之桿，七百啓羅，價一千五百三十馬。

各種零件，如規義量徑之義量尺、平行尺、定平尺、酒準、鐵錘、螺絲、鑰及鑽柄、鏟柄等件，共重一千二百啓羅，價一萬一千五百六十馬。運砲身之車，一千啓羅重，八百九十馬。

以上共重三十六萬五千八百啓羅，共價四十六萬四千三百十馬。

二、鑄砲廠各件。二十四馬〈力〉移動汽機，一切俱全，用人力添水，計重八千五百啓羅，價一萬四千八百馬。吹風機一具，各件俱全，重八百啓羅，價九百六十馬。磨砂土、筆鉛、木炭之磨三具，重一萬一千四百啓羅，價七千三百六十馬。鐵軸，長十五邁當，重七百五十啓羅，價五百五十馬。横梁起重架，可用人力，上有行架二具，每具可起六千啓羅，重一萬啓羅，價八千八百五十馬。

鎔銅爐一具，每點鐘可鎔三十啓羅，計重四千啓羅，價二千六百十馬。吹風管，長十邁當，重六百啓羅，價三百馬。鎔爐兩座，上連需用鐵架條等，四萬啓羅，價二萬三千二百馬。造泥罐之窰所用鐵架，一千二百五十啓羅，價一千一百六十馬二。烘乾房之鐵件，重三千四百啓羅，價二千一百八十馬。

小起重架一座，以人力可起五百啓羅，可配兩鎔爐之用，七百五十啓羅，價八百二十馬。盤車，可起五百啓羅，以備鎔銅爐之用，其重三百啓羅，價三百馬。天平一座，可秤一千啓羅，重四百啓羅，價五百馬。運砲身之車，一千啓羅，價八百九十馬。小鐵車三架，以運砂土、煤炭及煤渣之用，重二百啓羅，價一百九十馬。酒準、量器、土錘等件，重八百啓羅，價八百九十馬。

以上共重八萬四千一百五十啓羅，共價六萬五千五百六十馬。

三、模廠各件。�〔車〕木模之床，半徑高二百七十五密理，長四千密理，各件俱全，亦可�〔車〕更大之物，因物既釘固於圓面，可以夾刀也，重一千五百啓羅，價二千二百馬。圓鋸，徑五百五十密理，有鐵桌可以側轉，各件俱全，重八百啓羅，價一千三百十馬。刨架五具，各件俱全，重六百五十啓羅，價一千四百六十馬。鐵軸，十五邁當，重七百五十啓羅，價五百五十馬。以上共重三千七百啓羅，共價五千五百二十馬。

四、熟鐵廠各件。汽錘並鐵砧全副，其錘二百五十啓羅，共重五百六十啓羅，價四千七百七十馬。吹風器，二百八十啓羅，價五百二十馬。五匹汽機，爲吹風用者一具，其汽自鑽砲廠通來，重一千六百啓羅，價二千二百五十馬。打鐵爐五具，並通水器、打鐵砧，共六千六百啓羅，價四千四百馬。可運動之打鐵爐連虎鉗，重三百啓羅，價六百十馬。隨打鐵爐有彎鐵之孔板二件，又攤平之板及虎鉗各一，共重二千二百啓羅，價一千四百二十馬。吹風管，長二十五邁當，重七百五十啓羅，價四百二十馬。以上共重一萬七千三百三十啓羅，共價一萬四千三百九十馬。

五、棧房各件。天平一具，可秤六千啓羅，以秤砲胚輕重，其重一千一百五十啓羅，價一千三百二十馬。又天平一具，可秤一千啓羅，其重四百啓羅，價五百十馬。又天平一具，可秤五百啓羅，其重三百啓羅，價三百七十馬。以上共重一千八百五十啓羅，共價二千二百馬。

六、運水各件，此器合於全廠之用，並可救火。

有戽水器一具，每點鐘可起二十五立方邁當之水，其汽亦從鑽廠通來，其重八百啓羅，價二千三百三十馬。高處水櫃一具，容水二十立方邁當，其重四千啓羅，價二千五百九十馬。一切運水之管，八千啓羅，價四千七百馬。以上共重一萬二千八百啓羅，共價九千六百二十馬。

七、油汽燈，可燃三百燈。有蓄汽櫃一具，濾汽櫃一具，油鍋四具，及火爐、爐管等。共重一萬三千啓羅，共價七千七百六十馬。

八、大概物件。水龍一具，重七百啓羅，價二千三十馬。高臺上時鐘，重二百啓羅，價六百六十馬。風表，重四十啓羅，價一百五十馬。鐵路條四百邁當，每邁當每八十啓羅，共重三萬二千啓羅，價九千六百四十馬。換路鐵圓盤七具，一萬五百啓羅，價七千六百二十馬。以上共重四萬三千四百四十啓羅，共價二萬一百馬。

以上八宗，共重五十四萬二千七十啓羅，共價五十八萬九千四百六十馬或二萬九千四百七十三鎊。

西十一月初六日　葛羅孫廠主開呈

葛魯孫續呈造銅砲機器價單十月二十四日巳刻開來。

每年造陸路砲，或十二生脫、或十五生脫者六七十尊。

一、鑽砲廠各件。三十四馬力卧機一副，重八千啓羅，價一萬二百馬克。雙火管鍋爐一座，有火面質五十方邁當(五倍天氣),連零件重一萬二千啓羅,價六千五百馬。

剌〔車〕砲器一具,並可截去浮渣,合於各口徑,重一萬七千啓羅,價二萬二千二百五十馬。鑽砲内管器一具,可鑽八、十五、二十一生的邁當砲内徑,重七千啓羅,價二萬五百二十五馬。磨光砲身並做來復綫之器一具,重一萬一千五百啓羅,價一萬四千馬。剌砲耳器一具,合各砲内徑,重七千五百啓羅,價一萬一千六百四十馬。平卧刨兩耳間之器一具,推路各件俱備,重八千七百五十啓羅,價一萬二千八百二十馬。

剌〔車〕後門螺紋之器一具,重八千五百啓羅,價八千馬。平卧刨後門螺紋之器一具,重八千二百啓羅,價七千馬。平卧鑽器一具,可穿引火孔及砲上他孔並活動之臺,各件全重八千二百啓羅,價一萬二百五十馬。長卧可截浮渣器一具,循齒條而行,各件俱全,刨面可長五千密理邁當,寬高俱一千七百密理邁當,重一萬六千五百器羅,價一萬三千八百一十馬。刨凹凸之器一具,各件俱全,重一千一百啓羅,價二千四十馬。刨長孔、横孔器一具,重八百七十啓羅,價二千一百八十馬。

大小各俥〔車〕床八座,可造後開門各零件,共重二萬二千四百啓羅,價三萬四千馬。擠内管之櫃一具,合内〔於〕各内徑,最大漲力十五萬啓羅,重一萬九千啓羅,價二萬九千馬。一切電池、錘櫃並廠中應需等器，重一萬啓羅，價一萬五千馬。

二、鑄砲廠各件。一切器具，照前單減少足供配用者，共重四萬啓羅，價三萬馬。

三、模廠、熟鐵廠、棧房項下一切器具，照前單減少足供配用者，共重一萬八千啓羅，價一萬五千馬。

以上統共重二十三萬四千五百二十啓羅，共價二十六萬四千二百一十五馬克。煤、水各器管及零星物件價不在内。以上價值均連送至漢倍克船上運費、包扎費估算，的係實價，不能扣讓分文。

卷十　光緒七年正月十七日起
至三月二十八日止

目录

期,定造第二雷艇,鑿山器價,薩士布槍,船上克鹿卜三十半生特砲價,驗槍

來信六十二號　覆五十一號去信,發各物電報,電燈汽鍋甚好,十五生特砲車圖克鹿卜已送來,那登費即編銃

來信六十三號　覆五十二號去信,米太來司槍,發槍子及十二生特砲子,維丁裝子器,詢添造銅帽、鉛箭之器否

去信五十九號　覆六十一、〈六十〉二兩號來信,槍價隨運示知,詢薩士鉢是否王得勝帶來用毛瑟子之式,兩鐵甲上大砲奉諭只買一船

來信六十四號　覆五十三號去信,鐵甲電,發毛瑟槍數,購獵槍用螺簧、彈鈎等件,穆領事事,第二鐵甲,擬購伯明恩精槍四五千桿

來信六十五號　發毛瑟槍數,力拂造子器已成,雇監工否,訂第二鐵甲

去信六十號　覆六十三、〈六十〉四、〈六十〉六等三號來信,毛瑟本廠兵槍均裝箱不好受傷,輕槍能否改配三棱槍頭,那登飛寧閩皆能造,造子洋匠須記其名,詢丁中丞譯天下圖

去信六十一號　來函所説毛瑟一批已成不必退,請飭裝箱者務要裝固

來信六十六號　運伯明恩明槍五千,素令恩刀頭五千,船名,詢再購伯明恩精槍否,詢收槍數

去信六十二號　覆六十五號來信,裝箱不緊、折斷槍把等處,伯明恩五千桿照定,請分清水脚、雜費

來信六十七號　覆五十四號去信,馬槍不合用令魯德孟繳價,發毛瑟槍,葛魯孫廿四生特及杜屯好甫藥裹數,托辦季荃方伯輓聯

〈去信〉天字第五十六號

去冬十二月二十二日肅泐第五十五號蕪函，由地中海水道遞呈，計可仰邀電鑒。

除夕奉傅相面諭，接醇邸來函，擬購克鹿卜七生脱半後膛砲八尊，已由敝處查照該廠價目原單，加添兩尊，合成八尊，摘送傅相函覆。一俟再接醇邸回信，即當發電，請由尊處定購。但恐電音在先，而此信在後耳。

克鹿卜七個半生脱砲，德國營制每營六尊，現擬購八尊，則砲車、子藥箱及副車、子藥箱只須隨添兩份，其別項一營共公之車可無須添矣，因其來函係一隊用，非二隊也。兹特將砲位、砲車架等件並各種子彈，摘録去年價簿馬克數目，開摺寄呈，以備核對。現在有無增減，除讓若干，應請執事辦理，必臻妥善。惟六套馬鞍，京中可以自製，且外國馬匹身量較大，而價值亦較中國貴至一倍，可以不購，已經函覆，由京自製以省繁費。所開另添之二尊廠價，亦係在該廠六尊原單數内劃核，亦乞電鑒。子彈每砲必須配八百出，應否向葛羅松定購之處，統祈大才察酌辦理。其砲位必須新式用銅箍子、其身量最長者。

倘醇邸覆信一到敝處，當即由電先匯價銀二萬兩，托滬關買鎊寄上。此種砲位係該廠應手之件，一面訂購即能開造，大約兩三個月或可造齊起運也。倘若電音先到，務乞速辦，並電覆交砲之期，至爲盼禱。專肅，敬請
春祺

愚弟鄭〇〇 劉〇〇頓首

光緒七年正月十七日

此信照樣兩封。一由旱路,一由水路寄柏林。

外附清摺一扣。

再,新年以來連接五十六、〈五十〉七、〈五十〉八三函,因事關東、南兩局,須會齊商確者,更有告假未回者,一俟商妥,即當函報。近日東局許涑文印其光觀察之外,又添潘梅園觀察印駿德,潘芸閣宫保之世兄也,特此告知。

曾蘭生長子之事,已由〇等先屬其寄錢了局,而後呈信中堂。因中堂之三先生及堂姪皆病故,心緒不佳,未便再煩生氣。今日弟芳晤蘭生面,云其款已遵交天津領事穆鄰德寄去矣,特此附告。

弟藻〇 含〇又頓首

〈克鹿卜砲價〉

七個半生的密達來福後膛陸路隊砲,管徑七十五密理密達,管長二千密理密達,除砲門管長一千七百九十五密理密達,連砲門每重三百看羅。

六尊,廠價一萬七千八百二十馬克。

另備砲門一副,重三十八看羅。廠價五百四十五馬克。零件箱一隻,重十二看羅。廠價七十八馬克。

砲車六輛,每輛重四百四十二看羅。廠價一萬一千零四十馬克。又器具六副,每副重十八看羅。廠價一千零二十馬克。

彈藥箱車六輛，每輛重四百六十看羅。廠價一萬零零二十馬克。又器具六副，每副重六十五看羅。廠價二千三百四十馬克。

彈藥什物連環箱車六套，每套重一千零四十看羅。廠價二萬二千八百馬克。又器具六副，每副重九十五看羅。廠價三千三百六十馬克。

車輪什物連環箱車一套，重一千零六十五看羅。廠價三千一百八十馬克。又器具一副，重五百六十看羅。廠價一千五百六十馬克。

修理物件箱車二輛，每輛重一千二百七十看羅。廠價六千三百六十馬克。又器具二副，每副重三百四十五看羅。廠價二千一百二十馬克。

修理鋼鐵爐車一輛，重一千三百零五看羅。廠價四千四百馬克。又器具一副，重四百十看羅。廠價六百六十五馬克。

又加添兩尊，廠價五千九百四十馬克。

砲車二輛，每輛重四百四十二看羅。廠價三千六百八十馬克。又器具二副，每副重十八看羅。廠價三百四十馬克。

彈藥箱車二輛，每輛重四百六十看羅。廠價三千三百四十馬克。又器具二副，每副重六十五看羅。廠價七百八十馬克。

彈藥什物連環箱車二套，每套重一千零四十看羅。廠價七千六百馬克。又器具二副，每副重九十五看羅。廠價一千一百二十馬克。

應配子彈：

每尊配雙層生鐵銅箍開花子五百顆，共四千顆，每顆重四看羅二分，廠價八馬克半。共三萬四千馬克。

每尊配銅箍子母彈二百顆，共計一千六百顆，每顆重四看羅一分六五，廠價十四馬克四五。共二萬三千一百二十馬克。

每尊配群子一百顆，共計八百顆，每顆重四看羅二分，廠價七馬克四五。共五千九百六十馬克。

以上砲價、子價，統核十七萬三千一百八十八馬克。以上摘録克鹿卜廠價原單，請查明有無再減。

來信五十七號覆四十八號去信

本月二十七日接四十八號尊函，承示面奉傅相兵槍只求内精、不圖外貌之諭。奈毛瑟合同有二十六、三十四、四十九等價之槍數，實已在再四駁定，良因物有精粗，既不能概從二十六，又不能概從三十四。今已久訂合同，不克更改矣。請稟明之。

尊處致們士好生之洋函已送去，息必格賬亦已函催。今帶、盒萬副俱由王弁督匠驗畢，均有"明月前身"之圓印作識，惟第一箱僅在封箱處加印。今一萬副外，有樣子三全副，又護照星三件、刀鞘三件、子盒三件，係備補餘件，乞查收爲感。其第七十六箱内，只帶、盒一百副，附有王弁之地圖十一幅、陣法書二册、新聞六本、玻璃電池一份，乞收存，俟王弁到津具領。

葛魯孫送來砲車圖,與克鹿卜稍有不同,又經駁問未覆。伯明恩之槍,再四辯論之後,探知其槍係該廠現存,而其刀係商購德國之索玲恒[一]廠,尚未訂定,遂令芬鋭飛馳往索玲恒,徑與另購,俾伯明恩廠無刀可配,不能居奇。一面電詢伯明恩廠,除刀二十九昔林,否則不要。而接其覆電,果有應允之意。冀可兩處合算,連刀三十五昔林矣。前日合同稿已定三十六昔林,而該廠猶只配尖刃,苟非釜底抽薪,必至再加二三昔林。甚矣!商廠之貪得無厭也。

前日接一函,係巴公使批飭德意志薩孫國之鞋作貧婦叩閽狀詞數千言及照相一片,係前年曾蘭生之子在佛來布克礦學之時,誘奸其女,私生一子,曾經上海德國總領事代寄酬資,今尚少三百馬克。巴公使不以狀詞交總署而交敝處者,因疑是敝處官學生,不令出醜,實是一片好心,可感之至。望即稟明傅相,迅飭曾蘭生,仍托上海德總事匯寄三百馬克以彌縫之。能將私子收回,尤爲妥當。否則一再訴告,懸壑難饜,行將持抱私兒到使館滋擾,頗於中國體面有關。其狀詞内稱其人現任直隸唐山礦務總監督,未知果在何處也。母子照相一片附呈。手泐,敬請

勛安

光緒六年十月二十九日柏林發,七年正月十五日到。

[一] 後文又作索玲恩、素令恩。

來信五十八號

前期發信後，即與伏耳鏗先訂一鐵甲船。初一日傍晚書立合同略稿，各畫押，初二日又面定數事。初三日即發電報，云"鋼面鐵甲在德已定一艘，價六百二十萬馬克，砲另加"等字，諒已由滬關轉呈傅相矣。近日將海部原合同每日令金楷理上午與弟、下午與仲虎趕譯，再十日方竣，可以按照辦理。並已一面查核英、法各廠開到數細，大約英之達眉士、帕麻耳兩廠較近，擬全抄伏耳鏗合同以示該廠，或可亦訂一艘也。今晨仲虎、金楷理赴伏耳鏗快船下水之請，弟令明日順便率同藝徒查驗雷艇料件，並令該廠主於十一月訂同海部總監造，來商合同内各事。先將已譯各節先行商改訂定。

克鹿卜十二生特砲及子第二批價已於前二日付訖，訂於今辰〔晨〕運送漢布克上船。其葛魯孫十二生特子，訂明日令陳季同、王得勝往驗收。其砲車二十副，又經再三面論，始允照讓二釐。今十二生特車三千三百二十四馬，前開三千二百五十六馬係輕砲之車，應用重砲之車。十五生特車三千五百二十五馬，俱漢布克上船交卸。前二日已付價三之一，限兩月工竣驗收矣。

索玲恩之毛瑟刀頭，經芬鋭飛往議，每件五昔令，倫敦海船交卸，亦照布國驗收。是連槍共計三十四昔令，實爲便宜之至。訂於西國元旦後往驗發運。王得勝定於新正十一日自馬賽起程，近日令將不緊要之行李、書籍先送漢布克輪船運華,以省耗費。

昨初七日接到滬關寄來克鹿卜砲之收單一紙,計四千七百三十鎊,合銀一萬八千五十四兩八錢七分。而據們士好孫前月劃算,爲九萬五千四十六馬。

旬日來弟與各員均有感冒,唯隨員劉季翊字鶴伯,江西人。於前月二十五日起病最劇,延其親信之西醫診治網〔罔〕效,本月初五日晚溘逝。料理殯殮一切,並照水陸運送章程,須交官醫院吹灌藥水等事,極爲周折。今年柏林天氣陰濕,感冒傷肺而不治者甚多,西國醫藥尤爲華人所不宜,奈何奈何。將來或添調醫員,以爲未雨綢繆,庶幾亡羊補牢,尚不爲晚耳。

正封發間,接馬賽公司來信,云毛瑟槍一千一百五十二桿已下船,十二日可開船,其餘亦由該廠陸續送至馬賽公〈司〉,截至明春中曆二月杪,一律發運清訖。又,倫敦之錫耳乏唐即西麗瓦敦。電綫廠昨送來各種電綫價單,今先趕譯,送呈台覽。又,柏林之西們士廠項亦開到價單,須俟金楷理回館譯出呈覽。手泐,敬請

勛安

光緒六年十一月初九日柏林發,七年正月十五日到。

附呈清摺一扣。

計開　錫耳乏唐覆函並價單

收到尊函,遵開各號電綫價單及圖。從大河渡過之電綫爲最大,過小河者爲最小。其岸上電綫,惟第八號爲中國最合用。其中鐵電綫之價,須按隨時

鐵價以爲低昂。

倫敦西十二月初七日

水雷電綫：三百二十一號，四心，每英里長一千七百六十瑪，價二百八十五鎊。三百九十四號，單心，每英里長一千七百六十瑪，價九十七鎊。三百九十五號，七心，每英里長一千七百六十瑪，價四百二十八鎊。

以上三種用印度樹膠包之，與英國國家所用者相同。

過水電纜：二百四十八號，深海用，每英里重一噸半，價一百二十鎊。一百六十五號，尋常海用，每英里重五噸，價一百九十四鎊。一百六十六號，尋常海用，每英里重十五噸，價四百三十八鎊。又一種六百十二號，尋常海用，每英里重八噸，價二百鎊以上，用葛代巴削（即硬樹膠）包之。

岸上電綫：第四號鍍鋅之鐵綫，如購五百英里者，每英里重七擔（約七百八十四磅），價每噸十五鎊。第八號鍍鋅之鐵綫，如購二百英里者，每英里重三擔，價每噸十八鎊。第十一號鍍鋅之鐵綫，如購五十英里者，每英里重二擔，價每噸二十一鎊。第十六號鐵綫，每英里重二磅，價每噸三十六昔令。

雙層阻電磁杯，每一英里應用二十五枚，其式爲二百六十四號，每枚一昔令。

鐵鈎，用熟鐵鍍鋅，連釘及螺絲，每英里應用二十二枚，爲二百七十八號，每枚十本士。

接連單圈，每百個阻電磁杯應備五圈，爲三百五十三號半，每圈一昔林六本士。

銲藥，每英里用二磅，每磅價一昔令二本士。

桿頂罨以白鉛爲之連釘，每英里應用二十二個，爲三百六十號半，每枚八本士。

發電房相通之綫，外包樹膠，每房應備一百五十英尺，爲三千四百七十六號，每英里之價四十五鎊。

摩司氏電器，從前已售於中國，每一具價二十鎊十昔令。

勒克郎瑞電池，每池有十個第三號之瓶，每一池價二鎊二昔六本士。

以上價外，須加裝箱，惟倫敦下船費在內。附圖一紙。

來信五十九號覆四十九號去信

昨十三日接到九月二十二日四十九號尊函，縷覆各節，一一敬悉。

其裝子藥之器，曾與力拂定購，久付定銀，較維丁賤而適用，因有款可付，是以未發電請匯。其克鹿卜十二生脱砲械及子，已托密臘由漢布克發運，明日開船。葛羅松十二生脱子四千枚，亦於上旬經陳季同、王得勝照章驗收，因漢布克船已滿載，不能復載，俟下月可以上船。砲車及二十四生脱子，訂定正月中旬完竣。

其慣熟放魚雷之人，廠中最精熟者惟廠主之婿喀士洛甫基，萬不肯遠行，此外皆粗工；若商明海部借營員，則糜費太多，殊不合算。因思試放魚雷，弟在英、法親見多次，其中窾要已明，俟驗收時，偕仲虎率同藝徒葉殿鑠往海口詳試，俾藝徒盡知其當然〈再〉隨雷回華；弟再將所以然之故，一一詳叙，送筱翁處，定可按圖索驥，督率藝徒以得心應手。其中要事，只在校正速率及左右差、上下差，及過若干遠自能停機浮水或沉水。數事，會心人本易領悟，況其妙只在多試，無他秘訣也。

雷艇既由地中海二次開價，其較長二邁當而魚、桿並施者，實價十四萬餘佛郎(合十萬五千馬克)。而伏耳鏗廠再訂一艘，只須五萬馬克，今擬即與訂定，庶二三月間可一同發運也。前日仲虎、金楷理、鄭清濂往驗雷艇之料，一照海部定章詳試，其鋼板之稍不照章者，盡皆剔换。昨又與訂定，將該艇逐件發匠之細圖，全數隨艇送華，俾可自造矣。

薩孫類船本可出海交鋒，拂來耶快船亦非最新之式，未知德提督之説有何依據。唯威斯伯一類，誠屬中國最宜，前月已令專造該船之廠詳開圖説價目，尚未送來。毛瑟槍續批屢經催督，實不能再速，又不能不照章驗收。今芬鋭飛送隨員劉季翊之柩上船後，抱病未愈，只有催令趕速往驗，陸續送馬賽信船發運而已。連日偕仲虎、楷理與伏耳鏗廠主商訂合同，逐節逐字考核，確實尚需數日方竣。日意格請假回法，信宿柏林，見所訂遠勝於五年前之船，亦一詞莫贊。其第二號鐵甲，大約不在帕耳麻、達眉士，即同在伏耳鏗矣，並乞轉禀傅相鈞鑒爲禱。

西們士電纜、電綫價譯送台核。其地中伏綫，爲該廠所創，今德國所崇尚，因軍務時不能搜剔割斷也。雖其價太貴，然緊要海口之數處，似宜酌用之。送來之電纜模樣四段，因信封中太嫌重滯，不便附寄，俟王得勝帶回面呈。手肅，敬請

勛安

光緒六年十一月十六日自柏林發，七年正月念三日到。

附呈電廠價單一摺。

計開　西們士廠開來電纜、電綫價單

今遵尊函開呈價值，計有二十種。其第十七至二十爲水雷所用，其綫俱一心。第十三號、七十號、七十二號則水陸雷纜，亦可爲水雷用。其第七十二號之綫，以更堅固之鐵綫包之，大半爲渡過大河，以防潮水衝刷及下碇傷損。第一號至十六號，有圖二紙呈覽。其水雷綫自十七至二十號，另有模樣呈上。其十七號爲德國水師常用發水雷之綫。

其岸上所用及地内所用之鐵綫，第一要事爲應用最精之鐵料，故須用木炭煉成之鐵，並鍍以白鉛，爲保護免銹，其周圍須堅實。其鐵綫之粗細，按照所用處酌之，總以地方情形爲定。凡有高山及缺陷處，恐難運動，故應用細鐵絲。其平地及大街，乃用略大之綫。按德國新得見識，又耐久又價賤者，莫如地綫，即地内之伏綫。凡陸路之綫，常有大風及路人損傷，修費不貲，唯伏綫可免此患。今價單内第二段所

估價值，爲鍍白鉛電綫之各式。

今德國以徑四五密理之堅固鐵綫，爲地面以上所用陸路電綫。今呈價單俱係實價，包裝在外，柏林交卸收貨時付價。

價單

第一段電纜

又二十種列表	綫用鍍鋅之鐵綫	電纜號數	綫心		外用鍍鋅鐵綫		長一千邁當（不包之柏林價）
			心數	銅絲號數	鐵綫數目	鐵綫徑	
第一	按圖中電纜十六種	四千一百二十〇a	一	十三	十二	二	七百一五馬克
第二		四三二〇a	三	十三	二十	二	一千六〇〇
第三		四四二二a	四	十三	廿二	二	一千九五〇
第四		四五二〇a	五	十三	廿四	二	二三五〇
第五		四七二五a	七	十三	廿二	二.五	三二〇〇
第六		五一二六a	一	七十	一二	二.六	一〇〇〇
第七		五三三一a	三	七十	十八	三.一	二二〇〇
第八		五四三一a	四	七十	二十	三.一	二九〇〇
第九		五五三一a	五	七十	廿二	三.一	三六五〇
第十		五七三八a	七	七十	十八	三.八	四六五〇
第十一		七一五四a	一	七二	十〇	五.四	二二〇〇
第十二		七一八六a	一	七二	十〇	八.六	三六〇〇
第十三		七三八六a	三	七二	十一	八.六	五五〇〇
第十四		七四八六a	四	七二	十二	八.六	五六〇〇
第十五		七五八六a	五	七二	十二	八.六	七二五〇
第十六		七七八六a	七	七二	十二	八.六	八八〇〇
第十七	按送上之模者四種	五〇二三	一	七六	二十	一密里	九五〇

又二十種列表	綫用鍍鋅之鐵綫	電纜號數	綫心		外用鍍鋅鐵綫		長一千邁當（不包之柏林價）
			心數	銅絲號數	鐵綫數目	鐵綫徑	
第十八		四一一〇	一	十三	二十	一密里	七五〇
第十九		三一三七	一	三百	二十	一密里	九五〇
第二十		三一七七	一	三百	二十	一密里	一千二〇〇
×十七號其心有兩層圍繞,又有一層辮緊者,俱用麻油綫。							
×十九號其外包鐵絲,以十三綹繞成,每綹皆三根鍍鋅之鐵絲湊成,每根徑 0.7 密里。							
×念號外包鐵絲,以九綹繞成,每綹七根鍍鋅鐵絲湊成,每根徑 0.7 密里。							

載明電綫之心數如下：

第十三號之心係圍繞所成,以三綹銅絲成之,各絲之徑 2.66 密里,用兩層葛代巴削分隔之,全徑 4.25 密里。

第七十號亦圍繞所成,以七綹銅絲成之,各徑 0.66 密里,用兩層葛代巴削隔之,全徑爲 5.2 密里。

第七十二號亦圍繞以七綹銅絲成之,亦 0.66,兩層葛代巴削隔之,全徑 7.2 密里。

第三百號係圍繞以七綹銅絲成之,每徑 0.25 密里,用一層葛代巴削隔之,全徑 3 密里。

第七十六號亦圍繞以七綹銅絲成之,每徑 0.45 密里,用兩層葛代巴削隔之,全徑爲 6 密里。

圖内號數後有 a 者,用阿思發耳之地油索裹之,外包以鐵綫。

第二段鍍白鉛電綫表

共五種	鐵綫徑密里	每百啓羅合若干邁當	柏林交卸不裝箱之價(每百啓羅)	〈裝箱價?〉	每噸合邁當數
一	二	四千一七〇	五十八馬克	五十〇分	四萬二三七八
二	三	一千七五〇	四十六		一萬七七七〇
三	四	一千〇三五	三十九		一萬〇五一六
四	五	六百六〇	三十八		六千七〇五
五	六	四百五五	三十八		四千六二三

來信六十號覆五十號去信

昨晚奉到五十號函件,敬悉一切。

那登費砲即去年所譯呈之瑞典編銃,其定價若干及英國有無定購,俟查明奉覆。電綫及雷數本無一定,總在隨時配用。其電器、電鐘亦無一定,俟酌購數種,呈候選擇。

王得勝現往克鹿卜廠,定於西正月初八由馬賽開船矣。毛瑟槍一千一百五十二桿由馬賽信船運華者,水陸運費貴至一倍有餘,殊不合算。克鹿卜十二生脱砲械已於前三日由漢布克開船。俟抵津後,請照合同驗檢有無缺失不符之處,務須於抵津三十日内,托施密得電致該廠,俾可更正,倘逾三十日之期則不能理論矣退〔退矣〕。

與伏耳鏗船廠主商訂合同,逐條訂改,凡十四日,無不辯論竟日,夜分方散,今夕冀可議畢,是以不及縷述。手泐,敬請

勛安

光緒六年十一月二十三日自柏林發,七年正月廿三日到。

〈去信〉天字五十七號

正月十七日肅布第五十六號一函，計日可達典籤。

十六日托上海道台轉發電報一紙，計四十六字，云"神機營購 calm[一]七生脱半陸路行隊新式後膛砲八尊全營，車箱、零件俱全，子彈、鞍套候信，先匯二萬兩，望速定覆電。津寄"。大約在二十六七可以到滬，比日當達左右。其砲價二萬兩亦經托滬關匯付，惟敝處尚未接滬關覆函，未知核若干鎊。總之，今年所匯即此款也，伏望速爲定妥爲要。

昨由滬上寄到尊處發來電報，云"槍子器成，應否雇監工赴津，候電"。當奉傅相面諭，現在造子一事，毋須再雇洋人。東局潘梅園兄於捲銅、造模撞等事頗能考核，前函亦略陳之矣；現議造子器到後，亦不另設廠，故無須雇用洋匠。

正肅函間，連接第五十九、六十兩號尊函，容即肅覆。專此先達，敬請

春祺

愚弟鄭/劉〇〇頓首

光緒七年二月初一日

由文報處遞柏林，重四錢。

仲虎仁兄大人第二函已收到，容即布覆一切。

[一] 原抄如此，應是克鹿卜（krupp）。

再,去年尊處購買砲位、魚雷、雷艇、槍械各件價值,除已匯之外,約計連運費尚有不敷,敝處已詳請七萬兩,專存滬上。如尊處需用,請電致滬關匯付可也。

〈去信〉天字第五十八號覆五十六、〈五十〉七、〈五十〉八、〈五十〉九、六十等號函

正月十七日肅布天字第五十六號專函,爲神機營需購七生脱半陸路行隊新式後膛砲一事,即於十六日托上海道台轉發電報並請匯銀二萬兩,想已早邀台覽。二月初七日又泐五十七號一函,係覆尊處發來電報,不須雇用洋匠一節,並知照敝處詳請存滬銀七萬兩,專備尊處提用,次第亦當達覽。於時適連接尊處第五十六、〈五十〉七、〈五十〉八、〈五十〉九、六十等號手函,其中有須與東、南兩局商確者,以致答覆遲。兹特覆陳,敬祈垂察。

克鹿卜十二生脱砲十尊及毛瑟槍一千五百餘桿、子九百萬粒,昨准滬關來咨,均進口。此槍大約即是二十六馬之款。俟到津後,當將克鹿卜砲與尊處所寄合同逐細驗明是否符合,儘三十日内囑斯米德處電寄知也。以後運槍,每起一批,請示價值,因此間分撥,須結賬收款。雷艇中用壓氣器不用蓄氣櫃,曾經台端商明刷次考甫改購,想能盡美。

新載生去年所購電綫,昨據地亞士來函,又謂斯米德也是西麗瓦敦之貨,其價轉貴等語,弟等又莫名其妙。總之,洋商弁利,傾軋多端,然中國正願其傾軋,但須防其圈

套而已。尊處如有見聞,仍望不殫示悉爲禱。

尊處前托密臘承辦之毛瑟馬槍子六十萬粒,魯德孟有信來,謂開河後自當到津,届時即可當面驗試,良窳立見。來函謂如果屬實,令其賠繳以示懲戒,是亦懲一警百之意,無任欽佩。葛魯孫開來之造銅砲機器價單,曾經會商東、南兩局,機器太貴,不甚合算,可作罷論。伯明恩毛瑟五千,訂定後復經台端駁詰,乃能連刀三十四昔令,想必貨精價廉,定必合用合算。曾蘭生子之事,先於五十六號函内泐覆。王得勝今日已到天津來見矣。將來魚雷發運,閣下能抄示用法,更資考究。雷艇又與伏耳鏗更訂一艘,二三月間即可發運,具徵迅速。西們士電纜價表,均敝處未經購過者,存之以備查考。

閣下詳審精密,事必求乎至當。柏林天氣冱寒,前聞尊體偶有違和,此時定卜勿藥,甚爲馳念。除將敝處歷次所匯之款另録清摺,呈請核對外,專此肅覆。敬請
勛安

愚弟王〇〇 鄭〇〇 劉〇〇頓首

光緒七年二月十三日

由文報處遞柏林,重八錢。

計呈清摺一扣。

來信六十一號

月前開船之克鹿卜十砲應已抵津,想蒙飭員驗查,可

無弊病。其二十四生特者，今方趕造。葛魯孫之十二生特子久經造竣驗收，本月下旬亦可由漢布克開船矣。唯十五生特之砲車，不知前年津沽所購之砲，砲耳、砲根尺寸若干？俯仰用何法？因克鹿卜常有改變也。今克鹿卜既不肯明告，葛魯孫又不敢臆造，而此圖一日不得，即一日不能開工。昨又函索克鹿卜之圖，倘仍堅不肯與，只可電請尊處發（隨即請東局繪寄）一八七七年八月所購七尊之圖矣。其十二生特砲車十輛，正二月間可以竣工。

其第二雷艇，屢接地中海函，云可按伏耳鏗原價試辦，而開到之價仍十餘萬佛郎。是以於前月仍與伏耳鏗駁定，共造兩艘，共價十二萬三千五百馬克（〡〢夂，核二萬四千八百二十五兩零[一]），是併第一艘而統扣以九五也。業已書立合同，付價三份之一矣。

前王曉翁囑購鑿山器亦已購得一具，價一千一百八馬半（二百十六兩零），寄至漢布克船矣。

（以下去年托查者）歐洲舊槍之中，前膛者（此因朝鮮托查者）久爲廢物，且無處可購。聞密臘於日本、馬六甲、印度等處販往中國。今只有法國薩士布十年前已勝於布國針槍。數萬桿，其由官廠發售而經新法修改者，每桿價三十佛郎（四兩六錢八分），大約尚可減至八折；不由官廠發售者，價更賤而概不可用。如遇急不暇擇之時，請發電示云"Shesboo 若干"，桿數。當可駁減購定也。

一月以來，邀伏耳鏗廠主詳定合同及造法，直至本月

[一] 一英鎊兑銀三兩九錢，似應是二萬四千八十二兩五。

初九日方能全定，將合同正附各件書押加印，付價二百萬馬克(約三十九萬兩)。近日趕抄華文，印成石板，以便與他廠照式續訂第二艘，且可備咨分送也。(以上當是鐵甲)

克鹿卜三十半生特大砲須十六個月造竣，亦應於一二月間訂定。昨克鹿卜之總管晏格來談，堅稱須將後半價預交於銀號取保，以符該廠定章。辯論竟日，始商定一法，云立約時蔓付全價，該廠願納其中半價，按年六釐之息，渠將以此法請示於廠主。弟念每船大砲四、首尾砲二，計六尊，約價一百三十萬餘馬(二十五萬三千五百兩)，兩船共須二百六七十萬馬(五十萬零七千兩)，未知立約時能否蔓付此巨款？(此次奉面諭先買一船，所需之砲不必兩船齊買，因款艱耳。)俟有廠主確信，當在專請傅相示遵。

驗槍之事，因王得勝於初九日馬賽開船，陳季同又抱恙不能往，剛在西國年節，又不便向兵部借人；不得已仍托芬鋭飛原手帶槍匠往英國之伯明恩，又派西鐸帶槍匠往南境之毛瑟廠，俱於西國元旦之夕起程。迄今兩處來函云，各驗得八九百桿，方加華字號戳，俟有便船可以陸續發運。大約每禮拜，兩處共可驗一千六七百桿也(一月可驗六千餘桿)。知注附聞。手肅，敬請

勛祺

光緒六年十二月十三日自柏林發，七年二月十六日到。

來信六十二號覆五十一號去信

昨夕奉到十月二十六日五十一號尊函，及十一月初

二日傅相手諭，敬悉一切。

歷批槍及槍子僅到二千四百桿，殊出意外。歷次起運俱已及時函達，而輾轉遲誤，益令人焦灼惶恐，自信難勝此任矣。此後當遵示於起運時，即發電章告知，云某海口（洋文地名）、某船（洋文船名）槍若干，其發電之日即起運之日也。昨接伯明恩芬鋭飛函及毛瑟廠西鐸函，俱云已驗好槍二千八九百桿，方在加戳裝箱，其戳加於木把上。可擇定妥船發運也。

承示電燈汽鍋不足，據驗收時試得甚好，仲虎亦云其汽已够。箱内物件皆電燈所需，請交王筱翁查照譯説裝配，當可妥帖。

光緒四年津購十五生特砲圖，昨據克鹿卜送到，已轉交葛魯孫照造砲車矣。伏耳鏗合同方在抄清印石。本月中旬日意格自法回俄，道經柏林，帶同地中海廠監工來訂鐵甲。議論三日，其造法互有所長，而省料甚多，工亦太貴，迄未議成。現方與克鹿卜議購鐵甲船之巨砲，亦頗費周折，其意必全批躉付也。那登費砲即前年所呈之編銃，與哈乞開斯互有長處，實未敢專信也。

力拂造銅殼槍子之器，本定五月竣工，已逾期一月。今日仲虎兄往查，各件俱未裝配。該廠主面約展期五禮拜，定能交卸，未知能否踐約。且試驗查收又費時日，亦令人焦急之一端也。專此，敬請

勛安

光緒六年十二月二十一日自柏林發，七年二月十九日到。

〈編銃説〉

論瑞典國編銃最合戰時或守時馬隊與砲隊之用：西名巴脱釐喀努能。

嘗聞法國曾用梅叨洛士砲，而卒未能通行於各國。由布法交戰時，看出此砲未能通行之故有二：一、法人謂此砲最靈，勝於他砲，與布戰時遂用此砲以代别樣槍砲，而不知此砲於開放時過靈而轉爲不靈，是以反誤大事；二、法國梅氏砲不能連放多時，若於放時有何阻礙，則須别樣槍砲濟之，因此砲體質甚重，非用多人多馬難以移動，所以砲隊寧願用别樣槍。至格令與哈乞開司所造之砲，固勝於前人，開放亦速，而於洗筒裝子特添一機於旁，另法使動，其事繁，又交戰時有時不靈，砲筒往往不能轉動，所以兩兵相戰緊要之際，尚有誤事，且其造法亦甚難。今瑞典編銃製造精細，絶無以上各病，開放靈快，體質亦輕，只用一馬可以運走。至今馬、步兵用之，大得益處。故此編銃實爲無可比並之寶。

凡戰時，當斟酌用砲多尊爲妥，抑只用一二尊砲，以别種軍器助之爲妥。如用十筒編銃，重約二百五十斤者，可置車上；或用五筒編銃、重約百斤者，置皮袋内以馬馱之。所謂戰時用一二尊砲外以别種軍器助之者，是正砲設中間，左右設砲二尊，護衛正砲，以防敵人。其應用物件可由軍器車送運。若用編銃二尊，各以一馬曳之，又加馬隊保護之。其當用物件，或以馬運，或由人運。若步隊與水兵，宜用五筒編銃,以架抬之,此架即可作爲砲架,其餘應用物件可裝皮袋隨身携帶。

凡砲之最合用者,質輕放快;而尤妥者是在戰時,或前進或後退,容易運動,惟編銃有之。

凡守者,先當知四面地界,乃知當擊何處。或遠或近,則惟編銃最便。因每次放出十子,可看其落在何處,比梅氏砲一次一子者察看較便。令守城之兵精細裝放,大概並無難處。

凡用編銃者,將銃口向外,定於墻上,不令揺動。砲手用籐牌保護,以防敵人槍子。

凡守者,若慮人數不足,則當用編銃。又加以馬運砲,忽見敵人步隊趕來,若勢難支持則伏卧於地,即將編銃架起,開放以迎敵人。

若城牆被敵人攻破,只用一二編銃設於破牆之缺,敵人既不能入,又可抵禦外來槍砲。此事曾已親試,二秒時可開五十次,是一分時可放一千五百次矣。若敵已攻我月餘,而我以編銃臨陣,自可立退敵兵。

昔普來吴那、羅福茶、甌爾嘎呢、喀爾斯等城之戰,因用别樣槍砲,施開太多,困乏致敗。若用編銃,則不致困乏。蓋用此編銃較諸步槍,火藥既省,槍筒又不熱。連排而出又能及遠,以之對敵,無不命中,且能令敵人不及開槍。

若編銃用諸守牆,向遠施放,不但不致散開,且能使左銃之子,中在右邊,右銃之子,中在左邊,是確信爲有益者。只有此砲其戰時能及三千五千步之遠,雖敵人馬、步二隊未經站妥,已可命中,較勝他砲多多矣。

今鐵鍬在軍器中最爲有用,因戰時可開挖濠溝,俾敵槍不能傷我。若以編銃由溝内前運,或以架抬,或以馬馱,或抄至敵人之旁,是有大益。蓋編銃放出紛如雨點,從溝内攻打,若再算準其高低、砲子應落何處,更爲有益;因編銃只用一人,五六分工夫可連放百砲,雖堅固之城,一經轟擊,勢難抗守矣。若在前攻之時作土墻蔽之,以馬運編銃二尊抄於敵人之旁,毫無難處,較運别様槍砲更爲靈便。即戰場多置一二編銃,所占地步較少於一排步隊也。若用别様重滯槍砲,或地無車路,或有路而經敵兵毁壞,運之殊爲不便。

常見造土城與外城,正在挖溝之時,因多費兵力,敵每乘我勞乏。斯時别様槍砲不及前運,而編銃則幾分工夫可以送至,不但將已失之城復可得回,即無土城之處亦可以此保護。編銃在平地可當一隊,可往各處開放,不受敵傷。若有一尊損壞,立可撤回修理,尚有一尊在彼堵禦。

若欲防敵人之散卒侵佚,當即以馬運編銃擊退之。又以馬隊助之,開放一次,即以馬隊衝之,至敵人擺成方陣再以編銃開放,定可取勝。

若派兵巡查河邊,尋找過路,則可先派馬、步兵携帶編銃迎之,等待大兵來到一齊前攻。

若欲保兵過橋,並防敵人後面來趕,可將編銃設立於路旁,則敵人自不能趕。

若欲哨探敵人,當派馬兵携帶編銃,以馬馱之,以防敵人之步隊。

編銃可保護路口及輜重。倘土耳其人在石鋪嘎山時有編銃一二尊,則俄人斷不能派兵上山,土國提督歐斯漫以步隊護送之糧亦不被俄國劫去。若馬隊有編銃保護,與敵人馬隊交戰亦易取勝。若防守山口、山洞、葦路等處,用編銃最妙。若派馬、步兵携帶編銃幾尊保山口等處,則敵人萬難飛渡。即或不能久扼,先有編銃支擋,帶兵官員可以徐圖策應。

此銃亦可保護外城及諸棧房,以及保運糧草之路,總在調遣得宜而已。

凡放火箭以驚易撼之敵,固爲有用,然未若編銃放出紛紛如雨,更勝於火箭矣。

如敵有大隊百萬人,而我兵衆寡不敵,則可用編銃助之,少許可勝人多許矣。

論開放之速:

今造編銃二種,以口徑大小别之。

十筒之編銃重二百五十斤,一分時可放六百與八百子,至快每分時可放一千二百子。

五筒之編銃重約一百斤,其形半於前式,一分時可放三四百子。此編銃之造法與步隊之槍相同,所及之遠則尤勝於他種槍砲。

論子路之準:

編銃可置車與架上,堅固不動,所以能詳細打準,亦勝於步隊之槍。高下左右可由機器運動,開放時亦無震退之弊,故可取準。

論銃子之遠:

編銃所及之遠近,與步隊之槍無甚分别,而獨能有百發百中之妙。

論運用之妙:

臨放時,加入銃子以及放過棄去銅管,只須將機柄推動其準頭,即用左手定其高低左右,注視準星。雖五管相並,亦可使其相離,但將機捩動,自可隨意分合。倘藥袋被敵人打破,自己亦可以手裝子。其機柄横而平,開放時不致摇動,臨陣時亦不至忙亂舛錯,非比兵槍之機。

論收拾之易:

編銃造法甚易,裝子亦速,機器靈便,不致凝澀。倘銃子擠塞在内,只須幾秒時可以取出。倘有一筒損壞,餘筒仍可照常施放,非比别砲之一筒有損、諸筒盡廢也。

若敵人未至前,且勿放,一俟敵人既至,則將所裝之子一齊連放二次至十次,其取出之銅管亦不至損壞無用也。從前瑞典水兵用過八十架,每架放過一千五百次,所取出之銅管均無損壞,此其明證也。編銃所用子藥,與步槍所用者固異,然口徑大小則與步槍相同,故步槍子藥缺乏,可借用編銃子藥,編銃子藥缺乏,亦可借用步槍之子藥。

論裝放之簡:

管砲者永無裝子之勞，可連放二百至六百子，應寬備銃子，令接連不斷。其開放亦不難，只須推動機柄而已。設若有兵從來未見此銃，只須指示如何放法，即便能用。十二秒時可放百次。若在交戰緊要之際，砲手被傷，不論用何等人可以代之，非若梅氏砲之必須諳練也。

論開閉之穩：

編銃開放之機柄可半開半閉，或可拿下以免誤發。若編銃被敵人奪去，無開放之機柄，斷不能用。

論洗擦之捷：

編銃之後面關銷甚嚴，不至因淤泥塞住。其動法易而慢，故經沙土濕銹等事，不致開放時有所阻滯，亦不過動機柄時稍用人力。一名砲手毫不費事，可以接連開放一千次。一切編銃之件不難拆散，倘欲拆洗，只須幾秒時即可分開，刷洗乾净，且無須拆開螺螄〔絲〕多件，是以更爲便捷也。

論修理之便：

編銃皆以鋼爲之，故不損壞。倘交戰時機關毀裂，即以所備一份補之，只須少許時可以修成。若格令砲則不然，修理至少總須半點鐘時，並須用器具幫助，若將各機器拆散，非熟悉匠目不能整理。

論運送之輕：

五筒編銃長五尺、深七寸、寬九寸。十筒者長深與五筒無異，而寬倍之。五筒者重百斤，十筒者重二百五十斤，是以輕而易運。凡砲隊，可載之軍器車上。馬、步隊可置之架上，或置袋中，用一馬馱之，其餘子藥等件亦可用馬運送。如用於水師，可置於架上，此架亦照砲架，用四人抬之，其餘子藥等件可裝皮帶以肩挑之。凡馬、步之用編銃者，可將其小槍仍帶在身，水師兵亦可仍帶其小槍。凡用諸水師，另有銃子可擊水雷船，離五百碼之遠亦可擊透。總之，編銃之用在濠溝及守城内，與夫水陸各軍，俱甚相宜，因其筒不動而只動機柄，高低左右無所不可也。

托爾斯屯訥爾敦飛特

一千八百七十八年五月　倫敦

光緒五年閏月　繙譯官賡音泰 慶昌[一]同譯於柏林

來信六十三號覆五十二號去信

昨二十五日夕接讀十一月初四日尊函，亦注五十一號，想是五十二號。

承示英所用之格林實係米太來司。伏查米太來司者即連珠之意，初創於法人，即外包銅殼，中藏二十五槍管。布法之役，此砲皆被布人奪去，轉售於他國。是年上海製造局亦購二十尊，此乃真米太來司也。其餘格令、哈乞開斯、努登費等砲，皆無銅殼，而亦統名爲米太來司，猶華言統稱爲連珠砲也。唯有銅殼之真米太來司，既重滯而工料不精，一管偶裂，各管無用，故法國亦久棄不用。諒赫

[一] 疑應爲慶常，時駐德公使館繙譯官有慶常、廕昌。

德决不敢搜採法國希有之棄物，以置於八船也。格令雖創於美，而憑限已滿，任人可造，曾見阿蒙士莊等廠俱能仿造精工。不必定出於美，方可謂真格令也。如他廠所造毛瑟槍，未必遜於毛瑟本廠。諒執事考訂有素，早在洞鑒。

兵槍、槍子、帶、盒歷經函告，想可陸續到津。今又於本月三十日由漢布克開船者，有羅令士之紙底十一箱，計一千一百萬枚，蠟底三十四箱，計六百八十萬枚，又葛魯孫十二生特子亦全數上船，俟到津時乞查收。又伯明恩槍五千，前日價已全付，大約正月初六七日可由倫敦開船。其毛瑟廠之槍，俟正月中旬，可由漢布克開船，大約亦可先發五千桿也。

承示維丁裝子器須添購，查此器已改向力拂廠訂購矣。惟力拂前訂之造子器，係軋銅以至造鉛箭、銅帽，皆每日三萬枚。後訂之裝子器，係將已有之銅殼、鉛箭、銅帽、火藥而合攏之，但裝而不造，計四份每日共裝十二萬枚。今與仲虎詳繹尊函，但有快裝之器而無許多之銅帽、鉛箭，仍不濟事。應否添購快造銅帽、鉛箭之器以相配用之處，乞即核示爲盼。驗藥、試砲各器詳説，當俟船務各件譯全，再譯出送上。草此泐覆，即頌
勛安

光緒六年十二月廿八日自柏林發，七年二月十九日到。

〈去信〉天字五十九號覆六十一、〈六十〉二兩號來函

二月十八日肅布天字第五十八號一函，封發後又奉

第六十一號賜函，讀悉一是。

克鹿卜砲已抵滬上，今年節令稍遲，現届春分，河冰始泮，月内輪船暢行，想此致不日可以抵津。葛羅松十二生脱子，計示漢布克開船之期，日内當亦可以抵滬。二批毛瑟兵槍已到一百六十四箱，銅殻、鉛頭共到三千箱，日内正在點驗。以前後來函度之，想是毛瑟本廠二十六馬克五千桿之一批也。以後尊處隨運隨批函示槍價，敝處可以劃賬，因淮練及外省分撥，須計算價值，前函已陳述矣。

葛羅松造十五生脱砲車，需要敝處所購一八七七年七尊之圖，業請東局量繪，適接六十二號來函，知克鹿卜業已送至尊處，似可毋庸遠寄也。伏耳鏗水面射雷艇，承示定造兩艘，且併第一艘統扣九五折，共價十二萬三千五百馬。非閣下明考暗訪，該廠未必能於已定之後，更再議減，於此見洋商之狡猾而閣下精密，深爲欽佩。

前膛槍原知各國久已不用，敝處因去年東三省需此，曾在地亞士購過千數以應急。敝處恐其在日本販來，而魯德孟堅稱由英國辦來，故函請尊處一爲探詢，今果不出所料矣。法國薩士鉢，前四五年間曾有人到津求售，彼時尚未有修改者，殊不合用。未知修改者是否王得勝帶來用毛瑟槍子之式？乞仍示知。去年因朝鮮托查，故求閣下就近詢及價值。今春朝鮮貢使到津，據稱籌款艱難，尚無定見，只可緩議。

承示鐵甲船用克鹿卜大砲，每船六尊，兩船約價共需二百六七十萬馬，約合銀已在五十萬數千兩。如此巨款，又需蔓付，是以將來函轉呈傅相鑒閲。奉面諭，屬轉致閣

下先買一船所需之砲，不必兩船齊購，實在難籌款耳。伏望察奪是禱。專肅布覆，敬請

台安

愚弟鄭〇〇劉〇〇頓首

光緒七年二月廿二日

由文報處遞柏林，重四錢。

來信六十四號覆五十三號去信

昨初四日接讀十一月初九日五十三號尊函，承詢鐵甲船事，電報係於十一月初三日午刻電致滬關，已詳第五十八號函矣。比時金楷理堅稱滬關凡接柏林碼號電報，定即封寄天津，决不必加"天津"字樣，弟遂信之，准於臨發時抹去洋文之"天津"字，以致滬關不能早日封寄。未知何日方經轉呈傅相，實由弟之疏忽，非滬關之延誤也。

芬鋭飛已回柏林，其伯明恩之毛瑟槍五千桿及素令恩之鋸刀五千，每件五昔令。均於昨日由倫敦開船，運、保費均經付訖。又，西鐸等所驗毛瑟廠之槍，前禮拜發每桿二十六馬者一千五百四十桿，每桿三十四馬者七百六十四桿，昨日又發每桿三十四馬者一千一百五十二桿，均已裝於比利時海口徑赴上海之船，俟有開船日期再行函告。共又付價十萬五千一百八十四馬，其餘均可陸續驗發矣。前購獵槍四千四百十六桿，本無寬備之螺簧、彈鈎，今當並起子等器遵示另購。

德國之穆領事蟬聯與否，係本國用人之權，非國使所

應干預,尤不可端自我開,以滋流弊。只可遇便向外部述及該領事之人地相宜,有裨商務而已。新年有王宫朝會、宴會十餘次,兼有官紳私宴,酬應甚煩。

第二號鐵甲,已將合同、圖説抄作三份,分送英國二廠、法國一廠,俱訂二三日間親來柏林估算商訂。一有端倪,當致電滬關,轉呈傅相裁奪。一面由仲虎兄將英廠前送之圖説譯出比較,以定續訂之船應否有酌改之處。

前日施立盟由倫敦專來柏林,詢弟沿海各省應購那登費砲若干,請速訂定,弟答以須俟中國詳核試演各説,方能定見。聞施立盟今日下午將返倫敦,三月間仍須赴華也。昨伯明恩廠來函,云尚有較精之毛瑟槍四五千桿,其價四十昔令(七兩八錢),弟答以若仍二十九昔林,可以並購。今尚無覆電,未知其肯否也。如肯就二十九昔林(五兩六錢五分),弟擬擅與訂購,照前驗收配刀矣,先此奉告。手泐,敬請

勛安

光緒七年正月初五日自柏林發,三月初五日到。

來信六十五號

敬啓者,毛瑟槍除於元旦前後已發一千五百四十桿、七百六十四桿、一千一百五十二桿外,又於昨日驗收發運每桿四十九馬之上等槍一千一百五十二桿,亦送比利時海口徑送上海,尚未定有開船日期也。

力拂之造子器已成,不日可以驗收。惟此機與英式

不同，力拂廠主力勸須雇德國監工一人赴華裝配，其人兼能出樣、監造各種造槍、造子之器。已論定每月薪水二百英洋，自德抵津之川資一百鎊，回費亦然，在華或留二三月或留數年，均聽中國酌定。此等監工學精俸廉，自與中國向雇之洋匠頭不同，在華必有裨益。惟未蒙示及，不便擅雇，遂於昨十八日發電奉詢，云“槍子器已成，應否雇監工赴津，候電”等字。諒已邀察核，不日電覆矣。

連日仍與英、法廠商訂第二船，並與克鹿卜論大砲安置之法。其第一船送來十餘次之圖，亦已逐一詳核付造。其附合同之各説，亦時有將華文增改之處，因是尚未能送呈傅相備核也。手肅，敬請

勛安

光緒七年正月廿日自柏林發，三月初九日到。

〈去信〉天字六十號覆六十三、〈六十〉四、〈六十〉六等三號函

連接六十二、〈六十〉三、〈六十〉四、〈六十〉六等（六十五號未到）四號函，敬聆一是，均經面呈中堂察閲。

日昨由上海運來毛瑟本廠兵槍三千四百餘桿，計一百四十四箱。其箱内木卡皆散，所有槍托、通條、護機無一桿不受其傷者。現在各營來領，皆由小翁處派匠前來比整比發。望閣下飭經手者，下次留心妥辦爲要。以前所到獵槍四千四百十六桿裝箱最好，毫無鬆動微傷。

昨奉神機營公文，要毛瑟輕槍五百桿，而獵槍最輕，已發銘軍。現在尊處在毛瑟本廠定造之槍，其未完工者，

未知能否改輕，配用三棱槍頭，不必用刀，祈酌辦爲盼。中國軍營用槍，刀頭、矛頭無甚高下，似可不必拘定刀頭也。神機營托定之七生脱半行仗後膛砲八尊，已於第五十六號函内抄單寄呈，正月十七日發。此時未知收到否？念念。兹特再將前函並單重抄一份，寄呈察閲，速辦爲盼。

那登費砲中國能造，金陵仿造不少，一樣無二。施立盟所知也，其至尊處恐欲矇也。去年所定，因係英官所請，曾將情形函告，此後無人買矣，閩廠現亦仿造矣。力拂造子之器不須雇用洋匠，前已由電覆答。嗣又於二月初一日五十七號内陳明矣。惟昨呈閲六十六之函，伯相又云須將此匠之名記之，以備將來之用，蓋德國人能吃苦耐勞等語。特此告知，並祈留意爲盼。

昨聞人説，閣下在德已將丁中丞所譯《天下全圖》用洋法刻成。如果有其事，務必代留初刷者兩三部，照奉價值。去年所買棉藥已到上海，其色雪白，其味甜淡。而寧局所買者色黄而味鹹，吃虧大矣。此有人在洋之明效，大驗判然矣。專覆，即請

台安

愚小弟鄭〇〇劉〇〇頓首

光緒七年三月初十日

托斯米德帶交公司輪船寄柏林，重六錢六分。

附呈抄函、抄單一份。

〈去信〉天字六十一號

日昨寄去第六十號函,此時正在路上。

頃奉中堂面諭,毛瑟兵槍已經尊處前後定購二萬五千桿矣,以後不必再添。因直省陸師之需者已有餘矣,且款項維艱,又無外省托買。倘或來函所説之一批已有成局,則亦不必退也,惟以後幸勿再添爲要。

近日船事太忙,仲虎在德當資臂助。密臘所添毛瑟槍子百萬,昨接天津機器局委員來稱,與前辦之六十萬相等。弟等已函請東局試驗,俟其總辦回信,再行續達。二批來槍今日點完,其斷槍者五十桿,而壞護機、通條、傷托者,無一桿不然,現在收拾尚未完也。祈飭後經收者小心裝緊爲要。專此,即請

台安

弟藻〇含〇頓首

光緒七年三月十二日

托斯米德帶去轉寄柏林。

來信六十六號

敬啓者,前二十日所發六十五號函所述毛瑟精槍一千一百五十二桿,昨有信云已到海口。其從前所發三批,共三千四百五十六桿(此批即前日所到損壞者)。因比利時海口水力較貴於倫敦,而行駛較遲於英船,是以發電,令

將此項槍桿改由倫敦裝運。前日寄來提單,已於十六日由倫敦之斐西諾耶船開行。又據倫敦公司送來提單二紙,一爲伯明恩之槍五千,已於本月十二由格玲諾采船開行;一爲素令恩之刀頭五千,已於本月十六日由斐西諾耶船開行。以上提單三紙,均送滬關驗提,轉送天津,當不至遲誤矣。其由滬到津之水力,可由滬關向尊處另算也。

前與伯明恩廠再四函駁,其續成之五千桿精槍,實須四十昔令。弟念此時不便再駁,若實須訂購,當可再減三四昔令,是連刀頭共四十一、四十二昔令(〢夂合鎊,規銀七兩七錢九分,水脚、保險在外),猶賤於毛瑟廠之四十九馬克。實爲器精價廉,恐此後不能多得也,懇即轉請傅相鈞示。如須定購(月初已去信,請其勿再買,應再去信止之),乞發電示,只須發一五千之碼數如"5000",即可遵照定購矣。專此奉布,鵠候電示。

再,去年收到獵槍四千四百十六桿之後,又有兵槍二千三百八桿、一千一百五十二桿(已經函告損壞情形),何時收到並乞示明。手泐,敬請

勛安

光緒七年正月廿六日自柏林發,三月十七日到。

〈去信〉天字六十二號覆六十五號來函

三月十七日奉到第六十六號尊函,承示毛瑟兵槍逐批發運情形,拜讀之餘,慰甚慰甚。

敝處自去年收到獵槍四千四百十六桿後,迨今年二

月，始經滬關運到二批，即敝處六十一號函内所陳裝箱不緊、沿途舟車搬運碰壞者。點驗半月有餘，甫克驗完。計折斷槍把木托、碰壞發機關鍵者共四十四桿，其餘折通條、碰瘪護機銅甩、傷損木托，則無桿不然。即來函二千三百八桿、一千一百五十二桿之一批也。昨接滬關來文，知伯明恩之五千桿及第三批之三千四百五十六桿提單均已到滬，想槍械日内亦當運到矣。未知此兩項裝箱如何，倘與第二批之裝箱一樣，則難保無碰壞之弊，甚爲可慮。敝處先已托地亞士洋行代發電報，想尊處已先得其略矣。

來函擬續定伯明恩廠五千桿，業經轉禀傅相，飭爲照辦。於三月十八日托滬關轉發電報，照來函所云"5000。津寄"等字，計日想邀台鑒矣。惟逐批運到之槍，皆係隨到隨經各營請换，其間有動淮餉購者，有撥練餉購者，價值若干、水脚各費若干，未能揣度，即難分派核銷。務望尊處隨批示明其水脚雜費各項若干，庶敝處得以逐款詳結。不然，則别省分槍查價，而保、運等項，敝處無法分派也。至禱至禱。

津郡月來亢旱異常，祈雨不應，京中亦然。東聖升遐，殊非意料所及。西聖傷感之餘，兼理庶政，聞慈躬近又較遜。傅相於二十日入都恭謁梓宫，二十三日抵都召見，回津當在四月初旬也。專此布達，敬請

台安

愚弟藻〇含〇頓首

光緒七年三月廿六日

由文報處遞柏林，重四錢四分。

來信六十七號覆五十四號去信

昨初八日接奉尊函,係五十四號,敬悉一切。

馬槍〈子〉既不合用,可令魯德孟到津領回繳價,諒無不可。獵槍應添之簧、鈎及裝卸器,久已定購,下月可以發運。前運之藥、雷,此時計已到滬(雷已到)。日後若有裝滿全船之貨,亦可專用夾板船徑到津沽也。

近日查核第一鐵艦之分圖,商訂第二鐵艦,又因抬價難成。此間兼辦文案、支應之錢琴齋方抱病,此外更無抄寫之人,以是採辦册未及造送。其武庫規條尚未訪齊,日記中亦零碎不全,俟日後抄齊呈政。

前月杪又發毛瑟精槍一批,亦一千一百五十二桿,由倫敦之愛士肯比阿船裝運。昨已開行。又有兩批已驗收在廠,尚未發運。葛羅孫二十四生特子二百枚,及杜屯好甫二十四生特藥裹連筒六百出,均已造竣,月初經芬鋭飛詣廠,按兵部章程驗收,俱已裝送火車矣。(槍藥已到,此藥尚未到)前承囑各貨開船須發電報,旋知開船日期萬不能確知,是以仍以函達,參差不過六七日而已。

前聞季荃[一]方伯大人凶耗,因羈身異域,未得親詣吊奠爲歉。敬擬聯語於後,乞代辦上號白緞,飭匠製就對聯,托友代書,並托妥便之人寄去爲感。所費若干,示明奉繳。肅此,敬請

[一] 李鶴章,字季荃,李鴻章三弟。

勛安

光緒七年二月初十日自柏林發,三月廿八日到。

聯語:力戰保三吴,想當年早歲登壇,不愧豐功齊伯仲
歸田纔十年,痛此日大星隕地,常留英氣壯山河

卷十一　光緒七年四月初六日起至六月二十日止

目录

附量彈速器説、量火藥漲力器説、克鹿卜七生特半陸砲及子等價目

去信六十六號　覆七十一、〈七十〉二、〈七十〉三叁號來函，神機營鞍轡等只購一副，量彈藥器説已送南局，力拂造子器到數，毛瑟槍仍裝箱不緊

來信七十四號　覆五十八號去信，毛瑟槍分上、次等記號，其子共一千萬粒，驗收八砲日期

來信七十五號　覆五十九號去信，日本槍，薩士布槍，寄歷運兵槍箱碼，發運藥裹，力拂造子器件數

去信六十七號　覆七十四、〈七十〉五兩號來函，魯德孟購子六十萬内不響一半，當分别令賠，魯德孟在上海爲轉運，詢給地亞士酬費否

來信七十六號　覆六十、六十一兩號去信，刀頭勝於三棱，那登飛不如哈乞開思砲，造子器勿令工匠嘗試，密臘經購子不可收請電示，棉藥色黄最危險，詢樣槍

附地圖試印本一紙

來信六十八號

本月十一日戌刻接到電碼，云"神機營購克鹿卜七半生脱陸路砲八尊全營，車箱、零件俱全，子彈、鞍套候信，先匯二萬兩，望速定覆電。津寄"等字。詳繹電文，若指八尊爲全營，又覺重復，豈指糧食〈車〉、軍火等及八砲爲一營耶？然砲數太少，不知何用。旋於次日由滬關另電匯至德意志銀號五千六百十七鎊，是款於本月十六日經柏林銀行收到。

前數日適克鹿卜總監工等連日在此商訂巨砲，據云七半生脱陸砲十年以前每哨八尊，近十年每哨六尊，四哨爲全營，計二十四尊，中國路鮮平實，尤不宜以八尊爲哨，致有照顧不周、運掉不靈之弊。今電示但云八尊全營，又云匯二萬，究竟實須若干，苦殊未明晰。遂以電詢滬關，旋於十四日接電覆，云"八尊"。而查八尊連車箱只須一萬兩左右，諒係尊處所深知，何必云先匯二萬？今先向克鹿卜訂定十六尊，究竟是二十四尊抑是三十二尊，只能俟接有詳函，再行續訂矣。

嘗查德國砲隊，每哨六砲，西名巴太里。再多再運用不靈，再少則不能得力。（平時每哨四砲，有事則用六砲。擬函覆李大臣，如果錢多，即添購四尊，以備將來添用）有正哨官一，副哨官一，分哨官三；每一人司兩砲。又有哨長、兵目等三十人，兵一百二十九名，掌吹號三名，馬一百五十匹；又每哨有軍火糧食車之官三，員兵一百七十七名，馬一百八十一匹，車二十六輛。統計每哨有官八、員兵三百四十七名、馬三百三十一匹、車三十八部。每三哨或四哨爲一營，西名阿伯太隆。每二營或三營爲一軍。西名爾里基們。陸軍以德國爲最，故聊舉德國爲例。其砲隊之人馬較舊制多至一倍有餘者，因舊制須藉步兵保砲隊，而新制砲隊運掉出入靈便敏捷，更爲得力也。其咸豐六年與奥戰，不能以砲隊制勝；而同治十年與法戰，專以砲隊制勝者，職是之故。

今神機營砲隊規制若何、用砲幾何，總望轉求傅相詳詢明示，方能遵辦。如須將一營四哨章程規制及操法詳譯録呈者，亦候示明遵辦。若僅僅用八尊作一營，恐尉情勝無，究不濟事也。

毛瑟槍又驗收一車，計一千一百五十二桿，三月初旬定可全數收齊。力拂造子器已裝運三分之二，到津後可以先行裝配安設。其應否雇洋監工，久未奉到電覆，（早已函覆）亦甚盼也。肅此，敬請

勛安

光緒七年二月十九日自柏林發，四月初六日到。

〈去信〉天字六十三號覆六十七、〈六十〉八兩號來函

三月二十七日肅寄天字第六十二號蕪函，諒可先邀台覽。三月二十八、四月初六日等日先後奉第六十七、六十八兩號來函，誦悉一一。

伯明恩廠之毛瑟兵槍五千桿，已准滬關解到。頃間查驗，槍之身分較獵槍等前兩批，斤量少重而堅實過之，裝箱亦好，並無損傷木托諸弊。廿四生脱砲用之火藥始

匯滬上，解到五百九十三桶，棉藥二十二箱，未審合六百出二千磅之數否？現亦提驗，尚未點收也。毛瑟廠新槍承示已發運兩批，每批各一千一百五十二桿，計程將亦到滬，深爲欣慰。

神機營需購七個半生脱砲位八尊，係醇邸奏定之數。敝處先於正月十七日所發第五十五、〈五十〉六號函内分晰叙明，並開有應購車輛等件細數清摺呈覽。電信字簡，尊處未能詳悉，此時此信計已定邀垂覽。滬關所匯二萬兩知已匯到，伏望台端照辦，不必拘定德國砲隊舊章新章。敝處於去冬曾將每哨六尊開呈醇邸，旋准覆傅相四函，改爲八尊。敝處又因德國新章，平時每哨四尊，有事則添兩尊之例，故亦未便代爲作主。惟求將兩章程及武庫法則一併譯示，以廣見聞。價值能不需二萬兩更好。閣下購定後，至此砲發運之時，惟望將此項砲位、砲車、砲彈開示廠價、水脚、保險、裝箱各費，俾敝處可以一面將砲位詳請解京，一面將用款詳請傅相，轉咨神機營撥還。至要至禱。

力拂造子器，知已裝運三分之二。惟雇用洋監工一層，前接尊處電示後，奉傅相面諭無須雇用，敝處即於二月初一日第五十七號信内陳明。比時請示用電，乃奉面諭用函，故遵示函覆也。此時想亦蒙鑒及矣。

昨滬關寄到尊處電報，屬匯庫平銀七萬兩一款。傅相雖未回津，然已定之案不必請示，已飛咨滬關，請其速匯，當到在此信之前也。

囑代送季荃世叔輓聯已遵辦，並加唁函代送矣。專

肅布覆，敬請

台安

愚弟鄭○○
劉○○頓首

光緒七年四月初九日托文報處寄柏林，重四錢二分。

來信六十九號覆五十五號去信

昨接五十五號尊函，敬悉一切。

委詢英購那登砲價，尚未訪得。昨又托駐德武隨員函詢兵部，據云英國軍火向不准明告鄰國，今中國詢價，當肯相告。俟接確價，當即電告台端也。

克鹿卜鐵艦之砲，近日可望議定。惟第二艘鐵艦總難訂定。昨英國達眉士廠主亦來柏林，面商數日。據云第一艘實係價廉物精，他廠萬不能照辦，其言與〈地〉中海廠如出一口，至少須三十三萬餘鎊（川夕，約一百二十九萬兩）。只能略遲，以俟傅相核示矣。

委訪武庫法度，當俟採得專書詳譯，似與道聽途説者較有把握。筱翁所囑驗藥器用法，現仲虎兄方與金先生趕譯。

毛瑟廠主今午至此面訂，云前後所定槍一萬六千一百桿，除已發外，限於下月初十日一律驗畢，其寬備之簧、鈎等件亦全。近日擬令仲虎兄偕隨員錢琴齋往該廠查看抽驗，以察鋭飛、西鐸兩洋員之是否認真。

王得勝何時到津？現派何差？乞便中示明。其所購書圖、器械，俱有原單附呈，以便查考。手泐，敬請

勛安

光緒七年二月二十五日自柏林發,四月十四日到。

外,公牘報册。其採辦册須俟琴齋回來繕送。

〈去信〉天字六十四號覆六十九號來函

四月初九日肅寄天字第六十三號函後,又奉到二月二十五日柏林所發第六十九號台函,誦悉一一。

神機營需購之砲,敝處自托滬關發電後,隨於正月十七日所發第五十六號函内詳叙,並抄録克鹿卜砲單寄呈。三月十七日發寄第六十號函内又抄摺呈鑒矣。又,前函内聲明係醇邸奏定之數,仍請照辦。想可次第邀覽。查德國砲隊新章,平時每哨只用四砲,有事乃用六砲。此次神機營定數與德國平時每哨用砲之數暗合,故敝處亦未便請改定數,但此時只能操砲,未能更制也。

昨接滬關來函並抄寄尊函,云所匯銀數可敷十六砲之價云云。敝處細閲來函,知天字第五十六號一函尊處尚未接到,故僅計砲價,恐未計子價,且新式鋼板車箱,其價恐不甚廉。前信此時當邀洞鑒。然滬關所匯之二萬兩,敝處係照克鹿卜廠單砲位、車輛、子彈約估,此時或有該廠新單,有無減價亦未可料。伏望尊處照五十六號函抄單所開之砲數、車數、子數購定。若果再有餘銀,即請照式再行添購四尊,配齊車箱等架,以備仿照德制,將來有事時添用,惟不須再添子彈耳。伏祈察奪。

前函内云所到之火藥五百九十三桶,查係裝毛瑟槍子之藥,藥質尚好,已經點收。奉傅相面諭,交東局會同眉叔、明亞試驗,試驗後再行函告。毛瑟槍昨又准滬上運到三千四百五十六桿。此批裝箱亦不結實,槍托等件亦多磨擦損壞,現時正在查驗也。

傅相於四月十三日出都,十五日蒞津。王得勝尚未派差,現令妥議章程,再行核辦。德國武庫條理仍乞便中譯示,以資法程。專此布覆,敬請

台祺

愚弟鄭〇〇/劉〇〇頓首

光緒七年四月十八日由文報處遞柏林,重四錢。

來信七十號

英購那登飛砲價,已據武隨員覆稱,兵部照例不肯宣傳;續又托英友密訪,尚無確覆。

惟鐵甲船上之克鹿卜已與議定,凡大砲四尊、小砲二尊及砲架、砲子等照單開之,定價計一百一萬三千六百五十二馬者,(合五萬零一百八十鎊有奇,川夂,約核銀十九萬五千七百餘兩。付一半扣五釐,約核銀九萬七千三百六十餘兩)照前議情讓五釐。現付一半,此一半内又情讓二釐;約合全數之一釐。又議明預付第二期内二十四萬馬克,計年五釐起息,算至交砲日止。今共現付七十一萬一千八百五十馬二十四分;(合三萬五千二十四鎊零,約核銀十三萬七千四百三十六兩有零)將來交砲時半價内約扣二十四萬之五釐、十六月息約一萬六千馬外,净應找二十二萬五千四百八十

四馬九十四分矣。(合一萬一千一百六十二鎊零,〢夂,約核銀四萬三千五百三十餘兩。總計除二十四萬馬息銀及情讓之價,約共需付銀十八萬一千兩之譜)此係克鹿卜格外優待,據德兵官云,此價已與本國兵部相同矣。請先呈明傅相,俟譯合同及細數,另行肅函,徑呈傅相察核。

毛瑟廠之槍,計自去年二十六馬者五千桿、三十四馬者三千一百桿、四十九馬者八千桿,共一萬六千一百桿,均有寬備鈎、簧及裝卸之器。獵槍及伯明恩現購者在外。(獵槍、伯明恩兩款已到〤〤一亠、〨千)此槍於去年秋間,由比利時海口先發〡亠馬者二千三百八桿,冬間又由馬賽發〡亠馬者一千一百五十二桿,新歲由比利時海口轉倫敦者計發〡亠馬者一千五百四十桿、〢〤馬者七百六十四桿,初十日後又發〢〤馬者一千一百五十二桿、〤夂馬者一千一百五十二桿,二月初又發〤夂馬者二千三百四桿,(以上之槍共六千九百十六桿已到,預備槍簧、子鈎已經點收,惟裝卸之具尚未到耳)以上俱已先發裝船開行。二月杪又驗收〤夂馬者二千三百四桿,亦經付價上車。計共少〢〤馬者一千一百八十四桿、〤夂馬者二千二百四十桿,訂定本月初十左右一律驗齊。其獵槍添配之鈎、簧等件,亦不日可以發運。

近日第二艘鐵甲勢難急就,暫行緩議。而魚雷、雷艇等俱在趕造,常往查看。聞船政所派監造鐵甲之三生七匠,昨日抵馬賽矣。

此間抄寫乏人。錢隨員既須南方養病,亦擬南游,明日啓程。鍾供事亦稱有病。陳繙譯兼武隨員,又須隨德君閲操。此外只同文館兩生,不能抄繕。是以既譯之兵、船等書，抄録未竣，而須譯之件尚多。若添調人員，又多難處。以一手一足，承乏於兹，又多酬應，實有瞻顧不周之慮（現兼三國，儘可調人），知己何以教我？手泐，敬請

勛安

光緒七年三月初三日自柏林發，四月廿四日到。

〈去信〉天字六十五號

四月二十日肅布天字第六十四號函，内復陳神機營需購克鹿卜七生脱半陸路後膛砲位一節，有"如匯款有餘，請尊處添購四尊"之語。及相節旋津後，即將閣下六十七、六十八、六十九三號來函呈閱，奉面諭"此係王大臣做主所定，外間不宜擅改，不便添購"，飭由電報通知尊處。敝處已於四月二十二日托大北公司發寄洋語電報，其譯文曰"神機營克鹿卜七生脱半砲仍照五十六號單開數定買，六十四號信罷論"。此報自必先呈台覽，六十四號函當到在後。務望尊處只購克鹿卜七生脱半砲八尊，車箱、子彈數目，均照天字五十六號函内單開之數照購，不必多，亦不可少也。拜祝拜祝。

日昨傅相見上海大北公司管事者，云以後此間去報，除密報外皆以洋報遞之，半年一結，以節報費。特此奉告。

四月二十三日奉到第七十號來函，讀悉一是。當將原函呈傅相鑒閲，奉相諭云"閣下添兼三國，又有鐵甲採辦，各事紛繁，儘可奏調人員襄理"等語，弟等是特敬布左

右酌奪。而益欽佩閣下有兼人之才，能耐人所不能，心折之至。弟等愚見，必須添人分任，藉可稍節有用之精神，是爲至要。

毛瑟槍，計自去年至今共運到四批：一、爲獵槍四千四百十六桿；一、伯明恩之五千桿；一、廿六馬之五千桿；一、三十四馬之一千九百十六桿。核之尊處定購之數，除已經發運在路未到之五千七百六十桿外，尚有八千四百二十四桿未運，其數與來函相符。四十一二喜林之五千桿在内。計此時尊處當亦次第發運矣。所有運到之槍，預備螺簧、子鉤，敝處亦皆逐批點收，惟拆卸器具未見到耳。

鐵甲船砲位，承示已與克鹿卜議定大小六尊，却與敝處前奉相諭之請尊處先購一船之數剴合。天字第五十九號函内曾陳聰聽，此時定邀鑒及也。而第二船，現在傅相之意，似有催定之報。魚雷、雷艇已在趕造，深慰相念。

此間自調閩省學生黄建勛、林穎啓到津後，現在傅相擬於大沽海口添立水雷營百人，歸兩生管帶訓練。此時正在督同該生等籌議妥章也。期年之後，北塘仿之。知關廑注，敬以附陳。專肅，敬請
台安

愚弟鄭〇〇/劉〇〇頓首

光緒七年四月廿五日由文報處遞柏林，重四錢。

來信七十一號

連日感冒眩暈，與金楷理趕譯要件，仍不能及時抄

寄,焦灼之至。

丁雨翁[一]軍門今晨來此,勉力陪閲。力拂廠擬派員陪閲伏耳鏗、刷次考甫、克鹿卜、博洪等廠以廣其見識,惟同行之葛教習、阿里文税司一切俱不明曉,恐未能得益。

於本月初四日發螺簧、彈鈎各五千,螺起子五百份,裝卸器二百五十份,由地亞士包運至津。又,前月杪驗收之毛瑟精槍二千三百四桿,及羅玲士裝卸銅帽器共十五份,昨已由愛士肯比阿船開行往滬,再由滬關轉運至津。專此奉布,即請

勛安

光緒七年三月初九日自柏林發,四月廿六日到。

來信七十二號覆五十五號去信

昨由外部寄到五十五號副函,幾遲至三月之久,則領事轉遞遠不如上海文報局之速矣。

力拂造子器已全竣,惟本月望前驗其揰子之器,竟有上杵不逢圓板之下孔而揰下者,頃刻火星迸發,圓板缺裂,甚有危險;又一揰器,竟將銅殼上截揰斷而緊套於杵,不易脱落,此二器現已著令重造。未知已運華之(聞已到滬)第一次、二次、三次揰器亦有此弊否,乞留心察之。(以上抄咨東局)大約力拂之器纖巧而不牢靠,今唯令未交卸者悉改堅實,或猶可爲亡羊補牢之計。

[一] 丁汝昌,字雨亭,時受李鴻章派遣率北洋水師官兵赴英國,接收、駕駛"超勇"和"揚威"巡洋艦回國。

昨午密臘得滬關電，云帕旁氏斯船及法國馬賽公司船所運之毛瑟槍，因裝箱不好，全有弊病。當即電囑毛瑟廠，將未發運之二千餘桿加謹封固，以免再誤。唯來電甚簡，未知有何弊病。若受水漬或漏入潮熱之氣而結成薄銹，則須用極細之砂和油輕擦，切不可用粗砂磨之，易損本質。諒高明早鑒及之。

英國購那登飛德砲價竟不能訪得，現托劼侯代爲查訪，能否確知尚不可定。手肅，敬請

勛安

光緒七年三月廿三日自柏林發，五月十一日到。

再啓者，曾蘭生之子前在薩孫奸生一子，曾將索錢之函譯出，寄煩台端轉飭料理。迄今半載，未見曾蘭生托人料理妥帖，而該女及其父屢次來函瀆擾，殊不雅觀。拜煩迅賜函致蘭生，嚴飭其子托人辦妥。如再置若罔聞，請禀明傅相，訓飭懲戒之。手肅，載請

勛安

來信七十三號覆五十六、〈五十〉七兩號去信

昨二十七日接五十六、五十七兩號尊函，一一敬悉。

神機營需用陸砲，與克鹿卜往返函商五次。至二十一日送來詳細價册，仍堅稱不便用八尊，因相隨之備車及匠車、另件俱係六尊之用，若改八尊，須另繪另造也。敝處於二十三日又强令重換，凡隨砲之子、藥車等皆照八數備車，匠車仍照六數，迄未換來。適接尊函，亦與鄙意相

同,遂將尊函所開彈數,開令併入合同。昨初一日接該廠函,云合同已尊〔遵〕辦,一二日可遣人持來領價矣。所有詳細物件價目,另摺呈覽,乞轉呈傅相鈞核。摺内價目,與尊處開來者,略有參差。惟鞍套每四馬又加一弁馬方爲一副,合一輛車之用,凡六砲者,共需十七副。其中鞍轡鞦勒等件,若由京都自造,恐皮劣價昂,不甚合算,謹購一全副作樣,請呈傅相轉呈醇邸察奪。今八砲共須二十一副,如須添購其餘之二十副,請收到樣副或未收時發一簡電,云"20□□□□□□",即可遵照補購矣。可不必再加"津寄"二字之碼數,以省重復。砲子曾與葛羅生商議,因所賤無多,而雙套彈殼及新式子母時引未經造過,似不可靠,故仍與克鹿卜訂定也。

又,二十五日接尊電"ɗ○○○"字,遵將伯明恩毛瑟槍五千飛函訂定。每桿連寬備簧、鈎計三十六昔令,另購刀五昔令,合共四十一昔令。訂明照上等槍驗收,大約六月間可派芬鋭飛往驗起運矣。造子器無須另雇監工,亦已轉告力拂廠矣。

承示已有七萬兩提備在滬,遵於昨日致電滬關,請匯來備用,諒不日可到也。昨接滬關函,云毛瑟槍第三批五十六箱只收到五十五箱,弟想是法國馬賽公司所運之一批。向例,提單數目不符,應扣留提單,向該船查追。今雖由此間函詢馬賽公司行,未知尚能根查否也。

《量彈速器説》《量火藥漲力器説》並圖,並經仲虎兄譯完,請王筱翁查照試演,定有把握。前聞棉藥已經龔仰翁試過,不相上下。可見滬商所售者,尚非低貨,可賀之至。惟弟前述棉藥優劣之利害，係得諸英、法海部人員，非得諸道聽途説，尚望有心者勿河漢此言。日後採購，似須擇西國海部向用之廠，照章驗收，方無後患。諒高明亦以爲然。手肅，敬請

勛安

光緒七年四月初二日自柏林發，五月十七日到。

附呈仲虎譯件並圖。

又附呈克鹿卜價摺。請轉呈。

量彈速器説此器原名波浪射。

無錫徐建寅
美國金楷理同譯

一章　各器

一、量砲彈之速率用柵靶，如第一圖。量槍彈之速率用鋼靶及槍口夾，如第二圖及第三圖。

二、量時器如第四圖，爲平視形，甲甲爲三角形黄銅板，乙爲木座，以三螺釘旋連之（如丙丙），丙中有黄銅柱（如哂）。第五、六、七、八等圖爲立視形，柱有上、中、下三横孔，中孔裝第一吸鐵，以吸連量時桿，上孔或下孔裝第二吸鐵，以吸連短桿，另以螺絲連横伸指（如丁）。

三、兩吸鐵鼓（如叮、戌）旁連有托（如庚），以螺釘（如辛）裝[如?]銅柱孔内，以螺蓋（如壬）旋連之，鼓中有鐵條（如子），電氣傳入外繞之銅絲，即成吸鐵性。其一端在鼓外，有一尖向下（如丑），爲吸鐵極，鼓之又一端有螺絲（如寅），旋入則鐵條之吸力加大，

退出則吸力減小。鐵條周圍繞盤銅絲之丙端，與鼓上面之辰、巳二螺絲各相連，此螺絲再與栅靶通來之電綫相連。

四、量時桿（如吧）爲黄銅圓條，上端有鐵頭（如午），下端有銅頭（如未），中有鐵粗段（如申），此上套上鋅管（如哶），此下套下鋅管（如嗔）。另用黄銅管，其重爲量時桿全重十之一，名爲餘重，與量時桿相需爲用，後詳之。

五、短桿（如呼）亦爲黄銅圓條而短，上端亦有鐵頭，下端有銅頭（如戌）。亦另有黄銅管爲餘重，其重亦爲全重十分之一。

六、壓器（如吅）並刀（如嗔），有杠桿（如辰），中樞在二小枕上（如物），槓桿之短端有尖鈎向下（如天），其長端中有頭向上（如人），横連挺簧（如甲），長端向外，再有短管（如地），管内有螺簧，能挺長端向上，而短端即向下。短管上有立螺絲（如乙′），每絲爲一密里，螺絲上連小杯（如丙′），小杯之周有小缺口，甲簧即鈎於此缺口内定之，杯可不轉。嗔爲硬鋼圓片，邊作刀口，極利，中心有螺絲（如丁′）與戊′簧相連，戊簧以二螺絲連於柱根，簧旁有向上之尖鈎，與槓桿端之尖鈎鈎連，簧外端爲柄（如庚），可推開之。刀口若鈍，可旋丁螺絲而稍轉過之。杯上有黄銅管（如辛），下有足連於黄銅底板，小桿落下可免歪倒。

本生電池二具，如第九圖。炭精方條在瓦筒内而盛濃硝强水，用磁筒盛淡硫强水，内浸鍍汞之鋅管，鋅管内置瓦筒。其淡硫强水用硫强水一，水二十配合，皆另盛於瓶内，臨用時傾入電池内。用銅皮條與鋅管銲連，而夾連於炭精以傳電，各池再以電綫相連，而傳電至栅靶與量時器。

斷電器如卯圖，辛″爲木座；子、子爲二螺絲，可接銅絲與量時器之吸鐵相連；壬、壬亦爲二螺絲，可與栅靶相連；丑、丑′爲二簧；寅爲曲簧，上有頭（如卯）；又辰爲螺絲，可限制之；巳爲立簧，旁有鈎（如午），能鈎住曲簧使不上；丑、丑′二簧亦與木板内二螺絲通電。若將立簧巳扳過，則其鈎放脱，而曲簧自挺上，二電池之電皆同時斷絶。

栅靶二具，如第一圖。用闊八十密里、厚三十密里之木條爲匡，以螺絲夾連螺絲之式，如第十一圖。用徑五至七密里之脆銅絲經於匡上爲栅，相距二十五至三十密里，匡之左右有釘以套銅絲，如第十圖。其第一栅靶木匡内闊七百五十密里，高一千密里。第二栅靶木匡内闊一千密里，高一千五百密里。先將靶架連於杙，其杙約長一千密里，用繩在靶中腰將匡之兩旁束緊，將銅絲自上釘繞起，每間一釘必繞於釘二周，下至所束之繩處，解去其繩而繞銅絲至全滿。此用二人，一人將銅絲由木板放出，一人繞上。

鋼靶及槍口夾爲試槍彈速率之用，如第十二圖、第十三圖、第十四圖、第十五圖。鋼靶掛於柱之雙鈎，柱高一千五百密里，下有三足，足有螺絲可使直立。靶用鋼板，方六百七十密里，厚二十六密里。靶前之左右皆有立鐵板遮之，免碎彈飛損他物。靶中有横鐵條與電綫相連。槍口夾，用二木條以二螺絲夾連於槍口，另有小螺絲相連銀絲或鍍銀之銅絲，横於槍口之前。

二章　理法

電池二具各有自成周之電綫，彈自口擊出斷此二電綫，有先後之時，此時之數，與兩靶相距比較，即爲彈行之速率。第一電周自量時器之上吸鐵傳過，即能將量時桿吸住而懸起之。第二電周自下吸鐵傳過，能將短桿吸住而懸之。彈擊斷第一靶之電綫，則上吸鐵之力絶，而量時桿落下，彈再擊斷第二靶之電綫，則下吸鐵之力絶，而短桿亦落下打於下杯，使杠桿之長端下，而刀即脱，[而]斬於量時桿外之鋅管，成一痕，用尺度其○點至痕之距，即可求得其時矣。○點者即未落下時刀所對之點也。

設辛爲○點與痕之相距，依地攝力之理，可用下式求初落至斬痕之時：$辛=\frac{二}{庚}\times 酉^{二}$，又$酉=\sqrt{\frac{庚}{二辛}}$[一]。酉爲時數，即彈自第一靶行至第二靶之時數。庚爲地攝力率，即一秒時物墜下之數。兩靶之相距，常用五十邁當，以“叺”代之，故彈之速

[一]　此處前後公式中，分數形式與現今通用的相反，上面是分母，而下面是分子。

率,即以與酉之比。但其中尚有差數,因電雖已斷,而吸鐵力須稍遲乃減,此時命爲"天",即天應加酉。又第二電雖斷,而至刀斬痕亦數種延遲,命"天′"爲減吸鐵力所遲之時,"地"爲短桿落至杯之時,"地′"爲刀放脱所遲之時,"地″"爲刀已放而斬至鋅管之時,故(天′⊥地⊥地′⊥地″)[一]應減於酉,而天應加於酉,故其實時爲酉丅(天′⊥地⊥地′⊥地″丅天)。兩電若同時斷絶,即量時桿與短桿同時放脱,設其刀所斬之痕與〇點之相距爲'啐',此相距與落下之時有比,其落下之時命爲'哂',即哂=(天′⊥地⊥地′⊥地″丅天)。啐之數可用常數爲一百十〇.三七密里,即哂爲〇.一五秒,因此可求彈速率之刀痕距〇點之數。設彈速率爲每秒行五百邁當,即彈行五十邁當之時與一秒比若五十與五百比,即爲〇.一秒,其量時桿原有之縻時爲〇.一五秒,以此數加於〇.一秒得〇.二五秒,故辛痕距〇點可用下式求之:

$$辛=\frac{二}{庚}\times〇.二五^{二}$$

$$=\frac{二}{六一三.一七}$$

$$=三〇六.五八密里。$$

反求之,如所得痕距〇點爲三〇六.五八密里,即可知速率爲五百邁當,但啐常數必爲一百十〇.三七密

[一] 此處前後公式中,⊥應爲加號,丅爲減號。

里,而兩靶相距必爲五十邁當。

有人依此二常數,將其辛之密里數列於尺上(如寅圖),名爲速率尺,一端有伸尖,中有物逆,亦有伸尖,物逆上行之數可至辛,爲〇.一密里。如啐非一百十〇.三七密里,則須另爲核計,而不能一觀而知每秒彈行若干邁當也。兩靶若相距甚近,則必將短桿懸於上吸鐵與第一電周,而量時桿與第二電周相連,如此則亦必另爲核計矣。

三章　試砲隨件之用法

量時器得數之疏密,全藉布置,隨件如電池、電綫、栅靶相距、環繞銅絲皆須合法爲要。

量時器應置於稍遠於放砲之處,常用爲距砲二百至二百五十邁當,則彈已斷二靶之銅絲而砲聲可尚不至量時器,故空氣不振動而量時桿不致落下太早。量時器另置小房内,此小房有作可移置者,有作定置者。其可移置者用木爲之,下有四小輪,旁有門與窗,近窗處於地板作四小孔,徑各一百密里,以桌之四足通過此孔至地面,不與地板相遇,桌面之上置量時器,其電池置於房外下風之邊。

定置之房,常試速率處用之。以磚石砌成,内分三間,一間之門向外,内儲電綫、電繩、送物車等;一間稍大,内置量時器,下有石板,與地板不相連;一間較小,内置强水及電池,其門與窗皆必向外,與别二間不可相通,以免强水氣之害。

第一栅靶與砲口相距不可少於十七邁當半,免被砲火所壞。第二柵靶如距第一柵靶爲五十邁當,則用量尺度其刀痕即知彈速率。若二靶有遠或近,須將其相距與五十相比,再與量尺度得之數相乘,即得速率。設二靶相距三十五邁當,而量尺所得爲四九一.三,即實速率＝四九一.三$\left(\frac{\text{五〇}}{\text{三五}}\right)$＝三四三.九。凡速率係指二靶間中點之速率而言。柵靶之匡必懸於架,可高可下,依砲之中綫。架有二柱及上下横梁,如第一圖。柱須直立,二靶之相距須不差,故於地面量準,打小杙,而於架下横木旁作記痕以對小杙,即可不差。架之上角有二滑輪,以繩兜過而懸靶,則可任意高下之。每放一次必修其打斷之銅絲,如人手不及則將柵靶落下接連之,如第十六圖之式。如有餘長者必扭上之,不可任其拖下。

傳接電氣,或用地上之電綫,或用地下之電繩,如用四條最好,或用二條,而回電公用一條亦可。每電綫之一端在電池房内,又一端在柵靶左近。如用四電綫則以一、二、三、四爲號,每綫之兩端用相同之號以便易别。如用三綫則第一電綫用一號,第二電綫用四號,公用之回電綫用二、三號。若地上電綫則用徑二密里之銅絲,或用徑五密里鍍鋅之鐵絲,桿高三邁當,上端有磁頭,各桿相距三十邁當。此電綫與量時器、與斷電器、與柵靶相連,另用包象皮之銅絲接之。

布置接連電綫之法,如第十七圖。其一、二、三、

四、五、六、七、八、九、十、十一、十二各號之電綫，自大電池之一極至第一栅靶，回至斷電器，再至量時桿之吸鐵，回至電池之又一極。其甲、乙、丙、丁、丑、寅各號之電綫，自小電池之一極至第二栅靶，回至斷電器，再至短桿之吸鐵，回至電池又一極。

砲口與第一栅靶之相距必依一定之數。

四章　試槍隨件之位置

試砲、試槍所用量時器皆同，惟布置隨件則不同。木房長闊各三四邁當，高三邁當半，内分二間，一間置量時器，一間置槍及隨件。在房壁之外面有一櫃，上有蓋以遮雨水，櫃内置電池及强水。房對靶之面有二玻窗，房内有地板，近窗有石板基，與地板不連，石板上置一桌，桌上置量時器。用木夾銀絲於槍口，以代第一栅靶，用鋼靶以代第二栅靶，相距仍五十邁當，鋼靶下作石基，上蓋木房，房外蓋土，惟對槍之面空露。

另有電氣揺鈴二具，自放槍處與量時器房内相通。二處各有柄，按之皆能揺鈴發聲，以彼此通意。電池、電綫與放砲者同，惟將第一栅靶之電綫換連於槍口夾，第〈二〉栅靶之電綫換連於鋼靶。槍彈擊鋼板，板即稍退而與二螺絲相離，電氣即斷。此二螺絲之尖切於横條，相切處皆鍍銀，免生銹。懸掛須向前稍迤，則風吹可不動。其迤度，用垂綫上切鋼板，而下邊相距二十密里爲合，如不合，則將三足之螺絲就之。

放槍在木房内。此房前後皆有窗，自量時器房可望見其内槍架，如第十八圖，分爲三件，一爲下座，二爲滑面，三爲夾槍架，高下左右皆可用螺絲就之。

五章　人數

共用兵目二人、兵丁十一人。量時器處用兵目一人、兵丁一人，號旗處用兵丁二人，置配電綫並繞銅絲柵靶用兵目一人、兵丁八人。若地方便當，人可減省，試槍人亦可減少。

〈六章　量法〉

電池内之瓦筒先須輕敲聽之，無裂縫者即傾硝强水於内。鋅筒之面擦以汞，免其消化。將淡硫强水傾入外筒，即將鋅筒及瓦筒置入，而瓦筒内置炭精條，即可接連電綫矣。如吸鐵力不足，則須换强水。用畢之後，須取出鋅筒與瓦筒，將二筒内之强水各傾還原瓶内，鋅筒及内外二筒皆在清水内洗净。

所用電池之數，應依電綫之阻力配之。量時桿之吸鐵常用電池四或六，短桿之吸鐵用電池二。如柵靶甚大，而用地上鐵電綫，且相距更遠，則量時桿當用電池九，而短桿用電池三。不可更多，防吸鐵外之銅絲燒斷也。如見電力不足，必係桿之電綫阻力太大，或接處銲連未好，必修理，或重换鍍鋅之新鐵絲（徑爲五密里者）。

量時器欲移至别處，須裝於匣内，如第十九圖。如欲用之，即將二底條（如第二十圖者）以三螺絲連於匣底爲三足，將量時器置於匣上，用三螺絲連其三角板於匣，再將隔電器同置於一桌上，鋅管套於量時桿,即可用。

各事皆備,將第一栅靶之電綫接連,則吸鐵能將小鐵牌吸近,即知已有吸鐵力,將量時桿外套以餘銅管而試懸之,如吸力不足即添電池,如吸力過大則減電池;再將第二栅靶之電綫接連,而以短桿亦試其吸力。如此先後試驗,則電綫之相接不致錯誤。

再將第一栅靶之電綫斷之,其吸力立絶,即知不誤。如吸力不絶,須查其電氣之錯誤,或各電綫相遇,或電綫外所包象皮損壞,必改好之。次將第二栅靶之電綫亦斷之,而同法相試。再各接連之,仍將量時桿及短桿懸之,吸力仍足即爲合式。使量時器正立法:將量時桿懸於吸鐵下,使其號數對人面,即觀桿頭,如不對銅板,則旋其足之三螺絲,使至對而止。斷其電氣,任量時桿落下,觀之,如有碰礙,再較準之,至無礙而止。器已正立,則短桿懸之,令其號對人面,下有小支切其背而不相礙,以免摇動。

餘銅管爲較準吸鐵力之用,因恐吸力過大則電斷,而吸力不能立絶也。法:將量時桿外套鋅管及餘銅管而懸於吸鐵下,即將吸鐵内之螺絲旋出,使吸力漸減至量時桿落下爲止,再懸之,如仍能吸住,則再旋螺絲至落下。短桿亦同法爲之,然後去其餘銅管。

將量尺之物逆配至辛數,以其端釘插於量時桿頭之孔内,以物逆之尖切於鋅管,將鋅管下端靠緊於頭而轉過,則劃成一綫;即將量時桿與短桿皆懸上,而同時斷電氣,使皆落下,其刀斬於鋅管之痕須對此綫，如在上或下，則須將小杯上下之，使相對。

已用上各法配好，即可試放槍砲，以得其彈之速率。每放過一次，二鋅管皆須轉過二密里，使已有之痕移往旁面。每放砲一次之前，必重定辛號一次；若放槍，則可放三次而定辛號一次。每次放後所得之痕，用墨寫於痕旁以備查。

放砲者與管量時器者通信，除傳話管外，另用二旗，在砲、柵靶、量時器三處皆能見之處。已放砲一次，而柵靶亦修好懸起，管旗之人即向量時人喊“柵靶已升，量時器已全備”；則量時人向管旗人喊“第一旗升”，使放砲人見之；砲已備齊，即在放砲處升旗，而前管旗人見之，即喊“砲旗已升”；量時人即懸其量時桿與短桿，而向管旗人喊“第二旗升”；放砲者見之，即放其砲。如砲不放，則放砲人將砲旗落下，而前管旗人見砲旗已落，即向量時人喊“砲旗已落”，量時人即將電氣速斷之，否則吸鐵外所繞之銅絲損壞，而量時之數有差矣。凡聽得所喊之話，必照述一遍以驗其不差。

放槍，量時器距槍止須二十五邁當，故言語易聽清。倘彈行太慢或二柵相距太遠，則彈斷第一靶而不遇第二靶，短桿之落下非因電氣之斷，而因砲聲之震動或量時桿落下之震動，則觀刀斬之痕不能得速率之數。如此須先觀第二靶之銅絲是否未斷，再觀小擺，試其吸鐵是否有吸力，必可知其病在何處。倘電力忽絕，應先查量時器是否有病，及電器之平簧是否斜壞,及此二器之螺絲是否鬆脱。另用一電綫連吸鐵之銅絲以試之,如電能傳,知量時房内各器無病,即將此電綫漸移向前,而接連二電綫,漸至栅靶,逐次試之,至何處而電不傳,即知病在何處矣。

量火藥漲力器

銅柱之法器分四件,一爲鞲鞴,二爲銅柱,三爲小盂,四爲圈。如第一圖,甲爲鞲鞴,用堅鋼造成,在孔内不洩火氣,其徑十一.一密里,横剖積〇.九六七方生的,因一倍天氣之力爲每方生的有一.〇三三紀羅,故此鞲鞴受力一紀羅即等一倍天氣之力;鞲鞴之徑或大或小固無不可,惟須另計其數耳。鞲鞴之後端稍大,與銅柱相切;乙爲銅柱,徑十密里、高十五密里,如火藥之漲力甚大或甚小,則徑亦可加大或減小。用最好紅銅,退火使軟;丙爲小盂,在鞲鞴之前阻火氣洩入;丁爲圈,用象皮或螺簧,在銅柱之外扶正之,使不偏。鞲鞴受火藥漲力,即向後擠扁銅柱,銅柱所扁之數即漲力之數。

裝配之法:鞲鞴外必加小盂並定質油,使阻火氣,以鋼針抵盂内,木椎輕敲之,使鞲鞴緊切於銅柱。銅柱將裝入時,先量其長,放砲過後取出,再量其長,此兩長之較,可由後表内檢得相對之漲力數。備銅柱法:用長銅條截作多段圓柱,先取數個,各以大小二擠力試之,量其受大力及小力縮短之二數間,依比例列一表(如後)。凡長銅條,雖各段不同而所差尚微。再取數個,以一千倍空氣力擠之,又數個以一千五百倍空氣力擠之,又數個以二千倍空氣力擠之,又數個以二千五百倍擠之。此所擠各圓柱,各量其長,先與表内之數相比,以徵其是否不誤。試火藥漲力:約擬砲内有漲力若干,即用已受若干倍空氣力擠過而縮短之銅柱,放過之後取出再量,其更縮短之數與前次試壓擠時縮短相加,即可於表内檢得砲内火藥之漲力數。設銅柱原長十五密里,先用一千五百倍空氣力擠之,量其長得十三.九五密里,入砲放過後取出再量,長爲十三.八密里,即更縮短之數爲〇.一五密里,共縮短之數爲一.二密里,可由表内檢得火藥之漲力數。

擠力不甚大者,則用鉛或别種軟金類皆可。

尖鑿之法:美國武官羅得門創器分四件,如第二圖。一爲鑿(如寅),鑿柄(如人)即爲鞲鞴,二爲銅片(如未),三爲小盂(如戊)。鑿柄之中綫與銅片正交,鑿柄受力愈大,則鑿口入銅片愈深,則痕愈闊,故量痕之闊可知火藥漲力之數。

羅得門設表,按痕之大小可檢得漲力之數。其原表爲尺寸數,兹改爲邁當數,列後。此表克鹿卜廠中復試之,知其不差,亦用此器試過極大漲力。設“丁”爲鑿柄之徑,則$\frac{四}{丁^{二}周率}$爲鑿柄面積,“己”爲鑿柄所受全力之紀羅數,即每方生的所有力紀羅數爲

$$\frac{\frac{\text{四}}{\text{丁}^{\text{二}}\text{周}}}{\text{己}},\text{即}\frac{\frac{\text{四}}{\text{丁}^{\text{二}}\text{周}}\times\text{一.〇三三紀羅}}{\text{己}}=\text{空氣壓力之倍}$$

數。其一.〇三三紀羅,即每方生的面積一倍空氣之壓力也。克鹿卜廠内鏨柄徑常作九.一密里,其面積得〇.六五方生的,故漲力爲三三己,即己爲一.五倍空氣壓力。

羅得門謂痕之面積與鏨之受力有比,俄國及克鹿卜廠皆試過,知其不差。惟鏨口之角度難與羅得門者相同,故須設一常數“子”,而鏨之角爲“甲”,又一角爲“乙”。其子常數以下式求之:

$$\text{子}=\sqrt{\frac{\frac{\text{二}}{\text{甲}}\text{切}\times\frac{\text{二}}{\text{六五五}}\text{〇切}}{\frac{\text{二}}{\text{乙}}\text{切}\times\frac{\text{二}}{\text{一六五五}}\text{切}}}$$

$$=\left(\frac{\frac{\text{二}}{\text{五六五}}\text{切}}{\frac{\text{二}}{\text{一六五五}}\text{切}}\text{對}\right.$$

$$=\text{一.一〇八四二。}$$

其甲、乙二度用精器量得之。

銅片之性各不同,必先用原鏨,以器壓鏨一痕,而量其長。克鹿卜廠中用此鏨大小二種,砲徑不及二十一生的用小者,過於二十一生的用大者。小者之銅片徑爲三十二.五密里,可試至三千七百倍空氣壓力,先用原式鏨以一千二百五十紀羅之力壓之,應成痕長二十密里。大者之銅片徑爲四十三密里,可試至六千倍空氣壓力,先用原式鑿以二千五百紀羅之力壓之,應成痕長二十九.八七密里。如所成痕之長與此不合,則可將所得痕之長與表内所有痕之長相比。設“丑”爲鑿得痕之長,“甲”爲表内所列痕之長,“呾”爲放砲所得痕之長,“乙”爲表内所對之力,則甲＝丑＝＝乙＝呾,故乙＝$\frac{丑}{甲呾}$。設“申”爲一.五空氣壓力,即鑿柄面所得之力,又“子”爲鑿之常數,“丑”爲一千二百五十紀羅之所成痕之長,“呾”爲放砲時所得痕之長,即$\frac{呾}{二◯子丑}$。由表内檢得相對之力“己”,將己與申相乘即得空氣壓力倍數。

用器之要事:一、鑿柄後必加小盂,小盂内滿盛定質油,免火氣之洩,如放砲後見尚有洩火,須記明於册内,查其病而修之;二、用鋼針抵鑿柄,以木椎輕打之,使切於銅片,免有急力;三、須詳察鑿口,如有缺損即不可用;四、各件必相配密合;五、銅片必以無痕之處對鑿口,兩面不可凹凸。

〈克鹿卜價目〉

謹將克鹿卜七生特半口徑陸路砲並車箱、鞍套、子藥價目細摺譯呈鈞覽。

計　開

第一款　砲身並門劈全副：一、門劈及火門之裏，鋼底，鋼捎〔梢〕[一]；二、火門，銅；三、門劈外圓片；四、螺絲三枚，以定圓片；五、啓閉門劈之柄；六、柄上小梢；七、啓閉之螺桿；八、螺絲及挺簧墊；九、螺絲及小挺簧；十、裝進之圓片及銅裏。

砲身隨件：一、鋼圈，二、火門之螺絲，三、門劈之圓銅罩及螺絲三枚，四、表尺匣及螺絲簧，五、夾緊表尺之螺絲，六、表尺，七、望準。

備換之件：鋼圈二枚，鋼底二枚，火門銅圈四枚，銅圓墊片四枚，火門銅裏二枚，加力桿一，取鋼圈之鈎一，螺鑰二。

以上每砲德銀二千八百馬克，每行六砲。

第二款　備換之門劈：除上款門劈全副隨件之外，又加裝門劈之匣一具，鋼底二枚，火門銅圈四枚，墊底銅圈片四枚，門劈柄之梢一枚，並小梢一枚。

以上共德銀四百六十馬克，每行一份。

第三款　器具匣：內有木匣一，砂輪一，鐵錘一，工棹二，螺棹一，門劈螺鑰一，望準螺鑰一，砂匣一，乾油匣一，水油瓶一；鏟六把並柄，即大平者一，小平者一，大半圓者一，小半圓者一，圓者一，三角者一。

以上共德銀七十八馬克，每行一份。

第四款　砲架：鋼輔、鋼軸、鋼輪。除隨件外，全車身每輛一千五百三十馬克，每行六輛。

〔一〕 原抄均作“捎”，以下徑改爲“梢”。

隨件：洗桿並桿套一，門劈架旁之皮套一，砲口皮套一，門劈全皮套一，門針及相連之皮帶一，乾油匣一，水油瓶及筆一，門藥管之皮盒及縛帶一，火引盒及縛帶一，彈嘴之螺鑰一，扯火引之繩及柄一，匣鎖一。

以上每份九十五馬克，每行六份。

第五款　子藥箱車：鐵箱、鋼輪、鋼軸。除隨件外，全車身每輛一千五百二十馬克，每行六輛。

隨件：鐵鍬一，水桶一，添油匣一，掛鎖一，藥裹之皮匣七，縛帶二。各種引火之匣一，其内有洋鐵小匣，以二匣裝彈上火引，二匣裝門藥火引，二匣裝子母彈時刻火引，一匣裝活機等零件。火引匣及縛帶一，子母彈定時之鑰一，門藥管匣及帶一，垂綫及鉛錘一，總螺絲鑰一，望準一，酒準象限儀及匣套一，輪軸梢及皮帶一，鐵鉗一，鐵鏟一，提彈子之桿一，劈腔之刷一，門眼之針並皮帶一，鐵錘一，開彈嘴之螺鑰一，表尺一，夾緊表尺之螺絲一，砲門引火扯繩及柄一。

以上每份三百三十五馬克，每行六份。

第六款　子藥備車：以熟鐵造成，而用鋼軸，每六砲有八輛。除隨件外，全車身每輛三千馬克。

隨件：分爲前後兩車，前車中有鍬一，水桶一，輪軸油匣一，掛鎖一，藥裹皮匣七，縛帶二。各種引火之匣並其内七小匣一，總螺絲鑰一，輪軸梢及皮帶一，提彈子之桿一，開彈嘴之螺鑰一。後車中有藥裹皮匣十，掛鎖四，各種引火之匣並其内七小匣二，提彈子之桿一,開彈嘴之螺鑰一。

以上每份四百四十馬克,每行八份。

第七款　第一號料車:以熟鐵皮爲之,而以鋼爲輪軸。除隨件外,全車身每輛二千五百四十馬克。

隨件:備輪二,長鐮刀二,斧二,鋤二,鍬二,長柄斧二,水桶一,軸油匣一,掛鎖八,坐墊四,雙層棚蓋一,繩八,軸梢並皮帶二。另備軸梢之皮帶八,軸梢墊圓片並皮片二,輪内墊圓片並皮片二,另備皮片八,幫接轅桿之鐵條六,接轅桿之釘四十八。

另件:打鐵器具兩副,每副鐵砧一,鐵錘一,磨石二;小鏟刀十五,總油瓶一,總乾油匣一,螺墊一,砲架尾鐵扣一,醫馬藥一匣,車匠器具一匣,各種螺絲及螺蓋一匣。

以上共八百九十馬克,每行一份。

第八款　第二號料車,同上。每輛二千五百四十馬克。

隨件:與第一號料車同。

另件:轅桿一,前輗桿三,後輗桿二,輻桿十二,起重一,大繩一,短繩五,馬梳五,鞍匠器具一匣,文書箱一。

以上共八百九十馬克,每行一份。

第九款　鐵匠車:以熟鐵爲之,而以鋼爲輪軸,上有鐵砧及木墊、皮帶、圓磨石、虎鉗並蓋。

以上共三千五百馬克,每行一份。

隨件:鋼車軸二,斧二,鑿二,鍬二,水桶二,軸油匣一，掛鎖六，軸梢及皮帶一，大鐵錘一，兩端鐵錘一，小鐵錘二，圓鐵錘一，闊口鐵錘一，方鐵錘一，代錘一，馬掌模二，圓模一，小斧二，釘模一，鐵梢胚三，鐵尺一，大鏟一，平鏟一，平粗鏟一，三角粗鏟一，三角粗鏟一，方粗鏟一，圓粗鏟一，半圓粗鏟一，平鏟一，三角鏟一，方鏟一，圓鏟一，半圓鏟一，平細鏟一，半圓細鏟一，鑽孔架一，鑽侈口孔器一，侈孔鑽一，刮光侈口器一，鑽二，螺鑿一，總螺鑰一，螺鑰□一，鉗四，夾圈六，漬煤之帚一，撥煤桿一，添砂大杓一，煤杓一，十字鑿二，平鑿二，鐵砧上之鑿一，鐵砧上之角一，出釘之圓鑿四，帽釘錘四，帽釘鑿四，虎舌鏟一，裝馬掌之錘一，小錘一，鉗一，修馬掌器具兩副，修馬掌之刀並柄一，又備換之刀一，馬蹄刀三，馬掌釘之鑿一，馬掌釘之平錘一，火刀一，馬掌釘二千，皮圍身三，圓鐵條二，徑十密里、長一千三百五十密里。圓鐵條二，徑二十密里、長一千三百五十密里。方鐵條二，邊二十密里、長同上。方鐵條二，邊二十六密里、長同上。扁鐵條四。寬五十密里、厚五密里、長同上。

以上共五百五十馬克，每行一份。

第十款　馬鞍套：每四匹馬一全副，並有砲弁坐馬一匹，每行有十七全副。開列如左。

六尊砲有六全副，八備車有八全副，二料車有二全副，鐵匠車有一全副。

每全副之各件：馬首絡並鏈四，大絨罩四，絨罩之帶四，馬料袋八，運馬料之袋二，馬梳二，馬刷二，鞍馬之韁二,手馬之韁二,馬勒口並韁絡四,鞍四,鞍袋二對,馬掌袋四對,皮護膝二,鞭二,轅馬皮套二,前馬皮套二,長韁一。又,砲弁坐馬之馬首絡並鏈一,大絨罩一,絨罩帶一,馬料帶二,運馬料之袋,馬刷一,馬梳一,短韁一,馬勒口並韁絡一,鞍及前後鞦一,鞍袋一對,馬掌袋一對。

以上每全副一千一百九十五馬克,每行十七全副。

第十一款　子藥各件:

開花子及引火等件,每隨砲之子藥箱車有十六枚,每子藥備車之前車亦十六枚,共二百二十四枚。每子藥備車之後車又有二十八枚,共二百二十四枚。是全行統共四百四十八枚。每枚價八馬克半。

子母鋼彈並時鈔〔刻〕引火等件,每隨砲之子藥箱車及子藥備車之前車有八枚,共計一百十二枚。每子藥備車之後車有十二枚,共九十六枚。是每行總共二百八枚。每枚價十六馬克六十分。

洋鐵罐群子,每隨砲之子藥箱車及子藥備車之前車俱有二枚。每全行總共二十八枚。每枚價六馬克五十五分。

藥裹,以粗綢作袋,每袋有粗粒藥百分啓羅之七十五分,其藥另裝於箱以便渡海。每隨砲子藥箱車及子藥備車之前車俱有二十八袋,共三百九十二袋。每子藥備車之後車有四十袋,共三百二十袋。每全行總共七百十二袋。每袋價二馬克十五分。

彈内炸藥，已裝於渡海之箱中者，七十啓羅。每啓羅價一馬克八十七分。

門藥引火，每藥裹一枚，共七百十二枚。另備每子藥箱車有八個，每行四十八枚。又每子藥備車有二十四枚，共一百九十二枚。每全行總共九百五十二枚。每枚價二十二分。

彈内引火，除各彈已備外，另備每子藥箱車二枚，共十二枚。每子藥備車四枚，共三十二枚。每全行統共另備四十四枚。每枚價一馬克七十分。

裝炸藥之器一副，内有彈嘴螺鑰四，彈膛刷四，彈嘴孔刷四，鑽凈彈嘴之器四，鑽凈彈嘴螺紋之器四，鐵錐四，刮抓四，漏斗四，天平並砝碼一。以上共二百十馬克，每行一份。

〈去信〉天字六十六號覆七十一、〈七十〉二、〈七十〉三三號函

四月二十八日至五月十七日連奉七十一、〈七十〉二、〈七十〉三三號惠函，並抄寄神機營所需克鹿卜七個半生脱砲合同，當即轉呈傅相，並奉面諭云鞍轡鞦勒只須購買一副，其餘悉照前議。而砲位必需八尊，前函均已詳陳，近日想可邀覽也。

量彈速器、量藥器圖七件、説十四頁亦收到，已轉交製造局王小翁照試。小翁精於機器、算學，閲之自能洞悉，且可照説試器，求入精微以備習用，甚爲欣慰。

承示力拂機器一節，其尊處已經發運之一、二、三批，

昨日已由上海運到五十三箱，當即送交機器局，並將尊函抄咨查照。倘若試驗後亦有如閣下在洋所試諸弊，應如何與該廠理論，想閣下定有成竹。敝處詳驗後，當即飛函達知也。棉藥二千磅已經運到，連日洋員試驗，據説甚好。現在奉諭由東局會同水師營務處馬眉叔兄試驗，俟試驗如何再行詳布。

續定伯明恩毛瑟槍五千桿，尊處已飛函定購，惟發運時望飭鋭飛照料裝箱，務須緊密，免致途中再有碰壞。是爲至禱。尊處歷次所運毛瑟槍，點收數目，均與來函相符。此間計先後已收五批，惟獵槍及伯明恩兩批裝箱甚好，其餘三批皆有碰壞，實係裝箱不緊之故，並非水漬漏潮，此時想接敝處詳述之信矣。

閣下諸事賢勞，玉體稍有違攝，現在想已全愈。甚爲懸念。雨亭軍門想必時相過從，望代致候。蘭生之子生子一事，先於正月間已經蘭生付錢，托天津穆領事了案。承示已轉告蘭生，屬其趕緊催詢該領事，據稱由領事轉交步邁司，此時當可收到。

二十四生脱砲如發運有期，敬乞先行電知，因此砲係旅順口所用，不必運津。到滬後，此間即派漢納根前往上海照料裝船，便於起岸也。前由電報通知，計時諒亦鑒及。七萬之款，滬關已經照匯，此時亦必收到矣。專肅布覆，敬請

台安

愚弟鄭〇〇/劉〇〇頓首

光緒七年五月十九日

重七錢三分，内有附六十六號，廿二日由文報處遞柏林。

來信七十四號覆五十八號去信

本月初五日接奉五十八號尊函並抄件，敬悉一切。適往士旦丁閱船工，又偕海部驗試味登貝克[一]鐵甲船，數日方回，是以未及早覆。

毛瑟廠之槍今已全竣發運，計二十六馬者五千桿、三十四馬者三千一百桿、四十九馬者八千桿。其價雖分三等，而貨實只二等，因有舊存之料者，其價可略賤耳。今共分爲上等、次等，其上等者，加冠冕形之記號於號數之上；次等者，但有津字及號數。今又與伯明恩付價訂定第二批之五千桿，連鈎、簧每桿三十六昔令，加素令恩刀頭五昔令，約定八月中旬交齊，照上等驗收，逾期者不收。

承示密臘槍子六十萬枚令行夥面試，最爲妥當。去年購羅玲士九百萬枚之外，亦托密臘購英國者一百萬枚，連紙、蠟底六萬六千馬（約合規銀一萬二千七百七十兩），加運、保四千六百二十二馬九十九（九百兩零）。於十月間發運時，只付五萬二千九百六十七馬二十四（約合規銀一萬零三百二十餘兩）；其餘四分之一，計一萬七千六百五十五馬七十五（約三千四百四十餘兩）扣留未付，俟尊處驗收如式，再行找付並償其息，似較妥當。唯去年方晝夜議船，恐未將此節縷達清聽也。

［一］ 符騰堡（Württemberg），《使德日記》作威爾登白希、威登布希，指德國“符騰堡”號鐵甲艦。

本月初三日已與克鹿〈卜〉訂立合同，照尊指，陸路砲各械俱用八數，唯寬備砲門一、器具一、第一第二料車各一、匠車一則均照六砲之例；又馬鞍套試購一全副；此外炸彈四千、子母彈一千六百、群子八百、引火六千四百、裝藥〈器〉一，共十五萬七千八百二十六馬，内情讓五釐。(除情讓五釐，約合規銀三萬零六百二十餘兩)昨付前半價外，又預付後半價三萬九千九百三十一馬七，兩共十一萬四千八百九十九馬零五分(川夂，約合二萬二千四百餘兩)，係儘匯到之數交付。現唯驗收之期仍須重陽左右，函令提早兩月，尚未商定，是以未能電覆台端耳。近日將收付各賬並洋文單據、銀號利息釐清後，即可繕册咨報矣。手泐，敬請

台安。惟照不盡。

光緒七年四月廿日自柏林，六月初二日到。

來信七十五號覆五十九號去信

前日發信後，即奉咨會劃付克鹿卜價，諒即九萬五千四十六馬之款。並接二月二十二日五十九號尊函，敬悉一切。

前膛槍是否由日本販來，敝處亦無確據。法人修改之薩士布槍即王得勝賫呈之式，如須訂購，可請隨時電示。

前日密臘持魯德孟洋文函來，云接劉大人函，稱李某所購之槍全已紅銹，亂置於木箱中，並無白鉛裹層(並無此説)等語。王得勝驗收之士台阿獵槍却無白鉛，此時諒已查收。弟

查是批應是帕滂提士之次等槍，遂即函招毛瑟廠主與芬鋭飛面詢，據稱該廠俱有白鉛裹層、眼同封銲堅固。今詳抄各洋碼數單附呈台覽。並已函詢比利時公司，如果該船擱淺换箱，應在滬時責成保險公司賠還，因銹壞者（並非銹壞，却是裝箱不緊，碰折百二十三桿，先於第六十一號内詳陳矣）例應照賠也。此事務須認真根查，以求水落石出。請迅將無白鉛箱銹壞之槍逐一查對洋碼，如果不符（洋碼相符），則係地亞士或比利時公司調换；如果全符，須查上海查收時是否原箱，箱上有何記號，再與毛瑟廠别箱查對。並乞示明，以便向比利時公司根究。決不可稍示優容，以長奸商舞弄之弊，諒高明亦以爲然。

今日據毛瑟廠辦事人馬格代告陳季同，云密臘稱此事係中國不喜李某經辦，可請廠主不必認真云云。弟不知密臘果有此語，抑係毛瑟廠人捏造，二者必有一，於是益須根查清澈矣。去年密臘肯具保槍子百萬，已於十月二十三日付全價，而次日不收其保單、寧扣留四分之一者，即此不敢輕信商人之意也。今並將前後所購毛瑟兵槍除獵槍不計。二萬一千一百桿，各分上等、次等記號，另單呈覽，以便查對分撥，計算價值也。槍價外又須攤算驗費。

前日杜屯好甫二十一生的藥裹六百筒（想是廿四生的砲用，前信云然，此恐筆誤）已付保、運費，由漢布克帆船發運。計紙筒者三百件，保費每百磅九十昔令；白鉛筒者亦三百件，保費每百磅七十昔令。似白鉛者較爲可靠。其究竟孰爲精良，須由尊處久儲詳驗，方能辨别以後定用何筒也。目下各員多有感冒，各件未能繕寫。

克鹿卜前日有覆函，云陸路砲八尊，准於本年西九月下旬可以交卸。弟擬俟有發電之便，再以附聞。前者滬關西四月十八、二十二兩日之六百英鎊(本年僅匯過兩款，一克鹿卜七生的半砲價，一提存松滬釐局之七萬兩)，大約下月上旬可以匯到矣。

力拂造子機器，日前已與仲虎驗收。凡裁銅板者一器，作底孔者一器，作火孔者一器，收口者一器，截口裁邊者一器，捲紙者一器，第四次扯長者一器，第五次扯長者一器，刮銅板者一器，壓底邊、加深底孔者一器，剪紙者一器，裁銅條一器，裁銅帽板者一器，俱極穩當，現方包裝發運。知念附及。手泐，敬請

勛安

光緒七年四月廿三日自柏林發，六月初九日到。

外呈毛瑟槍記號單一，帕滂提士運毛瑟洋碼單一。

〈去信〉天字六十七號覆七十四、〈七十〉五兩號函

五月十八日肅寄天字第六十六號一函，諒邀台鑒。六月初二、初九等日迭奉第七十四、七十五兩號惠翰，並寄到毛瑟槍號碼單，敬悉一一。

查運到之槍，除獵槍及伯明恩廠兩款均未碰損外，其毛瑟廠之二十六、三十四馬者，實係裝箱不緊，以致沿途搬運碰壞，前函已詳陳之。頃查箱號、槍號皆對，亦並無箱內無白鉛皮之説。密臘所言或係傳訛，惟不願我公採辦云云甚爲不經，想近已訪得其詳矣，仍望示悉爲荷。

魯德孟現因毛瑟槍子之事到津敝處，已將密臘經手之六十萬一款及一百萬一款，均會同機器局面試。百萬者每千顆内間有四五顆不響，似非弊病，論理亦不能使其賠换。其六十萬者，每百顆内有一半不響，其病在銅帽白藥外之鉛片太厚，藥力不能鎔穿，以致多有不過火者。魯德孟允賠銅帽六十萬粒，而敝處議以藥價、鉛工皆須賠繳。現在須俟各營全數繳回，共計有不響者若干，再能核議也。

魯德孟現以密臘辦事未盡合式，伊欲自回德國面見台端，懇敝處爲之先容；並有信來，云尊處所購槍砲等件，其自上海運津，皆由伊行經手，並未敢取有行用，只求閣下照顧云云。魯德孟比密臘似尚老實。而上海運津一節，凡尊處購到之件，卻皆伊行承運。外洋經手裝船等事，尊處曾否給與密臘酬勞，敝處不得其詳。惟查天字第二十四號致尊處信内，曾議有到滬起卸轉運，必須有人内外樞紐，庶得靈便，若專用該商爲經手承運，即與以五分行用，較之自派委員不過費之語。魯德孟此番來意，其言則曰理應效力，其實則在經手承運。而自德之滬、之津，中間樞紐亦不可少，以後運械無多矣，尚望裁奪是幸。專此布達，敬請

台安

愚弟鄭〇〇 劉〇〇頓首

光緒七年六月十四日

此信交魯德孟面投，重四錢。

來信七十六號覆六十、六十一兩號去信

本月初一日接讀六十號、六十一號手書,敬悉毛式槍三千四百餘桿,木杈散亂,槍托、通條、護機無不受傷,大約此即前月地亞士來電所稱不用白鉛、全行銹壞之物也。遵即覆飭經手人並致函毛瑟廠,詢以因何散亂以致磨損,尚未接覆。弟念此等弊病,或係裝嵌不堅(確是裝不堅),或係抛擲受損(非也,若抛擲箱外應有傷痕),應將修理工資責成賠繳,不可含糊容忍,以售其欺。請即查明是否裝箱之誤,將修理工料逐桿詳開洋碼示明,以便責成賠修。

承囑改購三棱獵槍五百,奈毛瑟廠均已起運,只有伯明恩續訂之二十六昔令者,五千内可以酌改五百。惟三棱實係舊式,今已各國不用,其洋行發售者皆係舊槍,故三棱者較賤於刀頭。今欲新造三棱,勢必添備機器,其價更貴;且刀頭可以交鋒格刺,又可槍刀分用,若中國視與三棱無甚高下,則必有大吃虧處,不可不早爲練習也。若嫌其太重,則可改用法國式之刺刀。英國刀背有倨〔鋸〕齒者,雖略重而却有大用處。今已遵照尊函,囑伯明恩五千中改五百爲獵槍。唯此五百桿,或用法國刺刀,或定須用三棱,仍望乘有電示之便,末附二字,云法蘭西五百,或云尖刃五百,宜用英文。即可遵改。如候至七月中不見電示,則概用布式刀頭矣。

那登費砲已能仿造,甚好,但不知其價與購者上下如何?且聞各國議論,那登費發子太多,架易震蕩,煙易迷

目，不如哈乞開士之良，似應仿造哈乞開士，較爲得用。今英、俄皆不用那登費。是否，仍請大裁酌奪。（哈乞開士不能一排齊出，亦是一短處。去年哥佳自日本來，説俄船全是那登費，不用之話恐不甚確。前年智勝秘，亦以此砲）

力拂造子器尚有二件飭令修改，限本月十二日掃數發運。唯該廠屢來函云，機器、鍋爐一切與他廠迥異，凡售至他國者，均有監工隨往裝配；今日又來函告，若定不要人往配，如有誤用而損壞，與本廠無干。弟商之仲虎兄，亦云鍋爐汽機及捶底孔、造紙蠟各器，實與中國舊購者大不同等語。唯望會商筱翁，悉心察配，苟有疑竇，切勿遽令匠工嘗試。如須該廠監工暫到裝配，則請迅發電示，當與該廠切實駁定工價時日，决不令虚糜經費也。

承示密臘所購槍子百萬枚已經東局驗試，究竟能否與羅玲士者一律，望賜電示。如萬不可收，請飭魯德孟領回繳價；如驗收如式，（已試皆好）則此間應付所留之一萬餘馬本利也。

承示洋行購到之棉藥色黄味酸，此乃最危險之開洞棉藥，久儲必致轟發。鐵路開山洞者，貪其價賤，暫用數百磅，不敢過於三四月，若開礦者猶不敢用此。此略識化學者皆知之，非弟之喜於饒舌也。俄人攻土，暫購德廠牙色而味不酸之棉藥，但用試酸紙試之而變色者。數月後土人議和，俄人將此藥棄於波羅的海，留其較良者重加漂浸，此亦衆所共知也。

今第一雷艇已竣，不日可驗收。第二雷艇之魚雷砲一萬二千馬（一個，合銀二千三百餘兩）、壓氣櫃六千馬（一千一百餘兩），已向刷次考甫續訂矣。

承詢天下全圖，前年丁中丞之圖，敝處並無存稿。唯曾文正委辦之《輿地全圖》，縱二十七幅，横三十六幅，共九百七十二幅合成一大方圖者，曾帶出樣本數紙。光緒四年，沈幼帥囑訪外洋印法，曾試印一幅，係美國之東南境，今附呈台覽。照此式九百七十二幅爲一份，如印三千份，約須二萬餘金；如只印一千份亦須一萬五千金。而滬局摹繪一份須二年之久，約費三千餘金。比時函覆幼帥，飭製造局議覆，而不料中人私忌，竟云外洋印者不耐久，數月後圖去紙存，不如中國摹繪之合算，弟遂緘口不敢復言。又三年矣，而試印之一幅猶墨色如新，諒亦高明所洞鑒也。弟於此事，疲精勞神者三四年，每夜四鼓，猶用顯微鏡將本日各員續寫者詳加校改，則玉翁所親見也。今既被人阻忌，不能推廣，夫復何言。

又，據日意格云，去年夏間有汕答佃法國官廠以格臘gras新樣獵槍、馬槍各一桿呈於傅相以求售者，如未收到，乞飭津税務司詢上海法輪船公司查收，取去年西七月初二日日意格由巴黎寄出之提單即可提得。（已經收到）此槍亦係法國現用之槍，其官局所造者亦可發售，並可照法國兵部章程，隨造隨驗。無論購與不購，留此以備參考，亦無不可。

四月二十七日接電示，云神機營砲應照第五十六信，勿照第六十四信。謹查五十六號已於三月二十七日收到，其砲久已定購，具詳前函。二十八日又接電示，七萬兩已由上海票匯，亦已敬悉。五月初一日奉傅相飭匯到船款三萬鎊，已於初五日匯至柏林之德意志銀號，兑見德銀六十一萬二千一百二十七馬二十五分。三十日又奉到傅相三字洋碼電示，係第二鐵甲事，俟有端倪再行電覆，請先行轉稟爲禱。近奉船政囑購巡海快船之鋼鐵料件，尚未購定。知念附及。手泐，敬請

勛安

光緒七年五月初六日自柏林發，六月二十日到。

附呈地圖試印本一紙。

卷十二　光緒七年七月十四日起至八月十三日止

目录

良、請發還該廠令换,有現好獵槍,其奉詢者

不能改,試魚雷

附刷次考甫及力拂箱碼單(計三册)

來信七十七號覆六十二號去信

昨二十五日接讀六十二號尊函，仍示及第二批毛瑟槍折斷木托四十四桿，折通條、護機、銅環者無桿不然，與前函略同。弟總請明示如何折斷，共耗修費若干，以便向毛瑟廠追賠，若徒以含糊責之，彼必不服。前日廠主來辯，云裝箱以白鉛爲裹，内銲夾條，嵌以木卡，再無别法可以更堅，且箱外未傷而箱内通條無桿不斷，其木托折斷至四五十桿，萬無此理，堅不肯信。又送來槍箱外洋字之式，呈請核對，如箱上洋文不符，即係途中有人更换云云。又函詢比利時裝船公司，亦覆云箱外不傷，貨已收受，即無責成云云。又驗收之洋員謂，布法交鋒，親用槍桿相擊，亦鮮有折斷木把及通條者，況裝嵌在箱者乎。所以弟念莫如將换下之斷通條三千餘、斷木把四十四裝寄還該廠，定可令該廠賠繳修費。否則無以間執其口，徒向嘵嘵，必無益而有損也。此項槍件俱於四月初三日以前包裝發運，雖欲遵示加堅，亦已無及矣。以後總請將各批内折斷者，寄由敝處發還該廠，以令賠補，庶該廠亦無所托詞也。

伯明恩之五千桿，下月可以往驗。承囑各批槍價須剔清各費，以便分派核銷。今正在歸款造册，先摘出槍及槍子兩項下各費呈備核别分派，其中驗費、路費、電費、信費不能指定某批者，只可統開，聽尊處如何攤派於各批。其外又有銀號應入之利息，俟結算後，補開呈覽。今呈草賬内填西國月日者,因欲與收單及銀號日期相符。有芬鋭飛月薪及問價等信費,亦應於利息内開支詳載,俱不列入此賬。

近日訂期驗試魚艇、魚雷,該廠屢展未果,今定六月六日可以往驗。魏瀚已派往英國之式飛耳德,監造第一船之鋼面鐵甲矣。第二船昂貴異常,尚無眉目,俟能議定,再行電告傅相。近日柏林酷暑,幾與津沽相似,各員略有小恙,弟亦時有眩暈煩熱。俟少暇,擬從醫者之言,往海濱静養數日,兼可驗試雷艇及艇雷、魚雷也。手肅奉覆,敬請

勛安

光緒七年五月二十八日自柏林發,七月十四日到。

附上毛瑟槍箱面式二紙。

又,獵槍、毛瑟本廠槍、羅玲士槍子、伯明恩槍各費摘出清賬。

〈槍子清賬〉

毛瑟槍定五千桿(〢〦馬),定三千一百桿(〣〤馬),定八千桿(〤〩馬)。

西一千八百八十年九月二十三日第一批,〢三〇亖桿(〢〦馬),付六萬八馬。又十月初九日,運、保共二千五百八十五馬五十分。又十一月三十日第二批,丨一〥二桿(〢〦馬),付二萬九千九百五十二馬。又十二月初五日,運、保共à亖〇〩〦[一]二千

[一] 原抄如此。

七百七十四馬七十八分。西一千八百八十一年正月二十九日第三批，一千五百四十桿(〢〦馬)，七百六十四桿(〣〤馬)，付六萬六千十六馬。又二月初七日第四批，〡一〥〢桿(〣〤馬)，付三萬九千一百六十八馬。又二月十九日第五批，〡一〥〢桿(〤〩馬)，付五萬六千四百四十八馬。又三千四百五十六桿，運、保五千九百九十九馬四分。又三月初一日第六批，〡一〥〢桿(〤〩馬)，付五萬六千四百四十八馬。又三月十二日第七批，〡一〥〢桿(〤〩馬)，付五萬六千四百四十八馬。又三月二十四日第八批，〡一〥〢桿(〤〩馬)，付五萬六千四百四十八馬。又三月二十八日〡一〥〢桿，運、保一千九百八十馬五十分。又三月三十一日第九批，〡一〥〢桿(〤〩馬)，付五萬六千四百四十八馬。又一百十三箱〢〣〇〤桿(内有羅玲士裝卸帽器一箱)，運、保三千九百八十馬八分。又四月初九日第十批，〡一〥〢桿(〤〩馬)，付五萬六千四百四十八馬。又四月二十一日第十一批，一千零八十八桿(〤〩馬)，六十四桿(〣〤馬)，付五萬五千四百八十八馬。又四月二十九日第十二批，一千一百二十桿(〣〤馬)，付三萬八千八十馬。又五月初五日，〤〦〇〨桿二百二十四箱，運、保付七千九百八十四馬三十分。又五月二十八日一千一百二十桿，運、保一千九百八十一馬七十分。

伯明恩毛瑟槍五千桿(〢〩昔)，刀五千(五昔)。

光緒七年正月初二日付七千二百五十鎊。又

運、保二百五十九鎊二昔三本士。又正月初七日付刀一千二百五十鎊,運、保四十一鎊二昔四本士。

羅玲士槍子九百萬枚,每千枚六十五馬,共五十八萬五千馬。又紙二、蠟一爲一副,計九百萬副,共一萬八千馬。

光緒六年六月十二日陳委員帶去付六萬馬,已報。又七月初十日陳委員帶去付七萬馬,已報。西一千八百八十年九月十三日付十三萬馬。又九月三十日付六萬五千馬。又十月十三日付六萬五千馬。又殼四百萬,子三百萬,帽三百萬,運、保一萬一千二十四馬十分。又十月三十日付六萬五千馬。又十一月十三日付六萬五千馬。又十一月二十二日付六萬五千馬。又十二月十六日殼二百萬,子二百萬,運、保六千九百六十二馬九十分。又十二月二十三日帽二百萬,快車運費另加二百二十五馬九十二分。又十二月三十日銅殼三百萬,銅帽六百萬,子四百萬,運、保一萬二千一百二十八馬九十一分。西一千八百八十一年二月十二日,紙、蠟底九百萬計一萬八千馬,裝卸帽器一千零五十馬,共一萬九千五十馬。又二月十六日紙、蠟底四十五箱,運、保九百馬十分。又三月二十四日裝卸帽器,裝卸運力三十五馬六十分。又二月二十一日,補運費二百六馬三十二分。

〈各費〉計開

六年七月初九日信力〤十、〤十,洋槍箱運力〥

〇五分，共九馬八十五分。十六日信力、電資二馬九十五分。二十二日上海電報槍銀事，三百四十四馬六十分。二十三日信力四十分。二十八日王弁赴奥驗獵槍〤〤一〦桿，西七月十五至九月初一止，川資、店賬等八百八十馬九十九分。三十日信力六十分，看驗皮帶車〥五十分，共六馬十分。

八月初七日信力五十分。八月十四日信力、電資一馬三十五分。十七日奥廠來驗槍器，運費、完税、車力等十五馬。二十一日信力五十分。二十八日信力、電資三馬。

九月初七日西鐸驗獵槍，西鐸及驗工二人去，火車費二〡二〦馬，回又〡二〦馬，行李去運力〤十馬，回又〤十馬。西鐸房、飯、薪水，四十二天，△〡〩，〧〩〨馬[一]；驗工房、飯△〡〤、〥八十八馬。驗工自家來柏火車〡〥馬。西鐸又房、飯，六天六十馬。共一千七百九十三馬。

初九日驗槍子兵目路費四十馬。十三日信資三十分。二十日信力、電資十馬三十五分。二十七日信力一馬二十分。

十月初四日信力三馬。初七日電致上海道一百六十四馬二十分。十八日信力、電資三馬五分。

十一月初五日鋭飛驗收羅玲士彈子，鋭飛路

[一] 即每天十九馬，共七百九十八馬。下面驗工房、飯爲每天十四馬，共五百八十八馬。

費二十馬，信資十一馬、十三馬、九馬，賞廠工百三十馬，飯三百廿馬、百七十馬、二百五十馬、三百十馬、百卅馬。舊驗匠工二百九十七馬，路費四十馬。新驗匠路費百馬，飯六十三馬、百馬、百馬、二百馬。共二千三百十三馬。

又鋭飛驗槍，鋭飛飯百六十八馬、六十馬、二百零四馬，路費三十馬、三十馬、二十馬、十五馬、一百四十五馬。槍匠工三百十馬，飯三百馬。賞廠工二十馬、十馬，信、電 九、卅二馬。共一千三百五十三馬。

初十日信力、電資四馬七十五分。

十二月十一日鋼字模二十二個，三十八馬。三十日信力、電資五馬六十分。

七年正月初五日鋭飛驗槍赴英，川資三百馬，房飯一月六百馬，信力、賞錢等三十二馬。驗匠川資二百五十馬，工五十馬。共一千七百三十二馬。

又鋭飛先彼驗槍數次，酬勞五百馬。

初七日信力三十分。十四日信力、電資三馬二十五分。二十一日信力三十分。二十八日信力一馬九十分。

二月初六日信力九十分。二十四日羅玲士銅帽器運、保費三十五馬六十分。

二十六日陳委員季同驗收槍子十二天，客店乂三馬，又百五十一馬七十七分，又賞十馬，另飯〥⊥馬，馬車刂二馬，火車百三十一馬，路上飯、挑力、馬車、零用丨丨〥馬。共四百四十三馬七十七分。

又陳委員驗收槍彈二十九天，客店二百六十八馬三十四分又〩〇〩十分，賞二十馬，馬車六十馬，飯百馬，賞廠門丁一五馬，信電〧〥十分，火車百卅一馬，路上吃飯、挑力等廿馬，柏林請羅玲士飯卅七馬。共七百五十三馬三十四分[一]。

又陳委員偕洋員吕白克驗藥，赴漢波火車二人〥〤四十分，又回〥〤四十分，行李車等〤〥十分又〤馬，飯〢二馬、〣二〥十分、〡〩〥十分、〢〥廿分、〡二馬；賞廠中車夫十馬，火車二四馬。吕白克薪水百馬，賞客房下人十五馬。柏林請杜屯好甫飯卅四馬，又請科魯孫並杜屯好甫飯〥〡馬。共四百五十五馬六十分[二]。

又陳委員自槍子廠就近赴毛瑟廠定槍，火車〥〥馬，客店等〤二馬，共九十七馬。

二十七日信力一馬八十分。

三月初四日信力一馬十分。十二日信力六十分。十八日信力九十分。

補二月十五日徐參贊暨錢隨員德培赴毛瑟槍廠查看驗槍並考閲機器，順赴杜屯好甫火藥廠考閲機器，又羅玲士廠。自三月初四至十一計八天，往回火車三百十二馬六十分，客店六十六馬五十分，共四百七十九馬十分。

[一] 總數與前細數之和不一致，某處有誤。

[二] 總數與前細數之和不一致，某處有誤。

又二月二十日信力四十分。

四月初三日信力二馬十五分。

十二日西鐸、鋭飛Ⅱ驗毛瑟槍，一百十八天房、飯連驗匠四千零零二馬，力錢十馬，驗器三十馬，火車往回〤〨十分〔馬〕，賞錢亠〨馬。共四千五百六十七馬。

以上共德銀一萬六千零七十一馬七十分。

〈去信〉天字第六十八號

前月十六日寄去之第六十七號函，計已將邀鈞鑒。

日昨英商施立盟携帶馬克依一綫十頭之水雷電機來津，呈閲傅相，似可試購一副。○因其在水之鐵盒内機關細緻，有類鐘表，即或盒縫密封，毫不浸水，然鐵質在水浸久，其盒中必恐生汗，而機器因之惹銹矣。若一件生銹，全副不靈，十雷不發，則所關非細。現與該商相商，令其以一副□密置於大沽海水之下，浸六個月撈起開視，如果無銹無汗，再行試買一兩副，以備操演之需。

第其價單已經上海洋商及通事人等爲之繙而又繙，以鎊核洋，已屬不實，但此層可以不依其算。惟鎊數之價，亦恐其有冒開之弊。即如那登費四管砲而論，所開廠價比金登幹所買，每尊多至三十餘鎊，已爲前鑒。此人之性急見小，無甚作用。兹將其刊本價單寄呈閣下，煩順向馬克依一訪實價抄示。

今春廷旨以煙臺、旅順、營口、山海關統歸傅相節制，將來雷艇、電機、電纜及魚雷、桿雷、浮沉各種，必須添購。〇擬以後凡有所購，敬煩閣下購自道地，不經此等人手，免其賺而又賺，暗吃大虧。無乃屢瀆清神，殊抱不安。

施立盟又呈俄國雷艇價略，係艇前兩眼以射魚雷者也。奉傅相面諭，抄呈閣下，請訪察之。將來俟前艇到津後，仍須費神添購。祈於訪察後，詳細示知。

承示許譯德國武庫規條，此時又添三國公事，兼之鐵甲各務，諸同人筆墨自必更忙，務望勿忘，不計遲早。前覆一函，傅相請閣下儘可調人，似宜添調好手以資臂助。公之所任既重且繁，更宜愛惜精神，爲持綱之用，未可因總署惜費之詞，耗精神之瑣碎，誠不值也。鄙見如斯，未識當否。

棉花藥二千磅，昨梅園來城，云已經試出，其力甚大，深服閣下之考究矣。眉叔前時當有函達，現在東局已購機器，明年開做。玉軒已簡美、日、秘星使，前月二十八日入都陛見，下月初方可出都，順回廣東。到美之期，總在雪花飛飛時候也。專此，即請

台安。俱惟愛照，不莊。

愚小弟劉〇〇頓首

光緒七年七月廿七日

由文報處遞柏林，重一兩四錢五分。

附呈小摺一扣、電雷〔雷電〕價一本。

來信七十八號覆六十三、四兩號信

敬啓者，月前七十五號重復，今特改正，五月初六日

之七十五號爲七十六號，五月二十八之七十六號爲七十七號，此次爲七十八號。

又，前奉電詢克鹿卜廿四生脱兩砲裝運之期，當經函詢該廠，至本月十二日接克鹿卜函覆"定須中曆八月二十日左右方能造竣，萬不能提早"等語。因爲期尚寬，是以不用電覆也。

本月十二日接奉六十三號，十五日又接六十四號，兩次尊函，敬悉一切。並知毛瑟廠槍歷收三千四百六十桿、三千四百五十六桿，又收伯明恩槍五千桿。毛瑟槍、藥等件，其裝箱之不能結實，確係毛瑟本廠之故，俟再函責之。惟此時各批諒已到齊(仍有二百餘箱未到)，如俱有不結實之弊，則須逐一示明，方可責令賠補也。

本月初七日偕仲虎、楷理赴北海驗收雷艇，十二日回柏林。十五日又偕楷理往極東鄉之考伯繆耳廠驗收魚雷之棉藥，昨日回柏林。其廠有六百工人，德國兵部、海部俱派員監造。其中國訂購二十尾魚雷之棉藥，已蒙海部飭員照章試驗，其試驗大略前已抄交王得勝(面詢王都司，據稱並未接收此件)。近又稍有變改，不但嘗之不酸，且用化學試驗，加熱至百度寒暑表之六十六度，歷二十分時之久，試以極靈之試酸紙，仍毫不變色；百份中含水十五份，雖收儲甚久，氣候極熱，亦無轟發之險。其裝儲堅實，封銲密合，悉按德國定章。今兵部令造轟毀鐵路之棉藥，爲先鋒馬兵所携，以毀敵人鐵路，或急迫時自毀鐵路，不爲敵用。每匣連白鉛匣，共重十二三兩，置於車路鐵條之旁，燃火發之，聲震數十里，而丈餘路條散碎紛飛，地成深坎。是日親試，確爲可信。又，是廠所造開礦之棉藥，亦漂盡强水而另加净硝，故價賤而不險。是日與廠主及海、兵二部所派之員反復推求，僉以爲含酸之棉藥，雖水氣未乾，然淡、養[一]二三元質，不久將成顆粒，即有轟發之患，故德國不准造售也。

第一雷艇已照章驗收，計速率十八海里，又行全力三點鐘之久，推放雷桿、射放魚雷均經試過。今方逐段拆開，裝成五大箱。唯箱大笨重，據漢布克公司云，須鋸斷商船横梁，裝入艙中，是以運價不賤，約估運至上海須一萬八千馬克（合銀三千五百十兩），屢經駁減，未肯再讓。今擬先運一艇。其第二艇若不拆開而於明年鐵甲船携帶，則恐保險公司有所藉口，若拆開由倫敦轉運，則耗費更巨，只能律由漢布克裝運。日後如欲再購此等雷艇，莫如配裁平面鋼片，到華照式逐片釘合，則所省拆費、裝費、運費必多矣。是否有當，乞轉請傅相鈞示，飭遵爲盼。

葛魯孫砲車二十具已竣，明日派陳季同訂同兵部專驗砲車之員哈脱們赴廠驗收，月杪可以上船矣。刷次考甫魚雷二十尾，今經該廠在溪耳先試，藝徒葉殿鑠亦在彼演習，大約十日内可往驗收也。

昨聞玉翁新膺簡命，特派出使美、日、秘大臣，從此鴻猷遠布，偉績昭垂，不但同役異國者得所矜式已也。唯弟明夏季瓜代及期，未知明春星軺是否先過歐洲，得以一叙契闊？若由太平洋先赴美國，則伯勞、飛燕各自西東，不

[一] 氮、氧。

能合併，益增離索之感。附肅，恭賀
榮禧，並請勛安。不戬。

光緒七年六月十九日自柏林發，閏七月十一日到。

武庫章程前承兵部允借，俟借得譯出奉上。

來信七十九號覆六十五號去信

二十四日接奉第六十五號尊函，敬悉一切。又接滬關函知，五月初旬順和船送津毛瑟槍三千四百五十六桿並零件共一百六十八箱，又裝帽器一箱。是毛瑟本廠槍，前後已到津一萬三百七十二桿矣。原議有照章之拆卸器，今承示未到此器，容再函詢之。

葛魯孫砲車遲延已久，既無監造之員，又無試演之砲，只能令陳季同字敬如擇其察出者駁換之。於昨日携現銀票找訖三分之二，以趕裝於本月杪漢布克之船矣。季同原單抄寄，請轉呈傅相鈞覽。以見購辦軍械，固未便徒委洋商，而尤必預派監造之員，照西國駐廠查驗，又須得人。方能與其本國之貨一律，否則終非實事求是之道。

水雷一事，精妙無窮。承示津沽設局專習，洵爲握要以圖，然須擇聰穎子弟習之，方有把握。刷次考甫先在溪耳自試中國之魚雷，今已月餘，屢見意外之疵病，迄未能邀弟親閲，已遣葉徒在彼逐日閲試。亦謂造雷難，用雷更難。蓋用者、造者，西國本判兩途，惜無聰穎水師員可以調往肄習；即令王得勝在此，亦無測算、製造之根底，但習收放伏雷，亦未易窺魚雷之秘(又係兩途)。今只能令葉徒略習之,回華後傳授試演,共相揣摩,以求精進而已。曾見英、法國終年試演,迄無止境,似中國水雷營,亦應兼習魚雷。如得王筱翁之精心探討,以總其成,方能有濟,庶不致輕心以掉,有名無實,利器終成棄物也。

日前親試刷次考甫之壓氣櫃二具,各於八十五分合同載九十分。時内裝至二百倍天氣。又試壓氣櫃中心之小鞲鞴,亦用一百五十天氣。又試過氣之二立筒及蓄氣櫃,俱以水力壓至一百五十倍天氣封固之,次日驗封,並無傷損。又以空氣壓試,亦至一百五十天氣。此皆初試大力,極爲危險,一有迸裂,立見傷人,猛如巨砲,然若委諸他人,不足以折服廠主也。又試有圓氣球之送雷筒兩具,無球者兩具。以上各件俱已找訖價值,包裝送至月杪開行之漢布克船矣。專此布知,即請

勛安

光緒七年六月二十七日自柏林發,閏七月十一日到。

附呈陳季同禀稿,祈察核。

抄繙譯官陳游擊季同禀

具禀,繙譯官游擊陳季同爲禀報驗收砲車情形事。

竊季同於本月十八日奉面諭,葛魯孫函稱代造之砲車二十架已竣,月杪可以裝運寄華,務即邀同熟悉之兵官,前往查勘工料是否堅固,造法是否合式,尺寸是否相符等因。遵即函請德國兵部砲務總辦副將薩里把哈舉薦一人同往,蒙授書與馬克得布砲臺

監督司赫得漫，托其就近照料。季同遂於二十早由柏林動身赴馬克得布，先謁赫都司，承其親陪赴廠，又邀其同事砲隊都司畢阿次並帶驗砲兵目二名同往。

至葛魯孫廠，見十二生的砲用之架十副業已全好，且已油漆，而十五生的砲用之架已油漆二副，其餘八副尚未合攏。於是先將已油漆者按圖量度，未油漆者詳細驗看，並逐一量其尺寸。雖稍有毫釐之差，而部章許之，無從挑剔。惟砲耳環之蓋二個，一中空，一有病，阻退車托之木劈、木撑有數個乾裂，當即飭廠更換，並立將不合者毁壞之。又，車下托準尺之鈎僅用鐵條彎成，不雅觀又不活動，舉放必須用手，諸多不便；立著該廠照德國向用之式，以鐵片裁成精緻之鈎，釘於架下，用鋼抵之法，使舉放自能活動。據赫、畢二都司稱，此番兩日所驗之砲架，尺寸相符，布置合式。工料則外觀甚好，内面實在如何，惟須於製造時常川監察，方能辨其精粗。合攏後配砲試放，方能知其堅固。今多半既已油漆，又無此項之砲裝上試放，實難懸斷，惟該廠素稱誠實，或靠得住耳等情。

昨二十六日季同又赴葛魯孫廠，見所有剔駁之件均已換好，前所有未合攏、未油漆之砲架、車托亦已陸續完竣，包扎裝貯，預備明日運往漢布克上船。午後見廠主葛魯孫，囑書驗收憑單，單内須稱一切驗過，均無弊病。季同以爲外面量度察看，尚不能知其内面有無弊病，故僅於憑單上書“業經驗過，尺寸相符，稍有駁換，工料亦尚可觀，其實在堅固精緻與否，應俟中國官長試驗之後，方有準則”云云。該廠主不悦，曰：“我已久聞中國兵官本事矣，使之試驗，我不能放心。若汝要試驗，可由中國寄砲來放，每響加費一百馬。若將此砲車運往中國，一出廠門，我不能保矣。”季同怒答之，曰：“汝不能相信中國官兵，中國亦何能信汝？况我久聞有奸商圖利，常向各廠抽取用錢，告各廠但以次等貨售中國，中國人不能識辨，可欺也乎。今汝且將此砲件送往中國，中國官長試驗後自有主裁。其憑單既不能照我意思，我亦不能簽押。”季同只能將憲發銀票交給付訖，不具驗收單據，遂回柏林。

查西洋各國，於水陸官兵之外，另設水陸監造各一營，額數無多，隨地駐紮。一有購造水陸軍器，立即先將圖幅、合同抄送委派之人，著其帶同兵目，即日駐廠監造。其權與廠中監工相等，但不能調派工匠耳。然一見所造之件不合式或有弊病，立即剔駁。常川巡視，未雨綢繆，庶物既蕆工，不患内面有病。雖如此，倘試驗不合，仍可全件剔駁。蓋軍器最宜精良，微有疵病，便至失事傷人，故不可不慎也。憲台洞悉此意，故前年購洋槍，今年購鐵艦，均先派員駐廠監工，復又逐一照章試驗，足見籌謀周到，鄭重萬千，季同無任欽佩。此次購買砲車，委派實無其人，且葛魯孫素有名望，似可放心。

然季同竊有請者，查製造此等砲車，但需四廠工程，一鑄鐵廠，一水缸廠，一輪機廠，一木廠，有此四廠，按圖索驥毫無難事。中國閩滬各廠技精器良，造此器械甚易，既可省運脚、保險，又可省往返稽延。即不然，亦須與砲同在一廠一時購買，庶可裝砲上車，一同試驗，則事半功倍。再不然，亦須先培養監造人材，而後方可在洋購買軍器。凡商人所事者，利藪也，既貪中國之利，而尚不能信中國兵官。我中國既予以利，復供其訕笑欺侮，殊屬不謂。季同以爲培養人材可固根本，採購軍器但飾門面，若根本空虛，而門面但飾以裝潢之物，未免爲人指笑。憲台公忠體國，必早念及。此季同更事未多，管見未廣，狂言無當，唯祈訓誨。

謹將驗收砲車情形縷細稟報，敬請

鈞安

季同謹稟

〈去信〉天字六十九號覆七十八、〈七十〉九兩號函

昨日連接七十八、七十九兩號來函，具悉藎猷佳善，賢勞卓著，至以爲佩。

承示雷艇、魚雷、棉藥各節，均已上呈傅相，悉以卓見爲是。以後如再多定雷艇，定須買鋼片來華合訂〔釘〕。此艇運津，必大非易易。昨經稟請中堂，飭行上海機器局、招商局合辦此事，未知將來何如，殊深爲慮。前函所

謂管輪教習一人,○處於接信後立即電覆尊處,請照雇來,其電當已早達鈞覽。至於魚雷二十尾,葉徒所習,未知何若?此間所雇美國教習尚可知其涯略,但美國近年專尚桿雷也。

二十四生脱大砲,來函均謂八月杪成工,則九月起運,到滬之時,正值封河,甚爲不便,昨已發電報,請閣下於開春再行起運,好派漢納根赴滬裝船,以便旅順起岸。不然,則滬常久存,既不放心,旅順上岸,大爲不便。務望於來春起運之時,何船何日,發一電報來津,此間即稟派漢納根赴滬專候,最要最要。

日昨山海關道稟於營口修築砲臺,托買十二生脱長身克鹿卜後膛鋼砲兩尊,用砲臺上座架,其式照光緒三年派利經手此間定購三尊之式。原合同内共定二十尊,十七尊爲輪架,三尊爲座架。現照三尊之式速定兩尊,克鹿卜有賬可查也;子彈一千顆,應用硬質者二百,因在海口,多用硬質。子母彈一百,群子一百,平常子六百。共價若干望另算給,應須定銀多少,亦望電知,○擬將全價匯交尊處,以便存息。將來此款所用電金,亦歸此款内支應,於報銷清界限也。

執事公事紛繁,前覆請調員襄助,未知有其人否?購槍之賬,未知年内能否寄下?而淮軍報銷局皆迂夫子,不知做事之難,慣説現成大話,屢屢來催,○答以年内交去,未知來得及否?如來不及亦無妨也。

閣下六十八號來函所論德國陸師砲隊最爲得力,○於此事心慕者十年於兹。可惜所雇教習,皆該國之砲目小官,不知其細。而卞、王諸人出洋之時,叮嚀囑咐不但習藝並須訪其規制,詎料所用非人,至今毫無影響。來函謂如須將一營四哨章程規制及操法詳譯録寄,昨○於中堂道及,承奉面諭,務費清神,詳譯寄下,並其餉章用度、官弁之賞罰、遷升一併採録。○竊議中國之兵非不可用,乃將未習耳。此時有别國考究有效之法,急宜擇善而從。擬俟執事將此寄來即料理,將砲隊制度依法改之。不然,徒有器而不得器之力,是又何貴乎以重資而購此器也。質諸高明,以爲何如?武庫章程務祈借譯,如或尊處譯者無工夫,即以原本洋文抄寄亦可,此間再行設法譯出,以爲規矩耳。

四磅八生的密達〈砲〉馬鞍、車套,每磅六馬者,望飭人打聽其價,照德國軍營所用之式或便中購一全副來亦可,因中國所造皮、鐵各料不能精到,一朝有事未免欠利。俟閣下所購寄到,如果便易,當再籌計大局所需也。京城做者,每六馬全副,價京平銀一百三十兩五錢。前年托李勱協所購,價銀二百八十餘兩,而零件多也。中國做皮之法無人願習,其實皆好生涯。一種印度漿之樹〔樹之漿〕作條皮、各種堅軟料法,一硝牛皮,○久欲訪尋其源而無處問津,徒增企嘆而已。

試棉藥節略,○面詢王得勝,據稱並未接收此件等語,又不知其生於何處。尚望執事再抄一份寄下,切望切望。

日本在德購買砲數共有若干,便中望一查寄示爲禱。專此,敬請

鈞安

愚小弟劉〇〇頓首

光緒七年閏七月十九日

由文報處遞柏林，重四錢五分。

來信八十號

連日偕仲虎議訂第二鐵艦，因鐵價漸昂，須貴至四五十萬馬克（約九萬餘兩），直駁論至昨夜十二點鐘方訂定。一切俱照第一艦，唯水綫下最深處厚薄不同之一條换以全鐵，計價六百二十九萬七千五百馬克（約一百二十二萬餘兩）。今晨已電致滬關，諒已轉呈傅相察照矣。今日趕將閩廠托買鋼鐵等事速爲部署，於今夕十一點又起程赴溪耳試魚雷，匆匆不及肅呈，請先行轉禀傅相爲懇。

前荷奏賞花翎，奉旨恩准，適已咨明外部戴用矣。今奉部吏議駁，如蒙傅相體恤頂奏，益深感激，然非敢過望，如一再遭駁，只可回華時遵議拔卸而已。車馬在門，倚裝書此。敬請

勛安

光緒七年七月初八日自柏林發，閏七月二十八日到。

〈去信〉天字第七十號覆八十號來函

閏月十四日〇赴大沽閱操水雷，倚裝肅寄六十九號函一件，交招商局寄呈，此時正在中途。

昨〇回津，接讀七月初八日第八十號尊函，藉諗賢勞

卓著，至以爲怍。此信於閏月二十八日到津，○局提調顧廷一司馬印元爵，係貴同鄉，太倉州人，同治初年即在内軍械所。面呈傅相閲看矣。至於閣下花翎，傅相已爲頂奏，奉旨照准。蓋先後出洋星使，事務之煩多，無逾於執事者。酇侯[一]轉粟關中，功居諸將之上；以公之籌鐵甲、槍砲、水雷，操精求廉，無與倫比，豈此翎枝可以酬勞乎？

所有應陳各事，謹分條述達於後。

一、奉傅相面諭，鐵甲船兵槍，應照法蘭西之式，用九響兵槍。槍名曰格勒玻折[二]，在奥廠所造，即係執事購獵槍之廠，其價七十六佛郎，法提督瞿貝賚面告中堂。詢之王得勝，亦云驗獵槍時，已經見過此槍，詢價亦即此數。中堂囑函執事，鐵甲船上務必購用此槍。至於膛徑應否與毛瑟相通，抑與美國四分五格林相通，或竟依原徑，均請執事酌核其宜。

北洋近來槍子，專以毛瑟及格林四分五者爲大宗。而水師蚊子船已有之格林砲，乃用亨利馬梯呢之厚銅殼子也。英之馬梯呢於同治八九年間初出子式，係用鐵底，殼以薄銅皮爲之，膛徑較大，不能復用者也；及後亨利馬梯呢則又改用壓撞之厚銅殼，膛徑改小矣。其船上之馬梯呢，則反用英之老式鐵底薄銅皮之大殼子。鄙見如嫌毛瑟子小，或即用亨利馬梯呢銅殼子，與各船小格林尚能一律，機器局换模造子並不爲難。竊恐將來子色一雜，臨敵誤事。倘將來又有説現成話者，必謂公與○之欠酌矣。如鐵甲船有四分五哈乞開司及格林等砲，其

[一] 蕭何。

[二] 後文又作格拉波折。

膛徑亦望與此間一律爲佳。寄上子樣一枚,祈察收爲盼。

二、中堂驗蚊子船,見鎮南船上有哈乞開司寸半徑用開花砲一尊,面諭函達閣下,鐵甲船上不用那登費而必須用哈乞開司,並説執事前函曾經説過,英、俄皆以哈乞開司爲利也,務須定用哈乞開司。

三、毛瑟槍共到二萬五千五百十六桿,查與尊處定購之數業已到齊。惟皆無起螺絲及上螺簧之器,弁兵拆裝頗爲費事。敝處上年五十三、〈五十〉五兩號信中曾經請辦,未知添辦否?乞示知。壓簧之器或可省,而起螺絲之器不可省也。

四、毛瑟槍内鋼絲簧,每槍已來兩份。而此物長操最易轉軟,中國匠工濺火之技不甚高妙,〇擬將來多買幾萬份,以備將來臨仗之易。此物雖有鋼絲亦難仿造,望便中詢其價值示知,以便稟請酌辦。近考後出各槍,其鋼絲皆粗,而盤旋之數皆少,其勁轉大。更望詢之造者,能否改粗其絲而少其盤數,倘或能之,即請先購寄數份,並開價值。將來若買,其數必多。

五、昨試英國毛瑟槍,其鋼簧甚軟,十桿之中有三四桿不等,而針之粗不合度,亦然也。應否向該廠一言,請公酌度行之。各批槍簧,新用之時均有十之三四發軟。盛杏生[一]代寧波匀買千支,頗見挑剔。

六、毛瑟兵槍皮帶、皮盒,以槍計之,尚少一萬有餘。未知尊處之款有無餘剩,約計能敷買若干副者,乞示知以

[一] 盛宣懷,字杏蓀(杏生),時任天津電報總局總辦。

便稟定副數。

七、四磅行仗砲六馬鞍套，中國所造每六馬者價銀一百三十兩五錢，然無兵丁餅食之器及騎馬護腿各皮。外洋之制極精，價必加倍，望一詢價值示知。但鞍帶尺寸，洋馬大而華馬小，應須從小方合用。昨傅相欲將來酌買，以備有事之需。裝餅食零器可以無須，當可稍省。

八、天津出洋武弁各賬，息必格開至一千八百七十九年正月三十一日爲止，以後尚未開來。望公面詢密臘補開，○處專待報部耳。

以上八條均祈察核示知，以便原函面陳伯相鑒閱。

玉軒兄已於上月十八日乘豐順南行矣。星軺出海，乃由太平洋取道，無繞歐洲之説。此間接署海關者，乃周玉山[一]觀察，從前曾辦上海籌防局。然即真之人，邵小村[二]有分。此間諸凡安謐。

西聖現已大安。九月大差，傅相入都之期總在八月二十二以後。鮑軍全撤，尊處當有所聞。眉叔南海之行，尚無回棹消息。知關藎念，併以附聞。專覆，敬請

勛安。諸維愛照，不莊。

愚弟劉○○頓首

光緒七年八月初八日

由文報處遞去，重二兩。

[一] 周馥，字玉山，光緒七年(1881)署天津津海關道，九年(1883)兼署天津兵備道。

[二] 邵友濂，字小村，後文又稱曉村、筱村。此時在總理衙門當差，光緒八年(1882)補授江蘇省蘇松太道。

再,前月十六日發去簡字電報,云"十二生脱長砲添購二尊,要砲臺座架,各種子一千。津寄",想已達覽。此砲係營口現築砲臺需用。所謂座架者,查○處光緒三年定購克鹿卜此項砲二十尊一批,内曾以三尊改用座架,該廠有賬可查,望飭調爲荷。其砲價若干,○處當即約核譯匯也。載請勛安。

來信八十一號覆六十六號去信

本月初八日臨出門時草泐數行,諒登台覽。十三日晚回柏林,接讀六十六號尊函及手教,敬悉一切。

力拂造子器今已全運,譯抄箱碼細單附覽。承詢到華試得弊病作何理論,竊查該廠屢請送匠首隨華裝配,經已辭絶,如裝配不如法而毀壞者,諒該廠不肯承認;如實因工料不良者,請發交地亞士運洋賠换,因該廠之貨,曾經密臘具保也,一面飛函詳示,弟當力與理論。二十四生特砲曾催數次,據云八月下旬定能發運。承詢棉藥試得相埒何以知之,此係金楷理述步邁司岱之説。電報公司議定減價,須在華查核已收外洋來電若干,以向該公司算繳,此間不能短付分文也。

伯明恩槍於兩月前囑改獵槍五百,豈知該廠未知來復綫之異,誤以爲臨驗時截去一段即成獵槍,今全數造竣,萬不能改。唯查德廠另有現成好獵槍,送至海口,連法國式之刀,每桿四十二馬半,亦可照官驗收。是以於十六日發電"奉詢之毛瑟不能改,應否另購五百",諒邀察照矣。

芬鋭飛於明日率驗匠赴英,已諄囑其裝箱加堅,免致再有損傷。初九至十二試準魚雷七尾,各放三次,距靶四百邁當,左右不過三四邁當,上下不及一邁當。其餘十三尾須再修理,訂定下月初驗收。二十七日將復往北海驗收第二雷艇。

十八日奉到國書,已分咨三國之外部,訂期前往賫遞矣。採辦各款已撥冗釐清,現擬俟魚雷、雷艇全數發運後一併造報,以省牽涉。刷次考甫魚雷外,各器久已發運,另譯箱碼細單附覽。專泐,敬請
勛安

光緒七年七月廿五日自柏林發,八月十三日到。

附送刷次考甫及力拂箱碼單(計三册)。

力拂二月十六日(即西三月十五日)發運往上海(係天津造槍子機器)各細單箱外俱有記號如[illegible]及"上海"字。

第一號一箱　汽機一副,計五十四馬力。

第二號一件　用乾草包裹汽機用之飛輪。

第三號一箱　第三十四號汽鍋之管。

第四號一箱　第三十五號汽鍋之管。

第五號一箱　第三十六號汽鍋之管。

第六號一箱　第三十四號汽鍋之管。

第七號一箱　第三十五號汽鍋之管。

第八號一箱　第三十六號汽鍋之管。

第九號一箱　第三十四及三十五兩汽鍋上之外

殼及一切隨件。

第十號一箱　第三十六號汽鍋上之外殼及一切隨件。

第十一號一件　隨汽鍋之火柵二百條。

第十二號一箱　湯氣添水之汽機二副。

第十三號一箱　靈便剰〔車〕床一具,係第一號模樣及齒輪夾等件。

第十四號一箱　靈便剰〔車〕床一具及剰〔車〕光之件、齒輪等。

第十五號一箱　靈便剰〔車〕床一具,係第三號模樣及緩速輪等。

第十六號一箱　刨床一具,係第一號模樣及隨件等。

第十七號一箱　刨凹凸綫之床一具及虎鉗,並高下偏斜之架,附緩速之輪三個。

第十八號一箱　齒輪全副,隨以上各件,又一副,係第二十一箱内壓水櫃所用。

第十九號一箱　磨刀之器一副及輪。

第二十號一箱　刨凹凸之床一具。

第二十一號一箱　起水器一具,隨第二十三號箱内之壓水櫃。

第廿二號一箱　第二十一號器上所用飛輪。

第廿三號一箱　壓水櫃一具。

第廿四號一箱　鎔爐一具,烘爐一具,及各隨件,俱與第二十三號壓水櫃相配。

第廿五號一箱　壓鉛子器一具並輪。

第廿六號一箱　繞鉛條器一具,隨第二十五號壓器所用。

第廿七號一箱　捲彈子器一具及輪。

第廿八號一箱　接軸十一個,軸劈二十二個。

第廿九號一箱　輪軸十七段,軸圈六個,接軸五個。又管子二個,隨第二十三號箱内之器。又接管之邊圈八個,鑰一個,隨第十二號箱内之器。

第三十號一箱　第一次造銅盂之雙壓器一具。

第卅一號一箱　壓細銅板之器一具及輪,隨第三十號箱内之器。

第卅二號一箱　初扯彈殼之器一具並輪。

第卅三號一箱　與上相同之器一具。

第卅四號一箱　與上相同之器一具。

第卅五號一箱　剪切之器一具並輪。

第卅六號一箱　壓銅帽之器一具並輪。

第卅七號一箱　裝藥器一具,敷漆器一具,令漆乾燥之器一具,捶彈之圓片六個。此圓片係第三十一、第三十二、第三十三各箱配用另備之件。

又第四十號箱裝藥器配用之圓片一個。裝藥之圈四十個,圓片三十個,螺絲二個。以上三件另一份係第四十號箱内器配用。

第卅八號一箱　壓錫箔器一具並輪。

第卅九號一箱　造蠟底之器一具並輪。

第四十號一箱　裝藥器一具並輪。

第四十一號一箱　漏斗一具,爲前號器之用。

第四十二號一箱　掛軸之枕十四個,鐵板二塊,爲第二十三號箱器之用。

第四十三號一箱　掛軸之枕十四個。

第四十四號一箱　第一號汽機之大革輪一副。

第四十五號一箱　與上相同。

第四十六號一箱　小革帶輪十六個。

第四十七號一箱　又小革帶輪十六個。

第四十八號一箱　各零件,另開細單。

第四十九號一箱　飛輪三個,隨第三十二、第三十三、第三十四各號器之用。

第五十號一箱　架子兩座及轆轤。

第五十一號一箱　與上相同。

第五十二號一箱　砧二個。

第五十三號一箱　鐵底板一塊。

第五十四號一箱　大齒輪一個,革帶輪一個。

第五十五號一箱　輪軸、桿子、螺絲及鑰。

自五十號至此,皆夾銅片用。

五月初五日力拂來函

從前屢經商懇者,今再論之。天津所訂造之造槍子機器,必須由本廠派人隨往裝配,實爲不可少之事。本廠所造各機,精細巧妙,與他廠不同,須有熟悉之人隨往,配全之後,即可仿照做工。今已派定本廠監工,擬令隨往,因英美匠首不能知本廠之機器及鍋爐之法，深恐有損壞之弊，是以總請大裁察奪雇用爲是。

力拂五月初五日發運各器細單箱外俱有記號如画。

第五十六號一箱　内有初次壓彈底之器。連箱重二千二百二十五啓，除箱重一千八百四十五啓。

第五十七號一箱　内有扯長彈殼一器。連箱重一千一百六十五啓，除箱重九百四十八啓。

第五十八號　與上相同之器。連箱重一千一百六十啓，除箱重九百三十八啓。

第五十九號一箱　二個飛輪。即係五十七、五十八兩器之用。連箱重四百九十五啓，除箱重四百二十啓。

第六十號一箱　壓成彈底之器。連箱重三千七百二十啓，除箱重三千一百四十二啓。

此箱内又有圓剪以剪周圍者，大小各一。

第六十一號一箱　飛輪一個及皮帶輪。係六十號器之用。連箱重七百二十七啓，除箱重五百四十啓。

第六十二號一箱　剸〔車〕光彈底邊之器。連箱重三百六十五啓，除箱重二百三十啓。

第六十三號一箱　同上。連箱重三百五十五啓，除箱重二百二十六啓。

第六十四號　收小彈口之器。連箱重五百八十四啓，除箱重四百四十啓。

第六十五號　同上。連箱重五百七十八啓,除箱重四百四十五啓。

第六十六號　穿火孔之器。連箱重六百零六啓,除箱重四百五十三啓。

第六十七號　刮光銅皮之器。連箱重一千零三十六啓,除箱重七百二十二啓。

第六十八號　各種量器。有另單。連箱重三百十五啓,除箱重一百九十五啓。

第六十九號　大剪一具。連箱重九百啓,除箱重七百八啓。

第七十號　軋作帽銅皮之轆轤一具,另有備换二轆轤,又有相隨之二底板,又附大轆轤相隨之四底板。連箱重二千五百七十五啓,除箱重二千一百零八啓。

第七十一號　徑二十七寸半之皮帶輪一個,又二十寸者一個,十六寸者二個,十二寸者一個,八寸者三個,又有取出銅帽之器二個。連箱重四百七十啓,除箱重三百三十二啓。

第七十二號　二鎔爐所用之鐵件及烘房中之物件,二個鑄銅胚之模。連箱重一千四百六十啓,除箱重一千一百四十六啓。

第七十三號　四十個鑄銅用之杓。連箱重五百八十八啓,除箱重四百二十啓。

第七十五號　一個造圓紙片之器。連箱重五百八十三啓,除箱重四百四十二啓。

第七十六號　一個繞紙於鋁箭之器，並一切造紙圓片、紙條之器及量器。連箱重四百四十磅，除箱重三百五十六磅。

力拂造子器第六十八號箱内細單。

(甲)造銅殼之器。甲之一。四個圓片，爲扯殼頸之用。二個螺絲。三個配初扯銅殼之用。四個圓片，爲扯長殼之用。二個圓片，爲穿火孔之用。一個夾圈器之隨托。二個隔件隨杵之圈。四個夾刀之器，爲穿光銅殼口。二個圓刮刀，隨刮銅之器。二個有木柄之刮刀。二個備換之剪。隨大圓剪爲用。又二個剪，隨小圓剪爲用。六個第一次扯長之外口圈。五個第一次扯長之外杵。又一杵已配於器。六個第一次扯長用之扯圈。五個第一次扯長之内杵。又一杵已配於器。六個第二次扯長之圈。六個第二次扯長之内杵。六個第三次扯長之圈。六個第三次扯長之杵。六個第四次扯長之環。六個第四次扯長之杵。六個壓圈及夾緊之圈，爲第五次扯長之用。六個長杵，爲第五次扯長之用。六個短杵，爲第五次扯長之用。三個有紋引路之件，爲第五次之用。六個第六次用之圈。六個第六次用之杵。六個第七次用之圈。六個第七次用之杵。三個第八次用之杵及夾緊之件及母螺。一個第八次用之杵，爲量器之用。二個第八次用之量器。二個第八次鋭尖及夾緊之器。六個第九次用壓圈及行路之圈。六個第九次之長杵。六個第九次用之短杵。五個第九次用圓墊片。又一片已配在器。

二個有紋引路之件,爲第九次之用。又一件已配在器。六個第十次用定準之器。十二個第十次用收緊銅殼之器。四十個第十一次用向上之杵。又二十個已配於器。六個第十一次用向下之杵。一個第十一次用之壓板。二個第十二次用之鋼刀,以光殼口。二個第十二次用之光器。

量銅殼之器。甲之二。三個量條之器。三個量六次扯長之器。一個量器,在第五次所用引路件磨畢後量之。一個量器,在第九次引路件磨畢後量之,如造亨利尼梯或林明敦之槍子可用之。一個毛瑟槍子之量器。一個量器,有兩級,可量第九次之短杵。一個量器,有三級,可量第一次之外口圈。三個淺量器,内有十凹以量亨利馬梯子之一切外徑。六個淺量器,内有九凹以量毛瑟及林明敦子之用。九個上下活動之量器,以量銅殼口之高。九個量火引深淺之器。九個同上用法,雙杵之量器。九個木量器,以量外形。九個兩級量鉛箭鑲入處之器。一個十級量器,以量亨利馬梯子之十凹量器。又一個九級量器,同上法,爲林明敦子之用。又一個八級量器同上法,爲毛瑟之用。

(乙)銅帽火引造器。乙之一。二個第一次用之隔圈扯圈。二個第一次用之扯圈。二個第一次用之扯杵。二個第一次用之隔杵。十六個第四次用壓隔之器,以造錫箔底片。十六個第四次用之隔圈。一個第四次用之板。

銅帽火引量器。乙之二。三個淺量器,每有二凹,可量内外徑及高處，此處在壓銅帽架上用之。三個同上之器，爲量壓錫箔底之器。一個同上法雙杵之量器。三個雙杵量器，以量自裝火引之後深淺。

（丙）鉛箭造器。丙之一。二個第一次之匣。一個已配於器。六個第二次用之壓模。六個第二次用之壓杵。又六個同上之壓杵。二個繞紙及相互之件，並四個螺絲。其一已配於器。

鉛箭量器。丙之二。三個淺量器，每有六凹，爲量外形之用，一種槍子所用。量亨利馬梯槍子外形及徑。六個淺量器，每有二凹，同上用法，量毛瑟、林明敦二種子。一個量毛瑟子最小最大之限。一個同上法，量林明敦子。一個量亨利馬梯槍子之長，分爲六級。三個量壓鉛箭之模。三個量蠟底之厚薄及凹處。一個量蠟底最小最大之限。九個淺量器，量已裝子藥後之長短。九個量空徑之器。九個量空徑之杵。三個量銅帽嵌入淺深合否。一個螺絲，爲車刺〔車〕床之用。一副造螺綫之鑽，自八分寸之一至十六分寸之一，其斜度爲十六分寸之一。

西七月二十一日刷次考甫包扎運送漢布克各件細單

其包扎運船之費俱由廠給。

四十六號一箱，連箱重五百十二啓。全備之壓氣櫃一座，凈重四百二十三啓羅半。

四十七號一箱，五百十啓。同上一座，凈重四百二十一啓羅。

四十八號一箱，一百九十四啓半。内有一立管及三塞門，四十六啓羅。一穩平門桿，〈一〉啓七十五。一穩平權，四啓七十五。一壓力表之凸管，九啓二十五。四木螺絲，〈一〉啓二十五。一紅銅管及螺絲，以壓力表與蓄氣櫃相連之用。一啓二十。二個鐘，六啓半。二壓力表，可量一百五十倍天氣，以配於立管。四啓七十五。又隨二壓氣櫃之二凸管，以出餘水，一啓七十。一桿子，可以助飛輪起首之用，二啓三十八。二飛輪之夾，〈一〉啓七十。二黄銅通氣之塞門，内徑六十密里。十四啓二十五。四個洩放之螺門及銅管，二啓十四。二個壓皮軟墊之器，二十二啓。二個汽罨門，二啓八十六。八個銅塞門及櫃簧，〈一〉啓九十六。十個鋼塞門及櫃簧，〈一〉啓二十五。八個鑰匙，十六分寸之五、四分寸之一〈密里〉，十七、二十二密里，二十八、三十三密里，三十九、四十四密里。六啓二十四。六個鑰匙，〤、〢、〢、亖、〢、二密里。二啓三十四。八個鈎鑰，四啓二十一。二個插鑰，一啓九十六。八個乂鑰，三啓〇一。四個可大小之鑰，第一第二號，三啓五十三。十二個不灰木之圓片，〈一〉啓〇七。二十二個皮軟墊，〈一〉啓二十八。

四十九號一箱，一百四十一啓。内有一立管，三個黄銅塞門，四十七啓。一個穩平門桿，〈一〉啓七十五。一穩權，四啓七十五。一壓力表之凸管，九啓二十五。四個木螺絲，〈一〉啓二十五。一個紅銅管及接連之螺絲，一啓。二個鐘，六啓五十。二個壓力表,可壓一百五十倍天氣,四啓七十五。一個隨蓄氣櫃之壓力表,可壓一百五十倍天氣,二啓五十。一個换備之壓力表,二啓五十。二個黄銅隨蓄氣櫃之塞門,八啓二十五。

五十號一箱,一千二百十二啓半。内有全備用、用鋼管合成之蓄氣櫃一具,一千〇二十五啓。二個銅管及聯合立管與壓力表之環,五啓。

五十一號一箱,一千一百九十啓。内有船右懸掛之送雷筒一具,二百二十八啓。船左懸掛之送雷筒一具,二百三十啓。四個雷筒之起卸桿,五十九啓。二個前面起卸桿之銅托、梢、栓全備,四十四啓。二個後面同上之銅托,二十三啓半。二個手扳之熟鐵撬桿,六啓半。二個插入之鑰,係與前面銅托相連。三啓半。二個熟鐵隨撬桿之袋口,五啓半。四個熟鐵之口及梢子,隨撬桿用。五啓半。四個小梢子,亦隨撬桿用。半啓。二個黄銅空氣球,十八啓。三十三個木螺絲,十六分寸之三,隨上文熟鐵之口及梢子。半啓。四個銅軸墊,一百十一啓半。

五十二號一箱,五百二十啓。内有船左懸掛之雷筒一具,一百四十四啓。一船右懸掛之雷筒一具,一百三十八啓。四個雷筒之起卸桿,五十三啓。二個乂形之梢及横栓,二啓。四個梢子,一啓。二十四個螺絲及蓋,四啓半。十六個木螺絲,〈一〉啓九十。二十四個螺蓋下之圓墊,半啓。

五十三號至六十號共八件,内有八個起卸雷筒之桿,四前四後。四百七十啓。

六十一號至六十四號共四件,内有四個引正桿路之器,一百九十啓。

以上通共十九件,連皮重四千九百四十啓。除皮,净重四千〇四十五啓七十三。

李鳳苞往來書信

下

張文苑 整理

中華書局

卷十三　光緒七年九月十四日起至十二月十八日止

目录

來信八十六號　覆六十八號去信，雷電各情形，論俄雷艇、英雷艇，馬克依有憑無廠，調人甚難，武庫規條尚未覓得

來信八十七號　覆六十九至七十兩號去信，七瑞克，各雷，馬克依弗雷價，十二生脱砲架並子，德砲隊操法，武庫、棉藥章程，八生脱砲鞍套已全購，日本購德砲，格勒玻折，各槍砲，詢鞍套改小若干，津弁出洋賬，訂捲紙器，鐵甲砲藥

附馬克依弗雷電價單、採辦各械收付總數

來信八十八號　克鹿卜砲價報重第一批者，請匯款，寄息必格賬，詢螺簧添若干，報册收付款

來信八十二號

敬啓者,本月初一日奉滬關轉傳傅相電示,第一鐵艦總署題名曰"定遠"。初二日又傳電碼,云毛瑟五百不必另購。頃又得電碼,云雷艇管輪教習照雇。以上各電均經奉到。

弟於月前廿七啓行,廿八日抵奥國都城維納,面托外部,請奥君訂期受書。次日閱其武庫及鋼銅砲廠。武庫離城六七里,與廠相連,地高屋峻,爲樓三層,庋陸砲者每室千餘尊,庋砲車、馬件者各有木架。庋槍者俱有四鐵柱之架,每層有二鐵條,合以木齒條,嵌置二十一槍(連刀頭),每架高五十及四十層不等,共新槍及改舊者五十萬餘桿,每桿易於出入,不礙他桿。俟暇繪圖呈覽。其堅樸簡省而不占地步,實勝於他國。曾見英、法務爲富麗而費錢占地,德國則分庋於各城各堡,無如此總匯之庫。詢其收拾之法,則云每一年、二年擦火油一次,遇乾潔而無灰塵之時,啓門以通天氣而已。

其鋼銅砲廠,唯鎔化時略與人異,不准觀看。現已月餘不鎔,其總辦云將來可請貴使觀看,且云無他秘法,不過用最净之銅,鎔時加木條以隔養氣而已。舊時和錫十分,今校定只須八分,同於尋常砲銅,並不另加燐及他質。既鑄成砲管及箍,並似克鹿卜之式,惟逐層用水力及鋼柱擠大其内膛,擠時緊束其外徑。或擠薄三分之一、四分之一,視其用處及銅質定之。既擠,又剸〔車〕光其内外,又烘暖其圈，以水力緊緊套入。歷觀各室，並無格外奇器，惟壓水櫃有二千五百噸之力。砲底内銅圈之四周另嵌紅銅一圈，大於銅圈三四倍，鋼底、鋼圈俱以紅銅代之。與砲體相連。據云七八生脱之陸砲最爲合用，通國只有本廠造之，每月成一百尊，久已够用，近年試造十五、十八生脱者已百餘尊，今代水師試造廿四、三十六生脱者；未敢遽信。又見造成廿一生脱、長三十口徑者一尊。其砲門劈栓、螺桿與克鹿卜大同小異，亦皆以砲銅爲之，唯十八生脱之中螺桿則鋼爲之。其陸路砲之來福紋皆二十四道，深一密里邁當。有一尊皆用三道銅箍之硬炸彈。放至三千餘次彈，在砲中炸裂十七次，仍完好可用，唯來福綫略有駁蝕而已。又一尊經冰雪風雨五年，色如古銅，隨時裝放，不須磨洗，此即銅勝於鋼處。其廠初用美國净銅，繼用舊砲改鎔，精良無異。

弟以爲此種製造，各國由歷試而成，中國如曉翁之考定精詳，何難略購水力櫃等數事，先試造七生脱之砲。雖一二年所成未能入妙，而必遠勝於舊時銅砲。以視徒擲虛牝，仿造阿蒙士莊大砲，就令外貌悉合，而造時耗費較多，用時不敢深信者，相去何啻霄壤。况阿蒙士莊即烏里止式，英國人人欲改之，特因積重難返，須待一二年後；乃中國猶購機募匠，竭力創仿之。如必步英國之後塵，亦可略待數年，以收購英國剔换之砲；而此時先以有用之財力，試造陸路鋼銅砲，非一舉而兩得乎？狂瞽之見，尚求高明教之。

閏月朔奥君回都，初三日恭遞國書並謁各公使及部臣，初五日奥君在避暑宫請飯，初七日回柏林。先二日仲虎驗收第二艇，一切如式，速率十八海里半，應照議加賞九千馬克。其第二鐵艦所開正合同及附件尚有含糊處，與七夕所定草合同不符，是以昨今兩日與該廠總辦辯論，舌敝唇焦，一切函件均不及辦。魚雷十三尾亦已候驗，擬請仲虎兄、金先生明日往驗。

德君請弟廿三日往溪耳閱水軍攻守之操，係實用雷、砲船械交鋒，已定應轟燬者何船，應擊壞者何堡，本防提督率守兵一軍，前練船之主亥必尼士率攻兵一軍，弟等隨德君在座船觀之。爲向來罕有之局面。前兩月西南鄉演攻堡之法，以兩營砲軍攻燬一砲臺城，宿將之受傷者七八人，猶餘勇可賈，由是而知新法砲臺尚有應改之處。其實事求是而不惜身命如此，迥非中國人所及。

和蘭[一]君主於廿五日回都，已有函來訂，屆時應往遞書。

藝徒陳可會已於前月杪送還，現暫留使館，擬函商金登幹，托海琛船帶回，以免沿途不虞之事。如金登幹有所刁難，則須電求傅相發電轉飭，冀能遵辦。因該徒怕船政治以極刑，不免有逃脱、自盡之虞，若非懸中國旗之船，萬不能管束之，所以必乘海琛之便也。敬求先行稟知傅相爲禱。六月初五日傅相手示亦已奉到，容再肅覆。專泐，敬請

勛安。不盡千一。

光緒七年閏七月初九日自柏林發，九月十四日到。

臨發又奉電碼，云廿四生脱砲望將發運時電知，好派漢奴根到滬，照料裝載、旅順起岸等字。查此砲屢經函

[一] 荷蘭，後文又作和國、合國。

催，該廠定須西十一月發運，萬不能更早。謹附覆。

來信八十三號覆六十七號去信

初九日方發信後接電示，云二十四生脱砲速將裝船日期電知，以便飭漢奴根到滬，載往旅順等語。當又函催，據該廠覆云須西十月驗收，十一月發運。恐今冬臘盡方能到華，是以未用電覆。或須新正月方到上海，似不必先派人接運。

二十二日又奉洋碼電示，云十二生特長砲添購二尊，要 gey lam 此二字不知何字之誤。座架，各種子一千等字。遵即函托克鹿卜送砲合同，托葛魯孫送彈合同，計配硬鐵彈二百、炸彈四百、子母彈二百、群子管二百，俟送來譯呈台覽。

是日魯德孟到，奉六十七號尊函，敬悉一切。密臘五分行用之説，前本議及，其後該商所經手不過保、運費，俱以原單來照驗，因其爲數甚微，不願收行用。聞葛魯孫之貨雖經面訂，仍送密臘二釐。又英國槍子百萬，據云並無行用。其餘皆非密臘經手矣。槍子百萬既經收用，即於是日找付一萬七千六百五十五馬七五（〢夂，約合規銀三千四百兩零），又加二百八十五日之三釐流息計四百十九馬三十二分（〢夂，約合規銀八十兩零），共一萬八千七十五馬零七（〢夂，約合規銀三千四百八十兩零）。

又，十七日偕金楷理往力拂廠驗收造子器四件。其一爲敷漆器，由戽斗以卍字形鈎取逐枚放下，又過一吹風器，吹通引火之二孔，自右漸左漸凝，有小刷刷净之，然後落下。其二爲裝銅帽器，凡不能翻轉者不入槽，入槽太多者亦濫出。其三爲修銅彈器，既用過者復收小，以合原徑。其四爲退卸鉛子之器，凡藥在彈中，久必生銹變壞，須退去鉛子，换以新藥，然鉛子一經夾拔必致扁缺，紙亦破損，此器以離心力重頓出之，毫無傷損。至此而造子器已全，已交密臘載運矣。

魚雷二十尾亦驗收裝箱矣。今年俱可抵津。唯雷艇運費甚巨，由漢布克至滬，兩艇共須三萬六千鎊[一]（〣夕，約合規銀十四萬兩零）。又士旦丁至漢布克之車費、滬至津之船費，又須五六萬馬。現擬特雇一船徑由士旦丁到津，並可帶克鹿卜二十四生脱砲、八生脱砲，大約開河時到津，較爲合算，俟商明奉聞。二十四生脱砲若載此船，則可由天津轉運旅順，亦便。

[聞]仲虎本係舊同事，奏調來洋，事事與共，待之如手足，極思明年瓜代可作替人，不料其意氣乖張，屢屢爭鬧，十六日藉閲操事頓掀大波，屢勸不止，堅請銷差。雖欲再顧交誼而不能，既竭數載之婆心，頓啓一朝之反臉，殊爲之可惜。交絶不出惡言，惟有自怨自艾無知人之明而已。

弟於二十六日自溪耳回，閲操事容再録呈。明日將往和蘭。金登幹有覆信，云海琛船及新購之濟遠船俱西十二月開行，今陳可會擬搭别船矣。肅此，敬請

[一]《來信八十五號》中爲三萬六千馬，此處“鎊”應誤。

勛安

光緒七年閏七月二十八日自柏林發，九月十四日到。

來信八十四號

敬啓者，前月下旬運去毛瑟槍之刀頭五千，計二十五箱。此項刀頭，較法國之刺刀僅重二兩。又由地亞士攬運力拂造子器五箱、造子器已運全。魚雷六十二箱。又由倫敦運去伯明恩之毛瑟槍五千桿，計二百五十箱。其裝箱另加保固。唯刀頭及槍只保至上海，其餘俱保至天津。諒可於年内次第到津。其克鹿卜之二十四生特砲二尊、陸路砲八尊屢經催促，總須西十二初方能發運。

其補購之十二生特二尊，合同已開到，其砲身及隨件、備件共一萬七千二百馬，讓五釐，净須一萬六千三百四十馬。擬一二日間蔓付全價，庶後半價可算五釐之息。砲架應用何種，前次電報字不甚明晰，諒有詳細之函在途矣，一經奉到，即可補購也。葛魯孫之彈已訂定，硬鐵者十六馬，炸彈十一馬八十分，子母彈十九馬五，群子鑵十八馬，連火引及炸藥之袋裝箱送漢布克交卸，共一千彈，計共一萬五千二百二十馬。又，第一、第二艦之連珠砲已定，用荷乞開士各六尊，今午經該廠主由巴黎來面商購定，統讓五釐矣。

弟於初二日遞國書於荷君，閱其製局、武庫，亦有鋼銅砲廠，適停工未閲，又詳閲其西北境河海塘岸。久聞荷國水工甲於天下，洵然。又承比利時兵部派員相迎，引觀比國之各種新砲臺及軍器庫，發明甚多，毫不秘密，且許以新砲臺詳圖見贈。歸途又閱中國訂購電綫之廠及博洪製鋼廠，皆巨觀也。至昨十二日回柏林，適在途感冒發熱，而應覆之洋函已坌積數十封，不得不力疾趕覆之。俟略暇，録出見聞所得，呈備採擇。傅相處未及肅呈，並乞代禀厓略爲禱。

昨聞鄭玉翁已於七月間陛辭出京矣，未知能道出歐洲一叙契闊否也。匆泐，敬請

勛安

光緒七年八月十三日自柏林發，十月十三日到。

來信八十五號

前函想已登覽。

昨於十六日將克鹿卜十二生特兩砲之價一萬六千一百三十五馬七五全數付訖，訂定六個月交砲。唯砲架應用何式，仍候早日示知爲盼（閏月十九日發信，此信當已到矣）。

葛魯孫砲子日前又改照克鹿卜新樣，與前次所購者相同，計硬鐵者十七馬、炸彈十一馬五十、子母彈二十一馬八十、群子罐十八馬五十分，共一萬六千六十馬；扣去二釐（三百二十一馬二十），净價一萬五千七百三十八馬八十。昨日付三之一，計五千二百四十六馬。

惟雷艇二艘計十大箱，無船可裝。前因計算雖有船裝，漢布克至滬須三萬六千馬（計六千八百餘兩），而士旦丁

至漢、滬至津運費、上下費又須一倍有餘,故議訂大船由士旦丁徑運至津,且可順送至旅順交砲。乃該船定須四千八百英鎊(一萬九千餘兩),克鹿卜二十四生特兩砲又屢催無期,始允西正月初旬交砲,其陸路八砲(即神機營所買)則於西十二月初旬可交,則船上空處尚多,無貨可裝。若令另裝客貨,又因彎〔灣〕泊漢布克,恐冰凍;彎〔灣〕泊上海卸貨,恐完船鈔,均爲該船所不願。是四千八百英鎊但裝兩艇八小砲到津,爲費過巨,殊不合算。然此十大箱又不能裝於鐵艦之艙面,只有暫擱,俟有相宜之船,再行發運,諒高明亦以爲然(此時無仗事,寧遲毋費)。

力拂造子器已陸續到津(已到大宗,所少有限)。昨經王筱翁詢及管子爐式,已將圖説寄筱翁,諒可抄清轉呈台覽也。此間抄寫乏人,秘〔和〕、比兩國所見砲臺、武庫情形,僅節録一份呈傅相,如未發出閱看,俟後再抄全文就政可也(已稟請擲閱,全文亦要,望仍寄示)。手肅,敬請
勛安

光緒七年八月二十四日自柏林發,十月初十日到。

拜耳斐鐵管鍋爐説

向來所用鍋爐,一經損傷即須停工,今新創鐵管之爐,不但無向來弊病,且有别種之益。其與康臬士及各種舊式不同之處如左:一、全無炸裂之險;二、占地甚少;三、輕而易於遷移;四、可以速成湯氣;五、可用大漲力而無危險;六、可省煤;七、易於生火,易於管理;八、易於刷净;九、易於修理,不費時,亦不費

錢；十、可常用不息；十一、所生之氣乾而不濕；十二、所補之水常添不斷，其所補水，易於節制；十三、雖有以上各益，而價仍不貴。

何以無炸裂之險？因其生汽均在窄處，不易壞，如壞一管亦不妨，不過管中之水洩入火爐而已。故不傷房屋及工匠，爲最大之益。如一管受傷，則於一周日之内可以修换齊全。

論其占地少於他種，如八十四馬力之鐵管爐及一切物件，只須二邁當四九之長、三邁當九五之闊、二邁當九之高。其速成湯汽，可於十五分時中得六個或八個天氣之汽漲力，因鐵管甚堅，可用至十二個天氣。又，管之内徑不及一百密里，不必按巡捕章程有一定安置之地。

其省煤，則每方邁當火切面每點鐘化氣之水，至少有二十里脱，如用上等煤而暢通其氣，即可化二十至三十里脱，如用熟悉之火夫及上等煤，則每啓羅之煤，可將八里脱之水化爲乾汽。其故因火切面甚大而管體不厚，管外煙炱易於掃净之故。其掃去煙炱，用活動噴湯氣之管，又用鐵絲之刷。其管端有接連之蓋，用螺絲啓閉之，可以刷去管内之水銹，其上段無水之管只有湯氣，永無水銹。只須數點鐘之久，即可刷净各處。

其添水係尋常之法，因爐内之水無多，可接連添之，其添水處有塞門以節制之，太多之水自能溢出。倘有阻塞，恐水不入鍋，則有金類之數梢在水平面之處,插於接連之蓋中,如管内無水,此梢即紅色而鎔化,令火夫易於覺察;换去一梢甚易,不必停止其汽。

凡火夫管理之極易,只須添煤,並察水面之高是否合宜。倘艙内有事故,急須停止汽機,只須閉下面爐門,開上面煙門,便不增添其汽。雖汽之體積不大於他種爐,而易得平匀之汽漲力。如鍋爐中常令水面不高不低,則所生之汽即常乾而不濕。另有一螺形之管,係以離心力之理,常令汽升水降,而無汽水並出之患。

論所有各管平排相疊,外徑大約一百密里,長一千五百至二千三百密里,用新法銲合,各管皆平卧於火上。其端有接連之蓋,每十八管爲一綜,有一公共之總管。其總管之剖面係方形,其十八管宛如螺旋向上。而另有一總管,按馬力大小而定爲若干綜。其管之對面有接連之盒,盒中管口相對處有孔有蓋,可由此孔刷浄管内。其一切管及接連蓋、螺絲蓋等件,必先以五十天氣之水力試驗之。

如發售此等鍋爐,所有各件列下:一爲磚墻外之鐵架及各門,如火門、煙門、通刷之門、節制風氣之門;二爲爐栅全副;三爲水平玻璃表及試汽、試水之螺門;四爲法條之壓力表並螺門,及比較壓力表之架;五爲濾積水内泥沙之器;六爲螺絲管,用以升汽降水,並有斷氣塞門及二個穩平門;七爲添水塞門,有分寸可以節制;八爲溢水塞門;九爲刷浄之螺鑽一具,刮爬二具,皮管及噴嘴及嘴上螺塞門一具,用以噴净各管外之煙炱。凡不及十二匹馬力者,無〈濾〉積泥沙之器,亦無節制風氣之門。

凡各種汽機俱可用此爐,以數具相合,即成大馬力,亦可與他種爐相合。本廠凡售出者俱肯保固,其一切用法俱可詳告。其價除出汽之銅管、添水管及一切磚工之外,其價如左:八十匹者一萬二千馬,六十五匹者一萬馬,五十匹者八千五百馬,四十匹者七千五百馬,三十匹者六千五百馬,二十五匹者五千五百馬,二十匹者五千馬,十六匹者四千五百馬,十二匹者三千五百馬,九匹者三千馬,六匹者二千五百馬,四匹者二千馬。

凡十六匹以下可以搬動者,其價較貴。其添水另用本廠之吸水器,專與此爐相配,另議價(光緒七年十月十二日王筱雲觀察送來李大臣寄到,抄存)。

〈去信〉天字七十一號覆第八十一、八十二、八十三號三來信

前月望後接奉第八十一號來函,並譯抄力拂造子器箱碼細單三紙。

其一號至五十五號,又自五十六號至七十六號兩單,均據地亞士先後運到,現由筱翁督匠裝配。示悉到華試得弊病作何理論云云,查此語因前者閣下來函有“裝上銅帽一壓皆炸,令該廠修换”之語,故敝處覆函云然,並非詰難也。現在弟均正在裝配,後倘實有工料不良者,當遵此次來示,交地亞士運洋賠换,其可以下得去者,即不必矣。

數萬里購運，執事隻身巨細必躬，亦勞苦矣。其刷次考甫運送漢布克自四十六號至六十一號，通共十九件一單，甫經地亞士於九月初二運到。九月十四、十六等日連奉八十二、八十三號惠函，時適傅相恭辦陵差，敝處即將原函稟遞鑒閲。

廿四生脱砲位尊意擬專雇一船，並將兩雷艇、魚雷及神機營八生脱砲等件併載運津，不但運費可以節省，且可免沿途裝卸碰損之慮，老成卓見，欽佩奚如。昨奉憲批，云砲艇併載運津，深爲合算，甚盼其有成議也。此時未識已定見否？盼甚盼甚。惟旅順起大砲，大沽口外卸雷艇，必須該船卸下駁船，該處並無起重之架，望執事説明，要緊之至。添購之十二生脱長砲，前已將所發電碼附信抄寄，來函謂“gey lam”不知何字，查原碼並無此兩字，不知如何添衍，其餘各字均對。敝處已詳請匯價矣，尊處續後驗收。力拂造子四器最爲有用，已交密臘載運，大約須至明春方得運到也。從前所議添購之裝子器，未知定購否？

承示奥國武庫，誠爲充實精美，中國只有力圖自振耳。後膛銅砲且勝於後膛鋼砲，何阿墨士莊所可同日而語。示及各節，誠爲遠見。第意見不同，各省互異，非得幾經考究，即有言者亦不之信，不然或限於經費，推廣無由。此中國伊古以來通病，其所以不能精進如外邦之速，蓋各國乃商廠所造，中國只惟官廠所造。器械果能精美，一如外洋，月異而歲不同，需費猶且難繼，況不殆而無處貿通乎。當將所寄造法各事，弟均當漸圖規畫，以副雅注，但恐籌辦正非易易耳。惟望將壓八生脱銅砲之壓水櫃詢價示知，如其價廉，即便禀請傅相購辦，德均又可效蟹矣。

丁雨亭軍門所帶碰船聞已離滬，即日可抵津沽，傅相定於初二日前往大沽海口閱看。迨鐵甲到華，則北洋水師之規模定矣！公之力也，詎不偉歟！專此奉覆，敬請台安

愚弟王〇〇
劉〇〇頓首

光緒七年九月十六日

由文報處遞柏林，重四錢。

〈去信〉天字第七十二號覆八十四、〈八十〉五兩函

十月初十、十三等日連奉第八十四、八十五兩號來函，讀悉一一。

伯明恩後定之毛瑟五千桿之刀頭，及地亞士攬運力拂造子器五箱、魚雷陸拾貳箱，均屬甫經運到，尚未點驗。其毛瑟五千，年内恐不能到津矣。

克鹿卜二十四生脱砲及陸路砲、雷艇各件，尊處議訂大船，由士旦丁徑運至津，且可順至旅順交砲一節，傅相深以爲然，前函已經詳達，未識此時已有成議否？此舉甚好，即或稍遲，亦不要緊。惟大船裝砲、裝艇，必須該船自能卸載至駁爲要，蓋海外卸艇及旅順卸大砲之處皆無起重架也。昨經德税務司云，倫敦現有公司輪船裝大沽船塢機器到大沽海口外交卸，約月杪開行等語。當經敝處奉傅相札，擬將尊處所購之大砲、雷艇等件，附搭此船來

華，訂明於旅順口卸砲，於大沽海口外卸雷艇。已經傅相一面飭德税務司電致該公司，屬該船繞道漢坡克，一面電致尊處，云“倫敦有公司船裝天津船塢機器至大沽，約月杪開行，德國砲艇各項順帶來津，再到旅順卸砲；已飭德税司電致倫敦公司，囑該船繞漢坡克，尊處預商將艇、砲運漢，裝該船來，水脚由津付，惟保險由尊處辦，能否？望電覆”八十五字，擬明日即發至滬上轉遞。

津滬電報甫於初十日始通，現在試辦，尚未開張賣報也。聞招商局在英國新購兩船來華，但未知艙口能裝砲否。十二生脱砲二尊已經匯價。惟此款係奉省營口砲臺所用，將來劃歸奉餉内報銷，能另剔一款，不與敝處以前匯價併辦爲要，伏望尊處酌奪。快船於月杪抵津，傅相親赴海口看驗，駛至旅順巡閱砲臺工程。現已奏派丁雨亭軍門統領駐紮旅順，以爲老營。適新載生洋商斯米德送來美國新式意克利生[一]水雷船小樣到津，傅相令其同往海口看視，能自射雷，亦尚有意味。現在斯米德回滬後即欲回德國，因欲趨叩崇轅，以伸積素，懇敝處一言爲介。想執事與其素識，此人弟用九年尚無壞處，雖其皮裹有春秋，後數年來卻知邪正之别，尚在可用一邊，比畢德衛相去遠矣。

承示比、和兩國所見砲臺、武庫情形，已稟懇傅相擲閱，惟全文亦要，仍求閣下飭抄寄下，以廣聞見，是所至禱。毛瑟槍所用撑簧，前函懇求探詢買鋼絲與已做成之

［一］ 後文又稱愛力克孫。

鋼絲簧價值，孰爲合算？務望便中詢示。蓋此種鋼簧不能不多備數份，以備損壞更换，預備一份，總嫌其少。而鄙意欲買鋼絲者，擬使中國機器局先以之試手，爲將來自製之地〔步〕耳。毛瑟裝卸器具尚乞多買千份爲要。專此肅覆，敬請

台安

愚弟劉〇〇頓首

光緒七年十月十四日

交斯米德帶去。

來信第八十六號覆六十八號去信

八日二十五日奉到六十八號尊函及雷電價册小摺等件，敬悉一一。

查電機置水中浮表之碇中，本各國所常用，只須封合緊密，决不生銹，因不通天〔空〕氣，不通海水，便無養氣浸入也。唯十頭電綫易於偷割，一割則十雷俱廢，故各國罕用之。英國阿蒙士莊七星伏雷已爲至多，苞曾於光緒四年春間譯呈傅相。

今俄國雷艇大小四十餘艘，某廠某年造某艘，孰優孰劣，可歷歷數也，决無一廠蕆造百艘之事。總之，俄國最優者爲德國石霄廠所造之十二艇，尚有二艇未竣。能由漢布克過波羅的海抵俄都。敝處久有該艇詳圖，因德海部謂有未妥，故去年弟訂兩艘另商新樣。方兩艘驗收時，海部派員詳查，稟請仿造，續因海部欲專用艇旁魚雷，是以未仿，則俄國艇之未必更優可想而知矣。

英國雷艇在七瑞克廠定造者最多，七十五尺者價約五千鎊，即最著名之電光艇是也。言其如電光之速。在四年前偕羅稷臣往觀兩次，已禀明傅相。此外則大半官廠自造，雖或他廠偶造一二艘，則博採廣搜乃英人之常技耳。若云雷艇由別斯開海灣[一]在西班牙之西北。過倫敦，抵俄境之俄氏撒，在波羅的海東岸[二]。則能歷大西洋及波羅的海矣，恐是士叨取一類之砲船，非雷艇也。

馬克依以别創一種水雷引火領得官憑，並無工廠，並無資本，上海所謂掮客鬼子是也。施立盟爲出門之夥，其言恐多不確。然英國實有亞羅廠，且馬克依實有攬售之雷電，自當遵示函詢，以廣見聞。唯金楷理適伴送仲虎游法，半月方回，英文函須待其回館譯寫也。

承諭愛惜精神，勿親瑣碎，治語良箴，感激無既。惟調人甚難滿期，如仲虎者，可以志同道合，和衷共濟，而猶任性尋鬧，悻悻求去，不得不因噎廢食。只有每日自辰至丑，勤以補拙，勉遵宣聖先勞之訓而已。今只一隨員、一供事，又皆多病，金繙譯則譯英、德文函，每日恒四五函至八九函。陳繙譯則譯法文函兼隨德君閲操，同文館兩生則尚在就傅。弟除信函外，牘稿字字手寫，及填付銀票、譯答函件外，又須補隨員、供事不及辦之事。趕發包封時，常自繕公文並附件，又核對之事亦一人任之。五年日記塵積於敝簏中，尚未暇釐訂呈政。且五年未讀中國書一行，前年猶抽空習

[一] 比斯開灣（Bay of Biscay），後文又稱畢士格灣、别士開灣。

[二] 原文如此，应是敖德薩（Odessa），黑海港口，後文又作俄德山，俄德薩。

洋文,今亦置諸高閣矣。苟非拜客赴會,恒終月不出門,不窺園久之,亦習爲慣常矣。緣奉關愛垂詢,聊爲知己直陳之,非敢告勞。閱後幸勿示人,徒遺笑柄也。

武庫規條尚未覓得專書,俟採得後撥冗與金楷理譯出呈政。尚有砲臺論説數種未譯全,亦擬與金楷理趕完録出也。

未緣會集,馳仰徒深。敬請

勛安。唯照不宣。

光緒七年九月初五日自柏林發,十二月初四日到津。

來信八十七號覆六十九、七十號去信

九月十六日、三十日連奉六十九號、七十號尊函,因克鹿卜砲架圖未到,馬克依雷價單未來,不能早覆。今分别酌覆如左。

一、查得亞羅即七瑞克船廠,七瑞克其地名,亞羅其人名也。日前函覆允開詳價矣。又據仕俄之德官云,俄國本與訂長合同,每年交四艇,及前年聞英停造,俄亦停造,僅交二十餘艇。又托德國石霄廠造二十四艇,方及半,聞德停造,俄亦停造。其過大西洋之畢士格灣抵黑海之俄德山者,曾有數艇不過,冒險爲之而已;今俄人俟英、德定用何式再將續造也。

二、馬克依弗價單前日始送來,今譯出並原洋文呈覽。謹證以歷年見聞略陳之。

查單内所列第一自衛之十雷,即各國舊時伺發之水面浮雷。光緒四年、六年叠次呈明傳相矣。每十雷有一電機，每雷各有來往電綫通於岸上伺發處，每五雷爲一小綜，十雷爲一大綜，五十雷合爲總電纜，綜散分合，頭緒極繁。近年各國試得弊病有九。其一，敵用淺水木排或輕快小艇，易於撩割。近年割器甚精，不必撩起但將纜皮切傷，水即滲入，而電氣不通矣。其二，綫易牽纏，布置甚難，流水中一經扯動，則綜散之接續處微有損傷，水已滲入。苟總纜一傷，衆雷俱廢矣。其三，既知有數雷電氣不接而欲查看修理，不但將總散電纜取出，且須將水雷大半取出，因其各纜蟬聯、相爲牽掣也。其四，欲取出查看修理，須用大船，頗費人工；若在沙泥之河口，數月後纜已深埋，萬難取出。其五，頭緒既多，易遭牽絆，或被錨刺鈎傷，或纏於暗輪，拖曳紊亂；德國維令士哈芬曾有此病。其六，每雷用一傳音器，即德律風。以聽電氣之通否，在風濤槍砲中萬不可恃。其七，雷中有硝强汞爆藥，如遇己船誤碰，雖電氣不接亦易發火；故各國平時另設浮表，戰時撤去浮表，則己船亦不敢冒險；是雖曰伺發，仍不免誤發。其八，若先報電鐘再按電鑰，敵船必已去遠，惟用兩處弧鏡伺望而即發者較妥；各國用之。然黑夜煙霧中不能窺望，且敵人擊毁一伺望處，即俱不能發矣。今法人創用三處伺望，恒用兩處，又備用一處，如擊毁其一，則以電綫通於備用處伺望。另於砲臺中設一發電處，此處爲電纜總匯，而不見敵船。一方桌上繪有各雷位置，旁有兩針，各以尋常電綫通於伺望處，視兩針共指一雷，即知敵船恰到此雷，速按鑰發之；其兩伺望處，只以窺鏡指定敵船，自能移動發電處之針，而伺望處無電綫通至水雷，故爲穩妥,然仍不免上文七弊。其九,舊法用電機置水底之碇中,三四月後每致機關不靈,誠如尊慮。今馬克依弗亦知不妥,故新單内删去矣。

第二種自衛之沉雷,即覆釜形之生鐵雷,亦有電綫牽纏之病,且歷試八十磅藥已能破舟,今浮雷用一百磅已屬耗費,而沉雷加至四百磅,太覺笨重矣。第三種浮雷即各國所恒用,然其自成周之電器,用水銀磁盒,隨水盪漾,亦易誤發,似以德國五玻璃管者爲最妥。第二種攻人之隨水浮雷最不可恃,且易誤傷己船,各國久已不用。又有鋼圓殼者,歷經試驗,未必較良於梨形。

總之,各國雖不廢此伺發之雷,然漸知弊病,添購者極少。英國專以兵船攻人,其伏雷雜購於民廠,向不精細驗試,且水師耗費無人議駁。我中國只可偶購伺發雷數具,以備一格,若欲多購,竊恐演習甚難,害多利少。其雷殼已貴於他廠,且總散電綫費更不貲。弟深知法國專藉撞雷,多郎海口有撞雷兩道,每道兩行,每行二十四雷,每日演習起落,而中留行船之路。見其穴岸兩處伺望,有伺發之十二雷,詢其何以不演、何處布置,提督答曰,俟臨事布置於撞雷之外,雖不命中,藉以驚敵耳。德國專演撞雷,而伺發者久已廢擱。溪耳水雷局舊存之伺發者尚多,而每年所演者唯魚雷、撞雷,王得勝亦所深知,嘗詢尚書士叨取及水雷官削克,俱云只求撞雷精熟,永不用伺發者矣。德國撞雷有新舊兩種,舊用火藥,新用棉藥,去年已將刷次考甫所造十舊一新送津矣。另有錫克洛卜廠亦嘗代德、俄兩國造此雷,大殼者用棉藥八十磅,價四百二十六馬九十五分,小殼者棉藥六十磅,價四百六馬九十五分。連五玻璃電池及乾棉盒在内,惟浮表、錨纜、電綫不在内。或須購買,或將去年購回者仿造均可,統候大才請示核奪。

三、十二生脱兩砲之架,承示應照克鹿卜光緒三年三尊之式,而叠據克鹿卜查得該三尊並非座架,乃係船上之螺輪砲架,不合砲臺之用,今令另繪座架圖呈覽。如准用此架,則請發"架照辦"三字華碼電覆;或定須用螺輪架,則請發"螺"字華碼,亦可照辦也。此兩砲並隨件、備件共一萬七千二百馬,扣五釐八百六十馬,又扣後半價息五釐,二百零四馬二十五分,净一萬六千三百四十馬七十五分。已於九月十六日全付訖矣,訂定六個月工竣。

四、十二生脱子一千枚已向葛魯孫照購,硬彈二百枚,每十七馬。長炸彈四百枚,每十一馬五十。子母彈二百枚,每二十一馬八十。群子彈三百枚,每十八馬五十。共一萬六千六十馬,扣二釐。净一萬五千七百三十八馬八十,已於九月十七日付價三之一計五千二百四十六馬矣。因此間尚有存款,是以未發電報。

五、德國砲隊規制、操法,歷來覓得善本十餘種,擬在洋次第譯出。因詞意晦澀,疑竇甚多,須請專門將弁講解,間有須原撰書人解明者,若送華繙譯,恐有毫釐千里之失。奈此間金楷理與弟譯寫,深恐有志不逮,徒爲焦急而已。

六、武庫藏儲、收發章程,已請兵部開示七八種,亦已購全。因現方譯砲臺書尤爲切要,前年冬傅相飭核劉雲生之議,迄未核覆。又有宿將借出之秘本新圖説,係官塾秘本向不發售者。不得不先其所急。擬稍暇即譯武庫書,以應尊命。

現方調供事顧姓，未知能相助否也。

七、八生脱砲之馬鞍套，已隨八砲訂購一全副，俟運津後請察核合算與否。皮革之工，西人不用硝而用橡屑，故時緩而不傷本質。其理易明，然非派工人來習，恐得心而未能應手也。

八、《試棉藥章程》，據兵部專驗之官云已交王得勝，今既未收到，當俟譯出寄呈。

九、日本在德購砲之數尚未查確。以上覆六十九號。

十、傅相飭購格勒玻折九響槍以備鐵艦之用，謹查此槍膛徑與毛瑟同，十一密里。而機關迥異。竊謂槍砲種類既未能一律，亦不可再雜，庶造者用者均有便益。且鐵艦回時暫雇德國官兵，俱不諳此槍。今查毛瑟、德來塞、力拂俱有九響之槍，兵部驗試，未定孰優。擬俟試定，詢明實價，發電請示，只云"毛瑟若干"，即係毛瑟機關九響槍之實價。請答以"是"或"否"一字，英文 yes 或 no。務請先行轉稟傅相察奪爲盼。此覆七十號之一。

十一、兩鐵艦上已訂購一寸半之哈乞開士砲各六尊，並已商定位置架式矣，已詳前函。七十號之二。

十二、毛瑟槍之螺起及裝卸器俱須另購，大約螺起每五桿一具，裝卸器每五十桿一具。今已囑購，俟有實價奉告。七十號之三。

十三、毛瑟槍内鋼簧，據芬鋭飛及毛瑟云，逐一照章詳驗，並無軟者，恐係油垢未净之故。若欲補换，須請寄回軟者，否則該廠必有藉口，須另付價值。據德兵官云其盤旋之數、長短之度俱歷經算定配用，似不可改粗改短。

如欲多購若干萬，仍須照章驗收，俟示明後方可訂購。覆七十號之四、五。

十四、皮帶、盒應添若干，請匯價照辦。其代購各件詳細報册久經釐清，一因錢隨員大病月餘，今始痊愈，下期冀可抄繕；二因各銀號息款交互糾葛，屢經駁正，日前始得清晰。然欲息款各歸各項，仍屬萬難，因期有長短，息有貴賤，不能截清也。擬將各銀號收支原賬，與譯造息款册並呈冰案也。今先抄各總數呈覽，計餘二千二百八十八馬三十六分又六千九十二鎊六昔七邊。而應付者大約尚有二十餘萬馬，約少七萬馬，擬暫將鐵艦款下移墊，請速票匯六七萬馬，約三千餘鎊。以便歸墊。今何筱帥購砲、黎召帥購船料、王筱翁造子器各款俱未應手，概以艦款暫墊，亦俟歸款時劃清息款也。報册於年内定能達覽，伏乞原恕。覆六十九號及七十號之六。

十五、皮鞍套須改小若干，亦望示明尺寸。其餅食乾糧器似亦必需之件。前購步兵、馬兵之皮件各全副，諒已達覽。其砲隊馬之皮件一副，春間可隨七生脱半八砲到津。均請核示遵辦。覆七十之七。

十六、津弁出洋賬向歸息必格管理，光緒三年郭芸帥令弟墊付百鎊，又歷墊卞、朱回費等，均經四年臘月由息必格還清，於四年十一月十九、十二月初三函内開呈。及五年五月十二日息必格交來二千五百三十馬二十五分，始由博郎接管，由敝處造報，則是年〡〨〨[〧]文西曆上半年仍應由息必格造報也。已令密臘轉詢矣。覆七十號之八。

十七、前訂之力拂造子器並無捲紙器，今見斯邦道托力拂新造捲器甚靈，每十點鐘可捲三萬五千子，計價四千五百馬，扣十之一。浄四千五十馬，前月二十二日已與定購一副。俟運到時，應否照添三副以合裝子器四副之用，亦請示明。

十八、兩鐵艦所用砲藥，現方照布國章程向杜屯好甫訂購，大約共十四萬餘馬克。其藥由帆船裝運，明年七八月可以到津。其鐵艦上大砲之磨盤，現方與克鹿卜、伏耳鏗熟商，尚未定見，請轉禀傅相爲盼。定遠艦訂於十一月望前下水。今年北海尚未結冰。

以上十八事，因近來右耳潰痛，寢食幾廢，不能成字，謹先述大略，容再覼縷補陳。昨悉義大里[一]王回都，訂於十日内前往，擬力疾料簡，於初十左右就道。知念附及。手肅，敬請

勛安

光緒七年十月初四日自柏林發，十二月十四日到。

計呈馬克依弗華、洋文價單各一，克鹿卜十二生脱臺内砲架圖一，採辦各賬總數單一。

馬格依弗水雷電器價目

第一，自衛類單纜浮雷。一副内具：撞發之浮雷，十個，每個容藥一百磅；雷碇，十個，每個重四百磅；傳音法之成周電器，十個；傳音器，一個；岸用電

[一] 意大利，後文又稱義大利。

機,一副;衆纜鑲頭處機器匣,一隻。

以上爲一全副。至少須購五全副,〈每副〉英錢五百十鎊。如以七雷作一副者,每副三百七十一磅。

此種係每撞即發,刻不待緩。或先報鐘而後伺發,或用測遠器伺發,俱可。

第二,自衛類單纜沉雷。一副内具:沉雷生鐵圓蓋式。五個,每個容藥四百磅;岸用電機,一副;衆纜鑲頭處機器匣,一隻。

此種只能兩人測遠伺發。至少須購五副,每副一百九十四鎊。

第三,自衛類自成周電器之浮水雷。每副内具:撞發之浮雷,容藥一百磅;自成周之電池電器,一副;電碇,一副,並二十五碼長之電纜;壓纜具,一個。

至少須購二十副,每副二十六鎊。

第一,攻人類桿雷。一副内具:桿雷,一個,容藥三十五磅,内有引火電機一副,三心電纜八十尺,鑲頭裝柄處一個,電鑰一個,阻電器一個。

至少須購三十副,每副二十三鎊十五先令。

此種係每撞即發,或令立刻伺發。

第二,攻人類隨水浮雷。一副内具:浮雷,一個,容藥五十磅;捕船之鏈,一副;引火電機,一副。

至少須購二十個〔副〕,每副十五鎊。

電器(成周電器):一、成周電器及傳音器並阻電器,須購五十個,每個十二鎊十先令。二、自成周電器,須購五十個,每個十五鎊。三、成周電器及傳音器並阻電器俱全，須購十個，應與第一類相連買之，每個十四鎊。

水雷：一、鋼圓新樣浮電一個，内裝成周電器並容藥之處，能容藥一百磅，須購三十個，每個二十一鎊。二、熟鐵梨形浮雷，内裝成周電器，能容藥一百磅，須購二十個，每個十七鎊。三、成周電器之熟鐵浮匣，須購二十個，每個十四鎊。四、圓蓋之生鐵沉雷，容藥四百磅，須購二十個，每個十九鎊。

引火電機：一、白金絲爆藥引火，每五百個值五十鎊。二、白金絲試電之引火，每五百個值十二鎊十先令。三、空水雷所用引火，每五百個值二十五鎊。四、不接連之引火，用躍過法。每五百個三十三鎊。

沉水電纜：一、單心包鋼絲之電纜，徑十六分寸之九。每英里八十四鎊。二、單心包鐵絲之電纜，徑十六分寸之五。每英里六十五鎊。三、三心不包鐵之電纜，桿雷用。每英里一百二十鎊。四、七心包鋼絲之電纜，每英里二百八十五鎊。

雷碇：一、四百磅重之雷碇，每個二鎊五先令。二、六百磅重之雷碇，每個三鎊五先令。三、壓纜具，每個十八先令。

鋼纜：一、鋼纜，帶住浮雷用。每英里五十一鎊。二、鋼纜，帶住浮表用。每英里四十鎊。三、扶直浮雷之纜，每英里六十鎊。

軟木浮表：一、大軟木浮表，上連小旗竿並碇，每個九鎊。二、小軟木浮表並碇，每個三鎊。

水雷用之電器：一、精測電力之表、試電器並撞雷之引火器，每具七鎊十先令。二、略測電力之表，有南北極相反之雙針，每具四鎊十五先令。三、電鑰，每具一鎊五先令。四、比較阻電力之器並輝止屯氏之橋，每具八鎊十先令。五、移動引火電器，每具八鎊。六、測遠器全副，每副三十九鎊十先令。

鑲頭：一、砲銅接電纜之鑲頭，每具十五先令。二、生鐵接電纜之鑲頭，每具三先令。〈三〉、銅及樹膠之小鑲頭，陸路用之。每〈具〉三先令六本思。以上至少須購五十個。

電池（勒克冷瑞十池電器，有新法可以斷電）：一、電池全副，每副九鎊十先令。二、分支電池，單纜浮雷用。每副五鎊。三、報鐘電池，亦單纜浮雷用，每具四鎊十先令。新增小艇上引火電機，每具五鎊。銥鉑相合之電絲引火，每英國一兩計五鎊。

西十一月十一日　馬格依弗押

摘採辦各件收付總數呈覽

舊存報册結存六鎊十九昔六邊又七十五萬三千三百九十馬十五分。

新收：

六年八月十二日九千九百七十三鎊，内六千二百鎊兑見十二萬六千三百八十二馬四十五分，又兑餘三千七百七十三鎊。又八月十二日收票九月期。英錢二千二百二十五鎊十四昔六邊。七月初八日三萬七千鎊，兑見七十五萬七千一百七十三馬十分；又四萬四千鎊，兑見九十萬八百五十二馬三十五分。

七年二月十六日砲款五千六百十七鎊，兑見十一萬四千八百九十九馬零五。六月十二日七萬兩，兑見一萬九千五百四十三鎊十七昔一邊。

克鹿卜劃收砲價九萬五千零四十六馬。

以上存收兩項，共二百七十四萬七千七百四十三馬十分又二萬五千五百四十九鎊十一昔一邊。

開除：

獵槍連鈎、簧，已報五萬馬。找付十四萬一千九百七十三馬十四分。

毛瑟兵槍，六十五萬四千六百八十五馬九十分。

又駁淺費七十一鎊九昔三邊。此項應令保險公司還。

英國兵槍，一萬桿。一萬九千三百八十一鎊二昔五邊。

驗槍器，四百二十六馬十五分。

槍子，已報十三萬馬。找付五十萬五千五百三十三馬八十五。

密臘代購槍子，一百萬枚。七萬一千四十二馬三十一。

造子器，已報九萬馬。找付十萬六千三百八十四馬七十三。

裝子器，一萬三千馬。未付二萬八千一百三十馬，又運、保費。

槍桿，一百三馬。未付運、保。

帶、盒，九萬二千四十七馬八十二。

馬、步皮件，各全副，二百九十二馬三十四。

槍藥，四萬六千六百七十三馬九十三分。

驗槍器，三千三百八十五馬八十九。

伏雷，一萬二百四十二馬四十五。

魚雷，二十六萬七千四百四十二馬五十五。

雷艇二，十三萬五千五百馬。未付運、保。

電燈運、保費，燈價已付外。二千三百五十四馬五十二。

十二生脱砲子，六萬九千三百二十四馬五十二。

二十四生脱砲子，二萬一千四百八十二馬四十一。

砲車，二十七萬八千二十九馬八十七。

十二生脱砲子，一千。五千二百四十六馬。未付一萬四百九十二馬八十，又運、保。

二十四生脱砲藥，七萬一千四百二十七馬四十三。

十二生脱砲，十六萬四千九百六十七馬三十七。

二十四生脱砲，十一萬七千四百六十四馬九十五。未付十一萬七千四百七十馬，又運、保。

七生脱半砲，十一萬四千八百九十九馬零五。未付三萬四千餘馬，又運、保。

十二生脱二砲，一萬六千一百三十五馬七十五。未付運、保，未付砲架。

金登幹去水砲訟費，四鎊十二昔十邊。

雜用各費，三萬五千三百八十九馬八十一分。另單。

以上共付二百七十四萬五千四百五十四馬七十四分又一萬九千四百五十七鎊四昔六邊。

實在存二千二百八十八馬三十六分又六千九十二鎊六昔七邊。

雜用各費附單：由支應所提存款内支給查驗、路費及信電等。

魚雷項下，四千八百九十一馬二十八分。

獵槍項下，二千六百七十三馬九十九分。

兵槍項下，七千一百七馬八十六分。

英槍項下，一萬桿。三千九百十六馬十五分。

槍藥、砲藥、棉藥項下，七百六十二馬十五分。

帶、盒項下，四百十六馬五十分。

槍子項下，三千五百八十九馬七十一分。

造子器項下，二百五馬二十分。

砲及砲子項下，八百零四馬二十分。

砲車項下，三百二馬九十分。

雷艇項下，六千八百四十一馬三十七分。

洋員薪水項下，三千六百六十馬。

置物項下，尚有書價未付。一百十六馬五十分。

以上共計三萬五千三百八十九馬八十一分。

來信八十八號

前值耳潰，夜深倚枕草率函達，不及細檢。次晨封發後，檢查存賬，尚有十八萬餘馬，則係克鹿卜十砲第一批價，去年已報，偶又算入也。粗率如此，何能勝任。

今連各項運費，以息款相抵外，約僅少三萬餘馬，請大裁票匯一千四五百英鎊，當可敷用矣。又檢得博郎洋卷内有息必格西丨〣〣〔〦〕夂上半年洋賬一紙，想即尊處所需之賬，即爲呈覽。

據伯明恩來函云毛瑟之螺簧，如須照章查驗者，每百枚八昔林（合規銀一兩五錢六分，每根合一分五釐六毛，計大錢二十四文），應添若干請即示遵。亞羅廠有各種雷電〔艇〕圖説送來，方與金楷理譯全，俟抄清呈覽。據云俄國於三年前購該廠之圖，擬分廠造成百艘，厥後數未及半而中止。則百艘之説固有影響也。

今弟耳痛略減，潰腫未除。連接義國兩次電報，只可於十一日力疾就道。雖三晝夜火車程，南北寒暑懸殊，亦不致勞瘁，惟偶有疾痛。此間醫藥全不與華人相宜，不得不以生入玉關爲幸事耳。隨員錢琴齋病略痊，未能照常辦公。

兹先將收支正册造送冰案，俟各銀行西年杪截清數目後，再將息册造報。其正册各項下，有注西某〔日〕付、某日收單者，一係銀行付出之日以便算息，一係收單内注明之日以便核對。有付在先而收單在後者，如毛瑟、羅玲士等廠，距柏林甚遠，寄到銀款始發收單也。亦有付在後而收單在前者，係銀票與收單對换，而該廠遲至數日，始持向銀行支取也。其餘但注某日收單者，即付銀與收單同日也。又，倫敦之匯豐銀行，流存款向無利息。均先爲

布達，容再詳繕清册。專泐，敬請

勛安

光緒七年十月初九日自柏林發，十二月十八日到。

附呈息必格洋賬一紙。

卷十四 光緒八年正月初四日起至二月二十九日止

目录

	圖等
去信七十四號	請雇魚雷教習，發料、橋照辦電，詢木橋、浮埠價值，發毛瑟子二百萬照辦電
來信九十三號	覆第七十一號去信，運旅砲船已令原船卸於駁船，收架照辦電三字，續訂二十四生脱砲二尊價，雷艇管輪、火教習，造鋼銅砲水力機尚須訪明
來信九十四號	收到滬關電匯二十四生砲械價，收山海關添購十二生脱砲二尊價款，管輪、管火起支薪水日期、銀數，山海關砲架價，鐵艦應配七半生砲二尊並架兩種付價，螺簧宜購現成者並詢購數，詢購毛瑟七子槍數

來信八十九號原信誤注八十八號

十一日柏林起程，十四日晨抵義都羅馬。當火車過奥國、義國之高山時，積雪不化，寒氣侵襲，右耳又腫痛，連顴徹頰，羅馬醫者敷治，禁勿出門。前日始銷，用薄布裱糊之，略可見風。遂訂謁外部大臣孟錫宜，訂於明日二十日午後面君遞書。又須訂見君夫人及頭等公使，遍拜二等使及部臣，大約再有十日稽留。此間古蹟甚多，氣候和緩，終古無冰雪，而無出色製造，無可考訂，不樂久居。途間所過要城，皆有砲營保護，雖非近十年之新制，然亦可資爲印證。

今晨接到本月十五日柏林寄來之電示，云"倫敦有公司船裝天津船塢機器到大沽，約月杪開河，此間疑有脱字。德國砲艇各項順帶來津，再到旅順卸砲；已飭德税司電致倫敦公司，囑該船繞漢布克，尊處預商將艇、砲運漢，裝該船來，水脚由津付，保險由尊處付，能否辦？望電覆。津寄"等字。遵即電詢金登幹是何公司、能否載雷艇巨箱、何時可以到漢。須俟金登幹有電覆，然後可令伏耳鏗送雷艇，可催克鹿卜送砲械。因克鹿卜本定西十一月十九日閲試驗收，裝箱發運，須西正月朔方可到海口也。苟能嚴催提早，船貨兩不稽候，固屬甚善。所慮者，漢布克將冰，英船未必肯繞克鹿卜未必能提早。即使肯繞能早，又須熟計該船繞道稽候與專船另裝徑運，兩者所費孰省，再候定見。俟竭力遵辦，能否必有電覆也。先此肅覆，敬乞

轉稟傅相鈞鑒。敬請

勛安

光緒七年十月十九日夕泐於羅馬旅次，八年正月初四日到。

來信九十號

前十月初九日八十七號函應改爲八十八，又羅馬所發十月十九日八十八號應改爲八十九號。因治裝匆遽，不及檢點之誤，乞諒之。

前月末赴義國，先據伏耳鏗來訂，鐵艦須西正月下水。乃方遞國書，而伏耳鏗叠次來電，云恐堅冰後不能施工，須趕於近日下水；遂擇定初八日。而匆匆趕回，初三下午抵柏林。克鹿卜亦展至初八日試砲，已派陳季同往閱。

其倫敦公司船，已與恩德生[一]函電往來，熟商數次，並將雷艇、砲械輕重尺寸，開明令估。奈恩德生始則謂公司不肯到漢布克，須將艇、砲運至倫敦；繼又謂如此大件，須截斷船梁兩道，耗費甚大，計倫敦至天津水力實價六千鎊，又因船深載重，不能進大沽，不能往旅順；至前日來函，又謂截斷横梁，保險公司不允，只可另雇大船。弟思既須另雇一船，而加以自德至英之運力，耗費更巨，且克鹿卜之銅箍砲子，萬不可過倫敦。前年裝於日本兵船，尚受瓦瓦司之訟累，迄今仍未結案。再四籌思，不如仍與德國公司商議，

〔一〕 後文又作恩得生。

訂明由德往運至天津之紫竹林及旅順卸貨，大約水力共四千八百英鎊。

今俟兩事商定，擬發電奉覆。其一爲北海將冰，該船不敢深入士旦丁，欲請以雷艇運至漢布克上船，是多一運費也，弟令仍赴士旦丁而加搥冰之費；其二爲是船起重不敷二十噸之用，應請旅順自備大起重架，弟令該船携帶巨木大轆以備用。此二事未知允否也。今裝此船者，雷艇二，刂乂巨砲二，小砲八，又十二生砲子一千，亦已派員驗收。力拂裝子器亦不日可收。以上各件，大約旬日裝齊，即可開駛。並囑該船抵新加坡時致電貴所，告以抵旅順之期，務請届期飭員在旅順預備大駁船不必到上海迎接。及起重架。恐船上不備也。既卸砲後，即往津沽，亦須多備駁船。因公司例，空守一日，無駁船接卸，須賠費五十鎊也。諒高明鑒及之。亞羅圖説譯呈台鑒，似可酌購也。敬請

勛安，並賀年禧。

光緒七年十一月初六日自柏林發，八年正月廿日到。

再啓者，昨初七夕接傅相電示，敬悉津滬電綫已通，深堪慶賀。此後可徑達，不必由滬轉寄矣。請囑津電局，凡接有“天津劉”字樣(Liu Tientsin)者應送尊處，凡有“天津王”字樣(Wang Tientsin)應送筱翁處。惟欲寄總理衙門者，未知可用“總理衙門天津”字樣否？其或由電局送京，或呈由督轅轉寄，請大才設法籌之。此後如有寄敝處之電，只須云“Légation Berlin”足矣。

頃定遠出塢，甚穩當，是以告慰。附肅，再請

勛安

初八日戌刻

亞羅來函各種雷艇圖説、價目。

西十一月二十六日開呈本廠所造各種雷艇説。

如一百六十四圖,長七十五尺,寬十尺,得十八海里。俄國前三年照本廠所創之圖,欲造一百餘號,價四千五百鎊。如甲圖。

較大者爲英國頭等雷艇,長八十六尺,寬十一尺,如第一百七十圖,價五千七百鎊。七十九年西三月二十七日,初試二分三十七秒,合二十二海里九三。又試三分二秒,合十九海里七八,扯二十一里三五。又試二分三十三秒,合二十三海里五三。又試二分五十五秒,合二十海里五七,通扯二十二海里零五。又試二分三十秒,合二十四海里。又試二分五十六秒,合二十海里四五,通扯二十二海里二三。共扯二十一海里九三。試時裝六噸四之三,即魚雷、煤炭等物,鍋爐内漲力一百二十四磅。其行十七及十九海里則甚震動,若行二十海里即不震動。比照從前英國先造一艇,只行十八十九海里。如乙圖。

以上兩船不便出海,故俄國托本廠又造更大者,以便過海。去年代俄國造一艇,名曰巴通[一],長一百尺,寬十二尺六寸,從倫敦穩渡至黑海。如丙圖。

船首有龜殼蓋以藏魚雷,其前後艙面俱作穹形,

[一] 後文又作巴東。

以益其堅固，易於行海，船首尾俱有舵，旋轉更靈。此艇除魚雷、雷筒外，七千五百鎊。海部試得入水三尺半，爲今最利之魚艇，可以出海，試得二十二海里有餘。此艇恐海上機器偶損，故另配桅檣，不用時可以卸下。此艇可裝煤十噸，行十至十二海里，約可行八百英里。艇内有淡水一百三十噶倫[一]，及汽機備換之料。艇前如尖嘴，船首之龜殼至運舵臺而止。後有門，可裝魚雷，左右各一二雷筒，與中綫平行，其口自艇首露出。此艇過奥國之斐俄摹時，將雷筒裝入艇中。戰時在臺中運舵，平時用舵柄運之。有湯謨孫新法之羅盤及救生帶等物，其水手之褥亦軟木爲之。艇後有官廳，艇前有水手住處，官弁三員，兵丁九人。此艇勝於前時之電光艇，一爲速率甚快，二爲兩魚雷藏於龜殼之下。其發二雷，先後可數秒時，其意係第一雷毁其船外裙綱等物，而以第二雷毁其船身也。此艇可出海行數百里，自擊敵船。如丙圖。

本廠又代南美洲之阿真定國[二]造兩個大艇，有帆檣，可渡大西洋，今已到彼國波尼賽爾司。長一百尺，寬十二尺半，價七千五百鎊，桅帆、繩索不在内，艇上過海之料及雷筒亦不在内。本廠造此兩船，其一則無他船陪行，徑往南美洲，其一先往地中海之斐俄摹。如丁圖。

[一] 加侖(Gallone)，後文又作格侖。

[二] 阿根廷(Argentina)。

另代奧國造二十二海里之艇，已抵地中海之坡喇。本廠又另造之巴通類之十艇，往地中海，和國、義國、巴西國、葡國俱囑造此艇。

本廠今年春又代希臘代造六艇，長一百尺，寬十二尺半，爲向來最精之艇，如圖。因無通氣入艙之口，有所不便。又雷艇口不露出，恐碰損也。又少有修改處。從倫敦自行至地中海之坡喇，試得速率二十二海里。本廠以爲此類是中國最相宜，每艇價七千五百鎊。無壓物之時可行至二十一海里，每速半海里加賞一百鎊，如緩半海里即扣罰一百鎊；只在台姆士河試演。如拆開運送中國裝合，即不能議賞罰。可雇本廠二人隨往中國合攏試演。如用湯氣運舵者，應加一百鎊。另有保火夫之法者，見七十八年七月初四《台姆士報》[二]中云。艙深六尺半，可裝煤每點十海里行至八百或一千英里。其汽機用康邦法，大抵力筒内徑十二寸半，小抵力者二十一寸又四之一；推路十六寸，用火車式；火切面九百二十二方尺。單暗輪通往五尺螺，周長六尺六寸。有前後二舵。前有天平式鍋爐，在汽機之後，鍋艙無通氣之筒，而所用空氣，從汽機艙來，用許多小管而不用大侈口。又如凝水櫃已壞，可但用大抵力。如有破孔，則有去水之法。其人力起水者内徑三寸，湯汽起水者内徑

[二]《泰晤士報》(*The Times*)，後文又作《台母士報》，《使德日記》作《太姆士報》。

三寸，又有運水入凝水櫃者，内徑四寸。可置魚雷筒二，從前在船首露出，今則蓋密，可令人自船首外開其蓋。按合同應行二十海里半，而試得二十二海里十之一，實馬力五百五十四，漲力一百十二磅，每分時暗輪四百四十周。試時在船有二十人，有二噸半之煤，可敷三百英里之遠。既試速率，又試緩行時用煤若干，以驗能行長路若干。試得行十一英里之時，用威爾士煤一百九十磅。則裝十噸煤時，可行一千二百[里]英里。如己圖。

此外又有二等艇，長六十三尺，寬七尺九寸，價二千五百鎊，但今造之不多。向來本廠造成此艇，其裝配雷筒，皆各國自辦。其電光艇一類之魚雷，從艇首用空氣送出，此二等艇則旁邊有架放下。然俱不妥，因艇首送出者無所遮蔽，艇旁發者須略緩行而發之。今則用兩槽以置魚雷，下有龜殼蓋之，推氣筒送之，有法條可迭發，亦可並發，其龜殼只遮蓋推氣筒而不遮蓋魚雷。有煙通二，後有旋轉之砲。

以上所説一百尺長者，可多裝煤而行遠路。若欲裝更多，則應增長十尺，應增二百三十鎊。如減其寬，亦可更速，但如欲行海，則不能少於十二尺。如庚圖。

以上所開各價，魚雷、筒俱不在内，若托本廠代辦亦可。今廠漸大，可以速於造竣，望托代辦爲幸。

附亞羅運舵法：前段有下墜之舵，臨轉彎時可以墜下。船下各圖係用一舵、二舵旋轉之周，其前後兩舵面積如三與一，後舵面積一千五百方寸，前舵面積五百方寸。前舵雖在船下，而不及暗輪之深，易於收上，如遇礙物可棄之。

各圓圖比較半力、全力，其AB綫爲艇之長：其一，用半力，後舵柄向左旁，其周之通徑百七十八碼，計時二分十六秒。其二，或二分二十秒。其三，柄向右，全力前往，通徑一百七十八碼，計時二分六秒。其四，柄向左，全力，徑二百十四碼，二分十三秒。其五，兩舵向左，半力，通徑九十四碼，計一分四十六秒。其六，兩舵柄向右，半力，通徑一百三碼，計一分四十一秒。其七，兩舵柄向右，全力，通徑一百二十碼，計一分二十三秒。其八，兩舵柄向左，全力，通徑九十四碼，計一分十六秒。如辛圖。

來信九十一號

連日與密臘致函恩得生商議，須另雇一船，由漢布克徑運至旅順、大沽，一切起卸該船俱不問外，須五千二百五十鎊，且須即日開行。而克鹿卜刂乂生脱砲甫經驗收，其擦洗包裝須半月，運送海口須四日，萬不能即日開行。且該船不問起卸之事，則漢布克、旅順、大沽俱須另備起架、夫役，頗屬費事，價又太貴，殊不合算。遂仍與漢布克行商議，則云意大里船亦不能起卸，只有弗里德里喀爾船可自行起卸，今在印度未回，須西三月開行，其價五千鎊，然太遲。今又訪批那士[一]船，西二月可開行，亦自能起卸。又，雷艇總應裝入艙中，不得不截斷横梁。若裝於艙面，則保費更貴；且一遇大風隨即棄去，雖能費力索得保局原價，然重復訂造，更費周章；若小有風浪，不棄去而抛擲損傷，則保局不認，更不合算。是以今定主意，須全裝艙中，由該船自行起卸，其價約四千五百鎊，其開行必在西正月二十一二日。無論恩得生、漢布克商，苟能就此範圍者，即與訂定之矣。

昨接奥國外部來函，本月二十日歲會必須一往，因國妃王親均未謁見，不得不於明日率員趱赴。一國如此，於他國亦不便偏薄。既爲聯絡邦交起見，似應從俗從宜，不得以勞費爲慮也。陳季同查驗砲位、砲子情形稟抄呈冰案。專肅，敬請

勛安

光緒七年十一月十七日由柏林發，八年正月廿日到。

附抄件。

〈陳季同稟文〉

抄繙譯官游擊陳季同稟覆查驗克鹿卜二十四生的口徑砲二尊、葛魯孫十二生的砲彈一千枚各情形。

竊季同於本月初七日奉委先赴愛生，次早抵克鹿卜廠，經總監工邀往試砲空場，見二十四生的砲一尊，已裝置砲車，預備試放。遂驗看其砲身、砲膛、砲

[一] 後文又作批納士、批納司。

車等，均尚堅精無弊。量其尺寸，砲身長六邁當，後膛長七百二十密里，有外皮包處長二千六百五十五密里，由砲耳中心至後膛分段處長二千零二十五密里，砲耳伸長一百五十七密里，砲耳徑二百四十密里，兩邊砲耳中心能成直綫。内膛、螺紋各長四千二百五十五密里，裝火藥處内徑二百六十密里，裝彈子處内徑由二百四十一密里半，漸小至二百四十密里，内膛徑在螺紋深處二百四十三密里，螺紋寬九密里四五，並高低砲尺、望準等處，均與合同原圖尺寸相若。其後膛門之鋼片徑三百零七密里，厚三十密里，鋼環外徑二百九十七密里，内徑二百五十七密里，厚三十二密里。砲身連後膛門統重一萬六千七百四十七啓羅，並前後高低進退各機軌，均能如式。

查量既畢，遂請其施放十次。用實心銅箍彈子，每重一百六十啓羅有奇，配單孔六角藥餅，每袋重四十五啓羅，砲口離靶五十邁當，其量速率銅絲屏兩架，第一架之中心離砲口三十九邁當零八，又與一架相離二十邁當。是日風勢南來，陰霧迷天，雷繆寒暑表僅在一度。砲發時，砲車退力約一千七百二十至五十密里，其速率約在四百九十三零五六左右，每放三次，必换後膛門鋼片、鋼環，已用者取出而觀之，絶無震裂之紋、漏火之病，置石塊於砲架前脊，亦安然不動。放後洗刷潔凈，待冷再量砲身，統長半密里，其餘各處或多少十分密里之一至半密里，均不出部章寬限額數之半，而螺紋内外徑及深淺尺寸，則與寬限額數相符。次日又試驗第二尊，量驗、試放，一如昨日。放後尺寸全未逾部章之限，而大關緊要之内膛、螺紋及後膛環、片毫無虧損，砲車亦無拉裂鬆動之弊，誠爲利器，可以點收裝運回華。據稱十五日内一切包裝完妥，方能起運。

季同遂於初九夕上火車，次早至葛魯孫廠。一面函致該處砲軍都司赫得漫，撥借驗彈兵目一名，隨帶器具到廠量驗。群子筒二百枚，業已每四枚裝一木箱，尚未封釘，遂抽取量驗，尺寸相符，每筒群子一百四十枚，亦無多少，上下蓋托厚薄不差，鉛殼雙層，包釘甚固，其重雖有參差，然均不出海部定章之數。次查硬鐵彈二百枚、鑄鐵彈四百枚、開花彈二百枚，俱已排列成行，各歸其類，隨意各抽出十五枚，詳細按圖量其長短、厚薄、内外徑、銅箍等尺寸並引火蓋、螺紋順逆，復秤其輕重，俱能與合同符合。惟硬鐵彈均稍過重，然不出部章之限，可以點收。又將以上三項彈子例置水中半小時許，絶無通風通氣之孔竅。再於每項中取一彈錘破之，錘重二十噸，以鏈吊高七邁當，自空一落，彈子便成粉碎，拾其零塊細視，鐵質精純，其硬鐵者外面並彈嘴均作直紋，光可射目，並無氣泡、炭質參雜其間。遂告廠主可一律裝箱起運矣。

季同當於本早回柏林，謹將奉委查驗砲及砲彈各情形繕稟覆陳，恭候裁核。切稟。

季同謹稟　十一月十一日

來信九十二號

前赴二十日之奧國歲會，謁見其國妃、王叔、王兄弟及夏間未見之頭等公使，一面與漢布克船行往來電商。其恩德生定不能裝入艙内，又不能自行起卸，可作罷論。

二十七日晨趕回柏林，即與漢布克行商定，經密臘代往訂立合同，係用批那士船，將大砲兩尊、雷艇兩艘、七生特半小砲八尊、葛羅孫十二生砲子一千枚、力拂裝子器全副俱妥爲裝入艙中，徑送旅順、大沽，由該船自備大起重架自行起卸。惟船到時須由中國備船接收，如無船守候，一周日應由中國賠費三十鎊，此亦雇船之常例。其船價駁定四千五百鎊，訂定西二月二十開行。是時在德先付三月期票之半價，俟卸貨後，在津找付倫敦銀號三月期票之半價。俟船到香港或上海時，致電於尊處，屆時請照電報中該船到旅、到津日期，飭備大駁船接運，如有堅固碼頭，可用原船靠定卸貨，尤爲捷便。諒大才有布置，不煩多贅也。

頃又與商定，附帶塞門德土[一]二百桶，計二十二噸，不付水力。爲砲臺用。此土應在大沽卸或在旅順卸，請臨時酌定。又須搭二客，一爲陳可會，一爲管輪教習，只貼每人飯食二十五英鎊，均已説妥矣。

刷次考甫開來試魚雷之木橋、浮埠及物件價單，譯呈

［一］ 水泥(Cement)，後文又作塞們得土、賽門德土、塞門土。

台覽。此爲必需之物，似應速辦。比、荷等國俱以魚雷用於潮水，頗能命中，極宜詳試之。如須定購，請發洋碼電云“橋照辦”三字，即可駁價訂定；一面請庀材先造木橋、房屋等件也。若浮埠之鍋釘、鐵片亦須在洋購辦，應否在洋捲邊鑽孔，亦須示下。則請發“料、橋照辦”四字。惟橋上車路條應用若干，須俟函知。如圖内不甚明晰，請王筱翁詳觀之，葉殿鑠曾見建造此橋，亦應知工程也。

正封發間，接電示，云“二十四生脱大砲照前添購兩尊，鋼子二百、硬質三百、子母一百，價即匯德”等字。遵即致函克鹿卜，擬於船款内借付半價，以期速於興工，可准十一個月交貨。近日又訪得魚雷艇，德國、丹國俱有新式能行大海者，俟採得圖價濆呈。又查得德國馬隊今用脱來色手槍，每桿三十六馬。又伯明恩來信，云槍内螺簧每百個連裝箱八昔令，如欲購請示下。鐵艦所用之連珠槍尚在商量。前在奧國往返匆匆，不及繞道，未往士台耶廠一閲其考巴乞克[一]槍，至今耿耿。手泐，敬請
勛安。惟照不宣。

光緒七年十一月三十日柏林發，八年正月二十日到。

附上雷橋圖並價摺。

〈雷橋價單〉

刷次考甫魚雷廠來賬，除木橋及鐵浮埠應由中國自造外，其零件之應購於西國者，開列如左：

[一] 《使德日記》作庫巴乞格。

起三十擔之旋轉起重架一個，可將小車上魚雷移置水中，計三千一百馬。

運魚雷之鐵車一個，計五百三十馬。

腰圈一個，可以提起魚雷，計一百十五馬。

盤車一個，起托魚雷以裝空氣，計一千三百七十五馬。

魚雷筒及直輔架一副，計二千八百五十馬。

螺桿兩條，以起魚雷筒者，計一千七百二十五馬。

蓄氣櫃一副，計三千四百馬。

立氣筒及氣表一全副，計六百九十馬。

蓄氣櫃、壓氣櫃相通之銅管約長二十五邁當。並啓閉螺門，計一百五十馬。

以上共計德銀一萬四千零三十五馬[一]。

〈去信〉天字第七十三號覆第八十六至九十二號七函

開河之後，連奉八十九至九十二四號惠書，誦悉一一。其八十六、八十七、八十八三號尊函，皆於上年十二月初旬奉到，敝處因將原函稟遞保陽，以致未即裁覆。兹特摘其應商者條列於左，伏乞查察是幸。

一、承示馬克依水雷九則，指畫利病，朗若列眉，足徵我公考核之精，實深欽佩。夫伏雷者，只足以備敵船之來

[一] 前細數之和爲一萬三千九百三十五馬，某處有誤。

攻，斷不能恃此以攻敵。自各國創造以來，雖屢變其法，而猶未臻盡善，蓋非獨造作爲難，而能用者爲尤不易也。凡物之過精巧者，恒不得久。況以十枚之多，憑此一綫置於潮汐來往之中，而僅恃一方尺之電機，謂足以應手無誤，此必不能盡善。故敝處於施立盟帶樣來津時，即屏其爲不適用。頃承明示，益信然矣。

顧此間海口水雷，鄙見以後只用沉雷、浮雷二種，只求布置得當，習用嫺熟，設若有事，敵船斷不敢肆闖而入，既已防禦之矣。至若雷艇載雷以擊敵，亦只能間出海口，伺敵而擊之。然而風濤之不測，砲火之堪虞，恐非兩三艘所能取勝。又有未敢必者，試練於平時，與禦戎於當境者不同；用之於平水、淺水，與用之於洪波巨浪者又不同。此中之要，難以悉數，想智者早亦燭計及之。尊處所購刷次考甫十一雷已經收到，因當時河冰方合，故猶未試。其錫克洛卜廠所造者，似可無須再購矣。

二、山海關道所購十二生脱砲兩尊，知已定購，欣慰之至。承示砲架一節，查光緒三年敝處所購北塘海口用者，因砲洞低矮，按照海安輪船所用舊式，猥〔委〕係螺架。接信後，已先發"架照辦"三字之電，想已早邀鑒及。營口係露臺，所需砲架，自以來圖高架爲善。嗣於上年嘉平月杪復發"山海關十二生脱砲照樣添購兩尊，各彈照配"之電，並經詳匯砲價，計先後兩次共匯規銀二萬四千兩。唯此項所匯砲價，係山海關於六成洋税項下專提之款，將來報部核銷，事不隸於直省。務望尊處劃爲專款，不必與直省購船、購砲之款併算，是爲至禱。

三、承示砲隊規制、操法及武庫藏儲、收發章程並須核覆雲生星使之議,雲生於此道並未窺門徑,徒滋紛論而已。敝處昨閲《申報》,知砲隊規制、操法已經尊處譯成全書,想不久必有賜示。閣下心精力果,事必躬親,猶爲人所難能,拜服無地。藏儲章程尤爲敝處所必需,更望執事始終譯成而見教之也。

四、七生脱砲八尊及十二生脱砲子一千枚、力拂裝子器全副並二十四生脱大砲、雷艇等件,接九十二號來函,知已商雇批那士船裝運,訂於西二月二十日開行,並由該船自備大起重架,自行起卸。周匝無遺,益徵擘畫。敝處接信後,已照會税務司在旅順備船接收大砲,敝處在大沽備船接收七生半砲等件,當無貽誤。

再查敝處於上年十二月間,電請再行定購二十四生脱大砲二尊並子彈各種,其款已詳由滬關照前數匯付英鎊,仍祈察收、照辦爲幸。

馬鞍已訂一套,俟到津後,飭匠估計與仿造孰爲合算,再行函布左右。

至於硝皮一事,誠如尊示,非派工人往習不可。然此事似當由理機局者主見,或者有順便匠工在洋,令其兼習之,最爲合算。不然,爲此一小事而派匠出洋,又恐招人議論。

五、格勒玻折九響槍,查法船送來者,其膛徑稍大於毛瑟子彈,本不能通用。敝處禀遞原信後,奉傅相批示,云“格勒玻折槍膛比毛瑟稍大,機關又復不同,鐵甲船用槍,似以九響毛瑟兵槍子能通用者爲宜,李大臣來函云俟兵部試定後再行電知，應俟届時核覆"云云。用特録呈，伏望採擇。

六、毛瑟槍之螺起，每五桿一具甚好。惟裝卸器每五十桿一具，似屬太少，或二十桿一具或三十桿一具均可，除已經購辦之外，尚望核數酌購。撑簧即盤香簧。必需多購數萬根，以備换用。蓋此簧爲全槍之主，不但易於折斷，致全槍無用，即伸縮太多，亦恐無力而不適於用；且購價甚廉，即使中國匠人能以自造，核計工價亦可相等，未必果能工力悉敵也。惟望間購做簧鋼絲若干，不必多購。一較匠工手法如何，似亦所當考究者，伏望酌奪。

七、送到報册，除將原册、原文呈報外，敝處已分别劃剔淮餉、北洋經費分咨分報矣。唯原册内查有二款數目不符，亦經摘録咨呈冰案，恐屬筆誤，但係公事不得不爾，非故爲挑剔也。承示屬匯六七萬馬，查尊處册内山海關購砲所匯之價尚未列收，此款若到，計可敷用矣。執事於閩省、吉省各事紛然仔任，大才盤薄，事事兼人，伏祈善事攝衛爲祝。

八、步兵、馬〈兵〉皮件各一副先已收到，誠爲精備，唯中國之兵似不需此。若一開端，漏卮堪慮，辦者費盡心力，用者直等玩意。砲隊馬之皮件已購一副，且俟運到後，再爲函達，然終恐嫌其繁重也。

九、承示力拂捲器，台端既經訂購一副，且俟運到後，應否添購，當由小雲兄驗試後，另函核覆。如能自造，更省現款。

十、承示兩鐵艦所用砲藥擬計購十四萬餘馬云云。

查天津機器局所造之藥，不亞外洋，方寸大之藥餅、大粒藥尚存四五十萬磅，足可敷用，且年有存款。其餅藥、細槍藥、砲藥製造皆甚得法，曾經東局總辦與德、法來華各兵船帶來之藥互相比較，據稱有過之無不及者。未知尊處所定者尚能電止否？如慮藥塊有大小不同，望將該鐵艦砲所用何式之藥寄樣少許，此間即可仿造。敝處稟遞原函後，奉傅相批示云：大砲所需之藥，天津機器局可以仿造，自不必多購糜費。擬即發電，云“鐵艦砲藥按子照配，另購樣兩百磅，來津自造”，請其照辦。業經照發電報，想亦邀鑒矣。

十一、魚雷二十尾、力拂造子機全副，經尊處陸續運到後，由筱雲兄開箱點驗，計二十一號箱内魚雷尾斷裂半個，十號箱内過汽管、墜它〔舵?〕均撞壞，十九號箱内墜它〔舵?〕桶撞壞，均係大損；又十三號、十四號、十七號、二十號、二十八號、二十九號六箱俱係墜它〔舵?〕撞壞。此乃裝箱不固，以致船遇風浪罄折，而致損及箱内之物，顧不能責償於保險，而承領裝箱者，是當有以處之。應如何核辦之處，請速示覆爲盼。

十二、頃接電示，云頭等毛瑟藥彈全套二百萬顆，每千顆計五十五馬，尚未裝運，俟電覆。查此項毛瑟彈價，雖較先購之九百萬爲尤廉，但合而計之，已在銀二萬餘兩。傅相定於二十四日由保陽啓節涖津，應俟稟陳後，是否購買，再行電覆。毛瑟皮帶、盒亦然。

十三、克鹿卜二十四生脱砲前單共有五種，去冬仲虎以二號短砲之價告於中堂。弟芳接子梅來函，以砲價相懸每尊五千馬克，弟即將該廠原本稟陳，並請飭仲虎開尺寸、斤重。奉批"徐道已入都，俟來津時，該道面索"等語。及至月之十四日，仲虎自都來津，到筱翁處，未到弟處。經筱翁責其冒失，而彼又曰"我所説者，非價也，價有刊本，焉能舞弊，但其付價，明扣五釐之外，尚有暗扣一釐"等語，渠於次日又復回京。此筱哥面告弟芳者也。揣其用意，來津兩次並不告芳，是疑芳與執事通同舞弊者也。以腹度心，誠屬可笑。此無錫之人，又未讀書，無怪其然。芳本擬不説，但恐若輩愈説愈有味，不能不函告執事，幸勿介懷。彼此辦事，非今日始，但問此心無他。小人之言，往往如此，付之一笑可也。

十四、津滬電報已通，以後遇有尊處寄芳、寄筱翁之報，當囑電局查照辦理。至承詢寄總署之報，應否用"天津"字樣，如報内已有"柏林寄總署"字樣者，似可不必再加"天津"兩字。此間電局，凡遇有寄總署報者，均由電局交稅務司，由撥駟達[一]轉遞至京。至敝處以後有寄尊處報者，當照用此 Légation Berlin 碼也。

十五、承示亞羅艇圖又木橋浮埠圖，均可緩辦。擬將魚雷試過後，稟候傅相定奪，再爲函達。唯脱來色手槍，或先由執事便購一二桿來華作樣，以擴耳目。

以上十五條，姑先布陳大略，容俟相節回津，再行續函，專達一切。肅覆，敬請

勛安，並賀年禧。

[一] Post Department，清末試辦郵政時，海關總稅務司署兼設的郵政辦事處。

愚弟 水〇〇 劉〇〇 顧〇〇 頓首

光緒八年正月廿二日

重六錢，二十五日由文報處遞去。

〈去信〉天字第七十四號

正月二十五日寄呈天字七十三號一函，計必先邀台覽。

嗣奉傅相批覆敝處稟呈正月二十日所奉尊函，飭即函請尊處將刷次考甫試魚雷之木橋、浮埠照圖購辦；並奉面諭，請閣下雇一魚雷教習來華，必須電理精通，傅相皆已函達執事等語。敝處即於二月初二日先行電發"料、橋照辦"四字之報，定當早達左右。唯葉殿鑠尚在閩省未來，弟等已經去牘催矣，未知黎京堂能否速着其來，殊深盼望。所請尊處選雇之教習來華，必須時日，若葉徒速來，亦可先睹一試也。

敝處以來圖按之，自岸上壓氣櫃房距望臺前面，核以圖內原尺，計二十五邁當，合中國工部尺七丈八尺有奇。其橋上車路鐵條，果屬因地設宜，短長無定，但揣圖內所云"潮水上下四邁當"之説，自然可用於大沽海口洪流之內。再測以浮埠前一根木柱，計長十一邁當，除潮水長〔漲〕足柱出水面二邁當、潮水退凈柱出水面六邁當外，其餘木柱不過五邁當，自當埋入水底土中三四邁當，則原區之水，僅有一二邁當，合中國不過五六尺。又若僅可試於通潮之淺水河內，設過洪流，能不改平時試習準的之長度否？弟等因此爲購買浮埠最要之義，不敢懸揣，故先質問。日内即當往商海口統領，相擇置設橋埠之處，計需用車路鐵條若干邁當，再行發電，云“條幾邁”，以便尊處購辦。至於浮埠鍋釘、鐵片之有需捲邊鑽孔者，務望閣下在原廠照辦，此間皆未習見，恐不免試錦學製，不合法程也。

抑弟等更有請者，查圖内運送魚雷之有鐵車，腰圈之可以提起魚雷，起重架之可以將車上魚雷移置水中，盤車之可以托起魚雷以裝空氣，並魚雷筒及起雷筒之螺絲桿、蓄氣櫃、立氣筒、啓閉螺門銅管等項試放之法，果爲盡備。但查閣下去年咨送報册内，有購買埠頭用之雷架兩具，而圖内則並未載有此物。前者單購，此又獨無，豈兩事歟？非特此也，所購魚雷止二十枚，用以試放，果能發而能收，操縱由我，想該廠必有陳法，欲求閣下委曲詳盡其言，以釋胸中之疑竇。至於應需價值若干，敝處當即日詳請匯付也。其魚雷教習，務望閣下擇其實在能知奧竅者與之訂雇。愚見以爲，須用刷次考甫廠之人方爲妥當。伏乞閣下斟酌定奪爲盼。

又，正月十五日來電云有現成毛瑟子二百萬顆，價五十五馬，昨於初四日已面請傅相示照辦，比經發電云“毛瑟子照辦”，想已早達鈞聽矣。專肅布達，敬請

台安

愚弟水〇〇 劉〇〇 顧〇〇頓首

光緒八年二月初六日

初八日由文〈報〉處遞柏林，重三錢五分。

來信九十三號覆七十一號去信

本月初四日接奉七十一號尊函,敬悉旅順口未備起重架,應由原船卸於駁船,適與前月所訂批那士船合同相符。

昨十四夕又奉電示,云"架照辦"三字,遵已致函克鹿卜,按照前月寄呈之十二生的砲架圖訂辦矣。其續訂之二十四生脱兩尊,昨已立合同,計砲身二尊十三萬九千馬,砲架二副三萬二千九百馬,柱及軌道等二副二千九百四十馬,隨件二副二千一百十馬(以上價與簿相符),共十七萬六千九百五十馬,扣五釐,净共十六萬八千一百二馬五十分,先付半價八萬四千五十一馬二十五分。

雷艇管輪教習,本擬遵雇一名。唯查得管火一職,亦大有關係,非盡人所能。況此等小艇,管輪者無可輪班,只管火者相助而已。是以管輪、管火爲此等艇最要之人。今雷艇既爲水師急需之物,則教習此二者,亦爲急需之事。謹已不辭專擅之咎,於本月上旬,親到士旦丁選定管輪、管火各一人,現已送往魚雷廠兼習管理氣櫃、雷筒等事。管輪者,在路月給半俸三百七十五馬(以七百五十馬丨夂𠃋[一]計之,合銀百四十六兩一錢五分),到津當差日倍之;管火者,在路月給半俸三百馬(以六百馬計之,合銀百十七兩),到津當差日倍之。俱於新正月初二三日批那士船

[一] 英鎊與馬克匯率,一英鎊兑十九點五馬克。

上，隨雷艇同去。

該二人到津時，請稟明傅相，飭著將兩艇一手合攏裝齊，只須令鍋釘廠小工數人助之。既竣，復試其速率、汽力及射放等事。一面遴選穎悟幼童，令該二人認真教授此等艇之輪機、鍋爐、雷筒、壓氣、蓄〈氣〉等櫃一切管理之法，以及如何保護，如何修理，務須盡得其要。除魚雷内機關另有專門外，所有雷艇，自合攏以及射放、修葺各事，均須責成該二教習用心傳授。其管輪者在華，以一年爲限，管火者半年爲限，限滿如不留用，則給二三等川資遣回，在路仍給半俸，回至德國即住支。其合同内書明，在德歸駐德使作主，在津歸軍械所總辦作主，諒不至有他洋員之掣肘矣。其合同等容譯呈覽，敬求先行轉稟傅相察照爲禱。

筱翁囑辦各件俱已訂定。承詢造鋼銅砲、水力機，因斯邦道與奥國之器不同，尚須訪明，擇良採價。俄國巴東雷艇之試驗詳説及德國擬造之新艇各圖説，均已於近日與金楷理譯全，方在摹繪抄繕。今晚須赴和國歲會，並訂見其世子，或須並赴義國歲會，順便可觀其水師、海口及鐵艦、船塢等事。

匆匆就道，不及縷覼。肅此，敬請
勛祺。伏維愛照，不一。

光緒七年十二月十五日自柏林發，八年二月十一日到。

來信九十四號

嘉平二十五日，在和都收到滬關電匯二十四生脱砲械價一萬六千四百鎊(此二批也，匯數相符)，寄德銀號，於二十八日兑現德錢三十三萬四千九百九十五馬六五。此項砲械久經訂購，今托葛魯孫補造砲子矣。

二十六日又奉電示"山海關十二生脱砲照樣添購兩尊，各彈照配，款即匯去"等，旋於正月初四日接到滬關票匯(此頭批之款)三千三十一鎊五昔，經狄士康，另兑入山海關項下六萬一千八百五十馬三五。是日又奉十月十四日之七十二號尊函，敬悉所謂山海關兩尊者即閏月二十二日電示之砲，其所餘之款應作何用，仍俟後命，抑所謂添購者，兩尊之外更添兩尊耶？然則款又不敷矣(已於上年十二月廿九日詳請由滬關匯價一萬二千兩，尚未准覆到鎊數。去臘之信，此時當已到矣)。

艇、砲各事，業經雇定批納士船，不日開行。其管輪、管火兩教習亦已延定，於十二月二十七日起支薪水。管輪區世泰月薪四百馬，管火卜里士克月薪三百馬，派入魚雷廠習工，並撥送溪耳雷練船加習新法矣。唯該二教習曾在水師供差有年，堅懇酌加在華薪費，以資贍家。弟已允許，到華後，一則月薪九百馬(九十三號信内七百五十馬)，另加飯食、煤燭費三十英洋(共核一百九十八兩)；一則月支六百五十馬(前函六百馬)，另加二十五英洋(共核一百三十六兩七錢五分)，皆書定合同矣。

山海關兩砲之架，既遵"架照辦"之電示補合同，計每架五千七百六十馬，又隨件一百七十八馬，内扣五釐，共兩架全價一萬一千一百六十四馬六八，十二月二十八日先付半價，限五個月交貨。又定遠艦應配之克鹿卜七半生脱兩尊，並上坡用、舢板用之兩種砲架，共實價一萬二千七百二十九馬五分，亦經付價定購。此係鐵艦項下，知念附及之。弟於客臘赴和國歲會，兼奉總署飭訪該國賽奇會情形，並閱農田水工各務及新築之三砲臺，正月初三日始回柏林。諸事坌積，不及覼縷。

承詢槍内螺簧或可購鋼絲自造，謹查此簧火工甚難，莫妙於購現成者爲妥。應購若干（前數二萬根，核價三百餘兩，擬買六萬根），乞即示明。憶客冬函呈，每百枚價八昔令，一兩五錢六分，每根一分五釐。起卸銅帽之手器實需若干，亦乞示明，是否照八十七號函中之數？

又，元旦日接到電示洋碼，云 kl=zcigry ijn dk=Gty fun kfc ldd jos lme aoy qof qqq qxr e=45z mjy =4=sen-ly[一]等字。尋繹數日，卒不能解，是否云"鐵艦砲藥按子照配，另購樣二百磅，來津自造加印"等字？然二百磅係何物之樣，仍難索解也。只可静候，接到尊函，再行遵辦矣。

斯米德尚未到柏林。美國意克利生雷艇優劣如何，須訪得圖説，方可考核。鐵艦所用連珠槍，已查得毛瑟所創七子者機簧堅固，遠勝於考巴乞克（即格拉波折）、云尺司得等槍。然須蔓訂二千桿則價六十馬（十二兩零），倘不

[一] 此處原抄字蹟難辨，恐有誤認。

滿一千桿則價六十六馬(十二兩八錢七分),然兩鐵艦只須五百餘桿,不必二千桿之多。應請轉稟傅相,如准蔓訂二千桿,以分撥各船備用者,請發電碼"2000"字,可遵辦;若候五十日無電示,則擬照六十六馬克,購五百桿矣。鐵艦之電燈,方與法國新式者比校,尚未能定用何種。手肅敬布,即請

勛安

光緒八年正月初六日柏林發,二月廿九日到。

卷十五　光绪八年三月初四日起至三月十七日止

目录

來信九十五號

近日因薩孫國之開母尼次機器廠、紡織呢布、錦毯等廠屢次邀觀，不能不往，遂於初十日南行往閲，並考訂槍械等事，今晨回柏林。

一面爲批納司船屢有周折，以電報往來每日四五次，今定於本月十八日開行。唯雷艇八箱，前與該船訂定平置於艙内，今據伏爾鏗請，於卸落入艙時亦須平懸，不可欹側，因有汽機等件，恐致扭傷也；辯論四日矣，苞思爲慎重起見，寧可聽從，以免藉口。遂專人往漢布克，令該船拆卸横梁兩道，俾得平懸入艙，而該船定須加價二百五十英鎊，尚擬竭力駁減也。其二十四生脱大砲等俱已入艙，訂定赴旅順自行卸入駁船，不必由中國備起重架矣。

克鹿卜送來二十四生脱砲身架及基址〈圖〉，即行寄呈，以便飭員早日按圖培填基址。其填基須用卜唐[一]，洋名也，謂以塞們德土及沙與水相和拌小石子築實之，堅逾於石。其塞們德〈土〉與沙多寡分劑，須試驗之。常法以土一沙二，然沙性不一，非詳試不可。又訪得俄國巴東雷艇派員駛至黑海之試驗説一本，其雷艇之一切利病，纖悉不遺。日後添置雷艇，總須百尺之長，則得此説以考證之，所益不淺矣。謹撥冗趕譯，呈備採擇。

再，羅玲士來云現方代布國造上等毛瑟子，可帶造二

[一] 混凝土（Beton），後文又作駁塘。

百萬，儘先交卸，格外減讓，每百萬計五萬五千馬，擬明日發電請示。手泐，謹請

勛安

光緒八年正月十四日柏林發，三月初四日到。

砲基圖（照會送漢納根），巴東説並圖。

俄國巴東雷艇出海自行詳細試驗説

巴東爲雷艇中之最大者，係倫敦亞羅廠所造。其合同中最要者，爲應能久在大海自行，故亞羅廠創造此艇。有弁兵居住之處，有裝載糧食、淡水之處，且須多載煤炭以行遠路。亞羅但造船身及運船之汽機，其餘各件由俄國配全。其魚雷一切由懷台脱在奧國地中海之飛雄門裝配入艇。俄海部欲盡此艇之能，令自倫敦行至黑海之尼格來燕[一]海口，獨自行駛，無他船陪之。於光緒六年夏季造成，俄海部派都司沙咤利管帶之。既到海口，詳論其一切利害，俾後再造此等艇可以酌量更改。今摘其所論最要之事譯述如左。凡沙都司所評者，用小注別之。

第一章　論艇身

巴東長一百英尺，寬十二尺六寸，一切皆全時前入水二尺八寸，後入水四尺。船身全鋼爲之，船底一切板及艙中間之板厚三十二分寸之五，其餘各處略薄。係平底而無龍骨，其底略圓。沙云：略動其舵，船即改

［一］應爲今烏克蘭港市尼古拉耶夫（Nikolayev）。

向,故行動時不能有定向,應將船底略改尖角而作空龍骨,即無此弊。

船有隔堵七,如第一圖,一爲頭艙,二爲前艙,三爲住房艙,四爲煙通艙,五爲鍋爐及火艙,六爲汽機艙,七爲官艙,八爲尾艙。第一之頭艙無上口,自前艙通入,有不洩水之門,行駛時必先閉緊。沙云:頭艙於行海時常滿水,一因底縫不堅,一因雷筒與船殼相連處易於洩水。第二之前艙分爲左右兩格,一格有魚雷頭引火等,一格有油漆燈器之櫃。第三住房艙有床鋪八具,作上下兩層,有厨房,有鐵匠器具箱,有水手衣服箱,有厠所。此處有兩個平行魚雷筒之後口,其發魚雷之氣筒及壓氣櫃俱在此艙。第四之煙通艙亦無上口,可自第三艙隔堵之人孔出入,以潔净其煙管。第五鍋爐及燒火處,以亞羅隔堵分爲兩段。沙云:予久在他艇歷閱,而知亞羅隔堵不但無益,而且有損,因隔堵之後,鍋爐與船邊間不便裝煤,如裝煤則空氣不通,不能加鍋中漲力。予以爲倫敦至黑海不必用大漲力,故於此裝煤於袋,堆於左右各一噸半,似不必用此隔堵,而用湯迎克老甫之風櫃,占地較小,鍋爐外可裝煤四噸。按:風櫃之制極其簡便,風從櫃門壓入,爐栅之下,有皮管自櫃通至上艇面,其口有法條之塞門,倘鍋中有小管裂開,則湯氣從風櫃皮管上洩,以自開其法條塞門。沙云:巴東之火艙中,無裝煤之處,所以須用煤袋裝於左右,除火夫所立處及通亞羅隔堵之人孔處不便裝煤外,共可裝煤四噸半,其火夫立處鐵板上,亦有煤高一尺半,其吹風器在後面,汽機、鍋爐兩艙之間亦須留空處,故煤不能多;此法不妥,不如置此吹風器於鍋爐近處,則鍋艙之後半亦可裝煤,且今吹來之風帶有灰屑傷人,又火夫立處氣漲生喘,如改至鍋爐近處,則不必以氣吹滿煤炭等處,只須用小風器已足矣,較爲穩便。第六之汽機艙内有大小汽機、凝水櫃、添淡水之櫃、定質油櫃、流質油櫃、棉沙等物櫃。汽機上有橢圓形之天窗,汽筒高出於天窗之艙面一尺半,其鍋艙後半有艙門及梯,易於查察汽機各件。凝櫃在船底,其中所有小管可隨時換新而不必移動凝櫃。沙云:天窗應更長,俾管機者能站直,否則遇屢次開機換機之時,管機者不能直立,殊太勞瘁。且汽機艙無通風之法,所以行海時,致有雷繆表五十五熱度。其機艙前面隔堵風筒,不能以孔通至機艙,因恐煤炭灰屑飛至汽機也,倘用湯迎克老甫風櫃而鍋艙後作煤櫃,則可以不用五、六兩艙間之隔堵。且今有各管,從此隔堵通過,已難保其不漏水矣,茍五、六兩艙有一滿水,已不能不沉,即倖而不沉,汽機已必不能行。所以機、鍋兩艙間之隔堵可以不設,只須有一尺半至二尺高之半壁,不至小漏水時流過足矣。第七艙官廳有床鋪三、糧食櫃一、洗盆一、衣櫃一、布櫃一、厠一。第八尾艙有淡水桶五、糧食箱二、繩盤二及汽機備換物件,有戰時所用之舵柄。沙云:此房有許多物裝配不妥,茍能配妥,可於此處裝煤一噸,如五木桶淡水何不循船旁之式,則占地少而裝水多。

巴東前有龜背式,其三分段之一俱有艙面,其後即爲舵工之臺,有蓋,可以螺絲上下之,平時蓋與臺之上界相離四寸,夜間亦四周可以望見。其臺之前面上界高於龜背六寸,沙云:若將前面龜脊更高,則住房可在舵輪背面,更爲妥當;又舵臺可更高,而海水不至潑入臺中;其龜背可增長至煙通房,則住房及魚雷房等處較易施工。臺内有舵輪,不論艇前艇後,兩舵俱可運動。臺内舵工及船主可以站立,内有通語管及號令綫以通機房,又有發魚雷之桿。其前後兩舵俱紈扇式,柄在中間。前舵不用時可在魚雷艙内提起之,如第一圖之戊。平時只用後舵及後舵輪,如未。倘兩舵並用,則以舵鏈連之,而只用前舵輪。有取水器六具,分置六艙,惟頭、尾艙無之。擬每艙滿水以試之而未果,但自頭艙之水從人孔放入第二艙試之,計有水一千桶,每桶十三里脫,第一、二兩艙入水四分之三,以兩厓水器涸之,計四十分時而全涸,每器一分時可〈取〉水十二桶半。沙云:所用取水器係噴氣之法,冬間可將暖氣放入管中以省大爐;所有全取水器每分時僅能取水七十五桶,所以水甚多時應借大汽機之凝水櫃用之;如地位敷用,應改用大力之取水器。住房艙内換氣則用舵臺之上之風口,高二尺,徑六寸,相連之兩管徑三寸,靠於舵面之下,一管通入住房,一管通至煙通艙;煙通艙既熱,則空氣亦熱而氣可上吸,即住房之氣亦得以動盪矣。機艙無換氣之法,不必再贅。艙面上有起重彎架二具,可取魚雷入艇中。沙云:二起重架不甚堅且甚緩,不如以曲拐搖之。

巴東之錨重二百磅,鏈厚半寸,長三十五托,重六百磅。沙云:此錨鉤於海底甚堅,而鏈亦堅好,然憑大概之理,應有二錨二鏈,今船首已重,不便加矣;又應加一起錨之盤車,雖地步可够而浮力不敷,今於起錨時,一切水手俱須到上艙面,殊不便也。所用羅盤係湯謨孫之法,羅盤活面全徑八寸,上有吸鐵以較正吸鐵差,其活面四周有銅環,令行駛時不至震動。沙云:倘船不摇動則羅盤尚妥,倘摇動或未能定向直行之時,則羅盤旋轉不定;大約用酒浮之羅盤,其震動旋轉不至如此之甚。此次行海時吸鐵差僅改一二度,隨緯度而異。既到尼格來燕,將艇曳至岸上,再定吸鐵差,其時首西南而尾東北,在倫敦造時則首北尾南。凡行海時所改變者如下：

	倫敦較正吸鐵差	尼格來燕海口，除倫敦較正不計外，測得吸鐵差
北	加三度	加一度二十分
東北	加二度四分	加三十分
東	〇	加十分
東南	〇	加二度
南		加四度
西南	加一度	加四度三十二分
西	加二度	加四度三十分
西北	加二度四十五分	加三度

巴東另有一雙槳小舢板，以備救生及撈魚雷之用。長十尺，寬三尺半，重一百四十磅，以磨光柏木造之。有前後不洩水之空艙，平時容六人，滿水時尚容四人，雖有波浪尚可用之。行海時擱於艇尾之架，兩人可以手提之。

第二章　論汽機

大汽機用康邦大小倒汽筒，大抵力徑十二寸半，小抵力徑二十一寸，進退十七寸、十六寸之十五，據算有實馬力五百四。循船左有凝水櫃，其淡水井在船右。沙云：其所以循船置者，易行換水管，不必移動其櫃，如欲拔出，必將機艙、官艙間之木裏及坐炕去之，以開隔堵之門；然循船置凝櫃，與行船不便而有礙於速率，因櫃中水滿時偏重一邊，是以船向更不定而減速率；倘橫置於官艙隔堵處，而以淡水井置機艙之前面，其添水車安於凝水櫃之頭,則機艙更寬餘,可以多置煤櫃在船,共可裝十一噸或十二噸之煤。用空心挺桿汽筒,連固於上面天窗之架,故船〈行〉時不震動。一切軸枕即作推船之枕,各受軸之直力。其取水小汽機,有二飛輪以運凝水,以添鍋水,以吸空氣,以送漏水入凝櫃,其凝水及添水各有景士敦門,凡凝水可自入凝櫃。沙云:此二景士敦門應在更低,恐船摇動時水不能入,不能得真空。如小汽機或凝櫃有壞,則可但用大抵力行駛。沙云:此法不妥,因已用盡之汽從凝水櫃過去,則凝櫃必發大熱,不如將用過之氣放去爲妥。暗輪不用架,而在船舵後伸出一尺。沙云:在後在下無保護暗輪之物,若暗輪遇碼頭,或别船,或淺處,即易損壞;據我意見,暗輪遇物係常有之事,最精明者平時亦不能免,况戰時另設阻礙之物,更屬危險矣。法國曾試小艇,暗輪在舵前或在舵後孰爲最優,查得暗輪在架中而在舵前者,靈便而無礙,且舵靠架而可入水更深,用如此保護則管駕官較爲安心。據亞羅云暗輪在舵後可較速半海里,予謂寧可緩半海里而有所保護者爲妥。

用汽車式之鋼鍋爐,長十五尺五寸四之三,通徑四尺四寸,内空積二百四十桶,每桶十三里脱。火匣以紅銅爲之,鐵爐栅九十六條,長二尺,大切面四百方尺,爐栅面積二十九方尺三。鍋爐漲力試至二百六十磅,常用一百三十磅。鍋内有黄銅小管一百七十六條,長九尺三寸四之三,外徑一寸四之三。沙云:煙管徑太小,因吹風有力,管内常滿飛灰,只得空徑一寸半,有一時五行煙管皆滿以灰,雖用最上等煤,每七點至九點鐘必須以通條潔净一次。若用二鍋爐,則可輪流通之,較爲穩便。鍋爐有添水機及噴水機,另有人力添水之器,鍋上有孔,可在艙面裝煤炭。沙云:鍋中水若不足則用噴水器入之,平時則用添水機入之,但此器各須有備換之一件方可。雷艇上應用淡水添入,今巴東中等速率之時,淡水只敷五點鐘之用,予知若用海水即易損壞,今只有四點鐘之淡水,是以每過一添煤處,即取淡水裝滿鍋中,以後先以海水與淡水相合,然後送入鍋爐,既到飛雄門,查鍋中所積鹽砂不多。其刷浄鍋爐者,有人孔一,出沙物之孔九。沙云:人孔太小,只能以手伸入刷浄上層之管,其出沙物之孔只能鐵絲鉤出,予以爲須用較大之人孔,以便幼童爬入。鍋爐有二煙通,可以放下。沙云:巴東煙通高五尺,已到飛雄門,加高至七尺半,因大浪時水易澆入也。其鍋爐用吹風之機,故灰自煙通飛出,行不多時艙面遍處皆灰,予以爲平用〔時?〕可不用吹風,及需用大漲力時始用吹風。無鍋上汽櫃及鍋上積汽管,是以有漏水入汽筒之弊。

第三章　論魚雷氣〈櫃〉

巴東有四魚雷,二在雷筒,二在艙面之雷托,其自雷托移入雷筒應用人力。沙云:艇上人數不多,既不便爲此,且船摇動時,尤人力難施,莫如作鐵軌道,可將雷托運入雷筒。今查艙面尚有地方,可將雷托上加以環蓋,則敵人之砲子,不能害托上之兩雷矣。魚雷各器具俱在飛雄門配入,其較勝於從前懷台氏之舊法者,一爲用圓柱形蓄氣櫃兩座,其内體積三立方尺半,較之舊式管蓄氣機占地少而尤適用;二爲壓氣櫃有塞門,不令已入之空氣回出,另有運水之車,以免空氣發熱。但又查出二弊:其一,蓄氣櫃塞門與螺門係一整塊鑄成,但向一處穿孔,所以所洩空氣不少,遇風震動時更易洩去;其二,塞門殼太低,大摇動時有許多水流入塞門之下,取水器不能取盡,恐易壞頂蓋。總之,大摇動時不能用此壓氣櫃。沙云:此事最不妥處,可以下文試得者明之。特試此船之震動與雷器有何關係，即於巴東既裝二魚雷、蓄氣櫃已滿空氣時，自尼格來燕至俄德薩，每點行十四海里，波浪不甚大，已見壓氣櫃中大半空氣洩去，故知揺動時不能壓成空氣，倘此時正需用魚雷，必致誤事。應以螺門與塞門另塊爲之，不可併爲一塊，今俄國各雷艇已照改，查其所洩氣已較少矣。又塞門殼須更高，方不漏水。魚雷筒内徑三百八十五密里，每尾以三塊合成，在飛雄門試放時，其中之漲力十分八之天氣至一天氣，則放出甚妥，其法條漲力十一寸八分寸之三。沙云：既到尼格來燕後，共試放魚雷十一次，查法條漲力相同而不及舊時之試，空氣漲力不及十分之八，其魚雷緩緩而出，定須令法條漲力至十寸八分寸之三，始得一天氣之漲力，其故或因魚雷與筒太鬆，或因震動法條而減其漲力，或法條不佳、力有不匀。總之，法條工定須加精，在飛雄門之法條，到黑海而性易變，且試行一海里時斷成三段。又雷筒中之魚雷只在後有兩處夾緊，其餘全雷十分之九無所依靠，如果大揺動或浪頂落下一頓，必壞其所夾之尾。其自俄德薩駛回尼格來燕，查出筒内魚雷有損傷四處，一爲雷尾舵架扭彎向旁，二爲舵架與魚雷相連之螺絲已鬆，三爲魚雷頭擠攏，四爲一魚雷之氣機與中段相接之螺紋已鬆。又浪中頓挫時，魚内之擺遇前面木壁而傷，木壁傷痕深八分寸之一，應於木壁上以金類片隔之。其餘無他弊，然震動不過三點鐘耳，倘震動多時，恐弊更不少矣。所以應於魚雷前身亦有夾緊之處，其雷筒露出船首之外而生阻力，不如筒口與船皮相平者爲妥，海水平時只用空氣壓出，若揺動時亦與筒口之形不相干，然須實試之。筒口用圓柱形之蓋，不能緊，故常有水滲入，不但發魚雷之氣筒，且此筒與蓄氣櫃之氣管亦已滿水，其駛往俄德薩時見氣管中有水，令取去魚雷而噴去其水，卒不能噴出。其後發魚雷時，送氣筒内出水甚多，所有漲力不過十二磅，故魚雷之出也甚緩，其魚雷内之自便螺門不開，則魚雷亦不動，其水之滲入魚雷處，雖蓋之甚嚴亦不能免，且放雷時須去其蓋。而其送雷之氣筒則萬不可令水滲入，大約須置於魚雷筒之上，或另有一塞門以阻水入。或謂此等尚非大弊，而我以爲用於戰時已能誤事，此等弊從前不露者,因從前係平水無波浪時試之也。今後雷艇須試於外海爲是,因既爲外海所用,須在外海試之,查出不合處急須修改。勿以爲此等小艇〔只?〕可在内河用也,俄土戰事之前,猶不知此等艇應爲外海之用也。

第四章　論巴東自倫敦駛至尼格來燕

於西八月初一日潮漲時由倫敦開行,因天氣不佳,行二十六點鐘,至白力摩士[一]泊焉。初二日夕七點開行,至法國之白來士脱[二],行十五點,路上查得有數縫漏水,修艙堅固之。初五日晚七點開行,過別士開灣,計四十六點而抵弗爾洛爾,爲西班牙境。天氣恰好,風力爲五,是艇覺得海浪甚高,如半片核桃殼之恍惚無定,船頭左右常偏三四向,難令直行,亦不能用羅盤,因遇浪而羅盤常旋轉也,只可憑雲彩及星辰以定向。初九日由弗爾洛爾開行,初十日至葡萄牙國之力士本[三],計行三十六點。十三日早八點開行,二十七點至直布羅陀。十五日開三十六點至阿非利加之阿耳及耳,十九日開二十二點至波那,二十一日開三十三點至義大里之麥西那(即昔昔里之海峽),二十六日開二十四點至伯令地希[四],義東南角。二十八日開,二十九夕七點至奥國之飛雄門。

此次第一次半路停止汽機,因汽罨桿太熱而换去,計四點鐘之久而换好,此時有東北小風,可用風

［一］　應爲英國港市普利茅斯(Plymouth)。

［二］　應爲法國港市布雷斯特(Brest)。

［三］　里斯本(Lisboa)。

［四］　布林迪西(Brindisi)。

帆。既到飛雄門，安置魚雷等件，而修理潔净。其全船西九月十八日由飛雄門開二十四點至格拉夫薩，二十二日至順脱。常有大風，始東北而繼西北，其力六七，浪甚高，風色與黑海相似，所以特試其迎風、旁風、斜風各種行法。試得背風時，船頭恒偏左右四向，其俯仰時暗輪離水，汽機陡快，而船頭入水更深。迎風時，船頭全在浪中，而艙面無處非水。其風從旁面或略前來，尚無弊。在尤宜阿海中專試風帆，海平時，從後左後右來，每點能行四海里；風從前左前右來，能行二海里，有下風差三向，船不甚側。可知若欲藉風帆，其帆面積尚嫌不足。從格拉夫薩及順脱，計二十九點，裝煤，二十四日開至土耳其國之西爾拉，二十七日抵生士氏凡奴，二十八日抵康士旦丁努白爾[一]。十月初一日開，次早十一點到尼格來燕。

共計行駛四千八百五海里，在路計兩月之久，内有飛雄門擔擱十八日，行路十八日，其出入口不計在内，則一點鐘行十一海里。沙云：所行之路必循阿非利加者，係上司所命，如天氣不甚惡，只須汽機不停，尚可無弊，故我詳察汽機，又視天氣可行則行，其行駛時夏令已過，恐秋風漸緊，且須飛雄門久泊，故意在速行也。是艇只能裝五百海里之煤，故預定取煤之各處，相距至遠約四百五十海里。各添煤之處如下，倫敦至白來士脱四百七十海里，至飛爾洛爾三百四十海里，至力士本三百四十海里，至直布羅陀三百海里，至阿耳及耳四百三十海里，至波那二百四十五海里，至麥西那四百五十海里，至白令地希二百七十海里，至飛雄門三

[一] 君士坦丁堡(Constantinople)。

百六十海里,至格拉夫薩二百七十海里,至順脱三百三十海里,至西爾拉二百七十海里,至土都三百三十海里,至尼格來燕四百三十海里。其阿非利加海邊,路既短而天氣甚好,其自至口至彼口,雖風力加大仍必直行。又令司機者切不可竭盡汽機鍋爐之力,常用六十磅汽力,則火夫亦不太勞,且船能緩行而及遠。

第五章　試驗速率

按合同,應以空船試其速率,故一切重物俱取去。其煤則剛够試船之用,如此行六次,得其中數二十二海里一六。其汽力有一百三十磅,汽機甚好。其未開行時,俄國令監工試其側力,以繪擺心之圖,如第三、四圖。其試得之數如下:一、凡裝滿時有壓水積四十六噸四,其擺心與重心相距二尺十分尺之一;二、在水綫處每加深一寸,即須加重一噸八;三、如裝滿之,則重心在龍骨下界以上三十六寸,即約在水綫處;四、如船只有四十五噸壓水積,則重心高於龍骨下界三尺一寸半,即在水綫下三寸;五、阻側力以偏五十度爲最大,側力桿長一尺三五;六、側十度時,即船邊之上界合於水面。自倫敦開行後,有三桅可以放卸,有洛閣式之帆。如第二圖。風帆面積之力與全艇跕立之力相合,若欲令艇翻倒,則必每平方尺有三十磅之風力。此艇出海亦與同火〔大?〕之船相仿,在别士灣及阿得里阿海所遇之風,定無翻倒之弊。

其艇已到尼格來燕,仍試二事:一、在測定一海里處試行,則有煤及他物;二、以煤炭等齊備時,試連行八十海里之遠,能有若干之速。第一次於西十一月初五既刷洗後,在布呼河測定二海〈里〉處試之。

艇上魚雷筒内有二魚雷，艙面有施放魚雷同重之物，火夫處有煤五噸，鍋後有煤一噸，船尾有煤一噸。凡試行二次，一爲順水，一爲逆水，順者十五海里九，逆者十四海里六，中數爲十五海里二五，人皆知已竭汽機之力，不能更速。其二次所試如表：

	汽力	恒升真空	暗輪轉數	前入水	後入水	中數速率	
倫敦	一百十九磅	二十五寸四之一	三百九十二	二尺一寸	三尺六寸	二十二海里一六	俱無風
尼格	一百十五磅	二十六寸四之一	三百三十二	二尺八寸	四尺	十五海里二五	

其速率可定爲十五海里，與空船時相去甚遠，此非倫敦之管理汽機及火夫較良於尼格來燕也，實因入水深淺之故。因此而知臨戰之雷艇愈輕愈妙，不可多加器具。又以此艇試行八十海里，自尼格來燕至俄德薩，相距七十八海里，其時有後面東北順風，不甚大，行十四海里一。其駛回時有東南逆風，風力爲二，亦有波浪，只行十三海里［十］三四。當來往時，約常有汽漲力每方寸一百磅。

其旋轉一周之靈否，如下表：

	旋轉一周之時	一周之全徑	約速率(每點鐘)	
用單舵時	四分十秒	一百八十托	五海里	無風
	三分十秒	一百三十托	十四海里	
用雙舵時	三分十五秒	一百三十托	五海里	
	二分十秒	八十五托	十四海里	

查表内用雙舵時，其力多於單舵時一倍又半，如船頭舵面積更大，必能更靈。如不用船頭舵，而後舵

置於艇之中段，則艇必偏向左行。如用雙舵，則船退回時甚便。此爲用魚雷艇最緊要之事。平時不便用戰時之舵輪，因臺内不能四顧也。若以後面艙上舵輪與前舵輪相連，則較便。

總論沙氏所批各弊如下：一爲煤太少，只能三百五十海里；二爲物件齊全時，速率太小。如令雷艇往他國奏功，往返須備一千或八百海里之煤，且應有裝煤之法。

如上所云，故應有下文修改之事：一、須艇長一百十至一百二十尺，方可置更大之汽機；二、須寬十三尺半至十四尺；三、入水之艇身須有龍骨或尖底；四、魚雷器應更輕更便；五、應有更大之鍋及兩個爐，以運大力之汽機；六、造法須加堅固外皮鐵板，在艇底者應有四分寸之一，其餘應厚八分寸之一。且凡與某廠立約時，不必論若干速，但須論連行四點之久、每點十八海里而汽機仍未盡其力者爲最妥，若但令行二十餘海里，實毫無所用，只須確有十六至十八海里而無弊病者才爲合用。

圖説

第一圖爲各艙圖形。第一圖内，甲爲雷筒，乙爲螺簧，送雷筒内。丙爲蓄氣櫃，丁爲壓氣櫃，戊爲戰時舵輪，庚爲令臺，子爲雷托，丑爲備換雷托，寅爲淡水櫃，卯爲凝水車，巳爲羅盤，午爲旗箱，未爲平時舵輪，申爲罩子以辟煙臭，酉爲糧食櫃，天爲舢板，地爲

繩盤,人爲水桶。

第二圖内,甲爲直剖面入水之重心,乙爲帆面重心。

第三圖内,甲爲擺心曲綫,乙爲壓水力之表,即八分寸之一與十噸等,其每一寸入水計壓水積若干,即八分寸之五壓開水一噸。是艇一切既備,預備出海時,入水中數爲三尺六寸半,在台姆士河試得擺心等事,其入水中數爲三尺五寸半。圖中“咦天”爲倫敦塢中所算重心,“咦”爲既裝物出海之重心,“咦咦”爲裝物時擺心之高,即二尺十之一,此按照所擺之側度算得。

第四圖内第一曲綫爲風力之曲綫,有恒之風每平方尺有十磅力,則艇邊恰齊水綫;第二曲綫爲平方尺風力二十二磅;第三曲綫爲風力剛能翻倒其艇。其第一直綫爲每方尺帆面有若干磅風力,第二直綫爲風力按側度不同而令艇復起之限,第三直綫爲側力桿之長短。凡風力之曲綫係按側度不同,而與側度正弦平方有比例,以算得之。

來信九十六號

近日與批納士船論裝載之事,頗費周折,今已訂定二十一日開輪矣。陳可會及管輪、管爐兩教習俱可搭行,其艇、砲各件俱已裝妥。昨令魯德孟專到漢布克妥商,計拆卸横梁二道,守候二日。俟到津仍由該船拆换,俾艇箱得以平懸起落,計論定給價二百鎊。此船到新加坡時,當電告尊所以抵旅順之日,請届期飭備大駁船於旅順口接收,已訂定由該船自行卸入駁船。唯塞們得土應否在旅順起卸,須由卓裁預定。

近日魯德孟來,云去年地亞士承運克鹿卜砲、火藥等件係代爲效勞,毫無利己,乃自滬運津之費積至五千餘兩,一年之久未蒙擲付,吃虧不少,囑弟函求早日給清等語。弟查自滬運津之費,凡敝處報册内未經先付者,係未知運價多寡,不便先付,應由尊處驗明原給算,較爲妥便。敬代爲陳明,並請

勛安

光緒八年正月十九日柏林發,三月十一日到。

〈去信〉天字第七十五號覆九十三、〈九十〉四、〈九十〉五、〈九十〉六及九十九五號來函

前月初八日肅呈天字第七十四號一函,計日當蒙鑒及。連奉九十三、九十四、九十五、九十六並九十九五號惠函,砲基圖、巴東雷艇圖説各一份,雇船、雇管輪、管火華洋合同各一份,批納士船裝運各件提單九件,克鹿卜箱碼單洋文一册,譯摺二扣,力拂總收單並箱碼細單、愛力克孫新式雷艇圖説均照收到。惟九十七、九十八兩號來函尚未遞到,不知何處遲誤。

敝處近爲旅順卸砲之事頗費安排,蓋以旅順僻處海隅,並非泊船口岸,而此時諸事草創,一切皆不便當。自

二月間接九十三號函後，欣悉卸砲一節已由尊處議定，由原裝之船自行卸於駁船，當時即知會在旅順口辦理砲臺工程之德員漢納根早爲預備駁船，以俟批納士到後，即行起卸。本月十一日據地亞士來電，云該船於本日在新嘉坡開行，已於二十四日抵該處，漢納根先期用巨木扎成大筏以代駁船，似爲穩妥，此時正在起卸也。賽們德土以九十八桶卸於旅順，其餘二桶帶來天津作樣。惟查前次來函謂二百桶，今閱提單只一百桶，豈因未全運耶？

其在大沽卸各件，已經敝處預備船隻，派員帶船在大沽守候，批納士一經到口，即行接卸。水雷船合攏，業經會同東局詳明傅相，由區世泰、卜里士刻一手經理，再由東局遴選匠目，幫同該教習在東局河口賈家口裝配合攏，並藉以學習，庶幾事半功倍。不然管輪、管火兩教習訂雇之期一滿，而匠童仍屬茫然，不免徒滋虛費。賈家沽距東局不過五六里，需用物料取携較便，應俟合攏後，再至大沽試驗也。批納士在華應付一半船價三個月商票二千二百五十鎊，已經先期詳請，俟該船在大沽卸清後，即交德國駐津領事官轉付，不致耽誤。區世泰等薪資一切，自應遵照寄到合同，分别詳請照辦，請紓廑注。

山海關所需之十二生脱砲，敝處先後兩次共請執事訂購四尊，該價兩次共匯過規銀二萬四千兩，均照收矣。元旦所發鐵艦砲藥電報，云“另購樣二百磅”者，蓋因執事第八十七號信内云“兩鐵艦所用砲藥，現仿照布國章程向杜屯好甫訂購，大約共十四萬餘馬克。其藥由帆船裝運，明年七八月可以到津”等語。查中國所造之六角、單孔、七孔之藥，與外洋所造可以相埒，成造甚多，無處堆積，以後購砲可以不必購藥，又恐另有別式之不同，故云“另購樣二百磅，來津自造”。電音字簡，未能將此間造藥情形縷述，敝處於肅覆第七十三號函内已詳細聲叙，此時想早邀鑒矣。

毛瑟所創七子槍已遵示陳明傅相，只購五百桿備鐵艦之用，故未電覆。克鹿卜之砲身架、基址圖已寄至旅順，交漢納根照辦。“卜唐”想即三合土，且俟漢納根將此次所來之賽們德土與旅順之沙相拌，察看如何，再行詳達左右。羅冷士一百萬槍子已經電覆，並於七十四號函内陳請照購也。毛瑟槍皮帶、子盒等件請添購一萬二千五百副，又預備鋼簧請添購六萬根，已詳奉傅相批准，即由天津匯付價值，並已備咨冰案，伏望察奪辦理是禱。

傅相現丁太夫人艱，中旨着穿孝百日，仍回署任，現在以廣東制軍張振帥署北洋。傅相辭之再三，中旨仍未允准。振帥已於二十六日在廣轅啓節，抵津之期約在四月初間。鐵艦小樣二艘已奉相批，届時應呈請張署督部堂察酌進呈等因。應俟點收後，仍候振帥接篆，再行呈請批示如何，然後覆達也。

更有陳者，查尊處第三十九號來信内云克鹿卜砲價“又於净價内讓百分之一，今再情讓，凡李公使經辦者再減百分之五，注明合同，以表交誼”等語，仲虎去年在保省有“明扣五釐，暗扣一釐”之説，敝處現查尊處報册，只有扣讓五釐，而前函尾數又有六千六百馬克，則仍係五釐，非六釐也。執事任勞任怨，原屬無所顧忌，其於以心奪腹之談，本可置之不問，然以尊處原函参以城北[一]之説，敝處不能不詳細告知，以釋旁觀者之疑竇。兹特將尊處三十九號原函摘録附覽，伏乞便中示悉，俾可間執讒慝之口，不勝至禱。專肅布覆，敬請

台安

摘録三十九號原函一節。

光緒八年三月廿七日

由文報處遞柏林，重四錢三分。

摘録三十九號原函一節：克鹿卜廠主已函囑辦事人，云前年派利所訂二十尊本是净價，載明另加行用五釐，前日合同又於净價内讓百分之一，今再情讓，凡李公使經辦者再減百分之五，注明合同，以表交誼等語。則合同十三萬二千馬内，又可減六千六百馬矣。

來信第九十七號

徑啓者，福建船政藝徒陳可會，前在法國學藝期滿後調至德國，派赴伏耳鏗廠學習製造雷艇等工，嗣因在士旦丁購買時表，夾帶他物，致被鋪户扭交捕役，解送刑官查問。經弟執持條約與外部辯論，務令交還，該外部以藝徒非使館人員，不便送交查問，反復議駁，旋蒙德君諭令該

[一] 即徐建寅，語出《戰國策・齊策》："城北徐公，齊國之美麗者也。"

刑官開釋免究，當即派丁前往士旦丁帶回使館。訊稱前因言語不諳，無心夾帶，莫由置辯云云等情。惟其時既乏便船，又無管解員役可派，且念該藝徒在洋四五年，最爲勤謹，繪圖之技亦最優，兼能布算船身、輪機各件，業已成材，棄之可惜。適值鐵艦繪圖需人，因即著令趕辦，並將雷艇、砲臺等圖隨時繪畫，頗知感奮。

兹因特雇批納士輪船裝運雷艇、砲械徑赴天津，適有管輪教習等同往，應即派令帶同該藝徒備文呈送傅相轅下，立功自贖。惟該藝徒衣冠一切，前經寄回福建，此次輪船係直達天津，閩、滬均不停輪，無從往取。到津後，傅相如何派令效力，尚乞執事轉禀請示。倘蒙傅見，並望飭令貴局差弁，商借衣冠應用。一切費神，殊深感泐。專肅布悃，敬請

勛安。唯祈垂照，不宣。

光緒八年正月二十日發，四月初五日到。

昨日繕發第九十六號，交魯德孟寄呈，諒已達覽。又及。

來信第九十八號

敬啓者，特雇漢布克之批納司船，一切情形已歷函奉布。今該船於正月二十五日由漢布克開輪，徑赴旅順及大沽。

計裝去二十四生特砲及砲架、砲子等件，又雷艇兩艘及備換各管，又七半生特砲及各隨件、砲子等，又力拂造

子器、捲紙器,又十二生特砲子,又鐵艦模二具,克鹿卜砲圖一包,塞門德土百桶,書一箱,槍桿胚二箱,又搭附管輪教習區世泰、管爐教習卜里士克、藝徒陳可會。訂定船價四千五百英鎊,係三個月商票,又平懸雷艇之卸裝船梁工費二百英鎊。其船價在德、在津各付一半,今除在德半價及船梁費二百鎊早經給付外,一俟該船既經在旅順、大沽照約交清各件之後,請台端察核,即行找給三月商票每禮拜有新聞市價,可查。英錢二千二百五十鎊,令該船具領,或由信遠洋行代領(當交駐津領事官代領)亦妥。其保險各費在德已給,外並無他費。

所有合同及各件詳單,另由公司信船寄呈,諒早經達覽矣。專肅,敬請

勛安

光緒正月廿四日發,四月初五日到。

來信九十九號

批納士船於昨二十六日晨間展輪,據云至多四十八日,定能抵旅順。其合同内本有任憑他處海口滿載及銷售之語,日前又與訂明,徑達旅順、天津,除添煤之外,不准往他海口,並將此語補載於合同之尾。是以三月望左右可抵旅順。務懇屆期飭備駁船伺候,接收砲械。其塞們德土應留旅順若干,亦請酌奪。一俟在津卸清後,應找給後半船價三月商票二千二百五十英鎊,此外更無他費矣。管輪、管爐教習到津,即請稟明傅相。一面飭撥小

工,令將兩艇合攏試驗,並須派聰穎紡匠隨習其技。陳可會繪算頗能精捷,亦請轉求傅相撥派當差,以予自新。

兹寄呈雇船合同華、洋文各一,管輪合同華、洋各一,管爐合同華、洋各一,神機營陸路砲及隨件共四百七十件提單一,葛魯孫十二生砲子二百五十三件提單一,力拂裝子器並捲紙器共十一件提單一,雷艇八件又備換小銅管五,凝水櫃内管二十,軟墊十五,俱在合同之外。一件、又鐵艦精細小様兩艘(計兩箱)共提單一,此二艦小様應否進呈,請傅相隨時察奪。昔拉克黑漆三件、此係王小翁托購之件。塞門德土一百桶共提單一,又有在旅順卸者二十四生大砲等三十八件提單一,二十四生砲子等四百二件提單一,又送天津之克鹿卜映相砲圖兩帙作一包計提單一,此係陸軍之砲圖,請轉呈傅相,應否送神機營一份備查之處,亦候傅相酌奪。又書一箱計提單一。内有鐵艦合同七十本並圖七十份,電報簡碼三十本,德海部鐵艦論六十本,德議院章程一百本,應如何分儲分送之處,均候轉請傅相酌奪。以上計華、洋合同各三份,提單九紙。

此外又有送津之槍桿胚三十枝,裝作大小兩箱,因被船行延擱,未有提單而貨已上船。務懇先期知照津關税司,此非船主希圖偷漏,實因不及寫提單之故,並請照數飭提。此乃去年參贊見德國槍廠均用此貨,較之滬局所購者,既精且賤,是以酌購以爲式。其價已列客冬報册,應作何用,或轉解滬局,悉聽尊裁。兹將原收單一紙寄呈冰案。另有克鹿卜二十四、七半生砲細單一册,力拂箱單一紙,一併譯呈,可以飭員查檢也。

又,前次運回之杜屯好甫大砲藥六百桶,中途遇風拋

棄二十二桶,經已飭廠補造。並據保險司繳到一百三十七英鎊,可作補購之資矣。謹此布聞。專泐,敬請
勛安

光緒八年正月二十八日發,三月十七日到。

計呈華、洋文合同(存案)各三份,提單九(交大沽羅提貨),克鹿卜箱碼細單,洋文一册,華文兩摺。(存案)力拂總收單(存案)並箱碼細單一紙(存案)。

再啓者,日前斯密德來談,得悉所謂美國之愛力克孫新雷艇者,即係狄士脱來亞艇也,遂檢客冬譯稿抄呈台核。此艇前艙面有斜鐵甲一塊,其舵連於龍骨而不連於艇尾,已屬離奇,而其水雷砲尤爲纖巧,無裨實用,大約與前四年倫敦馬克多那之水砲相同。唯馬氏用自旋之火箭納於砲中,猶爲較勝。總之,不能有行速及遠、命中之三善。美國試造此艇亦未實試,不過如上海之氣船而已,是以未將譯稿抄呈。今並抄呈,諒高明必能鑒别之也。謹布,再請
勛安

計呈愛力克孫新式艇雷説並圖。

雇管輪教習合同西一千八百八十二年二月十五日定。

大清使館與管輪教習區世泰訂定各條:

一、現雇該教習往中國當差,今搭附批納士船,帶同雷艇送往中國。

二、該教習於雷艇所到處,按照合同料理合攏,並由中國派撥器具、工人以供其用。

三、既由該教習合攏後,一切裝配齊全,聽候中國官員分示,盡其才能演試行駛,以供差遣。

四、該教習須將如何用此汽機及射送魚雷之器具一切事宜,盡心教導華人,其一切與他項汽機不同處,均須詳告。將來有同類之船身汽機等,亦須聽命照前合攏。其修理汽機及器具等事,俱應管理。

五、大清使館李大臣願按期給發薪俸,分作五小款,如下:

甲、從本年西二月十五日起,至行抵中國海口之日止,每月薪俸四百馬,另給船價路費,其回國時亦照此辦理。

乙、從既抵中國海口起,每月薪俸九百馬。其中四百五十馬由柏林使館給發該教習之家屬收領,其餘四百五十馬,以每二十馬三十五分作英錢一鎊,合英錢二十二鎊二昔三邊,歸天津按西月給發。除給房屋居住外,加給月費三十英洋,以爲火食一切之費。

丙、如該教習在合同期内身故,則由中國給發恤賞三千馬,令該家屬具領。如有病不能辦公,且有醫生憑據不能遽痊,則作爲合同已滿,照章給發回國路費及在途半俸。如病由自作者,廢去合同,一切不給。

丁、從二月十五日起,至批納士開輪之日,凡因公來往溪耳、漢布克等處,共津貼一百五十馬。

戊、本合同自西二月十五日起,十六個月爲止。

六、凡該教習既抵中國，一切訓條及領薪俸、月費等事，或辭退，或續訂合同，均由直隸總督部堂所派之員專主。

七、立合同時預付一千馬，將來從甲、乙、丙三小款内扣還，其丁小款津貼之費亦已現付，掣有收條。

以上所訂各條，共立三份，一寄天津，一存使館，一存該教習手。

雇管爐教習合同西一千八百八十二年二月十五日定。

大清使館與管爐教習卜里士刻訂定各條：

一、現雇該教習往中國當差，今搭附批納士船，帶同雷艇送往中國。

二、該教習隨雷艇往中國，與區世泰同行，一切工作須照合同，相助料理合攏等事。

三、俟與區世泰既合攏後，該教習應在該艇充當管爐教習。如有同類之艇，亦應聽中國官之命，盡心管理。

四、該教習須盡心竭力，教導華人如何用此鍋爐及火候等事，並須詳細示明與他爐不同之處。

五、大清使館李大臣願按期給發薪俸，分作五小款，如下：

甲、從本年西二月十五日起，至行抵中國海口之日止，每月薪俸三百馬，另給船價路費，其回國時亦照此辦理。

乙、從既抵中國海口起，每月薪六百五十馬。其中三百二十五馬由柏林使館給發該教習之家屬收領，其餘三百二十五馬，以每二十馬三十五分作英錢一鎊，合英錢十五鎊十九昔五邊，歸天津按西月給發。除給房屋居住外，加給月費二十五英洋，以爲火食一切之費。

丙、如該教習在合同期内身故，則由中國給發恤賞三千馬，令該家屬具領。如有病不能辦公，且有醫生憑據不能遽痊，則作爲合同已滿，照章給發回國路費及在途半俸。如病由自作者，廢去合同，一切不給。

丁、從二月十五日起，至批納士開輪之日，凡因公來往溪耳、漢布克等處，共津貼一百馬。

戊、本合同自西二月十五日起，九個月爲止。

六、凡該教習既抵中國，一切訓條及領薪俸、月費等事，或辭退，或續訂合同，均由直隸總督部堂所派之員專主。

七、立合同時預付一千馬，將來從甲、乙、丙三小款内扣還，其丁小款津貼之費亦已現付，掣有收條。

以上所訂各條，共立三份，一寄天津，一存館，一存該教習手。

雇船合同

漢布克，西正月十八日，洛倫春船行之上號商船批納士與代辦人密臘代中國李大臣商立合同：

此船可裝一千四十七噸，係一千八百七十四年在力乏浦驗明，保用十八年，與倫敦保險司九十甲號相同。其船全不洩水，各處堅固，可行合同内所訂之海路。

今訂定於本年西二月可以裝貨，按後面所開各貨，應全裝於艙面之下。其船未滿之載，可聽憑在他口另裝客貨及煤水等物；其另裝之貨，准到合同内之海口或梹榔嶼、新嘉坡、香港、上海銷售，其所得者爲該船之利。其裝合同内貨物，由該船裝入，不另加費。駛往旅順、天津，付清船價四千五百鎊，交清貨物。其進口費、領港費俱在船價内。其一半於提貨單書押時，交付倫敦之三月商票現銀，又一半在天津卸貨既畢後即行交付。

一切合同内之貨，均按各地規矩，妥爲裝卸。其卸貨時由該船自卸於船邊之外，其自船邊外運至陸地，如有險處，與船無涉。其最重之貨，應在漢布克之大起架處上船。但如有天災人禍等險，與本船無涉。其艙内襯墊之物，亦由該船自備。凡海外遇遭險之輪、帆船，准該船相助。其付船價之法，已詳於前。

自船行告明之日起，二十一日内須將貨物送至漢布克水次，按時能够若干速裝配入船，即到卸貨之口，亦按能够若干速由中國自備駁船接收。自船到卸貨之口，由船主報明後二十四點鐘之内，應由中國備駁船在船邊接收。如駁船不能應手，按例每空候一日，賠貼該船三十英鎊。凡船上所裝之貨，其重貨亦在其内，俱歸本船自船外裝入艙内，又自艙内卸至船外。其應用起卸之器及一切費用，俱爲本船所出。

其船既到中國，即托代辦之行代爲報明中國官憲，其代辦人不得向該船索取經手之費。若卸空後另裝出口之貨，則應按例出經手出口貨之費。該船又應先儘代辦人，如代辦者無出口貨可裝，方准另攬他客之貨。

又，如該船既立合同後，不能遵合同裝貨，則罰出船價四千五百鎊。倘應付船價及空候之每日三十鎊，中國人不願交付，則該船可將貨物變賣。倘該船行欲另雇他船，以代批納士承裝者，其噸載至少須與批納士相等。

又訂明批納士除漢布克或英國添煤之口外，不准另往他國海口滿載。該船既到新加坡，應發電報知上海地亞士行。立此合同爲據。

計　開

裝往旅順者：海岸砲二尊，裝成長十九尺十一寸、高四尺六寸、寬三十八寸，每尊重十七噸。砲架、砲子等四百三十五件，内有二箱引火，共五千九百三十一立英尺，約一百五十噸。

裝往天津者：兩件，長十五尺一寸一分、寬九尺八寸半、高九尺又四分寸之一，每件重三千九百磅，合二千六百八十六立英尺，又合七千八百磅。又兩件，長二十一尺六寸、寬十一尺、高十尺三寸四之一，每件一萬一百磅。合五千九百十立英尺，又合二萬二百磅。又兩件，長二十七尺一寸、寬十二尺四寸八之

七、高十尺八分寸之一，每件二萬磅。合六千七百六十立尺，又合四百〔萬〕磅。又兩件，長二十五尺九寸五分、寬十二尺六寸二分、高十尺一分，每件一萬八千磅。合六千五百二十四立尺，又合三萬六千磅。以上四項約四十六噸。

又四百六十八件，内有陸路輕砲八尊及砲子等，内有十七匣引火，共五千二百二十七立尺，又合五十七噸。十四箱造子器，共九百三十七立尺，又合二十五噸。二百五十三件砲子，共四百八十立尺，又合二十噸。一百桶塞門德土，共八百立方尺，又合二十二噸。

以上共三萬五千二百七十九立尺，又合三百二十噸。[一]

如有輕重大小稍有不符，與合同無干。如以上各物有不能齊備者，可用相等重之物裝之。

洛侖春押 密臘押 品凱乃力加押

計開，雇船之前半價二千二百五十英鎊已經收訖。又照。

美國愛力克孫新式雷艇、新式雷砲説

愛力克孫所創新法之狄士脱來亞艇，如第一圖。有長剖之水砲“呷”，其砲子爲“哎”。砲内光膛以數段合成，其合處如“甲”，以鋼爲之，與船連固。其後門有木如“乙”，此處墊定於角鐵，與龍骨連固。砲臺

[一] 此處總數與前面細數之和有出入。

從船前孔穿出,内有圈及螺紋,以連固於船之前柱。砲口有蓋,如第二圖之“吧”,以免水之泄入。其樞桿如“咦”,以相連之,其樞如“壬”,連於船前柱之“叱”。其蓋有不洩水樹膠圈,恰合於砲口之槽,如“酉”。其槽以黄銅爲之,而旋定於砲口,如欲啓閉,則用“丑”桿,此桿自軟墊之管通於船外。其軟墊如“卯”,管如“寅”,其與樞桿相連處如“子”,其桿之内端有鞲鞴如“天”,其筒如“哱”。其口塞係魚雷自己推出,如第二圖之“吐”,上有皮套如“辰”,中有孔如“午”,其邊有不洩水之樹膠圓片。其塞之前面有“卯卯”之鈎,以鋼帶爲之,常有漲開以塞滿之力,令此口塞可在砲管内活動,如鞲鞴之式。其未裝砲雷之前,先啓後門,裝入口塞,近口處有槽,令鋼帶入槽而止,則鋼帶挺緊,不爲外水所壓。若用前口裝入之法,與此不同,則應用第三圖之口塞,俟砲雷裝入之後再行蓋緊,如“哌”。其套座如“申”,外有樹膠套如“酉”,又外有縛綫如“戌”,其樹膠套係蓋緊中間之“午”孔,不令水入。以上兩種塞能擋外來之力,若稍加以内來之力,即能脱出,故不患砲雷之誤發。

其施放之法,閱第二圖即明。内有鞲鞴及發雷之藥,其“呐”爲鞲鞴,周圍有黄銅軟墊如“巳”,與汽筒同式,其鞲鞴後面有殼孔如“戊”,容木桿如“庚”,桿有藥裹如“叮”,藥裹爲圓柱形,前有圓孔可容木桿,其孔有殼如“辛”。藥裹後本有蓋,既插於桿即去其蓋,因尚有薄紗,擋之,不致火藥漏出也,因有此紗，故可用電火將藥之後面同時着火，其藥裹較小於藥膛，不患傷損其砲，僅可推砲雷出口而已。砲雷引火如第七圖，爲雷尖之自來火，有嘴孔螺如“呷”，雷尖爲“吃”，其“吧”爲遇引火處，在嘴螺之中間，其桿更出於嘴螺，可以遇物推入，其内有螺絲挺簧如“咋”，不令嘴雷縮入；其嘴雷之後面有塞子如“味”，塞内有數孔，孔内有引火如“寅寅”，“味”塞上有螺絲可以旋定一處，嘴後有更大處如“吧”，前端或作鑿或作錐，令遇物不易脱，嘴螺前又有軟墊如“晒”，令不洩水；“味”塞之前有盂殼形如“味”，“味”塞推“味”空殼於“巳”邊，因“巳”邊後面大於前面也，其空殼係“巳”後較大處，爲滑動之面，且“咋”之法條亦靠於此殼，漲力甚大，雖“吧”桿誤受小力，不致推入；其“吧”内有數尖鋒，與内“寅寅”引火相對，又恐尖鋒扭動不對，故有一直槽如“未”，有梢如“酉”，行於槽内，不得扭動，其“吧”端靠“庚”時，則尖鋒即與引火相離。

砲雷形如第五、六圖，中爲圓柱形，後爲圓錐形，或銅或鐵皮造之，如第五圖；或以木造之，如第六圖。其前端爲圓錐形，或紅銅或生鐵造之，内有爆藥與嘴相連，有一塊料如“物”，内有螺紋可容嘴螺，如第七圖；其雷尾如“哂”，如第五、六圖，與雷身“呷”相連，有環如“己”，有口螺釘如“壬”、“癸”，雷身與前段“吃”相連者亦有螺釘相連，其尾有直翅如“吧”，令不偏左右，壓水力之中心在全長中界之前。凡推此雷入水，必循軸綫而行，如體積與水同重，則深淺大約不誤，如較輕則必浮起。

第一圖即狄士脱來亞之艇圖，上艙面如“吀′”，中艙面如“吀”，中間或滿以軟木，或置樹膠袋以裝空氣，庶浮力甚大，雖滿水亦不沉矣。又欲保汽機等處，故艙面加斜鐵甲如“丑”，其後面以木墊之，又後爲令臺如“嗔”。船長一百三十尺，寬十二尺，入水十一尺，前後甚尖，進退俱可同速。

其運舵之法大異於他船，如第一、第四圖，不但雷艇可用，凡兵船俱可用之。後立柱如“吧”，其舵柱如“吽”，由龍骨曲向上，其龍骨如“啣”，其所添柱上之眼如“甲′”、“甲″”，其舵如“味”，舵軸如“丙”，插於“甲”、“甲”之兩孔，舵有三道横鐵幫之，如“乙′”。其舵用桿動之，如“酉′”，“酉′”桿與“酉酉”壓水櫃之鞲鞴相連，鞲鞴在“呻”、“呻”兩筒中滑動之，其“㖦㖦”之從水筒通至塞門，如“未”。其啓塞時有扳桿如“丁”，其舵輪練相連於“戊′戊′”，有“巳巳”轆轤通至前面之舵輪，如“吻”。

砲雷重四分噸之三，每秒行一百尺，水面無迹。又有於船旁置於水中之雷砲，如附圖。

此船試驗得速率十六海里，有實馬力一千匹，操演之砲用英國大粒藥十二磅，以射一千八百尺遠鋼靶，連發五十二次，俱能命中，將來擬用代亞邁脱[一]之爆藥三百四十磅。另有圖。

[一] 後文又作代阿邁特。

卷十六　光緒八年四月初五日

目录

來信一百號

二月初二日未刻接電示,云“料橋照辦。西耳”。此字終不解。初四日又奉電示,云“毛瑟子照辦。津寄西耳”。此三字皆可省。當即分别函致刷次考甫、羅玲士兩廠,與之商定。

前日又邀刷次考甫面議浮馬頭之鐵板、角條。若購整料,津局無鍍白鉛之器,且鑽孔折邊耗費甚多;若釘齊運華,又占地甚多,運費甚巨。遂令估算,定裁剪配齊、鑽孔折邊、鍍白鉛,全浮埠並一切轆轤、帽釘等件,計價四千二百五十馬,到華只須帽釘合攏而已。又購四十邁當之氣管及接榫,計四百馬。又購四十邁當鐵軌道,並接榫、螺釘等。計一百六十馬。其餘有已議定之起重架三千一百馬,運雷車五百三十馬,提環一百十五馬,摇車架一千三百七十五馬,雷筒及升降架二千八百五十馬,雙螺柱架等一千七百二十五馬,蓄氣櫃三千四百馬,立氣筒、氣表等六百九十馬。共一萬八千五百九十五馬,讓定百分之五,於前日先付六千馬。訂定四個月造竣,大約華六月二十邊可以發運矣。其應備之却水衣等件,當届時再購也。惟試雷之橋究建何處,未奉明示。若津沽口泥沙混濁,魚雷遁入河底,永難掏摸。似應在大凌灣内柳樹屯及煙臺、威海之清水内,築橋試之,待演習既熟方可用於濁水之中。高明以爲何如?

羅玲士之槍子,僅存上號者一百五十萬枚,每千枚五十三馬六十分，不日可倩芬鋭飛往驗收矣。

近日方將兵船、雷艇各譯稿補訂編集，先摘抄數則，並圖八紙，徑呈傅相。因乏人另抄，只以另圖八紙附呈尊處。其雷艇説，則請於傅相處請發一抄爲懇。兹又令新到之顧供事譯出德國七十一年槍子章程，及弟新歲所譯英國章程二則，先呈斧政，其餘方在趕抄也。手肅，敬請

勛安

光緒八年二月十三日發，四月初五日到津。

計呈副提單七紙，德國槍子章程一本，英國雷電、棉藥章程一摺，雷艇説之圖八紙。其説已徑呈傅相。

英國新定雷電章程光緒六年定。

英海部新定用電氣水雷章程。

一、凡有水雷及電燈之船，必須有兩員深明電機等事，可用船上所有之水雷、電燈等事。其兩員内必有一水師千總在船資格已深之人，船上用電氣發砲之器，不但全須知曉，且須自定準頭於平圓片以發砲。其官名須紀於半年所呈之雷砲報内。

二、一切發砲需用之電綫，歸砲官或雷官常常查驗，俾免弊病。凡操預備交鋒之前，必須查驗一次。

三、船上修槍匠二名，應習修接電綫之法。故凡有預備交鋒之令，此二匠必立於砲處，以便隨時修葺。每船旁有一小箱，供二匠之用，内有短樹膠之管料、帶料、流質料、螺絲夾、銅綫、小綫並相連各件及刀剪等器，各種分枝電綫俱須預備。凡有預備交鋒

之令，另備小匣以貯電機引火，船左右各一。

四、每船所有之雷艇，或發雷之舢板，或供伏雷用之小艇，每三個月至少晝操、夜操各一二次。其操演之日時及所用各情形，亦登記於半年之報。

五、凡船有電燈者，除砲官、雷官之外，另派水師之一官二弁深明電燈各器者收掌之。再，除專習水雷之人外，至少有司汽機之一官一弁，應明曉電器之理。以上各官弁之姓名，亦紀於半年之報。

六、凡有魚雷之船上，除砲官、雷官之外，至少有水師官二員深明魚雷之理法，可以定準自發。又，除專習汽機之人外，至少有一司機者深明魚雷之機關，以便校正修理。如本船另有雷艇，則二員水師官亦須深明其用法。

七、凡船上所有雷電各件，歸於砲料一類内，應令砲官掌之。如船上專有雷官，應時時詳查各料是否合用、有無疵病，且各料除已定用處之外，切不可借作別用。

八、如查出有不合用之料，或不靈便之器，俱須詳紀於半年之操雷報内。

九、凡船離開水師海口時，船主須將發砲、發雷之各器、各料親查一遍。但查時不可將備换之雷池内裝入强水，其電氣引火之匣亦不可拆開。如實在疑爲不合用，則可開之。

十、凡上司來船查驗，必須詳試一切砲雷各器是否合用。其一切情形，須紀於查驗之文牘，報明海部。

十一、丨亖亖〇年西二月初十日第二號章程即作爲廢紙。

英國兵船新定收儲棉藥章程光緒七年冬季定。

第一條　凡棉藥不論乾濕，自岸裝船或自船登岸，其不准工人吸煙等事，與火藥章程相同。

第二條　凡有危險等事應將火藥卸出者，亦應將棉藥一齊全數卸去，不論其爲乾爲濕。

第三條　凡棉藥在原木箱内，裝於收儲魚雷之艙，或在砲子艙，或另儲一艙，不可與他物夾雜。

第四條　凡有濕棉藥在洋鐵箱中，既裝滿後三個月，應衡其重數，恐其水氣已洩也。查與箱外印貼原重之數是否相符，如已減輕，知其太乾，應行添水，則須於箱面大書云"不合用"，俟該船一抵有軍火庫之海口，即將此棉藥送交軍火庫。如果全批棉藥第一次三個月查得並無減輕，則可俟一年後再衡之；如果全批内有一箱減輕者，則每三個月俱須再衡一次。凡魚雷頭之棉藥，亦照此辦理。

第五條　凡用作初轟之乾棉藥，每季第一禮拜内，應將在船各箱試驗其十份之一。其試驗如下：先啓箱蓋，取出其箱内之藍色試紙，滴鮮水一點於此紙，夾緊於兩塊棉藥餅中，如變爲紅色，或開箱時試紙已變紅色，則本箱之棉藥須全潤以水，而箱面大書云"無用之濕棉藥"；但試紙不可沾以手，須先置一塊棉藥，以試紙蓋之，滴以水，再以一塊棉藥蓋之，如紙不變色，即爲可用。將已試過之兩餅，以乾潔羊毛拭去濕氣，重復裝釘。

第六條　如查得試紙夾過後變紅，須再試百份之十。如仍有此病，即應統查在船之棉藥，將一切查得變色之箱，俱須加水，發送於岸上軍火庫。

第七條　凡以上試初轟之乾棉藥，應在乾潔而無危險之處。

第八條　凡試一切棉藥，見有意外之不合，即應速即報明，並於半年操演報内詳細注明。

第九條　凡一切槍、砲、水雷上碰發之引火，不准與棉藥同儲。如有水雷頭等，備而未用、已有引火插入者，須先拔去引火，然後送至收儲之處。其拔去時，須輕輕緩拔，如須用力方能拔出者，可將連引火之一二塊棉藥一併棄之於海。

第十條　凡棉藥已從軍火庫發出，須有精明可靠之人看守。

第十一條　凡新式伏雷内所裝之濕棉藥，已經銲固而外包以鐵殼者，無甚危險，可以不必另裝於軍火庫中。但此種伏雷亦不可隨處安置，可在廠中置於架上，而扃閉其門。

第十二條　凡船上有水雷，則須有配入之物如左：每洋鐵箱濕棉藥十六磅又四份磅之一者，共七十四箱；每箱乾棉藥二磅又四之一者，共十七四箱；洋鐵空匣，可裝乾棉藥二磅又四之一者，共一百匣，此空匣之蓋一百七十四個,空匣蓋之鑰六個;拋擲之雷所用樹膠袋五十個,快燒之藥綫長一千八百尺,拋擲之器六具,藥裹五百個;今英海部欲用此以上三物,而以藥裹代銅帽。第十五號之引火,以配快燒之藥綫,裝於洋鐵罐中者,五十個;羊油、蜜蠟各半相合之膠一磅半,寸寬之帶九十尺,舍拉克漆八兩;海底鈎及鏈,用以撈轟敵人之電纜者,三十副。

第十三條　每半年内操練用者如下,如未用盡,則應於半年操演報中申明其故:濕棉藥,每洋鐵箱十六磅四之一者,十箱;乾棉藥,每匣可裝二磅四之一者,空者十匣,又不空者二十匣,以上之匣蓋三十片;海底鈎及鏈五副;拋擲之雷所用樹膠袋五個,快燒藥綫三百尺,藥裹五十個;第十五號之引火,以配快燒藥綫裝於洋鐵罐中者,五個;第九號引火須加至五十個。

第十四條　上條每半年所應用之濕棉藥,十箱内之四箱及初轟之乾棉藥二匣,係作兩桿雷之用。其餘各料如何操法,由船主自定。或禦敵船,或浮海面,或轟去阻物,或裝拋擲之雷,俱可操之。

第十五條　所有空匣内可裝初轟之乾棉藥,係恐耗用乾棉藥太多,故凡欲急於轟發者,不必全用乾棉藥,只用一塊乾餅、三塊濕餅。又,此匣全不洩水,可以自作水雷轟發,故須多備之。

第十六條　凡船有兩種棉藥,且其中有初轟之乾棉藥一百匣者,此等船每半年中應用初轟之乾棉藥作一桿雷轟之,以省濕棉藥。

第十七條　今既定以上新章,將光緒五年西六月初六日第四十四號章程、西八月十九日第五十六號章程、西九月初四日第五十八號章程俱作廢紙。

苞按:此係英國新章,法、德等國亦大同小異。聞德國新改章程更嚴,尚未頒用,俟頒用時,再爲續譯。

其英國所用抛擲之雷,亦名手雷,即中國之掌心雷及火藥罐之類。光緒七年在抱士穆德曾見其試演,由大船抛入木筏,轟然成洞。及後訪之,知爲洋鐵罐中封儲乾棉藥二三磅,燃藥綫以擲之,或用銅帽引火擊之而已,即此章程中所謂快燒藥綫抛擲器及藥裹等件是也。其樹膠袋,即平時藏儲此手雷以防受濕者也。

近年與德國海部詳論此物,知其儲乾棉藥二磅封固之,連有六十尺之快燃藥綫,綫端有銅帽引火;以一手持擲於敵艇,一手急以錘擊銅帽,歷時不過一秒而即轟發;惟盡力擲之,不過二十步,有炸塊傷己之險,且銅帽引火,易於傷掌,所用棉藥不多,不能重傷敵人,以是德國不用之。前數年試用魚雷頭中之乾棉藥筒,換以碰發之挺簧引火,又加以六尺長木桿之尾,仿標槍之用法,然只能及二三十步。其後又試以風銃發之,能及一百餘步,且轟發甚猛。既擬頒用矣,其後詳查之,究不及荷乞開士砲之及遠命中,遂決意不用此手雷,而專用荷乞開士之連珠砲。惟英、俄兵艦仍備此手雷。謹以所知者附識於此。

德國槍子章程

賡音泰
顧祖榮繙譯

德國兵部定本

目録

辛、裝槍子箱十九款

壬、零星軍需及油二十款

癸、非中局砲隊廠領火藥二十一款

子、領小鉛子二十二款

丑、領銅殼二十三款

寅、領引火等二十四款

卯、領裝槍子紙匣等二十五款

辰、驗槍廠應用槍子等二十六款

第四段　論砲隊廠備齊軍需發給兵丁

甲、操演應用軍需二十七款

乙、備調之兵應用軍需二十八款

第五段　論操演後兵丁繳回用剩軍需二十九款

第六段　論兵丁繳回銅殼紙匣等

甲、繳銅殼三十款

乙、繳紙匣三十一款

丙、繳木箱三十二款

第七段　論儲放、運送軍火

甲、太平時儲放軍火三十三款

乙、砲隊廠儲放軍火三十四款

丙、分別軍火優劣三十五款

丁、收藏銅殼三十六款

戊、收藏引火三十七款

己、收藏小鉛子三十八款

庚、收藏蠟底等三十九款

辛、收藏紙匣四十款

壬、收藏槍藥四十一款

癸、收藏有子藥槍子四十二款

子、收藏有藥無子槍子四十三款

丑、收藏空槍子四十四款

第一段　論製造槍子

第一款　製造有子藥槍子、有藥無子槍子、操演用之空槍子，修理已經用過之槍子銅殼。以上四項，均應照章辦理。

第二款　製造有子藥槍子之砲隊廠共有八處，總名曰“中局”。廠中機器及製造物料咸備，並可隨時查驗。八廠一在柏林，一在登齊希，一在士旦丁，一在愛而甫，一在布雷士羅，一在漢諾威，一在可伯侖士，一在卡而士奴。此外，各砲臺亦應設立機器、物料，以便造此種有子藥槍子。其製造機器，如第七十一式，此乃預備砲臺被人圍攻時，則在臺内仍可自造槍子。應令在各砲臺造槍子之人隨時製造，每年須供足馬隊、步隊、砲隊輜重營三處之用。書内所云七十一式，係指一千八百七十一年所造新式毛瑟槍而言，即同治十年也。

第三款　造有藥無子槍子，在各砲廠均有。

第四款　造操演用之空槍子，或交他廠造，或由砲隊官廠造，皆可。如另有省費造法，得布加爾大營作保者，則交該大營經辦。布加爾係二三營併爲一營之稱，以下均稱之曰大營。

第五款　修理已經用過之槍子銅殼，須將殼内藥屑、油膩積垢揩抹乾净，並將殼之裂處修好。如欲重做有子藥槍子，務要將銅帽上漆。因先前之漆用過，必有脱落也。兵丁放過槍子，其銅殼應先行揩抹一次，按照教習七十一式槍章程辦理。如防堵之兵遇秋操時，以及各項操演，所有用過之槍子銅殼内有脱底等事者，則無庸揩抹，然亦須將銅帽除去，然後繳還揩抹，後由砲隊廠查驗。若仍將此項銅殼造成有子藥之槍子者，則將銅殼交於官砲廠；若造有藥無子及操演空子，則將銅殼交於各砲隊廠，分别全行揩抹乾净。銅帽上漆之事，無論重做之槍子應如是，即新造槍子亦須上漆。此事應交官砲廠辦理。惟有藥無子及操演之空子無庸上漆。除以上所説各砲廠外，凡操演武員學堂，亦須預備造槍子機器，以便造有子藥、有藥無子及操演空子之各項槍子，以供隨時操演之用。

第六款　造槍子之時，須定明時候。如有妨兵丁操演功課者，均須避去。除遇打仗及有别項要事須趕緊製造外，大約平時製造總在冬天。

第七款　在中局造有子藥、有藥無子及操演之空子各項槍子暨修理銅殼，應歸砲隊廠，已詳載第五款内。惟所用之人，可用女工從事一切應爲之事，務要實事求是，須派人監督。遇有需用人力之處，如監工及運裝火藥機器、運火藥、運銅殼、運已成之槍子、用汽鍋火爐揩抹銅殼等事，此項人應在步隊内派出，每隔十四日换班。倘造槍子時,在上半日或在下半日,則换班時應在正午。每年四月初一,由大營報明兵部分股,伊手下砲廠造過有子藥、有藥無子槍子及重做槍子各若干,發過女工工費若干。

第八款　以上所説造有藥無子槍子,及已經用過之銅殼重做有藥無子槍子或做操演空子,應與第五款比較。其製造之人,則由步隊挑選充當。各砲臺之砲隊廠與卡賽爾地方砲臺之砲隊廠,均有保護砲臺之事,以及派在他處防堵巡查者,此項人即無庸派造槍子之差。應照第七款,用女工從事。第二款所説,令各砲臺造槍子之人隨時製造槍子,每年須供足馬隊、步隊、輜重營三處兵丁之用一節,此項造槍子之人,應派小武弁及尋常兵丁充當,並令兼造小鉛子,不必多造,得小半之數足矣。惟小武弁及兵丁,不可令其永遠充其役,恐妨操演功課。至大營每年四月初一應報兵部分股之事,則已載明第七款内。

第九款　第五款所説揩抹銅殼及銅帽上漆之事,應由官砲廠内之人製造,或用女工亦可。至於驗槍之人,遇槍子放出後,應令將槍子銅殼揩抹乾净,此事可與造槍子之人立一合同辦理。

第十款　操演武員學堂,須自行製造有子藥及有藥無子槍子、修理已經用過槍子之銅殼,遇有用人力之處,如第七款所言者,應派操演武員學堂之人從事。不足則添用女工。操演武員學堂所造有子藥槍子,如立即等用,無論新造重做,其銅帽均無庸上漆,即可解交軍需局。蓋上漆之事，係爲留存不用，恐防受潮起見。若立即需用者，可無須也。揩抹銅殼、修理銅殼，亦該學堂應爲之事。

第二段　論發給砲隊廠有子藥槍子此指其他各砲廠而言，非第一段第二款所言之八處官砲廠也。

第十一款　各砲隊廠，除八款自造之槍子外，每年應領若干，須於五月初一報知大營長，由該營長照會中局營長。中局發槍子時，須發一律記號。倘有不能，則槍子總須一律，或發整子，或發兩節合成之子。今將各砲隊廠應向何處中局領取槍子，開列於後：司邦達、區士特林、土耳高威、吞伯爾希四廠，向柏林中局領；區逆士伯爾希、波因、皮勞、妥爾侖、格勞登五廠，向登齊希中局領；瑞逆門、可爾伯爾希、司特拉準特三廠，向士旦丁中局領；卡賽爾、馬格待布而合二廠，向愛而甫中局領；坡慎、格鹿哥、科遂爾、格拉士、乃塞斯、威特逆次六廠，向布雷士羅中局領；名敦、名斯特爾、我頓布希、額侖布希、遠達而布希、斯他待、斯威林七廠，向漢諾威中局領；曼次、大唔司達特、可侖、威塞爾、撒爾魯、衣士於利希六廠，向可伯侖士中局領；額拉司達特、美次、司特拉士布希、内伯雷乍哈、低登和分、秘次六廠，向卡而士奴中局領。

第三段　論發軍需物料

第十二款　造有子藥及有藥無子之槍子，所用火藥應照七十一式槍藥章程辦理。多少之數，則聽候兵部管戰股示諭，然後砲隊廠一一預備。

第十三款　小鉛子，除第八款所言各砲隊廠應造小半數外，每年再由官砲隊廠製造。中局將槍子數目清單交於大營長，該營長將應用若干數目，每年七月初一報告兵部管戰股，再由管戰股行知槍局查明，按數預備齊全，送與中局。此項槍子，登齊希、士旦丁、布雷士羅三廠，應由登齊希軍需局發給；柏林、漢諾威、可伯侖三廠，應由司邦達軍需局發給；愛而甫、卡而士奴二廠，應由愛而甫軍需局發給。

第十四款　槍子銅帽，將來由軍需局製造。此時如有保人，亦可交他廠製造。有子藥槍子應用銅帽以及小鉛子，每年七月初一由大營長報知兵部管戰股辦理。每年由砲隊廠漆銅帽。無論新造重做，發出中局各廠時，均須一律，並照三十六款章程裝箱。裝時分别有漆無漆，或新造，或重做，再標明某廠記號。其記號，亦須一律。倘不能，則槍子務要一式，或發整子，或發兩節合成之子。若中局自用有子藥、有藥無子及操演空子之各項槍子，每年六月初一報知大營長。該營長應將手下砲隊廠所存銅殼取用。如欲省運費，則向鄰近砲隊廠借用亦可。若缺少空子及銅殼，應將造有藥無子之銅殼取用；缺少有藥無子槍子，應將已經用過銅殼、欲重做有子藥槍子者取用。以上取用各項，應有中局大營長之諭方可。

第十五款　引火一物，應由他廠製造。所用引火、大小鉛子、銅殼三項，每年七月初一由大營長報知兵部管戰股。

第十六款　蠟底、紙底、包小鉛子紙捲及墊鉛子紙托，均由中局直向司邦達製造廠購用，每年六月初一先行通知該廠。

第十七款　裝有子藥及有藥無子兩項槍子之紙匣，如大營長欲惜費，不交專廠製造，則可交各砲廠分造。其查驗紙匣，應照三十六款、三十七款造七十一式槍子章程辦理。各砲隊廠應留一紙匣式樣，以便比較。

第十八款　中局若印記號單，應托司邦達砲隊廠經辦。每年正月初一，須將應印數目通知該廠，以便應時辦妥。

第十九款　裝有子藥槍子之小箱、有藥無子槍子之方箱、大鉛子箱、法國式樣鉛子箱、軍需箱等項，中局每年六月初一應報知步隊大營長。該營長即令手下步砲隊廠，將收存各箱取用；或由鄰近大營長向近處砲隊廠借用亦可。倘不敷用，則每年七月初一大營長報知兵部管戰股。

第二十款　置辦小件軍需油繩等物料，照現在章程，應由各砲隊廠自行辦理。大件物料如漆槍子之油桶，則不必先爲預備。

第二十一款　造有子藥及有藥無子兩項槍子所用之火藥，由兵部管戰股發給。

第二十二款　應用小鉛子，除第八款所言自行製造外，每年五月初一報知步砲隊大營長，由中局領給。

第二十三款　馬隊、步砲隊、輜重營三處每年所用操演之有子藥槍子及銅帽，應在備戰未經上漆之槍子取用。有藥無子之槍子及操演空子所用銅帽，暨上説備戰之槍子銅帽，每年五月初一稟報時，如不敷數，向中局領取，或照三十五款所言之大營取來補足。

第二十四款　應用引火、蠟底、紙底、紙捲、墊鉛子紙托以及裝槍子箱，每年五月初一由大營報知大營長，中局營長將存留各件發給。以上各件係爲輜重營、馬隊營用。若大營需此，可於管下各砲隊廠取用，以省運費。其木箱，或由鄰近各砲隊廠取用亦可。

第二十五款　有子藥及有藥無子兩項槍子所用紙匣、記號單、木箱及小件軍需物料如油繩等之類，砲隊廠與中局皆係一律章程，應比較十七、十八、二十等款。

第二十六款　驗槍廠所造之槍，應用有子藥槍子。其肥油、銅帽、引火等物，如槍子非槍廠所造者，則肥油等物不必由該廠供給，應歸官槍廠開單，向兵部管戰股請給。若欲節省運費，暫由槍廠借用亦可，每年年終將借用數目報知砲隊廠。

第四段　論砲隊廠備齊軍需發給兵丁

第二十七款　大營長應令手下各砲隊廠兵丁隨時操演，應用軍需，須要發足。平時尤須備足，一免向兵部取用，二免此廠借用彼廠。若用有子藥及有

藥無子兩項槍子,應照一千八百七十二年爲操演軍需所立大概章程甲段,略爲更改。所改如下:

章程内第四款,除操演武員學堂自造槍子,其餘兵丁均不令自造。

七款,各砲臺砲隊廠爲馬隊、步隊、輜重營,如二款所言,造有子藥槍子,不必歸入備戰軍需之内,每年仍供操演之用可也。再,備戰備足之上漆槍子,不必發出,應將未上漆之槍子發出操演。

八款,若無大箱,則將有藥無子槍子裝在小箱發給兵丁,亦無不可。惟有子藥槍子發出時,應裝在小箱内。借給兵丁所用裝槍子木箱及裝小鉛子之匣,務令愛惜,不可損壞。

十一款,兵丁所用槍子,應由提督諭知砲隊廠購買。所有買價及運費,均由該廠支付。今將大約價目列下:七十一式有子藥槍子,連銅帽在内,每一千粒三十五他拉;每他拉爲三馬克。重做之槍子,每千粒三十一他拉;有藥無子槍子,連銅帽,每千粒二十七他拉;重做者,每千粒二十三他拉;操演空子,連銅帽,每千粒二十二他拉。發給兵丁有子藥及有藥無子兩項槍子,應給重做之槍子。若砲廠無存,則發新造之槍子,仍照重做之槍子核價,每千粒三十一他拉至二十三他拉。兵丁操演空子,初次所發,不必算價,每人十粒。若馬隊、步隊、輜重營三項兵丁,則每發五粒。修理不合用之空子及添補數目,令兵丁從事。所需修費,應照三十九款所言兵丁所得廢銅殼之價支用。若兵丁出戰，所有空子交於備調之兵收管。有子藥槍子未上油者，應存於砲隊廠。兵丁領至一千粒，即給肥油一百八十葛稜麽，令其自上，並令預備盛油器具。

第二十八款　備調兵丁所用物件，應遵照現有條款辦理。有子藥槍子，未出戰以前由砲隊廠取來。無論何項兵丁，接到後，速即上油。其油應得多少，亦由砲隊廠照章給發。盛油器具，兵丁自備。戰兵補發槍子，應由砲隊廠將油上好發給。除上説應發之油外，更須多備一分，以便兵丁皮袋内所裝之槍子上油，應由砲隊廠發給。其油在兵丁車上及軍需車上者，均應裝在一桶，帶至戰場。

第五段　論操演後兵丁繳回用剩槍子銅殼及放出拾回之鉛子等

第二十九款　一千八百七十二年大概章程乙段：操演後，兵丁用剩軍需，應繳砲隊廠。凡繳回七十一式槍子及修理物料，均照此章程辦理，並將以下所開數條補入：

補第二款，兵丁操演時，放過槍子之銅殼，無論能用與否，及拾回之鉛子，均係官物，應一一繳回砲隊廠。其應繳之槍子銅殼，除照五款所言揩抹乾净外，須分别能用與否，並參用七十一式步隊槍子章程。孤苦院所收之武學生及亞拿布而希養育院小學生，其放過槍子銅殼，無庸令其揩抹乾净，即可繳回柏林、司邦達、土爾哥砲隊廠，以示體恤。裝揩抹乾净之銅殼，可用裝過槍子之大小箱裝之。但須先裝紙匣，然後入箱。若匣有不敷，則散放箱内亦可。惟箱之空處，應用紙條塞緊，恐防碰壞。繳回未揩抹乾净之銅殼，砲隊廠應預備合式空箱，以便改裝。裝有子藥槍子及有藥無子槍子之用過空紙匣，如無積垢損破等事，應視爲官物，須繳回砲隊廠，以裝過槍子之空箱裝之。其裝法與裝有槍子之紙匣同。

補第三款，兵丁繳回放出後拾回之鉛子，每一千粒應作二十五啓羅即五十斤。算。有子藥及有藥無子兩項槍子放過之銅殼，應照以下所定分數繳回，繳時無須給價。步隊營、獵營、善槍營、輜重營、鐵路營、各步砲隊營、砲隊學習營、備調營、小武弁學堂等，每用百粒，應繳八十粒。馬隊營、武弁習騎學堂，每百粒繳四十粒。砲臺操演及迎送上官用去有藥無子之槍子，亦須登數。此外，各武學堂所用過有子藥及有藥無子兩項槍子之銅殼，均要繳回，無庸給價。除官槍廠驗槍處不計外，所有兵丁，各學堂、孤苦院之武學生及他項武學生、亞拿布而希養育院小學生、演習武弁學堂等處，繳回裝槍子之紙匣，既能足數，又無積垢者，應酌量給價。其價附後。兵丁應繳回砲隊廠用過之銅殼，愈早愈妙。蓋過於日久，恐生銹也。繳用過銅殼，第一宜節省運費。每年應繳四次有藥無子之銅殼，未經揩抹者在秋操以後繳，其餘則分三季繳。演習武弁學堂，於操演事畢後，所存未放槍子及用過有子藥、有藥無子槍子之銅殼暨裝槍子空紙匣,均無庸繳回,仍舊存堂,以供下次操演之用。尚有用過空子之銅殼及廢銅殼,應繳回司邦達砲隊廠,守取收條存案。按照二十六款,驗槍廠需用有子藥槍子,應由砲隊廠發交槍廠。槍廠用過之槍子銅殼,欲節省運費者,可由該槍廠就近重做有藥無子槍子及空子,並修理廢銅管。一切章程,照三十款辦理。驗槍官用過之槍子銅殼,應照第五款所言,令兵丁先行揩抹一次,交於鄰近砲隊廠之軍需局。尚有用過空紙匣及木桶〔箱〕,須將紙匣裝於木箱内,繳回官槍廠。用過之紙匣、木桶〔箱〕,應繳回該處之砲隊廠。

補第五款,兵丁應繳回之鉛〈子〉及銅殼,倘所繳逾於定額,假如多繳鉛〈子〉五十啓羅,即一百斤。應賞給一百四十五粒有子藥槍子,或給一百九十六粒有藥無子槍子,或給二百零五粒空子;如多繳銅殼一千個,無論能用與否,應給九十粒有子藥槍子,或給一百二十一粒有藥無子槍子,或給一百二十六粒空子;如多繳裝槍子之空紙匣一千個尚堪用者,應給一百八十粒有子藥槍子,或給二百四十二粒有藥無子槍子,或給二百五十二粒空子。以上所給有子藥及有藥無子兩項槍子,皆係七十一式,或新造,或重做,均可。如兵丁繳回之廢銅殼,經砲隊廠委員查明,實非有心損壞者,每一個給價一分尼。如繳裝槍子之空紙匣,驗明尚堪用者,每個給價二分尼。槍子如係兵丁自買,抑或以物換來,不在發給操演之數者,若亦將用過之銅殼繳呈,仍照上章給價。以上應給之價,須派人查核,以及查明砲廠繳回銅殼、紙匣等數,各事均須按章辦理。揩抹乾净槍子銅殼器具及肥油等,第一次應由砲隊廠知照中局給價購買,以後尚須添置器具及買油等事,以及補買缺數空子,暨照一千八百七十二年章程乙段第五所言。每年操演軍需應補缺數零星小件者,均應由兵丁所得銅殼、紙匣各價自行支買。再,槍子失去之引火及廢紙匣,均免繳。

第六段 論兵丁繳回砲隊廠銅殼、紙匣

第三十款 兵丁將用過槍子上之銅殼繳回砲隊廠,應將各項銅殼分類,按照造七十一式槍子第五款甲所載章程辦理:一、該砲隊廠查驗委員不必等候銅殼揩抹乾净,即須首先查明有子藥及有藥無子兩項槍子用過之銅殼,能用與不能用者,分別記明;二、將有藥無子及空子用過之銅殼存於砲隊廠,照第五款丁章程辦理;三、將空子用過銅殼聚積一處,統交第一號步砲隊大營,第一季送交第二號步砲隊大營,第二季送交第三號步砲隊大營,第三季送交第四號步砲隊大營,第四季將舊銅直交司邦達火藥局。該局收到後,每重一啓羅,給價十分尼。裝揩净之銅殼,將砲隊廠收回、曾經裝過蠟底、紙底、紙捲、墊鉛子之紙托各小箱裝之。再有不敷,則用司邦達所存之大木箱裝之。倘得數過多,仍將餘箱送回。能重做有子藥槍子之銅殼,各砲隊廠於每季之中月,送交各官槍廠。官槍廠應照十三款所言,聽候中局示諭,定明分送何處,再行辦理;並照十一款所言,砲隊廠與中局之[事]辦理運送銅殼時,應用紙包及七十一式銅殼箱,裝時須要分清號數;再照三十六款,標明各廠名目。裝物器具,砲隊廠可向中局請領。若缺少紙包,應添新的;若少七十一式箱,則用大箱代之亦可。登齊希、司邦達、愛而甫三處軍需局如用銅殼,可向砲隊廠取來修好。其所取之數及紙包、木箱,每至年終須要結賬一次。所有發交砲隊廠之銅殼,軍需局須立刻修好發出。該局修理時,如有不合用之銅殼或尚可改做有藥無子及空子之槍子者,亦可發給砲隊廠。能做有子藥槍子之銅殼,兵部管戰股如示知分派何處若干,亦須登賬。所有軍需局修理揩净銅殼及上漆之事,此項費用,砲隊廠無須算還。

第三十一款　裝有藥無子槍子之紙匣,應存砲隊廠。裝有子藥槍子之紙匣,每年第一季須送交中局。

第三十二款　砲隊廠所存裝過有子藥槍子之木箱,可照三十一款所言之紙匣裝滿箱内,每季之首即送交中局。中局所存裝槍子之紙包、小木箱,應照需用數目,發交有軍需局之砲隊廠。如軍需局要用,該砲廠即須交付。裝過引火之洋鐵匣及木箱,均須照舊裝好。每箱裝一百二十匣,外面只須加鎖,無庸封鉛,仍貼上封皮。其匣上、箱上原貼號單,須要塗抹,以免混淆。每年春季,由砲隊廠解交中局。中局每年六月初一,將收過箱數報知步砲隊大營驗槍廠,以便該廠隨時知照取用。裝過蠟底、紙底、紙捲、墊鉛子紙托之木箱,砲隊廠可將廢銅殼揩净,裝在此種箱内，分記清楚，送交司邦達火藥局，照該局查驗委員所定價值收取。運送兵丁拾回之鉛子及裝鉛子之匣、裝引火木箱各事，均另有章程辦理。

第七段　論儲放及運送軍火、物料各法

第三十三款　一千八百四十五年在柏林所定章程，係爲太平時儲放軍火、物料及工匠建造房屋、收存火藥各法。其儲放火藥，即照一千八百六十三年二月初十補第五章管理軍火、物料之法辦理。備戰軍需如有缺乏，所有馬隊、步砲隊、輜重營自行製造之軍需，不得以之添補，須向砲隊廠借存留之軍需補之。

第三十四款　砲隊廠如何收存軍火，應照一千八百六十五年所定第六章之法辦理。砲隊廠查驗造成槍子及驗引火、銅殼、銅帽、鉛子等項之各器具，均須立一程式，使所驗之物各就範圍，按時將查驗各物之器具送交司邦達槍廠，如法查驗。該槍廠於收到後，即須趕緊查驗。其器具用畢，應於何時送還，可由砲隊廠定一限期。今將砲隊廠將前項器具送交司邦達槍廠日期，自一千八百七十五年起，開列於下：第一季由第一號步砲隊大營送，第二季由第二號步砲隊大營送，第三季由第三號步砲隊大營送，第四季由第四號步砲隊大營送。以上各大營所送司邦達槍廠之器具，均須標明記號。若有損壞及不合式之處，亦須逐一注明。其損壞及不合式之器具，即由司邦達槍廠代爲換新。該價若干，向砲隊廠收取。若各砲隊廠欲修理造槍子等項大機器，而該處不能修者，可運往司邦達槍廠及砲隊廠，或威定地方之製造局代修。惟必須交與製造七十一式槍子廠修理，方爲合用。倘威定無此等製造廠，則先將小件器具自行修理。

第三十五款　儲放軍火最要者，引火一物。砲隊廠應隨時親自查驗，别其能用不能用。惟如何分别之法，此次未定，只好暫將新舊兩項軍火比較，以分優劣。裝槍子及裝引火木箱，其中之物如已查過，則於箱面上標明“某年月日查驗訖”字樣。若所存軍火物料過於年久，不能以之備戰陣之用者，則易以新料。其舊料，擇其稍好者，製造有子藥槍子；次者造有子無藥槍子，以供平日操演之用。所易新料内，有槍子一項，應向中局領取。上漆銅殼，無論新造重做，均應趕緊造成有子藥槍子，以備戰陣之用，不得遲誤。中局所存軍火，亦應隨時查驗。如有缺少、不合用等事，無論本局自用或各砲隊廠領用者，均宜速辦。若非中局之砲隊廠，則無須照此辦法。蓋此外各廠，需用無多，且可由中局給發也。各砲隊廠與中局軍需，如銅殼、引火、蠟底、紙底、紙捲、做油之黄蠟等，倘有不合用者，每年五月初一，應報之大營長，該營長即分别匀補。惟各廠須俟請補之物解到後，方可將不合用之物抽出。

第三十六款　裝銅殼木箱，内高二十生特半，長一百零七生特，寬五十三生特，板厚二生特，四角用鉛包固，箱底及蓋均用螺絲釘旋緊。銅殼每五十個裝入一堅固紙匣，每三個爲一行，挨次排放。每箱裝二百匣,計一萬個。查驗官於查點後,在箱面烙上火漆,貼上號單,如甲。其餘用過空箱,若以之裝銅殼,亦應一律貼上號單。銅殼在紙匣或在木箱運送及儲放時,須收拾妥當。裝有藥無子及空子之銅殼,如砲隊廠之木箱已經用完,則用大木箱裝亦可。須排鬆安放,不宜太擠。其空處,則用紙條塞緊。儲放之所,尤宜乾潔。

甲　銅殼一萬個　新造　重做
備造有子藥或有藥無子或空子各項槍子
某廠　已上漆
某年月日查驗訖
查驗官某
監驗官某

第三十七款　廠中發交銅帽上引火,用厚紙包好封固。每包計六洋鐵匣,每匣引火一千個。匣高三十一密里,内襯以紙。匣面貼上號單,如乙。包之兩端,亦貼上號單,如丙、如丁。每二十包裝一洋鐵箱,裏高二百二十密里,寬三百四十二密里,長四百二十密里,底、蓋厚十三密里,墻厚二十六密里,四角包鉛,空處加紙條塞緊,合口處封以鉛,蓋上加木板,旋以螺絲,外貼號單,如戊。以上或包或箱,運送及儲放時須收拾妥當,儲放之所尤宜乾潔。開用時,照一千八百七十四年三月十四兵部示知第一百二十七號章程辦理。其不能用之引火,無須存於砲隊廠。鉛子應放在裝鉛子之箱。運送時,恐防鉛子碰壞,凡空處須填以木屑。每箱大約裝二千五百個。因照章係按斤兩裝箱,非計數裝放也。裝好後,箱面貼上號單,如己。鉛子皆連於銅殼上,最忌生銹,儲放之所宜格外乾潔。無論運送、儲放,均照上法妥爲辦理。

乙	七十一式引火一千個 某廠 某年月日查驗訖

丙	七十一式引火六千個 某廠 某年月日查驗訖

丁	 查驗官某 監驗官某

戊	七十一式引火十二萬個 某廠 某年月日查驗訖

己	七十一式鉛子二千五百個 斤兩 皮重 淨重 連皮共重若干啓羅 某廠　某年月日查驗訖 查驗官某 監驗官某

第三十九款[一] 裝蠟底、紙底、紙捲、墊鉛子紙托，分爲四法。

一、裝蠟底，每二萬五千個裝一小木箱，其數目以斤兩定之，摻以白粉，防其彼此粘住。其粉約用一千分啓羅之一百二十。箱之合口處用膠紙粘緊，防蠟底漏出，然後再捆以繩。箱面貼一號單，長一百一十生特，寬七十生特，上寫如庚。

一、裝紙底，照所定斤兩裝入小木箱，每箱除皮净重七啓羅半。箱之外面，均照裝蠟底之法辦理，上貼號單，如辛。

一、裝紙捲，每五十條用綫扎緊，每二十扎裝一紙匣，五扎爲一皮〔?〕。每匣計一萬條，每箱裝十五匣。箱外捆繩，上貼號單，如壬。

一、裝墊鉛子紙托，按次序放在裝銅帽之小匣，每匣計十三萬五千片。匣外旋以螺釘，貼上號單，如癸。

以上儲放，除蠟底宜擇透風處，餘皆放在乾潔密室。附説：做肥油之黄蠟，此蠟裝在小匣，放在透風潔净處，須小心看管，恐爲鼠傷。

庚	七十一式有子藥槍子 所用蠟底二萬五千個 某廠 某年月日

[一] 原缺"第三十八款"。

辛	七十一式有子藥槍子 所用紙底重七啓羅半 某廠 某年月日

壬	七十一式有子藥槍子所用 紙捲一十五萬條 某廠 某年月日

癸	七十一式有子藥槍子所用 墊鉛子紙托一十三萬五千片 某廠 某年月日

第四十款　紙匣應排放箱内,擇乾潔處儲放。

第四十一款　儲放七十一式槍子所用之火藥,與儲放别種火藥之法同。惟太平時,儲放之所尤宜格外乾潔。其火藥桶外面,貼上號單,如子。

子	七十一式槍藥 五十啓羅半 某廠某年某月日 查驗官戳記

第四十二款　裝有子藥槍子,專用裝鉛子之小木箱裝之,照七十一式製造槍子議定章程辦理。無論運送儲放,均須收拾妥當。惟於儲放處,或由匣取子,或由箱内取整匣之子,均非所宜。至於儲放處

所,尤宜乾潔。箱蓋及邊旁,貼上號單,如丑。裝槍子之藍紙匣外,用印就之號單貼上,如寅。每一紙匣裝子二十粒,其重有一百分啓羅之八十七,十粒重一百分啓羅之四十八。裝足一箱,通扯重四十六啓羅半。

丑　七十一式有子藥槍子九百六十粒
上漆銅殼所做之子應加一記號
某年月日在
某處砲隊廠造

寅　七十一式有子藥槍子十粒或二十粒
某年月日在　某砲隊廠造
某廠銅殼
用過銅殼重做之子
上漆銅殼所做之子
某廠某年月日發出引火

第四十三款　裝有藥無子槍子,專用裝大鉛子之箱裝之,照七十一式造有藥無子槍子章程辦理。或用裝別種鉛子方箱,或用法國式樣之軍火箱裝之,亦可。再有不敷,則以裝鉛子箱代之。無論運送儲放,均收拾妥當。箱面貼上白紙號單,如卯。再,此種箱裝好後,在火藥局内不准任便開取。裝槍子紅紙匣外,貼印就之號單,如辰。一大箱裝二千二百四十粒,一小箱裝一千零六十粒。一紅紙匣裝滿槍子,重一百分啓羅之三十九。一大箱通扯重五十一啓羅半,一小箱通扯二十五啓羅八。

卯	七十一式有藥無子槍子 某年月日在 某砲隊廠造

辰	七十一式有藥無子槍子二十粒 某年月日在 某砲隊廠造 某年某廠發出引火

第四十四款　儲放空槍子,不可令其生銹,且防木箱裂縫,應放在乾潔之所。裝時,不論用何項木箱安放。惟運送時,空處須用紙條塞緊。箱面貼上號單,如巳。

巳	七十一式 空槍子若干

柏林　一千八百七十四年二月

代兵部大臣芬我衣剌額來剌
兵部管戰股額勞登陪爾士同畫押

雷艇説英國湯迎克老甫廠監工長唐淳真在倫敦武備會歷年宣講之文。今先以光緒三年之論冠之,次述其光緒七年申論近年雷艇日精之故。

光緒三年武備會,唐淳真云:始購湯迎克老甫艇者挪威國,長五十七尺,寬七尺六寸,入水三尺,速率十四海里,以鋼角條、鋼皮造成,而分爲六格,其中二格爲料物,二格爲人居,又二格爲機鍋及運舵機艙,上蓋以十六分寸三之鋼皮。其後湯迎克老甫思得新式暗輪,用於丹麥、瑞典所購之艇。瑞典艇速率約十四海里七,丹麥艇速率十五海里又八之五,雖艇身甚輕而頗堅固。其後奧、法所購者,計行十五及十八海里,各有銅殼之水雷;奧國之殼内有十一立方生脫邁當之空積,法國之殼内可裝代阿邁特曝〔爆〕藥二十五啓羅;奧國艇載於大船運回,法國艇由七瑞克自駛回。法在削浦試演,由艇前轟發曝〔爆〕藥,不至有險,以後遂議不用旁桿。至光緒三年和、義兩國在湯迎克老甫廠訂購雷艇,長七十六尺,寬十尺,速十八海里。和國仍用桿雷,義國則用魚雷。該廠又代英國造一電光雷艇,約速十八海里,長八十四尺,寬十尺十寸,略有波浪亦可行駛;及試演時能行十九海里十之四,惟魚雷不在艇上。今年本廠代法國造六艇,長八十七尺,寬十尺十寸。又思造速率二十五海里之艇。今英國水師只有此電光一快船,而他國添造者已不少,因此艇聲息甚微,便於伺擊敵船也。

是日,船主士告德駁之,云倘魚雷尾有阻處,即回駛而傷己船,不如用海耳之旋火箭式,即一萬五千尺之遠亦能傷敵船也。

唐淖真云:挪威之艇計值一千八百至三千四百鎊,和國之長七十六尺者值四千七百六十鎊,英國之電光艇五千二百五十鎊,法國之長八十七尺者五千五百鎊。俱無桅帆,如全力行數點鐘,煤即燃盡。艇上又可置一輕小之砲。

又一人曰,美國南北之戰已有雷艇轟好沙托尼克兵船,而雷艇旋亦沉溺。倫敦《台母士報》有人謂今俄土之戰,有泅水者能割伏雷之電綫。伏雷不須精巧之人用之,而雷艇既須狙擊極準、發雷恰好、退回極速而毫無畏怯,苟有偶誤,全功盡廢,故惟有日日操熟之一法。其掌雷艇之員,須有精心定志,方無失誤;假如已試一桿雷有藥五十磅,在水綫下六尺,僅在船旁轟裂而不傷敵船,故欲傷敵船,必深於六尺,因愈深則愈猛也,故水雷有自傷之險,不可不慎。

是日有新鶴爾在座,係英國抱士穆次水雷操船勿蘇非阿士之船主,宣言曰:今各國皆擬專用魚雷以擊大艇,因遞年增船旁甲之厚以禦砲子,而不能增底之厚以阻魚雷,惟魚雷可以攻其船底。欲防魚雷只有二法,一爲多備小艇邏巡以防之,如小月之繞行,一爲裙網迴環以防之。然小艇太多,瑣碎而不能調度,總須大船自發魚雷爲妥,衆小艇亦無所用之。至於裙網重笨,難於行動,須有阻水力小而阻雷力大者方可用,然近來呑鋒羅船試得裙網易於洞穿,則裙網終不濟事。近又思以鏈子作網,厚四十六分寸之五,而懷台氏魚雷亦洞穿之,因網在水中,如堅壁不讓,受魚雷之重積力甚猛也。其後又造鋼索之網,則漸有讓力而魚雷不至直穿,可阻魚雷在網外轟發矣。

光緒七年,唐淖真又論四年以來雷艇長進情形,曰:近年各件軍火日精,而雷艇之加精尤速。其加精均由詳試而得，且合各國之心思才力，各有專門之員日夕討論，故能速於加精。而除土俄之戰及秘智之戰外，别無實在用之，只憑試演所有見識而已。然俄土之役非真雷艇，不過用輪船舢板，其速尚不及多淖河之水力。昔英、和、法、義各國之雷艇不同，近三年來各國只有二種，一爲裝於大船之艇，一爲自行赴敵之艇，英國命之爲一等、二等。

今先論二等艇。凡二等艇又分爲二類，一爲魚雷，一爲桿雷。其有魚雷者又分爲二，一爲艇旁懸架，一爲艇首藏筒，以氣推送魚雷。其運艇之機器，或用暗輪，或用噴水之法。其鍋爐又分爲二，一爲火車式，一爲海拉士好甫之多管爐。向來所造桿雷之艇，俱用暗輪。從前代瑞典所造者皆平時舢板，只汽機鍋爐上加以艙面，而暗輪在舵後。此等艇於光緒五年送回英國，今本廠修改艇尾，而置舵於暗輪之後，用之更爲靈便，汽機上增以吹風器，令火更熱。其後挪威艇亦送回英國，改置更大之鍋爐，雖不能加速，然能如原速率行之更久，是艇後拖有哈非之雷。丹麥之艇亦送回本廠，但改速率得十五海里八八，又船上加送雷之架及魚雷二尾。

按：英國二等雷艇之式如第一圖，爲艇旁帶有魚雷架，左右各有一曲架以懸魚雷，可由艇面放至艇旁水中，令魚軸與船中綫平行。然用時必減速率三海里，因出架時由魚雷自行，故不必令艇太速也。本廠第一次售於英者前柱直立，第二次者前有尖嘴；第一次者汽機、鍋、煤共一艙，第二次者中有隔壁。今本廠代英國海部造二等艇，如第二圖，舊式長六十尺六寸，新式者長六十三尺；又舊式用艇旁架者，今於艇首左右各置一槽以承魚雷。魚槽後面有一氣筒，内徑四寸八十六，鞲鞴推路七尺，可藉以推送魚雷，欲其始行甚快也。此艇有康邦汽機，小管凝水，馬力一百五十匹。如凝水櫃傷損，則可將用過之氣洩去之。一切抽水器俱可作洩漏水之用，每點鐘可抽水七十五噸，即八分半時所抽之水與本艇之壓水力相等。經海部派員驗明，雖有破漏，永無沉覆之患。隔水壁有閘門，可放水入機艙之井，係用二管從鍋爐下通過之。

又有一要事，如第四圖，光緒五年所創，係海拉士好甫艇，從美國來，生火時成湯氣甚速，是從鍋底如一噴湯氣之法。有一管及蓋門相連，其門與吹風機之湯氣管相連，係從大船鍋爐及大漲力之湯氣用軟管至蓋門，即可於吹風機運動時，吸以入本艇鍋爐，俾鍋中湯氣速成。本廠所造第五十六號艇始用此法。其後光緒五年西十二月三十一日在抱士穆次試演，以與海拉士好甫艇相較。其時鍋中有冷水，海拉士於午初六分，第五十六號艇於午初五分五秒，同時有一拖船在旁，遂運拖船之湯氣以入蓋門；至午初十四分二秒，即歷八分二秒，海拉士已有九十磅汽，即駛去；五十六號艇於午初十五分二秒，即歷九分五十七秒，有六十磅汽，亦駛去；同至海口沙嘴之浮表，第五十六艇於午初二十七分五十六秒行過，即自生火起歷二十二分五十一秒，海拉士於午初三十分三十秒行過，即生火起歷二十四分三十秒。所以本廠之第五十六艇仍速於海拉士艇，海部遂定用此噴汽之法。

本廠第一批出售於英海部之艇，機艙、鍋艙尚無隔壁。亦在抱士穆次試其浮力，其時以水滿儲於舵工艙中，而浮力如故，人皆異之。此種艇既備齊時重十噸半，在測準海里處試得速率十四海里四之一。可裝於大兵船上，艇面有四鐵圈可以起卸，如第一、二、三圖。其起卸之法有無損傷，係在水雷練船黑克喇上試懸一周日，毫無疵病，係著力於龍骨之故。前兩年夜間試艇時，與他艇相碰，被碰者隔間滿水而不沉，碰之者只擠壞船頭而已，其兩艇如第七圖。今湯迎克老甫艇有堅固之嘴，可以碰他艇。此艇之擺心高於重心八分尺之一至十分尺之一，測至七十九度爲不覆之限，其不覆之力之最大者，在測四十九度之時。

另有一種二等艇，用噴水力行動，而不用暗輪，海部近來與本廠商造此艇。其汽機大致已定，其略圖如第三圖。上面視之，鍋艙與他艇同，惟機艙無暗輪，而有風扇式之吸水器。其汽機爲平卧之康邦式，有直立之軸，以汽桿摇之，不加齒輪。其水扇在深處，使常有水蓋之，且易於運動。或謂扇内常有水，其始動甚爲費力，如用暗輪，則水過暗輪與船速相同，今用水扇，則先令水動迫令速行，且水之出入處受面阻力之耗。故今新造之艇,進水向前,令水流過水扇而出後管,與艇之速率相同。然出口應在何處尚未算定,如在水上,則取高其水,耗力甚多;如在水下,則曳動其管,耗力亦多。此等小艇,何能抵華得回次水力船之力?安能受此阻力耶?然有二利,一爲易於旋動,一爲不患漏水,惟利害不能相抵耳。其他凝水、吹風等器與他艇相同,馬力一百匹,其速率不能預算,或謂大約有十三四海里。

本廠於光緒六年計造二等艇二十號,其代海部造者内有二艇用海拉士好甫之爐式,仍爲試演此爐之用。海拉士之爐如第四圖,有雙螺盤之熟鐵管,令新添之水從最凉處添入,漸熱而至最熱處生汽,其出汽之處有分開汽、水之筒,從此仍回於鍋,以爲新添之水。汽桿每一推動,其運入之水,略多於耗費之水。倘爐有炸裂,因水不多,不甚危險。倘船行更快、更慢,其鍋内漲力亦應略加、略減。故生火者,非熟手,必不能調劑得宜。如汽機忽停,火箱内之火尚多,則有燒毁螺管之弊。故今本廠所改者,儲水較多,以免此險。其法係專添一器,凝鍋内湯氣爲水以添入鍋中,俾汽機一停,即汽凝爲水也。此爐之利,一爲成汽甚速,一爲曝〔爆〕裂不至傷人,且其管曾用水力每方寸試至一千磅,及造竣後又以水力加倍試之。又思減省其料,以便輕於他爐,但恐用煤更多耳。然皆不能預定,因新艇尚未成,而已有之海拉士艇又未必佳也。

本廠又代阿真定國造桿雷之二等艇，如第五圖。其桿置於艙面，易於伸插入水，係鋼皮之空管，以十二塊合成，如剖面圖，其高下左右不患折斷。其推桿之法，有推送之盤車在舵輪艙，司舵者可隨意發之。其相連係用鋼絲，其桿雷能送至艇首前二十六尺，而在水綫下九尺爲恰合。其桿首用馬格依弗新法之兩用引火桿雷，有圓片可以螺絲開閉，以裝棉藥，其“吧”處可裝引火電池，早〔桿?〕與接連，令引火可碰發，亦可手發。如碰發，則“吧”即縮入而聯成電周；如手發，則“味”、“味′”兩綫亦可成周。其電池用勒克郎瑞法，四瓶。此桿雷較從前更良，不但引火穩當，且裝藥亦便，前有傘骨式，不論何方相碰，俱能着火。又，馬格依弗每電氣相接，必報以鈴，亦非善法。

以上俱論二等艇。

次論一等艇，如第十以下各圖。本廠售於英、法、義、丹等國者，皆有一等之艇。售於法者長六十七尺，他國不用之。售於和國、義國之數艘，長七十五尺，其後亦不再造，因各國欲造更大之艇也。代英國造之電光艇，計十二艘，其式如第十圖。長九十尺六寸，寬十尺十寸，艇前有嘴，艇後之尾尖而且淺，上有三魚雷，一在筒中，二在托中。雷筒似砲形，或向直前，或向左右，如艇行甚快，不如向旁射放爲妥，在四百邁之遠頗能中的。其推送魚雷，用一桿，以蓄氣送之。台姆士河試其速率，計裝三噸四之一，試得二十二海里〇一，係取試行六次之中數。在郎爾力治一海里處試之，及光緒六年正月裝六噸四之二，試得二十一海里七五。訂明用四百六十九匹馬力，若按合同，應行十八海里。而船身、汽機等於光緒七年俱已定局，其擺心高於重心一尺六七五，更不易側，亦可裝於大兵船，無所傷損。造竣後裝於兵船，一帶至直布陀，一帶至馬爾島。凡起卸此艇，用鋼絲徑四寸之三作辮，寬十二寸，此二辮剛在隔水壁之下絡之，其起卸時艙面加一横梁，不令艇之兩旁夾攏，從起重架至每辮帶另有轆轤。其裝往馬爾島之艇，試演時，行十六海里而誤碰於石礁，如第十四圖，猶幸碰損者俱在前面之艙，是以未沉。此次之誤碰，只因停車鈴鐺不靈之故，今後須凡有傳令、必有答應者爲妙。又有一法國雷艇，於光緒四年試得有十五海里之速率，誤碰於口外之石隄，雖有壓水法之墊，而所傷已多，如第十五圖：其一、二圖係未碰之時，三、四、五、六圖係已碰之後，凝水櫃亦震壞，其餘無損；火夫剛送煤入爐，灼壞其手，不久而殂。又有法國一艇，摇桿軟墊處損壞。此外，本廠代法國又造十六艇，則毫無别弊矣。

光緒四年本廠代丹麥造一艇，長九十四尺，寬十一尺。在測定一海里處，試得速率二十一海里三二；在台姆河口又試裝六噸又三之二，行三點鐘，每一點鐘速率二十海里二三。是艇有雷筒一，内徑十四寸，與近來代義大利造者相同。第十一圖爲義國頭等雷艇，其汽機力更大於英國所購之艇，大約可以更快。

義國之艇首有二雷筒，其魚雷入海時有三十海里之速率，雖艇之速率有三十二海里，而不患害己艇也。

今頭等艇之最良者爲丹國所訂，如第十二圖。長一百十尺，寬十二尺，合同雖訂十八海里，而大約能過之。其只須寬十二尺者係專造，此火車載以運送他口，可以出敵人之不意也。艇有四魚雷，長十九尺，二在筒中，二在托上，既發兩雷後再裝兩雷，不必在艙面施功也。英國之頭等艇只有三雷，俱長十四尺，且兩雷在艙面並無遮蓋。惟英國可向前斜射，而丹國只能直射，然當其斜過敵艦之旁，易受砲擊，不如丹國之直行爲妥。丹國又有湯氣噴水之法五具，每具每點鐘可抽去水二十噸。按合同，艇中裝重十二噸時，應有速率十八海里，來往各三次以取中數；但須先來往三次，又以全力行三點鐘，然後再來往三次。試得前三次中數二十海里六六，後三次中數二十海里一三，得總中數二十海里七六五。查得行一海里之暗輪一千一百七十五周，其三點鐘之久，計行七萬一百九十五周，計每點鐘十九海里九一，則較速於合同所訂二海里矣。是艇能裝煤十噸，若速率十一海里，則可行一千二百海里之遠。

其丹國能如此精良者，皆因丹國雷官精思數年而得之。其所以必雷長十九尺者，係丹國試得魚雷以棉藥最多、駛行最速者爲最妙，其棉藥用八十磅，按十八十九海里之速率，可行三千英尺。其艇不但有全隔壁，且有半隔壁。如雷艙有一半隔壁，如

"吃",前爲水手居住,後爲弁居住,各有艙門上通;雷艙與鍋艙間有雙層壁,中間滿以爐灰,不令傳熱。用火車式之鍋爐,有保護火夫之法,倘有汽管炸裂,亦不傷害。此法如第十三圖,用數塞門於爐灰門之前,令空氣進於爐栅之下,如氣之漲力弱,火櫃内有湯氣,則塞門自不能開;又恐火櫃湯氣甚多而漲開其壁,故另設一管如"午",上通於艙面,上有"丙"蓋,漲力大時丙蓋自開而汽可上洩矣;其火門上有堅固之梢,是以汽不能洩出以傷火夫也。此法與生火添煤亦無阻礙,從前和國艇之鍋中曾裂一管,幸有此法未傷火夫。丹國艇之汽機用六百馬力之康邦法,有小管凝水,汽筒外有汽殼,且有一切省煤之法。按合同,速率十海里時應能行一千海里之遠。艇内恒升車、運水車、添水入鍋之車,專有一汽機運之,俱可用以運送漏水。機艙後面有管輪居住之艙,有門通至機艙;其後有船主艙,只從艙面上下。除魚雷之外,又有荷乞開士砲,在令臺之上,不但可擊他艇,且可擊敵艦之連珠砲及敵艦之電燈。

以上各事俱已述明,吾思將來所有長進再預述之。其新法交戰非干我事,而雷艇所能爲之事,及其中如何難處,如何免其難處,皆可懸揣之。其最難者,凡雷艇必易爲連珠砲所傷,論者每慮既有此砲,即凡艇俱可廢矣。

今先以二等雷艇言之。此艇懸於大船,不過三艘,設遇兩艦交鋒,分派此艇,不足以迭擾敵艦,則敵艦之連珠砲固不難禦此三艇;然小艇甚速,可以常避在大艦之後行駛以庇護之,俟大砲交轟、煙燄瀰漫時,小艇忽乘隙駛出以狙擊之,敵人必不及防也。又或我十餘兵艦之雷艇,聚而專擊敵人之一艦,大約此事在夜間爲之,則敵艦之電燈、連珠砲必不能兼顧也;蓋電燈只能照我三艇,且既有電燈,則電燈不照之處更黑暗莫辨矣,況我各雷艇之連珠砲又能擊毁其電燈。從前美國南北交兵時,屢有小輪、舢板用桿雷以擾敵艦,敵艦有極精之槍猶不能阻之。今雖有荷士開士砲,而雷艇堅快遠勝於昔時之舢板,其能害敵艦有可必矣。昔以繩網等牽絆舢板之暗輪,猶未必能阻當時之舢板,況今之雷艇乎。如光緒五年西十月十六日抱士穆次夜間操雷艇之法,有電光艇被繩網絆縛暗輪,歷八點鐘之久不能行駛,然若用鐵絲籠以包暗輪,則不患繩網矣。或用湯迎克老甫之小暗輪,亦可不受絆縛,此小暗輪可在淺水行走。又,凡敵人有繩網等阻船之物,我可先用桿雷艇轟毁之。恐不濟事。吾以爲裝配於大艦之二等艇,應有數艘用魚雷,數艘用桿雷,且須酌加荷乞開士砲,各艇須有保護暗輪之法。故管帶一軍之水師提督,須監管一群各種雷艇:其一爲魚雷艇,可在一千二百及一千八百英尺處發之;其二爲桿雷艇,可奮勇先往,以毁阻物之物;其三有荷乞開士砲之艇,既可擊敵船之電燈,又可擊敵船之連珠砲,茍能擊毁之,則桿雷艇可接續争赴,或毁阻船之物,或徑毁大艦矣。如有此連珠砲之艇，則可夜間巡察，以伺敵人之雷艇，其艇首有嘴，且行駛甚速，大約能阻敵艇，不令近我大艦矣。今所用二等艇太小，恐不能用荷乞開士，莫妙於造略大之艇。長六十七尺，寬八尺半，速率十八海里，與法、奥國相同者，大約尚可裝入大艦；或謂太重不便，然全艇只重十五噸，不難載之，大約造船、行船者必能設法爲之也。

再以頭等艇言之，似較二等者難處更多，其交鋒時恐不及敵艦之得占便利。然此等艇不裝於大艦，故儘可多備此艇，且魚雷、桿雷之外，兼可備荷乞開士砲。如配以淖登飛砲，大約有大魚雷艇六艘，每艘有一淖登飛砲，以攻有六淖登飛之大艦，相距三千尺處，未必定能擊毁我艇，而我每艇射發一十九尺長之魚雷，大約可中敵艦。且此艇有十六分寸之三、斜二十度之鋼板，則敵人淖登飛砲在相距一千二百尺處尚不能洞穿，此時十四尺長之魚雷定能命中矣。其從相距三千尺行至相距一千二百尺處，用速率十八海里之艇，不過一分時耳，我艇連珠砲在令臺之上，雖不能擊壞大艦，却能奪大艦上砲手之膽，令其不能擊中我艇。此事已有實據，爲近來智利三雷艇，用桿雷及荷乞開士砲以攻秘魯之砲船，船有兩大砲及二三十人，被雷艇追趕而退於砲臺處，雖已擊沉一雷艇，然不得不畏之。據智利雷官申報云，倘無砲臺庇護，我三雷艇定能劫此砲船，因我艇荷乞開士砲能令秘魯砲船之人驚恐、不能定準也。

如將來英國與他國有海戰,須預造雷艇許多,布置於各口,俟敵人來攻某口,即以電報召他口之雷艇協同來攻,則必能劫之矣。如欲用雷艇以護海岸,須設立法制,嚴定章程,則是海部之職也。今法國在削浦有三四十雷艇日夜操練,幾無停息,各兵船之水手俱輪班在雷艇練習,我英國亦應仿辦此事。況本國及屬地俱須保護,則此事尤爲格外緊要乎。

今頭等雷艇尚須修改以臻妥善,即艙面下令臺前有一分半[一]分一寸爲八。之斜板,其在艙面以上者厚二分,亦係斜立,則淖登飛砲在一千二百尺之外不能洞穿矣。又,每艇應用連珠砲及桿雷,又須有護暗輪之法,以免繩網之牽絆也。

管理雷艇章程

亞羅廠主擬定管理雷艇之有康邦機、小管凝水及吹風助火者,須照以下章程。分兩宗,一爲船身六條,一爲機鍋二十四條。

第一條　凡管駕官,常須理會船身係薄鋼皮所成,時時保護,切不可有絲毫懈忽。

第二條　船身不論何處,須有油漆等免銹之物,切不可有一處露出鋼之本質。不論内外,見有擦去者即應修補。

第三條　管駕須常查内外有無發銹之處,見有

[一] 英寸的分數,即八分之一點五寸。

發銹，即須刮净其銹及舊漆，而再敷以新漆。每查一次，即須將查察、修補情形禀報一次。

第四條　欲免發銹，須於艇内數處不用漆；其不用漆之各處相離五六尺，此處安置白鉛板，其下抵於龍骨，俾得沾船内之漏水。此板須與横脅及他鋼料相密切。苞按：此法不妥，不如全用油漆，或全鍍白鉛。

第五條　管駕者又常須理會各處帽釘、螺釘有無鬆動，有鬆動則即須報知修理之官，急爲修整。其所以知爲鬆動者，因見釘蓋邊之漆有不平，或板之接縫處之漆有離紋，即知爲鬆動。一有此病，數點鐘即生銹矣。

第六條　凡有漏水，即須抽出。

第七條　凡初生火時，須令鍋中水高在水表管上界以下一寸。及開輪時即放去些，而令水面在火箱頂以上五寸。

第八條　除急於赴敵之外，凡生火一切俱須舒緩。大約自生火至足够開輪之時，須一小時或一小時半，則汽鍋可漸漸匀力漲大矣。

第九條　鍋中湯氣未足時，須開汽筒之螺門以洩所凝之水。此時倒車之機須恰在中界，可進可退，汽管内所有塞門未必全緊，故汽管内必有熱空氣及湯氣通入汽筒，以令漸熱。凡用進車、倒車之前，須先放去汽筒中之凝水，即偶停片刻即開輪者亦須如此。又，凡開輪之時，須將大汽門漸漸開之，以免汽力猛然驟入汽筒、汽管，以致傷損。

第十條　如汽力已足二三十磅，可運動抽水之機。是時須留心，令用過之汽可放入凝水櫃；是時須開船底之冷水門，又須令吹風機亦漸漸運動，足以減少鍋艙之熱度，使人可以站立；是時須開鍋艙上之艙口門，吹風器用過之氣，亦運至凝水櫃中。其汽未足二三十磅時，須先查火炕之門合否，爐門之挺簧靈便與否，其灰炕之匣須滿以水，有小孔可察其已滿與否。不論何時，凡欲動吹風機，須亦動抽水器。

第十一條　倘全力行走時忽欲停止，即放汽鍋之氣略入凝水櫃，以減其漲力，但此時常須抽水。

第十二條　所添汽機上之油，須用上號最净之猪油。

第十三條　艇行時，添水器無恙，鍋水不洩於汽筒，則鍋中之水常能匀平。如有以上二病，則或在機艙内，或在艙面，必見暖水井之管有水洩出。

第十四條　常用淡水，不得已時方添海水入鍋。仍須格外留心，不令其水洩之汽筒。又，所用淡水須常常更换，凡可换即須换之，庶不致傷鍋。

第十五條　如鍋内忽有小管損傷，則須趕速盡力行之，或令汽入凝水櫃以減其漲力，或以滅火器滅爐中之火以減其漲力。

第十六條　鍋爐可洗刷時必須洗刷之，查察有無弊病。既用至一年之後，將鍋爐及一切相連之件用壓水力試其堅否，但其力不可過於每方寸二百磅。既試後，詳細開單報明。如二百磅不見弊病，則用時可用湯氣至一百二十磅。如不及二百磅而有凸出或扭轉處，亦應詳細報明。又，鍋爐既用至二年後，即應每年遞減穩平門每方寸漲力十磅。又，須切記一切汽機係格外輕而且薄。又，湯氣管及各處受湯氣之件常有震動而料又輕薄，皆易於損壞，故亦須於試鍋時，兼查此汽管等件能否受二百磅之漲力。汽筒應用量器常量之，既見其磨薄甚多，則以壓水力試之。該艇之管輪者，應預備此量器。

第十七條　火箱常須查察，不但裏面及相連之殼有無弊病，其殼與箱相連之牽條有無損傷。如紅銅火箱在牽條間有漏水之處，此間積有渣滓，急須刮去。如渣滓在鐵火箱處，則此處即易迸裂，甚爲危險。

第十八條　鍋爐每十四日須潔净一次。若日日用者，即須日日潔净。每次須取去人孔之蓋，用皮管噴水入以洗之；又須開爐下之泥孔塞以令水出，但不必盡去其泥孔塞，恐水之流動太緩不能衝洗也。從鍋爐内流出之水須抽出艇外，不令積聚。既噴洗後，以燭照入，處處察看有無積穢油膩之物，有則必須去盡。

第十九條　凡艇當差一次而停止，其汽機與鍋爐中間相連之管、之螺門俱須閉緊。又凡吸水入船之處，亦須閉緊。其爐内之火須令緩緩暫冷，不可即刻爬盡，數點鐘後火既滅，方可爬出之。此時亦可放去爐内之熱水，如用湯氣噴出熱水，則只准用每方寸十磅之力。又須謹防他處之水誤入鍋爐。俟爐已全冷，然後可添新水。

第二十條　汽筒上之汽桿軟墊及他處軟墊，以不灰木護之。其抽水入鍋之軟墊，用棉紗浸油以包之。

第二十一條　如此艇出行略久，則應用小汽機如抽水、吹風等已用過之湯汽，放入兩汽筒之中。倘旋走旋停，則莫妙於將小汽機用過之湯氣送入凝水櫃。

第二十二條　管爐者須格外小心，令爐柵上煤火常常一律厚薄，均勻攤之。凡厚則易勻，薄則難勻，而欲省煤則以薄爲妙；然太薄，則冷氣可由柵之空隙處上通，易致火管受損而漏水。

第二十三條　汽機艙不准用黑硬砂紙及硬砂粉。

第二十四條　按二十二條之理，鍋艙天氣之漲力須常一律。倘此艇只行十六海里時，其漲力與壓水高二寸之力相等；若全力行駛時，用最佳之煤，其漲力不可過於壓水高五寸之力。又用鍋爐者，須知若盡力速行以用一小時，可抵尋常十六海里速率用一月之久。

第二十五條　如此艇盡力行駛時忽令停止，即管輪者須速開通入凝水櫃之螺門，則爐中火可以不滅。倘不開此螺門，定須停吹風之機；然風忽停吹，則進爐之氣冷熱不勻，而鍋爐必致受損。

第二十六條　應留心勿令油質入鍋爐，因恐積油膩於旁，漸致不能傳熱，易於迸裂漏水。苟有油膩，必須擦净。此爐造法極精，不易擦净，有時須將小管拔出擦之，頗爲費事，故切不可令油質入鍋也。又，此種汽機不能添油於汽桶之内，故亦不能添油於氣管、汽罨匣汽桶之内。只有一處可令油自流於汽機之内面，係在小抵力汽桿之軟墊處，而此處添油亦愈少愈妙。今亞羅廠所用軟墊，可以不必用油，即小抵力汽桿之軟墊處，亦不必添油。

第二十七條　如取出煙房前面之一塊，以便更換新管等事，工既畢，仍須鑲配密合。免致炭養氣洩至住人之處，有悶死之虞也。

第二十八條　如欲令此艇行遠而速率不多，且須省煤，則鍋内漲力每方寸一百至一百十磅爲恰好；可用抽水等小汽機用過之氣，放至康邦兩汽筒間之匣，以用自漲力之法。設有雷艇長一百尺，每噸煤可行一百英里，其速率可九海里。

第二十九條　凡抽水入凝水櫃用來往鞲鞴者，在吸水管處略寬，可略納空氣入筒，以代底墊之用。如不用此法，即有來往擊水震動大汽機之弊。

第三十條　鍋爐所用噴水入鍋之法，不論艇行艇止俱可用之，不論漲力大小俱可用之。用時須並開船底吸水螺門及鍋中湯氣螺門，如有湯氣在鍋，則常須開此二門。如欲噴水入鍋，則水機之柄須轉過半周數秒時，俟有餘水洩出，即又轉過半周以全開之,既開足則水即噴入鍋中。設一次遽開全周,則鍋中湯氣從噴水管經過而出於洩水管矣。如艇停止而不欲加減鍋中之漲力,則亦可用此法以洩有餘之汽。惟有一事爲至要,管輪者常須察看噴水器之吸水管,定須滴水不洩爲妙。

(光緒八年四月初五日奉中堂發下李大臣寄到,抄存)

卷十七　光緒八年四月初五日起至九月初一日止

目录

來信一百七號　訂購螺簧、皮帶、盒數，與力拂廠議定螺簧並價

來信一百八號　定山海關四砲、砲架，收款項，鐵艦大砲藥，由泰來賽船運各砲藥，訂定鋼簧六萬並〈價〉數

來信一百九號　覆七十六號去信，雷橋、埠各件已發運、付價，雷筒，雷廠棧器具價，智利碰快船附雷橋、浮埠細單

去信七十八號　覆第一百零五至一百零九共五號來信，毛瑟槍子，兩艦砲藥，購塞門土四五千桶，快船説，毛瑟皮件價已匯，過山砲廿四尊，卜里士刻已回

來信第一百一號

敬啓者,羅玲士槍子一百五十萬業經説定,隨驗隨付,三日可倩芬鋭飛往驗矣。

近日魯德孟屢囑云,洋商向章,凡裝運貨物須納賄於船主,名曰"照應錢",否則任聽水手等拋擲損傷,雖與理論,終無益處,今批納士船卸貨之時,至少須許贈船主規平銀一百兩,並須於卸貨前預告之云云。弟念既有陋規,自應從俗從宜,俾得妥爲照料,因此照爲函達,伏候大才酌奪籌付爲盼。

昨日力拂又送來裝子器銅帽圖及捲紙器圖各一紙,囑爲轉呈,以便裝配。近日方補譯、釐訂水雷、雷艇各説,冀可合成全璧,以資考證,奈金楷理又卧病二日,不能速竣。而砲臺、兵船、陣法等書均殘缺未全,且無將伯之助,所望者瓜期將近,可將使務交卸,專辦船務、譯務,或可專心,但不知新任肯將繙譯、寫績之人相借否耳。若不肯借,則只有將未竟之緒携歸中國,遇有疑難,無從咨訪,又不免暗中摸索矣。高明其何以教我?手肅,敬請

勛安

光緒八年二月十八日發,四月初五日到。

計送圖兩紙。

來信第一百二號

批納士船所裝各件諒已抵華,可將艇、砲等件分别交卸。此間火車等雜費,近亦陸續清付矣。

今英國創開船工賽珍會,凡通國兵、商船一切新巧工作無不羅列,十日而畢,各國派水師、監工往觀,實不可多得之機會。該會長函請往觀,既邀同伏耳鏗廠總辦於明晨起程。凡兩鐵艦已定未定工程及魚雷裙綱等件,均可詳加考訂,擇善而從,且將來中國造船,亦可知所取舍矣。並可托英國海部舊相識之人,引觀近二年開造之各船,以資印證。

此行帶金楷理同走,兼可查看閩廠新到之駕駛二生,大約十餘日可以回德。敬求於傅相前代爲呈明,是所禱懇。倚裝匆匆,敬請

勛安

光緒八年二月廿五日夕發,四月十三日到。

〈去信〉天字第七十六號覆第九十七、〈九十〉八、一百、第一百零一、〈一百零〉二五號來信

連接第九十七、九十八,第一百、第一百一、第一百二五號惠函,拜悉一切。

批納士船於三月二十四日駛抵旅順口卸砲,至四月初四日駛抵天津。敝處早經預備駁船、小輪船於大沽海

口守候，只望船到即卸；詎料該船主堅執定要到紫竹林，無可奈何，只得又備一批駁船守候，待至十四日卸完。敝處却未耽誤於他，而該船自家耽誤，並累我駁船之費不輕矣。

共計該船所裝八百五十五件均已收到，惟細數尚未開箱查點，箱件亦均完好無恙。敝處於一面卸清，一面即將應付該船半價二千二百五十鎊交駐津德國領事貝勒瑙轉交收領，因此船初次，不得不慎耳。其賞給船主照應銀一百兩，因接尊處之信少遲數日，適中堂丁艱，料簡卸篆，新舊交替之時，未及將尊函呈閱。現在業經敝處詳明後任張振帥，尚未奉批。而該船主來索，謂其已經卸完，一毫物件未損，應如欽差所許，不便令其守候等語。其言亦頗有理，故先由敝處墊付規銀一百兩，亦交貝領事轉交，該船主領收開行矣。敝處當俟奉批後，再行咨達冰案。

寄來書圖五種，已檢呈中堂各一份，張振帥十份。鐵艦樣亦經收到，並無碰損，昨已送請中堂、振帥閱過。奉傅相諭，俟回來再送京進呈，並令按照船説加簽注明，以備宸覽。至於教習區世泰、卜里士刻、陳可會，均已派令暫駐東局照料合攏，俟雷艇合攏之後，再行令伊等駛往大沽教習演練。

傅相於昨日乘"保大"南旋奔喪，同人送至海口。閣下於二月二十五日寄來一百二號信，弟芳昨在大沽舟中呈閱，已知台從赴英會矣。特先肅覆數行，一切容再續陳。專此，敬請

台安

愚弟 水〇〇 劉〇〇 顧〇〇 頓首

光緒八年四月十六日發。由文報處遞，重四錢二分。

來信第一百零三號

前在英國閱看船會及英國近年興工之船，心得甚多。回德後方有外感，寢食幾廢。而十二日忽聞傅相丁憂之耗，悲悼逾恒，百念俱廢。

今午奉到公牘，逐一細譯〔繹〕，方知山海關十二生脱兩砲實於去秋所訂外，再訂兩砲並砲子一千，大約正月初四滬關匯到之三千三十一鎊五喜林即係此款。遵於今午致函克鹿卜與之訂定，並囑其提早交砲矣。其砲子一千，仍照前次辦法，令葛魯孫配造，此亦布兵部之辦法。手肅奉聞，敬請

勛安

光緒八年三月十七日午刻發，五月初六日到。

來信一百零四號覆七十三號去信

昨二十一日已與克鹿卜續訂山海關十二生脱兩尊並隨件，共一萬七千二百馬，架並隨件一萬一千八百七十六馬，内讓五釐計一千四百五十三馬八十分，净二萬七千六百二十二馬二十分，六個月工竣。除後半價六個月五釐息三百四十五馬二十八分，今付全價二萬七千二百七十

六馬九十二分。

昨二十二日奉七十三號尊函,囑將山海關款剔清,已照辦。唯鐵艦上總應照海部用獵槍爲宜,已向士台耶定購。每桿五十馬。其毛瑟之九響者,德國試得不妥,中國亦不便用之。魚雷有八尾損壞,前已函告該廠,而該廠不認,似須擇損壞尤甚者寄還該廠,方可議罰,否則只能下次定購時包裝加慎而已。是否,仍候核示。

鐵艦之砲藥,因三十半生脫之大砲及新式極長之十五生脫砲俱須用漲力小、速率大之新式藥,克鹿卜及海部俱慎重諄囑,是以向杜屯好甫定購,前日派陳季同往驗收發運矣。無論英式之立方藥、石子藥,萬不可用,即德國舊式之六角餅亦不合用,因英藥只配英砲也,近年英國亦向杜屯好甫定購六角餅矣。鐵艦上兵刀、手槍及皮件亦經購定,荷乞開士砲已派日意格就近驗收,荷乞開士砲藥已派陳季同驗收,現方議訂電燈。魏瀚已回士旦丁,弟亦常往查看,工程可無偷減之弊。

承示仲虎竟有克鹿卜明扣五釐、暗扣一釐之説,此等誣衊,不但戲弄弟輩,且戲弄聽言者矣。無論使臣萬不肯爲此,萬不能爲此,即僕隸輩稍有廉耻者,亦不便請洋商暗扣分文,另開假賬,以失中國體面,況廠商亦萬萬不允。此間每有訂購,必邀參贊在座,繙譯傳語,信札存案。試問仲虎此言,係廠主面告耶?抑繙譯轉告耶?自古小人構讒,必欺以其方,此直罔以非道耳。此可誣也,孰不可誣耶?此外更作何語,拜求澈查明示,萬一實有疏誤受矇之處,亦得以辨晰。禱切禱切。

又,十七日奉傅相手示,云仲虎頗有違言,不必深究,惟鐵艦僅屬之閩廠學生,巨款可惜,人言可虞,務須認真考核,勿任嬉游敷衍,矇蔽草率等諭。拜誦之餘,慚汗交並,無可自解。夫鐵艦自比較各廠,擇良定式,迄今事事親裁,向不假手他人。仲虎自稱奉傅相密囑,監察鳳苞,又承委督辦船務,欲駐廠專辦,以統屬學生。弟初意亦擬派令專任,及試以數事,大半徇私襲貌,不能正躬率屬,學生亦漸鄙夷之,是以只能自任其勞,以勤補拙,非得已也。今學生屢有挑剔工料,每親往覆查,仲虎在此時,已非一次。不令絲毫偷減。且海部員查察亦不肯苟且,尚書亦實心相助。前海部員偕驗雷艇,見舵太震動,恐不堅固,尚書一聞此事,立令該廠漏夜加堅,並未告知使館,及弟查出方告明。此即實心相助之證。學生年少嬉游,誠不可保,然公事却未疏誤,弟亦不肯聽矇蔽草率,以上辜知遇,下負良心。而猶不免廑傅相鈞慮,總因弟周旋不到所貽之累,負疚良多,百身莫贖。然止謗莫如自修,惟有緘口不辯,勉益加勉,以求漸能鑒別而已。

仲虎在此已日有蜚語,然不過謂弟接見太濫,督責不嚴,接見砲臺工、千總等,皆因有所咨訪,非自貶濫交也。至謂屬員有無外面女人相識,則父兄亦不及防,非上司所能詳查也。不料其回華竟有舞弊分肥之説。乃蒙傅相海涵,謂不必深究,宏量厚德,固當敬佩,然不究鳳苞,則是非莫辨,他人皆得藉口矣;不究仲虎,則謠諑胡所底止,必至小人道長,君子道消,關係均非淺鮮。敬懇轉求傅相澈底究辨。苟鳳苞實有弊病,亦願明正典刑,以爲不忠不廉者萬世殷鑒,則社稷蒼生之幸也。臨楮激切,伏乞原鑒。

毛瑟子一百五十萬，現派芬鋭飛驗收，已發運一百萬，尚有五十萬未驗畢。毛瑟之裝卸器，至多每三十桿一具，不日當與盤香簧數萬一併添購也。

前瑞典王以手函呈報其世子婚事，總署囑弟傳旨致賀，而瑞王令弟親往致詞，今擬月初前赴該國，旬日可以回德。又，總署委弟承辦和國明年之賽珍會，意在節省，不由税司經辦。然呼應一切，不若税司之人多事易，今擬官爲酌購物樣，略爲點綴，除滬粤已派人採辦外，其京都之景泰等器托馬眉叔酌辦，已呈明總署矣。倘眉叔須籌墊經費，不到千金。則請尊處暫爲挪移，一俟總署指定動支何項，即可備文請向滬關歸墊也。

又，日前接總署電示云，奉旨於差滿後暫留一年。則明年夏末秋初，計可内渡，一罄離索之感，從此息影田間，含沙者應無可注射矣。手泐，敬請

勛安

光緒八年三月二十六日發，五月十二日到津。

筱翁處道候。

〈去信〉天字第七十七號

批納士船卸空回駛，曾肅七十六號一函，屬該船主帶呈。第該船沿途或有別事勾留，則前函恐不能如期達覽，兹再復陳大略，並述所商者於左。

一、批納士船所裝雷艇、大砲等八百五十五件均已收

清,並無碰損,旅順、天津兩處卸載亦均無耽誤。一面卸清,一面即將應付一半船價二千二百五十鎊交駐津領事貝勒瑺轉交收領。照應銀一百兩亦當時付訖,已由敝處詳明振帥批准,備文咨呈冰案矣。

二、管輪教習區世泰、管爐教習卜里士刻,均自本年四月初三日(即西曆五月十九號)抵大沽口之日起,敝處查照尊處所訂合同,詳明振帥批准,由支應局按月買鎊發給兩教習一半薪俸及伙食洋元,其餘一半兩教習薪俸,應由尊處按照合同付給該兩教習家屬抵領。其在路應給半俸,亦應由尊處扣算時日,就近付給該教習家屬一併收領。業經備文咨請冰案。惟前項應由尊處墊發兩教習薪俸,應否由敝處詳請匯寄,抑由尊處在購械款内劃付之處,敬祈專案示明,以便遵辦爲禱。

三、維丁裝子藥器,尊處於六年四月十九日上傅相第三十八號函稱價五萬馬,並録合同;於是年八月十九日,傅相專電尊處,請照買全副;敝處於四十七號去信覼縷陳明,四十八、五十二兩號信内催請速買。頃查尊處去年咨到報册[送]並此次運到各件,並無此項維丁廠裝子藥器,僅有添購力拂裝[卸]子器四副。查毛瑟槍已購有三萬餘桿,裝子藥器若僅購一副,尚恐不敷應用,必須由兩局各仿造一副,方能於有事之時接濟裝藥。而尊處以後來函,總未提及此項維丁裝子藥之器,其中有無别故,抑尊處漏未購買?敬乞查明示覆爲禱。

四、三月十二日咨請添購毛瑟皮帶、盒一萬二千五百副、備换螺旋鋼簧六萬根，業由支應局在天津匯豐銀行買匯五千三百鎊，由該行將正票寄交尊處備用，其副票即交劉子香[一]帶上。頃接一百四號尊函，知鋼簧已購買數萬根，並百五十萬之毛瑟槍子已發運一百萬粒。兹托劉子香將五千三百鎊副鎊票寄呈，乞察收是荷。

五、批納士運來賽們德土百桶，前日振帥問及價值，敝處禀以未經尊處示價，振帥云香港所購價值極廉。將來北洋添築砲臺，需用此土之處不少。尊處來者自必價廉貨真，先請尊處探問在洋購買運津，價值每噸若干，水險又需若干，敝處竊恐運費大於購價，抑不論噸磅而論桶，統乞飭查示悉，以便轉禀爲荷。

六、山海關添購之十二生脱砲二尊，查此項先後所匯砲價，准滬關咨明，第一批計匯三千三十一鎊五昔令，第二批計匯三千一百六鎊五昔令。頃第一百三號來函示及已向克鹿卜訂定，欣慰無既。仲虎昨言克鹿卜規條，凡每年向該廠訂購各項，如過一百萬馬交易者，於廠價除讓五釐之外，更讓百分之一。未知有無此説？閣下歷年經購砲械，皆係敝處詳定，所匯之款亦由敝處詳請飭匯，凡有論及尊處採辦之事，有尊處歷來所未經示及者，尚請函示。現在吉林又托小雲兄購七生脱半後膛砲八尊並砲架等件，酌配各種子彈。小翁拉弟芳經理，誠非所願，將欲推至尊處，而閣下事必躬親，弟又不忍遽以此相加，敬祈

[一] 劉步蟾，字子香，光緒八年(1882)與林履中等被派往德國，監造、接收“定遠”號鐵甲艦，並協駕回國。

先示一價,以便轉告吉省,或由尊處代辦,或由天津向斯米德定辦,更望一併示知。並請將該廠本年新價本寄示。至禱至禱。

七、奉一百四號來函,知敝處前陳魚雷碰壞情形已經鑒及,承示各節容稟明傅相、振帥如何辦理,再達典籤。惟魚雷至今未試。藝徒葉殿鑠四月來津,即令其前往新城北塘察看,據稱均不能試。該學徒一至敝所,開章第一義即云薪水太少,而所論試雷情形並無竅要,言語支離,似涉隔膜。不數日即大病,請假回閩。已經敝處會同王小翁詳請批准,俟愈後再來津門。惟思此項魚雷必有圖説,迨聞仲虎云葉徒帶有一份,即去往索,堅稱無有。此項圖説爲必要之物,想不止一份,如尊處有譯出者,懇即賜寄;如或無有,並求飭向刷次考甫廠往索,寄一份來津,以便按圖索驥,是爲至盼。陳可會現留幫同教習、合攏雷艇,奉振帥批,給每月薪水廿金,察其執藝若何,再令其專執一事也。

八、傅相現已到合肥,百日後恐未能出山。將來葬事畢後,廷旨再催,或可北來。現在要事尚寄合肥、振帥處商而後行。

弟芳日内有出海之行,係奉振帥委令,會同袁子九[一]兄名保齡,午橋公漕督世兄。同往察看旅順、登萊各島及大連灣形勢,故先擇要奉布八條,伏乞鑒察爲禱。專肅,恭請

[一] 袁保齡,字子久,光緒八年(1882)任旅順港船塢工程總辦。

台安

水〇〇
愚弟劉〇〇頓首
顧〇〇

光緒八年五月十四日

托劉子香帶交,重四錢五分。

來信第一百零五號

月之初七日赴瑞典,十九夕回柏林。

聞城北公在津誣衊更多,竟有鐵艦等件無不作弊之説,居然有垂聽之而傳述之者,時事至此,尚可爲耶?若與置辯,太無謂矣,徒嘆我生不辰而已。唯彼在洋時,一事一語必邀與共,苟疑有弊竇,應於當時訪確面諍,方能有濟於公,乃必隱忍不發,待回華後陸續編造,謂某事有弊、某事有弊,有是理乎?且言語不通,某事之弊果係何人譯告,何不指明證據而必搙〔捋〕撦誣陷,有是情乎?今金楷理云,渠在此屢稱渠受傅相特委,專辦船務,並撥金楷理供渠差遣,與李某無干,但令具名而已,屢囑以此語譯告廠主,且云惟渠有准駁之權,他人可不問也。此等語俱有金楷理明證,苟非欲招摇圖利,何以必作此等語耶?〇則嘗告廠主曰,此係傅相肯信汝廠,非我能爲力,汝須遵照合同,我既不能挑剔,亦不能徇庇云云。此代辦人波士所以可居功,即其明證。弟素性戇直,本不屑與此等齷齪市儈較短挈長,不過爲知己者偶述之而已。

毛瑟槍子一百五十萬枚已由比國海口發運,其正提單一紙已寄滬關曉村公祖,俟貨到飭提矣。其中係銅殼一百五十箱，已全；鉛箭六百二十二箱，尚少一百二十八箱；銅帽六箱，已全；蠟底八箱，已全；紙底三箱，已全，共七百八十九箱。計保價十萬七千佛郎，運、保俱至上海。其如何運津，再請大才酌定。俟鉛箭一百二十八箱運齊後再寄細賬。前接王筱翁二月廿四日第九號函，已將甲字壓藥器及人力水器（共二百九十六鎊）遵照定購矣。其造子器將次驗收，不能剔減，下月全可發運矣。請先轉達，容再專覆。

夜深潦草，乞恕不恭。手泐，敬請

勛安

光緒八年四月廿四日自柏林發，六月初九日到。

來信第一百六號

敬啓者，一月以來，聞夫已氏百端誣衊，不勝憤懑，眩暈時發。近日平心静氣思之，宵小構讒，何代蔑有？心術之邪正，事理之曲直，傅相必已燭照無遺。況專心致志、詳加考訂以勉報知遇，與夫揣摩捏飾、迎合意志以弋取功名者，雖事前巧拙懸殊，事後利害懸殊，而當時不過各盡其長而已，無足怪也。覺前此之憤懑猶屬涵養太少，所謂不見叔度，鄙吝復生也。

近仍專採武備新論，兼譯兼訪。其水雷、雷艇、連珠砲各類已全，方在抄繕。今方專致於砲臺一類，二三年不能竟功，明年可粗備。其詳細節目，仍須帶回續之，惟可疑處不能隨時咨訪耳。其武庫章程，令顧、賡兩員分任，兹又成二册，一爲砲局收掌章程，一即前卷之副款，呈備採擇。

鐵艦中應改處，又隨時商改五六處，應備獵槍之外，又訂購特來式之手槍五百，每桿二十八馬半；皮帶、盒、刀鞘等五百，每份十二馬三十五；荷乞開士砲十二尊及子藥，皆備兩艦之用。近又考得每艦應用荷乞開士八尊或十尊，又每艦應添次號雷艇兩艘，方在籌議，尚未定也。應補之砲藥二十二筒、槍藥七桶已購齊，於本月初四日發運矣。前承詢魚雷橋尺寸，已飭繪細圖，遲日寄呈察核。

三月中旬劼侯傳知傅相太夫人之耗，悲悼不已，當經肅函恭慰。今將届百日，當此時事方艱，獨支大厦，諒可曲遵諭旨，移孝作忠，以墨絰從事矣。如必籲請終制，不肯赴任，則竊有兩全之道，如能改作督辦海防之差使而仍駐天津，則南北洋事務均得一氣貫注，以總其成，不致十羊九牧，意見紛歧，尤爲社稷蒼生之福。素叨知己，私論及之，乞弗爲外人道也。

弟今有一事拜懇。前於光緒二年四月二十五日，由丁雨帥代由福建之黔皖協捐局，以雙月員外加雙月郎中。及去年歲暮，忽接福建善後局咨，稱應繳補銀二百七兩五錢，及由上海匯交；而昨又接善後局二月二十九咨，云捐案早已截止，應赴部查詢補繳。而弟無熟人在京，不得不斗膽，奉懇閣下代托妥人或京莊銀號，在京查明補繳。雖期限已過，應繳例銀不能得減扣之益，然奉差在洋，遲延之咎非由自取，諒可代爲呈明，不至入注銷之例。所需銀若干並懇代爲籌墊，弟當補具領紙，以抵應撥採辦之款。瑣事相煩，實抱不安，統費清神，容當頓謝。手肅，敬請勛安。唯照不宣。

光緒八年四月三十日發，六月十七日到。

附呈福建善後局文移抄摺一扣。

函外砲局收掌章程、收運槍子副款各一册。

來信第一百七號

前月杪肅函布悃，諒邀鑒諒照辦，深爲銘感。

昨閲邸抄，傅相再三陳請終制，蒙朝廷温旨，專辦通商、海防事宜。是可以忠孝兩全，天下後世均無異議，而一切籌防睦鄰之巨任，亦可首尾貫通矣，曷勝額慶。惟仍專辦北洋，尚未統轄南洋，是與前月杪私擬者，猶爲較遜一籌耳。

本月初旬奉到公牘，委購皮帶、盒一萬二千五百副、螺簧六萬卷。遵已與原皮廠再三駁議，始定合同，照前價又扣去百分之一。現已陸續開造，本月杪可先派員驗收第一批一千五百副矣，大約四五個月可以造竣，驗齊發運清訖。其螺簧之價，前據英國伯明恩廠稱，每百卷八昔令，今告以須照布國嚴驗，而該廠不允。即令肯允，而雇英語之驗匠，令芬鋭飛帶往督同驗收，則兩人之路費、旅費亦屬不貲。於是又詢德國之力拂、特來式、毛瑟、奥國之士台耶等廠，皆向來代德國造槍、造簧者也。今只有力拂近在柏林，已函商再三，據云若照官驗，須百卷十二馬，其餘各廠尚未覆到。查得屢年布國剔退之螺簧極多，若照布國驗收，統須新造，其價非十一二馬不辦。弟念此物關係全槍，不可不嚴驗，須駁定官驗之實價，又須驗收近便者,方與訂購。自當備牘咨覆,以昭鄭重。

近柏林天氣炎熱,僚友多病,端午日王姓供事又病殂。弟近日頭暈時發,醫者促令赴鄉静養。而吉林造子器方在陸續試驗查收,弟與金楷理已往三次,本月二十三日可一律驗齊,月杪可以開船矣。惟汽機壓底器及半飛輪皆重至六千斤,實不能拆開,恐陸運不免費事耳。壓藥之水力機及畫圖紙、鋼條等俱已派人驗收,可於月杪一齊發運矣。

近聞浸潤之譖已遍津沽,信之者當已不少。弟昨接總署函知,明春可乘鎮遠艦回華,歸期不遠,幸何如之。今擬將經手未了事件趕速清釐,如再有委購之件而一年内不能清割者,不敢承辦,請仍飭洋商隨便採購,反可免雌黄之口。弟非敢推諉,深恐自累以累人耳。愚戇下忱,伏希曲諒。手泐,敬請

勛安。

光緒八年五月二十一日發,七月十一日到。

正封發間,又與力拂廠議定,螺簧每百枚十馬,照布兵部驗收,近在柏林,可隨時查看,訂定五十日造竣。

來信一百八號

前月二十四日辰方在束裝,接奉三月廿七日尊函,敬悉批納士船到津,布置周妥,悉仗賢勞,深爲感佩。

承委山海關之兩次十二生特砲共四尊,已於去年八月望訂兩砲,十二月二十五訂兩架,今年三月二十一日又

訂兩砲及兩架，俱訂六個月交貨，今屢催尚未竣工。其款於正月初二收三千三十一鎊五昔，兑見六萬一千八百五十馬三十五；又於三月二十六日收三千一百六鎊五昔，兑見六萬三千三百九十五馬九十五，當時均有函覆滬關矣。

承示定遠之餅藥造成甚多，實弟所不知，前讀七十三號尊函，猶疑爲英國之立方藥也。然布國於此等長砲，必另造新式之藥，而不敢用舊存之藥，則此次十餘萬馬，似亦不可吝惜。蓋此等大砲，非常用之物，苟藥未精而傷砲，所失不已多乎？諒高明亦以爲然。此項大砲藥八百七十件，小砲藥七十二件，藥筒提鑰一箱，又連珠砲藥五十件。以上係兩艦上所用之藥，已於五月初十日由泰來賽帆船裝運，七月間可到滬，暫交於道庫，應否提津，迄〔乞〕徑由尊處請示，咨明滬道辦理。

此外，補購之砲藥二十二桶，已囑地亞士届時運津矣。羅玲士槍子一百五十萬今已運全。王筱翁吉林造子器已於前月二十三日逐件演試裝箱，俱無弊病，本月初七、八可開行矣。毛瑟七子槍未有用者，是以照海部之艦訂購獵槍五百，前已驗收矣。"卜唐"係三合土及小石子爲之。前購之賽門德土，本與密臘訂定二百桶，其後魯德孟只購一百桶。又，伏耳鏗本允兩艦之小樣俱可上船，及接提單，則只有一艦，詢之伏耳鏗，則云一艦尚未竣工。此等歧誤之故，總因柏林離漢布克甚遠，且乏員分駐也。鋼簀六萬，已與力拂訂定，每百枚十馬。

前方疑徐氏子暗扣一釐之語從何而來，及承示三十九號函有字句未明處，始知渠閱此函時，早爲今日造謡張本，其居心叵測，即此可見矣。夫函内所云今再情讓、再減者，言既免行用，而又讓減於凈價之内也，“再減”下加一“至”字便醒目，然句末云“十三萬二千内又減六千六百”，則明明共減五釐，且與報册公文相符，可無疑竇矣。夫以理勢不能取信於人，報册、公文、函牘舉不足以取信於人，只須無端蜚語中之，而市中有虎，曾參殺人，一倡百和，人人信之，世事概可知矣。

弟近日養疴山中，昨夕回柏林作函，明晨將復往也。肅此，敬請

勛安

光緒八年六月初七日自柏林發，七月二十二日到。

來信一百九號覆七十六號去信

敬啓者，本月初八日奉七十六號尊函，敬悉一切。

批納士船之妥爲交卸，皆由調度得宜，曷勝感佩。藝徒陳可會既蒙呈請格外培植，以予自新，當可感激圖報。該徒於造船、造機頗得門徑，今令幫同合攏，日後再令量繪雷艇之船身、輪機，以爲自造地步，益見因材器使，欣服無量。

本月初六奉傅相、振帥電示，准向海部商雇現任魚雷官來津教習，業經遵示致函海部，未有覆音。前雖與海部商允，此時有無變卦，尚未可知。

雷橋、浮埠各件，俱已造全，驗收發運，於本月十三日找付一萬一千六百六十五馬二十五分，即於次日由漢埠

口之伯路那船開行，徑運上海，並托地亞士行由滬轉運至津。共一百六件，兹將箱單之華、洋文（只有華文寄到）送請飭員在津提收爲盼。此項雷橋等，前讀七十四號尊函示及，擬在大沽口外（已改在旅順設立）設立，但未知合宜與否。似應俟海部教習官到津相度安設，較爲妥善（亦擬俟魚雷官到再設），深恐有急功近利之人自作聰明，以貽誤大局也，諒高明亦以爲然。雷橋之詳細逐件款目及詳圖，俟譯齊送上。

前承詢及去年所購埠頭、雷筒是否即雷橋所用，弟按去年所購之雷筒，係舢舨兩旁之筒，亦可偶用於埠頭以試之。今所購之雷筒，前後依靠於螺柱，平正合度，深淺隨意，係可詳測每尾之情性，俾臨陣時可隨時消息者也。一精一粗，到津後，卓見必能辨别也。又蒙詢及木柱之深淺，則係因地制宜，視水之深淺、土之堅鬆定之，不能懸度作答，諒鑒及之矣。此外尚有儲雷棧、修雷廠，亦必需之事，已詳估各器計六萬餘馬。造屋在外。俟與該廠詳考駁定後，再將圖説送呈台鑒。

今智利國在紐噶式爾[一]訂造碰快船兩號，因戰事未蕆，不能收回，情願照價轉售。據云與赫德所購者相同，其價每艘十萬英鎊，但赫德所購者，弟無由詳知。今將智利附合同之詳説譯出呈覽，應否轉呈傅相，統由裁酌。弟非欲請訂購也，凡略知船務者，均謂此等船太長則不易轉折，太低則不易破浪，傅相已親試之。船小砲大則不易命中，

[一] 後文又作牛噶司。

不過阿蒙士唐藉以陪售其大砲而已，萬萬不能碰敵，徒爲敵碰而已。然聞閩粵各省，方且欲續造此等船，大約欲换去大砲，改作捷探之用耶？抑因津沽用之，遂以耳爲目，信爲利器耶？皆非愚所能知也。但就弟觀之，如欲訂造，不如購此現成之兩船，可以價貨兩兑，較爲便易。萬一北洋欲添此船，請賜電示，即可親赴英國詳閲，駁價定購也。如不欲購此等船，尤爲正辦，則將送呈之圖説與赫德原訂之説比校，亦可資爲考徵，未必無小補焉。手泐敬布，即請

勛安

光緒八年六月廿七日自柏林發，八月十七日到。

附呈雷橋（粘海卷）等件箱單一，碰快船説一本，照相圖一紙。

又，皮帶、盒前日已發二千一百份，計裝十四箱，在倫敦公司船上，已於本月二十日開行矣，亦托地亞士轉運天津也。又及。

西七月二十五日刷次考甫發出雷橋、浮埠等件細單

昨日發送於漢埠金星公司之雷橋料件共一百六件，俱有 Bmag 字號，從七號至一百十二號，連皮重一萬八千七百十八啓羅，除皮重一萬七千九百八十五啓羅。其中係試演魚雷之橋臺、浮埠，詳列如下：

一、旋轉之起重架，能起一噸半至一噸八，用以起卸魚雷於車上及托上，計三千一百馬。

二、鐵車一輛，以運魚雷，計五百三十馬。

三、起魚雷之腰帶，計一百十五馬。

四、盤車並雷托，可自水中起魚雷至水面，以上計一千三百七十五馬。

五、雷筒並前後直槽，二千八百五十馬。

六、升降雷筒之雙螺柱，一千七百二十五馬。

七、蓄氣櫃，三千四百馬。

八、立管及氣表並各螺門，六百九十馬。

九、運氣之管，自壓氣櫃至蓄氣櫃約長四十邁當，並接連螺絲及通入雷腹之管，計四百馬。

十、鐵軌道四十邁當及相連之橫板並螺釘，一百六十馬。

十一、浮埠之料，如鐵板、鐵角條、滑車及滑車枕，俱鍍白鉛，一切泡釘、螺釘之孔俱已鑽齊，以便到華時即可合攏，四千二百五十馬。

以上十一件，共一萬八千五百九十五馬，送至漢埠車場不另加價。

附詳細物件數

七號一件，長三千四百五十密里，高寬各七百四十密里；內有全備之蓄氣櫃，全以熟鐵爲之；〡一〣〩千啓羅。

八號一箱，長四千七百密里，寬六百三十、高六百五十密里；內有一個熟鐵之雷筒，又有銅管十段並接連之螺絲，又黃銅接魚腹之螺門及紅銅管；〨三〤百啓羅半。

九號一箱，長一千六百八十、寬四百九十、高三百九十密里。內有鋼立管並黃銅螺門三件，又黃銅螺門及生鐵錘，又黃銅之氣表座並生鐵夾件，又木螺絲四個，又熟鐵發音者二個，又一紅銅管並黃銅螺絲，又氣表二個（可測至一百五十天氣），又熟鐵鉤之魚雷腰帶，又一氣表（亦可測至一百五十天氣），二個黃銅之氣螺門，二個紅銅圈；〡〤〦百啓羅半。

十號一箱，長一千七百、高寬各五百十密里；內有四個熟鐵搭鉤及母螺絲，四個熟鐵之墊板，四個熟鐵之盤車夾帶，二個熟鐵摇柄，二個劈梢，一個横條並三螺絲，又一扭柄，二個鏈子，二個鋼滑車並三劈梢，二個生鐵鏈輪並一齒輪，二個熟鐵滑車，四個生鐵齒輪，四個生鐵枕並黃銅枕裏，十二個螺絲、螺蓋並五個梢，一個生鐵夾鏈之圓片，一個熟鐵輪軸及梢，一個生鐵齒輪，六個生鐵枕並黃銅裏，十個螺絲並蓋，一個生鐵盤鏈之轆轤，一個熟鐵之鏈夾並鉤；〣〦〨百啓羅半。

十一號一箱，九百、四百六十、六百八十密里；內有全份之走猫〔錨〕，一個熟鐵輪，二個生鐵枕並黃銅裏，四個梢，四個螺絲，十二個母螺，四個圓片；〡〨〥百啓羅半。

十二號一箱，一千三十、七百八十五、一千五十密里；內有一個生鐵鏈鼓，一個生鐵齒輪，一個鋼軸並三梢，一個鏈子；〤〤〨百啓羅。

十三號一件，係生鐵床板並横直柱條，〡〇〩〇千啓羅。

十四號一件，係伸出之架，以熟鐵爲之；〨〢〥百啓羅。

十五至二十二計八件，係十六個熟鐵條，每長五邁當；〥〢〥百啓羅。

二十三至二十六計四件，係四個熟鐵滑車之槽，〡〤〡二千啓羅。

二十七至三十一計五件，係二十五個欄杆並二十五個母螺，〢一〥百啓羅。

三十二至三十五計四件，係四條角鐵，作架用；〡〨〥百啓羅。

三十六號一件，係一個雙曲拐並兩輪，〤〧十啓羅。

三十七至四十計四件，係四個人孔之蓋並相連之圈，〦〢十啓羅。

四十一、四十二計二件，係梯之兩旁，〩〧十啓羅。

四十三至四十五計三件，係三個梯板，〩〧十啓羅。

四十六一件，係二個角鐵架並浮橋之前壁，〩〣十啓羅。

四十七、四十八兩件，係二個浮埠中間之横脅，〡三〩百啓羅半。

四十九、五十兩件,係六個熟鐵之蓋板,$\underset{\text{百}}{〦}〢$啓羅。

五十一號一件,係二個蓋板、二個人孔圈,$\underset{\text{百}}{〢}一$啓羅半。

五十二號一件,係一個蓋板,$\underset{\text{百}}{〡}〤〡$啓羅。

五十三號一件,係二個上面蓋板,$\underset{\text{百}}{〡}〤〣$啓羅。

五十四號一件,係四個板,爲浮埠之旁壁,$\underset{\text{百}}{〤}〥〤$啓羅半。

五十五、五十六兩件,係二個浮埠之底板,又二個浮埠之蓋板,中有二圈;$\underset{\text{百}}{〨}〇〧$啓羅半。

五十七至六十四,八件,係八個角鐵,爲脅骨並搭板;$\underset{\text{千}}{〡}〇〥〥$啓羅。

六十五至六十七,三件,係旁壁五板;$\underset{\text{百}}{〨}〤〥$啓羅。

六十八至八十一,十四件,係三十八條各種角鐵;$\underset{\text{千}}{〡}〤〩〧$啓羅。

八十二至八十五,四件,係九個撑成之搭板;$\underset{\text{百}}{〡}三〩$啓羅半。

八十六至九十三,八件,係八個生鐵架及滑車並梢;$\underset{\text{百}}{〧}〤〥$啓羅。

九十四至九十六,三件,係八個熟鐵底板;$\underset{\text{百}}{〨}〩〦$啓羅半。

九十七、九十八兩件,係六個熟鐵底板,$\underset{\text{百}}{〨}〤〧$啓羅。

九十九一件，係二個熟鐵板，爲浮橋之端及相連之角鐵；〡〇〢百啓羅半。

一百、一百一兩件，係二個熟鐵之端板，〡〨〦百啓羅。

一百二、一百三兩件，係二個膂骨並板，及夾固之物；〡〦〨百啓羅。

一百四、一百五兩件，係十二條小鐵管，作欄杆用；〡〇〦百啓羅半。

一百六一件，係裝魚雷之桿，〡〧〧百啓羅。

一百七、一百八兩件，係二個螺柱架及黄銅母螺環，〡〥〤百啓羅。

一百九，一件，係一個摇車器；〢〇〧百啓羅。

一百十，一箱，三千九百二十、二百四十、一百六十密里；係二個熟鐵螺柱並圈及母螺；〡〧〤百啓羅。

一百十一，一件，係一個全備之運雷車，上有木蓋及生鐵輪；〤〡〩百啓羅。

一百十二，一箱，一千三百三十、七百、六百密里；内有一個鏈子，五十六個梢及螺蓋，十七個鍍白鉛之滑車枕，三十二個搭板，六十四個公母螺絲，一百六十四個鍍白鉛之公母螺絲，一百六十二個螺絲，二百三十三個鍍白鉛之圓片，七十二個開叉之梢，又各種螺梢計重八十啓羅，二個熟鐵塞以塞闌干之端，五個熟鐵横條，二個黄銅軟墊並裹，七千五百二十九個徑五分之熟鐵泡釘,四百三十三個徑四分之泡釘,一百七十個徑三分之泡釘,五百四十六個徑六分之泡釘,十九個公母螺(其徑十六、長一百五密里),十二個公母螺(其徑二十、長一百五十六密里),四個鋼錘;〡一〤〣千啓羅。

以上通共一百六件,俱已運送至漢埠船上,計重〡〣〦〡〣萬啓羅。

苞按:以上各件細目,業經函令該廠將詳細圖幅附送,以便照圖合攏,免致紊亂,一俟圖到補送。

〈去信〉天字第七十八號覆第一百零五至一百零九共五號來信

五月十四日肅布第七十七號一信之後,於六月初至八月十七,先後共奉第一百零五至一百零九共五號賜函,祇悉一是。

毛瑟槍子一百五十萬粒,已經筱村觀察交由輪船運至天津驗收。兩鐵艦砲所用之藥,經台端購運大砲藥八百七十件,小砲藥七十二件,藥筒一箱,連珠砲藥五十件,並補購之砲藥二十二筒、槍藥七筒,現已均至上海。敝處因旅順庫工尚未興作,而津庫又積累實多,且又輪船向不裝載,必須專雇夾板,是以暫行寄存上海九畝地藥庫,免得運津之後又運旅順,徒費船脚。承示布國於此等長砲必用另造新藥,不可惜費一節,誠爲卓見。將來定遠到後,當用東局所造之藥兩相比較,以資取法,豈小補已哉。

塞們德土一項，前因振帥詢及價值，敝處已函請閣下詳詢一切示覆。現在旅順尚須添築砲臺，需此土甚夥。昨將尊處運來之百筒内取出一筒送至節署，經振帥在廣東調來向築臺工委員陳榮熙細驗，據云色嫌微黄，尚非上等，有更帶青色而捏之鬆滑者，乃爲最佳。奉傅相面諭，屬電知台端驗購四五千桶，專雇一大夾板徑運旅順，敝處遵已電知閣下，想早入鑒照辦矣。此物德國有幾種？亦望於四五千桶頂好之外，每種帶一桶詢價搭來，以資考酌。旅順附近山上並産此料，洋人作小窑燒之，不甚得法。擬將此料裝運一桶送至德廠，請其試之，如果可成，再行雇匠來華自燒。因各處砲臺工程須用甚廣，煩執事詢原委爲盼。

雷橋、埠一百六十件已經發運，惟寄來箱單只有華文而無洋文。將來當在旅順置設，遵俟海部魚雷官到津，始行興辦，敝處見聞未廣，斷不敢輕聽，貽誤要工。智利快船，昨將原函面呈傅相，奉諭此時無需定購。惟將寄到之快船譯説與赫總税務司所呈超勇、揚威兩船譯説比對，彼説文繁而不甚切，尊處所譯者簡而當；至於船身丈尺、吃水淺深、用砲輕重、馬力行邁，與夫一切鐵鋼各料、造法，皆屬相同，間有小處厚薄不同耳。毛瑟皮帶、盒尊處已經陸續發運，昨准大咨屬匯價值，查此款已由支應局在匯豐銀行於五月十三日徑匯五千三百鎊，敝處曾將副票托劉步蟾帶呈，前函内亦經詳布，此時當蒙察收矣。以上覆第一百零五至一百零九五號之信。

再，敝處於八月二十二日奉傅相面諭，電請台端向克鹿卜廠訂購七生脱半過山砲二十四尊，車架、藥箱並十一匹馬鞍器具均全，並三種砲彈各購五百顆，此種子彈東局均能自造，故不多購，惟子母彈恐須續添，蓋此一種最難造耳。詳匯價值一萬鎊。如尊處現無存款，下少幾何，望電示其數，即行照匯。除另文咨陳外，乞即照數定購。

再查尊處前次來咨内，有與克鹿卜論定，本年如滿廠價一百萬馬，均照扣十釐云云。敬祈查明前旅順口續訂二十四生脱砲價馬克幾何，今年所造山海關十二生脱砲兩尊價馬克幾何，現在所定之七生脱半過山砲二十四尊價扣實共馬克幾十萬，以核百萬之數。尚短若干，望電示缺之數，數如 50 或 60，敝處即擬稟明傅相，續請定購旅順所需砲位。好得先後總需購買，不若併作一年，究可省却五萬馬，想尊意定亦爲然也。惟須與克鹿卜言定，再行發電來華，以期穩妥。

卜里士刻已經期滿，敝處當查照尊處原訂合同，給其船費及回國半俸，於八月初八日赴滬，搭公司船回德。其前在尊處所借一千馬克，據稱尊處已於伊來時半俸内全數扣除，敝處令其寫有字據，兹特寄上，乞察照是幸。

敝同事水稼軒觀察已於前月作古，併以附告。再，來往之信，單銜、會銜並無分別，弟芳經手事繁，有時亦無意耳。專此布覆，敬請

台安

愚弟劉〇〇/顧〇〇頓首

光緒八年九月初一日由文報處遞寄，重六錢。

附呈卜里士刻字據一紙。

卷十八　光緒八年九月十一日起至十二月十六日止

目录

去信八十一號　訪價廉毛瑟二三千，恩費爾前膛槍，請購魚雷蓄氣筒一具，抄去詳覆肇興公司代買軍火案

來信一百十四號　收匯款，克鹿卜有五釐息而銀號只三釐，塞們土每桶重並價，卜里士刻薪水

來信一百十五號　區世泰回時請先期示明，收皮件價，接吸水器、廿四生特裝子器電，軍械納税請滬友辦

來信一百十號覆七十七號去信

昨夕劉子香來，奉到七十七號尊函、公牘並匯豐銀號第三副單五千三百鎊。該銀號理應將第一單交來，自書押日起三個月取銀，今遲之又久，不知何意。晨間將第三單寄去，未知可用否。倘第一單實被風火遺失定須用第二單者，容再電請飭寄也。

承示各條，具見至交關切，感激之至，謹酌覆之。

一、批納士船價及雜用久擬造報，奈艇、砲各物之運費如何攤算，莫知適從。昨令密臘查山海關砲子等若照尋常運費應需若干，其餘可歸雷艇運費開報，而迄未查來。

二、塞門德土正月間所購之百桶係照章驗收，廠價六百八十九馬半，連火車、下船等費，共九百六十三馬五十五分(每桶九馬克六十三飛宜半)。保費甚微，帆船運費大約每噸三十昔令零(大約四桶作一噸，每桶七昔令半，連運脚、保險，價值約在十八馬克上下)。

三、管輪、管爐二教習在路薪水，遵已算至四月初二日(即西五月十八日)，以後按月之半，係俱發該家屬具領，製有收單存案。向在艦款内墊給，本太冗雜，今遵已備文請撥，以清款項。

四、承詢維丁裝子器總未提及，是否漏未購買。查前來〔年〕八月二十五日奉到傅相電示准購，又與德兵部面商，據稱斯邦道試購一份，實係太貴，不再購矣，弟遂於九月初四之五十號函、九月十二之五十一號函陳明之。其後查得力拂能分爲四份，而價值較賤、成功較多，遂照爲訂定，又於十月二十三之五十六號函、十二月二十八之六十三號函陳明。請檢查四次手書，便知改購之故。又於是年十月十六日肅具四十七號函呈明傅相。函内云：今與力拂訂購裝槍子器四份，每日做工十點鐘可裝十四萬子，亦可分置四處，共價三萬七千馬，較之維丁不能分開、每日只成十三萬子、實價五萬馬者，所勝多矣。

弟於採購要件，力求價賤器精，並不因上憲已准，遂肯附會。此愚拙之咎，尚乞垂諒。尊函云僅購一副尚恐不敷，弟查當時若不改購，則每日少裝一萬枚，必更不敷矣。諒高明必鑒及之。查力拂裝子器四副，其後又以四萬馬扣十之一，計净價三萬六千馬，是較賤於維丁一萬四千馬矣。

五、皮帶、盒已發運兩批，計四千二百份。今又驗收一批，計二千一百份，係較前價又扣百之一。八十六馬内百分之一。今再提明之，其價及運、保費俱在艦款暫挪。螺簧六萬亦月内可驗。

六、山海關十二生脱砲兩尊，昨初八、九日派陳敬如、錢琴齋往驗，月杪可由英倫發運。譯箱碼清單一扣，呈請檢收。至吉林添購七半生脱小砲，有去年四月初二致尊處之七十三號函及合同可查價目，儘可詢問洋行，如較合算，大可托辦。弟少任一事，省一番謡言。尊處不忍以相加，知己之感，敬佩不忘。克鹿卜尚無新價目册，俟取得奉上。

七、承詢“克鹿卜年内購滿一百萬馬者，五釐外更讓一釐”有無此説，遵查此皆駁價時之波折。凡洋商之辦事人往往至無言可答，遂含糊應允，而以請示廠主爲辭，及廠主來函，又成畫餅，此洋商長技也。弟因口説無憑，終未遵辦，是以不必奉告。今徐守既云有規條，則是確有憑矣，弟所以備牘請示規條，以便向該廠追算也。

承囑凡論及而未經示及者尚請函示，弟查所未告者皆此類口允而未照辦之事：前年美阿云，倘不購别砲則克鹿卜可扣九折；去年晏凱云，若預付後半價可算六釐之息；冬間與論交砲之期，則云若過限可統算五釐之息，其後皆作罷論。今已有筆據者只三事：一爲柏林代購者統扣五釐，一爲鐵艦大砲再於半價内扣二釐，一爲凡過期者將預付之後半價照算利息。然每次仍必辯論再四，即如日前驗收之山海關十二生脱砲，立約時已付全價，理應算還後半價過期之息，而今百端推托，尚未承認，可見廠商之難與交易，更甚於在華洋商也。今後凡有所談，不問成否，必以奉告。惟不能一字不遺。遵處如聞蜚語，不問屬實，亦統請明告。庶可杜旁人之播弄，不勝禱懇之至。

八、承示葉徒言語支離，似涉隔膜，徐守謂其有圖不肯交出，是直徐守之故入其罪矣。魚雷爲近年新事，英、法等國以巨資購其法，秘不示人，葉徒在廠不及九個月，豈能遽得其全圖？懷台氏前年開價，須躉購五十尾計四萬英鎊，只准往習，亦未允送圖。今刷次考甫准華人往習，並允將各件詳圖、撰説交來，以便譯送尊處，而廠主之婿久未回廠，惟敝處已派閩局生徒魏暹等三人在廠影摹各圖，僅及十之二，以供肄習之用。因三人兼習魚雷工程，故不能速繪。今廠主又允，一俟其婿回廠，即帶圖來館詳細講解。譯全後即可送呈台覽,留於此間無用也。前見葉徒有自繪半尺許之草圖十餘紙,本無所用,不知其何以不呈覽。該徒於魚雷一切做法、用法頗已知曉,惟怯弱膚淺耳,尚可令供教習之指使,似與言過其實之輕躁學生有別。其云不能試者,諒因向見清波如鏡,有雷橋、浮埠,今見潮汐濁流,遂望洋而嘆,驚怖成疾耶?然其孩子氣亦甚可憐矣。

九、近日新訂粵省雷艇及鐵艦之大小雷艇,並兩鐵艦上均有應商之件,俟商定後,釐清報册。又須赴和國部署大會之事,是以一切囑辦之件力求清割。前查兵槍、獵槍共購三萬五百桿,照尊函每五桿備一螺起,每三十桿備一裝卸器。今除前已購螺起五百、裝卸器二百五十外,又補購螺起五千六百件,每件駁實八十三分,裝卸器七百六十七件,每件駁實一馬八十分,不日可陸續驗收矣。

十、雷橋等一百六件之運至滬費一千五百三十三馬三十九分,保至津費四百六十九馬一分,俱已付訖,於月初由馬沙里阿船發運矣。

十一、今補送上力拂造子器圖兩幅,連前合成四十八幅,以成全璧。

以上十一條,如有遺漏,容俟續布。弟愚戇疏闊,與陰賊貪鄙者迥别,向爲知己所洞鑒。近復久羈荒遠,衝冒寒暑,離群索居,勞精敝神,益覺照顧難周矣。然猶自信能受盡言,惟望直諒之友詳加訓示,勿存顧忌,庶幾倖免愆尤,不勝禱切。臨楮匆匆,百不盡一。手泐,敬請
勛安。伏希垂鑒。

光緒八年七月十五日發,九月十一日到。

附圖二幅，砲件單一扣。

再啓者，今日封發時接到匯豐銀號來信，方知第一單已於西八月十九日即七月初六日到倫敦，亟備文咨明冰案。

劉子香頗有静鎮工夫，此係親炙有道之功，亦傅相甄陶之效，爲之喜而不寐。昨已往士旦丁僦居，以便朝夕詳閲艦工矣。

敬悉薌翁仁兄將遵海而南放於瑯琊，是齊景公未遂之願也，然從此規度地勢，永固邊圉，此行乃極大功業，迥非齊景所能夢見，弟無緣追隨，殊爲羨妒。弟於登萊、旅順沿海陸地情形未能了了，如不吝指教，乞將閲看情形抄示，或有該三處海岸陸地圖賜示，尤所甚盼；如爲秘本，則不敢請耳。專此附布，請安。

七月十九日

附一百十號。

克鹿卜廠發運山海關定購十二生特砲二尊並隨件清單西九月中旬由英國哥爾登卡士輪船運往上海。

二千六百三十二號箱内裝（重一千六百八十三啓羅）：十二生特三文號砲一尊，門劈一個，又螺絲一個，又圓片並鈎一個，又圓片螺絲五個，又劈柄一個，鋼圓底一個，鋼圈一個，表尺管一個，挂彈鈎二個，門藥螺絲一個，劈柄之鏈一條，齒弧梢二個，又螺絲八個，彈嘴塞一個，連柄。運彈器一個，木匣二個，内有鋼圈、鋼圓底各一個，銅板二片。門藥孔螺絲二個，小木匣一個,內有藥管圈十個,望準一個,表尺一個。鈎鋼圈之鈎一個,插鑰一個,大小螺鑰各一個,齒弧螺絲二個連鑰,鏈鈎一個,砲口塞柄一個,演砲書二本,又表二頁。

二千六百三十三號箱内裝(重一千六百八十四啓羅):十二生特又十號砲一尊,其隨件與上同。

二千六百三十四號箱内裝(重一百二十九啓羅)二砲零件,計:刷四個(連套),送彈木桿二根,拉門藥繩四條,門針四根,油瓶二個,連筆。定質油盒二個,門藥皮匣、皮袋各二個,開彈嘴螺鑽二個,裝彈引火皮匣、皮袋各二個,運彈器四個,象限儀二個。以上皮匣、皮袋併裝鉛匣内。

二千六百三十五號箱内裝(重二千六百十四啓羅):三文號砲上架一個,下架一個,鞲鞴筒内有十四里脱格力瑣令油。將軍柱一根,墊板一個,有螺絲、螺蓋、螺墊各七個。前軌道一條,連墊子七個、螺絲二十八個。後軌道二段,連墊子十五個、螺絲六十個。齒弧二個,撬桿二個,鞲鞴筒鑰一個,運齒弧螺鑰一個,螺鑽一個,可鑽四分、六分之螺絲。開放鞲鞴筒塞之螺鑰一個,漏斗一個,容油四里脱。滑車二個。

二千六百三十六號箱内裝(重二千六百十五啓羅)又十號砲上下架並隨件,均與上同。

來信一百十一號

敬啓者,今送上雷橋、浮埠圖三幅(尚未寄到),内有紅黑數目字及畫數，俱與發運之料件各記號相符，請俟教習到津相度地勢後，按照記號合攏，不致歧誤。又送上修雷廠、儲雷棧之房屋圖一幅（亦未寄到），其器具已訂購，並將原委呈明傅相矣。請將此圖轉呈，飭員預備屋料，一定地址，即須興造。其器具中有試雷所急需者，限三個月工竣，其餘七個月工竣。

又，力拂所製之造子器，所有貴局及吉林局所購者，今已全數發運。曾與議定補繪發製之詳圖全份以便仿造，今據送到詳細圖四十六幅（亦未寄到），纖悉畢具，仿製甚易。茲特寄請查收，飭再影繪一份，分儲於貴局及吉林局，則日後擴充可以自製，不必再購矣。此外尚有二圖未到，容後補呈。

茲又譯出《步隊槍説》及《運藥章程》（應分咨各營暨兩局）各一本，最爲切用，趕即抄呈，似可飭抄分送，以資公用也。此布，即請

勛安

光緒八年七月初五日自柏林發，十月初十日到。

附呈書二本，函外圖一卷。計五十幅。

來信一百十二號

敬啓者，山海關十二生特砲兩尊並車架、隨件共五箱，今於八月初一日由倫敦船發運矣。此項砲械應否徑解天津，或須徑解牛莊，敬請迅發電示於上海地亞士，俾可遵辦，禱切禱切（前月已知會地亞士，令其徑運牛莊，並抄單

函知續道台[一]矣)。

今皮件已發運四批共九千四百五十份,今又驗收二千餘份,不日可全發矣。螺絲圈簧六萬亦已造全,明日派芬鋭飛往驗。今請先行稟明,匯發羅玲士槍子一千〔百〕五十萬之價八萬四千八百馬(川夂,約合規銀一萬六千五百餘兩),及續訂魚雷六十尾之第一、第二批價約三十六萬馬(已匯過),兩共約二萬有零鎊。請早日先匯二萬鎊,以清墊款,是所禱盼。

弟因急須赴和國商議會務,俟回德後方能釐造報册,諸乞鑒原。專肅,敬請

勛安

光緒八年八月初十日自柏林發,十月十三日到。

〈去信〉天字第七十九號覆第一百十、一百十一、〈一百十〉二共三號來信

疊奉七月初五、十五、八月初十所寄第一百十、百十一、百十二原函作一百十一號。三號惠書,敬悉由匯豐銀號匯去之毛瑟皮帶、盒價五千三百鎊已到倫敦,劉子香帶去副票亦邀鑒收,慰甚慰甚。

兹謹查照來函,將應覆應商各事逐條陳之。

一、山海關所購十二生脱砲兩尊,聞已運至上海,敝處前月已先函致地亞士洋行,令其徑運營口,並將閣下寄

[一] 續昌,字燕甫,時任山海關道。

來箱單抄寄續燕甫觀察查驗。惟營〈口〉凌汛比津郡更早,此時已無駛往該處輪船,到滬砲位未能即運,且俟明春冰泮再辦。而來函謂批納士運來山海關砲子,令密臘"照尋常運費應需若干"等語,是山海關砲子尊處已交批納士運來矣。查批納士運到十二生脱之子,計平常子四百顆、硬質子二百顆、子母彈二百顆、群子二百顆,與上年十二月初九日尊處來册所開之數相符,第册内未經載明"山海關購用"字樣,敝處所以尚未運交也。至以後續定之砲兩尊並子若干何時可以發運,並乞示悉。

二、賽們德土前月奉傅相面諭,屬購五千桶,由尊處專雇一大夾板船徑運旅順口,當時即發電報寄知。迨接電覆之後,即由敝處詳請,連同所購克鹿卜七生脱半過山砲二十四尊並子彈之價,共匯一萬八千六十九鎊六喜林十本士,係由匯豐銀行電匯,此時早當鑒收矣。賽們德土,聞粤省承做砲臺之陳桀熙説,以色青、入手鬆滑而油潤者爲上。旅順口工程浩大,需用此土之處甚多。曾有洋人在旅順八十里外地方看視,據云該處亦産此種土料。擬即取料送至德國試之,如能與德産者不相上下,將來即可設窑自燒,以免重洋購買而不應手也。後日土料送到尊處之後,能於使館内派一人學之最妥,更望酌奪是幸。

三、管爐教習卜里士刻已於八月間令其回國,在路半俸及路費等款均經發訖。計該教習自尊處訂立合同之日起,扣至到德之日止,共九個月,敝處已先後由電達知,並咨呈冰案矣。尊處在德墊付區士泰、卜里士刻在洋半俸,亦經敝所專案詳匯五百十二鎊十七喜林六本士,此款係九月二十六日交匯豐匯去商票，想亦鑒收矣。

四、皮帶、盒已經地亞士先後運到三批。封河在即，以後到者，年内恐不能運津也。

五、吉林需購七生脱半砲已經王筱雲兄會同敝處，與斯米德查照尊處價目，訂定陸路砲十六尊、過山砲八尊，亦照廠價扣讓五釐。第洋商經手固爲利耳，若有移步换形，敝處督察所不及者，尚祈閣下便中探問，示悉爲禱。

六、力拂造子器圖隨七月十五日函來者已經收到，計兩紙。其七月初五所寄之四十六幅及雷橋、埠圖三幅、雷棧房屋圖一幅均未到津。據文報局來函云，所寄之圖因無提單，無從問訊，敝處已函詢地亞士洋行，亦云未到，更乞尊處確爲一查爲要。雷橋、埠一百六箱件昨日已運到津，定在旅順口置設，弟芳度定地勢之後，即當禀明傳相運去。魚雷五十六尾價已詳匯一萬六千一百三十四鎊十八喜林六本士，於十月初一由匯豐電寄，想可照收應用。惟葉徒春間請假回閩之後至今未來，昨接其來禀，云病尚未愈，而欲將魚雷運往閩省，以便教習。其將教習閩省之兵也？抑將令直省雷兵赴閩就教耶？未免荒謬矣。

七、續訂旅順所需之二十四生脱大砲兩尊，現在已否造成？將來發運，能否交第二鐵艦帶來？前此兩尊，若非批納士徑運旅順，則不知如何周折。執事審慮縝密，固有長策使能妥帖，而敝處既念及之，不敢不爲先陳也。

再，昨日面奉中堂諭及，云接尊處來函，擬定哈乞開思砲造子機器。查鐵艦所用哈乞開砲，從前原有每艦配十二尊之説，後又有改每艦爲八尊之説，其子徑是否一寸五分抑係一寸？若係一寸五分，則可用開花子矣，尚求詳示。造子器自不可少，中堂必函覆尊處，請爲購買矣。

八、聞伏耳鏗有挖河船，可以自運沙石，能挖深十八丈，未知機器馬力幾何？價值幾何？旅順口水底碎石甚多，似須用此船開挖。奉傅相面諭，囑爲先關執事，俟接覆音再請訂購。敬乞詳細查示爲荷。

九、羅玲士毛瑟子銅殼、鉛子一百五十萬份，敝所均已查收。接八月初十來函，屬匯八萬四千八百馬，亦經詳請傅相，飭由支應局仍交匯豐銀行電匯尊處查收，日内定當匯寄。螺簧、裝卸器等件，尊處陸續可以驗收，年内或可到滬。第螺簧久儲，恐涉生銹，外洋收存此種鋼絲簧有何妙法，尚祈查示。毛瑟《步隊槍説》及《運藥章程》亦呈明中堂鑒閲，諭令分别刊印，發給各營研究。如有此類之書，更望譯示。

十、查德國海口砲臺，土者、石者、磚者、鐵者，近來究尚何式？四者造價各若干？每臺大者能容某某口徑大砲若干尊、小砲若干尊？敬祈費神探問示知爲叩。至於旅順、登萊沿海陸路情形，容弟芳繪圖撰説寄覽。專此肅覆，敬請

勛祺

愚弟張〇〇 劉〇〇 顧〇〇頓首

光緒八年十月十九日

由文報局遞寄，重六錢一分。

敬再啓者，弟珍現奉傅相委辦此間局務，於九月二十

日到局。從事之初，小心倍懔，以後就正之處甚多，尚望不吝指教爲叩。

弟珍[一]載頓首

來信一百十三號

前月初十日一百十二號諒已達覽。

弟因和國催往面商賽珍會務，昨日始回柏林。前於八月二十一日在和國接奉電示"望購七生特半過山砲二十四尊並架鞍一切全，子三種各五百，即匯款；又塞門土百桶 alc 不知何字。嫌微黄，fky 不知何字。青色鬆滑者更好，需購四五千桶，雇一夾板船徑運旅順，廠價、保費望電。津印"等字，遵即函致克鹿卜開寫合同，訂於五日内交付定銀矣。

查此次過山砲與前購陸路砲價值較賤，該廠尚無新價册，仍照舊册估算。唯究竟照布國六砲（應六砲）作一行，抑八砲作一行，未奉示明，是以姑與訂定八砲一行。如欲照六砲一行者，請發電示云"六砲"二字，兩月内無此電字即八砲一行也。即可添改，所上下者三千餘馬耳。兹將合同六砲、八砲。各價抄送台覽，如能全付，則後半價内可按年扣五釐息也。前購塞門土百桶，係魯德孟所購，不免黄色（該商向來外行）。今又訪得青色者，連運、保，專送旅順交卸，每桶十八馬克，因四五千桶專雇一船可以合算也。

[一] 張席珍，即後文所稱次翁。

遂於今午電覆，云“過山砲已訂定，請匯全價二十七萬五千馬；塞門土送旅順，每桶凈價十八馬，候電”等英字，諒已達覽矣。

昨又發運第五批皮件一千三百五十份並螺簧六萬圈，托地亞士行轉運至津，其運、保至津之費已付訖矣。聞北洋須造寬深之船塢，恐土性不合（旅順土性甚好，乃石根也），耗費太巨，訪得德、法等國浮塢甚好（浮塢似船，如有損壞，更須以塢修塢，爲之奈何），已採得數廠圖説，俟譯出擇良送核。匆匆不盡，敬請

勛安

光緒八年九月初一日自柏林發，十月二十八日到。

附呈過山砲價單一摺。

敬再啓者，本日清晨，方在封發間，奉到傅相電示，云“付定習法，滿三批。ckm應作chm。定遠保險可省則省”，計十五字。兹將原紙寄上，請諭飭電局後須留心，勿再舛誤爲要。魚雷廠始稱不習法可贈十尾，既而曰只贈一二尾，總以習法爲合算。前擬本年訂滿三批，續遵六月杪傅相、振帥電示云“魚照辦”，是以已訂滿五批以足百尾，前已屢函呈明，諒蒙鑒及矣。惟今次電示云“定遠保險可省則省”，究竟應向保險公司駁減，抑應竟作罷論？猶莫知適從。擬與公司駁定實價後再發電請示，苟能駁減至三釐四以内，總以保險爲穩當，想傅相必俯鑒之焉。

又，駕駛生邱寶仁於昨夕到此，亦云奉派協駕鐵艦，而敝處未接明文，劉步蟾在此亦未説及。前月已將劉步蟾等九人咨明海部，於定遠艦安插食宿之地矣。今忽添

一人,似未便再商海部,是否於劉步蟾等九人内調换一人,抑係派隨鎮遠學習之人(係派隨同劉步蟾學習)?俟奉明文,方能定奪。劉步蟾、林履中已於八月二十四日赴溪耳閱看演試鐵艦上之魚雷,不日可赴克鹿卜閱砲矣。知念附及。手泐,再請

勛安

九月初二日辰刻

附一百十三號。

寄上原來電報一紙。

定購克鹿卜廠過山砲價目清單

一　七生特半過山砲二十四尊,連隨件及備换之件在内,每尊一千四百三十五馬,共三萬四千四百四十馬。

一　備换門劈三個,八砲爲一行,每行一個,二十四砲應備三個;如六砲爲一行,應備四個。每個三百十五馬,三個共九百四十五馬;四個算一千二百六十馬。

一　器具皮袋三副,每副七十五馬,三副共二百二十五馬;四副算三百馬。

一　砲架二十四個,每個九百二十五馬,共二萬二千二百馬。

一　隨件二十四副,每副二百五十馬,共六千馬。

一　備换砲架三個,每個九百二十五馬,三個共二千七百七十五馬;四個算三千七百馬。

一　備换义形轅桿三副,每副八十五馬,三副共

二百五十五馬;四副算三百四十馬。

一　子藥箱及隨件三百八十四副,每副一百二十二馬,共四萬六千八百四十八馬。

一　鐵匠車及隨件三副,每副一千八十馬,三副共三千二百四十馬;四副算四千三百二十馬。

一　運砲馬鞍二十四副,每副二百三十五馬,共五千六百四十馬。

一　運砲架馬鞍二十七副,連備换三副在内。每副二百三十五馬,共六千二百四十五馬;備换照四副算,應有二十八副,共六千五百八十馬。

一　運車輪馬鞍連備换二十七副,每副二百三十五馬,共六千三百四十五馬;照二十八副算,共六千五百八十馬。

一　運子藥箱馬鞍一百九十二副,每副二百二十五馬,共四萬三千二百馬。

一　運鐵匠車馬鞍六副,每副二百二十五馬,共一千三百五十馬;照八副算一千八百馬。

一　開花彈連引火七千二百個,每個六馬,共四萬三千二百馬。

一　子母鋼彈連時刻引火三千六百個,每個十六馬六十分,共五萬九千七百六十馬。

一　洋鐵管彈一千二百個,每個五馬七十五分,共六千九百馬。

以上二十四砲,照三行算,共價二十八萬九千六百六十八馬,扣五釐計一萬四千四百八十三馬四十分，實在净價二十七萬五千一百八十四馬六十分。

照四行砲算，共價二十九萬三千六十八馬，扣五釐計一萬四千六百五十三馬四十分，實在净價二十七萬八千四百十四馬六十分。三行與四行算，相去三千四百馬。

〈去信〉天字第八十號覆第一百十三號來信

十月二十八日接奉第一百十三號惠書。

承示七生脱半過山砲並架鞍一切均與克鹿卜訂定，囑分八砲、六砲電覆添辦零件。惟查用砲之理，近來各國皆以六尊爲隊，自當照六砲一隊爲是，本日已發英字電報云“六砲”二字，當已達覽，望即照辦，並不在乎三千餘馬之價也。從前神機營八尊者，乃其自定之數，不可爲例。近來凡經敝處所發各營，多以六砲爲隊。賽門德土，弟芳回津之後，已將金州松木島所産土料，會同袁子久觀察寄呈請試情形詳細函述。魯德孟本是外行，無怪其然。現經執事訪得青色者一種，專雇一船運來旅順，定能合算。連砲位所需全價二十七萬五千馬，敝處已詳請飭由支應局電匯一萬八千六十九鎊六喜林，想早匯到鑒收矣。以後凡有匯款，收到之後，請發電覆，以免此間懸念。蓋因重洋巨款，職司者擔心。如此數字之電報費不過十餘元，儘可於本項内開支。

旅順船塢之地，土性甚好，且係石根，只要海口挖深，潮枯之後，鐵艦出入無阻，計築船塢工費尚不甚巨。執事留心時局，博訪周咨，凡有各國所有之新法莫不縷細函示，感佩萬分。浮塢圖、説亦望飭譯寄閲，但以鄙意度之，塢而曰"浮"，必係似船而大，若有損壞，恐仍須以塢修塢否耶？管窺之見，未知然否，幸勿見哂也。

魚雷已訂足百尾，自然以習法爲合算，該廠前與執事既有成言，諒不至於反覆。鐵艦以保險爲穩，乃不易之論，業將原函呈閲傅相矣。邱寶仁係傅相派往隨同劉步蟾學習，傅相在來函旁批，云"係派隨同劉步蟾學習"九字。既到外洋，務望設法，且邱寶仁甚可教，於水師之中亦在上選。執事愛才若實，當此須才之時，自無俟弟等陳及，乞仍令其隨子香學習，是爲至要。

電報時有錯誤，已告知電局。據云，各國電報章程，如去電有錯，接電處當時即行電聞，查明實由何處錯誤，即令何處繳還電費；過二禮拜，雖錯，亦難議罰也。上次來函已與齟齬，倘以後再有錯誤，望照其説，電示敝處錯幾字，敝處即與大北公司理論。且歷次之錯，皆非中國報上之錯，差堪幸也。專此布覆，敬請
勛祺。諸希亹照，不備。

愚小弟張○○、劉○○、顧○○頓首

光緒八年十月二十九日

重四錢九分，托斯米德寄柏林。

〈去信〉天字第八十一號

十一月初二日發去天字第八十號函,計程當至中途。

毛瑟兵槍原購雖多,而支發淮軍、分撥各省,現封存者僅萬二千枝,皆四十八馬大價之款。近來外軍頗有稟求,此批爲不動之物,亦必須稍備二三千桿,以爲批給數百之預備。煩執事遇便訪購價廉者二三千桿,須價幾何,電知匯付。

聞德國近來以毛瑟改爲哈乞開司之木托,中藏五子,不知已改成否?倘已有定,便中乞購寄一桿爲盼。

中國沿海各省用後膛槍而齊整一律者,亦僅直隸,此外仍舊雜亂無章。以錙銖而來之膏脂,供執拗茫昧之揮灑,殊深可惜。前月聞胡雪崖托泰來洋行買德國收存之雷,每個一百二十兩,未知執事知此事否?該行歷年所辦槍砲各件,無一新者,不知胡公是何居心。既耗巨款,取笑外人。事權不一之害,以至如此,良可浩嘆。

前月曾侯咨商肇興公司代買軍火之事,奉相札飭議,○等已經詳覆,特將原札及詳稿抄呈鈞鑒。

恩費爾前膛兵槍,内地各省尚視如珍寶,即直隸練軍猶須更换,香港、新嘉坡所存皆係英東舊器,敝處不敢過而問之。昨詢知斯米德,囑其於比利時槍廠打聽新造鋼筒恩費爾前膛來福兵槍,萬桿之價二兩幾錢能否辦到,渠已發信知會步邁司親往詢之。第恐英廠新造,其價必昂,仍須執事托華員於英、比兼詢新造萬桿鋼筒之價,以便斟酌定購。

昨又奉中堂面囑函陳一事，執事近年來於各廠購器，廠商敬信，將來縈旋之時，務必與各廠訂交，以爲日後函購器械地步，幸勿忘却。

前數年○芳函托訪詢做堅銅後膛砲之壓器自六生脱至十二生脱。之價及應須之件數，得閒之時尚祈示知。○與小雲兄念念不忘，以舊砲重鎔，加鏻以試造之，小兄半年以來考究加鏻，尚未全似。蓋因執事寄前雨帥函，謂其暗中摸索，却能窺其竅竅，故其老興復作，凡有可攻者皆高興攻之。惜乎此老多了十歲年紀，幸精神興致不減，亦製器大局之幸也。

購到魚雷，有一尾之蓄氣筒拆卸未裝之時，被夫子軋損，須請閣下另購一蓄氣筒寄下備换。其價示知，由○處托寄，不必列入賬册。此營中潛賠者也，幸勿揚之，恐該管官吃罪不起。

徐仲虎於秋末請假歸省，開春來否無期。叔雲已歸道班，現正入覲，外則乘槎秉節，内則司榷筦關，皆指顧間耳。專此，即請

台安

愚小弟 張○○ 劉○○ 顧○○ 頓首

光緒八年十一月二十八日

重一兩一錢，托斯米德寄。

附呈抄案一本。

來信一百十四號

敬啓者,初七日奉電示砲價照匯,塞門土五千桶價九萬馬亦同匯。十五日接奉電匯一萬八千六十九鎊六昔十邊,十七日兑見德錢三十六萬七千二百四十八馬,還艦款墊付二十四尊砲半價十三萬七千五百九十二馬三十分,其餘暫收存。擬今日再預付過山砲之後半價,因克鹿卜有五釐息而銀號只三釐息也。

其塞門土又擇最良之廠,駁減至每桶一百八十啓羅者實價七馬五十五分,其徑運至旅順六昔令九本士,則每桶連保費不過十五馬有餘,不及十八馬矣。惟專船運送須儘滿一船,約須購至五千七八百桶耳。

十七日又奉電示,云卜里士克於八月初回德,須停止在洋半薪。伏查該教習半薪已發至西十一月十九日,扣至何日爲止(已於去年咨明),俟奉明文,方可照辦。

近來日往魚雷廠譯寫圖説,方知此等精器,一經生手拆動,必致傷損,所以葉徒不過令其習拆合之法,知其當然,不知其所以然。其所以然處,須待王小翁率精細匠目詳考之也。今〇已譯其造法、用法、校正法、修理法,日後成書幾及百頁,下月可畢,當早日趕抄,送呈台覽也。匆匆不盡,即請

勛安

光緒八年九月二十二日柏林發,十二月初三日到。

來信一百十五號

昨奉大咨,敬悉卜里士克合同期滿,已具領川資乘法公司起程,應俟該教習回德後,將在洋半薪截扣清楚,然後備文咨覆冰案。將來區世泰登期滿遣回時,請先期示明,以免透付半薪,因此間每月在西月十五日預付也。

今毛瑟之螺簧六萬及山海關十二生脱四砲久經發運,諒已到津。其末批皮件,三四日間亦可掃數發運。塞門德土已由錢琴齋等驗收上船者六千桶,今方補驗七百餘桶,二三日間亦可運全。本月初一日收到匯豐寄來之皮件價五千二百九十七鎊七昔,由德意志銀號兑德錢十萬七千六百九十一馬八十五分,已收還鐵艦項下矣。

月前將魚雷之内景圖説及校正説已譯有粗稿三十餘紙、總圖十五幅,因劉子香急欲先抄一通,並令人分摹各圖,已照付之矣。尚有修治、演放及壓氣、蓄氣等説,訂於本月中旬往譯,並將傳其煉法。惟修造小件,磋磨銲合一切細工,苟非在廠傳習,恐不能得其竅竅。今只粵匠首黎晋賢在廠習工,頗見靈敏,遠勝於去年之葉徒,俟明年帶往溪耳習臨時修改之工,便可送津供差矣。

惟粵匠與錫匠略同,雖心手靈敏而不免居奇之私,且只有一匠,回華必不敷用。即德海部之雷教習到津,亦只能教理法,不能教手工。竊思尊處皖匠中頗多靈巧誠篤之人,應請禀明傅相,酌派二三人來專習其事,則明年藝成,可隨鎮遠回津。大約須二人習修理,鐘表匠、槍機匠爲最宜。一人習錘煉。能有誠實可靠、不輕洩漏之鑄鋼匠尤妙。否則萬一有奸僞虛夸之輩强作解人，而又無巧匠修治，則不但利器盡成廢器，且恐居心叵測，無所不至矣。

月前日本欲訂購魚雷四十二尾，去年已購懷台氏五十尾。該廠請示於海部，令交清本國所訂五百尾後再交日本，則須二年後方交日本矣。日本海軍及德海部原信，弟均寓目。

前月二十八、二十九連接兩次電示，囑詢吸水器並添購二十四生特裝子器，俟開到後呈覽。所有採辦報册，因錢參贊驗土，未暇釐清，遲延之咎，諒蒙鑒原。

今晨密臘來，云中國海關新章，凡官局軍械進口，概須納進口之税，渠經手代運者所墊已多，不能再墊税銀。應否由尊處查明，如果實須納税，自尊處托滬友墊付之處，仍候酌奪。此間不能專派一員駐紮海口專管發運，不得不托該商代理，以節經費。其運費、保費均有原單呈驗，似係實支實報；雖其中不免有照例之行用，然即派員駐紮海口，亦不能無洋人管理寫票、上船之事，則行用一款，諒亦不能省也。手肅，敬請

勛安

光緒八年十月初六日柏林發，十二月十六日到。

卷十九　光緒九年正月初二日起至二月初六日止

目录

來信第一百十六號

昨奉各件大咨，除已咨覆外，尚有塞門土及化驗火藥未覆。

其塞門土因提貨單有誤字，飭交船行改正，俟交來再咨冰案。此項塞門土先令數廠開價，約估徑運旅順每桶約重一百八十啓羅，加鐵箍兩道，共價十八馬，不能更少。今又擇定工部專用之廠，竭力駁減至每桶交送大船上，計七馬五十五分。照工部挑試後，再送官化學院試驗，今暫行扣留土價二萬五百馬，俟官院試得合式，然後全付。其船價每桶六昔令九本士，以五千六百桶計算，前函誤作六千。計船價一千八百九十鎊。已先付一千二百五十鎊，其餘俟該船將旅順收土之單帶到柏林，驗明找付。此外只須旅順交土後賞船主以規銀五十兩，並參贊等駐廠驗收路費數百馬而已。大約每桶共不過十四馬六七十分。此帆船係新造運木之船，船首有門，可容長木，如尊處或吉林須運華木、洋木，儘可俟交土後與該船主面商，必能合算也。此次塞門土係兵部築砲臺、工部造官房之貨，與前次魯德孟所購未經驗試者迥別，並有沙樣五色，可照樣搜尋此沙用之。其拌合之分劑，俟譯全呈覽。

至於化驗火藥一事尤爲至要，承發之藥樣一小箱，俟收到後再行遵辦。惟火藥不但須化驗，尤須在槍砲中詳試其速率及漲力。其砲藥尤須在合式之新式長砲内試之，方有把握，必須每種砲藥備全份之藥裹二三份，方可試知各數。其應用某種若干重,且俟訪明後,函請照寄。務求詳試確知,方能用之不誤。其驗試之人,若托藥廠、砲廠,恐均有私心,似應與兵部面商,托試砲局承辦此事,最爲公正精確。諒高明亦以爲然。

昨十八日午鎮遠艦下水,甚爲穩當,海部等誦詞以落成之,囑發電恭賀大皇帝,苞遵以電呈傅相。今午奉傅相電詢,云誤字太多,須另妥寄。遵即詰問電局,據稱此間毫無錯誤,必係俄國轉遞有意舛錯,已非一次,乞將天津收到之電紙寄至柏林,或可代爲追究云云。兹將柏林所發原紙寄呈,乞代爲呈明傅相。竊念俄國電路既有有意舛錯之弊,日後不如徑由南路爲妥。然大北公司既與中國訂有合同借用俄路,則大北公司不應置若罔聞,似可將歷次舛錯之電紙彙交大北公司,藉此可爲將來廢去合同、中國自造張本,不令丹麥人平時壟斷其利,有警時貽誤軍情也。應否稟商,統由察奪。

今鎮遠甫下水,尚須往商移改各物及兩艦上電燈位置,並雷艇各事。定遠保費,費盡心力,大約非三分不可。克鹿卜鐵艦之大砲已竣,擬不日親往驗收。魚雷廠事亦未習全。匆匆泐布,餘容縷述。敬請
勛安

光緒八年十月二十發,九年正月初二日到。

附呈十九日晨間所發電稿一紙。

天津李中堂:十八日午鎮遠下水,極穩,德國海部等恭賀大皇帝。

來信第一百十七號

謹啓者，塞門土價前留二萬一千五百馬，今因官局驗明合式，是以找付清訖，將提單備文咨送冰案。此帆船大約明春四月方到旅順，請先期將提單飭發該處砲臺局收，以便船到照提。

前月二十八奉電詢吸水器，今已訪得汽吸水器一廠，離心力吸水器二廠，係英、德最著名之貨。兹酌譯其要，並檢洋文原價單等送呈查核。其何器合用，敝處不能懸擬。總之，汽吸水者太費湯氣，唯煤賤處可用之；其離心力者有管理汽機之費事，且有汽機工本，若欲用於船塢，尤須視深淺寬窄。請飭繪船塢横直剖面形圖寄來，以便交廠估計也。

前月廿九日又奉電示扣讓，却未知道渠臨行又私詰金楷理，曰究竟與使館代辦者有何分别。弟不解其何以詰問，莫非徑由津電者，不肯照一千八百八十年價扣五釐耶？請轉詢小翁，務須向代辦人訂明照扣，以歸一律爲是。應是净價二十三萬一千七百三十三馬半。又螺起、機鑰之運、保至津費一百五十四馬十三分，亦於本月廿四日給訖矣。

正繕發間，奉到七十八號台函，承示一切，感激無既。旅順既有此土料，請飭選數種寄下，並求注明某種共有若干方立尺，可煉成若干萬桶。俟托專家試驗，如能合用够用，再議雇匠設廠之事，高明以爲何如？克鹿卜扣十釐之説始終未允，六月初五日之咨文旋經改正，實則艦砲只扣六釐。囑購廿四生脱裝子器，亦已於二十日訂定，兩月可以發運，廿六日給付半價，兹抄合同呈覽。又，六月二十六日附第一百九號送上之智利碰快船説，想已呈傅相鈞覽，昨又借得該船原圖三幅，亟爲摹繪，兹並呈覽。其與揚威、超勇異同優劣，大可藉以參考也。是船之不合處，一爲平鐵艙面太薄，二爲火車式之鍋爐，三爲砲大而少，四爲全無鐵甲庇護。是圖應否轉呈傅相，仍候察奪。

十日前克鹿卜特遣晏格，持吉林所訂砲械單來詢，云此次不由使館而徑由天津電訂，究係何故。弟應之曰，即此間函請天津致電於貴廠也，須仍照一千八百八十年價册扣五釐。晏格曰，有無曾與訂明每年購滿百萬馬者統扣六釐？厥後廠主又不允，須指明欲訂何種砲若干尊，在一年前告明，方肯於五釐外再讓。是以艦砲之外，只能僅扣五釐，今年連閩粤所訂已逾一百五十萬馬，仍堅不肯再讓。下月初六親往驗收艦砲，擬再與面商。奈該廠主堅韌如鋼，未知能否剥入也。下年北洋各省約須訂何種口徑若干尊，請稟商傅相，先期示明，或可與該商駁論，於五釐外多扣也。謹先擇要略覆，餘容續布。此請
勛安

光緒八年十月廿八日發，九年正月初十日到。

王筱翁吉字十一號亦奉到，因封發在即，容後再覆，乞代爲致意。

計呈碰船圖三，吸水器華文一、洋文册二、圖二，廿四生脱裝子藥合同華文一。

〈克鹿卜裝子器合同〉

光緒八年十月二十(即西十一月三十)日,與克鹿卜訂立天津購買廿四生脱裝炸藥進彈器具兩全份合同。自付價之日起兩個月交貨。每副價銀五百十三馬,兩副共一千二十六馬,扣去五釐(五十一馬三十分),實在净價九百七十四馬七十分。立合同之日,先付半價四百八十七馬三十五分,俟造竣十四日後,再找付四百八十七馬三十五分。

今將所定器具逐一開列於左:

夾全副夾彈子用。

螺鑰二個起彈底螺絲用。

漏斗四個裝炸藥進袋用。

量藥器四個每個能量藥十啓羅之二。

剪二把

刷子六個刷彈内灰土用。

皮風箱一個

刷子二個刷彈子外面用。

滑車二個起彈子用。

十月廿二日付定銀,廿六日收到收單。

汽吸水器説西名波斯邁當。

論汽吸水法及離心力吸水法二者不能比較。因離心力車係用汽機及皮帶輪運之,其第一不便處,常須人照料汽機並添油等事,其磨擦之枕墊等每數月須换新者,其皮帶亦常須修理,停息其吸水之工;其第二不便處，則離心力車之輪葉最易損壞，或吸水中小木、小石塊而損其輪葉，亦須停工修理。以上二事，汽吸水法俱無之。其第三不便處，因以上二事，故離心力車一年中只有二百五十日可以吸水；而汽吸水者，一年可吸水三百六十五日，如欲换汽吸水器之塞門，只須尋常匠役半點鐘可以畢事，有柏林苦工之廠用汽吸水器，兩年做工不换塞門，亦不必停止。其第四不便事，離心力車吸水與汽吸水器相等，而送水之高遠不及汽吸水器；汽吸水器以兩倍天氣之漲力可送水高至十邁當，以三倍天氣可高至二十邁當，以四天氣可高至三十邁當。觀以上比較，總以汽吸水器爲較優。

按德國今年巴士黑春之憑據云，所購六號汽吸水器，每分時吸水一千餘里脱，較多於單内二百餘里脱，從前本廠用離心力車，進水、出水管相同，雖離心力車所用湯氣較少於汽吸水器，而汽吸水器無停機换帶、添油等事，實較優於離心力車也。又有倫敦回士頓光緒五年五月二十八日之據云，新船塢中用汽吸水器，雖污濁之水，亦頗合用。又森得蘭船廠亦以九號、十一號之汽吸水器用於船塢，頗爲合用，如與十五寸徑離心力車相比，每日省油三葛倫、乾油十磅、煤一噸四之一、管機之工一名，本廠初用八十磅漲力之鍋，今只用六十磅，而所吸水數相等。該廠於光緒七年十二月五日又立據云，汽吸水器頗爲合用，其修理之費甚少。又南溪耳止船塢公司立據云，光緒四年所購六號汽吸水器實爲省儉,今又購八號汽吸水器,亦頗省儉。又南溪耳止愛得瓦司船塢立據云,所購十號汽吸水器二具以吸塢水,頗爲合用。又北溪耳止光緒七年十二月十五日立據云,今用汽吸水器於船塢中已三年之久,全無弊病。

如以比離心力車,其鍋與吸管相同,而以購價比之:如十一號汽吸水器全備進水管徑十寸者計四千五百馬,離心力車進水管九寸半者亦四千五百馬;又十二號汽吸水器進水管徑十二寸者六千馬,離心力車亦同;又十三號汽吸水器進水管徑十四寸者八千馬,離心力車十三寸半者七千六百馬。

至論汽吸水器備換件之各價:如第十一號汽吸水器樹膠塞門五個計二百三十十六馬,備換空氣塞門二個計十二馬,備換湯氣塞門計二十五馬,進水管有翻邊者每邁當二十馬五十分,出水管有翻邊者每邁當十七馬五十分,相配之鍋應有大切面四十二方邁當;第十二號樹膠塞門五個計三百十五馬,空氣塞門二個計十二馬,汽塞門一個計三十八馬,進水管每邁當二十二馬,出水管每邁當二十馬五十分,相配之鍋應有火切面七十方邁當;第十三號樹膠塞門五個四百三十五馬,空氣塞門二個十二馬,汽塞門三十八馬,進水管每邁當二十二馬,出水管每邁當二十馬五十分,鍋之火切面九十六方邁當。

本廠所有之汽吸水器係本年新式,下加一塞門。如以舊式者添購此塞門,則十一號者加二百四十馬,十二號者加三百二十馬，十三號者加四百十馬。

如在船塢内用者，請繪示船塢之横直圖交本廠，配以汽吸水器，可保全能吸乾也。

	起水	每分時起水	價
第十一號	高十邁當	四千四百里脱	四千五百馬
	高五邁當	六千二百里脱	
第十二號	高五邁當	八千里脱	價六千馬
	高十邁當	六千三百里脱	
第十三號	高五邁當	一萬一千里脱	價八千馬
	高十邁當	八千四百里脱	

凡四里脱半爲英國之一格侖。

離心力吸水器説

阿爾曼函送輥廠所造離心力車説及價。若與汽吸水器比較，尚無確數。總之，汽吸水者多費湯氣而離心力器較爲費事，須力〔另?〕有機器運動之。如在煤價貴之地，似用離心力器爲合算。

輥廠離心力器各價：

第三百七十五號器，起水高五邁當，每分時起水一千三百六十五格侖，管徑十寸，如圖（圖在洋書中）。其價五十五鎊十三昔，下塞門及柵十一鎊二昔六本。又同上一器而起水一千七百六十一格侖、管徑十二寸者,價七十一鎊八昔,下塞門及栅十三鎊四昔六本。又同上一器而起水二千四百二十一格侖、管徑亦十二寸者,價同上。又一器起水高十邁當,每分時起水九百六十八格侖,管徑八寸,價四十六鎊四昔,下塞門及栅八鎊十八昔六本。又同上一器而起水一千三百八十七格侖、管徑十寸者,價五十五鎊十三昔,下塞門及栅十一鎊二昔六本。又同上一器起水一千八百四十九格侖、管徑十二寸者,價七十一鎊八昔,下塞門及栅十三鎊四昔六本。

第十四號器,起水高二十邁當,每分時起水七百二十六格侖、管徑七寸者,如圖(圖在洋書中)。其價五十二鎊十昔,下塞門及栅七鎊十五昔六本。又同上一器,九百二十四格侖,管徑八寸,價六十七鎊四昔,下塞及栅八鎊十八昔六本。又同上一器,一千三百二十格侖,管徑十寸,價一百二鎊七昔六本,下塞及栅十一鎊二昔六本。又一器起水高三十邁當,每分時四百四十格侖,管徑六寸,價一百十五鎊十昔,下塞及栅十四鎊八昔六本。又同上一器,六百十六格侖,管徑六寸,價同上。又同上一器,八百十四格侖,管徑七寸,價一百二十六鎊,下塞及栅十五鎊十五昔。

本廠之器有下塞門及栅,令進水管永有積水。苟不並購此二物,則先須吸滿進水管,然後方有出水。

本廠工料精良,見識廣博,爲各國所信。本廠亦可代購有凝水法之汽機以運之，每分時轉動一百五十周，其價一千一百七十六鎊；其不用凝水者價九百六十六鎊。其價内有飛輪，輪上可套皮帶，以運動離心力器，或用曲拐兩端以接離心力器。其鍋爐之價定須六百九鎊。其價内連裝箱運至倫敦船上之費。本廠已在多吸水處造離心力〈器〉，以代從前汽吸水器，頗能勝之，因本廠離心力器常川流動，且能運泥沙之水，又省湯氣也。

又，馬尺士得之呑及廠函云，凡欲吸水甚多，切不可用汽吸水器，因其糜汽甚多也。至於吸船塢之水，益與汽吸水器不合。如欲起水高九十八尺六寸，則離心力器亦不能用，應用尋常吸水之車。其應用何種，須視其地之煤價貴賤。

離心力徑直運動之器，如第八千五百二十六圖，爲十六尺五寸之器，每分時吸一千七百六十一/一千三百六十五/二千四百二十一格侖、管徑十二寸/九寸/十三寸者，汽筒徑九寸/八寸/十寸，可移動之小管鍋有十四/八四/十二四馬力；相隨有汽管十二尺、廢汽管十五尺，每種管有彎管三節，用一寸半徑之添水器及管；又有床板及梢子、下塞門及栅帷。隨離心力器之水管須另購，其價三百五十五鎊/三百六十鎊/四百五鎊；如不用下塞門，而加噴水器及管並開機塞門者，即須加八鎊十昔/七鎊五昔/九鎊十五昔。以上價内，有裝箱運至倫敦船上之費在内。

離心力傳力運動之器，如第六千十五圖，爲三十二尺十寸之器，每分時〔九百六十八/一千三百八十七/一千八百四十九〕格侖，進出水之管徑〔九寸/十寸/十二寸〕，汽筒徑〔八寸/九寸/十寸〕，可移動之小管鍋有〔八匹/十匹/十二匹〕馬力，相隨之件同上。而用噴空氣吸水者，其價〔二百六十七鎊十昔/三百二十二鎊十昔/三百九十五鎊〕；如不用下塞門，加噴水器及管並開機塞門者，須加〔七鎊五昔/八鎊/八鎊十昔〕。以上價內，有裝箱運至倫敦船上之費在內。

來信第一百十八號

讀九月初一日賜函，承允代辦之事及會務物件，重陽日已可運齊。瑣事奉煩，尊處墊款如何還法，亦請示明。雖知己不以爲瀆，然已且感且愧矣。又承開導寬慰，益深感激。弟以望淺才輕，謬蒙傅相信任，唯有竭誠圖報，勞怨固不敢辭。但無端誣衊，實與公事有礙，不能不一剖辯。在弟空洞無物，只求於心無愧，外來之毁譽本不足重輕，今既蒙傅相及平生知己共鑒及之，不致將來再有公事窒礙，弟亦無所他求矣。

近日魚雷廠中仍午往戌歸，近譯壓氣櫃等用法及利病。其煉銅法僅習其初煉，近因廠主不暇，尚未習二煉三煉。其鑄氣腹及錘氣腹亦已略知，惟所用之大鐵模及連珠汽錘俱極精妙，頗不易造。今令趕繪各器之圖，方可詳注用法,專請指教。初三晨往士旦丁商議一切,初四日亥刻回館。擬於三日間將壓氣等説譯完。初八日晨偕劉子香、林履中、金楷理往克鹿卜驗演大砲,八日可畢。又將往義國歲會,並閱其水師船械,皆去年所訂,欲往未暇,今萬不能不往也。其魚雷内景各説,已向劉子香處取來,擬抽空改削,並總圖十五幅,下月可由途間發寄呈覽。

十月廿九日奉到電示"六砲"二字,即已致電克鹿卜補立合同,補購一行砲之備件,計門劈三百十五馬,皮盒七十五馬,砲架九百二十五馬,轅桿八十五馬,匠車並鞍兩具一千五百三十馬,砲鞍、輪鞍各一計四百七十馬,總共三千四百馬,扣五釐計一百七十馬,又扣後半價三個月五釐計二十馬二十分,今晨共付全價三千二百九馬八十分。

又,曉翁囑添銅餅,已遵向英廠照前每批十噸,擬再添二三批,其價之不敷者,可容後請補也。再,官局機器應否照新章完税,弟實不知如何辦法,謹備文復請核辦。倘須由敝處存款内撥還地亞士所墊税款,亦候示下,以便遵辦。專此布覆,即請

勛安

光緒八年十一月初五日發,九年正月初十日到。

來信第一百十九號

初五日發信後,夕奉傅相重九日手諭,因連日在雷廠趕譯,兼又部署一切,初八日赴愛生,是以未及呈覆。

演試定遠之大小砲,毫無疵病。兼閱其廠工精良,實甲於歐洲,英國牛噶司及倫敦各船廠托克鹿卜代製大件甚多。

十三日夕往道德門鐵廠,次日詳閱其鐵船塢、鐵橋各工,亦精於英廠。夕又登車,兩晝夜穿越雪山萬重,並過新鑿瑞士之森哥他一洞,計深二十九中國里,洵奇工也。昨夕抵義國之密蘭[一]。今接義外部函,云先請閱士拜溪阿[二]之兵船、海口,再赴二十三日義廷歲會。此間至士拜、士拜至羅馬皆一日程,稍得息肩,當可詳呈一切也。

今午奉電示,云"前請查船塢吸水機器,含望覆"十二字,電局多舛錯,今奉還原紙,乞查核。即電覆云"三禮拜前,已將兩種吸器函告,如須詳估,望迅寄船塢圖來"等英語,諒已達覽。因前奉電詢時未示明船塢所用,且洋廠必須有船塢圖方能詳估也。又因兩器價目瑣碎,不便電覆,是以先以一百十七號函覆,諒蒙鑒及也。

前於柏林臨行時,喜聞伯行世兄大人秋戰果捷,欣慰之至。乞先叱名恭賀,俟舍館略定,另行肅箋。

茲附上塞門土五千六百桶、沙五桶之副提單一紙,乞查收。其正單已於前月咨送矣。專布,即請

勛安

光緒八年十一月十七夕義國密蘭城發,九年二月初六日到。

副提單一紙、原電一紙附呈。

[一] 米蘭(Milano)。

[二] 拉斯佩齊亞(La Spezia),意大利中北部港市。

來信第一百二十號覆七十九號去函

敬啓者,初八日奉七十九號尊函,敬悉一切,謹依序覆之。

一　山海關續訂十二生的兩砲,業於前月面同演試驗收。又,廿四生的兩砲及鋼子三百亦於本月初演試,均已由火車發運。其廿四生的葛魯孫砲子四百枚及十二生的葛魯孫子一千枚,於三日前請劉子香、邱寶仁往驗。以上砲及砲子,均於十日後由漢布克開船,可分送旅順及營口兩處矣。若以鐵艦加載廿四生的砲,恐艙面太重,不甚穩當。

一　旅順相近既有塞門土料,一俟奉到樣土後,托人化分,並設法往習。

一　吉林所購小砲廿四尊,承囑探問有無移步換形,似須請開示各件重數、價目方可查核。

一　力拂造子器等圖向無提單,不偕信包寄送,是以每較遲二十餘日。倘有失誤,此間有收單可根究也。

一　葉徒欲移雷候教,荒謬可恨。此等藝童,一知半解便已如此,當示以懲戒,不可寬恕也。

一　荷乞開士造一寸半開花子之器,今飭繪廠屋圖,俟呈中堂核奪。

一　伏耳鏗挖河器遵已函令算繪,俟開到呈核。

一　羅令士槍子款於十月廿八日收到四千一百三十六鎊十一昔八邊,次日由德意志銀號兑見八萬三千九百九十馬六十五分。其螺簧如何免銹,俟查覆,大約擦以净油也。

一 步槍説等書既蒙發印,感甚。今又寄上《軍政須知》及《引款》各一本,乞代呈中堂鑒閲。其中有第幾款等字,似太生嫌,應否分注數目於每款之下,乞裁奪。

一 德國及他國砲臺,有磚石,亦有鐵,皆因地制宜。擬彙齊圖説各册,呈候中堂暨執事核奪。如蒙賜閲北洋水陸形勢圖,俾弟可以各國形勢參互比較,附陳管見,尤爲切近也。

前月日意格函稱,前三年陳可會在巴黎賒取金錶計二百十五佛郎,業由日意格墊付清訖。該徒雖畫圖甚勤,而無耻如此,殊堪痛恨。倘尚在津沽,乞飭扣其薪水寄下,以歸日意格墊款;倘已回閩,俟弟函托船政追扣。手此肅覆,敬請

勛安

光緒八年十二月初十日發,九年二月初六日到。

附呈《軍政須知》一本,《軍政須知引款》一本。

卷二十　光緒九年二月初六日

目录

軍政須知

賡音泰口譯
顧祖榮筆述

第一章　論砲局人員執事

第一款　砲局應爲之事不外收發軍火，無事則妥爲儲放，有事則源源接濟，缺者補之，損者修之。至於各處之小砲局，則名曰分局。

第二款　砲局有監督一員管理，而歸兵部總其成。局員有事稟白，須由監督轉達兵部。

第三款　數砲局設一提督，專查銀錢進出，每年盤查一次。查出賬目轇轕不清，即令該局明白稟覆。

第四款　每局設營總一員，以資節制。其規條有四：一、砲臺開操及迎送上官，應用軍火由局給發；一、軍中待用軍火，無須候上官批回，即可由局先行發放；一、兵丁用剩軍火應令繳回；一、代收他局寄存火藥。

第五款　局中更調人員、建造房棧以及稟報兵部事件，均應先行稟知營總，候示辦理。

第六款　局中辦事章程由監督主政，營總不必過問。然遇緊要之事，亦可示諭辦理，一面照會監督。

第七款　分局規條一如四款。

第八款　凡令各砲局添置軍火、調將徵兵以及收發軍火，皆由提督主政，行知監督轉飭辦理。局中有事稟報，提督亦由監督轉詳。

第九款　交戰時應添軍火，局中奉到營總之令，立刻備齊，不得遲誤。

第十款　應添軍火及車輛如何辦理，另有章程。

第十一款　砲局與製造局交涉事件，應照定章辦理。

第十二款　砲局設查驗會二處，派官紳充當，一係查驗軍火，一係查驗雜務也。

第十三款　砲局建造房棧，先由工程官察看情形，估明工價，報知兵部，候示辦理。

第十四款　局中遇有刑名之事，須先詳問律師辦理；若欲與人興訟，須請示於管戰股而後可。

第十五款　每砲局設正副首領各一員。又有管軍械者，千把、外委任之；管造火藥局千總之長差以及巡臺者，額外任之。

第十六款　暫調來局當差人役應給俸薪，由兵部核定。若添雇書識，又須請示於兵部而後行。

第十七款　砲局奉到兵部備兵之令，即須增兵應調。

第十八款　增廣千把照考驗砲局武庫人員章程第六節辦理。此項人員原爲交戰時而設，若戰事已畢，應候兵部示下裁撤。

第十九款　增廣書識長差由兵丁中之能幹者挑充，應增若干由營總核定。

第二十款　砲臺之管帶、幫帶各官均由監督奏派，其中有請假銷差情事，須請示於兵部。管帶官他往，則以幫帶推升。

第二十一款　管帶、幫帶官考成由監督主政，若另有緊要大事則由總監督核辦。

第二十二款　軍械所人員至砲局當差，載在考驗砲局人員章程内。

第二十三款　藥局千總至砲局當差，應照藥局章程辦理。

第二十四款　砲局應用管槍、巡臺、管車各項人役若干由兵部核定，應用查驗軍械人員則由提督核定。每分局派值日額外一人，長差一人，總局則倍之。

第二十五款　凡管槍及查軍械暨各局值日之人，均由曾經打仗受傷之兵丁内挑充。

第二十六款　砲局當差人員期限，管槍者二年，查軍械者三月，管車者六月，期滿均須換班。

第二十七款　值日人員換班之期應由提督核定。砲局如欲添撥武弁前來學習當差者，須由營總挑派。

第二十八款　局中調來學習當差人役，如遇打仗，除千把外，其餘兵弁均須歸伍。

第二十九款　派往砲局管查槍械、車輛人役，其俸薪由兵部核定。

第三十款　砲局首領爲一局之主，手下諸人如有不遵號令者，悉歸首領辦理。

第三十一款　局中兵丁有請假事宜，均應照章辦理。

第三十二款　砲局應差人員一切規條以此爲圭臬。凡初到差者，應令熟讀規條，俾知遵守。

第三十三款　機密事件局中人概不得洩漏，亦不得私議局務送登新聞紙。

第三十四款　局中人員各有專司，不得一人而兼數差。惟槍匠於本局工作已畢，亦准其承做局外之工。

第三十五款　局中人員不得干預局外之事，如有得賄徇情之事，查出罰辦。

第三十六款　局中人員不得與商人通貿易，公家買賣物料亦不得收受漏〔陋〕規。如他國君相有以寶星見賞者，須稟明局主方可收受。

第三十七款　管理軍火、軍料人員，倘不遵章辦事，罰以示儆。

第三十八款　局中軍火、軍料責成正副二首領妥爲收存。

第三十九款　管理軍火、軍料之人如不照章，有人查出，准其報知首領。

第四十款　砲局首領有兼管分局者，其分局之事每季清查一次，報知兵部。

第四十一款　砲局首領遇有兵部行知之事，自應督率員弁認真辦理。

第四十二款　局中員弁應爲之事及監督所定一切章程，首領須分别詳告，使衆周知。

第四十三款　局中員弁當差勤惰，首領宜隨時稽查。

第四十四款　各員當差勤惰，在首領最宜留心稽查，以爲將來代出考語地步，否則恐有蒙蔽也。

第四十五款　凡當把總者，於書記、支應之事，平日均宜學習，緣此種事皆千總爲之，遇千總有事，即令把總代理，故宜預知也。

第四十六款　砲局首領應爲之事有五：一、局中所存軍械、物料宜妥爲收存，二、建造房棧須照章辦理，三、物料宜分類收存,四、收存銀物數目須與底册相符,五、各物無令傷損。

第四十七款　砲局副首領除平日會同正首領治事外,遇有點驗軍火、查看房棧者,亦其專責。至於有事之秋,尤宜與正首領運籌,妥爲經理。

第四十八款　副首領點驗軍火,其通報詳文須親自簽押。

第四十九款　管理火藥軍械所之千總,凡有採辦之事,須打聽市價,擇其賤者購之,以期節省。

第五十款　上款所言之千總,如派正副二人,則一管採辦,一管支應。

第五十一款　支應一切務須記載明晰。

第五十二款　買物發票、薪工領狀,千總須送呈砲局首領閲看。

第五十三款　砲局千總應令分股管事,其所辦之事責成逐日登記。

第五十四款　把總應派在公事房充當書記,兼司核算。

第五十五款　外委派在管段處幫同辦事,凡收拆裝扎軍火責成辦理。按:管段係指管理各段軍械所而言。

第五十六款　槍匠管理槍砲,應隨時修理,不使損壞,並將修法告知管槍人,使其一體熟悉。若令修理他項器具,則應另給工資。至於該匠應爲各事,詳載修理軍械章程内。

第五十七款　槍匠如無官房居住,則令自租。

第五十八款　槍匠所用器具，除風箱、墩頭、工桌由砲局發給外，餘俱自備，至於驗槍之器具亦由局發。

第五十九款　槍匠因差他往，局中修槍乏人，由兵丁中挑充，其工資照槍匠發給。

第六十款　管藥局千總應爲之事，應看藥局章程。

第六十一款　造火藥工匠應爲之事，應看管理火藥章程。

第六十二款　管槍人一切應小心將事。

第六十三款　巡查軍械之人，每日軍械、物料無論在棧及露放，均須一一查看，見有傷損，即報知砲局。

第六十四款　巡查砲臺之人，臺中收存軍料應隨時查看。

第六十五款　值日武弁，一切日用口號均須登記。

第六十六款　長差每日司打掃房屋。

第六十七款　管車人，凡洗車、喂馬之事是其專責。

第六十八款　砲局首領出差，局中人應聽代理者之令。

第六十九款　首領因病請假，應令副首領代理。

第七十款　砲局千總有兼查驗會差使者，如有事故則請他人代之，或由首領派人代辦均可。

第七十一款　軍械所管段千總如有事故，派把總代理。管分局人因病出缺，先由營總派人暫代，俟實缺到差再行交卸。

第七十二款　砲局運送軍火，應用官車。

第七十三款　若無官車，則借用附近之戰砲隊官車。

第七十四款　戰砲隊遇春秋二操及演放槍砲之期，所有官車不得借與砲局。

第七十五款　砲局官車遇緊急軍務不敷應用，以及運大件軍火官車不能勝任者，則准其雇用民車，均應先行請示於監督。

第七十六款　砲局官匠不敷應用，先由兵丁中挑；再不敷，則報明兵部招募男女各工入局；或提出收禁之犯兵充當，惟不得令其製造火藥。

第七十七款　砲局官匠平日應用若干，由營總派定，八日一换班。

第七十八款　砲局應用製造人夫及車輛及監工，均由局中派定，報知營總。然此舉宜在冬月，庶不至有妨秋操。

第七十九款　造藥應用人夫及監工，由砲局在兵弁中挑充，當寬以期限，使得盡心製造。

第八十款　每值秋操之期，兵丁中有留局作工者，應先期報知監督。

第八十一款　兵丁在局作工，另給工衣。每局應備工衣若干由監督核定。

第八十二款　每日做工時候大約以五點鐘爲度，若兵丁自願多做，則聽之。

第八十三款　做工處宜派人巡查，以免有偷懶及損壞物料情事。

第八十四款　巡查工作以千總任之。某工應做某物、限何時告竣，亦歸巡查人主政。

第八十五款　散工時，所有房間及工桌均應收拾乾凈。

第八十六款　各工每日工程均爲之登記。

第二章　論營造軍需房棧

第八十七款　砲局收存軍火房棧應用若干，由兵部核定。

第八十八款　交戰時應添備房棧亦由兵部察奪，然最妙於平日預爲核定，以免臨時侷促。

第八十九款　買賣房棧須請示於兵部，一面將契據呈送存案。

第九十款　租用他人房棧，或將本局房棧轉租他人，皆須請示於管戰股。

第九十一款　建造房棧有公議會設立，如砲局欲增建房屋，即由會中人核議。

第九十二款　儲物房棧如有坍塌情事，由砲局查明，每年於秋季報知提督轉告兵部。

第九十三款　房棧須隨時保護，不使朽壞。

第九十四款　收存備戰及操演軍火各棧房，其修費由砲局支發。

第九十五款　砲臺上建造房棧，照砲局建屋章程辦理。

第九十六款　砲臺上各段建造房棧以及翻造，皆准作正開銷。

第九十七款　每年建造之事，先請砲局監督照會砲臺監督查明核辦。

第九十八款　每年秋季,砲局會同工程官將次年應修應添各房棧估定工價,逐一登記。如修費不過六十馬以外者,臨期發款興修,毋庸請示於監督。

第九十九款　應添應修房棧,先將估價報知監督,聽候批示辦理。

第一百款　每年秋季由工程官估定修造房棧工價,繪圖貼説,以備上官查看。

第一百一款　所繪之圖先由砲局書押,轉呈砲臺監督核明詳報兵部。

第一百二款　工程官所估之價,如有更改,聽於兵部。

第一百三款　砲局修造房棧,至遲須在上年年底報知兵部,以便領款辦理。

第一百四款　工程官所估之價,由砲局監督代達兵部。

第一百五款　兵部有特建房棧,亦令工程官估價呈報。

第一百六款　特造房棧,其價由砲局給發。

第一百七款　零星修理如粉壁、補漏諸事,價在六十馬〈内〉者,由砲局隨時給發。

第一百八款　零星修費亦有一定之數,砲局開報不得有逾定額,應發者則令工程官具結赴領。

第一百九款　房棧坍塌,隨報隨修。

第一百十款　修造房棧工竣後,如有不合,砲局應會同工程官商辦。

第一百十一款　建造房棧如果合式，砲局應批“合式”二字。

第一百十二款　凡呈報建造之事，兵部接到後即交營造司核辦。

第一百十三款　各防營建造房棧，每年估查一次。

第一百十四款　防營應建房棧若干，開報監督，内有緊急工程，立即撥款興工。

第一百十五款　除要工先行建造外，其餘應建之工程，尚須請示兵部。

第一百十六款　零星修費每季彙報兵部一次。

第三章　論收發軍火

第一百十七款　砲局收發軍火，均須照章辦理。

第一百十八款　凡管理備戰及操演用之軍火，均有一定章程。

第一百十九款　管理軍火務令無缺無損，在上者尤宜時刻抽查。

第一百二十款　砲局收存軍火共有六種，一防堵，一攻敵，一交戰，一交戰備份，一操演，一操演備份。

第一百二十一款　凡防堵、攻敵、交戰及備份四項軍火，須妥爲預備，免有臨渴掘井之患；至於操演軍火則無須寬爲儲備，俟奉兵部之令，然後添備。

第一百二十二款　防堵軍火，俟兵部將應用砲位核准，然後按砲配足。

第一百二十三款　攻敵軍火照數備齊，何處應歸何局預備，由兵部派定。

第一百二十四款　交戰軍火何處應歸何局預備，由兵部派定。

第一百二十五款　交戰備份軍火每局應備若干，由兵部主政。

第一百二十六款　操演軍火應照章支發。

第一百二十七款　交戰應用手槍亦須照數備齊。

第一百二十八款　造火藥器具，各局應妥爲預備。

第一百二十九款　一百二十款所言六種軍火，砲局須分別列册。

第一百三十款　六種軍火無使缺一，内有交戰一種，尤宜認真經理。

第一百三十一款　砲局收存軍火，每年由首領盤查一次。

第一百三十二款　砲局收存備份手槍，每歷二年由提督盤查一次。

第一百三十三款　砲局收存操演備份軍火，不得缺少。

第一百三十四款　他項軍火亦可發交砲局收存，並准其隨時領用。

第一百三十五款　砲局軍火不敷應用，准其借用他局。

第一百三十六款　借用他局軍火，須小心保護，無使作踐。

第一百三十七款　他處寄局之軍火，局中應視爲己物，代爲安放。惟未奉兵部准文，則又不得私自收寄。

第一百三十八款　砲局代他人收存軍火，如局中出"有短少願賠"之據，遇有缺少自應照賠，否則不得援以爲例。

第一百三十九款　他處軍火欲暫寄砲局者，必須局中有空餘之地而後可，惟炸藥則例不收寄。

第一百四十款　砲局收存他人寄放軍火，須請示於營總。

第一百四十一款　凡存棧及放露天之軍火，其要有六：一、擇地宜慎，二、安設宜醒目，三、量地儲材、不可多佔地位，四、易於取携，五、易於查看，六、易於抽換。

第一百四十二款　交戰軍火另儲一室，不可與操演軍火同處，以免夾雜。

第一百四十三款　交戰軍火，倘房屋不敷收存，則借儲他項房屋。

第一百四十四款　軍火房棧止求堅固，不尚飾觀。

第一百四十五款　在砲臺上收存軍火，全在因地制宜，總以取用便捷爲首要。

第一百四十六款　防堵軍火應按圖式排放。

第一百四十七款　收存攻敵軍火房棧應與火車行相近，尤宜四面臨空，以便易於轉運。

第一百四十八款　交戰軍火須分別何營何項收存，以免混亂。

第一百四十九款　交戰備份軍火亦應設立專所收

存,以資接濟。凡砲車及馬隊所用各物均須備齊。

第一百五十款　操演備份軍火應另外收存,以便支取。

第一百五十一款　砲臺上收存各項軍火,應照監督所定之位次圖安放。

第一百五十二款　凡收運軍火,悉照一千八百八十年所定砲局收運軍火章程辦理。

第一百五十三款　軍火收存日久,恐有損壞,則將舊存者先用,新收者後之。

第一百五十四款　軍火房棧最宜嚴密謹慎,門窗各處均須設立鐵柵。

第一百五十五款　軍火房棧鎖鑰逐一標號,軍械房之鑰爲一匣,藥房之鑰爲一匣。

第一百五十六款　以上鎖鑰,何人值日即交其執管。

第一百五十七款　收管造火藥所,載明管理造藥章程。

第一百五十八款　凡因公進藥房之人,必須派人監視。

第一百五十九款　砲局正副首領及管軍械所之千、把總均可在藥局進出自由,其餘外委諸人,非奉兵部之命不得擅入。

第一百六十款　兵丁進藥房,砲局給以文憑,注明年貌以便呈驗,事竣繳銷。

第一百六十一款　凡進藥房之人,一切均須照章辦理。

第一百六十二款　派兵巡護藥房及榜示禁條諸事，由營總主政，惟有濠溝之藥房則毋庸派人梭巡。

第一百六十三款　開看藥房，由武弁帶兵二名入内。外圍栅門鎖鑰即交巡兵收管，遇雷電及鄰近失慎，准其入内，慎於防護。

第一百六十四款　巡護藥房人役如須添派，應請示兵部。

第一百六十五款　各處軍火房棧應否安設避雷針，由工程官察看，報知兵部。

第一百六十六款　所設避雷針每年查看一次，以防損壞。

第一百六十七款　砲局各處房屋須一律保火險。

第一百六十八款　每砲局應明定章程，派人幫同保火險公司保護本局。

第一百六十九款　凡遇失慎即照章救護，藥房、文案房兩處尤宜首先搶護。

第一百七十款　既遭火患，須查明是否自行失慎，或係匪人放火，分别報知刑官，以憑提究。

第一百七十一款　所有因火燬壞房屋及各項軍火，即日查明，分别登記。

第一百七十二款　救火器具由砲局置備，准其作正開銷。其器具彙放一室，以便聞警易取。

第一百七十三款　應用救火器具若干及何項式樣者，均由監督主政。

第一百七十四款　以上器具須隨時試演，以免誤事。

第一百七十五款　禦水之法,由各砲局會議善章辦理。

第一百七十六款　各項軍火隨用隨添,壞者修之。

第一百七十七款　各局軍火不敷應用,准其添購。若此有彼無,又不妨通融借用,然須估計運費貴賤,若太貴則不如自購也。

第一百七十八款　軍火中有必須候兵部批准方能添補者,有五:一手槍,一砲架、砲車,一砲筒,一火藥,一鉛子。

第一百七十九款　又有無須候兵部批准可由砲局辦理者,有七:一、津貼官衣及鉛子繳回應行給價各款;一、運費;一、兵丁繳回應修軍械;一、添買軍料及器具;一、箍藥桶匠工食;一、修費在一百馬以内及添置文案房木器;一、修理裝火藥器具及車輛。

第一百八十款　各局修理之費間有不敷,准其稟請監督批發,然爲數亦不得過巨。

第一百八十一款　各局應添之物,如必不可缺者方准置買,以杜濫用。

第一百八十二款　添置之物,務使工堅料固,至少保固一年。

第一百八十三款　應購應添之物由查驗局查明核辦。

第一百八十四款　器具中有收存太久、已經損壞而按章須俟有事之秋方准修理者,則聽之。

第一百八十五款　添置各物,務要合時新式。

第一百八十六款　修理之物應先行估價,如修費已在買價之半者則不必修。

第一百八十七款　備份軍火支用漸缺,應隨時議添。

第一百八十八款　應添物件,局中如有料存,則發出製造。

第一百八十九款　用剩之料,無論大小多少應令工匠繳回,不得浪費。

第一百九十款　所剩物料如尚堪取用者,減值售與各局製物。

第一百九十一款　工匠用剩零星物料,亦令繳回備用。

第一百九十二款　發交官砲廠修理之物,應先估計運費,昂則交就近之商廠修理亦可。

第一百九十三款　製造軍火廠,如砲局有應修之物,即交該廠修理。

第一百九十四款　手槍等物應交軍械所修理。至於砲筒及造火藥機器,如該所槍匠能修,亦可交給修理。

第一百九十五款　藥廠應添機器,詳載管理造藥章程内。

第一百九十六款　砲局所需馬料,擇其價廉物美者購之。

第一百九十七款　與商人購買物件,詳載砲局與商人交易章程,分局定購物件則由總局代辦。

第一百九十八款　他局購物賤於我局者,應留心探問,而該局亦應將賤購緣由詳告彼局。

第一百九十九款　購買商人鐵、木及鋼鐵、白銅等物，須與砲局及製造局互商辦理，以免爲其所欺。

第二百款　購買商販柴、煤、燈油，應與管理防營支應處商辦。

第二百一款　武弁學堂修理物件，其修費應照兵部定章辦理，不准浮開。

第二百二款　砲局修理各物工價，如兵部未定例價，即與商人議價，擇其價賤者給修。

第二百三款　添購物價過巨、砲局不敢擅專者，應將核實之價請示於監督。

第二百四款　呈請監督核辦購物之價單，每年送核一次。

第二百五款　如有零星修費、單内漏未開報者，准其補注。

第二百六款　應購應添各物價，須開單呈報。

第二百七款　購定價物及交收日期，須分别登册存案。

第二百八款　工匠修好之物，須派員查得實係工堅料實者，然後接收。

第二百九款　承修各物之工匠於工竣後，須將何處砲局發修之物若干件、修價若干以及姓名、廠名、住址開列清單，隨物送交。至於價值，應照兵部所定例價開列，並將砲局所給物料件數一併聲明。

第二百十款　損壞之物有不堪修理者，開單呈報監督，聽候變價。

第二百十一款　所開之單，監督批出後仍發回砲局。

第二百十二款　另有挑出損壞之物，每年夏季由監督報知兵部核辦。

第二百十三款　挑出之物一經兵部批准，隨即拍賣。

第二百十四款　拍賣日期須先登新聞紙，臨期將各人所還之價逐一登記，擇其得價者售之。

第二百十五款　如有欲全數購買，亦可與之議明價值，訂立合同。

第二百十六款　拍賣之物一時不能脱手者，則削價賤售，兵丁中如願備價購買者亦聽之。

第二百十七款　拍賣之物爲數太少，則附賣於他局。

第二百十八款　所賣之物内，有珍貴及密機造法者一概取出，並有年代已久、堪入古董之物者亦應繳回兵部。

第二百十九款　砲局軍火，非奉兵部明文不得擅自收發。

第二百二十款　領取軍火，應給文憑，以昭鄭重。

第二百二十一款　砲局收發軍火，有五事須知：一、收發之物各給收條，二、注明收發地方，三、注明何物，四、收發日期，五、收單畫押。

第二百二十二款　兵丁繳回之軍械，如有損壞，須令其自行修好。

第二百二十三款　發給兵丁出征之軍械，由營總核辦。

第二百二十四款　砲局奉到出征信息，立將備戰軍火發給兵丁,其平日操演用之軍火責令兵丁繳回。

第二百二十五款　戰事已畢,所有軍火均繳回砲局。

第二百二十六款　戰砲隊應辦事宜,均須照章辦理。

第二百二十七款　戰砲隊備調兵丁應用軍火,由砲局借給。

第二百二十八款　前敵軍火應照章給發。

第二百二十九款　操演應添軍火,由提督主政。

第二百三十款　兵丁領用軍械如果損壞,由砲局換給。將換回之件派人查明致壞之由,報知提督。每年換發,以二月爲期。

第二百三十一款　砲局添購軍火,非奉兵部明文不可。

第二百三十二款　兵丁添領火藥,由砲局酌發,用剩仍令繳回。

第二百三十三款　運送軍火有簡省之法,砲局宜隨時探聽。

第二百三十四款　運送軍火宜用信局之車,若砲局自行運送,亦須保險,以昭鄭重。

第二百三十五款　由火車、火船運送,均有一定章程。

第二百三十六款　有令商人包運者,詳載商人交易章程内。

第二百三十七款　運送緊要軍火,則照一千八百八十年收運軍火章程辦理。

第二百三十八款　海運必須保險,並應雇用上等船隻。

第二百三十九款　軍火一經下船，即知照前途，以便預備接收。

第二百四十款　此局運彼局之軍火，其箱隻出空後，遇便送回，以省運費。

第二百四十一款　發給防營軍火，其箱隻亦須繳回。

第二百四十二款　防營軍火損壞，或老式須修須换者，所有往返運費均由砲局支發，此外另有費用則由兵自出。

第二百四十三款　此局運至彼局之運費，應由接收之局支付。

第二百四十四款　如有墊發之款，亦向接收之局收回。

第二百四十五款　運送火藥、槍子、炸彈，無論用火車、馬車裝載，如路途太遠，凡押運兵丁每名每日格外給德錢五十分。

第二百四十六款　商人包運軍火，應備正副提貨單各一紙，一付接收之人，一付承運之人。

第二百四十七款　所有應運軍火之數目、名目均須點交，承運之人取其收單存案。

第二百四十八款　承運之人務將軍火妥爲運送，不得絲毫傷損。

第二百四十九款　途中有意外險阻，即報知附近砲局幫同保護，所有費用由官津貼。水運不宜冬月，恐防水淺。

第二百五十款　運到軍火如裝扎不甚妥當，承運人即請接收處派人眼同開看，如無傷損，即請驗收。

第二百五十一款　凡水陸運送軍火，如有短損之事，立刻查明緣委，如發運與承運人彼此推諉、不任其咎，則報知監督核辦。

第二百五十二款　運到軍火尚須由砲局分運者，該局即將軍火逐一點驗，以憑轉運。

第二百五十三款　查驗會之設，凡軍火出入須一律編查。

第二百五十四款　收到軍火，凡正件、隨件均須點驗過磅。

第二百五十五款　點驗之後，相符者一一加戳。

第二百五十六款　凡製造軍火應行查驗優劣者，另設一會專司其事。

第二百五十七款　砲局整備軍火，終年如臨大敵，以便應命而用。

第二百五十八款　精細軍火以及畏風之物宜隨時查看。

第二百五十九款　軍火存棧是否如法，亦須詳查。

第二百六十款　成箱軍火如見封口傷損，應開驗過磅。

第二百六十一款　存放之散鉛最易遺失，宜隨時過磅。

第二百六十二款　此外查點軍火事宜詳載收運軍火章程内。

第二百六十三款　各項軍火照例歲查一次，若欲於例外抽查，須先示以日期。

第二百六十四款　凡遇風雨霧雪之天以及夏月，所有棧中軍火均須查看。

第二百六十五款　查驗會中，凡千、把、外委諸員均須會同辦事。

第二百六十六款　槍匠於修槍本分外，另有所知，亦可令其入查驗會隨同辦事。

第二百六十七款　查驗事畢，將一切情形筆之於書。

第二百六十八款　查驗事畢，亦將查過情形登記。

第二百六十九款　有不合用之軍火而未知其弊之所在者，則令熟悉情形之人查看。

第二百七十款　查出應修應改之物，交管段人辦理。

第二百七十一款　收發大件軍火，只須查其總數。

第二百七十二款　凡裝扎軍火是否如法，亦須查看。

第二百七十三款　收到軍火立刻點查，不宜延擱。

第二百七十四款　點查時，管段人亦應幫同辦理。

第二百七十五款　收發軍火，凡押解之員應令其眼同點驗。

第二百七十六款　若未派押解之員，則調一同差之人前來同驗。

第二百七十七款　軍火收存日久，恐有損壞，應邀一同差之人會同查驗。

第二百七十八款　查驗軍械，應照修理軍火章程内九十三至九十六各款辦理。

第二百七十九款　查驗後將實在情形登記册内，所有查驗諸人均須畫押。

第二百八十款　發交砲局軍火，如有缺少傷損，應令發出之人賠修；或由砲局代修，令繳修費。倘不受命，則稟請監督核辦。

第二百八十一款　砲局收存軍火每年應查若干次，由首領核定。

第二百八十二款　軍火遺失、朽壞，趕緊修補，分别通詳嚴緝。

第二百八十三款　遺失之物開單報知監督，並將遺失緣由及失察各員弁銜名暨失物之價一律叙入。

第二百八十四款　所失之物，情有可原而物價又在五十馬以内者，則由砲局補買。此外不得援以爲例。

第四章　論支應事宜

第二百八十五款　每砲局設鐵賬櫃一架，由首領經管，首領他出則副首領代之。

第二百八十六款　賬櫃須置密室，並保火險，派人巡守，以昭鄭重。

第二百八十七款　未保火險之賬櫃，安放尤宜嚴密。

第二百八十八款　櫃中鎖鑰須備三種。

第二百八十九款　鎖鑰三種，首領執其二，副首領執其一。遇有支放，會同開櫃，以杜弊端。

第二百九十款　櫃内儲錢扣足一月之用，餘存銀行。

第二百九十一款　無論何項收支，均以明文爲準。

第二百九十二款　收支銀錢，正副首領各自畫押，並驗明封口印花。

第二百九十三款　支放一次即結算一次，總以與底簿之數相符爲準。

第二百九十四款　結算無差，然後將收支各款逐一登記。

第二百九十五款　結存之款須點過封鎖。

第二百九十六款　有未奉明文應支之款，另登一册。

第二百九十七款　銀錢被竊，立刻報知提督及捕房，一面購綫踩緝。

第二百九十八款　櫃中有廢票、假票，另有章程辦理。

第二百九十九款　進款須查對無差，方可接收。成封銀錢，先驗明封口，然後開封查看，如有缺少，即令交來者補足。

第三百款　進款一時不及儲於櫃中者，則交首領另放。

第三百一款　收進雜款，作爲零項開支。

第三百二款　另有例外支應而存數不敷，則呈請提督給發，年終再辦報銷。

第三百三款　砲局所出收條格式，詳述三百十一款。

第三百四款　各款未發以前，先由副首領核算書押。

第三百五款　俸薪、善舉及添置兵衣之款，見單即發，不得遲延。

第三百六款　凡發額外俸薪及工匠工價、賞項，均由副首領核發。

第三百七款　商人修理各物工價,查明即發。

第三百八款　修補房屋費在六十馬以内者,由工程處查驗照給。

第三百九款　所發之款,務須面交應領之人,若交他人轉付則取其收條存案。

第三百十款　一切運費應照提貨單所開給付。

第三百十一款　收條格式有五:一、寫明收數,二、所收何物,三、收何處之款,四、月日,五、書押。

第三百十二款　他人代砲局墊用之款,查明後照數歸款。

第三百十三款　收條應照上式書寫,不准添注塗改。如領款之人不能寫字,准其倩人代寫,自己蓋印指模。

第三百十四款　凡兵丁及公局所出收條,均令蓋戳。

第三百十五款　銀庫重地,不宜在内發放銀錢,以昭鄭重。

第三百十六款　發放銀錢,正副首領均須在場,倘正首領有事,亦須派人代到。

第三百十七款　值發放之期而領款之人未到,則將此領款交存首領,以待下期給付。

第三百十八款　匯寄銀錢,其匯費由收銀人算付。若匯寄分局之款,其匯費則由砲局支付。

第三百十九款　各學堂領款,發出後分别登賬。

第三百二十款　匯寄之款,其匯費即在所寄之款扣除。

第三百二十一款　交信局寄帶銀錢，須於包面批明某處托寄字樣，並向信局收取收條。

第三百二十二款　數目尾找，如在半分以上者作一分算給，半分以下則抹去。惟各人俸薪尾數則積計總發，不得絲毫抹去。

第三百二十三款　官、弁、工匠俸薪按月給發，其餘津貼之款須候兵部之示再發。

第三百二十四款　砲局官弁俸薪，每月開一總單請領。

第三百二十五款　商人署款及官弁善捐之款，均由砲局代存，此外銀錢不得私相授受。

第三百二十六款　商人署款如不交現，准其將國家鈔票作抵。

第三百二十七款　砲局代收官弁捐款，毋庸給以收據，只須另爲收存，隨要隨付可也。

第三百二十八款　如有人挪借款項，須取其收據，以便下月扣除。

第三百二十九款　出差人員應領路費立報提督，一俟批回，即行發給。

第三百三十款　商人承辦之物，如欲領價，先付九成。

第三百三十一款　預交之款數在二百馬以内者，即由副首領核付。

第三百三十二款　各賬每月結算一次。

第三百三十三款　結算謄清，呈送提督閲看，如有不符,發還改正。

第三百三十四款　支應處每年由提督派員盤查一次,並無一定之期。

第三百三十五款　盤查委員隨到隨查,不得遲誤。

第三百三十六款　各種賬簿亦須細看,以防作弊。

第三百三十七款　盤查委員如有詢問,支應人須直告。

第三百三十八款　盤查先點存款,次核底簿,如無錯誤,批"查核無異"字樣。

第三百三十九款　盤查之要有四:一、存款是否屬實,二、封鎖是否嚴密,三、登記是否詳明,四、月結之數是否相符。

第三百四十款　查出弊端立即通詳,不得徇情。

第三百四十一款　支應人短少銀錢,責令彌補。

第三百四十二款　盤查之後,備文申報,一報提督,一報砲局監督。

第五章　論記載册籍

第三百四十三款　砲局管理公家産業,分爲二册,一記銀錢,一記房産。

第三百四十四款　册籍均不准挖補。

第三百四十五款　各項憑單應附卷備查。

第三百四十六款　銀錢、房屋分立總册,每年結算一次。

第三百四十七款　全年進出歸一總結。

第三百四十八款　收支分爲四册，一流水，一分類，一存款，一放款。

第三百四十九款　逐日登記者爲流水册。

第三百五十款　由流水册分别歸類者，爲分類册。

第三百五十一款　置物價單照數入册。

第三百五十二款　每月結算，是爲月結。

第三百五十三款　收支各項細數，將來結入總册。

第三百五十四款　收存軍火等物亦有四册，收砲械者爲正册，收隨件並機器者爲副册，收馬隊所用鞍鐙等爲馬册，各段分收物件者爲段册。

第三百五十五款　正册内將各物分類登記者，曰分册。

第三百五十六款　正册一年一换，副册五年一换。

第三百五十七款　每易一新册，則陳册進出之款須報銷。

第三百五十八款　各物須照所編之號登記。

第三百五十九款　隨件另册登記。

第三百六十款　各物輕重、口徑均須登記，以免混淆。

第三百六十一款　各物記號歸類登記。

第三百六十二款　新收之物歸類入册。

第三百六十三款　新收之物均應編號。

第三百六十四款　續收之物、陳册不敷登記者，列入新册。

第三百六十五款　此册之物併入他册者，則本册須注明。

第三百六十六款　馬册内各物應分類入册。

第三百六十七款　馬册無須按年更换。

第三百六十八款　馬册,各段應設立一册。

第三百六十九款　收進之物一一登記。

第三百七十款　後來之物正册不敷登記者,則暫記草册。

第三百七十一款　各物移交時須按册點交。

第三百七十二款　各段之册各登所存之物。

第三百七十三款　各段之册各編字號,以免混亂。

第三百七十四款　各段之册五年一换。

第三百七十五款　管段人,亦有查驗會内之人兼充者。

第三百七十六款　各册如何收存,照管理火藥章程辦理。

第三百七十七款　收進之物當日入册。

第三百七十八款　各段進出之物逐日登記,然後入總册。

第三百七十九款　各段之物如發出修理,須知照查驗會。

第三百八十款　進出之物所有憑單應送交查驗會。

第三百八十一款　查驗會之人有兼充管段之差者,所有應修之物發出後自行登記,毋庸報知查驗會。

第三百八十二款　各段册籍由監督查核。

第三百八十三款　各段進出各物憑單,逐日抄入册内。

第三百八十四款　查驗會之人有兼充管段差者，進出各物自行列册，不必請示於上官。

第三百八十五款　截數之後，如有續收之物，另册登記。

第三百八十六款　進出物件憑單粘存附卷。

第三百八十七款　每季將分册與總册較對一次。

第三百八十八款　登記存物之册，每月派人查對一次。

第三百八十九款　查有不符，將不符緣委聲明。

第三百九十款　查對無缺，即行畫押。

第三百九十一款　存物正册每年查點一次，以便知各物置價若干。

第三百九十二款　正册結後，將分册合而較之。

第三百九十三款　各段存物若干，亦須查點。

第三百九十四款　各段存物，先由查驗會派人抽查，如有缺少則全行查點。

第三百九十五款　應如何抽查之處，由砲局正副首領會商辦理。

第三百九十六款　馬册、段册所登各物，查無缺少，即登入正册。

第三百九十七款　每年夏季將各物清查一次，不得逾限。

第三百九十八款　買物價單亦須總結一次。

第三百九十九款　每年存物，應查册内之數是否相符,若出數與收回之數不符,隨將缺少若干標明册内。

第四百款　查明之後,正册呈送砲局。

第四百一款　砲局將册閱過,轉報監督。

第四百二款　其册再由砲局復核一次。

第四百三款　查出缺少情事,報知提督核辦。

第四百四款　派員抽查正册,令其將查過情形登記簿内。

第四百五款　所有砲局房産造册二份,一送監督,一呈兵部。

第四百六款　房産有更造之事,每十年造報一次。

第四百七款　公事房每年置買物料之賬,須隨時查核。

第四百八款　每季應支之賬,按限開報。如另造房屋價在一萬五千馬内外者,則另行開報,呈送總賬局查核。

第四百九款　各項俸薪每季結報一次,内有因事罰俸者隨結聲明。

第四百十款　預先估用之款,須呈送監督核辦。

第四百十一款　未經找清之款應歸入下届給發者,須於賬上注明。

第四百十二款　每季結存餘款,須於册上聲明。

第四百十三款　每季收支之款分别開明,以便閱者醒目。

第四百十四款　各學堂每年用款分别報銷。

第四百十五款　與商人所訂買物合同,其價本年尚未付清者，應於册内聲明。

第四百十六款　每季所呈賬單，監督核過後隨即書押。

第四百十七款　各賬每年報銷一次，由監督轉送提督。

第四百十八款　砲局收到請撥之款，每年造報一次。

第四百十九款　提督閲過之賬，即批各局具狀赴領。

第四百二十款　砲局每季應將各賬呈送監督轉咨兵部。

第四百二十一款　砲局所存軍械，每年查明入册。

第四百二十二款　副册每五年一换。

第四百二十三款　公事房每年所存紙筆等物清查一次。

第四百二十四款　零星之賬亦須分款書寫。

第四百二十五款　買物價單及憑條均須附卷。

第四百二十六款　價單、憑單，另派一人點查。

第四百二十七款　置買各物名目、價值、輕重各單須粘卷。

第四百二十八款　各種賬單分類附卷。

第四百二十九款　各賬單須分别編號。

第四百三十款　零星各物而價在總單者，賬上須聲明。

第四百三十一款　報銷時有未購齊之物，其價歸入下届報銷。

第四百三十二款　與商人所訂購物合同，須附卷備查。

第四百三十三款　各砲局與商人訂立購物合同,每年六月彙呈監督閱看。

第四百三十四款　各物賬單另粘一册,以收存十年爲度。

第四百三十五款　收發各賬均須經手人親自書押。

第四百三十六款　收支賬目逐日登記。

第四百三十七款　賬目分類編寫。

第四百三十八款　收發物料,總以憑單爲據。

第四百三十九款　公事房取用物料只須登賬,毋庸另出憑單。

第四百四十款　各物號頭抄記入册。

第四百四十一款　物料憑單,一收一發須挨次入册。

第四百四十二款　收、發物料憑單分别訂成一册。

第四百四十三款　四百二十七款所言各賬,須抄成一册。

第四百四十四款　常用之物另册登記。

第四百四十五款　此局取用彼局之物,各自登賬。

第四百四十六款　收發憑單,以臘丁文爲凖。

第四百四十七款　砲局之賬由提督核辦。

第四百四十八款　應核其所報物價是否與原單相符。

第四百四十九款　所置各物是否堅固,由監督查驗。

第四百五十款　批筆監督用紅,提督用藍,以示區别。

第四百五十一款　監督呈送提督文件，閱後發還。

第四百五十二款　各項物價領狀應送提督閱看。

第四百五十三款　閱過後即批交監督。

第四百五十四款　公事房所置物料由監督查看。

第四百五十五款　有透支之款，下期扣還。

第四百五十六款　領狀如有錯誤，提督爲之批改。

第四百五十七款　批改後發交監督，令原人另寫。

第四百五十八款　每年置買物料之賬照抄二份，一呈提督，一存案。

第四百五十九款　每年應在何時呈賬於提督，由監督定。

第四百六十款　所呈之賬，提督閱過後發交監督。

第四百六十一款　查閱後，即由提督派查之員書押。

第四百六十二款　派查之員亦令具結。

第四百六十三款　建造房屋各賬存局備案。

第四百六十四款　每年結賬時，所存各物由監督查核。

第四百六十五款　所存之物，須查較是否與賬相符。

第四百六十六款　查較後，原賬交回砲局。

第四百六十七款　查出有不符之處，著砲局查覆。

第四百六十八款　物價太昂，應令將價昂緣由據實稟覆。

第四百六十九款　賬物查較相符，監督應給以覆核無異之據。

第六章　論巡閱事宜

第四百七十款　各砲局每年由監督巡閱一次。

第四百七十一款　巡閱之期由兵部定。

第四百七十二款　巡閱,監督爲正,千總副之。

第四百七十三款　如何設法巡閱,由監督自定。

第四百七十四款　巡閱須知有七:一、砲數是否足額,一、軍械是否齊備、收存如法否,一、火藥製造是否如法,一、所繪陣圖是否如式,一、砲臺是否堅固,一、更改砲臺是否有益,一、守臺之兵應否增添。

第四百七十五款　八禮拜内應將巡閱情形彙報兵部,如有緊急之事,隨時專報。

第四百七十六款　建造是否堅固,軍械是否足額,均須一併查閱。

第四百七十七款　查閱建造各事,四禮拜内須將閱過情形報知兵部。

第四百七十八款　巡閱事畢,順便閱兵。

第四百七十九款　管理軍政各大員如有詢問砲局情形,該局員須詳告。

第四百八十款　巡閱大員到境,首領須請示期巡閱,以便傳知各局預備。

第四百八十一款　巡閱時,或同首領前往亦可。

第七章　論辦交代

第四百八十二款　砲局正副首領因事請假,即將各處鎖鑰移交代理之人。

第四百八十三款　如請假日久,並將所存各項公款點交代理之人,彼此均於册上書押。

第四百八十四款　存物各册一併移交。

第四百八十五款　局中軍械,代理人須逐一點明收管。

第四百八十六款　點明後具結接收。

第四百八十七款　所有接收日期備文呈報監督,並由監督轉報提督。

第四百八十八款　如有機密事件,封固移交。

第四百八十九款　首領若因病出缺,機密事件封固交於代理之人,俟新首領到任,原封送交,不得私自拆看。

第四百九十款　新首領接到後,給以回文存案。

第四百九十一款　凡管段及管分局之人交卸,所有册檔面交接收之人。

第四百九十二款　新任收到後,出結存案。

第四百九十三款　首領屬下人員如有請假之事,由首領派人接手。

第四百九十四款　接手者即將移交錢物分別點明收管,將來如有缺少,惟接手人是問。

第八章　論公文函件

第四百九十五款　各處信函由首領拆封。

第四百九十六款　首領閲信後,應著何人登覆即批明信面,並令登入號簿。

第四百九十七款　砲局銀物各草册,首領閲過後批

“砲局”二字。

第四百九十八款　專案文件，首領一人書押。

第四百九十九款　局中憑單收條有關銀錢出入者，首領書押後復蓋印。

第五百款　機密之事呈監督核辦。

第五百一款　局中遇水火災患，以及諸人染疫患病，或在外滋事爲捕獲去者，均應立刻報知監督。

第五百二款　物料被竊，由監督報知兵部。銀錢被竊，則由提督報知兵部。

第五百三款　用電報報事，應照電報章程辦理。

第五百四款　禀報事件宜簡而明。

第五百五款　每一分局給一戳記，以昭信守。

第五百六款　砲局及分局應備書册，開列以下等款。

第五百七款　日記簿一本，爲逐日記事之用。

第五百八款　號簿一本，爲登記往來公文之用。

第五百九款　口號書一本。

第五百十款　武備新聞紙數種，火車開行日期書一本。

第五百十一款　管理軍火及保守砲臺各書册圖件，應由兵部給發。

第五百十二款　登記各種書册圖件清册一本。

第五百十三款　在局各員宜熟讀各種兵書。

第五百十四款　刷印書册紙張，向官店購買。

第五百十五款　文件公函爲一宗，要件又爲一宗。

第五百十六款　有關涉局員之文件，由首領另記存查，毋庸附卷。

第五百十七款　作爲廢紙之公文圖件，如欲變價，須請示於監督而後行。

第五百十八款　變賣廢紙須分别扯碎，所得之價提出二成賞給在局弁役人等。

第五百十九款　兵部頒發各章程年久無用者，亦准作廢紙變賣，惟機密章程仍須繳回。

第五百二十款　書籍有無用者，請准兵部之示，亦可作廢紙變賣。

第五百二十一款　一切文件須十年後方准作廢紙，惟合同及訓條暨名人之筆墨仍留之。

第五百二十二款　一切賬單十年以後亦准廢去。

第五百二十三款　稿本十年後亦作爲廢紙。

第五百二十四款　欲將廢紙變賣，須先登告白。

第五百二十五款　登告白之費由買紙之人算還。

一千八百八十年德國兵部芬卡密克訂

卷二十一　光緒九年二月初六日

目录

督查砲局章程

賡音泰口譯
顧祖榮筆述

一　此督查砲局衙門,應歸兵部管轄。該衙門應管之事有二,一係臺上事宜,一係砲局事宜。

二　督查官一缺,由總監督會同兵部,挑營官中之幹〈練〉者奏補。

三　督查衙門應設管軍械者二員,管火藥者一員,總管武備者三四員,總管火藥者一員,書識三四名。

四　督查衙門既歸兵部管轄,所有管戰股行知各事均應遵辦。砲局有戰守之事不能徑達兵部者,則由該衙門轉達。至於步砲局又應與砲局聲氣相通,如此,則督查衙門諭知之事亦可彼此周知。

五　該衙門既有督查砲局之責,所有局中員弁遇有賞罰、請假各事應歸其主政。至於製造火藥,應知之事有五:一、監督衙門需人造藥,由各砲局派往;二、正值操演而監督需人造藥,應由總監督擇其無須差操者派往;三、砲局派去之人尚不敷用,由總監督照會兵部添派;四、監督處造藥之人,所有章程務令熟記;五、造藥人如另有差派,應否允准由總監督主政。

六　守臺官弁應由監督管理,遇戰事則一切差遣均照行營章程辦理。

七　出戰時守臺官兵應照兵部所定戰章辦理,倘另有善章,監督亦可隨時指示機宜。

八　監督於戰守之事必須熟悉胸中,方稱勝任。

九　新造及改做之砲臺，守臺各官一時恐未能洞悉情形，應令盡心考究。

十　所有砲局儲存軍火，應令妥爲保護。至於一切應爲之事以及採辦軍火，尤須克勤克儉、實用實支，以期撙節。派出查閱各員，宜黽以潔己奉公、無負委任。

十一　尋常刑名事件，監督處無案可稽者，應送交提督、刑官辦理。

十二　砲局與人訂立合同，例不能由監督核准，須轉送提督批明辦理。此外尚有採辦合同，砲局亦應送交監督辦理。

十三　監督處之應差官兵人役，如遇戰事，仍照常供職。

十四　訪察各官弁聲名優劣、差操勤惰，在監督處應差者由監督主政，在砲局應差者由營官主政。

十五　訪察砲局局長優劣、勤惰，由總監督會同提督辦理。

十六　砲局局長有事欲向他處衙門稟白者，須候兵部批允方能往稟。若因病請開缺，須挑員頂補者，則稟知監督照會兵部核辦。

十七　所有挑補人員，其詳文期限均應遵式辦理。

十八　管武備及管火藥官弁，察其勤惰者分別列册。

十九　監督公出，所有日行事件派員代拆代行，如有緊要公事仍候回轅核辦。若因病請假，則派砲局局長代理。

二十　監督衙門發出文件，如無監督花押者，概不作准。兵部有諭知步砲局事件,即知照監督轉飭辦理。

一千八百八十年德國兵部大臣芬卡密克訂

考驗砲局人員章程

賡音泰口譯
顧祖榮筆述

第一節　總論考驗及派差

一　此項人員係由砲局派往管理軍火之事,推而至於槍廠、砲隊、各學堂應用軍械,亦派此項人員管理。

二　此項人員計分四項,曰千總,曰把總,曰外委,曰槍匠。

三　凡砲局、槍廠、軍械所、砲隊、各學堂、查驗局、演槍學堂、砲局監督、槍廠監督兩處衙門需用前項人員,概由兵部核派。

第二節　論千總應爲之事

四　此項千總不入營册,然一切仍遵營制而行。

五　此千總如派在砲局、槍廠、軍械所、砲隊、各學堂、查驗局、演槍學堂等處當差者,或令分管段落,或令管理軍料;其派在砲局、槍廠及兩處監督衙門者,則令司記載之事。至於管理行營軍火之千總,則由管戰股派往。

六　千總缺出,以考取之把總挑補。如千總有資格已深者,則挑升頭千總。

七　千總派差,由兵部主政,若暫時更調可由管戰股主政。

八　考驗千總能否勝任，應由該員當差之衙門出具切實考語，報明提督轉奏，總以“精壯奮勇”四字爲上。未經考驗以前，倘提督深知該員平日當差勤奮者，亦可預爲存記。

九　該千總在何處當差，即由當差處之上司登其名於册内。

十　如有勞績應賞以寶星者，其在砲隊各學堂當差之員，應由該學堂提調禀請提督；其在砲局、槍廠等處當差之員，則砲局、槍廠兩監督咨請提督，分别賞給。

十一　千總遇有請假完姻及銷差告退之事，必須由兵部核准者，應禀請該管上司代報；若尋常小事，則面禀上司核奪可也。

十二　千總有因打仗受傷不能當差者，應由砲、槍兩局監督驗明，給以文憑，以杜規避。

第三節　論把總、外委應爲之事

十三　把總與外委官職者甚小，原與兵丁無異。

十四　把總應先派在公事房充當書識，並令講求管理軍料之事，爲他日推升千總之選；外委則派赴各廠管理軍料。

十五　把總、外委，每月除給俸薪外並給以零用之費，此外遇有趲程、差操之事，均無庸另給。

十六　外委當差十五年無過，即升軍械所副把總，仍食外委之俸。如遇出戰之年，則作二年算，以示鼓勵。

十七　派充差使，無論常、暫，均由管戰股主政。

十八　凡遇出差，每日每人應給路費一馬或一馬五十分不等;若派充押運火藥頭人,則無庸給以路費。

十九　有堪升軍械所千總之把總,如欲請假完娶,須查明該員每年於正俸外尚可領雜費至七百五十馬者,方准其完娶。蓋亦量其所入能否養家之意,然當差未滿三年,則例不准請假完娶也。

二十　把總完娶,須將妻室姓氏以及何時配定、是否奉准父母之命一一報明,以便注册。將來該員身故後,即可由養節堂提款以養其妻終身。

二十一　凡當把總、外委,每人每年應捐養節堂經費一百五十馬。

二十二　水陸各營均有保性命險之會,把總、外委如願入此會者,悉聽其便。若把總已保升千總,則每年須捐五百馬助入此會,以作經費。

二十三　各員捐助養節堂及保性命險之款,該管上司即於各員應領俸銀代爲扣付。

二十四　凡把總、外委之妻及子女在十四歲以内者,有病皆由官醫治,藥費亦由公項支付。

二十五　本身有病欲入公醫院醫治者,每日須損〔捐〕醫費一馬十分、藥資十分。

二十六　把、外、槍匠三項人員,每歷二年由該管上司考察一次,出具切實考語通詳大憲。至於各人私事,如生死人口以及本人身體强弱之類者,亦須備文申報。

二十七　上言申報之事由提督彙報兵部。

二十八　申報之事,凡各該管上司均須加具考語。

二十九　應得寶星,照十款辦理,並給以文憑。

三十　把、外人員遇有私事欲稟白上司者，須先告知千總首領，然後回明該管上司，聽候准駁。惟請假完娶則必須爲之申報大憲，雖該管上司亦不能主政也。

三十一　把、外之員，當差在十五年之内、打仗受傷成廢者，驗明屬實，准其告退，仍照舊給俸。此外尚有當差已滿十五年並未受傷而情願告退者，亦給以常俸。又有因傷不至成廢期滿告退，應給以撫養之資而定以年限。以上各情須由醫官驗明屬實，該管上司加其考語呈報兵部。

三十二　上項告退人員應領俸薪、撫養銀兩，何時領起、何時停支，均須報明兵部。

三十三　革退之員應停支俸薪之處，須報明兵部辦理。

三十四　應給把、外人員撫養之資，其數之多寡由提督酌定。

三十五　革退人員而當差已在二十一年之久者，准其身服官衣，並給以文憑，以杜假冒。把總考取千總，亦應給以考取文憑。

三十六　把、外人員有自請往文衙門當差者，止准六個月，假滿仍供本職。此六個月内應得武衙門俸薪，減成給發。若續假，至多再給六個月，應停支武職俸薪。倘欲永遠充當文員之差，則非請示兵部不可。

三十七　挑補把、外之缺，以砲隊奮勇打仗之武弁補之。

三十八　候補把總，應於監造火藥及考取支應概

〔暨〕官家子弟自備資斧在營差操之三項人員内挑取，以候補五年爲限。至於外委，則挑兵丁中之奮勇而熟悉砲隊情形者，作爲候補外委。

三十九　學習把、外差事之員，每年夏冬兩季由監督開單挑補，並令該管上司出具保結。至於候補把總年在二十六歲而尚未補缺者，即爲之除名。凡補缺、候補二事皆由兵部主政。

四十　候補把、外人員到差之日，應令出具勤慎當差之結。

四十一　候補人員試用五月之後，勝任者報明兵部，准其作爲候補；倘五月後學雖未成而人尚聰穎者，則寬限三月，再不成斥退當兵。

四十二　兵丁中有挑取作爲候補把、外者，如已補缺則開去兵丁錢糧，蓋未補缺以前所領仍兵粮也。

第四節　論官槍匠

四十三　槍匠分派各處，聽候該管官差遣，亦穿官衣，見官長均應請安。

四十四　各項軍械該匠須妥爲管理，其詳細情形載在《軍政須知》内。若他處砲局亦可令其製造軍火，惟須與之訂立合同而已。

四十五　該槍匠應派在何處當差，由管戰股主政。惟此項槍匠，須熟悉造來復槍砲情形及在著名砲廠當過工匠者，方准其充當官匠。

四十六　槍匠到差之日，應令其立盡忠當差之誓。

四十七　該槍匠每月除給辛工外，另給以房金零用之費。

四十八　槍匠無異兵丁,准其掛刀。如當差十五年無過,則賞掛包金把之腰刀。

四十九　一切遣調由管戰股主政,出差路費由官給發。

五十　所有請假完娶各事,一如十九至二十三款。

五十一　患病之事如二十四、五等款。

五十二　稟報私事如二十六款。

五十三　以私事稟白上官,如三十款。

五十四　告退之事如三十一款。

五十五　槍匠非官可比,例無撫養之費,若有懇求,則請示提督酌量給發。

五十六　各匠講論製造之事,遇有彼此意見不同者,不妨令其各抒己見,爲之彙報上官核定。

第五節　論雜務

五十七　把、外人員及准掛腰刀之槍匠,所有官衣均自備。

五十八　上項人員除值差穿官衣外,暇日仍穿常服。

五十九　官衣各分顏色以別之。

六十　外委腰刀准其向砲局借用。

六十一　外委所穿當工之衣,每名每年折價二十二馬五十分。遇出戰停工衣,價亦即不給。惟學習外委則不給衣價。

六十二　以上各項人員,凡有加給俸薪及升調暨身故給發撫銀等事,均由兵部主政。

六十三　凡住官房自有定章,不得擅自禀請。其住官房之人,一經公家需用,應即遷讓,不得求給遷費。

六十四　賞給濟困之款,必須查明實在困苦方可給發,並須報明兵部。

六十五　因病請假,須由醫官出結,以杜揑報。

第六節　論增廣人員

六十六　增廣千、把、外委、槍匠四項人員,係爲交戰時派守砲臺、軍械所等處之用,平時不得輕議增廣。

六十七　上項人員,戰事已畢,由提督酌量裁汰,餘則分派各局當差。

六十八　增廣千總在備調及告退之千總挑選,倘無其人,則以在差之把總挑充。

六十九　增廣把總在備調及造火藥之兵挑選,倘無其人,則令告退之武弁充當,其步馬隊武弁亦可調用,再有不敷,則挑步砲隊武弁足其數。

七十　增廣外委在守臺之武弁挑充。至於需用人數若干,由提督核定。

七十一　千、把所穿官衣均令自備,每年公家貼一百馬,把總津貼七十五馬。

七十二　把總有暫當千總之差者,每月加俸三十馬。武弁而暫當外委之差者,每月加俸九馬。

一千八百八十年德國兵部大臣芬卡密克訂

藥局人員應差章程

賡音泰口譯
顧祖榮筆述

一　監造火藥之千總由造藥頭目内挑升，名曰造藥千總。

二　此項千總有領全俸、半俸之分，其領全俸者派至查驗會及砲隊學堂二處當差。

三　又可充造藥教習。

四　步砲隊營如監造火藥之員出缺，即擇前項千總之老成者頂補。

五　年少者派在戰砲隊大營當差。

六　領半俸之千總升食全俸，須查其資格深淺、當差勤惰，詳報提督核辦。

七　千總有事稟報，皆監督主政。

八　派令監造火藥，先由提督考取，奏明辦理。

九　凡各員弁至砲局當差者，應由砲隊營挑派，一面將派去人數報知總監督。

十　此外尚有更調之事，亦由總監督主政，一面照會兵部。

十一　凡各員派充各執事，總監督宜隨時照會兵部。

十二　各員應得俸薪應按章給發。如食全俸之員派往他處當差者，則以食半俸者補其缺。

十三　各員有請假告退之事以及一切賞罰，在上者均宜按章辦理。遇打仗受傷，則給以受傷文憑。又有因事斥革而該員心有不甘者,上官還宜熟商辦理,務使執法無枉,以平其心。

十四　遇有虧空情事而事出有因並非固爲犯法者,則由兵部津貼。

十五　造藥千總與管武備各員之官衣應編號,以區別之。

十六　各員所住官房並無一定應往之例,遇有空屋即准其居住而已。

十七　造藥千總應歸砲隊營總節制。

十八　在步砲隊營之造藥千總,令其管理建造藥房並會辦查驗會事宜,所有試藥章程及所繪陣圖有不合法者,亦准其隨時更改。

十九　凡在藥局應差人員,遇打仗仍照常供職,毋庸出戰。

二十　在步砲隊分營之員,統歸該營總節制。

二十一　在分營之千總,所派執事一如十八款。

二十二　又可令其會辦查驗藥局事務。

二十三　操演需用之火藥,造藥千總應早爲預備。

二十四　分營中之操場應派員管理。

二十五　所派之員,又可令其兼充學堂教習。

二十六　打仗時照常供職,毋庸出戰。以上各事,皆指在分營人員而言。

二十七　在戰砲隊營各員,統歸營總節制。

二十八　又,千總派差一如十八款。

二十九　又可令其會辦查驗砲局事宜。

三十　遇操演，一如二十三款。

三十一　事如二十四款。

三十二　事如二十五款。

三十三　打仗時須親自赴敵，所有軍火妥爲預備。以上各事，皆指在戰砲隊營人員而言。

三十四　在砲局應差各員，歸砲局首領節制。

三十五　應令管理造藥諸事。

三十六　有因病未能到差者，由步砲隊營之造藥頭人挑令代理。

三十七　除管造藥外，又可令其在查驗會隨同各員辦理。

三十八　造藥、試藥及軍料圖説有不合法者，准其更改。

三十九　砲隊分營操演，准其前往觀操，一面報知兵部。

四十　時交冬令，造藥事簡，則派至各廠充當造藥教習。

四十一　交戰時如何派差，由兵部臨時核定。以上各事，均指在砲局人員而言。

一千八百七十四年德國兵部大臣芬卡密克訂

修理軍火章程

賡音泰口譯
顧祖榮筆述

第一章　論各營槍匠

一 一切軍火應備應修，責成營總辦理，務使物各適用、費不虚糜，是爲至要。

二 兵丁收放軍火、揩擦槍砲，營總督率各營官妥爲經理。至於日用軍械，尤宜派員抽查，毋令傷損，如有傷損即交槍匠修理。每年春秋二季，再將槍全行拆看一次，餘日不准。

三 上言之事，該管官務須隨時告誡兵丁遵章辦理。

四 查驗軍械，由營總選派熟悉武備之千總二員辦理。

五 該千總於查驗時，應知之事有八：一、應修之槍提出另放；二、將應修桿數登册；三、開明清單，連槍交與槍匠修好後，陸續點收，隨時注册[一]；五、隨時查看，無令遲延及有作踐物料情事；六、修槍藝徒令其盡心學習，無使荒嬉；七、修槍教習，查其逐日課規是否循循善誘；八、修槍器具宜令愛惜。八事而外，尚有未盡事宜，由營總隨時指派。倘派查之員彼此有意見不同者，則稟知營總核辦。

六 幫查軍械之員，應派熟悉槍務之千總前往，凡收發各件即責成辦理。

七 槍匠在營修槍，即歸該營之查槍千總管束。

八 此項槍匠，須在槍廠考取之人挑充。若因事斥革、欲令復充者，須請示於兵部方可。

九 槍匠出缺，將出缺原由報知槍監督，另行挑補。

[一] 原抄缺"四"。

新挑之人試用三月，如果勝任，即令補實，否則斥退再挑。

十　招充槍匠，不准兵丁保荐，以杜弊竇。

十一　選派之事由營總及監督主政。如有告退之事，該槍匠須於三月前上稟，惟打仗時則無論如何不准告退。倘有屢次誤差及操守平常者均斥退。若手藝平庸亦可斥退。如該匠心有不甘，准其伸訴，一面詳報兵部核辦。

十二　既充槍匠，無論派往何處當差，不得有所推諉，其路費則照章給發。

十三　有冤曲事，准其訴之營總派人查辦；如有牽涉修槍之事，則派熟悉槍務之員詢問。

十四　槍匠亦穿官衣，當差十五年無過者並准其掛刀。

十五　槍匠每名每月辛工六十三馬七十五分，病則官爲醫治，其子弟讀書之費亦由公項開支。

十六　每一兵丁每月應津貼修槍匠添買修槍器具之資，今分別於下：步隊六分，善槍手及獵營各八分，武弁學堂七分，演槍學堂十分，精鋭營五釐，步砲營、鐵路營各六分。如該槍匠未及月而告退者，則各兵津貼按日扣除。

十七　槍匠應知之事有八：一、出戰軍械須逐一修好，所有置買修槍器具，到差之日先給一百馬，如有不敷該匠自墊，將來由各兵津貼之款歸還，倘改購新式修槍器具，應貼價若干由兵部核定；二、兵丁領到軍械，該匠應逐一查看，如螺絲缺少、挺簧力弱、通條粗細不匀，隨即修好；三、槍之隨件，應令打戳編號；四、該匠派往他營查驗軍火,每日給以一馬五十分,或在修槍經費或由砲局給發均可,並給以路費;五、槍筒生銹,應拆下去銹抹油;六、兵丁中有派充修槍藝徒者,該匠須盡心教導;七、先教其裝卸各法;八、修槍器具如有傷損,由公項支款買補,至於他營有槍件托修,須俟本營事畢方准接修,其修費應由交修之營議給。

十八　添購修具,不得由槍匠自買,以杜弊竇。

十九　交修之槍,須親自修理,不得諉諸他人,惟藝徒則准其隨帶學習。槍上應添小件,由該匠自備。惟換槍筒及機件槽房則動用公項。

二十　修過之物,各編記號以示區別。

二十一　槍匠欲收藝徒,須與兵丁相商,因修槍之費由衆兵所出也。

二十二　接修他營槍件,亦須與本營兵丁商准而後可。

二十三　修具損缺皆自行添補。

二十四　每營挑聰穎兵丁二名,交該匠教以修槍之事。

二十五　修槍用款,名曰修槍費。凡兵部加撥之款及物件變價之款,悉充此費,以備支用。遇槍匠告假,應給代理之辛工,亦在此項修費支付。

二十六　修槍費由營總管理,而副以二千總,凡有收支,隨即登記,不可遺漏。

二十七　應由修槍費内支用之款,計十四:一、十六款所言之款,二、奉差在外之兵丁修槍費,三、查驗費,四、置買槍塞、表尺，五、買槍筒及機件槽房，六、買修具及物料，七、第十七款第一所言之津貼，八、買記號戳子，九、買拆槍之器，十、買銅洗桿，十一、買擦槍油，十二、揩機件之油，十三、各種書籍紙張，十四、槍件裝箱費。此外支用未經兵部批准者，概不得在此項修費内開支。

二十八　凡買槍筒、通條、機件槽房、板機機件、圓頭、柄針、房針、托保險鐵針簧、槍殼箍、扳機護、鐵槍柄、鐵包底、望準、表尺套、做槍殼木、刀把、刀套、矛頭桿，以上各價，均准在修槍費内開支。

二十九　槍匠借錢買物，須請示於營總，將來在應領辛工内按月扣還。

三十　添買各物費有不敷，則報兵部請撥。

三十一　兵丁不准自置新槍，或將各廢槍可用之件湊成一槍。手槍遺失或朽壞難用，須請示提督，方准補買。

三十二　二十八款所言各件，應照兵部定價，每年夏冬兩季向官廠購買。所有價單，由查驗委員查明書押。

三十三　槍有損傷，應將損處及號頭開單，交槍匠修理。倘查得損處與單開不符，則聽候營總核辦；或查出損處多於單開之數，則添注單内，一併修理。

三十四　修好之槍應派員點驗，不妥則令重修。

三十五　各營立修槍册一本，以便登記。

三十六　兵丁中有嫌本營槍匠修槍不佳者，准其雇用他營槍匠修理，照章給以修工。

三十七　出防之兵津貼修費，仍照十六款辦理。所修之槍,每年由營總查看二次。

三十八　槍上剔出廢件,變價充入修費,有尚堪用者留之。倘發槍廠修理,則廢件概存廠中。

三十九　槍匠因事請假,期在十四日之久者,應扣去此十四日辛工。倘此十四日内無槍可修,亦未雇用替工,則免扣,以示體恤。

四十　又有因事請假,期在六禮拜以内,而營中有槍待修,或雇替工,或交軍械所槍匠修理均可。

四十一　倘假期在六禮拜以外,則無論有無槍件修理,均須雇用替工。

四十二　替工須自備修具,除照章給以修費外,每點鐘加給二十分。

四十三　如替工修理不善,則稟知上官辦理。

四十四　替工到工之日,必須考驗一次。

四十五　槍匠因病身故或期滿告退,另給工資三月,作爲撫恤銀兩。

四十六　太平時所用之槍匠,所有應辦之事與一款至六款同。自四十六款起至五十五款止,皆指太平時槍匠而言。

四十七　修費如二十五、六款。

四十八　兵丁不准買槍,如三十一款。

四十九　大股槍件有不必交槍廠修理者,則交軍械所修之。

五十　修理之事如三十三款。

五十一　修好點收,如三十四款。

五十二　添購修槍器具等事，如十八及二十八款。

五十三　軍械所槍匠爲各兵修槍，其修費照砲局定價，每百馬加二十五馬，若照市價算則無庸加給。

五十四　立册等事如三十五、三十八等款。

五十五　凡砲隊、前敵兩營及養育武弁子弟學堂之槍，每年帶同槍匠往查一次。

五十六　交戰時所用之槍匠，所有應辦之事亦如一款至六款。自五十六款起至八十五款止，皆指交戰時槍匠而言。

五十七　每營設槍匠三名，以一名隨征，副以熟悉修槍之兵丁一名，其餘二匠則留在備調營内候調。

五十八　槍匠出缺，由兵丁中挑補。

五十九　隨征槍匠如在槍廠挑派者，戰畢仍令回廠。

六十　戰事無論常暫，所帶槍匠如無過不得斥退，該匠亦不准告退。

六十一　有誤差及手藝平庸之事，如十一款辦理。

六十二　隨征槍匠，每月除給辛工九十馬外，再給三十馬，無庸照十六款津貼之法辦理。

六十三　槍匠應知之事如十七款，内除去第四“每日給一馬五十分”一句及第八一則而已。

六十四　藝徒功課，該匠應隨時督率，有不能爲者則自爲之。

六十五　工程及步隊兩營之藝徒，每人每月給以三十馬。

六十六　兵丁充槍匠，仍以兵丁目之。

六十七　自交戰之日起，所有修槍費改由養兵費開支。

六十八　管理修費如二十六款。

六十九　應支之費如二十七款，内除去一、三、四、五等項。

七十　槍匠不准支借銀兩。

七十一　兵丁不准買槍，如三十一款，惟手槍遺失，准其在備份内取用。

七十二　購買物料如三十二款。

七十三　修理點收之事如三十三、四、五等款，惟修槍册不必隨營，另設草册登記，將來抄入正册可也。

七十四　槍匠病故或患病，即於藝徒中挑令代理。

七十五　如無隨征槍匠、皆藝徒修理者，應調他營槍匠前來驗工，不必給以工資。

七十六　槍匠出缺，而藝徒之修槍手藝平常、他營又無槍匠可借者，准其另行招補。

七十七　未領全份工資之槍匠，一如五十六款。

七十八　有一營而分爲數營者，除正營仍有槍匠外，其餘分營之槍皆借他營槍匠修理，不必另給工資。

七十九　如四十七至五十四款。

八十　戰兵須用槍匠，在備調營内挑充。

八十一　步隊營兵修槍之事與一款、六款同，其餘則照五十七及八十九款辦理。

八十二　步隊、馬隊之備調營槍匠由兵丁中挑充，至於獵營、工程營則例無槍匠。

八十三　步隊挑隨營槍匠，均照八十一款辦理。

八十四　前敵營槍匠由提督衙門派往。

八十五　前敵營修槍費由兵部給發。

第二章　論修槍器具

八十六　無論有事無事，所有修槍器具自應預備齊全。

八十七　戰事備用之修槍器具，平時亦准取用，損壞則由槍匠出資修理；惟備份之器具則爲戰事而設，平時不准動用。

八十八　凡改用新式槍之營，每營應備修新槍器具一二副，由公項支買。

八十九　步隊戰兵每營給修槍器具一匣，惟長矛隊則另給備換矛頭十八個。

九十　器具有不能藏諸匣内者則另放，每年查點一次，缺者補之，壞者修之。

九十一　器具損壞，初次修理以及置買新式器具，其價均由官給發。

第三章　論修理槍械

九十二　太平時收存槍械，一切均應照章辦理。

九十三　發給各營新槍，須督同槍匠當場點交。惟查驗則照四款辦理，並將查驗情形注册書押，如有缺少隨件，限兩禮拜補足。倘發者與收者意見不同，則將槍呈於兵部定奪；然小有損傷無關緊要者，亦不得任意挑剔。

九十四　發出用過之槍，一如上款辦理，惟銹跡均須去净。

九十五　兵丁繳回槍械,亦須派員查驗。惟未繳以前均須收拾如新,有損傷則令槍匠修好,其修費由兵自給。

九十六　兵丁領槍、繳槍,營中並未派員監視者,則請槍廠或砲局派人料理亦可。以上五款,均指太平時收發槍械而言。

九十七　交戰時收發槍械,與上五款相同,惟驗出傷損即立修好。

九十八　戰事已畢,各槍應繳回砲局。有不全繳者,則先將備份之槍收回,餘則留作巡防之用。然均須交槍匠重爲修理,倘索費太昂,則呈兵部派人估價辦理。

九十九　各項軍械是否修理如故,務須詳查,不可忽略。

補遺:論打磨槍械及建造房棧

交戰時,責令兵丁幫同槍匠,將各軍械打磨光利。所有給發槍匠工資分列於下:步隊大營、獵營、善槍、工程、馬隊各營,每營均各給四十五馬;戰砲隊大營總給三百三十馬,砲臺工程營十二馬,前敵一百二十馬,均由修槍專款支付。戰畢,繳回各軍械仍須修理如新,惟修工則照上數給以四分之一。

在防營處建立修槍房屋,計分二種,一曰修槍廠,一曰擱槍處。廠寬五方邁當,朝北開窗,窗高二邁當、闊一邁當半,夏月宜令通風,冬月宜生火。拆槍處鋪地板,並置煤氣燈一盞,以備燒硬小件鐵器。所有煤燈、爐、煤之價,均由槍匠自出。並於廠旁擇一地基,堅其墻垣,安設爐墩,以爲打鐵之用。擱槍處寬五方邁當,接連修槍廠建造，設立木架，以備擱槍。

砲局與商人交易章程

賡音泰口譯
顧祖榮筆述

一　招商購買物料，擇其價廉物美者與之成交。緣此舉有關國家利益，不可不慎之於始也。

二　招商之事有四種，一係將應購之物刊登告白，招令各商開價送核；一係定期招集各商前來議價；一係招一殷實商人，令其獨自承辦；一係定購之物。

三　以上所説四種，總須會同地方官辦理。蓋彼有地方之責，於各項商情必能熟悉也。地方官遇商人拍賣，宜派人隨時探聽市價，以免交易時爲人所欺。

四　所購之物開價太貴、砲局不敢專主者，則該商開出價貴原由，呈送兵部核定。

五　定立交易合同，如因期限遲速，彼此一時不能定見者，另易一商相商，以免費時。至於交貨期限，大宗之貨三月，零購之貨三禮拜。

六　欲購物料先登告白，招令各商開價送核，如此則人人争做交易，此中可得賤價。倘外省商人亦欲送價前來交易，所有往返信資由該商自給。

七　合同先由砲局擬稿，送請提督核定。此底稿務須斟酌盡善，以免將來滋生口舌。合同中一切法碼尺寸，均以部頒爲準。所定之物，應令該商先行送樣閲看，送費由商自出。將來交貨時，派員照來樣驗收，指出不妥之處，該商不得争辯，佳者即立付價；劣者令其補造，並示以限期，倘請寬限，則須請示於兵部。

八　既立合同之後，應令該商將産業作保，另外再署物價銀五分之一存於銀行作抵，以免有到期不交貨及虧空避賴之事。其署款，或現錢或鈔票均可，小宗署款立合同日即交，大宗署款以十四日爲度。俟各物均照合同交齊，然後將此署款發還，並令該商出具收據；倘不照合同辦理，則另招他商接做，一切費用即在署款扣除，並定一誤期之罰款。

九　所開物價務令詳明，不得含混，其價目字樣尤不准挖補塗改。各人封固彙送砲局，定期邀同查驗之員公同開看，評定貴賤，以定去留。

十　凡與奉官售貨之商人交易，於開送價單後再訂日期面議，如至期本人不到而派人來代議者，須有本人憑據方可與議，一經成交即令交出署款。以上係指本地商人而言，若外省商人則不必令其前來面議也。至於所買之貨，種類不一，自應分别議價。如有人情願全行承辦者，則歸一人立合同亦可。

十一　外省商人開來價單，擇其賤者與之交易，然必須察其貨樣是否堅固、其人是否可靠，否則價雖賤亦不宜與之交易也。

十二　合同已經書押，雖他人開來價單更賤亦不能翻悔，以示誠信；若未經書押，則不妨請監督核定與何人交易。

十三　既立合同，一切均照合同辦理，不得藉詞推諉。該商承辦之貨另有人代爲經理者，不妨准其注銷合同,與經理人另議。

十四　議價之期已過,尚有人開送價單前來者,應否與之議價,須呈請監督核奪。

十五　凡議價,一切總須函札往來,不得以口説之詞爲據。定購之物價在五十他拉以上者,須立合同,照後開十項辦理:一、彼此具名,二、定期議價,三、詳言所定之物,四、在何處交貨,五、物價若干,六、物料如何堅固,七、物料不佳應退回補造,八、付價日期,九、何時交貨並交署款若干,有違合同者議罰即在署款内扣除,十、合同蓋印等費由該商承認。一經書押,彼此不能翻悔。至於物料、價值兩項數目,尤宜書寫明白,不准挖補;如有添注塗改之事,應在紙尾注明。倘該商不能寫字以及未帶圖記,則由官交給律師代寫,本人書押,一樣兩份,各執其一。

一千八百五十六年兵部管戰股瓦賽爾司里本、拉陪爾
尚書芬瓦爾得爾威同訂

管理火藥局章程

賡音泰口譯
顧祖榮筆述

一　藥局應管之事有六,一曰建造房屋,二曰安設器具,三曰砲局應用造藥器具,四曰驗砲筒之器具,五曰藥匠應用器具,六曰圖件。

二　藥局派老誠千總一員爲總管,遇有請假情事,由監工頭人代管。至於督率事宜,在砲局則歸首領主政,分局則歸分局之員主政。

三　藥局如有缺少物料，惟總管是問，並罰以示儆。若代理人遇有上項之事，則其過不在代理人而在首領。

四　首領有督率之責，如有事故，不能不任其咎。

五　總管到局之初，將局中各物點驗一次，然後接收。

六　凡一切賬目及房、物，均須逐一點驗，不可含混接收。

七　前後任交代文件存局備案，如有交代不清，立報監督核辦。

八　總管於交卸時不得先離責守，必須俟新任已到，將各事交代清楚方准他往。

九　藥房應妥爲保護，如有坍塌情事及如何設法修理之處稟報上司。

十　各處門窗須嚴密封鎖，各鎖鑰總存公事房。其公事房及大門鎖鑰歸總管執掌。若代理之人，所有以上鎖鑰或接收或交首領，應向首領請示辦理。蓋執掌鎖鑰有關責成，不可輕易接收也。

十一　藥局各器具如何安設，應照兵部定章辦理。

十二　局中物料，總管宜不時親查，務令完固足數，備份及隨件另儲一室，以示區別。

十三　不合用之器具隨即提出，或賣或留，照《軍政須知》辦理。

十四　藥局被竊，應即報知上司，所失之物開單呈送首領書押上詳。

十五　各砲局應用器具，先期查驗是否堅固；所有砲局支取憑單及收條均存案備查。

十六　發出各局之器具，其號頭、名目均須詳細入册。

十七　各物遺失損壞有應行補發者，分别緩急，開單送交砲局請補。

十八　砲局發下補數各物，有未經查驗會查驗者，自應自行查驗。

十九　收到各物逐一列册。

二十　缺少各物，先由備份者取出補足。

二十一　砲局需用造藥器具，或由官造或由商造。定見後，即將定造件數清單發交藥局，該局即將圖式發出，以便照式製造。造成後，即由該局驗收蓋戳。所有工價清單則送呈砲局核閲，並出具工堅價實之結。

二十二　器具有損，即交砲局工匠修理。

二十三　修理器具，價在一百馬以外者，須請示於砲局。凡器具損壞之處，當日單開有漏未開載而經工匠查出者，應將單及器具送還藥局，請其驗明添注，以便修理。

二十四　剔出之舊料，該匠人應交還藥〈局〉轉送砲局。

二十五　定造及修理之物均先登册。

二十六　造好後，該匠人開價送交藥局核明，由砲局給發。

二十七　每季，藥局將修理之物開一總單送交砲局核辦。

二十八　發交工匠圖樣須登賬。

二十九　藥局應爲之事，由砲局行知辦理。

三十　藥局分派工作以及估料、監工、保險諸事，皆責成總管辦理。

三十一　藥局造藥諸人由砲局監工派往，不敷則稟請添派，惟所派之人不宜時常更换；交戰時須用造藥人夫則歸管戰股主政。

三十二　藥局人員除監造火藥外，尚須兼辦别差。

三十三　砲局首領分派藥局人員差使，須俟藥〈局〉將各人情形告知，然後量材派事。

三十四　監造火藥頭人，可派其管理賬目及文案之事。

三十五　砲局欲留用造藥人夫，須報知監督。

三十六　造藥人夫遇操演時，抽出一半赴操。其頭人有不能赴操者，應於每年春季報知監督。

三十七　藥局應用人夫若干，以及此項人役中有以步兵、砲兵充當者，均須告知砲局。

三十八　若添用女工，由兵部核定。

三十九　藥局發給工匠之物件，除開單交付外，其底稿存案。

四十　藥局向砲局所領物料應在何時發交，須先期示及。如所領之物太多，則分期取用亦可，領到後逐一查驗，分别登册。

四十一　藥局造成軍火解交砲局，自有一定之期，交後即守取砲局收條存案。

四十二　藥局用過物料若干，於工竣八日後須與砲局結算。凡收過、用去、餘剩各若干分别開列,其存料仍交砲局,守取收條存案。

四十三　藥局應用紙筆煤炭,隨時向砲局支取,年終總報一次。

四十四　藥局册檔分爲四宗,一曰總册,一曰工程册,一曰定購物料册,一曰公文號簿。

四十五　總册係記藥局應用之器具及機器,凡收發均須登記,尤不准任意挖補。

四十六　總册一本備十年之用,須多備張數。

四十七　凡藥局設立記載物料之册,各處情形不同,應隨時酌定。

四十八　藥局總册每季由砲局首領查閲一次,如有錯誤即令更正。

四十九　工程册除逐日登記外,並須知照砲局。

五十　每季再由首領將册查看一次。

五十一　定購物料之册,首領亦須按季查看。

五十二　公文號簿應遵照砲局所頒格式書寫。

五十三　此號簿首領宜隨時查看。

五十四　武弁有慶會之事需用爆竹,准其用藥局器具製造,一面報明兵部。

五十五　遇有天灾人禍如水火盜賊之類者,應報知砲局首領,設法辦理,損壞之物剔出另存。

五十六　文案各宗,每年春季由首領查看一次。

一千八百八十年德國兵部大臣芬卡密克訂

卷二十二　光緒九年二月二十四日起至五月初八日止

目录

十〉四、〈一百二十〉五共四號來函,哈孫到津,赴旅、威擇操雷之所,請添購雷橋鐵路,期票不必由銀號電覆,先建石塢、緩議浮塢,起重架能起砲否,定遠保險太貴,毛瑟三千運、保乞示,五子槍係德式、非美廠之物,前膛槍請勿購,請先購三艦量砲器,以後械器裝箱須慎,由滬運津運、保請彙銷,五釐息不可認,造鋼銅砲器不購亦好,陳敬如帶去魚雷四匠、到乞安派,蒙古帳房購到即運

去信不列號　捐事不敷之款擬爲籌墊,誤報請按一等報給費追查,魚雷蓄氣筒非實碰損

去信八十四號　起重架款已照匯,請裝挖河船上載回,挖河船請添預備物,雷艇商匯價值辦法,塞門土船已到旅

來信一百二十六號　恩飛爾前膛槍、過山砲及廿四魚雷備件已發運

附廿四魚雷一年備料

去信八十五號　覆第一百二十六號來函,魚雷備換器單收到,請添購過氣銅管,請買水師官常操刀二十把

來信一百二十七號　毛瑟並真假恩飛爾槍價值

來信一百二十八號　接購毛瑟三千電,龜艦付款,起重架已定,寄來收棉藥章程,添購氣腹一具價

附試棉藥章程

〈去信〉天字第八十二號覆第一百十四至百二十計七號來函

舊臘新正奔馳海口，昨方息肩，計尊處來函已積七號而未覆矣。兹將各事條覆於後。張宫保十一日到津，昨日接北洋篆。中堂二十一日啓節南旋，兩月之假，俟伯太夫人安葬後，朝廷恐又有催出之旨下矣。

一、過山砲及塞們土款項共一萬八千六十九鎊六昔十邊，易德錢三十六萬七千二百四十八馬，已蒙察收，撥還前墊。克廠有息五釐，樂得先付，尊見極是。此次塞們土價廉貨好，屢次精心果力詢訪其要，即十六馬亦不過規平三兩二錢，所省實多，補益非少。拌用之法更承細示，感何可言。

昨接地亞士來函，其船不久當到旅順。應於起卸後付船主五十金，已經兩次函移袁子久觀察照辦。惟地亞士來信，謂船主如須用數百金，請亦照付等語。弟等因未接來函，故未允行，當即電覆如果應付，托該行代墊，歸密剌算賬，較稍穩當。

二、卜里士刻薪水一案，敝處已於去年咨達，昨已接到尊處覆文。所墊之款，應由敝處咨請支應局於匯鎊之便，詳請附寄。而區世泰亦將年滿，無須再留。該洋人到津後頗沾紫竹林習氣，去冬來見，謂其能教練魚雷，如須用他，須加倍薪工，要及早説定等語。弟等聞之，不禁啞笑。蓋該洋人之魚雷書係借於德國兵官，而要緊數頁該船掣留，故該洋人在大沽每日閉門尋徑，尚未得路，取去一雷,自拆自看,尚不如筱翁處之數匠精到。弟因直告已雇雷官,該洋人大失所望,昨已回明中堂不留矣。葉徒已經吴維允[一]轉薦,廣東大開雷館,亦好運氣也。

三、閣下寄呈傅相《雷艇説》,現已交東局印刷發營,以資揣摩。公之用心,可謂細且大矣,欽佩欽佩。《魚雷内景圖説》不知何日可以寄來,弟等盼望之至。

所需靈巧工匠,已經會稟,由東、西兩局各選兩人。正患在途無人照料,恰值陳敬如北來,弟等回明傅相,札派敬如率領出洋最爲妥當。敬如廿日即可南旋,擬令四匠於三月初自津起程,至香港招商局與敬如會齊,附輪西往。到德以後,多費清神督率之也。傾接滬關覆電,知照魚雷官哈孫[二]氏約廿六日可以到滬,到津之期必在下月初矣。傅相派弟芳與筱雲兄專辦此事,擬住威海衛。將來仍須經營此處,以作大班鐵艦之老營,以建雷廠、雷庫、雷埠,水深而清,操魚甚好。煩告子香,同爲一快。

上年購來伏雷,此間尚未仿造,因無工夫。此物以及魚雷廿尾皆珍藏於王筱翁局内,以爲揣摩,僅運魚雷一尾往大沽也。用機器法,已經筱翁思過半矣。造魚雷法,惟有鏻銅尚無兑法,專候尊處代買鏻銅蓄氣筒來津,再行分化考驗。去冬十一月二十八日八十一號去信曾經切托代買一個,此係要緊之物,務必買來爲至要。

四、一百十六號信所謂試藥之法,延兵部公正之官托

[一] 吴仲翔,字維允,同治六年(1867)起任福建船政局提調,光緒五年(1879)代理福建船政。

[二] 後文又作哈孫克賴、哈孫克賴乏。

試砲局試驗,欽佩無已,傅相亦以爲然。惟前寄太少,不敷試用;應須若干,祈便中示明磅數,當即遵寄。現在東局所造者槍藥、砲藥、石子藥、藕餅藥,凡有幾種,應寄幾種,專候磅數即寄。惟閣下購運槍子藥,同寅未免嫌太多。

五、電報錯字屢寄杏生,皆辦不動。弟芳自去年三月交卸後一概不管,前接其覆信,謂應比日電查。及至後又遇錯即查,而滬報房回電,仍是不能查。自古有治人,其信然歟。中國此舉,未知後來何如。今春無故漲價,而生意已減大半,誠不可解。因歸商辦,即傅相亦難深問。

六、毛瑟螺簧六萬及山海關十二生脱砲四尊,已接地亞士來函,早已到滬。惟此砲係設營口新臺,該處向無起重之架,去年續燕甫觀察與唐景星商辦置設一架,現尚未成,故此砲尚存上海,俟能起卸,再行運營口交之。皮件價五千二百九十七鎊七昔已於去冬十月朔收到,慰甚。廿四生脱裝子器合同甚好。

七、定遠保險忽然至百分之四,傅相深爲詫異,不知密剌等如何辦法。此中必有緣故。或俟敬如到德後,令其密訪,當有所知。彼拿定中國定要保險,故有此一著,若竟不保,彼必照前就我範圍。無如自家情形太難,設遇有險,萬喙齊興,欲加之罪,毫不相諒,令人措置無主,誠可慨也。

八、智利快船立意不買。穹面鋼甲快船,昨已具疏陳之,不知十六個月能成否?昨謁傅相,蒙面諭,總署又奏留星麾聯任一年,賀賀。

九、吉林購砲，敝處本不允經手而推其托尊署，嗣接吴京堂來函諒托，故由筱翁主政，歸吴京卿上海委員自付款項，弟芳幫忙而已。弟深願各省合而爲一大局，有益也，故去年致船政之函曾議及此。區區之心，與執事同一肺腑，無如人心不齊。來價單與此間合同一樣，惟少核車數，特將西局抄來合同寄上，請閲核。並據斯米德稱，曾接廠函，謂車價、[均]子價均廉，比原單應便宜三千餘馬克。

十、旅順所出之土前已包寄，不知此時到否？乞撥冗托試，至爲盼禱。瑣事費神，殊抱不安。

十一、機器完税，去年由敝處詳請札行滬關免税，另文咨達冰案。兹總署函來，飭無論官辦、商辦均須一律核價完税，以後自應遵辦。總署函並總税司申總署公件、張宫保覆總署函，一併抄稿寄閲。

十二、筱翁銅餅要平式如錢者，不要盂式（占艙口，費水脚），已由其自行函達，故及之。

十三、一百十九號函浮塢一事，此間中外人員不願者大半，蓋旅順係石基，做塢省費，應由弟芳與子久順字號函内，與吸水器、挖河船一併詳陳一切。寄來畫圖已稟奉傅相面諭，咨交東局存案勿失，以待將來。

十四、力拂造子器圖已於上年十一月初九日收到四十八張，業已備文移交西局王筱翁收之，以爲圭臬。

十五、荷乞開士寸半子器，不知所繪廠圖之外，有機器圖否？若僅廠圖而無器圖，仍不明白，務望連器圖併覓爲盼。

十六、《軍政須知》已呈相閲，弟等擬揀相宜者，用糖板印存，以給局員、營員閲看取法。費神，謝謝。德國砲臺圖説，能速寄來更妙。

十七、陳可會一案，已咨大沽船塢扣寄尊處。此人賊眼至老不變，無法可整，惟用之留心可也，不能望其長進矣。

十八、前讀寄傅相函，云西國近日前膛、後膛大砲皆鑲添内膛，以爲操演用子較準中的、節省子藥之計，其法甚妙，弟等聞之，欣喜之至。昨已面請傅相，先請閣下代購三膛，發大沽試用。如果得法，再添購旅順各處之用者。特將大沽砲號頭揀抄三尊，寄呈執事。請煩收，將原單交克鹿卜廠，查其原簿，速爲製造寄下一試，先睹爲快。並祈執事於訂定合同後即咨○所，以便轉詳咨兵部立案。現今都中紛紛立法，户、兵兩部章程頗多，凡有採辦，當先咨立案，稍遲當將刊本索寄台端，以供察閲。

以上十八條，謹先擇要覆陳。敬請

勛祺

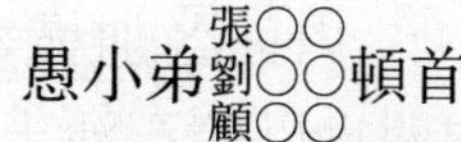
愚小弟張○○、劉○○、顧○○頓首

光緒九年二月二十四日發。重一兩二錢，托文報處寄。

計抄呈合同清摺一扣，機器納税函稿一本，洋文砲號頭一張。

來信第一百二十二號來信第一百二十一號係專寄袁子久觀察者,原函存袁觀察處,此注。覆第八十號去函。

本月初八日奉天字八十號尊函,敬悉一切。

過山砲六尊爲隊,及專運塞門土各節,久已遵辦。此後收有匯款,當遵即發電奉覆,以慰懸繫。惟有忽然匯到,未知使館之款抑是尊處之款,無從電覆耳。然此皆電報匯到,可托原銀號電覆也。

承示旅順塢基土性既好,且有石脚,只須挖深海口,工費尚不甚巨,仰見考核精詳,深爲欽佩。查英國之格蘭士哥有就石山脚鑿成船塢者,係用開礦之火藥轟法,堅固而省費,似可仿傚之。惟其塢口外左右腮及塢門腔須用石砌,另加大木門以啓閉之,大木門上有小牐以殺水勢。此開閤之門較省於船式之浮閘,且修理啓閉亦較簡易。總須於塢口外築偃月形之壩,令壩内可作乾工,方能較速較省。此等壩工,只須釘密排之木樁兩層,用細長而上下之木各相密切。内面各加横木二三道,兩層相離五尺,聯以鐵條,中間實以碎石沙土。俟壩内塢工既畢,取去砂石,絞出木樁,再以挖河器加深其壩根,此法似最省便。若專雇築石塢之洋匠,必照英、法大塢,估計恐非七八年不能完竣矣。愚妄之見,尚乞指教。其浮塢固不及石塢之堅久,然今各國水師海口既有石塢處每添浮塢,係欲臨戰時便於移塢就船,且進出塢亦能較速也。修塢之處,只須於淺水灘釘立短平樁數十,潮落時樁頂平水,潮漲時水深八九尺，已足承受浮塢矣。不必築塢底、塢門及駁岸也，因浮塢雖至不能堵塞，亦不過一二格滿水，尚有大浮力也。

定遠艦於下月可驗收，其保費初議三釐，今因北海屢次壞船，竟欲增至四釐。百分之四。已電請傅相鈞示，恐爲太巨，不能俯就矣。魚雷廠尚須親往補習。邱寶仁一到此間，即派令隨同劉子香學習並游歷雷電各廠，足紓廑慮，擬留俟鎮遠艦上回華，庶可增長見識，不至淺嘗中輟。而渠欲與子香同回，不過恐謀充船主者捷足先得耳。然上憲因材器使，洞見勞逸，不在回華之早晚也。

大北電局既有二禮拜内可查明更正之例，以後仍可照辦，仍用三字母而不用四位碼數，以節經費。其無甚緊要之事，仍用英文，則既省費又少舛誤，想高明亦以爲然。專此奉覆，即請

勛安

光緒九年正月初八日發，三月初三日到。

來信第一百二十三號

日前接奉尊函，詳示吸水器用處，敬悉一切。

謹查長一里、寬半里，時涸時盈之斷港，欲截作船池以休憩各船，誠爲切要之圖。此等船池只須新造時戽乾之，砌築磚石之池隄及閘門。其後苟有淤淺，只須撈挖，永不必再戽乾矣；不似船塢之每進一船，必戽一次也。既須一次且有泥沙夾帶，似以離心力吸水車爲相宜。若用布希米當之汽吸水車，恐耗汽太多，不甚合用。然此係懸

度之詞，仍候大才將去冬所呈之兩種吸水車功用價值詳核，示明應購何種，方能遵辦也。

伏耳鏗挖河船價目，本擬致電於尊處，轉請傅相鈞示，奈電局只肯寄傅相而不肯徑寄，是以兩次俱達傅相，且將詳細情形函呈傅相，諒已飭知貴局矣。請飭天津電局，此後凡由此處電致“Liu Tientsin”者，即係敝處徑寄閣下之件，切莫如九月初旬，兩次由津電局駁回，定須改字“傅相”字也。

魚雷教習哈孫氏諒已抵津。弟屢催刷次考甫送開魚雷廠需用房屋、機器、銅管各圖，今始送到二十幅。不及詳譯，送請轉呈傅相，飭交魚雷教習哈孫氏會同華員照圖布置，是所切禱。

又，劉子香轉述尊意，飭購驗藥、量子各器。謹查量速率之器已於前年購寄尊處矣。其量漲力兩法之各種砲鋼底，亦於冬月購定。印驗砲膛紋之器，大小各砲可通用，亦於臘月購定，以上俱可由定遠帶回矣。惟量砲子之器，每種砲一全份，凡量得不合之砲子即不發上船矣。究竟是否應購量新式砲子三十半、廿八、廿四、廿一、十七、十五、十二、七半生脱凡八種、每種須備一全份？抑只須酌購數種？且口徑同而長短不同者，砲子之嘴、弧、銅箍等亦不同，是以量器亦不同，則欲購全備，不止八種也。物繁費巨，未敢輕率，仍候詳細函示，方能照購，固非子香一言可了，亦非電報數字所能詳盡也。專泐，敬請

勛安

光緒九年正月廿六日發，三月廿日到。

附上魚雷廠房屋器圖二十幅，華、洋文總目單一紙（圖單均交魚雷營收存）。

來信第一百二十四號

近與克鹿卜往返函商，量砲子者，無須購全份之繁重器，只購適用之簡要器。惟砲身長短不同者，仍不能通用。今先購鐵艦上三種砲之量子器，已與訂定，須兩月方竣，不能乘定遠帶回。計七生的半艇砲之量子器一份，五百三馬；十五生的長砲量子器一份，七百九十七馬；三十半生的砲量子器一份，一千二百六十九馬；又量各彈孔之通用器二百零一馬，四共二千七百七十馬。此外如須添購何種，乞示明口徑及長數並何年所購，均可酌量照購，爲數亦不多也。

又購定查驗藥膛之蠟印器兩份，一係十七生的以内者計三百四十五馬，一係二十一生的以外者計六百八十馬，有此兩份則各種砲可通用矣。此皆武庫必需之物，爲數無多，均可在艦款下支付也。

又，前與哈孫克賴查照海部應添魚雷備换各件，亦已購定，兩月後均可發運。又，魚雷廠棧之各器具今已造齊，昨今兩日經劉子香、林履中在廠查驗，月内可由漢布口發運矣。克鹿卜過山砲廿四尊，明日派邱寶仁前往演放驗收，惟裝箱運送海口須二十日，大約下月輪船方可發運也。

又，密臘屢次來云，歷年由滬送津之運、保費有尊處未經擲付者，須由敝處找付，計前年力拂造子器之費二百九十兩，神機營砲及魚雷之費二百十二兩零二分，裝子器之費二百兩一錢三分，上海關税百七十九兩七錢四分，廿四生的砲藥之費五百八十三兩七錢五分，槍子、蠟、塞之費三十二兩四錢四分，去年電機之費三百六十四兩五錢一分，共計二千四百六十三兩五錢九分，合一萬二千七百九十八馬七十六分。弟因嘵嘵不已，只可於初四日照數付訖。據云有細單久呈冰案，可以查核。尚有五釐息一百三十餘兩，弟不便擅付，而彼謂無辜賠墊，仍須敝處找付也。

今午接八十一號尊函，囑添價廉之毛瑟二三千桿，遵即函詢槍廠。聞奥國之士台耶廠尚有三千，其價四十三四馬，可照章查驗。如能訂定，遵當電請匯價。唯荷乞開士之五子槍係美國之物，德國並未用之，亦不易購樣。近來德國詳試毛瑟之新連珠槍，俟試定後，當可照辦也。泰來行之伏雷俱由此間谿克洛卜廠購出，其新造者不過四百三十馬，前年已屢次陳明並購樣送津矣，九月間亦已呈明左相，杳無回音，今後只學金人之三緘而已。恩飛爾槍久不新造，雖云鋼筒，確難詳驗，且英國此等舊槍本非熟鐵，亦係次等之鋼，名塞門德。故凡比利時等廠以舊槍做新者俱稱新鋼筒也。總之，舊槍做新者不及二兩半，送到中國。而新造者非五兩不可。今遵俟查詢廠價後，再行詳覆。

承示議覆肇興公司事，並囑内渡之前先與各廠訂明後日交易，具見傅相及閣下信任之專，銘感之至。惟有勢不能遥顧者數端：一、船械槍砲日新月異，此間常有各國水陸軍之熟人來告，加以親往查閱，方知利弊，非全以廠商爲耳目也；二、遇有面商海部、兵部派人代爲查驗之事，及赴部閱看船、砲各圖，此等圖不准出部。似非萬里一函所能濟事；三、廠商有請添之件，隨邀部員詳詢，然後可定添否，不能全如廠商之願；四、克鹿卜之情讓五釐及後半價不必銀號取保，謂因近在柏林，有隨時商改之便也，弟既回國，恐有異詞；五、各國有舊存槍械求售者，必能設法托各國武隨員及掮客留心查訪，確知來歷，以不受其欺，亦非書信可辦。因以上五端，不如請傅相徑托新任接辦，漸與各國部臣聯絡，兼明各國近年武備，當可隨時考核，綽有餘裕，必勝於弟十倍也。弟得賦遂初，仔肩稍息，或求傅相賞給閒散差使，以備下問，則可各適其宜矣。然亦非弟之存心推諉，苟臨行時姑與各廠訂定，而日後就近由新任經辦，固無不可也。

造鋼銅砲之器，只葛魯孫廠代斯邦道官廠造過一全份，弟已於光緒六年十月廿三廿四日第五十六號函内詳譯價目附呈矣。請檢查原件，示明應購應剔，即可照辦也。今各國試得薄體者可用燐銅加以冷錘，而砲係厚體，可擠不可錘，故不用燐銅，只用百分中純錫八分，以壓水力漸擠薄十分之三；如銅質太厚，則作兩層，擠薄以套作一層。今各國奥、德、比、荷俱見之。除八生的之砲外，七生的半亦單層。皆用兩層相套也。請轉告筱翁，勿走燐銅之枉路也。

挖河器十餘日未接電覆，而伏耳鏗屢次來催，云若不

早定,今冬不及發運,是以昨又電請傅相示覆。手此肅覆,即請
勛安

光緒九年二月初七日發,三月廿九日到。

附來信第一百二十四號

再啓者,承囑添購一魚雷腹,遵已函致該廠矣。惟恐前後輕重銖兩,悉稱每魚不同,須請查明號數見示,方可照配也。此等精器,以後萬不可命匠妄用斧鑿,總望切囑爲禱。兩月前刷次考甫已詳知津局折壞魚雷某某件、敲斷一魚尾架,又鑿開一氣腹之蓋方知中間是空云云,不知此語何人傳來也。此覆,再請
勛安

來信第一百二十五號

挖河船已遵初九日傅相電示訂定,月内可以開齊合同、付定銀六份之一矣。擬於艦款下挪付,請陸續票匯以濟本款爲盼。應否並購大起重架之處,亦請禀商傅相,早日電知爲盼。毛瑟三千遵已在士台耶廠訂購,四月初旬可以驗收。蔓付全價,乞即購票飭匯槍價十二萬六千馬,並酌匯運、保費爲要。廿四魚雷一年備换之件內有補試雷用之時秒表等,應歸雷機款。及雷廠棧之物件均經驗收,不日發運,俟有箱碼單,再呈冰案。

藥樣十三種,乘邱寶仁驗收廿四過山砲之便帶去,托

克鹿卜詳驗,克鹿卜已面允代爲詳驗,且渠只造砲不造藥,必能公道直言也。惟應否請發全藥裹,以便用砲試演,尚須俟克鹿卜來函再定也。過山砲之藥,連包袋及不洩水之筒,每筒裝五十份。每百份二百十一馬,扣讓五釐。每份用藥〇.七夂啓羅。約一磅半。據克鹿卜云須用大粒藥有始速率四百十邁當、漲力一千五百天氣者方爲合式。請會商王筱翁,將津藥試其速率、漲力,即知是否合此砲之用矣。

各國之恩飛爾造槍器久已改换,實不能新造,只有做新者,其價亦未開來。專肅,即請

勛安

光緒九年二月十四日發,三月三十日到。

〈去信〉天字第八十三號覆第一百二十二、〈一百二十〉三、〈一百二十〉四、〈一百二十〉五共四號來函

三月間奉一百二十二、〈一百二十〉三號尊函,適弟〇於役旅順、威海衛一帶,稽於布覆。二十六日旋津,又奉二月内發來兩函,讀悉種切,比維勛福並茂爲頌。

魚雷事務,芳奉傅相檄飭督理,創辦之始,事務繁難,已稟請筱雲、雨亭二公相助爲役。二月杪哈孫到津,當與商定應辦各事。三月初間,哈孫隨芳前赴旅順測量操雷之所,而旅順水不敷用,然後往山東之威海衛相測水深地勢,設廠建橋,以爲操雷之所。已擇定威海澳内之金綫頂山左水灣,尚屬合宜。即於二十六日旋津,籌備一切。本

月望後當仍赴該處，料理買地、集料，鳩工興築。惟哈孫來華約期只有一年，弟等趕辦廠埠，諸欲速成，爲時匆促，難免貽誤耳。寄來雷廠房屋並機器圖均經照收，雖按圖布置，奈人愚匠拙，尤恐不免刻鵠之誚。廠棧機器並應添魚雷備換之件，來函謂不日發運，擬到滬後即商之招商局，能果徑運威海，則大省轉折。雷橋鐵路已買者所少尚多，現定廠外至橋、石工泊岸碼頭共有八十餘丈，而庫内及橋上所用在此丈尺之外，請執事酌量添購，内地不能自造也。

越法構釁，朝旨催召，傅相營葬已畢，不日揆節應北渡矣。

匯款電覆一節，若巨款電匯或買現期票收到，照數電知，可免懸盼。至期票爲日較寬者，函牘往還，較爲詳悉。來函謂由原銀號電覆，既須加費，亦難堅群公之信，似可不必。此皆支應局朱伯華兄慎重之意，屢來言之，故瑣及耳。

徑運旅順工程之塞門土，芳前月之望過彼，尚未見到。塢基石脚，已開兩井，察其石性，人力可以奏功，無須火藥轟開。來函詳示塢口簡易做法，感謝之至，辦時參酌用之。不必專雇洋匠，費款需時，誠爲確論。弟芳前與子久函請執事覓石塢圖説、訪察大匠，未識曾留意否？至浮塢便於石塢，前寄圖説到後，曾經詳考，其價太昂，既有可建石塢堅基，應先籌堅塢爲根本，將來師船日增，再備浮塢一格，爲行軍濟急之計，此時尚可從緩議也。

船池定計挖深二丈五尺，爲鐵船進塢出塢之道，擬築塊石泊岸，不更砌築磚底，爲省費也。其吸水器現由英國定購者，乃開池所用之小者，非將來塢内所用也。起重三抓架能起大石者，尊處近日曾否奉傅相電覆“旅順海口係碎石，不須用此”？前日來電，因敝處未悉其價，不敢作主，迨執事訪明價值示知之後，或再請示購備起砲之用可也。但不知起廿噸由河上岸，能靠得住否？挖河船價已詳請買鎊，陸續匯寄備用。

定遠保險增至四釐，兩院均嫌太貴，而前以三分之内變化至此，頗爲詫異，但不知密剌等果真心耶？不知近日如何籌議，深以爲念。該船以何日來華，請先由電示知。

毛瑟購三千桿價已照匯，保、運費未經約數示知，未便酌數請匯，或仍俟運槍到日再行補匯何如？倘或急須，乞示其數。蓋因事屬兩局，文書來往，周折甚多，近來部章瑣瑣，令人無所措手足。前函請購之五子槍樣，係聞德國以毛瑟改此新式，亦如哈乞開司能連裝五子者，並非托購美廠之物。恩非爾前膛槍各國既經停造，特此定造需價太多，做新者價廉而槍筒不足恃，既未開價，即請存而不論。

量砲子器具自是武庫應備之物，但種類太繁，不能通用，前所歷請者乃量膛之器，非量子之器也。今先購鐵艦三種砲所用之器，俟到後試用如法，再指名陸續添購。此間兩局或能照式仿造，則更妙矣。過山砲二十四尊驗收裝箱訖，發運以速爲請。以後運械並機器，請飭驗收之員知照廠内，裝箱務須慎重，安置牢固，免致途中碰損受傷。魚雷尤其要緊，箱内須用鋅襯，以禦塵垢潮濕，哈孫氏諄囑轉致台右，特以奉聞。

至歷年由滬運津各件之保、運費，因未接到尊處清册，未識已否代墊，未便即付，今密臘既由尊處支領，即可歸尊處彙册列銷。惟五釐認息一百餘金，現在部頒新章，稽核極嚴，照付恐干駁詰，乞酌之。且此事僅於去秋九月由該行來一賬，計銀七百餘兩，敝處因無尊處之函，未便照付，此外别無賬來，何至謂兩千餘金皆開有賬？不知其賬交與何人。至七年以前清册已經送到，各項應給之費，業經核算清晰。未識此次清册何時可以寄來？執事事多人少，事必躬親，未免太勞，敝處故未敢催，亦深知此中之難之苦也。

至一百二十四號函所慮内渡以後不能遥顧者數端，自是實在情形，現敝處因前文來意，恐此公入滑人彀中，故借此以挑開其蔽，非欲加難於執事也。現幸台麾已拜留任之命，諸務得所倚重。將來華節錦旋，應如何辦理之處，届時當稟上傅相計之，執事亦可自主之也。至於後任，不知是誰，其諳與否，尚未能料。

北洋近年武備，經閣下不憚煩難，訪求考證，裨益甚多，非惟弟等感泐，即秉鈞者亦實嘉賴之。滬海以南，若能不分畛域，志同道合，海疆武備將見日益精利，則幸甚矣，然非所論於今日也。南洋倚仗胡公所辦，令人心痛。尊函如石投水，其理應然。敝處前函托查，亦因有所聞，故托執事詢示，但求自知，並不告人。自西征至今，久已如此，豈惟今日耶！即德國兵部舊砲、美國舊後膛槍，洋商售得好價，皆西征之物也。執事得聞，仍望將所聞見示於敝處可也。造鋼銅砲之器，筱雲之意，不辦亦好。部章如此掣肘，使英雄無用武之地，少做一件，多好一件。時局如斯，良深浩歎！

藥樣交克鹿卜代爲詳驗，可得實在定評，感紉公益。倘須全藥裹方能詳試，俟續有函到，即行設法寄送。此事爲天津機器局主政，以後來函勿提筱翁，但説機器局可也。過山砲之藥已照尊函所開，抄送天津機器局詳加校證，以冀合用。

邱寶仁到德一年，所學如何？留俟鎮遠回華，假以時日俾得增長見識，渠果有志上進，應知感激也。陳敬如，弟等面禀傅相，飭回尊處當差。渠以三月杪由香港趁輪赴德，選送學習魚雷四匠交渠帶去，到乞費神安派，約束嚴督爲盼。

蒙古氈帳房，客歲函屬採辦，因價貴只購一具，内什物全備，價近三百金，係派弁赴京北訂辦，日内可到，當即發運。朝鮮物件已由玉山函托相伯[一]照辦矣。

首夏清和，想海外氣候不殊，動履均嘉，公私如意，諸孚頌祝。此致，即頌

勛祉

愚弟劉〇〇張〇〇頓首

光緒九年四月初九日

托斯米德寄去，重四錢。

筱雲兄命筆請安。

[一] 馬建常，字相伯，時任朝鮮政府顧問。

〈去信〉不列號*

再,另函見示游艇,其詳已悉。

台右捐事,前奉部駁,共須補繳四千餘金,電告後,復迭布詳函,昨接覆電,續匯二千二百金,合前款計之,數尚有不敷。八月部限在邇,展轉函商或恐有誤,擬俟尊處署正照寄到,即請咨赴部,先爲辦繳。不敷之數,權爲籌墊,再函請劃還歸款可耳。

去秋致電駁回一節,津局查無其事,推爲滬局爲之,已經備文知會此後勿得再駁。大北電局報字舛誤,有兩禮拜内查明更正之例,滬局至今總未辦通。昨已具稟北洋大臣,後此凡遇誤報,均照一等報給費追查,請飭滬局遵辦矣。

魚雷蓄氣筒前函謂碰損一具,請代購賠補,原非實有碰壞之事。所以請購者,因筱雲急欲考明製法。其他竅要,此老皆有所得,惟此件隱秘莫測,欲得一具剖視之,以資考證。實告恐左右之人洩漏,該廠聞之,靳而不予,故托言之耳。來電謂已購發運,慰甚慰甚。

顧廷一於本年二月以内艱奉諱,現於四月初二日由津扶櫬回太倉本籍營葬,約六月間方可旋局。知念並告。再頌

* 此信發信日期與前信同日,應爲附在其後一同發出者。之前亦有類似函件,抄寫者將其與前一函件合併,而未單列。

勛綏

弟芳又啓

光緒九年四月初九日發。

〈去信〉天字第八十四號

日昨肅覆第八十三號公函，其中起重架一事，弟等因未知價及所起實在噸數，故覆信時不敢作主意也。昨晚奉中堂手諭並抄示執事正月廿四日來函並圖兩張、説一摺，以起重之架能起六七十噸之重，已由中堂電覆照辦。弟等細看其圖，木架之下有船，船中有煙囱，想必以汽力起重。所須之價十五萬馬克，當由敝所即行上詳，請飭海防支應局照數匯寄柏林，交執事應付。此起重大架，務必裝於挖河船上載回，則省費不少矣。已經傅相允購之事也。

挖河船，冬前務必起程，因待用甚急。弟等閱看來圖，已知其略。惟挖斗必須多備半套，或一套亦可。活鏈骨節應添備一套。大約即來單所謂鶴膝者，或一套半、兩套均好。斗口既已加鋼，最爲妥當。蓋挖泥挖石，當衝吃力，力全在斗，斗必受傷居多；而數十斗上下拉扯，其力又在活鏈骨節。斗虞常缺，鏈虞常折，非眼孔裂，即鏈中折。折損一節，立刻須换，方不耽誤工作。大凡停工修整之時刻，細算其中暗耗，必數倍買斗買鏈之資也。此弟愚見，仍請高明酌之。此外若有應須備换者，全仗大才酌度。此挖河船請添預備之物也。

龜艦添買雷艇兩艘，所須之價敝軍械所雖有成案，而不知其丈尺，難以約數，應請執事發簡電云“艇款若干鎊”，敝軍械所立即詳請照數匯寄。此添購雷艇商匯價值之辦法也。

前寄火藥小樣類多數少，知其只能以化學試之。若令克鹿卜以砲試之，擬將砲藥各寄二百磅，槍藥各寄十磅，以備試較。天津造藥多年，器具俱備，凡此大砲用藥又多，若不自造而購用，是有田之家不自耕而糴穀以食也。其耗財而不能持久，不待智者，亦知其必廢於事也。非惟見侮於外人，亦恐貽譏於清議。且大部之駁，更屬可畏。弟等更有請者，執事托克鹿卜廠以砲試藥，此舉令人佩服之至；惟此等交易，乃洋商一大宗也，彼必刻刻留心偵之；隨後藥一寄到，煩執事不必久待，速托克鹿卜廠試之，勿令藥廠商人知之，或與經試洋人爲朋比耳。愚昧之識，未知方家以爲何如？

傅相今日來電，十六日自合肥起程，廿日可到上海，爲越法之事，廷旨令駐滬定進止。塞們土船已於初九日到旅順矣。知念附告。專此肅達，敬請

台安

愚弟 張〇〇 袁〇〇 劉〇〇 頓首

光緒九年四月十四日

托斯米德寄至柏林，重二錢五分。

來信第一百二十六號

近來因和國賽珍會事，周折甚多，兼有定遠添備各件，伏耳鏗被火薰灼各件，在在須查核辯論，頭緒紛繁，事多人少，日不暇給。

遵查得恩飛爾槍只有比國修改做新者，其膛徑大小不一，今有兩廠取來兩桿，俱云鋼膛新槍，而上有“維音”字磨之未盡，乃係奥國之舊槍，配以恩飛爾機關也。在西洋猶如此。送到天津大約一兩二錢。若英國之原槍較爲略好，聞只伯明恩存三四千桿，未知他國尚有存者否。連保、運到津大約二兩一二錢。若新鋼筒及做工之廠價已須三四兩，機關在外。且决不肯配以恩飛爾之舊機關。生鐵機關所值無幾。故可知到津一兩餘者，决非鋼筒也。

今過山砲已發運於車路。其魚雷廠、棧各器及廿四魚雷一年備件共九十八箱件，已於本日由海口發運。其保至津費一千七百十馬五十分，運至滬費四千七百六十三馬五十分，又約估自滬至津之運、保費四千零四馬，已於昨夕付訖。兹送廿四魚雷備件華、洋文單，乞查收點驗。其廠、棧器具單，仍照去秋所呈者無異。此項雷件如須改運至旅順，則請賜電於地亞士行遵辦爲要。試雷所用之却水衣盔及水底燈，已派林履中帶同匠徒到溪耳驗收穿試，亦不日可發運矣。專此，敬請
勛安

光緒九年二月廿八日，四月十六日到。

附送華、洋文各一件。

二十四魚雷一年備換之料

一、各種樹膠圈：a. 魚雷頭上用者，一百個。b. 呼吸片上用者，一百個。c. 氣機隔堵上用者，八十個。d. 暗輪軸管之墊，二百個。e. 呼吸片，八十個。以上配丨千〥〥〈○〉年送津之第一批之第十號至二十九號之雷。

二、各種樹膠圈：a. 魚雷頭上用者，二十個。b. 呼吸片上用者，二十個。c. 氣機隔堵上用者，十六個。d. 暗輪軸管之墊，四十個。e. 呼吸片，十六個。以上配第二批定遠上四雷，係九十七至一百號。

三、樹膠片厚一密里半者，二十五啓羅。

四、匀厚之小牛皮二十啓羅，此物中國無之。

五、三叉之螺塞門，六個。

六、酒準矩，一個。

七、漲力表，壓水力試至一百五十天氣以上，上文三叉之螺塞門。三個。

八、校正漲力表，可到五百天氣，一個。

九、裝氣之紅銅管，二邁當半長者一條，五邁當長者一條；二十五邁當長，以五段合成，並接螺絲五處，已接成者共一條。

十、運氣之管，十與十六密里，共二百邁當；接螺絲四十個，因從前送華者不敷，故添購之；丁字形接螺絲五個。

十一、腰帶四個,日後要添,中國可自造。

十二、扛魚雷之皮帶,六副。

十三、氣塞門並啓閉之桿,二全份。

十四、行若干遠之尾齒輪十個,係配第一批二十魚雷;又同上,二個,係配第二批四魚雷。

十五、呼吸片之螺簧,六個。

十六、尾内螺簧,二十個。

十七、開氣桿之螺簧,十個。

十八、螺簧十全份,每份内有:二個槽内螺簧,二個碰墊螺簧,一個氣塞門螺簧,一個納氣塞門之螺簧,一個運舵機之螺簧,一個沉水塞門之螺簧。配第一批二十雷。

十九、又同上螺簧二全份。配第二批四雷。

二十、氣腹墊及相隨之曲竿,十個。

二十一、鞲鞴墊圈,十份。配第一批二十雷,每份有三個圈。

二十二、又同上,二份。配第二批四雷。

二十三、字齒輪,二十份。配第一批二十雷。

二十四、同上,四份。配第二批四雷。

二十五、開機之桿,十二個。

二十六、碰墊上鋼面,十二份,每二個爲一份。

二十七、制氣力器之蓋,六個。

二十八、乾棉藥之備换管,十二個。

二十八、操時魚頭之殼,三個,其中無尖嘴及長管底圈。

二十九、氣罨桿，三十六個。係第三批之新式。

三十、螺絲條，十二個。

三十一、螺絲輪，與上相配，十二個。

三十二、止舵器，十二個。

三十三、氣腹中之運舵桿，五個。

三十四、裝氣之螺蓋，十二個。

三十五、運舵器，二全份。

三十六、螺絲釘，十二個。

三十七、螺釘，旋固魚雷及吸片者，一百個。

三十八、銅絲，六啓羅。

三十九、測時表，二個。

四十、燐銅板如下：a. 造頭用者，五片。b. 造尾用者，五片。c. 造密房用者，五片。d. 造氣機隔堵用者，五片。e. 造底用者，五片。

〈去信〉天字第八十五號覆第一百二十六號來函

十六日奉到二月二十八日百二十六號來函，並華、洋文魚雷備換器具單各一紙，當交雷營司庫者，留待前件運到，照單點收。

尊處事多人少，弟芳於前三年已早函告，並代請示准執事調用。此中艱難，傅相深知之，惟無合式之人可調，是一大苦事。求差者成千累萬，而求其能做事而又有操守者，寥寥而不可多得。中外古今同此情形，即敝局亦如此也。

前膛槍各情承示甚悉，感感。過山砲當已在路矣。魚雷廠所少鐵路條，前函已詳呈，當蒙察覽添辦。今日與哈教習驗看雷橋鐵件，其過氣銅管尚少數十丈，因鍋爐在廠，離橋七八十丈。哈君云，在德國起程之時曾經面告執事，多添買此管，不知現已添若干？又，雷官學習者不只十人，哈君亦高興，不厭其多。須用洋刀兩十把以配操，請執事買德國水師官平常操用之刀二十把，連皮腰帶、佩件速寄天津，至盼至托。其價請尊處開報。匆匆肅此，敬請
台安

愚弟席○含○頓首

光緒九年四月廿二日

托斯米德寄柏林，重一錢九分。

傅相今日午刻到上海，中旨令相機進止。特此告知。

來信第一百二十七號

敬啓者，今特來式廠送來槍樣，有毛瑟槍，照上年毛瑟廠最佳之式，五千餘桿裝箱至海船上交卸，計實價四十二馬，擬明日雇驗槍匠查明。如果實在可用，發電請示。又比利時廠亦有覆函，云英國舊時之真恩飛爾槍在廠修整並送至海船，每桿十三昔令半，若包運至津共十五昔令。若假恩飛爾，則發至海口八昔令，包運至津合規銀二兩一錢。如用舊機關换以新鋼筒，包運至津則合規銀二兩五錢云云。謹述附聞。

今定遠艦已抵瑞納門，其裝配大砲、驗試一切，非二

十日不辦。弟擬於近日先往驗收雷艇,後即赴西五月初和國開賽會之典禮,再回德國驗收定遠,庶幾兩不偏廢矣。手肅奉布,敬請

勛安

光緒九年三月十二日發,四月二十七日到。

來信第一百二十八號

敬啓者,本月十二日又在刷次考甫廠驗收、發運作軟墊之小牛皮十三啓羅、氣罨桿廿四個、運碇全機一個,又找去二千五百廿九馬。係魚雷上一年備换之件,今已運全,乞收到時,轉交哈孫克賴查收備用。

又,士台耶送來毛瑟槍一箱,云共有五千桿,其價四十二馬,可照兵部詳驗。遂先邀驗匠查看,據云與前年毛瑟廠上等者相同,是以發電奉詢。今晨接尊電,云"毛瑟購三千桿,宵擬匯十二萬六千馬克"等字,大約尊意仍以爲前已購之三千者,〈不〉知三千外另有五千也。此本不急之務,無須再用電報往返,俟欲購時再賜電知可也。

今午又接電示,云"龜價籌五萬鎊,分兩批由匯豐電匯,本日先寄二萬五千鎊,收到電覆。聲白"等字,知係振帥飭發之款,當俟收到,遵即電覆。此項龜甲艦款,已於正月初六日付四十八萬八百三十三馬,三月初六付四十八萬八百三十三馬,正月十一日又付砲械全價二十萬九千五百十六馬四十八分,計借鐵艦款一百十七萬餘馬,收到時計可歸款矣。

昨夕奉傅相自合肥來電，云“附裝起重架可行”等字，是七十噸之起重架計價十五萬餘馬者亦可訂購矣，此款亦懇早日呈請籌付爲盼。

前承囑訪驗收棉藥章程，今由海部抄出，係新定之例，秘不示人，謹譯抄呈採。今魚雷八十尾之棉藥在密爾夫廠訂造者，已訂明照此新章驗收矣。

前日方在瑞納門查驗各機及試閲電燈、監裝砲位，接和蘭來電，云和王已到會所，二十一日午刻欲與弟面晤。是以昨夕趕回，今戌刻起程赴和，匆匆不及詳告一切爲歉。俟廿五日開會後略爲料簡，即回德驗收定遠，大約開駛必在下月初旬也。頃接公文，知選定習魚雷之匠首四人，敬佩之至。此請
勛安

光緒九年三月二十發，五月初八日到。

計呈驗收棉藥章程。

附來信第一百二十八號

敬再啓者，承囑添購氣腹一具，本月十三日已造竣，計三千二百五十馬，又與駁論減去五釐，實付三千零八十七馬五十分，今已運至漢布克。俟有提貨單送來，即有運、保確數，照付後，可譯送矣。此請
勛安

試棉藥章程

一款　棉藥應照阿索耳之法擠壓成塊，係將做

成之磚棉藥,每方生脫至少用六百四十啓羅之力以擠壓之。

二款　凡棉藥與空氣之乾相同者,匀計與水比重爲一〇五。其最乾之棉藥須亦用法以得其與水比重之數。〈法〉如下:如購棉藥,須按議定之章程,或計重或計塊,百分中抽提一分或一分半置於乾房中;其百度表四五十度之時,置三點鐘之久,不過能減百分之半分,乃量其體積,以定與水比重之數。凡一切衡其輕重、度其大小,俱須在乾房中爲之。如購大宗,則驗收之官可以商明,每百分中不必抽試一分之多。

三款　棉藥之形式不一:一、爲伏雷所用,係六等角式,惟其角不可太鋭,兩角徑八十一密里,兩邊徑七十七密里,厚約五十密里;二、爲魚雷所用,係或剖或全之圓柱式者,係乾棉藥。凡以上各塊,從大壓櫃取出時,尚有百分之八至十二分之水。

四款　凡棉藥之成塊者,須易於剖開,可用手折斷,其斷處須一律緊密。

五款　棉藥中不可留棉子及不變之棉花。此可用鈉硫養三水以酒燈煮之,如已變硝性者,即全行銷化;其不變硝性者,仍是棉花,即爲不合。

六款　凡棉藥中,應含鉀養炭養二,至少須有百分之一分半,亦不可多於百分之二分。其試驗多少之法,見甲附條。凡棉藥中所含之一切石品,不可過百分之四。其試之也,以棉藥焚燒而衡其白灰。

七款　凡棉藥中,所含葛路典不可過於百分之八。其試有若干可融之葛路典,則用衣脱酒精按乙附條試之。

八款　凡納乾棉藥於油内,若熱度不及百度表之一百七十度時,不可發出硝氣、見有黄煙。

九款　凡乾棉藥受熱不及一百八十度,不應發火。其試之也,用一試管以刀刮棉藥屑納之,注以百度熱之油,又漸漸加熱至十分時之久,令其油增熱至一百八十度。

十款　凡用丙附條法,以鉀碘之粉紙垂於試筒中,如不及二十分時,不可見有棕色之環形。

十一款　凡棉藥可含水氣若干,每定合同,須詳説之,大約百分之十六至二十分。

十二款　凡空氣乾之棉藥,内有水百分之二分。

十三款　凡伏雷所用棉藥,應以木箱裝好,箱内敷以派希,即熱松香油。箱外敷以油漆,其蓋用黄銅螺釘。其裝時最須詳細,切勿令裝運時或存儲時泄去水氣,以致太乾。凡魚雷所用棉藥,由本廠裝竣,或另裝於魚頭式之木匣中,亦内用派希,外用油漆。其轟發用之乾棉藥,亦照上法裝好入箱。凡購乾棉藥,須預説若干塊應作孔,以容引火。

十四款　凡廠内驗收棉藥,應派諳熟之員。

十五款　凡付價,應照空氣乾之重數。

甲附件　試用乾棉藥五格論,係於成塊之内邊刮下,納於試筒,注以蒸水;又用三分中留二分水之濃鹽强水，以吸水管取八立方生脱，漸漸添入，略添以拉克摩士草料。之水，令其色紅；乃以此試筒置火上，燒至沸點，又令漸冷，又以另吸水管取鈉輕水，一份爾奴馬，水二份。亦漸添入，令拉克摩士復變爲藍色。乃查鈉輕水共用去若干立方生脱，以減於八立方生脱爲餘數，因其用三分之一，故又以餘數三除之，而得百分中含鎔〈鉀〉養炭養二若干。

乙附件　以空氣乾之棉藥三格蘭置於鶴頸瓶内，另以酒精一份、全無酸質之衣脱二份相合，取出一百十七立方生脱和入瓶中；摇動之，置定兩點鐘之久；另將細紗衡準以濾瓶中之水，次將此紗夾於濾紙中，入螺絲架中擠乾之；其紗上如有未變之棉花，則再入鶴頸瓶中，仍如前法爲之，又濾之，又夾而擠之。其終不變之棉花，取下發鬆之，置熱水爐中烘乾，又置空氣中兩點鐘之久，又衡之，即得百分中若干分能銷化之葛路典。

丙附件（用熱度試驗棉藥）　子爲需用各器。一、圓玻球，如一圖之甲。其徑二十生脱，可儲水至上界以下六密里；上有鬆蓋，或爲錫板、紅銅板，如乙；下有三角爐，如丙，高三十五生脱；上蓋粗鐵絲之網，如戊。其周圍有薄紅銅板之筒，其下有白式里俄士之酒燈或煤氣燈，玻球之上用紙罩染以緑色。其乙蓋有四孔，如第二圖，第一、第三孔可插試筒，其中有所試之棉藥，第二孔插熱表，第四孔插玻璃漏斗。第一、第三孔之周圍有三簧向下，以夾試筒，如第三圖。二、試筒至少長十三生脱,徑經約十六密里。三、試筒之木塞,下有白金鈎,以持試紙,如第四圖。四、熱表,自〇度至一百度止。五、沙漏。

丑爲需用之料。章程第十款所説試紙,用下法造之:白小粉三格俞,納於蒸水二百七十六格俞中調和,而煮至沸點;另以鉀碘一格俞,亦和以蒸水二百七十六格俞鎔化之,乃合於一器,摇動和之;又以瑞典之濾紙剪成條,浸透而夾乾之。其條大約應寬十五密里、長二十五密里爲恰合。此紙應置於瓶中塞緊之。

寅爲造棉藥時試料。凡造棉藥時,在末次磨缸内陸續在面上取出三十格俞,又於三十格俞中約取五分之一,夾於濾紙中,以螺架小力壓至三分之久,乃搓磨極細,置於紙上,入熱水爐中約熱至四十五至五十度,留五分時,其紙不可貼近於下面鐵板;既烘乾後,攤開於粗濾紙上,斜持其紙,以簸動之,其細粉留於高處,作爲試驗之用。此細粉晾於空氣中。其後每用一格俞,衡準試之。

卯爲已成塊時試料。將一塊棉藥從中間刮下六格俞半,其夾之、烘之、簸之,以取細粉,一如上法。

辰爲試法。圓球中常有六度之恒熱,其熱表插入七生脱,將細粉納於試筒之底,插入圓球水中六生脱半,加以尋常木塞;其後另换以有白金絲〔鈎〕之木塞及試紙,令常含垂綫,乃以蒸水合百分中十分格力蘇令者,取一滴蘸於紙之上界,紙令濕其上半截,然

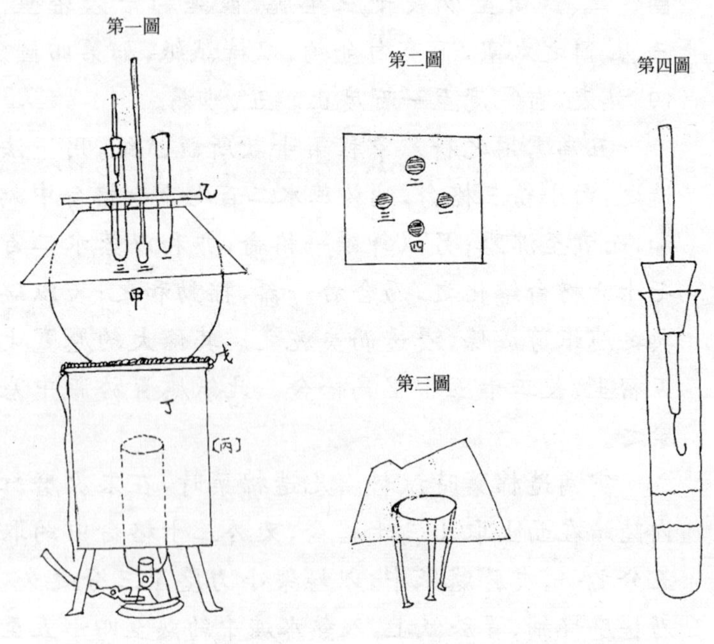

〈丙附件圖〉

後換入;其初五六分時,令試紙在上節,不可太低;五六分時後,蓋以上之試筒中見有霧氣一環,即以玻箸並試紙向下,令試紙濕處之下界恰合於霧氣環之下界而止;乃詳查試紙有無變動,俟試紙濕處下界略有棕色,即爲試畢。乃查其時是否二十分之久,計自試紙入試筒中爲始。

卷二十三　光緒九年五月十一日起至十二月十四日止

目录

機器價，塞門土，挖河船，營口砲匯價，旅、榆砲匯價，康濟砲

去信九十號　營口、山海關、旅順、康濟砲價已匯，其砲請交鎮遠運，贈德尚書物，詢八年以來採購各件報册

來信一百三十一號　雇阿達甫帆船運子藥、雷頭，另雇帆船運塞門土並土價，哈教習等允留，荷砲造子器以德國爲善、已定購付價，收到匯款，添運雷橋氣管，毛瑟已發三千，山海關十五生砲兩尊已致克廠

附雇裝雷頭等帆船合同

來信一百三十二號　覆第八十七號去信，魚雷、棉藥頭五十枚趁阿杜耳甫帆船運旅，魚雷筒定價，寄來力拂器圖

去信九十一號　覆第一百三十一、〈一百三十〉二兩號來信，詢製新式槍藥、砲藥洋匠，詢洋鍬萬柄購否，毛瑟三千内少三桿、刀頭七柄，百尺雷艇二隻，詢粤省購軍械數，送德海部物，請寄武備書

來信一百三十三號　覆第八十八號去信，毛瑟槍，量火藥速率、漲力器，杜屯好甫棕色藥，區士泰，洋鍬，量砲膛器，石塢圖説，魚雷裝箱，哈孫教習，魚雷内景，報銷，雷橋棧，運費，導海船，塞門土，砲價，贈磁器，定、鎮、濟三船，魚雷，寄來洋鍬等合同

附銅鏟、皮插、皮帶合同

來信一百三十四號　運塞門土帆船，發運毛瑟三千、刀頭、皮件三〔五〕千，寄來《陸操新義》

〈去信〉天字第八十六號覆第一百二十七、八兩號來函

連接一百二十七、〈一百二十〉八兩號來函，敬悉一是。

前膛槍價、試棉藥章程俱費清神，心感不盡。中國沿海各省用後膛槍者，僅只南北洋、淮軍。此外皆係前膛，將來更換備用，若不預求道地，勢必盡接洋商舊物以自欺也。更有腹地各省軍營，皆係抬槍、鳥銃，將來求換，何處尋售，是則弟等所深慮者也。固不論辦與否，且將情形訪得，以盡此心焉耳。

鼉甲艦匯款係海防支應局主政，前已電匯一批去矣。挖河船款、起重架款弟等均已出詳，並又詳催，此時已皆陸續併前由尊處所墊之鼉甲艦款匯去，當已陸續收到。司出納者但知待鎊價之便宜，而不知出外辦事之難易，弟等已兩次開罪於專司者。爲公事計，不得不然耳。

昨日來電云"槍款收到，署正蘇州捐仍匯足"十二字，其中錯者數字，但猜之大約云槍款已收到，閣下以前署正在蘇局捐，此次所欠尾款補匯足等語。前寄之一千二百兩未到津，弟等已爲上詳請咨批，托銀號先墊上兑，免致誤期。下少若干，擬由此間稟商墊付，再行函達歸還，收入採辦項下，亦甚便也。

和國國〔賽〕會須用蒙古氈帳等物，已在京辦來，裝箱交保大輪船明日南運，交上海道轉交洋務局寄運出洋。其款容即另文咨報，由尊處收入採辦項下作正列收。

前奉中堂發來閣下寄到哈乞開司大子彈機器單，已由弟均摘出一單必須買者，用特先行寄呈閣下，望察收暫存，俟弟等詳請相批，再行咨請議辦。其原單全份，尊處應有底本，可以查之。毛瑟五千桿，論事勢應該定購，無如餉力來不及，擬俟相節回津，請示辦理，惟時單寄電云“五千”即請照購，如定不買，即不發此電矣。

魚雷教習哈孫甚好。無如監工福來舍自三月中旬一病，至今未愈，弟等皆輪往看視，並派洋醫往診，現已見痊，尚不能出户，再過半月或可復元。前托閣下代買洋刀廿把，望速賜寄，待用者也。哈之主意，總要整齊嚴肅，弟等亦深願之，可作水師榜樣耳。專肅奉覆，即請

台安

愚弟張席〇、王德〇、劉含〇頓首

光緒九年五月十一日

托文報局遞寄，重一兩九錢。

〈去信〉天字第八十七號

丹崖仁兄大人閣下：

徑啓者，五月初八日發去天字第八十六號函，諒達籤席。所托添購魚雷橋埠之過氣銅管並走雷車鐵道、官弁操用洋刀二十把，想均費神查照前函飭購，曾否發運？尚未奉明示。

毛瑟兵槍，前請訂購三千桿，奉來電示價，即經詳請

匯往，已接收價覆電矣。惟此批之槍，前函未請並購佩帶，應請仍爲配齊其子鈎、鋼簧兩項，該廠能否不另算價，隨槍照送一份？統望卓裁，就近酌辦爲托。此三千桿尊處來函謂兩月後驗收，現想收訖，請即飭起運，此間盼待甚殷也。此外另有五千桿，曾經還價四十二馬，敝處奉到寄電，恐仍是前事，"五"字或"三"字之誤，故復請只購三千。迨奉一百二十八號來函，得悉其詳，遂復具詳請示，已奉批准購，於本月十一日備文咨請查照，十六日復發電"毛瑟五千配佩帶速購，三千已發運否？"等字。請即將此五千桿照議價收買速運，並望商之該廠，連購大批槍支，其隨槍子鈎、鋼簧能否照送備換一份，不另算價。佩帶請照數配購齊全，能隨槍並運更好。惟此槍既士耶台以寬備之鈎、簧配裝而成，槍筒各件是否純鋼一律，務請飭驗收之員循照兵部成例，格外過細。裝箱尤其要緊，前此每有碰損之件，均裝箱時未經填塞嚴密之故。該價候覆信一到，即行請匯。

荷乞開士造大徑砲子機器，弟均前奉相諭，飭核分應造應購之件，遵即分別摘開清單，核價約一萬八千餘兩，會稟請示，並先將摘單附天字八十六號寄閱，請候信代購。現於本月初三日奉相批准行，價俟電到請匯。除録批咨達冰案外，合再函托，務請查照前寄摘單，飭購即運，俾得早日開廠試造，以濟軍用。

查尊處前寄之摺内開"另有通用之氣"項下，第七爲"皮帶輪之小軸，以運機器，並有帶輪十四個，價二十五鎊"，第八爲"大軸，可運五十二皮帶輪者，價一百四十鎊”,想亦連帶輪在内。此兩項,前寄摘單内漏未開列,仍請彙購並運爲托。其他可以由局自造之件已陸續搭造,候尊處運器到時配合設用,廠屋亦照來圖之式,稟請平基建造。

台端於簡器考工,講求入粗入細,不憚煩難,足以廣益弟等見聞學問,他山之助尚屬朋友私誼,其切於實用、裨益海防全局,厥功誠偉,欽佩深之。

魚雷廠器具並魚雷備换之件已運到津,遵交哈教習照寄單點收矣。二十四尊過山砲亦已到滬,不日解津驗收。其定遠艦砲子二百箱遵示暫存滬上,俟該船過滬承裝,但未識該船畢竟以何日到華?威海衛魚雷廠、庫、橋、埠各工現均趕辦,弟芳常川前往督察,本月杪擬率哈教習帶兵弁、學生前往開操。知念並告。

越事仍無佳耗。傅相以本月初六蒞津,初八接通商大臣印,現奉旨權直督篆。張宫保仍回兩廣本任。曾宫保[一]内召,另候简用。傅相陳情固辭恩命,時事多艱、責無旁貸,恐未必得請,俟批回接任定期再奉告也。

柏林節候已秋,天氣凉燠如何?尊侯想一是均適,公私修暢,諸孚遠祝。運去蒙古幄房何日到和?尚不誤會期否?陳季同近想到德,帶去四匠到廠日期尚未准尊處公件。

捐款已爲措齊上兑,奉到部覆,即行奉聞。尊處續匯之款尚未收到,好在此事已有銀號承辦,照數兑繳,不致

[一] 曾國荃,時署兩廣總督。

誤期，匯銀早到遲到，無礙於事。此致，即頌

勛綏。諸希心照，不備。

愚弟劉〇〇、王〇〇、張〇〇頓首

光緒九年六月十六日

由文報處寄柏林，重三錢二分。

來信第一百二十八號[一] 覆八十二號去信

前奉天字八十二號尊函，因來往海濱，未及縷覆爲歉。今先節要覆之。

區士泰在洋半薪，已發至西五月十九日，今奉示遵即截止。此人但在雷廠略看數日，俾習魚雷與艇機相干之事，未便聽其拆卸魚雷也。敬如今年杳無音信，不知何往，所帶四匠亦不見來。承囑添購𨫼銅魚雷之氣腹，已發運在途矣。旅順之土料尚未接到。荷乞開士機器圖尚未送來。克鹿卜三種試演之函砲久已定購，給付半價八千五百十九馬十二分矣，不日可譯合同，備文咨報矣。

今使館各員役之赴和國大會者七人，隨弟驗船者一人，金楷理也。只留一十三齡幼子在使館收遞洋文信函電報，一少年供事收發華文函件兼司印信、賬目而已，一切僕役、通事皆此兩人兼之，此外有守門老洋僕、掃房老洋婦及洋厨媪等數人。所以一切不能迅速，諒蒙鑒原。將發瑞納門，倚

[一] 原抄如此，前面已有來信第一百二十八號，此處應爲誤排，之後一直按此編號排下去，故爲保持後面來去信對應，此處照排，不作訂正，目録中亦未訂正。

裝肅此，敬請

勛安

光緒九年五月初九日發，六月廿四日到。

來信第一百二十九號覆第八十四號去信

昨奉天字八十四號尊函，敬悉一切。

起重架合同今已譯呈傅相，容再抄一份，下期咨達冰案。因此間人少，只可分期辦理也。其裝於浚河船上，本已於合同内訂明矣。浚河船於前月訂明鋼犂之式，加配一半鋼犂、一半鋼斗，一一相間，以施於鐵板砂之處；仍可全用鋼斗，以施於尋常泥之處；庶幾兩用，不致兩窮。其備换之鶴膝活鏈及鋼斗亦早已訂定，只因奔走忙碌，未能早譯並送耳。前承囑抄漢納根致伏耳鏗之函，兹特附覽。穹艦所配之雷艇尚未議定式樣，因兩鐵艦之小艇似不必多備，應添較大者方能得力也。

承示砲藥各寄二百磅，槍藥各寄十磅，俾可實試，仰蒙洞鑒，敬佩之至。務令中國有器並能有法，早能仿最新之藥，不致傷損精良之砲，方與大局有益；不能拘定購用與造用，只能辨漲力、速率是否合式而已。西國之能造此精藥不過一二年、一二廠，非盡人能之也。至於克鹿卜雖經手售藥，杜屯好甫雖自己造售，然舍此兩廠無人能專精試驗，且有漲力、速率可憑，該兩廠必不能欺誑，况有兵部、海部出函擔保，似定能實事求是也。

前奉傅相電示本月初二離滬回津，越法事未知變局若何。定遠暫泊候信，殊爲焦灼。聞陳季同與四匠徒已抵馬賽，不日可到柏林矣。前蒙抄示弟被誣劾一節，感謝之至。弟資望才識無一可稱，過蒙傅相重任，自知非分，況本無志與都人士争攫榮利，早思求退矣。惟所劾之負販、夷語、洋女等等，恰爲他人或有而弟獨無之事，未免太非知己耳。肅此，敬請

勛安

光緒九年六月初九日柏林發，七月二十二日到。

附送漢納根函譯文。

謹録西三月二十八日漢那根致伏耳鏗函送閲

本月十九致電於柏林使館，訂購浚河船一艘，係中國大府托我經辦。今須奉告此浚船應用之力，此事我願承任。因該地有許多難處，惟貴廠之浚河船恰與旅順口相合，此間税司亦云貴廠之物較良於潑里士門單斗之船。

其時予適在該處建造砲臺，詳知旅順灣低窪如盆，其西面一半共廣三百二十五亥克他[一]，其中二百亥克他之水僅深一二邁當，此淺處有河港兩道爲較深之處，河港約深四五邁當，日後動工，應先由此深處漸浚至淺處爲妥。其應浚之料可分上下兩層，上層爲稀泥，厚約二邁當，挖之無甚難處；下層爲淺藍色堅實之泥，甚粘滯而不易卸落，須用器刮下之，

[一] 公頃(Hectare)。

故其斗應用小大底，其旁漕亦須内小而外大，乃爲適用。此處海口有一處須先挖之，計寬二百邁當，深四邁當，自内至外一百五十邁當，其中皆大小不等之泥，不及堅實之料；此等處萬不可用單斗，因恐單斗但能刮鬆而不能取出也，照貴廠前日之議，擬用剛〔鋼〕刀，甚合我意。但不知可否於梯上另備一條鐵鏈，專運此剛〔鋼〕刀及齒輪，以便在海口以内及口門處，能一概挖深至九邁當，所以通計應挖去六七邁當。

今在該處已施工一年，而所挖者尚無就緒，故甚盼望貴廠之船早日到此也。柏林李大臣已有電報來，云此船明年春間可以到此，則係此間恰好之天氣也。今又請貴廠詳開浮船塢及戽水之圖説、價目以及浮塢等相干之一切圖説。

今予在此三年，頗與德國人來往交好。今北洋各人甚盼鐵艦早日到華。李傅相回籍營葬，大約兩三月可回來，亦甚願早見鐵艦也。專此函達。

〈去信〉天字第八十八號

丹崖仁兄大人閣下：

六月十七日肅布第八十七號蕪緘，計日當達記室。

請定士台耶毛瑟槍五千桿，在前函未發之先曾肅電報，云“毛瑟五千配佩帶速購，三千已發運否?”等字，前函内已將詳細備陳左右。嗣奉“槍已長價，要否?”電信，當覆詢“長價幾何,如不多仍定購”,此電發後,至今未奉電覆,究竟曾否定買?何時發運?傅相屢次垂詢,甚爲惦念。伏望台端按照前議之價四十二馬,參酌時市,如貨價不甚支離,仍以速購速運爲盼。

廿四日奉到大咨並克鹿卜、杜屯好甫兩廠考驗機器局前送藥樣情形手摺,確有見地。

閣下前所購試速率之器,雖經○處交存機器局,梅園、筱雲諸君均言用法甚難,即如局中洋匠施爵爾及歷請美、德各國水師船主看視,均亦未悉其用,分化、衡量又非專門不能,所以試驗一事,此間不能如德國之精。然斷不能不事咨考,如德國現在某藥用於某槍,某藥用於某砲,自非幾經推究,不能言之鑿鑿如是。昨奉傅相面諭函致台端,請在德國杜屯好甫廠物色專門製藥好手洋匠一名,薪俸不可過大,每月約在百金以外,即請妥訂合同,來華教習二三年,期盡製藥妙用。乞酌奪情形示悉,以便轉稟傅相定奪爲荷。

再,今日槍隊教習德人瑞乃爾呈閱行隊所用鋼鍬樣一事,鍬重不逾二十四兩,一面銼成鋸齒,一面鋒利如刃,鍬頭有皮套一件。筱雲局内曾仿製一柄,鍬價約銀三錢之譜。傅相昨諭此種鋼鍬可以購買萬柄,飭○處專函台右,確切探問每柄需價幾何,連皮套需價幾何,買至萬柄需價幾何,有無現成購運,能否從速,請閣下酌奪定買,敬祈垂意是幸。專肅布達,敬請

台安

愚弟 張〇〇 劉〇〇 制顧〇〇 頓首

再，區世泰截至本年七月廿六日（即西曆八月二十八號）已令回國，當先由電報達覽，請不必再付在洋一半薪俸也。

附繪鍁圖。

光緒九年八月初五日

初七日發，托斯米德寄，重三錢二分。

來信第一百三十號覆第八十五、〈八十〉六兩號去信

敬啓者，六月下旬奉八十五號手書。需用雷弁刀、帶二十份，業已遵辦發運。其通氣之管，據該廠云，已敷七八十丈之用，遵又囑令添運，以備不虞矣。

七月杪又奉八十六號尊函，蒙古帳房已承購運，感謝之至，計費若干，望即示明，作正列收。曉翁開示哈乞開士彈廠須備各件儘可酌量抽購，遵當静候察准後示明辦理。

近聞粤省有弁匠送津專習魚雷，未知能入門徑否？又聞葉殿鑠居然雷局總辦，養尊處優，不必學習，似非培育人才之道。誰謂粤省經費支絀耶？

今因和國衘奇會須親往料理，今日午後登車。前日部中繳款，荷蒙薌、次翁極力玉成，感激之私，非可言喻，容明年内渡得親珠玉時，泥首鳴謝。肅此，敬請

勛安。不盡一一。

光緒九年八月初五日發，九月二十日到。

〈去信〉天字第八十九號

丹崖仁兄大人閣下：

八月初七日專布一函，係奉傅相面諭，請尊處在杜屯好甫廠物色專門製藥好手洋匠，暨槍隊所用鋼鍬懇詢價值等事，計程當可遞鑒。

毛瑟兵槍三千桿，昨經地亞士代運到津，經敝處逐箱點驗，共計少槍三桿、刀頭七把，業經咨呈冰案，請飭補運。續定五千桿已否定購發運？佩帶是否共購八千？如前三千桿未購佩帶，仍乞補購補運，至禱至禱。以上毛瑟槍。

函砲三尊、魚雷學生佩刀二十把，昨准大咨，知於七月間已經發運，不日計可到津。承屬需匯函砲價值一萬七千六百八十八馬九十八分，佩刀價值三百七十七馬九十八分，遵即詳請傅相，飭行支應局徑匯，到時即乞示悉。却水衣、過山砲等件均已歷次驗收。塞們土、過山砲不敷〈之〉價值壹萬壹千二百七十四馬五十六分亦經匯付，計英鎊五百五十鎊。統請查收爲荷。以上函砲、佩刀、却水衣、過山砲。

造寸半徑哈乞開司砲子機器是否照摘單數目定購？准咨請匯一千七百鎊，亦經由電報照匯。以上寸半徑哈乞開司機器價值。

八月廿七日由電報請“購塞們德土儘一帆船裝，徑運交威海衛”等字，諒蒙鑒及。塞們土，威、旅各工需用甚夥，一帆船所裝大約不能過七千桶，需價當俟奉示後再匯。導海挖河船何時可以駛華？望示悉。以上塞們土、挖河船。

鎮遠鐵甲能否如期工竣？快船添定雷艇，艇身至少須長百尺，因未奉示，故未請匯價。威海魚雷，近日操試漸有可觀。哈孫克賴乏擬再留半年，福來舍擬再留一年，已經傅相電達台端，弟芳亦經函陳一切，未知如何定議，尚乞早日賜知，不勝盼禱。魚雷橋、埠鐵道及過氣銅管，奉來翰，知已代定，至感至感。以上雷艇、魚雷操試情形。

再，營口砲臺需購砲位，經奉錦道續燕甫觀察歷次稟陳，傅相商請尊處代購。現在業經詳定，需購克鹿卜十五生脱砲兩尊，砲臺座架兩副，每尊酌配子彈五百顆，共子壹千顆；十生脱五分砲四尊，每尊各配車輪砲架一輛，不購子藥箱車，另請令該廠配造臺砲用座架一副，以備砲洞、臺墻兩用，並每砲各配平常生鐵開花子一百五十顆、子母彈五十顆、群子五十顆、鋼開花子五十顆，兩〔四〕砲共子壹千二百顆；共計廠價十六萬五千十六馬九十分，惟十生脱五分砲用砲臺座架四副未核價值。計詳匯規銀三萬二千壹百七十餘兩。以上營口砲匯價。

又，旅順砲臺亦擬添購砲位，敝處面稟傅相，酌定需購二十一生脱砲身長三十五口徑者兩尊，十五生脱砲身長三十五口徑者四尊；以上六砲，每砲各配攻鐵甲開花子五十顆、鋼子母彈五十顆、平常開花子五十顆，共三種子彈九百顆；約計廠價四十萬一千三百四十六馬五十分，計詳匯規銀七萬八千二百餘兩。又，山海關需購十五生脱砲身長三十五口徑者兩尊，每尊酌配新式鋼子母彈五十顆、攻鐵甲鋼開花子五十顆、平常開花子五十顆，共子三百顆；計廠價八萬九千六百三十二馬五十分，亦詳匯一萬七千四百五十餘兩。統乞飭廠分别照造，三項匯款係詳由支應局、匯營口、旅順砲位子彈價。江海關匯山海關砲位子彈價。分購鎊票匯寄，亦望到後查收應用。以上旅順、山海關砲匯價。

康濟練船需用砲位，昨在院署奉諭發"速購八生七江海兵船砲四尊，配子共陸百"計十七字電報，即可達覽。現經北洋水師總查琅威理面商，欲在此種兵船砲架床之下，改用横擔硬直木兩塊，便於在軌道左右推移，並添鐵鼻一個；特囑其畫一小圖，寫洋文一紙寄呈，敬求台右與廠酌定速購。蓋此砲不獨用於康濟，亦爲將來移用别船之故。克鹿卜原圖一紙一併附寄，務望先儘此砲運津，以資操習。應價約共五千餘兩，請先墊付一半，示知後即行詳匯。以上康濟砲。

除將以上各匯款另文咨呈冰案外，專此布達，敬請

勛祺

附呈圖兩幅、洋文一紙。

張○○
愚弟 劉○○頓首
制顧○○

光緒九年九月二十六日

二十七日由文報局遞柏林。

〈去信〉天字第九十號

丹崖仁兄大人閣下：

九月二十六日肅布第八十九號書上塵左右，計先

達覽。

營口、山海關、旅順、康濟練船所需砲位應付各價，業經先後詳請飭匯，咨呈冰案。苟各砲造成之時，鎮遠及穹面鐵甲船尚未駛華，似可即裝該船順帶，以省水脚。若彼此皆須守候，自當各運，台端斟酌，必能更爲穩妥也。

昨奉傅相諭知，接尊處電報，哈孫克賴乏德部已允留半年。夫魚雷奥竅極精，教習之員必須少加月日，庶不致有半途之慮。頃已由執事商准，欣慰欣慰。

傅相前令買景泰窑瓶四個又盤四個，飭由敝處寄交尊處轉贈德尚書，但現在係新尚書任事，則所寄瓶、盤或獨贈於舊尚書，或新舊分贈，傅相諭請執事斟酌辦理爲荷。

再，部中今年所定報銷新章勾核綦嚴，尊處自七年十二月以後所購砲位等件、經敝處詳請匯款者，尚未接奉報册。固知尊處襄助人少，不當催索。但已經運到之砲件，分撥各處，其中頗多還價之款，如某省奏調即由某省還價。而敝處又未便即以馬爾克、英鎊等數咨報，不然外省不知馬克等所謂，轉展相詢，而數處未奉報册，仍不能核定銀聲覆。望台端截至九年夏季爲止，將已運已訂各款撥冗開册咨明，實深叩禱。專此肅布，敬請

台安

愚弟 張○○ 劉○○ 制顧○○ 頓首

外，景泰窑瓶兩箱，計裝肆個；景泰窑盤壹箱，計裝四個。

光緒九年十月初二日

初三托招商局寄滬關，交公司船寄柏林。

來信第一百三十一號

敬啓者，七月杪奉八十六號尊函，於八月初五日覆一百三十號，諒登記室。

是日馳赴和國，因衙奇會務繁冗糾葛，令人焦悶，又因水土陰濕，感冒常發。續奉總署電示，有與德外部面論之事，及傅相飭商兩大艇之事，遂於初三日帶病回德。今幸略痊，是以告慰。

八月廿二日奉電示"購塞門土儘一帆船，徑交威海衛"等字。適已雇定一隻帆船阿達甫[一]，欲裝寄存溪耳武庫之火藥、砲子及魚雷頭等件，皆今春海部員管定遠時囑添之件，今因武庫不便久留，不得不雇船專運於旅順也。惟是船雇價一千二百鎊，徑達旅順，合同譯呈台覽，雖尚可附裝塞門土數百桶，然須彎〔灣〕泊威海，加增雇價，頗不合算；不如以此船所附數百桶運往旅順，而另雇一帆船儘裝塞門土徑達威海，較爲合算。旋又雇定專船，俟譯合同，再呈台覽。因威海爲不熟之路，且無回空生意，其雇價不得不增。今與塞門土廠訂定，已於初四日派繙譯官賡音泰駐廠驗收，約半月可畢。其土連運、保費，較前次旅順所購者，約每桶較貴七本士半，皆因船主不熟

[一] 後文又作阿達而甫、阿杜耳甫、阿導耳甫、阿杜爾甫。

海口之故。

前奉傅相電諭,商留哈孫教習等,已於初九日面商海部尚書,允即轉懇德君,並已面告外部矣,大約可照辦也。

筱翁稟請飭購之造荷砲子機器,係以德〔法〕國荷乞氏所開者作底本。而弟前晤德國斯邦道製造局員,論及法國荷乞氏之機器皆二十年前老式笨器,若非該廠久煉之匠,所造砲子必致大小不齊,德國於五年前自造新式機器,又令力拂補换以臻妥善,遠勝於荷乞之舊器云云。弟查力拂去年亦有開列價目,俾造毛瑟子之器可以兼造荷砲子,曾亦譯呈台覽,並送著色廠屋布置圖矣。是以今邀力拂確商,凡捲銅皮等事,荷乞氏用手工者,德國令力拂創作機器爲之,頗稱利用,遂逐一與之訂定。如汽機管爐及各機器共九萬八千三百三馬,與荷乞氏價相比略賤,而靈敏過之。又應添刀、鑿、杵桿,荷乞氏開載未全。其量試之器最不可少,而荷乞氏無之。今補購刀、鑿、量器共二萬七千七百七十四馬,此皆不可省之件,諒可稟蒙傅相允准。即於初八日書立合同,墊付定銀,另文咨達冰案,並已電報奉達矣。惟其中有須在華仿照添造者十二種,每種添造一件至六件不等,須或俟圖到,或俟器到,方可由筱翁仿造。若先行另造,恐與他器不能吻合也。仍懇筱翁静候,不必先行開造。

又,前月初九日承匯到一千二百九十五鎊,於初十日兑見德銀二萬六千四百八十七馬七十分,不知何款,俟有明文,再行咨覆。

雷橋所用氣管又於前月初旬發運二百十邁當,連前共長二百五十邁當,了可敷用矣。其小車路條可用窄鐵條兩面扶直釘固,不必另購,筱翁固優爲之也。毛瑟五千,方派海部驗匠往驗收,大約月内可發運三千桿,其皮件亦經鋭飛駐廠驗收,可隨槍同發矣。前月奉電示區士泰應停支在洋半俸,亦已照辦。

正封發間,接來文,囑添購山海關十五生脱砲兩尊、每砲配子五百,隨即致函克鹿卜矣。頃又接匯豐來函,云匯到第四次二萬五千鎊,諒係穹艦之款。此覆,即請
勛安

光緒九年九月十二日發,十一月初一日到。

附送合同譯稿。

譯抄雇裝砲子、火藥、魚雷頭等物之帆船合同呈覽

一千八百八十三年西九月十九日,漢波船行代雇阿達而甫帆船,計官俩〔載〕二百五十七噸,能裝重三百七十噸。此船今在愛而止弗里得。今與李欽差所派之密臘訂立合同。

該船堅固,可以行遠,船底須另包銅皮,速即配齊壓俩。駛至瑞納門及溪耳之烏克士福德,照例上貨。其貨係軍火,槍子及火藥、棉藥,按章程所定地方裝船,凡過於兩噸重之件,應由中國自給起重架之費,在中國卸貨時亦如此。其裝軍火等物未滿俩者,另外可裝他物,只須與行海之例無礙。

訂定徑往旅順口交卸,共雇費一千二百鎊。既裝竣後,八日内在漢波口先付一千鎊,照倫敦三個月

之票。其餘二百鎊,俟中國交卸、得有收受之憑據,回至漢波口,找付二百鎊之現票。所裝之貨,按該海口規矩,上下其貨,或由駁船,或由火車,其費俱由中國承認。如無天災人禍,定能運送至旅順交貨。船内需用墊木席草等,由本船主承辦。既到旅順口,船主需用之錢請由旅順口代墊,俟後按鎊價在漢波口扣還。

其裝貨之期以三十天爲限,須西十月十五後方到瑞納門。如耽擱過於三十天,則每日須加雇價六鎊。所裝之貨,由船主托慣於裝貨之人,在船内查照本口規矩辦理。凡船於卸貨後,回至德國或再往他國,船主必須先儘原雇主有無貨物可裝。倘該船到瑞納門時已過西十一月十五日,則雇主可廢去合同,另雇他船。

來信第一百三十二號

敬啓者,前函諒達台覽。

今查八十七號尊函已於八月中旬奉到。又,力拂送來之增造荷砲子廠圖尚存敝處,未知從前已有影本送呈冰案否也。皆因腿足腫痛,精神疲乏,不能查檢舊稿之故,致有遲誤,諒蒙鑒亮。

今威海之塞門土已裝入船者一千五百餘桶。五千槍之皮帶件已驗收付價者三千份,其毛瑟槍則方驗未竣。魚雷之棉藥頭已驗收四十枚,今再趕裝十枚,可趁阿杜耳甫帆船運送旅順矣。新購兩大雷艇及雙雷筒等俱已訂定,此項魚雷筒之定銀三之一計二萬五百馬亦已墊付矣。所有前日電請傅相飭匯之定銀五千鎊,諒不日可到矣。導海約於十月初可以試驗挖泥,並裝起重架入船,十月杪計可開行,正二月間定可到威海。昨十五日奉到傅相電示,云"挖河船何時開行,望酌定徑赴威海衛,並令洋匠兼充教習"等諭,前已與該廠商明,當可遵照辦理,請先轉稟傅相爲懇,容再電報呈覆。

茲送呈力拂之原圖一幅,所有紅色處即所增造荷砲子之器。務請筱翁按照此圖拓填廠屋,培築機座,方與日後所到機器不相枘鑿,至禱至禱。手肅,敬請

勛安

附呈力拂原圖一幅(圖送南局)。

再啓者,十三日奉到次翁電示"加銜事預備,候信"等語,一時未能領會,俟接尊函再行奉覆。又及。

光緒九年九月十八日發,十一月初八日到。

〈去信〉天字第九十一號覆第一百三十一、〈一百三十〉二兩號來信

丹崖仁兄大人閣下:

前月初連奉第一百三十一、〈一百三十〉二號函,拜悉一一。比維勛祺增吉爲頌。

津局所造洋槍砲等藥經敝處寄樣到洋,費神托洋廠詳加校試。前承譯寄試單,得悉所造之藥未合新式後膛槍砲之用,當稟奉傅相面諭,飭即函致尊處,由洋廠覓雇

好手做藥工匠，薪水每月以貳百兩爲度，定立合同，送華監造火藥，以期合式，俾華匠得習其法。未奉覆示，未識曾否雇定。

洋兵步隊所用洋鍬，曾函托代購萬柄運華備用，久未接覆。因各軍需操甚急，曾發電奉詢，適接來電"萬鍤並皮帶袋包運到津，蔡榜已驗一半，下月運全"等字，惟"蔡榜"二字索解不確，或係電語誤傳。此項價需幾何？開春凍解，各營急待領操，請飭由輪船速運爲懇。毛瑟兵槍業准解到三千桿，内少數三桿、刀頭七柄，曾備文請飭廠補交，想經飭辦。後批五千驗收已竣，想發運在途，能速到爲盼。佩袋驗收竣否？是否連前解三千桿一併購全？

魚雷艇今年新定兩艘，想照新式加大，已匯定價五千鎊，諒收到。惟何時驗收，尚未接到合同。北洋去年請定購百尺者二艇交鎮遠帶來，未識刻已驗收否？龜甲快船曾否帶有雷艇？便祈賜示，俾確悉已驗收者幾艇，未驗收者尚有幾艇也。魚雷想全數驗收，發運之期尚未得悉。弟芳督操此事，住威海時多，弁兵所學日見進益，哈孫教習辦事結實精到，令人佩服。中國歷雇教習，應推此人爲第一。我公此舉裨益海防，嘉惠水師將士，夫豈淺鮮？

定遠久經交收，因時局未定，不能來華，有此新式大艦，令人深先覩爲快之思。計時鎮遠亦將交收，看來須將三艦同行到華。北洋得此，大足爲水師增色。

粤雷並艇交收已訖。振公近辦粤防，與德商定購毛瑟三千桿，增買水雷，並聞採辦後膛克鹿卜砲，籌款至十萬鎊之多。確否？想尊處均悉其詳。是否曾托代辦？

塞們德土已發運若干?"改運旅順"致電,想經照辦。魚雷廠庫設於山東威海衛,雷頭各件須送該處儲存,附運旅順到後,應飭兵輪轉送至威,或調學生、官弁到旅驗收,統候到時酌辦。水師械庫以旅順爲大,鐵艦子藥附解該處,誠爲甚便。時事未定,各項有用之械能早籌解,尤爲甚盼。導海何時開行應有電示,此船到華,旅順工程必可賴以收功。洋教習教練用法,是爲要務。

一百三十二號來函當已呈傅相閲悉。日昨謁院,相諭一月未接尊函,深勞懸繫。中外事繁,近又籌辦海防,旁午鮮暇,每尊處函到,不能如期是覆,但有所言均立即照辦也。飭代於函内奉聞,景泰窑瓶、盤傅相辦寄,屬由尊處轉送德國海部,現已寄到否?是否分送新舊兩處?便希惠示。

北洋各口添訂克廠砲位,曾先後備文並函請查照定購,諒經分别辦理,交收之期能速最妙。荷乞開司寸徑造子機器,來函謂改購新式,具徵講求精到,惟未卜何時可運到也。尊處所集外洋武備各書,可否隨時飭抄一份見寄,俾廣見聞,尤所感盼。

尊處捐案早經辦妥,照仍妥存敝局。弟珍前次致電,係托洋人代繙德文,語意錯誤,無怪不能得解。查原電係"捐案辦妥,款代墊,候匯,另函達"等字,刻下想寄函並咨文均到,應得悉其詳。

弟等栗六從公,無善可告。弟芳以前月赴威,即在彼伴哈孫教習度歲,督率生弁勤學魚雷各法,並辦工程。津局現只弟珍、弟爵如常居守。肅此布臆,敬頌星軺多福，並賀年禧。

愚弟 張〇〇
劉〇〇
制顧〇〇 頓首

光緒九年十二月初七日

初九日發，托斯米德寄，重三錢。

再，浮水氣帶，兩鐵艦曾否購備？如或未購，望先寄示一樣，並懇詢每需價值若干爲荷。

來信第一百三十三號覆第八十八號去信

敬啓者，九月三十日奉八十八號尊函，十月初三日奉八十三號尊函及土樣一匣，敬悉一切。

適因和國會務周折甚多，存貨尚有十之九，於初三日黎明回柏，今方料簡一切。謹先分別酌覆如下。

一、毛瑟五千已於七月十三日估計咨報，今皮件、槍刃全已驗收，槍已驗收三千，月内可以全行發運。其七月初八日由匯豐匯來之一萬四千六百五十鎊，未知是否此款？

二、量火藥速率、漲力之器，前年已將查詢明白之圖説備寄，續經徐建寅將譯稿改竄，反致晦悶費解，大約係居奇壟斷之私心，猶是上海局譯書之故智。人皆謂所譯各書嘗錯雜其文，又匿其洋文原書。容再購圖説，譯明補寄。

三、杜屯好甫之棕色藥及新槍藥爲各國所無之秘法，昨令雇募洋匠，而其覆函欲索購訣之價十五萬馬，其慾太奢。兹將原函譯送，請轉呈傅相察奪。然欲求其次，似又落人之後耳,與近來長砲不合。

四、區世泰准於西八月二十八日截止在洋半俸,但伏耳鏗云該教習久無音信,未知逗留何處,乞便中訪明示知。

五、步兵所用之鍬,即鍬,《授時通考》《農政全書》俱作鏵。今無鋸齒,且皮套、皮帶甚貴,萬不能就三解〔錢〕銀之譜,因囑速購,已擅行訂定。

六、量砲膛器大小兩種,各砲可用。其量子器亦已照辦,諒早已到津。

七、收到土樣六種,諒係順字一號尊函所云金州松木島所産,已交驗試,容再譯覆。

八、承囑訪求石塢圖説,迄今未得專書,皆散見於他書者居多,擬擇最新最妥之法摘譯呈政。

九、承囑魚雷應用白鉛套箱,而該廠指天誓日,謂決不損壞,不必白鉛。又聞哈孫呈報海部,云前次運華之魚雷箱暴露太久,兼因牛車轉運,於沙土中顛播損壞,此後應請中國於收到後即雇夫扛抬入廠,方爲合式云云。

十、哈孫現奉德君准展假半年,已電呈傅相矣。前日西班牙、日本均請借教習,德君未允,僉謂德君肯借哈孫於中國爲格外要好,鄙意應請傅相函懇總署備文,托德使致謝德君爲是。

十一、魚雷之内景及拆裝各説,去年臘月脱稿,即由劉子香取去並影去清圖十五幅,今年三月初始將説稿擲還,因各員奔走驗艦辦會,迄今未抄及半,所繪清圖亦未全,今商請子香派人來補全,即可寄呈。遲誤之咎,實所難辭。

十二、自七年冬季以來之清册,春間曾釐有頭緒,及三月間和國一行,又奔走海口者數月,遂經支應委員代爲釐訂,不料反將洋文收單散亂,僅於七八月間摘報數案,不全不備。此時方再親爲釐訂,更費周章,自當晝夜趕造,但眩暈時作,兼有使館公事,不能速蔵。倘遭大部申飭,惟有弟任其咎。此中苦況,非能筆述。

十三、魚雷橋棧之鐵路、銅管,及讀八十三號尊函後方知需用百丈,今又連購鐵路二百六十邁當、銅管五十邁當,各加至三百邁當,已配船發運,當可敷用矣。

十四、地亞士所稱代墊由滬運津費二千餘金者,係造子器二百九十兩,神機營砲及魚雷八百十二兩三分,裝子器二百兩一錢三分,又税銀一百七十九兩七錢四分,刂乂、丨二生砲藥五百八十三兩七錢五分,槍子蠟塞三十三兩四錢四分,雷橋件三百六十四兩五錢一分,共二千四百六十三兩五錢九分也。已於本年二月初四日給訖,未加利息。續又給付却水衣盔、魚雷廠件及二十四尊過山砲等各運津費,此亦清册未能截數之一端也。

十五、導海船於本月中旬可出海試挖,若試得如式,即可裝配起重架,於下月初開駛,大約二月中旬可抵威海。並已雇定久慣挖河之匠首兼充水手官,到華可充教習,並派定閩局匠首李祥光、陸昭愛練習浮起重架、鑲配各工,隨船回華,俾可襄辦合攏。

十六、前月來電囑儘購塞門德土一帆船徑送威海,遵已雇定帕克士[一]帆船，並派員驗收上號塞門土五千六百五十三筒，計廠價四萬六千二百六十九馬七十分，船價每桶七昔四本半，砂五桶計四十五馬二十三分，官局驗費九十六馬六十五分。惟船價僅付一千八百鎊，其餘各項俱已付訖。該船已於九月二十八日開行，三月間可到威海。俟將合同譯齊，並提貨單備文咨送。

十七、山海關十五生砲兩尊、鋼子四百枚，又照來電購船用之八生七砲四尊、各六百子，其砲並子母彈四百已向克鹿卜訂定，俱付全價。其餘十五生子六百、十三·十二生子二千可向葛魯孫訂購。另文咨明，並致電於傅相，云"威海土全價四千四百鎊，萬鏟及套運至津三千鎊，十五生兩砲及子四千八百鎊，八生七者四砲並子二千二百鎊，共一萬四千四百鎊，請電匯"等字。

十八、頃又奉八月十七日威海所發薌翁手函，敬悉布置橋棧工程、督同操練，賢勞備至，敬佩之至。該處有劉公島，大約預爲今日著績之讖也。承示已蒙傅相飭購景泰大盤、大瓶各兩對欲贈舊海部，而查和國大會官貨尚多，無處存頓，請不必寄來，可酌擇會中景泰圓桌一對、原價一百十七兩餘。大磁花瓶一對、磁魚缸一對、古銅乳鐸一座、繡屏一座，當代爲具函送去。因士叨取家在萊因河，距和國不遠，可省運費，且大瓶盤由華運來，沿途易於損傷也。新海部不必並贈，將來須以寶星獎之。乞呈明傅相爲感。

[一] 後文又作泊格司。

十九、定遠仍寄泊瑞納門,鎮遠於下月初可赴瑞納門裝砲。

二十、穹艦承傅相命名濟遠,已擇於十一月初二日下水。

二十一、應補之五十六魚雷,試至本月中旬,共驗收四十尾,今已裝運二十尾矣。近日海水已寒,魚〈雷〉中易於結冰,今年恐不能全數驗收也。劉子香向在溪耳驗收魚雷,頗見認真。餘事再容續呈。手泐,敬請
勛安。惟照不宣。

官照四紙寄存次翁處收儲,謝感之至。

附摺一扣。

光緒九年十月初九日發,十二月十四日到。

謹譯步兵鋼鏵並皮插、皮帶合同十月初五日訂。呈覽

今由中國使館訂購步兵所用鋼鏵並皮插、皮帶,按德國步兵之式論定,在天津交代,計實價三千英鎊,或在箱内或桶内妥裝以過海之法。西十二月三十一日在廠交清。俟造竣一半時,請派員在廠驗收。先送存樣之鏵及皮件,由使館加戳。其照樣驗收時,鏵則照布國驗法,其皮件照加戳之二份驗法,如驗有不合式,或換新者或修改完善。俟驗收若干,有驗員之憑據呈請發價,即付價若干。立此合同存照。

柏林羅氏押

謹録本月初四日與藥廠主面晤語

杜屯好甫面述云：前代俄國開設藥廠，已成五個月，今往開造，只造好槍砲之藥，有俄員學習，因俄國向來造者不佳，且只夏季開造，不够用也。照德國例，每砲須常備五百出、每槍常備七八百出方够用。德國毛瑟槍之始速率四百三十邁當，今本廠造者有五百八十邁當。德國今造一〣．〥密里之小徑槍，用藥〤．〣格倫，欲以代毛瑟，其鉛子〢二．〤格倫，而毛瑟則〢〥格倫，則原帶每百枚毛瑟子者可多帶七枚矣。義大利令本廠造棕色藥，擬並購秘法，出價十萬馬。式爾比阿[一]國令本廠設廠於其國，官購之藥，訂定高價每年購若干，民購之獵藥亦只准本廠獨售，俟十五年後其廠歸於官辦。

今中國欲造好藥，須先開明已有之造藥機，應添若干器，自定約日起十二個月，又運送三個月，安頓兩個月，派華員匠隨洋教習學造六七個月，大約洋教習隨機器抵華，以一年期滿爲則。一面派華匠首三人在杜屯好甫廠習造，似應用向非造藥之匠首來此，先習德語數月，然後進廠學習一年，最爲合宜。所有中國如何訂雇教習、添購機器各事，俟再作函奉覆。

火藥廠主杜屯好甫來函十月初五（即西十一月初四日）

今照昨日面商之事遵照估計，將本廠新創之棕

［一］ 應爲塞爾維亞（Serbia），《使德日記》作削比。

色砲藥及新式槍藥可在中國教習製造。其棕色藥之善爲貴使所深知,今德、奥、和三國已托本廠趕造;其西班牙、義大里兩國則方在商辦,或托在德代造,或赴該國代設藥廠;其英、法、俄、美四國已驗試甚合,亦方議購。

今本廠之新式槍藥 sg 號者,有向來所未有之速率,在小口徑之槍中試得五百八十邁當之速率,在德國毛瑟槍中試得四百七十邁當始速率;其德國官造七十一年法之槍藥只有四百五十邁當始速率,所以今斯邦道驗槍之員俱用本廠之藥。

凡造以上兩種藥之機器,共須添二十萬馬;其輪軸等想必中國已備矣。專雇一監工,押送此項機器到中國並教習製造弁匠。大約此監工每年薪水以三萬馬計算,又來往用頭等舟車,並在華有房屋居住,俟在華教習華匠全能自造爲止,隨時可以遣撤回國。至於購買本廠秘法之價,計棕色藥十萬馬,新式槍藥五萬馬,共須十五萬馬。中國須另購本廠之棕色藥五十萬馬,新式槍藥二十五萬馬。當本廠方造此二種藥時,中國可派匠首三人在本廠詳細學習。此二種藥可於光緒十一年正月造起。至於中國訂購二十萬馬之機器,則自立合同至中國可以動工造藥之時止,約須二十一月。應否令本廠承辦,謹候核示。

來信第一百三十四號

敬啓者,威海之塞門土帆船於九月二十八日離漢布克,適三十日接該船行電報,云須速寫一字據,交船主持赴威海。弟即在和國衙奇會中借紙筆作一函交去,因不知船到威海何人接收,是以籠統稱呼,俾該處一經接到,即可拆閲,不致轉呈津局,以累船主守候也。今此信抄稿亦附粘於牘呈覽。前次交英噶帆船主之函亦猶此意,非專致漢那根也,特漢那根接去,行文於貴局,自以爲獨當一面耳。

昨傍晚方在印發文件,奉到傅相電示"塞門土請改徑運旅順驗收,砲土各價九千六百鎊即匯,鎮遠何時竣工?"等諭,遵即轉電船行。今早接行覆電,云該帆船沿途並不停泊,只能由該行另備一函寄存威海工次委員處,俟船到時,急派小艇送交船主,令其改赴旅順,但須加轉口之費云云。竊念此次船價較貴於前次旅順每桶七本士半者,一因北洋無回俑可裝,二因威海水綫不熟之故。今令改裝旅順,不但不減,又須加轉口之費,在船主苟可藉口,自必多多益善。然其應加若干,尚須與船行駁論也。

今五千槍内已於前日發運三千桿並刀頭三千把,其皮件五千俱已驗收裝好,本月二十左右亦可發運矣。但此款於七月間咨請於九月間分兩期飭匯,迄未見匯到,而本月十二日匯到八千一百鎊未知是否此款。又查得七月初八日之一萬四千六百五十鎊係穹艦之雷砲款,前已奉有明文。惟六、八、九月匯來者何款，仍望早日示知。

今附呈印成《陸操新義》之樣本兩册(尚未到)，請以一册轉呈傅相鈞誨。另有四百本，包裝好由漢布克徑送貴局。尚有他種，亦擬趕裝附送。手肅，敬請

勛安

光緒九年十月十六日發，十二月十四日到。

外，書二册。

卷二十四 光緒十年正月十四日起至十一年七月二十四日止

目录

謬甚多,鐵艇雷筒,康濟船,力拂造荷砲器

附譯克鹿卜覆康濟練船砲架函

來信一百三十九號　寄來雷艇槽價目及伏耳鏗函

附雷艇槽價目、伏耳鏗函

去信九十三號　覆第一百三十六、〈一百三十〉七、〈一百三十〉八三號來信,十生半砲四尊應配車輪架具,以後定購雷艇均照舊辦理,八生鍍鉛子母彈

來信一百四十號　覆第九十號去函,鐵甲不能附載别物,贈德前海部物,採購各款報賬,導海開駛,請添造駁泥船,三十五口徑砲不可用舊藥

來信一百四十一號　杜屯好甫棕色藥匠、藥價、機器價,導海開輪,毛瑟二千、皮件三千、勾簧五千價

來信一百四十二號　覆第九十一號去函,雷艇共購六小四大,魚雷八十尾已全,金陵購魚雷廿尾不好,粤省所購各件數目,奥國總塢費數

來信一百四十三號　覆第九十二號去信,新式棕色藥亟宜購造,帕克士帆船,論毛瑟槍驗法

來信一百四十四號　斯米德經購毛瑟五千請試驗,請補謝賬函,寄來《整頓水師説》《海戰用砲説》

來信一百四十五號　覆第九十三號去函,康濟之砲不日驗

收,葛魯孫砲子二千月初發運,克鹿卜八生鉛殼子母彈,習雷四匠頗用心

來信一百四十六號　雷艇尾臺係新式、請飭照送來二圖辦,送來收藏棉藥章程

附收藏濕棉藥章程、收藏乾棉藥章程

來信一百四十七號　運旅土船帕克士索找價及修理費

來信不列號一　官刀、高士兩款俟送總册再定劃數,算地亞士墊李寶物運費、請查明結算

附不列號一　石印各書存處

來信不列號二　利運何日赴香港請示地亞士,存新沙遜兩書箱送伍廷芳處

來信不列號三　二千槍内所少各件,定遠砲子在滬棧費,愛里克脱三船電費,堯〔高?〕士等兩款,請將書箱内水工、木工全書、穹甲艦合同分别送賜

來信第一百三十五號

敬啓者,初九日奉到威海薌翁手書及津沽次翁手書、文牘等件,備承格外關切,措置妥帖,感刻無既。

哈孫氏之事,已遵傅相電示商留半年,似未便再向德君牘請,只可徐圖,一面請飭學習人員趕緊傳習,以盡其道。其福監工似儘可多留數月也。

前月發運之魚雷三十八尾,已囑密臘致電上海,令由招商局由滬運津。其前有四尾,諒已到津。尚少十六尾,實因天時驟寒,不及演試,明春當督催趕試發運。

雷艇本須不用時拖上岸,置棚中,各國如此辦法。前日與伏耳鏗面商,亦謂接有哈孫之信,擬估一船槽云云。弟思應造奥、法式之小浮塢,只容一百五十尺之艇,此浮塢内不必置吸水機或置碼頭以吸之。又築略斜之碼頭,上有小鐵路通至棚中,其棚約可置二十艇。又造艇下托架十餘具,各有輪。照每種艇底之式,即不傷底矣。用時將浮塢傍碼頭,托起雷艇與碼頭相平,即可用人工拖上岸,或修理或進棚矣。此法最省便而堅固,其碼頭又可起卸他物,前日已購得書圖,令伏耳鏗估算。然恐洋人每不肯舍己從人,故須俟該廠估到,再以“另法”二字電覆尊處也。西國雖只求結實,不惜帑項,然實不肯耗無益之費,德國爲尤甚。將來大塢雖成,若以兼修雷艇,則吸水工多,必不合算,哈孫之説亦節省意也。

導海已驗收,今方領旗雇人,並裝起重架,預備開駛。

唯時值隆冬,保費須百分之八分半,直有一萬餘金之多,殊出意外,現又函詢英公司,未知能略減否也。挖河工章程不日可開到,鶴膝、鋼刀等俱已購齊矣。

琅副將不肯設雷筒,而今英〔德〕國船將概設雷筒,此即英、德人積不相能之故。弟前年所有呈請傅相,應以德員在德國所造之船教練也。此語實有無限深意,想傅相必洞鑒及之。魚雷、伏雷本係兩種,官兵專管專習,亦各國相同。前哈孫辭行時,弟已請海部面囑其兼教伏雷,又蒙海部飭溪耳防軍提督聽哈孫考校伏雷各事,以備到華兼教矣。又,前年曾令王德勝專習伏雷,預爲回華教人起見,今王德勝已養尊處優,恐不屑爲此矣。

威海、大凌灣、旅順等處,弟於十餘年前已遍得其圖,屢經游歷規度,因皆非盡善之地,是以光緒元年據實禀覆傅相矣。其盡善之地,北洋以膠州爲最,南洋以閩之柘洋堡及南關爲最,而議者必謂非京畿門户,無已則就威海、旅順等加工爲之。然若欲培成師船總匯,則不但費樁壩等工,且必於後山遍築砲臺,陸路開通運道,即竭百年之力爲之,亦終不成盡善之地。何也?後山易於棄虚,陸路易於截斷,且淺露易於環攻,褊仄難以薈萃周轉也。故此等處只可作暫泊師船以取煤水軍火、伺擊敵船之處,而終不可作總匯處也。然亦須築土、鐵等砲臺,以資防守。容少暇,將平昔鄙意及所採見聞縷細呈政,並乞轉呈傅相鈞誨也。

近日又印成《秘智戰》及《英阿戰》,合成一册,可於近年防海情形略見一斑,謹先寄上三册,乞轉呈傅相並留

覽。謹手肅，敬請
勛安，並賀春祺。

光緒九年十一月十三日發，十年正月十四日到。

另寄上書三本（未發下）。

來信附第一百三十五號

薌翁仁兄大人閣下：

再啓者，另示詢及習雷之賴姓，即閩廠習艦工七匠首中之黎晋賢也，其於魚雷一切手工俱已精熟，所造之件俱能合用。現札令帶同唐國安等四匠照料講解，實爲四匠所不可少之人。俟明春四匠言語略通，工作略熟，儘可令黎晋賢先回北洋。如請傅相來文，可但云調取精熟魚雷之匠回北洋差遣，不必指出姓名，弟即可遵令徑赴北洋矣。

四匠學習頗勤，但廠中規矩循序漸進，先令作尋常件，俟俱能合用，然後令作緊要件，俟亦能合用，然後聽回中國，能修造全雷矣。此法甚善。奈四匠以爲一蹴可幾，只須擇其秘法習之，即可回去矣，以此存心，遂將尋常件永不留心，以致永不合用，永不能授以緊要之件，非自取其咎耶？聞初入廠三四月，有一匠所造者向未合用，遂令造螺柄十枚，亦然，足見其不肯耐煩矣。該匠等應思雖不取該廠之工價，然所廢不合用之料亦該廠所吝惜，且該廠洋匠按件給價，苟四匠能造精件，該廠必樂於令造，以省工價矣。該廠主屢來懇切言之，且謂黎晋賢雖極尋常件必留心爲之，是以各匠首樂於指教,已各件做過云云。及弟轉告四匠,雖亦面從,而陰有不耐煩之意。乞嚴加訓斥之,否則在洋百年,亦難升堂入室也。專覆,敬請
勛安

光緒九年十一月十四日發,十年正月十四日到。

〈去信〉天字第九十二號函覆第一百三十三、〈一百三十〉四兩號信又一百三十五號來函

丹崖仁兄大人閣下:

去年十二月初七日肅布天字第九十一號一函,亮登記室。

接十二月十二日覆電,詢造藥精匠一節,其時因尚未奉到十月初九日來書,無從擬覆。嘉平十四日疊接一百三十三、三十四兩號惠函,備悉種切。本月十四日復接一百三十五號來函,又奉傅相發閲尊處十四日所寄電報,已將兩艇找價及艇塢兩事於十六日電覆,云"艇價匯一萬三千鎊,艇塢照辦趕訂",想早察核。議辦造藥精匠,接奉前信之後,已會商機器局,禀明傅相,因購器購訣需款在二十萬金左右,機器局斷不能抽此巨款,禀請傅相電知台端作爲罷論,想亦鑒及。

茀羅尼阿輪船承運之魚雷三十八尾並毛瑟槍三千桿及皮件等項,正月初十日接奉大咨,深喜即日可到,緩急有資。詎十一日上海地亞士行來電,云該船於香港將前件換裝禪臣洋行之鎮江輪船,行至厦門左近沉没,各件盡

付波臣。殊出意外。核對尊處購價,雖保險皆係足數,不難切實追賠,而遲誤要需,甚爲悵悵。當經稟明傅相,諭商台端趕緊向保險行追賠價值,依舊照數訂購趕運。更乞即賜察辦,禱切禱切。

帕克士帆船所裝塞們德土,來函以接傅相改運旅順之電,適該船已離漢布口,令船行寫就字據,屬寄威海轉交船主。此函昨日已准咨到,敝處譯出華文,查轉口、帶水各費已令雇主照付,而自威轉旅,至卸清貨物,仍照合同,以二十日爲止,逾日加費。可見洋人挾求無厭,出乎情理之外。設若該帆船自威轉旅行過十九日海程,則一日到旅,即責旅順將該帆船所裝之貨一日卸完乎?敝處已分函威、旅兩處,俟該帆船一到,趕令轉旅,趕爲卸載矣。兹將所譯洋文原函抄録送覽,譯其語意,情知理屈,故有"中國不付,向柏林使館索討"等語。尚希酌奪可否再與駁論,卸貨二十日之期須自到旅之日算起。

毛瑟槍五千並皮件之款,於去年九月二十由上海電匯一萬四千九十二鎊,其八千一百鎊一款係營口購十五生脱砲二尊並子彈二千二百顆之項,均先後咨明冰案。旅順購二十一生脱砲兩尊、十五生脱砲四尊及子彈九百顆,九月間由天津匯去一萬鎊,昨接滬關來咨,知彼處復匯四萬兩,是此項砲位之全價均已匯齊。亦經備咨冰案,望察核是幸。

《陸操新義》樣本已經收到,遵示將一份轉呈相閲,其餘四百本尚未寄到。魚雷内景圖説,仍乞令劉子香趕繪一份寄呈爲荷。

濟遠添購荷乞開士砲位，應匯之價已詳請傅相，飭由支應局電匯三千八百二十鎊，不日即當電匯矣。北洋此次購辦克鹿卜七生脱半過山砲一百二尊，又十五生脱田雞砲十尊並子彈等件，又士旦耶毛瑟槍五千桿，均令斯米德承辦。洋商經手，恐不能如尊處之精到，然克鹿卜及士旦耶兩廠皆台右所深信，尚望尊處時察之。公家之事，想閣下必無畛域之分也，拜托拜托。

學魚雷匠承示一切，已專知兩局，必當嚴斥。並將一百三十五號附函寄交威海。薌兄去冬在彼度歲，從事賢勞，弟等未免滋愧耳。專肅布覆，敬頌

勛綏，並賀春祺百益

愚弟 張○○ 劉○○ 制顧○○ 頓首

光緒十年正月十七日

計譯件一紙。

十八日由文報局遞，重六錢六分，内有張正才信二件。

泊格司夾板船主人呼色德德致該船主吉利原函

啓者，貴船主於西十一月十六日所發之信我已收悉，惟前在雇船合同内説明所運至中國之三合土在威海交卸，如今平格乃利先生與我存帶該合同，則三合土要在旅順口交卸，但是：一、該船在威海衛所有費用應歸雇船人所出；二、自威海至旅順口所有領洋者費用亦歸雇船之人所出；三、卸貨日期，自到威海日起，至在旅順口將貨卸完之日算止，由威海駛往

旅順在洋時日亦均在内。貴船主前在漢坡所購之海圖,第一千三百九十二號内中有旅順口之圖。所有以上費用,如中國不肯給付,請即寄信與我,好在柏林討算也。

西曆一千八百八十三年十二月初三日自外國寄

來信第一百三十六號覆第八十九號去信

敬啓者,本月二十三日接奉天字八十九號尊函,敬悉一切。謹依次覆之。

一、毛瑟五千槍及皮件,前月已發運三千槍、五千皮件,此外二千槍尚在查驗,十日後可以全數發訖矣。惟前次所有另批三千槍則未購皮件,今已遵與續訂趕造,以合成八千之數。

二、函砲、佩刀、却水衣盔各價,俟匯到再覆(上年十月初八日由支應局買匯函砲、佩刀兩項價九百五十鎊)。

三、導海今出瑞納門(咨威海、旅順),一俟保費議定,即可開駛。除裝載浮起重架之外,須多帶煤斤,萬不能附裝他物也。其輪機中生銑之件,擇其易壞難造者,擬與該廠商購木模,或商繪發廠之詳圖,俾回華後易於仿造,亦尚未定議也。

四、起重架各工及合攏雷艇各工(咨旅順、威海船塢),已飭在廠之匠首李祥光、陸昭愛熟習,隨導海回華,以資差遣矣。

五、塞門德土(咨旅順、威海)爲必需之物,但須妥覓合式之砂,照章配搭,以砌磚石。其磚石環洞之上,又以塞門德及砂、水、小石相合,約厚三尺,即所謂"駁塘"西名。也,此外只用尋常之土填築堅實,外加草皮而已。切勿聽工人狃於粵省墳工三合土及吴淞糯米漿之謬説,不久迸裂,徒耗無益之費。諒高明必已鑒及之,無煩饒舌也。今除儘裝帕克士一帆船外,又於裝兩艦軍火之阿導耳甫帆船上儘裝八百餘桶,徑送旅順。惟阿導耳甫於本月中旬在荷蘭海外擱淺墊漏,前已商明荷國海口提督,將綿藥、魚頭等不可受濕之物全已駁起,妥寄於該口砲臺之軍火棧矣。不日由保險公司派人往查,弟擬派員同往查驗,勿令保險公司矇混避賠。此事雖應由保險公司賠補,然延擱周折,在所不免也。

六、營口需十五生長砲兩尊、子一千已於前月照來文訂購,十月初九、二十九日咨明冰案,其價久已全付,仍請飭匯歸款(營口十五生脱砲兩尊、子一千,連所定十生脱五分砲四尊、車架四副、子一千二百顆價已於上年十月初八日匯寄八千一百鎊,並准一百三十四號來函内稱收到在案)。其十生半長砲四尊並子,遵於二十三日函令克鹿卜開送合同,未到。惟前年屢令兼造兩種砲架,曾被訕笑,未知此次肯兼造否也。前年十二生砲欲令兼備車、輪架,克鹿卜堅執不肯,遂令葛魯孫仿造兩架。其砲及子價,是否全付而扣後半價五釐之息,抑係只付一半,俟匯款到時酌定。

七、旅順砲臺所需二十一生長砲兩尊並子,又十五生長砲四尊、子九百,又山海關所需十五長砲兩尊並子三百,亦已於二十三日函令開送合同,未到。亦俟匯款到時，再定給付全價或半價(旅順二十一生脱砲兩尊、十五生脱砲四尊，共子彈九百顆，於上年九月二十四日由支應局電匯一萬鎊，並咨李大臣查照在案。寧海城所需十五生脱砲兩尊、子三百顆價，於本年正月初八日准江海關道咨，已買匯英銀四千三百一十鎊十九昔七本士)。

八、康濟所用八生七砲兩尊已於前月訂定付價，咨明冰案。兹於二十三日將寄示之墊木圖送去，諒能照辦也。以上謹覆來函。

九、本年十月初九函商將合國賽會之官物擇其精者，代傅相贈送於德海部士叨取，以省道遠運送，今已照辦，計送去景泰圓桌一對、八角花瓶一對、八角魚缸一對、三幅繡屏一堂、仿漢銅乳鐸一架，俱爲精品。其原價規銀九十五兩一錢五分，又英洋二百五十六元，另函呈傅相鑒核。此款應否在鐵艦項下作正開報(由所詳請咨覆)，抑在鐵艦息款開報，請轉請憲示飭遵。

十、來咨内開列十五生鋼子五十枚，照册每枚九十四馬(寧海城所購)，查係陸路所用之薄殼鋼子，非洞穿鐵甲之子，今擬改購每枚一百十三馬穿甲之子。

十一、今蒙克鹿卜慨助直東灾賑一千鎊，囑於匯到日代解傅相處撥濟，弟已請示於傅相，指款劃作收付，以免折閲矣(由所詳請於鐵艦購砲項下劃兑，添購荷乞開思砲)。特此附知。手肅，敬請

鈞安

光緒九年十一月二十七日發，十年正月二十六日到。

來信第一百三十七號

敬啓者,頃接上海關寄來營口砲款四萬兩,兑作一萬一百四十五鎊十六昔八邊,俟兑見德銀,咨覆冰案。

查此款係十月初七日咨明之十五生砲兩尊及十生半砲四尊並砲子之價。除十五生砲早經遵照來文訂定外,其十生半砲(此條應函續燕甫)據克鹿卜覆稱,向用大輪之馬架而不用下架,然欲置砲臺則以有下架者爲較便,因既發砲後自能趨前,且有軌道易於左右也。如用此等臺架,連砲及隨件一萬二千八百十五馬,加軌道、軍柱等一千八百十五馬,零件三百三十馬,每尊共須一萬四千八百六十馬,八個月交試。若欲另備車輪馬架,則砲身之外俱須另備,且須連子藥箱等件,不如另備一砲身,只七千餘馬較爲合算云云。今擬先與訂造臺架者四尊,如尊處必欲另備車輪,只可日後再定矣。

昨初五夕接電示(咨威海),云"北洋百尺雷艇驗收否?由何船運來?續定兩艇是否新式加大?望覆"等字。謹查九月間遵訂之兩艇,合同内載明正月杪送至漢埠口上船,運華合攏,此時尚不能知何船運華也。其續訂之兩大艇,尚未奉有明文,或因函牘在路有所遲誤,只能俟奉到後照辦矣。今導海議保不成,只能趕速酌改妥善,勻出起重架之小件另裝他船,而以導海儘裝煤斤,無須具保矣。

前雇專裝兩艦軍火及旅順塞門德土八百餘桶之阿導耳甫帆船在荷蘭海外擱漏,方在修艌。今將各軍火暫寄

荷蘭砲臺中,查得只有砲子被水浸濕,尚無妨礙,其餘軍火俱各完善,足慰廑注。因信車急欲開行,不及多贅。專肅,敬請

勛安

光緒九年十二月初七日午刻發,十年正月三十日到。

來信第一百三十八號

昨十二日奉薌翁威海十月初八日函示試雷各節,欽佩無既,不勝懽躍。收藏雷艇之塢,伏耳鏗欲修改妥善,歷經催取圖説、價目,尚未送到。承囑哈教習請添之器具,已照來單送交刷次考甫配購,俟有確數再行咨請匯價。燐銅氣腹,因看火、錘打、刨、剸〔車〕需器需工甚多,且常有垂成時查得不合用者,是以自鑄總不合算,似以配購氣腹、自添首尾最爲合算。前已購一氣腹,價亦不昂也。

賴尚忠即黎晋賢,工夫既好,人亦恬静勤敏,今令承值四匠,實不可少之人,亦不能暇,自習工夫,只能俟四匠熟悉後,徑將黎晋賢咨送天津也(以上應咨威海)。今四匠仍復屢犯廠規,前八月間龐玉順因匠目抛棄其所製之件,負氣走去,廠主不許再到,弟作函仍令收留。今楊秀龍又不從廠主輪習合攏之章,又被逐出。前月三匠俱自願習合攏,擠摧一室,致洋匠亦不能做工,續由廠主來商定輪派一匠往習合攏,俾可實做工夫,今唐國安已習合攏四十餘日矣,照章應與楊秀龍對换,而楊偏負氣不往,與黎晋賢爭鬧,遂被逐。如此迭生事端,須由弟屢次函致該

廠,乞情再收,恐殊失中國體面耳(此條應抄送東局)。

施立盟水雷書訛謬甚多,皆門外漢語。前徐氏子在此譯全與否,不得而知。聞尊處已飭學生分譯,如將所譯之稿飭抄交下核對,或可較易於全譯也。否則此間論水雷電氣較良之書亦可抽暇酌譯,似較勝於補譯施書也。

哈教習謂鐵艦應照德國新式置放雷筒,此間早已籌及之。因兩艦前段之左右筒久已裝竣,其後段已裝作卧房,是以不便更改。惟已照海部新法,於兩艦上各添一向後之尾雷筒,此亦最爲得力,乞便中轉告哈孫爲盼(以上應分致威海並東、南兩局)。

前次尊函囑换康濟砲架之輪底,兹接克鹿卜覆函並送來映相圖兩紙、細圖一紙,係前面有雙輪、後面有雙環而艙面嵌以平軌道。查得德國練船向用此法,最爲妥當。已令照辦,兹將函圖送請查核(原圖咨送水師)。

前訂造力拂廠之造荷砲子機器(應與南局商辦),據稱正二月間全可造竣發運。所有該項機器及續訂之群子器價各三分之二,並驗器、刀、鑿等全價,請於二月内匯寄到洋,以便應付,不勝禱盼。

弟近因腿足受濕太久,未暇醫治,五六日前忽然潰腫,疼痛異常,昨又勉强一晤外部,益復增劇。近日須送導海開輪,又須驗試鎮遠,不能不往,奈何奈何。力疾手泐,不及縷叙,餘容另覆。敬請
勛安。惟照不宣。

光緒九年十二月十三日發,十年正月三十日到。

附呈克鹿卜函譯件並原圖三紙。

昨又奉電示，云“造藥精匠速雇來，前詢去年定百尺艇收否?”等字，遵即電覆云“雇匠是否照十月初九日信?須購器具，不能速。百尺艇已附覆傅相”等字，諒已邀覽矣。

譯克鹿卜覆康濟練船砲架函

啓者，中國天津軍械總局寄來之照相砲架圖一紙，查此圖係舢板船上所用之砲架，非練船之砲架也。練船所用之砲架，前面應有輪，後面應有鐵滑環，並須船面嵌以平面軌道，免壞艙面。至於將軍柱下架高低尺寸，則與天津來信所説相同。津信又云砲架長不得過八尺六寸，砲耳中心不得高於艙面二尺六寸，今皆照辦。兹送上砲架旁面、正面圖一紙、照相圖二紙，希查收察核。

來信第一百三十九號

敬啓者，近來邀同伏耳鏗總辦連日商定雷艇之起槽，係用平起平落平移之法，爲近來最新最妥。兹將價目詳説並洋文圖説並呈冰案，請即寄交威海，趕速照圖填築地基爲要。並於今日電告云“艇槽另有妥法，價二萬兩”等字，諒蒙察照矣。唯四十艇之地位上面，應全蓋瓦楞鐵板作棚。此物可托上海洋行代購於英國，甚便也。目下尚無四十艇，似可將一半軌道存於棧房，而預留其地位爲是。統候高明裁奪。專肅，敬請

勛安

光緒九年十二月二十一日發,十年二月十二日到。

附呈華文摺一扣,洋文圖、説各一份。

雷艇槽價目

螺柱之高樁十六條,上有左右平梁,左右總桿,壓水力櫃,櫃下墊板等,共二萬二千八百馬。

艇下活臺及鋼索,軌道之鉸鏈,共七千二百馬。

横移之軌車,齒輪揺桿,鑄鋼之轆轤,共一萬四千馬。

車架並輪一全份,七千七百五十馬。

又二份,一萬五千五百馬。

上品鋼軌道三千二〈百〉三十六邁當,每邁四馬七十分,共一萬五千二百零九馬二十分。

墊鐵三千一百四十一邁當,每邁五馬八十分,共一萬八千二百十七馬八十分。

寬備雙軌道,七百十六邁當,共三千三百六十五馬二十分。

寬備墊鐵,同上,共四千一百五十二馬八十分。

以上共重三百噸,約估運、保至上海共一萬八千馬。

總共十二萬六千一百九十五馬(約核二萬四千餘兩)。

伏耳鏗西正十五日函並圖説。

今開德國購備雷艇槽之鐵件。查哈教習開來之式有數件不妥，本廠不能保其合用。因雷艇横置扯起，左右扯力有偏輕偏重，易於扭傷艇體，當其未出水時不能查察。且用兩盤車以人力盤絞，亦屬不妥，恐有一邊偏重，夾緊於軌道不能伸縮也。既扯起到平地後，欲用人工推移其艇，亦難免有一面偏重夾緊之弊。所以應直置其艇，循直綫扯之；而並不宜用彎曲之軌道，則因地方不敷，太彎曲處不能穩當也。

今本廠擬造直扯横移之法，而不用斜坡曲軌，並添寬備之軌道，以便移開外面他艇，取出内面之艇也。此寬備軌道之上應搭鐵棚，另用行輪之起重架，以修理艇中汽鍋等件。今另附價目並略圖，圖中預備雷艇之數或增或減，請再酌定。此法不用斜坡，而用壓水力之機以起卸之；倘用斜坡必須加長，則水工必多，且斜坡與平地相接處必有扭傷艇體之虞。又，方在斜坡横扯時，艇中各件之重必偏於一面，其脅與殼均極輕薄，殊易損壞，欲時時用螺絲升降以取其平，更爲不易，費時費工，亦復不少。

今開呈之圖，所用軌道較多於哈教習所用之數，圖中軌道係八雙行，可安置四十艇，其旁另有寬備之兩行，以備移動及修理之用，共軌道並墊鐵各長三千九百五十二邁當。若用中國開來之圖安置四十艇，則只用二千八百六十邁當。今用墊鐵而不用木横梁者，係歐洲近來最新最精之式，因雷艇係精巧之器，恐木質䴔〔糟〕爛攲側，易於傷損艇體也。倘該處木料不貴，則可不用墊鐵而仍用木梁，計省鐵件二萬二千馬，但木梁須常常修換之。

其本廠所開之迴異於中國所開者，係用壓水力起落以代斜坡之用，有承艇之車架，須格外堅固，方於扯高至地平時不致扭傷艇身也。凡有運動皆係平力，常令其艇平穩，與水中無異，故斜坡一切弊病俱可免之。其扯起之總桿下有齒，雖或壓水力機忽然損壞，亦不至將雷艇忽然墮落。其法用兩行鐵螺柱之樁，其左右又有相輔之鐵螺柱斜樁以扶直之；樁之上端有平鐵梁兩行，上有鋼絲索之轆轤，兩梁之間有起落之活臺；臺上有二直梁、六横梁，俱有斜條聯之，兩直梁上有軌道，各横梁之兩端各有鋼絲索相連，上通於總桿；總桿與壓水力之桿相接，左右相同；其鋼索在總桿處有螺絲可以鬆緊，不令有一處偏緊之弊。及其放艙〔艇〕下水時，亦以壓水力漸漸洩水放下之。

凡欲扯起一艇，則以車架置於兩平梁間之活臺上，放入水中，然後將艇駛入兩樁間，艇首向内。察其穩貼安置於車架，須令艇之記號與樁之記號相合，庶車架之鞍恰合於艇之脅骨，而不致傷損艇殼矣。然後用壓水力機將活臺、車架並艇一齊扯升至左右平梁，相平而止，但須左右壓水力遲速相同，不令艇身欹側，是爲最要。又須頻察各鋼索是否受力相同，如有一索較鬆，須以螺絲消息之，既消息至恰好，大約兩三月内可無偏鬆之弊。活臺之軌道既與地平軌道相平，有絞鏈以接連之，用人工扯至横移之軌車，欲將艇送入第幾軌道，俱無不可。

凡欲送一艇下水，則將艇連車架推入活臺，以壓水力放下，此時亦須左右遲速相同，不至欹側。凡在潮水最低時，將一艇由水中起至平地軌道處，則用十人或十二人壓水，則需半點鐘之久；若用汽機壓水，則更速矣。又，凡潮水最低時，將一艇由平地軌道處送入水中，則用兩人司洩水螺門，最遲最慎亦不過十分時之久。

本廠所籌備之車架，可於雷艇既拖進應停之處，另用墊鞍，而將車架抽出，再供他艇之用，故三四車架已可供四十艇之用，但每艇須有一相配之墊鞍。而查中國開來之圖，則每艇須有一車架，所費甚多矣。附圖兩幅。

〈去信〉天字第九十三號覆第一百三十六、〈一百三十〉七、〈一百三十〉八三號來信

丹崖仁兄大人閣下：

正月十七日肅布第九十二號蕪函，計日當邀台鑒。

三十日疊奉一百三十六號至三十八號來書，並定購克鹿卜八生脱半康濟所用之砲映相圖兩紙、細圖一紙，當抄函知會雨亭軍門。查照滬關所匯四萬兩並非營口砲價，先已咨呈冰案。營口砲除匯過八千一百鎊外，頃又准咨詳請飭匯八萬七千七百二馬五十五分，到時乞賜查收。其十生脱半砲四尊，尊處已先定臺架，應否定配車輪架，

且容與燕甫觀察商定,再行函告左右飭辦。

北洋請定雷艇,前由批那士船運到兩艘外,查尊處第七十九號函内定訂定遠艦上次等雷艇兩艘,又敝處於上年十二月二十八日奉傅相檄知,准尊處來咨,又訂造百尺大雷艇兩艘,其造法一如鎮遠上兩大艇之式。是定遠兩艘,又如鎮遠上艇式兩艘,計有六艘矣。而敝處奉到所寄合同,先後只有四艘。昨奉傅相面諭,台端錦旋期近,此時姑無論六艘四艘,但望轉知該廠,如以後北洋有與該廠訂購雷艇,均須照執事在洋辦法一律辦理,即克鹿卜廠砲價所讓五釐亦然也。

阿導耳甫在荷蘭海外擱淺,又多一番轉折。北洋待魚雷甚殷,而一再失事,甚爲悵悵。此時計之,尚有十八尾未運。但不知弗羅尼阿所運魚雷已向保險公司議定否?前發電報,想早鑒及,只以未奉覆電,頗爲惦念。若保險業已照數追賠,則請執事重向該廠趕爲訂造運津,前已咨呈冰案矣。若保險行家將雷撈起,既不可任其抵數,更須防賣與外人,望酌奪是幸。

更有請者,敝處於同治十三年經派利洋行在克鹿卜廠購買之八生脱陸路砲八十尊,操用甚爲得力,惟此種砲位臨陣時專以子母彈爲主,當時僅配購子母彈萬枚,鍍鉛老式。津地兩局尚未能仿造,設遇戰事,此種子母彈深恐不給,但該廠現在均改用銅箍新式,未識此種鍍鉛老式者外洋有積存者否,敝處擬再購買二萬枚。昨禀奉相諭,請執事一爲探問,如果合前購八十砲口徑之老式子母彈外洋尚有存者,望電示爲叩。

送士叨取景泰瓶、桌之款，已稟由鐵艦利款内撥付。克鹿卜等廠助賑之款，亦遵示詳請飭行支應局劃撥，以免折閱，隨後即備咨查照。荷乞砲子機器價業經詳匯，想已收到矣。毛瑟槍、皮件三千份昨已運到驗收。知注附陳。專肅，敬請

台安

張○○
愚弟 劉○○頓首
制顧○○

光緒十年二月十三日

文報處寄柏林，重三錢八分。

來信第一百四十號覆第九十號去函

本月二十四日奉天字九十號尊函，敬悉一切。

鐵甲各艦以煤爲命，愈多煤愈可恃，是以不但不能裝所購之砲，且本艦之子藥等亦須另船裝運，以讓裝煤地步也。贈德前海部之物，前因尊函示及未定如何運寄，是以已將會中官物作價贈去。今又蒙寄到二箱，日後作何用處，請稟商傅相示遵。

其七年冬季以後應報各件，春間已釐清，因有不能截數及由滬運津之費名目舛錯處，又被支應員將洋單錯亂，及前月方能截清發繕，今始覆核咨送。遲誤之咎，只可弟自任之。此外唯雷棧、雷塢各賬尚在清釐，且有補購者未能截清。此項咨報後，再將艦款清報，可静候瓜代矣。惟今所送册内，有洋員薪水及畫圖等費，應否併另案咨報之

各項一氣攤派，仍候尊裁。其印出之書積存已多，擬送貴局，或可變價歸款，亦聽尊裁。此後各件由滬運津之費，應請貴局隨時給付，以省稽遲周折，以免洋商藉口，且此間於某貨發運後即可造報，則款目亦易於剔清也。諒高明亦以爲然。

此間代各省採料周轉甚多，益形才短。惟有尊處委辦各件，猶幸歷蒙體恤，且有艦款可挪，不至掣肘。此外如船政料件，計值三萬餘鎊，原限九、十月間運齊，應墊至一萬餘鎊，貨亦大半到閩，及月前匯到一萬鎊，尚係四個月票，今一月内又須付一萬鎊，實已無可挪墊，昨又發電催取，未知何日匯到也。只可爲知己偶述及之。

導海明日開駛，搭回之匠首兩名，李祥光、陸昭愛，能合攏浮重架及雷艇等件。大約導海於三月下旬可到威海，須請預期飭造駁泥船十五六隻，須有船底啓閉之門，每隻可裝泥三十至五十立方邁當，前後應留空艙以取浮力。此船最爲緊要，苟無此船，則每挖滿本船即須自行駛出卸泥，再回原處又須摸索原挖之處，費工費時費煤，太不合算矣。

哈孫請添之件，今已估定，共五萬馬，已先付三之一，正月間可以發運。又，山海關等處歷購三十五口徑之砲，萬不可配仿造之舊藥，似應購此砲之藥，亦乞轉請傅相示遵爲盼。因此等精藥只有杜屯好甫能造，又須帆船運送，恐訂購後須一年外方能到津也。專此，敬請

勛安

光緒九年十二月廿七日發，十年二月十八日到。

來信第一百四十一號

前蒙函囑，向杜屯好甫訂雇製造新式精藥之匠首來華仿造，遵已取有該廠主覆函，於十月初九日送呈台覽。惟其覆函内但云先購槍、砲藥若干萬馬而未及價值，及面詢之，則云棕色餅藥每百啓羅三百十四馬，新式槍藥每百啓羅二百六十馬。其砲藥裝以堅固馬口鐵裹之箱，其槍藥裝入堅固之鼓桶，俱係海口交貨之價。該廠主又屢稱欲製新藥須全新换器，及屢向催取，至臘月二十八日始開到，兹即譯送台覽，並原圖一紙。該廠主不肯在圖中明注一字，其秘密誠爲可笑。總之，無論中國辦與不辦，請將原圖收藏慎密爲是。

其機器之價九十二萬馬，又培地造屋五六十萬馬，誠爲昂貴非常。然今英、俄、意、奥、比、丹等國俱向該廠訂貨，即克鹿卜之三十五口徑長砲苟不用此種綜〔棕〕色餅藥，必致損傷砲體，所以近年德國之槍、砲藥亦全在該廠定購，其官局自造者不及十之一二，無怪其如此之居奇也。今各國槍砲日精，固不可人取其精、我取其粗，然有精槍砲而無精藥，則精器亦漸成爲廢器。三年前俄國欲令該廠分設於俄都，迄未議成。英國亦議令分設未成，惟已訂合同，每年代造藥八十萬磅，以换去英國自造之藥。請合觀十月初九日送呈之函，應否議定匠目、購買機器，即稟商傅相裁定示遵爲盼。

導海本擬臘月廿七日開駛，因聞暴風將至，暫令守候,果於廿九日忽起大風,北海中破壞之船不可勝數,是以導海至今晨方始開輪。知念附及之。

歲杪又驗收發運新訂之皮帶、盒三千份,計二萬二千五百四十二馬。又毛瑟槍二千計九萬馬,五千槍上之鈎、簧等四千二百八十馬。因該船行方查理失風之船,未將提單送來,俟送到,當即備文咨報冰案。計去年所訂毛瑟槍及皮件、鈎、簧各八千份,全已運訖,乞先約算補匯,以清墊款,是所盼禱。手肅,敬請

勛安

光緒十年正月初五日發,三月初六日到。

附呈杜屯好甫函譯件並原圖一幅(函、圖均送機器局)。

來信第一百四十二號覆第九十一號去函

敬覆者,本月初八日在奥國歲會接讀九十一號尊函,敬譾歲祉增綏,一符私頌。

前向杜屯好甫議延造新式藥之監工,因傳授秘法索價甚奢,曾譯其來函,函請稟商酌奪,仍須候示遵辦也。雷艇除前年運津之兩小艇外,又於定遠配二小艇,已於去年五月間驗收,裝入定遠。又,鎮遠上配以兩大兩小艇,於去年杪造竣,今方訂期驗試。此六艘俱經函呈傳相飭遵訂定,其款俱於艦款下墊付,尚未備牘請匯也。照六艇俱久經合攏,只能由兩艦裝載回華,因既不能再拆,且無他船能載也。此外又購兩大艇,拆開赴華合攏者,已於前月發運開輪,其價已匯到五千鎊、一萬三千鎊矣。其穹艦

上因不便裝載魚雷艇，是以未配。

其魚雷二十尾外，又發運三十八尾，奈因香港换船後沉失，今已墊付定銀，照數補購，但須明年春後方能驗收。此外又由阿杜爾甫帆船發運四尾，係兩艦上所用。又不日可發運兩尾，係該廠商借携往義國演試，今已帶回德國，爲該廠最精最準之雷。又本年三月可驗收十六尾，則北洋之八十尾已全矣。此外有粤省所購二十尾，早已運去。又有金陵所購二十尾，本係洋商福克經訂，並無棉藥頭及施放各器，只須在木牌〔排〕上放出便是了事。今因德海部不准該廠造此低貨，今弟告明左帥，蒙左帥飭由使館於三月間照章驗收，故該廠亦加精趕造。然不購棉藥頭及放器，日後解往金陵，仍不過放出了事而已。

其沉失之毛瑟槍三千、皮件二千，亦已墊付補購，尚未發運。應補箱内所虧之槍及刃，亦已飭令槍廠照補，容俟彙裝發運。其各軍械之應送津局、應送威局，此間不能擅定，只能運至上海候示。惟於保費則已注明天津或威海矣，請先期飭知上海地亞士，聞已改名。俟何器到滬送何處，當不致歧誤也。

導海已於本月十一日離英國南海口，月内當可進地中海矣。弟於九、十月間因在和國料理會務，是以久未肅函，致勞傅相懸繫，愧悚奚如。冬間各函諒不致浮沉也。

承詢粤東所購之件，有兩大雷艇(久裝入定遠)，又魚雷二十尾並却水衣盔、橋廠器具等，又過山砲十八尊，廿四生、廿一生克鹿卜新砲七尊，又廿一生、十五生兵部轉售之克鹿卜砲二十尊，毛瑟槍並皮件千桿、槍子五十萬，今惟毛瑟槍及子未發運耳。

本月十七日聞北寧已陷,華兵早潰,所失軍械無算,法夷已進逼太原、諒山。時局如此,但有望空隕涕而已。弟於前月杪赴奥國歳會,順道往奥國南海詳閲其水師總埠。其石船塢每座計費二百萬金,七年而成一座,其船池之石塘皆極堅實,砲械、魚雷等各有練船兩艘,朝夕練習,如臨大敵。奥爲次等水師之國,猶能如此,況幅員極廣、海疆極寬之中國乎?惟覆定報銷章程之大部未經周咨博訪耳。

前夕回柏林,諸務坌積,容再續述。敬叩

勛安

光緒十年二月二十三日發,四月初九日到。

李大臣第一百四十三號來函覆第九十二號去信

敬啓者,十八日奉九十二號尊函,敬悉種切。

欲造精藥,則購器購訣需款二十萬金,目下横議日多,辦事者只能屏息袖手,自應罷論。然近來新式槍砲萬不能用十年前舊式之洋藥。況中國仿造之洋藥,又未詳試其漲力、速率,若用於新式砲中,或恐暗受損傷,久之而利器盡成廢器,則所失者或不止二十萬金。今英、俄、義、奥、班、葡等國早鑒及此,已各開新廠仿造精藥;大約考其試得之數,猶略遜於杜屯好甫,所以各國仍向該廠訂造者居多。下至沐猴而冠之日本,亦已於三年前另造精藥,今又羅掘款項,籌造椶色餅藥。可見精藥之不可稍緩矣。

今濟遠將次告竣，俱係新式長砲。且寧海、旅順、山海關、營口等處俱添三十五口徑新式長砲，而未奉示及所用砲藥或購或造（候濟遠到，調棕色藥餅送東局分化仿造）。前者克鹿卜屢次諄囑，萬萬不可用舊式餅藥，因造此種砲時係只配新式藥之漲力，苟誤用舊藥，即恐傷損。如欲減輕舊藥，而藥膛太空，驟受大漲力，亦屬可虞。據云已托斯米德面禀傅相，未知曾禀過否？愚見以爲，此種新砲藥，倘此時未購未造，則莫如不令開火，以待有新式藥時開火，似爲最妥。愚妄之見，尚乞高明禀商裁奪。

近聞長江水師托德國定造最賤之藥十二萬磅，包運至上海，每百磅共三十八馬，旬日間可以發運。而此間兵部向購於民廠者，每百磅廠價已七十餘馬，況自德至滬之水陸運、保又甚貴。今長江購此最賤之藥，未知何所用之。

弗羅尼阿沉失之各件已補購，陸續發運，惟魚雷三十八尾，總須明年夏季驗收耳。帕克士船到威二十日駁清之限，曾與船行駁論，奈彼中有雇船章程，定不肯於合同外通融。若與涉訟，又多不便。然船行本係狡獪牙商，而船主或是誠實鄉民，如能於到威二十日内在旅順趕速駁清，固可省費唇舌；萬一實趕不及，則由旅順工次面商船主，免出過限守費，似猶較易於此間與船行理論。諒高明洞鑒事理（即函旅順商辦），不以爲弟之推諉也。

魚雷内景圖説久已抄完，而圖上注字尚有不符處，須俟該廠綜辦喀士老甫士基回時詢明，改正後即可發運也。濟遠添荷砲之款未見匯到（已匯去），想係票匯而非電匯矣。

承示砲槍及子彈已托斯米德承辦，囑弟隨時察之，公家事無分畛域等諭，三復斯言，彌深感佩。弟交卸在即，苟能有洋商承辦一律精到，正慰下懷。惟弟年來所力矯積弊、務收實用者，只有每件照官章驗收之一法。如毛瑟槍一項，特來式、土旦耶均有布國剔存之槍，其口徑有大至十一密里又十之五六者，其價可格外便宜。五年前曾有廠商以十一密里十之四爲限求售，只須每桿二十餘馬，當時令王德勝詢其師，據云大至十一密里二者萬不可收。此皆王德勝所深知也。是以弟處歷來代購者，俱藉兵部驗槍匠赴廠詳驗。凡有關係處，應悉照布國部章，其口徑以十一密里十之一爲最大之限，又每槍試放三次中的者若三次俱偏一面，必筒孔等有弊；若與照星不符者，應改正照星。（取準遜於哈乞開司，弊即在此）方收之。惟外面無關係處，略不飾觀，亦可收受，此則較兵部定章略爲通融耳。全不通融者，應照德國官價六十餘馬。今斯米德承辦之五千，既承諄囑隨時察看、無分畛域，自不當稍存膜視，遵已函詢斯米德之夥布邁士岱，是否令驗匠驗收、口徑以十一密里十之一爲限。倘該處稱不能照驗，則請俟該槍到津後，飭匠照章驗試。其驗槍之器具，前年已購全，送存貴局。其驗槍法，可詢王德勝，應知之。

今鎮遠已驗收，方與辯論過期之罰，並已委劉步蟾等驗試鎮遠之大小雷艇四艘。前已請示於綜〔總〕理衙門，應否三艦用龍旗，於秋間同駛回華。倘欲將鎮遠在此稽候，則大小四艇及定遠之兩小艇無他船可載，均不便早回

矣。專覆,敬請
勛安。不一。

光緒十年三月二十二日自柏林發,五月初七日到抄。

來信第一百四十四號

敬啓者,前函諒已登覽。

前日接斯米德之夥布邁斯岱來函"天津所購之毛瑟槍五千並無查驗字樣,不必貴使派人相助"等語,弟念前與各廠論定統須驗收,頗費周折,今若仍復濫收,恐日後添購難與再論。此次斯米德如肯聽貴局查驗,則仍請照前函,將貴局購存之驗器一一試驗,以較可靠。弟非越俎饒舌,深因知驗與不驗,大有徑廷,素荷不棄,不敢緘嘿自外耳。

前奉到傅相謝克鹿卜等助賑各函,尚少刷次考甫及葛魯孫兩封,乞即稟明補繕寄下爲盼。

今德海部有新定之驗棉藥章程,頗爲秘密,頃已抄得,擬今夕登車,明午到廠,將威海及閩、粵所購之棉藥逐一親驗。因近來各國於槍、砲藥及棉藥日益求精,不得不慎,非弟之好勞也。近又譯成《整頓水師説》《海戰用砲説》各一本,送請傅相鈞閲後,即飭抄數份,發交水師人員備覽。因再須削改一遍,未能付印也。肅此,即頌
勛安

光緒十年四月初一日發,五月十五日到。

函外譯稿兩本(已發到)。

來信第一百四十五號覆第九十三號去函

敬啓者,本月初四在柏林奉九十三號尊函,敬悉一切。

康濟之砲不日可驗收。其葛魯孫之砲子二千已令劉步蟾驗收,月初可以發運。飭匯之款,諒可不日匯到矣。其雷艇,除赴華合攏之兩艇外,尚有定遠上兩艇、鎮遠上大小四艇。其鎮遠上四艇現方驗收,下月可隨鎮遠回華也。此後或令但造輪機,或另廠配鋼板運華自造,只須添不甚重大之剪、軋等器及鍍白鉛之爐,已綽乎有餘矣。所沉失之三十八魚雷,若徑托保險行留意,必致居寄。弟已密托商人,倘能撈出拍賣,定可購得,略經修理,尚可濟用也。

承詢克鹿卜八生脱之鉛殼子母彈二萬枚,因克鹿卜既换新式,不但舊式並無留存,即製舊式彈之器亦已蕩然無存,決不能再造。惟布國兵部舊有此種子母彈不少,曾與商明,如果實在需用,可向議購。弟因繹尊函之意不甚急切,且恐電字不能明晰,是以未用電報奉覆冰案。將來弟既東渡,如須購此砲彈,仍可函令密臘往購,因兵部本欲於既説定後,借一商人出名也。

津字甲號公函敬悉。查四匠近頗用心,内有三匠隨黎晋賢在溪耳習修理、演放,張匠習煉銅已畢,現隨廠主閲看錘、烘等法,亦頗勸慎。

弟方幸簡放替人,得以回華領教,無如兼署法篆,又

多一番奔波，大約秋初可抵津沽，暢聆雅教矣。專泐，敬叩

勛安

光緒十年四月廿六日巴黎發，五月廿三日到。

來信第一百四十六號

敬啓者，去年所購運華合攏之兩艇各料及添設尾臺之荷乞開士砲等，諒已陸續檢收，督飭合攏矣。近查該雷艇之尾臺係近來德國新制，今新訂五十艇俱有尾臺。恐區士泰裝配時不甚熟悉，今令該廠補來裝配之二圖呈台鑒，請飭工照辦。

近日定遠、鎮遠兩艦俱商借現任船主管駕，不日可開駛。唯濟遠之船主未定，只能三四日間先赴巴黎矣。知念附及。敬請

勛安

光緒十年閏月四日柏林發，六月廿日到。

附送收藏棉藥章程，又圖兩幅（圖送船塢）。

收藏濕棉藥章程光緒十年西六月十三瓦爾士和之伏耳甫廠擬定，今德國海部現用章程亦大約相同。

凡收藏濕棉藥之棧房應在地面以上，乾潔而通風，用輕薄之磚壁或木板爲之。其屋頂用瓦或不漏水之紙皮，應用白漆敷之，如用黑色則夏日更熱也。其棧房應有玻璃窗及門，可以透光透氣，而人亦易於

出入。其棉藥在堅固之木箱中,内面用黑油西名潑希。敷之,其箱可以堆積,各堆之間留路以便來往。

其棉藥本是一百份中有水二十五份至三十份,然二三年後必漸乾。其乾之多寡,應拆開數箱,各取出數塊以衡之。凡伏雷中所用,全乾之一塊計重二百三十格倫,其百份中有水二十五份者計重二百八十格倫。如衡約重二百五十格倫者,其中水氣尚足,不致誤焚;如不及二百五十格倫,應照章加水,然亦非不加水即有危險,不過照章必須加水,以取穩當。其加水之法,以水浸滿箱中一點鐘之久,乃取出棉藥而去其箱中之水,又收棉藥裝入箱而封閉之。

倘棉藥外結有紅銹或發霉,雖與轟力無礙,而不飾觀,且皮面漸鬆,必潮碎。故本廠有善法,可令不震碎,且不發霉。大約濕棉藥五萬啓羅藏於一棧房,亦不嫌其多。

收藏乾棉藥章程

凡乾棉藥用處不多,可藏於不透空氣之銲管内。每伏雷須用乾棉藥三塊,今本廠發往中國者,自一號至八十號,每箱有乾棉藥三塊,外敷帕拉芬油以免受濕。其餘再欲添用,只須收送去之濕棉藥,烘乾用之。既烘乾後,置於洋鐵桶中銲固,不令透風。

其乾棉藥與濕棉藥可同在一棧房中,而須以小堆積之,不可作大堆。如此收藏,則不論濕、乾棉藥皆不致危險,因濕者不易燃而乾者封銲完固也。如積一堆不過於五百啓羅者，即失火亦不轟裂，惟銅帽引火及電氣引火切不可藏於棉藥棧房中。

來信第一百四十七號

敬啓者，數月來法夷尋釁，徒費唇舌，卒至決裂。雖由天驕難制，亦行人之奉職無狀，能無抱疚？以是心緒惡劣，致疏修候，諒蒙鑒諒。辰維賢勞日懋，動定時宜，引領卓望，慰如下頌。

頃漢埠口金星公司人來，持旅順工程局收土憑單找領運土價二百五十九鎊十昔，又欲領旅順口被駁碰壞、守候修理等費九十鎊，據云當時有華官面允，函令柏林使館照數給付云云。苞因未奉明文，且與駁船相碰時安見非帕克士自取之咎，豈能含糊賠補，而船夥嘵嘵致辯，謂船主既在公司立誓，必無虛假，理應照給。弟允以速即函詢明確是否應付，須俟貴局電報爲憑，敬懇迅賜確查電覆爲盼。如爲應給，則請發“帕照付”三字，否則請發“勿付帕”三字，奉到即可遵辦矣。其所請九十鎊者，係等候修理六日應貼六十鎊，補鐵板一片廿五鎊，保險司查驗費五鎊也。匆肅奉布，即請

勛安

光緒十年八月十四日發，十月初一日到。

〈來信〉不列號一

敬覆者，頃奉公函垂詢，代購官弁佩刀款三千四百四十九馬八十八分及高士款四千五百零六馬四十七分，應否匯交地亞士，抑撥交支應局等，因遵查該兩項俱由敝處在洋墊付，已與地亞士無涉。近日正將各款澈底覆核，彙敘總册，以定實須補領若干。仍請貴局將該兩項暫行存儲，俟備送總册，再定如何劃算。惟據地亞士催詢，有李寶在津托購之物十二箱運津費三十一鎊九昔十一本，久已送呈清賬，緣此款非敝處經手，應請貴局查明何處應發，徑與地亞士結算爲盼。其餘雷艇件等之運費，本由敝處經理者，俱已墊給，以俟彙算矣。肅此奉覆，敬請

勛安

光緒十一年六月廿六日到。

附不列號一

再啓者，日前於次翁前呈明，有在洋石印之官書及洋文書等件七箱，今天氣已晴，可以搬運。其中第四、第五、第六、第七、第十四計五箱，在後河之寶成棧房；又第八、第十三兩箱在新沙遜賬房，問陸雲山兄提取，抑令陸雲山雇人送上，統候裁酌。其餘尚有洋文書圖，俟檢清再行奉繳。附泐，再請

勛安

附書目一摺。

〈來信〉不列號二

近因清釐賬目，未及趨聆雅教爲歉。想賢勞懋著，興居佳勝如祝。

昨夕接地亞士賬房來函，催詢"利運船何日赴香港？望電知"等情，今將原函呈請鑒核，並乞酌賜電覆該行爲懇。書箱曾否取到？其新沙遜兩箱已寄在伍廷芳處矣。手肅，敬請

勛祺

光緒十一年七月初一日到。

〈來信〉不列號三

久未晤教，念甚。近維賢勞卓著，興居佳勝爲慰。

弟近日將積壓之件部署清楚，擬於數日内入都。惟各册只能趕抄一份，奉中堂諭令，送由支應局轉呈備案，竟不能另清一份並咨貴局。因限於時日太促，繕寫乏人，深爲抱歉。今泥濘不克趨候領教，謹以應商之事條列如左。

一、正月十四日大咨，詢及二千槍内少二桿，五千皮件内少八盒、七帶、一釦、二罩、一鞘，已於五月間奉到大咨時函詢柏林之密臘，俟有覆函再行奉覆。

一、定遠砲子在滬棧費，西三月起一季計五百五十四馬，已於五月間由弟函付於密臘，併入彙報册内，列作付款造報矣。倘地亞士賬房誤請尊處重復給付，則乞向地亞士算回銷賬，以免重復。

一、日前地亞士又送來愛里克脱等三船事之電報等費,一份四十鎊十八昔四本,一份十一鎊十昔四本,一份三鎊十二昔七本。今將原來華單一、洋收單三呈乞尊處徑向地亞士清算,因弟處已截數造報,不便代付也。

一、前承詢及堯〔高?〕士等兩款,今均須解還支應局收賬,請尊處就近撥解爲懇。

一、前有第四、五、六、七、八、十三、十四書箱七隻,曾否查收?其中第七號箱内有《水工全書》三本,乞檢交敝處,以便繳呈傅相檢收。

一、第七號箱内木工書並圖大小共六本,係年前王小雲兄托購之件,乞轉交海光寺局查收爲懇。

一、第八號箱内有穹甲艦合同,無論已未裝訂,乞見賜一部備查。

專此手泐,敬請

勛安

光緒十一年七月廿四日到。

附呈洋單三紙、華單一紙。

附録一　使德日記

光緒四年十月初二日　晚,偕郭筠帥由英國蘇格蘭回倫敦。

承准總理衙門咨開:"七月二十七日奉上諭:候選道李鳳苞著賞加二品頂戴,充署理出使德國欽差大臣。欽此。"並接奉王大臣德字二十三號函。竊念資淺才疏,自前年奉李爵相奉派監督生徒來洋學習,雖與洋監督日意格和衷商榷,將在英、在法生徒照章安插官船、官學,而勉供奔走,兩載於兹,未報涓埃,方深兢惕。今蒙恩晋頭銜,試以重任,撫衷循省,深懼勿勝。惟有實力實心,宣布邦交之誼;矢勤知慎,勉圖應接之方,以期仰副國恩,勉酬知遇。

初三日　與郭筠帥談。囑云:今可部署一切,趕速赴德,舊員酌量留用,調人應加夾片。並以黄綾夾板、奏本紙等件相贈。

初四日　與郭筠帥商定,咨調兼辦英法繙譯之羅豐禄、陳季同隨同赴德。筠帥謂羅則静默可以討論學問,陳則活潑可以泛應世務,再能歷練官常、中外貫通,可勝大任矣。

是日,接地亞士行密臘信,云委辦天津槍子料件内油漆、紙、蠟等項已由斯飛力尼船運往上海,其銅片等於二十日内俱可運竣。又,定造水雷艇之雷贏廠,鐵脅已全,請往驗看。

午刻，與羅豐禄訂同干南街柏教習之兄伯次。到彎斯瓦士車場上車，過窩得禄德，又换車。是處鐵道紛歧，多如蛛絲，爲往來衝道。柏次曾到兩次，尚有迷途之慮。既下車，芳草平蕪，大河前横，即倫敦達眉江之上游也。渡彎斯瓦士橋，沿岸左折百步，到留贏廠，主人迎。

廠僅數畝，木栅圍之，前臨江干。板屋四間，爲繪畫書算之處。工匠不過三十人。汽機唯八匹馬力者一具，下具四輪，可以曳走，計值英錢二百五十鎊。沿江灌叢中支搭鐵棚，高架小艇五艘，旁置鑽、刨等機數事。其江干繫有長五十尺之小鐵艇，加風扇以助火力，鎗〔艙〕面不全用鐵，未裝水雷機架，蓋可懸諸大船，以備巡探，而非專爲水雷設也。

棚中五艇，一長九十尺，寬十尺半，值五千鎊，亦英海部所定造也。一即天津所定造，脅骨已全，而僅布鐵殼兩片，脅骨相離爲十九英尺半，龍骨、脅及外殼全不鍍鋅。詰之，則檢出柏教習原信，本未指定鍍鋅。主人云，如須加鍍，加費百鎊、展限兩旬而已。原約内但須加漆，且廠中無鍍鋅爐灶，脅骨已合，亦難再卸矣。遂交付第二批價。其餘三艘皆暹羅國〈商〉家定造之游舫，配合既全，將復折〔拆〕卸，運寄暹國門合；大者長六十三尺、寬八尺三寸，小者長三十七尺、寬六尺六寸，價不過五百鎊，每點鐘可行十二英國旱里。蓋留贏習船藝，無餘貲，年才二十餘，交游亦未廣，因僦片土集一近支棚，以冀招攬日廣、局面日宏而已。

初五日　洋監督日意格及文案陳季同、高氏耶自法國來，商議肄業生徒及支發經費。又商定季同隨同赴德，仍兼辦肄業文案、繙譯事件；如洋監督有倉卒須譯之件，可就近令馬建忠代辦，並將洋監督肄業文案雜費，每月以四百佛郎津貼建忠。

是日，黎參贊庶昌暨使署各員設餞。又偕郭筠帥謁駐英德使閔士達。筠帥告以李某將接劉任，閔使曰："劉君尚在柏林耶？"筠帥曰："得毋貴國人不喜？"閔使曰："非也，但劉君意氣似塾師耳。"筠帥曰："未知貴國喜李某否？"閔使曰："李某似武官，予亦武官，武官乃敝國所重。"且云："此去所過關卡，須帶路照方免查看，送行時當奉上也。"遂別。傍晚，造門投刺，且送路照。

初六日 上午，邀黎參贊及各友用洋膳。適西士傅蘭雅亦到，謂妻病稍愈，業與筠帥訂定新正伴送回華，願先隨往德國，將飛爾摩耳《公法論》譯全。午後辭行。

晚，蒙筠帥設餞於使署。威公使來送行，並與筠帥晤談。謂西國例，凡賫有國書者爲二等公使，猝有要事出行，派參贊代理，非國君所派，稱"桑賽兑費阿"，雖譯作四等，實不列公使也；非若中國官員，實任、署任一樣辦事也。遂索筆作書，囑携至柏林面交駐德英使盧賽爾，且云盧公在德最久，人亦和平，凡事可面商也。是日收拾行李。

初七日 晴。六點三刻，偕傅蘭雅、陳、羅兩員並携二僕同行，日監督、高氏耶亦同路，至采令克老司車場。

先是，問各〔客〕車携帶箱籠加費甚巨，因商諸繙譯馬君，先由貨車載去，馬君據僕人稱，各〔客〕車、貨車運費相同,遂於是日帶行。詎知衣箱等四十餘件,運費至六十餘鎊。車場管事者曰,若先由貨車運去,只須四分之一。自恨歷練之未深而已。

七點四十分,揖别使署諸君,遂發軔。車有廳房,坐卧甚適。九點半,到都乏[一]海口登舟。十二點,到喀來[二]海口,爲法國北海濱,日、高二君分道回巴黎。五點半,到比利時之白羅色耳,换車。八點半,到勿費愛,管車者曰此間停車二十分,可用晚膳。及入店,方取茶點,而車已開。四五十人方進退無措間,有同行之薩孫人,能操英、法語,作一函,語同行者畫押,送比京公司以責管車者之誤。予來歐洲幾二年,常僕僕車塵,見英國火車道最繁而車亦最多,法次之,德、荷、比又次之。而碰車、出轍、歧誤諸患,比、荷爲最多,德次之,法、英則不數見矣。豈英、法之人勤慎與?亦因往來車多,則聚精會神,不遑他顧;往來車少,則優游偃息,未必專心。故業精於能勤,而患乘於所忽。

十點二十分,上第二次之車。十一點,到阿欣[三],在車場坐候良久。阿欣爲古城,本羅馬人所建,其後削爾鑾王[四]居之。西曆八百十四年,王殂,爲自主之城。西曆八百年所建大禮拜堂,用羅馬造法,其規制爲德國營造所宗式。城北有高山,其脈迤西繞至城南。地多硫泉,有開

[一]　多佛爾(Dover)。

[二]　加來(Calais)。

[三]　亞琛(Aachen)。

[四]　查理曼大帝(Charlemagne)。

式阿旭爾井最著名，爲一千八百二十四年所築。一千八百七十二年，有就浴者二萬四千人。今城中居民七萬五千。鐵道自西北繞出東南，車場在其城南。燈火萬家，居然都會。

初八日 早三點鐘又上車，五點半到谷郎。晨光熹微，猶耿耿未寐也。谷郎沿來因河西岸，爲德國第六通商大城。西曆五十年紆比阿[一]民所築，羅馬遷民於此，後爲下日耳曼都城。一千二百年時貿易最盛，一千二百十二年爲自主之城。厥後以油畫著，有畫師蜚侖洛赫奈馳名於各國。一千八百年時有教堂二百區，建造甚工。續因民教不和，改建於邦汭。一千七百九十四年，地屬於法，及拿破侖，地入布國。今有民十三萬餘，有兵七百餘。河東爲德次城，有民萬餘。鐵道自西北隅渡河而東，過大鐵橋。長四百十二邁當，上層過汽車，下層過馬車，兩旁可步行，俱麂眼鐵楞隔之。橋之兩端各有國王銅像，爲維令一、維令四[二]。

七點鐘開車。緑野平疇，林木森秀，朝暾漸上，暖風薰人，如仲春氣候。二點半，抵漢奴乏[三]。本爲日耳曼大邦之都，因一千八百六十六年背布親奧，布人既勝，遂收其地爲一省。舊城跨來納河，開拓東北，峻宇通衢，整齊雄厚，大戲園、博物院、禮拜堂無不壯觀。有一千七百五十年之古王宮，今爲布王離宫。河南有操場，瓦得爾勞

[一] 烏比阿（Ubiens）。

[二] 威廉一世（Wilhelm I）、威廉四世（Wilhelm IV）。

[三] 漢諾威（Hannover）。

曾敗英人於此,有紀功石柱,旁有兵房、軍械院。藏書樓中有書十七萬册,手抄者三千册。水族院中有海水池二十二區。藝工賽奇院亦著名。併臨頓鄉計之,有民九萬人。鐵道過城之東北,車場寬廣軒敞,酒饌精潔。三點鐘開車。此路已來往十次,晝夜寒暑,風景各殊,隨手札記,亦互有詳略。

是日六點四十五分,抵柏林之漢奴乏車場,劉孚翊、錢德培、慶常、賡音泰、蔭昌備車迎候。七點半進使署,造劉京卿房坐談。

初九日　十點鐘,朝服拜闕,恭接關防,文曰"大清欽差出使大臣關防"。收到卷宗、什物清册,當飭陳委員會同原辦人員逐一點收,開摺存查。

初十日　晨,朝賀慈禧皇太后萬壽。

午後,偕劉京堂謁外部尚書畢魯,帶博郎、陳季同同去。京堂曰:"本大臣奉國家召回内用,不及面謁監國,又未有國書呈遞。"畢曰:"昨將貴使回國之語函告監國,因游獵未回,不及面送。奉召自宜速行,既未頒國書,當爲代達監國。"京堂曰:"今派李某署理,日後有話,可與面談。"畢起立,握苞手,曰:"李君去歲查課來此,曾已聆教。聞頗好學問,欽仰已久。今後朝夕共事,雖我輩臣子凡事遵旨而行,而倘能有益貴使者,甚願竭力相助。"苞稱謝,且曰:"願兩國邦交日厚,即臣子友誼日深。"畢稱是,又曰:"許久未見,英語當更純熟。"苞答:"僕僕道途,毫無長進。"畢臨别又曰:"遲日當造候,並送劉大人行。"京堂請改日拜見其夫人,畢喜稱謝。察其詞氣欣悦,似非僞飾,京堂謂與前次托病時迥别矣。

西例,既見外部,可函請頭等公使訂見。遂致函於英、法、奥、俄、意各使。

十一日 閲總署舊函二十二件,抄案二十一册。

是日,始令慶常、傅蘭雅二人譯述《公法論》。

十二日 劉京堂請晚飯。

十三日 晚,餞劉京堂。

飯罷,請京堂閲馬戲,演英儲君赴印度事。部藩以文馬、舞女迎之,男女麕集,百獸率舞,光怪陸離。英儲君携藩婦坐觀,神采飛揚。情景逼真,馬匹精良,駕馭純熟,尤其本技也。少息,二女演步虚飛索之戲,盤舞跳躍,各盡其妙。既而俄人二十八,歌唱跳踊,無不應絃合節。演罷,進觀地窖中馬厩。有良馬二百匹,區别井然,喂養精潔,調護周至,誠所罕覯。豈牧馬而通於牧民者與?

是日下午,謁意大利使侯爵羅訥,與博、陳同往。入其門,牙籤萬軸,插架連牀,望而知爲學問中人。詞氣殷勤,傾蓋如故。苞謂:"西士游中國者,惟貴國人最早。而華人東來者,一入歐洲,先見昔昔[昔]里、那布里[一]山川之勝。今幸奉使來德,得與貴國績學之士同事,尤爲至幸。"羅曰:"閣下謙恭篤實,殊深感佩。可望從此邦交日固,商務日興。敝國赴華運販者,以絲爲大宗。"苞曰:"聞貴國絲蠶已甲於歐洲,繅洗亦精。"羅曰:"誠然。但數年來屢聞戰事,銷售日絀,尚有二百萬捆生絲未織。若歐洲

[一] Napoli,又名那不勒斯(Naples)。

盡如中國,男女俱以絲帛章身,則銷路廣矣。”苞謂:“歐洲男服,呢表而帛裏,是有美内含,與學問人相似。”羅笑頷之。又論:“俄土未定,人心惶恐,商賈日窮。無如民望息争,而貪心者不免搆釁,歐洲之執政無不憂慮。予每羨中國一統爲治,可以安享太平也。”苞曰:“君願永息兵争,共敦友誼,確是仁人之言。欽佩無極。”羅稱謝,又曰:“此後有所商詢,請隨時晤聚,當勉效微勞。”苞亦稱謝。羅曰:“感冒未愈,遲日答拜。”

十四日　晨起,拜发谢恩摺及包封信件。

一點鐘,謁英使盧賽爾,與博、羅同往。旺健果毅,氣宇不凡。首詢曾見威君否,苞授以威使手函。羅閲畢,曰:“署使例不面君,惟朝會先期通知,可以隨班參謁。今德君養疴,家嗣監國,遇便當爲先容也。”苞答曰:“應見與否,當照西例,不敢瀆請。威君書中大約謂中國官員實任、署任辦事相等耳。”羅曰:“是也。我英國甚喜爲中國出力,閣下如有委托,儘可頻來,勿拘形迹。自當體國家之意,爲中國效勞也。”並詢中國商務,苞將税則略爲陳説。臨别,訂於明日答拜。

又謁俄使吴布里,握手迎入。苞謂:“歐洲各國均隔重洋,日本亦有衣帶水界之。其壤地相接而又累代通好者,無如貴國。今同役於此,更爲親切。”吴曰:“敝國莫士科舊京鐵道如能造成,則直達北京,無舟楫之險,兩國交好當更親密。”苞謂:“北陲貿易清淡,鐵道尚非緊要。”吴曰:“此條鐵道,敝國本有成議,緣與土耳其開兵,是以暫寢,將來必行之也。”苞答:“西國各有本境鐵道,皆是因地制宜，以收本國之益。”吴是之。苞又謂：“奉使在此，得叨指教，實爲欣幸。此後尚望勿吝金玉。”吴曰：“凡有所商，無不效勞，惟此間典禮未能全知。英使盧君在此最久，熟悉情形，當可詳告。”苞稱謝告辭。吴曰：“夙所欽仰，今蒙同事，實爲慶幸。”送至門外，握手而别。

是晚，使寓各員公餞劉京堂於開式好甫，苞亦陪坐。順道往温德爾得臨頓街[一]閲蠟像館。較之去年，地段既展，塑像亦增。新塑柏林會議各員：設桌三面，畢首相起立陳説，毛髮皆動；坐其右者爲英之畢相、沙相及俄使，坐其左者爲奥使、希使、土使，或諦聽，或沈思，或看地圖。神情畢肖，真神工也。左屋又塑德君被創之像，亦維妙維肖。

十五日 十點鐘，巴提督來，述巴公使病狀及斯邦道肄業四弁情形。

三點，謁法使汕乏連，與陳同往。容貌清癯，仙骨姍姍。接見甚恭，即云：“聞君在洋年餘。”苞曰：“曾監督生徒來洋肄習，蒙法國准入學官廠，實爲心感。”汕曰：“互相照應，分固宜然，况數萬里來學之遠人乎。”苞稱謝。汕曰：“曾識駐華之白公使否？”苞答：“在京曾蒙招飲。且白公和藹篤實，最爲中國敬重。”汕曰：“予好友也。前日惠寄繡毯一方，設色運針，無不精妙。深佩中國静細工巧，實他國所不逮，即漆器、雕牙亦無不然。”苞曰：“惟恐陳設

[一] 菩提樹下大街（Unter den Linden），後文又作温德爾得令登街、温得爾令登。

玩物,未必切用耳。”汕曰:“繪繡刻鏤,具有學問。良以怡情悦性,即是切用。予曾籌思,若作鋪被,但可獨樂,不如作桌罩,以供同好者有目共賞。”苞曰:“具見公溥爲心,佩服之至。”又論柏林、巴黎天氣同異,不必贅述。臨别時,汕曰:“得君同事,實愜予心。凡有委托,自當竭力相助。”苞稱謝而别。

士旦丁之吴爾鏗廠訂於今日往觀鐵甲船下水,遂委羅、劉兩員帶同肄業弁查連標往觀。早八點半,由士旦丁車場發軔。有喀爾巴施同車,係上海廣豐行夥,自謂是士旦丁在華辦事之人。行二十分時,過乃白爾發耳代,有植物學院。十一點鐘抵士旦丁。爲布國東北境卜美阿尼省城,距柏林七十六英里。古爲王國,一千六百四十八年屬於瑞典,一千七百二十年入於布,爲通商要邑。以砲臺爲城,在奥德阿江右岸,江口爲水師泊船之所。每年有貨船二三百艘,運木、酒、麥、魚等貨。運入者值四千餘他拉,運出者稱是。亦爲製造名城,造糖、造船、造機器甚多。有民九萬餘。

是日,廠主吴爾鏗鬚髮皤然,備馬車數輛以迎。行二刻,抵廠。海部尚書、日本公使咸在。先閲船身,次登船臺。尚書士叨取宣言曰:“國家命予名此船爲‘威爾登白希’,俾與‘拜晏’、‘薩孫’[一]兩船保衛海疆,永與布路斯爲一家。威爾登白希國屢建大功,賢才蹌濟,各邦宗仰。今以名爾,爾其永爲他船矜式。”語畢,以酒瓶碎於船,衆

[一] 拜恩(Bayern,又譯作巴伐利亞)、薩克森(Sachsen)。

舉帽喝采者三。斫斷曳索,其船始則緩動,繼則急趨,俄見波濤涌立,而船已下水矣。

入室午餐,同席者一百三十人,尚書首座,次製造局商、水師總兵、日本公使、中國委員。席終,尚書舉觴曰:"第一杯,賀德君增一兵船,足資保衛。德君幸邀天佑,受傷獲痊,可望壽登耄耋,永庇國人。共飲此酒,以爲君壽。"廠商步恒舉觴曰:"今日慶幸兵船落成。追憶從前,德國商船全賴他國水師保護。近年兵船漸衆,商務漸興,尤望日益加多,稱雄海上。俾他國畏我水軍,可如今日之畏我陸軍。而慶幸兵船之成,必歸功海部,請飲此以謝尚書。"尚書又舉酒答謝,且稱吴爾鏗工堅料實,襄助德國,洵屬可嘉。皆舉杯和之。書院教習士密得舉觴曰:"東方之中國、日本咸來與會,應飲此以酬謝之。"日本使答曰:"德國兵船日盛,駛往東方,衆所欽仰。吴爾鏗廠工日拓,助國富强,尤爲可敬。"座客咸和之。

按:此船長二百八十尺,寬六十尺,高二十六尺半,入水十六尺半,與"薩孫"船先後竣工。裏層鐵甲厚三十二密理邁當,外用二百密理之梯克木;其外層鐵甲厚一百五十二密理,又函二百五十四密理之梯克木,而聯以徑一百密理之鐵釘。船面圓臺二座,後座有二十七生脱砲四尊,前座二尊,其圍臺之鐵甲厚二百五十四密理。後座有小塔隆起,亦鐵甲護之,爲船主望樓。載煤五百噸,水手四百五十人,每點鐘行十三海里有奇,價一千萬馬克。臺座前後有寬各三尺之浮木,如帶之圍。倘前後受敵擊損,中段尚能浮行,全賴此浮木也。船前插嘴長九尺半,全船内有逐段隔堵，循龍骨有中綫隔堵。以兩汽機運兩螺輪，每汽機二千八百馬力，每馬力日需煤七磅。有汽甑八，每方寸受力三十磅，爐門三十二〈磅〉。船身機器皆本廠自造所成。

德國鐵甲船今已六號：勿里格脱類之"布愛森"船，改代克脱考懷脱類之"來伯及希"船、"泊令士阿達貝德"船、"士叨取"船[一]，潘尺考懷脱類之"薩孫"船、"威登布希"船是也。又成商船七十四號。今俄國定購之水雷艇，鋼片厚八分寸之一，速率十七海里半，船底敷以巴拉芬油，可免鏽蝕。每年又成汽車百輛，一切機器無算。計用機匠一千五百人，船匠一千人。創始於一千八百四十八年，至一千八百五十三年而改爲有限公司。

十六日　接上海劉道臺電報，詢守口水雷之電綫價，當即函詢英、德大廠。

是夕，送劉京堂至漢奴乏車場，令慶常隨往馬賽。

十七日　三點，謁土其耳公使薩多拉貝，與陳同往。人頗安静，謂吾儕東方國，習歐洲話甚難，一切規制亦有不同，且問中國日後究竟仍派公使與否。苞答："想不久必派公使。"薩云："既派於前，不便中止。敝國與中國通好已久，當必格外相待，凡有所知，無不實告。"辭出。

此外奥公使暫回本國，有參贊代理。西例，謁頭等使既遍，即到二、三等使處投刺，並拜頭等使夫人；俟二、三

[一]　來伯及希：萊比錫(Leipzig)，下文又作來珀即克。泊令士阿達貝德：阿德爾博特親王(Prinz Adalbert)。士叨取：Stosch。

等使投刺報拜，再往請見，並拜其夫人；既遍，乃謁各國參贊、隨員。今駐德之二等使爲比利時之諾湯，巴敦之脱噶克亨[一]，拜晏之囉脱哈脱，巴西之邵胡，丹麥之套德，希臘之郎噶貝，日本之愛俄基，黑孫之乃脱哈脱，梅令布希之派里烏司，荷蘭之華霍和生，美利堅之退辣，葡萄牙之里爾乏斯，西班牙之貝奴馬爾，瑞典之比爾脱，瑞士之和脱，薩孫之淳台止瓦費次，威登布希之士必生拜爾希，凡十七員。三等使爲布倫瑞希、奥登布希兩邦之里白，漢倍克等三城之克吕噶爾，墨西哥之巴爾雷大科士，答里噶之保削爾脱，凡四員。署使則奥之華根士拖士步希，海爲島之達們，洛生布克之愛生[二]，並中國而爲四員。

又循例謁各部尚書、各營統帥、各書院掌教，皆造門投刺，俟其報拜，然後再往請見，並拜其夫人。其他官紳不遍及，有先施者則答之。親王、宰貳非署使所應拜，曾致函外部轉詢首相畢士馬克，則函覆云“不日嫁女下鄉，未能接見”。

連日拜客，車塵僕僕，無足記述。公使官紳之報拜者，間有入門小坐，寒温數語而去。其愿交好者，則第二次報拜亦請見，如拜晏、希臘、日本、葡萄牙、比利時、海爲島諸使及禮官、掌教、提督數員是也。

十八日 巴公使來函，云“署使雖不面君，然可知會外部，照過客例引見嗣君”。作函覆之，曰“姑照此間向

[一] 後文又作吐鏗。

[二] 海爲島：夏威夷（Hawaii）。洛生布克：盧森堡（Luxemburg）。

例，不必急見也”。

昨晚聞在法肄業劉生病重，令陳季同馳往察看。

十九日　博郎引照印地圖者來見，謂不必重繪，只用映相法脱於石板，工精價省，爲他國所無。姑付一圖試之。

二十日　英使盧賽爾函詢：監國已回，欲先見否？亦以答巴使者答之。

今之德意志列邦，有王國四：曰普愛孫（譯者作布路斯），曰薩孫，曰拜晏，曰威登布希。大公邦六：曰巴敦，曰黑辛，曰梅令布希水林，曰梅令布希錫特利子，曰薩孫外邁生那，曰奥登布希。公邦五：曰布倫瑞希，曰薩孫麥寧恩，曰薩孫阿廷布希，曰薩孫可部固代，曰安好爾得。王邦七：曰實字部爾孫特好生，曰實字部爾魯德司答，曰瓦爾代克，曰荷懷士允合林尼，曰荷懷士愛脱林尼，曰桑布額律百，曰立貝。自主城三：曰漢布克，曰律百克，曰伯磊門。德相管理者一，曰愛爾賽士洛脱零恩。其餘已入於布。布有十三省：曰普愛孫，曰波森，曰班等布希，曰樸門，曰式里秦，曰薩孫，曰回世脱發侖，曰爾恒蘭德，曰奥恩初良，曰黑孫拿搔，曰漢奴乏，曰式倫瑞希荷爾士登，曰洛恩布希。

二十一日　接金登幹税司電報，知上海匯來經費五千四百八十鎊，合庫平銀二萬兩。

午後，掌東方書籍者赫美里邀觀柏林書庫。在新王宫之旁，西名“扣尼希力喜比伯里烏台克”，同往者傅西士及劉、羅兩員。先觀左屋，羅列數千年前樂譜及各國古字，俱羊皮爲之。次入右門，過掌書所，架有書目二百册。副總辦波士門迎入，短小誠慤，彬彬雅儒，洵績學士也。穿過長巷，右屋爲各國地圖説。左屋爲觀書之所，鱗比設坐，每日九點集、四點散，任領何書，按籍檢付，目耕手揮者恒二百餘人。每日十點鐘，可上樓遍閲他書。訝其房舍曲折，不若英法書庫之軒敞。則云一千七百七十五年，弗里格磊王飭建書庫，恩格請頒式，王指書櫃以示之，故作此式，五年而成。又過數室，庋藏各國史記，標題曰“英史”“法史”，分國列架，秩然不紊。

次到大書廳，排列古時寫本，以玻璃匣函之。有希臘古書，以楷書字母連貫而無段落。有始爲聚珍板之古登白克[一]所印第一書，亦羊皮爲之。回部之《哥侖經》[二]，寫作八邊形式。有路得及米蘭登手抄之《耶穌經》。或以名人真蹟見重，或以年代湮遠見重，皆希世寶也。臨窗數架，爲布法戰事之書，圖數百種，裝褫華麗，繪印精妙，亦足寶也。

廳分上、下層，周有飛廊。下層皆格致、性理，西名“費昔克司”之類。中列布國歷代王像，白土摶成，精緻如石，末座即今之德君也。右上爲亨保爾脱像，著書人也。

上螺梯，循廊而右，爲各國語言書，西名“費勞洛直”之類。又進爲東方國之原書，則赫美里所掌也。土耳其、阿剌伯、波斯古籍甚多，西藏、緬甸、暹羅、印度各有寫本、

[一] 古騰堡（Gutenberg），歐洲活字印刷術的發明人。
[二]《古蘭經》（或譯《可蘭經》）。

印本。三四千年前之印度書，皆堅薄牛皮，大半作葵黄色、象牙色、古香色，迴非唐宋藏經箋所及。其婆羅門教之《里格飛答經》[一]，則四千年前物也。梵文字彙、蒙古舊史、吐蕃記載，皆中國所罕見。赫君任取何種文字，輒能成誦，且領略其大旨。前在中國十年，通華文，操華語，明晰了當，知其於東方學問枕胙深矣。又進一門，爲中國、日本之書，有《大清會典》《三才圖會》、汲古閣《十七史》《元史類編》《明史稿》《西清古鑒》《爾雅圖》《文獻通考》司馬《通鑒》等書，《古今圖書集成》只存草木圖。有《性理真詮》一册，爲乾隆朝西國教士所撰，雖發明西教，而元妙如禪理，精微似宋學，蓋其時教士尤多通儒也。日本書較多，大半是唐土名勝、畫譜、類書、綿譜、花譜、雜記、小説而已。

統計藏書九十萬册，又手抄者一萬五千册。每日四點鐘閉門。

赫君又陪往"邁克羅士谷比施阿夸林"，譯即顯微鏡水族院也。人納馬克一。上樓，有室三楹。中室左案置顯微鏡七，各嵌水晶、寶石，微如纖塵，以鏡窺之，燦然五色，面面不同。右案置邁克羅芬顯聲機及壓氣機、三角分元鏡、台拉芬傳聲機。室中以五丈綫懸一銅球，自然擺動，數杪〔秒〕時往來一次，恒循子午綫偏右十度，謂可證地動繞日之理。

左室作大喇叭二，徑約五尺，由樹膠細管中作語，聲

[一]　《梨俱吠陀》(Rigveda)。

可及遠，或以耳屬管口，可聞遠處絮語，可證聲音聚散之理。又置芬奴格拉非傳語機，以手摇轉，左用飛輪助之，其聲不甚分明。壁懸驗血器，木板長二尺，上下各綴玻璃空球，以細玻管盤曲通之，中貯紅水，别有玻璃管直通上下兩球，令紅水自上球循直管下注，逼氣從曲管上行，既見紅水滴滴魚貫隨行，相離各半寸，行速於蟻，排列極匀。若以手指輕擊木板，則即兩滴相近而不匀，以證人身血隨氣行、周流不息之理。

右室排置顯微鏡六十餘架，各嵌豬肉蟲、疥蟲、蜻翼、蚊睛、蟻足及毛、膚等物，又見生蝦蟆足、鮮魚翅，其中血脈紅色流行，汩汩如泉。又有一微點爲極小活螺，窺其呼吸匀速，與人相似。大約爲水中微蟲居多，故取名水族院，實則爲售顯微鏡之所。鏡光之大，自七十五倍至四百五十倍。

二十二日 微雨。近日感受潮濕，癬疥煩熱，夜不成寐。商之西醫，則云治不寐有多術：一以摩飛耶水，用水管注入肩臂之皮中，少選即寐，其水大約每次用乾者六分釐之一以化水；一以克路爾海生，則更毒，而能立時昏卧；最烈者克路爾房，略嗅之則昏瞶如死，臠割不覺，半日方甦，體弱者往往不醒，醫生用此以施剖割者也。予皆不敢用。

二十三日 議員拜阿及前駐英使之子班生來拜。且謂一千八百八十年將於阿丕爾設魚會，廣集各種鹹、淡水魚及養魚、捕魚之器，將以擴充一千八百七十三年之博物院也。請中國亦以魚種及養、捕各法運送來會，惟須開明門類、所占尺寸,先期詳告,定在一千八百八十年元旦以前三個月送來。其運費由各國自備,惟到會火車之費及會中房室、器具均由會備,其保護一切亦爲會中責成。會畢,俱各送還,願就地出售者聽。

其條目,則一爲水族,有十類:曰水中、酒中可浸者,曰風乾或火炙者,曰蠣蛤、珍珠、玳瑁,曰海星,曰長蟲及食魚子之蟲,曰蟹類,曰魚類,曰四足類,曰食魚之禽,曰食魚之獸。二爲捕魚器。三爲養魚法。四爲運魚器。五爲薰、鹹各法。六爲漁房、漁衣。七爲魚水。八爲魚志。九爲魚史。蓋魚最養生,乃日用所需,且爲天地自然之利,精求其理,廣播其種,實與農圃並重。聞美國久有魚會,英國亦議設之。德國魚會則德儲君主之,而朝臣、議員任之,非玩物喪志者可比,豈臧僖伯所能窺見哉。

二十四日　接李節相八月二十三日函。

傍晚,答拜藏書樓副總辦波士們,並見其妻及妻妹,皆有儒雅風。出其亡友亨保爾脱[一]手稿一箱,是《考司馬司》原稿,而波爲續成《美國土番記》者也。嘗謂狉獉之所以漸化,教化之所以覃敷,必由於士商之來往,記載之詳備。苟無導其先路,孰能步其後塵?是地理之學爲足尚矣。歐洲上古,自乏尼斯、希臘、羅馬,歷有載記,類皆缺略紕繆。自一千八百年後,地理漸明,論者每歸功於日耳曼人。其學之精者,尤推亨保爾脱。嘗游亞細亞各國

[一]　亞歷山大·馮·洪堡(Alexander von Humboldt),下文《考司馬司》即其所著《宇宙》(Kosmos)。

及美利堅人迹未到之區，著《考司馬司》等書。

苞於十年前廣採地志，摘譯其要，知亨保爾脱以地學通於格致。其時又有爾力德耳[一]，以地學通於史傳。皆爲布國人，而皆卒於一千八百五十九年。嘗心慕之，而思繼起者必有其人。今權攝使篆，閲藏書樓，獲交波士們，方知續亨氏未竟之緒者。數年有心求之，一旦無意遇之，幸何如也。檢其遺稿，塗乙丹黄，手澤如新。夫亨氏學精品粹，固足以共信，而其考訂之慎、著撰之勤，非親閲其稿不知也。其得波士們而續成之，尤爲相得益彰。亨氏往矣，而猶得交其執友，睹其手稿，亦何異我身親見之哉！因題數語，以誌欣幸。

二十五日 外部訂觀布國開議院。午刻，往大王宫。登西南隅白廳之樓，各省議員咸集於廳。廳寬七丈，雕鏤甚工，全敷白漆。向南設寶座，上覆紅綾華蓋，下承三級，鋪以紅毯。

丞相士吐爾白希奉書，率各部尚書至，南向立寶座東，各部以次並立；各議員北向。丞相宣讀曰："布王兩次被驚，幸叨天佑，衆情欣慰。家嗣監國，亦臣民所愛戴。今訂諸君開設布國議院，首以籌款爲要。去年出入相抵，所存雖多，而因賠墊德國要款，以致存款將罄，本年必形支絀。良由德國新成之事尚未獲利，出款無定而進款有常，且國中商務未興，恒慮不能周轉。日後擬改税則，以爲補救，今先須定國債單式。凡布國各部，事煩人衆，款

[一] 卡爾·李特爾(Carl Ritter)，德國地理學家。

項不敷，亦須以此次國債彌補之。其籌款、用人等事，均須諸君商定。又，内部擬定新章，係隨時改妥。至要之事，如各村修路、設學，經費宜籌，而地方首務莫重於教。如何幼弁可備將才，如何下僚可勝大任，務須從長酌議。薩孫省教堂事，仍應共議。刑例數條，亦須商定，著爲成例，俟明年十一月初一日纂入律書。前者各大學之律師紛紛辭去，今宜妥定新章，俾各遵守。去年學部未定之稿，亦宜發出再議。若廣添民塾，需費不貲，亦宜酌中妥議。至於關係通商之農田、工藝，國家常設法提挈，俾可日勝一日。總望本國所出土貨漸多，鳩合貲本，懋遷遠方。又應立通商公會，添設各省銀號，俾農工商賈均沾實惠。其火車棧章程能否較勝於前，應添鐵路處曾否確查，公司鐵道購歸國家者曾否加多，各處水利曾否興修，去年所商保護園林之事應否續議，均請諸君逐一斟酌。近年籌款甚難，惟望撙節估計，以副諸君愛民保國之心。"宣畢，各議員舉帽應之。

傍晚，慶常回，述及劉京堂於二十三日馬賽上船，與英公使威君同舟，又有英人麥士尼爲能及海關扦手某伴送。

二十六日　閱西們士哈爾士該電機廠。主人引入，先觀各種電燈及西門電機。大約喀侖母法之後，惟西門士法最精。其俄人耶白爾考夫之電燭，每十六支者用汽機十二馬力，四支者三馬力。其配合精緻，似勝於法。廠中夜間工作，俱用電燭照之。

次觀其機器廠。軋〔車〕牀俱用楞軸，兼可磨刮。鑽牀所鑽之物，必以鋼殼爲模，亦一勞永逸。開齒輪之機，亦靈活而占地甚少。

次觀其電機廠，則新創者甚多。一爲車棧大報鐘，中有重錘下墜，而以電氣連於活閘，機脱鐘鳴。一爲火車之行速表，有針盤旋，以指每點鐘行若干路；如速至五十二克羅邁當，則鐘鳴不絶，聞者罰其司機。一爲火警表，每街設一長方匣，聯以電綫，如第十二號失慎，則各匣俱現“十二”字樣，且鐘鳴不絶，俾赴救者知所趨嚮。一爲電報伏綫，布法戰時陸路電綫易於割斷，其後布國遂用埋土之伏綫。與過河之電纜相同，合七綫爲一，而夾以麻繩六綹，加麻絲、鋼綫各一層，再加麻綫左旋繞之，髹黑漆一層，又右旋繞之，髹黑漆一層。今柏林及諸大城已全用伏綫，不似倫敦之飛綫縱横如蛛絲也。一爲探報綫，係陸軍前鋒巡探所用。以三銅綫合成細電綫，聯於台拉芬傳聲之機，令二兵曳之，一負電綫，一負電池箱。凡有所見地勢夷險、敵兵情形，以傳音機告於大營，俾可籌備。其傳聲機中函小電機二枚，外套叫管，此處吹之，彼處聞叫，即摘去管而屬耳焉，數十里外如聞隔壁人語。此器爲本廠所創，實陸軍之利用。俄之攻土已購用之，土兵驚以爲神。

是廠所造之器，大至大洋電纜，小至電器自鳴鐘及電報小機，其各種齒輪、機器以及纖悉秒針，皆分類儲之，每種千百，無毫髮之差。湊合各種，便成全器。工之精良，實造其極。較之倫敦之昔爾乏唐電器廠，殆異曲而同工者歟。

又謁内部尚書可侖比施,云其弟曾在中國,頗與中國有緣,今願中國仍派公使與本國交好,凡有所商,情願效勞。

答拜書樓正監督里白休士,並見其夫人。論及《春秋》以前有無信史,如《外紀》《竹書紀年》半多後人僞撰,不知《史記》所依據者更有何書。苞答:"《竹書紀年》惟伊尹事紕繆,然月日干支,用三統術上推,悉符,實非全屬僞撰。"里君亦首肯。且謂北無入聲,各國古音皆然,美利堅土番亦然,諒是天地元音云云。知其於東方學問確有心得,於中國書不能讀其音而頗解其義。其夫人年五十餘,亦詢中國叶韻始於何時。苞答:"可考者只四千年前《虞書》有明、良叶韻,至三百篇而叶韻甚多。"里夫人曰:"不過是借用之韻,本無一定。希臘古詩多有之,亦與三百篇同時。"又謂三百篇之後變爲古樂,其長短變换,動與古合。大約是論古樂府之節奏,惜博繙譯傳述不明,無從索解。

嘗疑西人之習華語,不過爲通商、傳教,有所爲而爲耳。及來歐洲,方知有終身探討中國古文詩詞及滿蒙文字,苦心孤詣、至死不變者,且有婦女詳考亞細亞古民種、古文字、古詩詞者。鳳儀在英,遇垂髫女子,指曰:"此人頭顱是蒙古種。"苞在巴黎,遇人謂是老子後裔,適郭大臣在座,甚奇之。其詢古詩古字者不一而足,而於德國爲尤多。賡音泰嘗遇女人詢以音韻樂律,瞠目不能對。可見好學之人,不論時地,不限男女,不待提倡,不計致用,而孜孜焉視之如性命。吁!可嘉也已。

二十七日 偕羅、博兩員答拜《太姆士報》主筆道克得愛孛爾。左圖右史，萬軸千箱，詞氣温文，績學士也。通九國文字，尤留心蒙古、回疆形勢，謂俄國新報厲禁甚嚴，賴有丹麥、芬蘭、波蘭、羅明尼阿[一]小報，述其亞細亞事，亦不便録於英、法、德新報也。檢示回疆詳細地圖七八種，皆俄文、回文，指畫形勢，動中窾要。謂："俄兵在高加索者十萬，若渡里海而抵謀甫，才一月程耳。此爲南入阿甫干[二]之門户，可陰助阿甫干憑陵印度。俄人非真窺印度，實以聲東擊西之法挾制英人，欲就《汕士德發奴之約》[三]，不就《柏林之約》，可以占地中海口岸也。爲英人計，只有速據阿甫干腹地，令俄人不及應援，則俄人不得占地中海，而俄、土柏林之議即可書諾矣。"又云："俄人實肯以伊犂還中國，而兵部謂伊犂依山負險，進戰退守，最爲得地，苟欲經營腹地，與英抗衡，則勿還爲便。"又云："俄國人衆而貪，其將多庸材，尚用法君拿破侖兵法，大隊進攻，勝不相讓，敗不相救。不若布兵之人人知書、人人習武，可以人自爲守、人自爲戰。近來尤財匱衆怨，新造鈔票折半行用。明知不能侵掠印度，然嘗指印度以餌軍士，聊爲羈縻計耳。"清辯滔滔，不及遍記，大約皆新報不載之語。臨别告曰："各報館採訪之事，常有不便列報者，執筆人俱肯口述。日後當引數友來見，必與中國邊防有益也。"

[一] 羅馬尼亞(Romania)，後文又作羅明里阿。

[二] 阿富汗(Afghanistan)，後文又作阿富干。

[三] 《聖斯特法諾條約》(Treaty of San Stefano)，後文又作《生士德發奴之約》。

二十八日　文詞會總辦（猶太人）請觀圖書會。蓋士人集貲爲會，刊圖印書之所。或由會中人撰繪，或以前人原本翻印。其書皆裝褫華麗，大半史傳詩歌，爲贈遺婦女陳設客廳之用。其畫各國山川人物，俱以石板法印，套五色，與油畫無異。其《日耳曼古史》一巨册方印竣，姑購之，以備摘譯考證。

二十九日　《北德意志報》主斌台爾請觀其報館。導見主筆者七友，皆績學士也，各坐一室，類聚採訪所得而選擇之、删潤之。印報處爲二大屋，右印小件，左印大件，皆裁紙片印之，不似英國之卷軸聯紙、隨印隨裁也。最大之架並印十紙，四人司之，且有既印正面、復印反面者，殊費工夫。凡印新報八種，惟《北德意志》者銷售最多，每日不過萬紙而已。造整鉛板之器甚爲簡易，鑄字機亦精工利用，計值六百馬克，實優於英、法所製。談及中國字模，最少須五六千枚，約須六千馬克。銅質鉛鑲，究嫌重笨。廠主將當日在廠游覽印成花片，以誌雪泥，稱謝而去。

近日新報館友私論，曰："華之與俄，從無釁隙。通商於恰克圖，而楚喀查、由琅基均有俄人行棧。喀什噶爾既畔，俄人恐喀酋據伊犂，遂乘機先據之，且與中國約，收復喀地當即讓還。及喀地既復，俄人又思在喀通商。而左帥禁不與通，違者拘其人，没其貨；俄民在喀者，限半月出境，否則改籍；且欲令讓還伊犂，交出喀酋。近聞中國简放崇大臣，將往俄京專辦此事，諒俄人不能食言。苟俄人恃强敗盟，則中亞細亞非又添一勁敵乎？蓋近年英國極願與中國合力同心，而俄恒陰間之，因恐中英合謀，則百年以來横行於中亞細亞者，即不能復逞耳。

“今聞俄人私議，無論若何，總應延約不還伊犂。以用兵論之，惟伊犂爲必争之地，三面距山，形勢險要，山徑深曲，安設小砲，守以數人，即莫能飛越。俄人得之，南可併喀什噶爾、葉爾羌，北可兼楚喀查、塔爾巴哈臺，是伊犂實爲南北之樞紐。以通商論之，伊犂土脈沃饒，爲中亞細亞之菁華，舍此而外，皆入不敷出矣。地鬆易耕，山深多礦，銅鐵尤多，煤炭最佳。從前華人在此開墾，米穀豐收，有伊犂河東西横貫，轉輸利便，貿易流通。地志云，是城築於乾隆二十八年，周不過四十中里。既城三十年，民日蕃庶，又拓新城，有大書院、俄文館及文武衙署，駐防兵二萬二千。百年來闤闠喧囂，居然都會。及同治年間，回民蠢動，遍地瓦礫，鞠爲茂草，俄人得以經營之，遂視爲久長之計。

“而今之中國，兵械精良，心志堅定，西征之兵精練不亞於歐洲，俄人見中國有自强之機，不敢顯背前言，計必虚與委蛇，以陰行其蠶食。然延擱不還，雖中國不遽興兵，而俄必設重兵於伊犂，且不敢逞志於回疆，亦非計之得也。

“中亞細亞之俄督考夫門，即前年以兵阻左帥者也，語伊犂人曰‘此地既爲俄屬，永無更改’，語華人曰‘暫管伊犂，實助中國，非爲利也’，又謂‘中國能保永無回番起釁，則可讓中國管轄。苟有邊疆不靖，則是中國不能管轄，勢必貽患鄰國也，我俄人必取其地’。夫俄人善用陰謀，挑動盗賊，助之軍械，以爲藉端吞併之計。從前謀基發、布哈爾、土耳其俱用此術，今恃爲長技，又欲施諸中國。我恐中國漸悉外洋情形，不能如從前竊取東三省海疆之易易矣。”

接劉丞孚翊自荷蘭來信，云：“昨由北路赴英，叩送郭筠帥。黄昏時過荷蘭南境，火車相撞，幾瀕於危，死者二人，傷者數人。”向謂輪船有風波之險，火車則更速而無險，豈知撞車、出軌層見叠出。德國鐵道最少，而聞其前月内共有出軌者三十餘次，相撞者十八次，死者十人，傷者百人。豈利大者害亦大耶？

十一月初一日　乘馬車往汶賽鄉，謁房主芬得海德，爲前户部尚書子也。其宅四面軒敞，林木森秀，前對河口，烟波浩渺，左望柏林，屋宇參差，傍舍栽花，四時不絶。其園中有鋼鐵爲棚，屈曲如廊，而罩以藤蔓者，主人指曰：“此中夏令枝密垂纓，花深覆幄，納涼佳處也。”是宅爲别墅，使寓則正宅也。

使寓在柏林西坰，氏耳噶屯園林之南，半村半郭，流水彎環，昔爲河唇洲渚。恩得伯磊門建造此屋，檐桷廊楣悉仿希臘之式，大門向北，白石爲梯，文石爲壁，旁列布王、布妃石像四。向西大廳雕鏤工麗，高宏爽塏。旁有房廳二、客廳五，皆雕石爲格頂，鏤木爲地板。上層爲房廳二、卧房五，又有皮衣閣，則不合華人之用。下層爲僕房、厨房。西旁小屋三楹，上下三層，車馬房在其下。舍後有園，花木數百株，牡丹、芍藥咸備，園中各處水法不同，最高者可五六丈。

每年房租一萬五千餘馬克，外加賦稅。其租價廉於舊寓而屋較多者,因廛市稍遠,且急於求售,不計租價多寡也。今自光緒四年八月始,訂租二年,如有售主,則三月前可通知,三月後讓屋,不必滿二年之限也。其售價,房屋四十五萬馬克,器具一萬七千馬克。

初二日 往虛村街六十號之印地圖處,在第四層樓。先用映相法留影於玻璃,可令永不脱落,以黑漆護其四邊,用油墨印之,則玻片即爲印板。又有銅板、鉛板,雕鏤甚工,實非人力所爲,乃先敷强水,而以日光晒成之;襯以木板,可用印書法印之。登樓頂之玻璃房,見試印中國字之地圖,精細明白,與原本無異。係用風琴式映相鏡映於玻片,鏡頭徑不及三寸,而收放可以自如。雖玻片可作印板,而不能修改,且易破裂,須以油墨之印移於石板,乃可任意修改,即至千百不渝。其刻鋅板,先敷以粉,用針畫紋,以强水蝕之。凡包印華字地圖,每千紙計二百馬克;欲海邊作綫紋,加二十馬克;欲套印他色,加一百馬克;取回石板,則每石十五馬克。因令試印一百紙,計付七十馬克。

午後,致電信於上海劉觀察。晤電報局總辦,引觀總局。有男工四百五十人,女工百餘人,聚於大廳,列桌而坐,約二百桌,以達天下各路。每桌通連一路,置一電報器,以一人專司收發。其新式洋琴式之印字電機,男人司之,每日添藍水五六次。其舊式成點畫紙條者,女人司之。每夕十點鐘後,則只留總路一桌,輪班司之。旁有斜高如鉛字架者,縱横銅條兩層,各不相接,不知是測電氣之强弱聯斷,抑是避雷之用。博繙譯不甚明了,無從傳述也。

德國合盟各邦之電報，皆歸德君管理，惟拜晏、威登布希兩邦自管，亦遵柏林章；贏絀皆德國家任之，信局亦然。自一千八百七十六年始造伏綫，自柏林至考侖，至愛巴非爾特，至巴門，至佛郎克佛格，至士他爾布希，凡五路；又自漢倍克以接丹國之海綫。本有伏綫二千四百八十七啓羅邁當，今新添六路，又費一千二百餘萬馬克。係以七銅綫合成，裹以苧麻、樹膠，埋伏地中。既免暴風壞桿，又免敵兵割綫，洵良法也。此外，飛綫共长四萬八千啓羅邁當。又有台拉芬傳語法，在柏林已設二百七十二局，其音可通五六十中國里。總計去年一歲，所收電報費一千二百餘萬馬克，合之信局，共餘一千萬馬克。

初三日　保門邀觀機器所。陳印書機甚多，大半爲美國之式。最小者爲手機，值三百馬克；較大者爲脚機，值一千二百馬克。靈敏便捷，遠勝舊式。其總廠在來珀即克城。

初四日　魚會朝官拜阿來談：豢魚莫善於美國，前將鯽魚、鰱魚等蛋二萬五千運到此間試養，頗屬相宜。聞中國養魚、捕魚之法自古有之，如能招致魚户來此，將魚種及法制，流水、止水、淡水、鹹水之宜，何時生子，何時破蛋，一一傳播，再將此間魚種及法制傳播中國，則彼此利益不淺。

初五日　外部總辦秘魯及巴敦使吐鏗來談，良久方散。

近聞倫敦新"美阿"蒞任，美阿猶中國府尹也。英相畢根士飛[一]就宴,宣言曰:“前任美阿蓰任時,東方搆兵,人心惶悚。予方創議设會勸和,俾天下永享升平。今已定議,而輿論以爲無益於英,且無益各國,予不得不申明之。

“夫東方未靖,與印度邊陲最有關係,非謂蕞爾之阿富干可侵軼我也。印度西北,雖天然險阻,皆可設法度越。歷任印度督臣,請英國家議令印度籌費駐兵,以資防守,今須及時興辦,以固印度疆圉。蓋近鄰固宜交好,遠鄰尤宜防禦,勿謂印度必無人覬覦也。一旦東土耳其被人兼并,由波斯建瓴而東,憑陵印度,是我英國剥膚之實也。故柏林會議本旨,是不准擅取土國寸地,猶恐空言無濟,故駐兵居伯魯島[二]以助之。

“或謂英據此島,耗費無益。豈知略用英制,未及一年,除償土國利息之外,已有贏餘。不但政教洋溢,可化鄰近之邦,且是島既得地勢,又多土産,爲地中海東偏各島之冠。苟能經營妥善,則印度可藉爲聲援,東土耳其不致弱肉强食,英屬亞細亞得以日漸富强,永無外患矣。

“且關係印度,猶爲英國之私利。而控制地中海者,實維歐洲之大局。國會諸君與予同心,不令一國獨强,方可永保平權,故力求土國之能自主焉。或謂既欲土國自主,何必割裂其地。豈知異教、異族,不爲分剖,紛争胡底。今議,土京及水道與黑海泊船善地不准他國蠶食,則

[一] 本杰明·迪斯累利(Benjamin Disraeli),受封爲比肯斯菲爾德伯爵(Earl of Beaconsfield)。

[二] 塞浦路斯(Cyprus)島。

土國界限已清。有民二千萬，苟能自强，猶爲善國。惟向來會議不能旦夕遵行，必幾費周折，方始帖然。今爲時未久，試觀俄人應離土京，應還格里卜里、爾生羅姆、倍奥卜屯及代牛白江之砲臺，曾已照辦否？未可云毫無舉行也。其餘尚可逐一照辦，未聞與議各國有翻異之議，未可云毫無成效也。凡兩國相争，既有偏勝，必予以利益，方肯罷兵。土國幾不能自主，今酌留疆宇，不遭兼并，足矣。未可云毫無裨益也。予爲英相，我英國豈肯坐視寒盟。萬一予力不逮，尚望通國臣民合力助之。

"其各國新報謗毁沸騰，則各國有君相治事，非物議所能摇惑，固無足輕重。至英國新聞，自西十月後議論日多，諒因將易美阿，乘機謡諑耳。及議院既開，而浮議者已各鳥獸散。

"今爲衆告，柏林國會實有益於英，有益於各國。當此議定而尚未畫諾，正在緊要之時。總之事有遲早，必底於成。焉有謂英權漸替，恐如古時凡尼司齊奴阿[一]之日漸衰落者。須知我英方興未艾，生齒三千四百萬，既能自主，又能公道，苟能上下一心，常如近數十年之專精，當必日進無疆。蓋國之興衰，在己而不在人耳。"語畢，奉觴以壽君主。

畢相此説，雖解輿論之惑，而其通籌時局、堅持定見，已昭然若揭；文亦婉轉暢達。

初六日　有報拜者，述及奥國在波希米阿之省城帕

[一]　應爲威尼斯（意大利語：Venezia）。

哈考驗新舊兵槍，試得新式之庫巴乞格勝於舊式之瓦恩得，因新式速而且準，堅樸易用，可以蕫裝藥子、接連施放也。其臨試時，瓦恩得槍每半分時可發七八次，一千八百步已難取準，庫巴乞格槍每半分時可發十次，二千二百步尚能中的。故奥國議院欲令步隊改用新槍。

初七日 晴。連日拜客，餘暇摘譯記載，參以見聞，撮要如左。

柏林都城，在士普里溪上，通愛爾珀河，以達波羅的海。有民百萬，附郭民二十五萬，爲歐洲第四城。兵二萬五千，猶太人一萬六千，西教之法國人六千（乃羅意十四[一]徙於此城），洋教人五萬。地高於海面九十八尺，舊城僅在士普里河右，即今王宫迤東一隅。道光十年後，貿易、製造漸興，寖爲要城。地皆砂磧，全賴引水栽樹，人力經營。又無山石，造屋以磚。陶埴頗工，勝於刻鏤。古時吸飲溪水，民多疾病，厥後設水公司，置吸水機八所，民始便之。

城中街道，縱七，横十餘。横街之温德爾得令登街，宏麗喧闐，甲於全城。是街東抵大王宫，以旭洛士橋通之，橋列古仙石像八；西抵白侖丁哀格之得勝門[二]。房屋齊整，刻鏤精巧，希臘、羅馬各式俱備。緑陰夾道，中爲御道，旁爲馬道，又旁爲馬車道，又旁爲步行道。市肆羅列，士女如雲，實歐洲所僅見。新、舊王宫，新、舊博物院，

[一] 路易十四。

[二] 勃蘭登堡門(Brandenburger Tor)。

儲君宫,軍器院,太學試院,書樓,畫院,大戲園,水族院,蠟像院,咸在焉。得勝門,磩〔甃〕石爲門,五道,建於乾隆五十四年,計費金錢七萬五千。上有神女御四馬鐵車,嘉慶十一年法王拿破崙奪去,越八年取回。其南半里有來伯吸士街,房屋工整,市肆繁盛,稍遜於温德爾得令登。

其縱街則以福爾得利街爲最長,直貫城中,一千一百四十丈,有鐵道、馬車,而房屋、廛市則稍遜。其東平行數街,如沙路屯馬噶芬,則較短。惟其西之維耳令街,自得勝門内折南斜東,工整宏敞,爲縱街之最,親王之府、相府、大衙署咸在。

出得勝門,迤西爲氐爾噶屯之囿,緑樹萬章,幽徑四出,溪沼瀠洄,車馬絡繹,廣八百餘丈。禮拜日游人尤衆,彼都人士方諸文王之囿,蓋古爲禁中獸院,而近年與民同之者也。園中有西吸士少歐勒得勝塔[一],下方上圓,頂立金神,乃勝法後所建也。

德爲文學薈萃之區,格致、詞章自古著名,其各書院教習多老師宿儒,是以各國訪道之士咸來印證。其游觀之地,則有博古院、博物院、油畫院、冶金院、營造學、藝工院、拳勇學、水族院。其太學中有生物院、礦學院、礦質院、肢體院、大醫學院,又有植物院,亦屬太學,而不在柏林。又有議政院、工學院、聾啞院、商議院、鑄錢局、鈔票局、官銀號、電報局,及奥伯來路耶耳、維克多利、福里得利等大戲園,德君嘗微行觀劇焉。

[一]　勝利紀念柱(Siegessäule)。

城廂火車棧九所，德語謂之“本好甫”：在北者，曰漢奴乏，曰罕倍克，曰士旦丁；在東南者，曰奥士，曰佛郎福格，曰居里式；在西南者，恩好士狄，次曰普士丹麥，曰得來士屯，皆以所通之地命名焉。

德之民俗，喜禮貌，惜妄費，尚顯榮，耽烟酒。凡識面者，每遇必舉冠，英人謂德人之冠“無五分時安穩”。武官則舉右手於鬢爲禮，雖提督見兵丁亦答禮。名片之官銜、衣襟之寶星，皆以多爲貴，官銜有多至四五行，寶星有多至四五十枚者。女人見親長尊客，必屈雙膝。昔無握手禮，近十餘年始行之。卑者不與尊者握手，尊者出手則握之，緊握重頓者以示親暱。最親之友可接吻，鬚髮皓白者亦然。遇稔友之妻，可以吻接其手。每筵罷，又各握手，禮文甚周也。

凡男女稱謂，須帶官階。英人稱“式爾”已爲尊敬，而德人稱“邁音罕爾”未爲尊敬，稱婦人曰“馬代姆”、女曰“馬代馬賽”亦未爲尊敬，必查其職守稱之，方不爲簡慢。如稱男人必稱官職，稱女人之有爵者曰某爵夫人，有官者曰某官夫人，及學士夫人、教習夫人之類。或自尚書夫人以下乃“氏希弗老爾”，其女則概稱“福來林”。凡男人大半加一“芬”字，則世爵相連之字，猶法國之“特”也。德之世爵，嫡派、支派世及罔替，男女無異，故幾無人非爵，即無人不“芬”矣。又有商人自稱“好夫爾拉脱”者，每年須納税一百馬克左右。其餘職銜皆國家論功賞賜，不准自稱，惟他人稱之者或可過尊也。

德國煙酒之嗜甚於他國，市廛亦煙酒居半，自將相以至傭工，每啣二尺長之大煙袋，斗大於杯。每筵罷，入旁室飲加非，盡人吸煙，雲霞滿室，雖婦女未散不顧也。昔有將軍送王女出嫁於英，舞會未終，將軍出煙呵吸，捕役逐之，主人不能緩頰也。德國崇尚學問，各書院學生甚衆，其遨游街市者銜煙呼酒，衣冠與齊民等，不似英之方巾深衣、易於辨别也。柏林附郭多園林，每日下午，士女游行，扇影衣香，往來雜沓，常有聽樂飲酒之所。王宫西邊之加非庖則終年沽酒，晨夕無閒。禮拜日午後，游人尤衆，貴賤雜處，耦俱無猜。每有工匠蓬首垢面，挾其妻女濃裝華服，姍姍其來，坐飲村沽。圍坐七八人，中設皮酒[一]一大甌，男女合飲之。惟從未見有丁役工匠酒醉滋鬧者，此其謹身節用，較勝於英、法、班、葡諸國也。

富貴之家，恒上午用茶點一次；午後大餐一次，葷腥二三味，皮酒一杯；日入後又茶點一次，冷餚一二味，足了一日。而牛羊鷄鵝，恒隔數宿，不似法之日餐四次，英之大塊臠切，糜費甚多也。街市飯館甚夥，每人每餐六馬克者，已可宴客。其傭工匠作，有每日僅費一馬克者。其民俗勤儉，實冠於歐洲焉。

十一日　連日氣候潮濕，胃火内燃，煩熱不寐。

日間乘車拜客，間有入門小坐者，客之來拜者亦然，大率多寒暄泛語。有詢及中國商務、税務者，必答以賦税本輕，幅員甚廣，徵税抽釐乃按約辦理，並無越收之事；中國内地未與洋人交往，莫不少見多怪，故不准内地通商

[一]　即啤酒。

者,實係保護洋商;又,中國貨物出入不過此數,馬頭雖多,亦屬無益,故不准添開馬頭者,實恐虧折洋商。語繁不及備録,聞者每多領會。

彼中通例,凡二等公使蒞任,函請外部訂見,既見後乃請頭等公使訂見,畢見後乃遍拜二、三等使及其夫人。充署使者亦然,既見頭等使,乃到頭等使夫人,二、三等使及其夫人處投刺。既遍,乃到參贊、隨員寓投刺,俟其報拜投刺,則再往請見。遍拜出使人員之後,可拜所駐國之各部尚書、司員及總教習、提督、總統,亦初次投刺,俟答刺後乃往請見,惟親王、將相則非署使應拜。此外爵紳及文武員弁、書院教習、告假官員,則俟其先施而後答拜,欲坐談則延入之。

凡拜客,可説明是投刺、是請見,既投刺者,第二次必應請見,不當再投刺也。不願見者,男可云將出門、將用膳,女可云未穿衣、未梳洗,不爲慢客也。凡必欲見而不在家者,不留刺,次日再往。如有公事面談,則必先日函訂。凡拜婦女,而僕人辭曰主家某時在家或某日在家,則届期應往。如專拜婦女,其夫不必陪坐。如拜客兼拜其婦女,則或男人接見,或男女同陪,或並令子女出見,各隨其便焉。

十二日 晴。午刻,德君傷愈回都。

先是,歐洲有"莎舍爾德瑪噶里會",譯言"平會",欲天下一切平等,無貴賤貧富之分。其愚者遂以爲夷滅君相,則窮黎皆得飽暖,故屢刺德君。惟夏間温得爾令登之車中一次,右臂受槍子數枚,被創最重,洩血甚多。旋往波希米阿之退伯力止養疴，而令儲君監國，今始就痊。

是日，柏林街市遍懸旗彩，聯以松柏枝，自火車場至王宫，彩坊絡繹，幾無空隙。來伯吸士街之西端，立一方塔，上綴燈球，四圍密布松柏、旗旛。得勝門内外，燈彩尤多。家家懸掛國旗，燃燭窗中。各鋪皆奉德君石像，戴以緑紙花環。及德君入都，盛陳兵衛，夾道歡呼，官民商賈亦逐隊走迎。每隊數百人，高冠新衣，鼓樂前導。街市填塞，舉國若狂，較之迎神賽會，殆又過之。

耆老奉表詣宫稱賀，德君親出，降階宣辭答謝。其略曰："今日都城士庶，因予創愈生還，舉欣欣然有喜色，張燈結彩，情意殷勤。君民相得之懽，於此可見。予甚慰之，惟望廣布閭閻，以表予感謝之忱。觀此歡欣鼓舞，雖云人藏其心，不可測度，然已見舉國同心，毫無怨望。予倖邀天佑，遇險終夷，清夜捫心，何修得此？此後天年有限，能否與爾臣民共享升平，亦惟天所命。特横逆之來，則意計所不料耳。國家刑律自應從議寬減，先自布國爲始，而令德國各邦一律遵循，以示體恤。凡爾臣民，應不至再有怨懟矣。惟異端之黨，不願有君，羣相爲亂。今欲其激發天良，共知悔悟，應如父老賀表所云，以教誨子弟爲第一要事，務使通國幼穉咸得就學，講讓行仁。尊君、親上之道，童而習之，自不至離經背道，復萌叛亂之心。獨奈柏林輦轂之下，而行刺亂黨時時竊發，無乃子弟之率不謹者，父兄之教不先歟？父老賀表禱頌之詞，未免過譽，予甚慚焉。今特親爲答謝，願爾臣民咸諒予心。"語畢，耆老舉帽三呼而散。

是晚，柏林闔城張燈，每窗門四五燭不等。各衙署前，以鐵管彎曲作德君冕鷹像及各種花式，燃以煤氣。各使署則晝懸各國本旗，夜則窗内明燈，恍如不夜之城，夜過半始熄。

十三日 謁兵部噶美格，晤談良久。

又謁學士芍克[一]，年已七十六矣，著作等身，兼精東方學問。見其二十年前用德文所撰《中國文法》《中國古語考》等書，久有印本。又通清語、蒙古語，手爲編纂者數十册，出《三合便覽》及《清文彙》見示，多旁行小注，手訂歧誤。今雖衰邁，而方將《契丹國志》譯作德文，已脱稿二卷。且云擬譯遼、金、元三史，真不知老至矣。苞贈以《瀛寰志略》，開卷數行，即能摘出誤處。其夫人亦七旬矣，謙恭温雅，有儒風。

薄暮，斯邦道營官德羅他來，言：肄業四弁習至明年西九月，則一哨之事可畢。德君整頓步軍三十餘年，其規制之善、紀律之嚴，全在一哨工夫，爲營爲軍，無非以一哨併合而已。四弁既曉一哨工夫，若中國欲令再習砲隊一年，尤足增長識見；惟須由公使向德國商借年輕未娶之營官一員，俾與四弁同往中國，先令四弁分教，挑選教習，由四人而十六人，漸得一哨一營。由德營官教以調度、分合、變化、應敵之法，並令通德語者與譯陸營陣法及臨敵機宜，則可得一營勁旅，亦可得一軍勁旅；否則四弁回華，

［一］ Wilhelm Schott，後文又作芍兑，《小方壺齋輿地叢鈔》版《使德日記》作芍克，現譯曉特（或譯作肖特、碩特）。

但充教練，终屬無濟。蓋此間營、哨官，必在武備學堂讀書十餘年，考選五六次，而又加以歷練者也。此言頗爲中肯。

十四日　英使函知，明日往王宫稱賀。

十五日　一點鐘，穿公服，往温德爾令登王宫。車至宫門，侍衛迎入。登樓，禮官引至一廳，爲公使聚立處。未幾，一、二、三等使及署使咸集，共二十六人。唯苞帶陳季同偕往，相識之各公使咸來問訊。一點一刻，法使托禮官臨時呈明中國署使初見，且告以姓氏。

及排班，英使立東南隅，以次迤西，苞立西南隅，陳季同立於後右。禮官六人立中間，旋以杖叩地者三，東邊門啓，德君及后出。衆鞠躬，亦鞠躬答之。德君穿兵官服，右臂絡於胸前，左手持羽冠。德后穿紫呢袍，遍絡黑絲。德君宣言曰："重見諸君，實邀天幸，今蒙惠顧，感謝良深。"衆又鞠躬。遂挨次自英使起，各立談數語，德后亦然。德君與一等使或握手或否。凡德君、后至前，先鞠躬，就前半步，談畢，又鞠躬，退入班。

將至苞前，禮官白曰："中國署使某帶同武隨員某初次入見德君。"鞠躬，亦鞠躬，且云："中國留人在此交好，欣慰之至。"苞云："奉大皇帝命致賀，並問好。"德君答曰："蒙大皇帝垂念，銘感無既。今傷已愈，惟右臂未妥，煩爲致謝。"又云："前劉大臣在此，曾見兩次，一遞國書，一爲歲會。渠起程時，未及面托代請大皇帝安，深爲抱歉。"又詢陳季同曰："在歐洲幾年？"答："二年。"德后稱中國衣冠大方，甚壯觀瞻，並詢苞云："聞已到過此地，想水土相宜。

所住房屋頗軒敞，半村半郭，予甚愛之，曾到數次。”又云：“煩請兩宫皇太后及大皇帝安。”苞亦云：“奉命問好。”德后鞠躬稱謝。又與陳季同談數語，謂其法語甚熟。君與后又向衆鞠躬而入。英使向苞曰：“今日機會甚好，只此便算面君矣。日前内人抱恙，未及迎候，抱歉良深。”各略談半晌而散。

是日，公使皆公服，唯瑞士、美利堅爲民政之國，無公服。禮官皆金飾斜楞衣緣，胸前寶星累累，手持短杖。又有朝太太，亦華服而隨德后。各宫門有侍衛兩人，持戟或刀或椎，屹立兩旁，亦金彩陸離，皆公服也。

下午，法隨員得賽美桑來辭行（暫返），謂去年隨操墮馬傷足，德后隨倩人來問，並以醫來。其出使人員，體恤周至如此。

日本參贊三宫來，言：“東邊學問，宜於承平之日。今羣雄林立，極宜早務富强，庶幾有濟。尤望中國、日本永保權利，常相和睦。”

薄暮，爾里次叨芬來談。其人精輿地學、礦學，曾游歷中國各省，著書數巨册，今舉地圖會總辦。雄偉頎長，氣宇軒昂，指陳國中輿地甚悉。且謂與巴公使交好，巴公使擬咯血少愈，將往法意南境調養，即回華任也。

十六日 巴合馬亞贈《歕昔格拉飛字典》，譯言《數碼傳字法》也。計德、英、法三國文各一本，欲合中國以成四國字典，每字各標數碼，如某數是某解，則各國皆同。其用意甚精，惟各國文法不同，與中國尤異，決不能一律明曉。隨與陳、羅兩員略譯數葉，知其以德文小字典爲主，選擇不精,搜羅未廣也。

三點,謁日本使,踐昨約也。署屋甚精,陳設亦雅。談及日本向派學生來習,最久者已八年,今有一人在營務處辦事,更有在陸軍考取充官者數人。且云:"少讀詩書,未知西國有學問也。及長,見地球全圖而心胸頓擴。吾兄素精輿地,自應早知西人學問。今願我東方國勉圖自强,永遠交好。"並云:"劉大臣起程時,曾作七絶句一首送之。"談次,以小杯啜緑茶相款,極似潮州人飲法,而葉則尤佳。

十七日　午後,克鹿卜之友美阿及派利來談。知克鹿卜新製畢福脱砲船,爲鐵殼之快船,船面置大砲一尊,無輪架而有樞柱。尋常時入水不深,若以攻砲臺,則令水入隔堵,即船身露水不多,可避敵砲。其砲不用時可藏伏艙下,又可周轉開放,數秒時即已旋轉一周,不必挪動其船也。且船小舵靈,運掉甚便。近年大鐵甲船占地甚寬,易於受擊。以此船與鐵甲船較,則大小、貴賤、捷鈍無不懸殊,以此論勝負,猶以一與百相博也。設造此船數艘,隨大鐵甲爲一軍,則可以大鐵甲爲營,以此船迎敵,則行駛輕捷,砲彈、魚雷俱不必慮也。今擬造者,長一百尺,寬十八尺,入水七尺,汽機四百五十馬力,每點鐘行二十海里,上用十五生德邁脱長砲一尊,其鋼彈可穿五百邁脱遠、九寸厚之鐵甲,其船只用十五人。今克鹿卜議造此船,已領德國之保憑矣。又云,克鹿卜現製一寸徑及一寸半徑之砲,與格得令砲略同,可擊敵人之水雷船,俱有圖説,可譯出送呈中國。

下午,芬班生來拜。曾充出使中國之隨員,創立和約,回國後充外部總辦。其父曾爲駐英之德使,兄弟三人俱娶英女。苞前譯駐德之英使瓦德日記,知與其父友善。班生亦魚會紳士,謂天生食物以養人生,最爲要務,從前侈談空理以爲學問者,直玩物喪志耳。

十七日[一] 午後,赴弗利德里噶爾公爵夫人之善會。即大家婦女羅列什物,招人擇購,以資濟人者,西名“法爾恩”。是日係捐養陣亡弁兵之妻子,設會於刑部署。入門,公爵噶爾夫人謝苞前日之捐助,婦女五六十人咸鞠躬相迎。陳物四屋,標明價值,所貴無幾,亦不强勸。約購七十馬克。又赴帕士代洛齊太太之善會,乃儲君妃維克多理亞岡伯恒司爲會首,欲捐費以瞻書院教習之孤寡也。設會於好代耳羅馬之大廳,宦家閨女四十餘人,列物不多,相勸甚殷。計費百馬克。

按:歐洲養老、恤孤各善堂經費偶絀,或他國有水旱偏災,則王公將相之命婦、閨秀相約成會,或歌舞,或演戲,函招紳商觀聽。或出親製之針黹、石刻、油畫,或捐己之首飾玩存,或設花果酒肴,或集衣飾什物,函招相識者來會,抬價勸購。或會集教堂,跪求布施。但以招徠之廣、勸募之多者爲榮,即笑語詼諧,勉效市井,亦不惜也。國后、王妃亦樂會首,以爲之提倡,殆有捨身救世之遺風焉。

二十一日 聞薩孫之脱來司登有更士納止廠,製造

[一] 原文如此,前面已有此日,疑有誤。

機器，工精而價賤，曾試驗數具，實勝於他廠。

連日夜雪晝晴，而氣候温和，不甚寒冱。

二十二日　晨起，積雪皚然，園中玉樹交柯，幽鳥飛鳴，輕風迴舞，而天氣清朗，直似一片碧琉璃、萬樹白珊瑚矣。

午後，巴提督來談。其弟巴公使咯血未愈，醫者禁勿出門，特遣道謝。並云凡有所詢，當即詳告。

薄暮，出門散步，冰牀甚多，兩馬曳走，捷於車。又有馬車三四輛，因路滑馬蹶而覆。始知冰牀、馬車各適於用，大禹所以陸乘車、泥乘輴也。

二十三日　學士芍克來，筆談，云昨得郭大臣《使西紀程》，閱之既遍，紀載確實，並無虚語。且謂中國文字可與目謀與心謀，而不能與耳謀與舌謀。

二十六日　接崇宫保電報，云西十七日抵馬賽，西二十八日可抵柏林。同日又接崇宫保上海所發函牘，商調博郎、慶常赴俄差遣。

二十七日　偕博郎往觀"改伏爾拜乏倫阿欵台登好賽"，譯言"工藝會市"。凡匠工新奇之手藝，及私家製造非居肆所成者，咸列其内，而令匠家婦女發售之，入觀者人納半馬克。爲樓二層，羅列磁、木、銅、鐵、金、銀諸器，各擅其妙。測繪儀器亦多精緻，刻鏤器具各式具備。有黄色陶器，堅緻如石，所鏤花紋非人工所及，詢知是先用印石法，後用强水蝕法，係專門秘授，不知其詳也。其磁器所留映相，用作桌面匣蓋，亦頗雅觀。各種織花之地毯、桌罩，係仿土耳其、印度、波斯花式，五彩陸離，多目所未見。酌購花布一二件，價亦不貴。

二十八日 下議院紳鑾伏訂觀其製造廠。是廠造各種機器，現代俄國趕造手槍，曾於八月初七日與密臘往觀一次，今與博郎往。見其廠屋如曲尺形，爲樓七層。廠主引登升閣，自上而下，次第觀看，以見其位置之妥善。

第一層爲砂輪所、木作所。砂輪徑尺餘，並列三四十架，旋轉甚速，用以磨光機件。木工所造木箱、木架，各有成模，千百如一，所以裝儲俄國所購手槍者。

第二層爲合攏所、查驗所。右室爲煏色所，作倚壁之長磚爐，堆儲碎木炭，厚約三四寸，著火十之二三，以既磨光之槍管機件，接以四尺之鐵竿，埋諸炭中，數分時取出，以細麻絲擦之，成青紫色，如燕尾。此等工作，須熟悉火候，方能千萬一色。其查驗所，中隔鐵楞門，門外爲本廠自查，門内有俄官查收。凡手槍各件，各以鋼板成模，逐一驗試。廠主謂俄員查驗極嚴，凡參差萬分之五者必剔換之，然本廠正欲其嚴，庶工匠均肯留心，不壞本廠聲名。

第三層，向東各房俱造手槍管。其造來福綫器甚精，前有密齒輪，每一來往，略過數齒，中段有輪，將刀口微微吐出，俟深至恰好，則前輪機脱而鐘鳴，故絶無淺深之差。其向北屋，則造機殼、機簧。一切皆用鎈輪爲之，千萬件不爽毫髮。

第四層造手槍之小機關。俄國所購手槍六萬桿，係用正面拆開、六殼自脱之新樣，計合六十五小件而成一槍，工作極爲精細。其價每桿五十馬克，二百邁當可以命中。

第五層爲修造本廠機器之所，向東屋係各家定購之造火藥餅、造槍子各種機器。其手槍之藕心桿，係購英國色非爾得廠鋼柱，以機鋸斷之，先鑽中孔，又以不同心法鑽旁六孔。其他鋼件，亦色非爾得鋼也。

第六層即平地一層，左排爲剸〔車〕、刨大件，右屋置康邦汽機，旁舍有新製四游鑽、排鑽等機。或有人定購，或尚無售主，皆造槍機器也。

第七層亦地下一層，爲捶鐵、翦鐵重大之器。

是廠造器之精，則因全用鎈輪之法。以精鋼視欲鎈之形犂作密楞，有彎曲者則合以數段，淬之以火，鋒利無比，用以磨錯，良於刨削。其造手槍之機共五千餘架，計造十八月而方備。廠主規畫圖稿，頗多心得。工匠練習二年，方始熟悉。甚矣！創製之非易也。

入客廳小憩。廠主云："此槍機件纖巧，不可受些子塵沙，俄人欲用諸漠北，恐不相宜。本廠曾製一種蓮蓬槍，旁面開閤，較爲堅樸，價四十二馬克。"取槍觀之，信然。是廠有匠一千七百人，每日成槍一百二十桿。

是晚，與英公使同在維克多利亞戲園觀劇。爲第一日開演新戲，林木雲彩無不逼真，變換靈敏，匪夷所思。係演公主在離宫夢與王孫訂婚，醒後不知王孫所在，婢告曰"園外破寺有解夢婦，盍詢之"。而婦實梟神所托，王因〔因王〕燬其寺，方銜之，許公主以明年當送綫軸入宫，綫成可遇王孫。明日，鄰國太子方率女樂來聘，公主未許，而梟神適至，女主及朝官皆暴卒。旋有福神護之，謂百年卧醒，可夫婦相會。極似《牡丹亭》事蹟。

二十九日 午後，送美國公使美耶台勒之殯。停棺室中，覆以黑呢，維以花圈，棺形上下均歛，如兩斗相合。會送者男婦五百餘人，各國公使、隨員咸在。美公使夫人衣黑掩泣，陪女賓同坐。

美國公法師湯謨孫誦誄，曰："美公使台勒君，去年創詩伯果次[一]之會，曾謂繼起何人？良深感喟。今而知繼起者即台勒君也。自古詩人，幼皆貧賤，勵志不衰。台勒君幼牧羊，長充印書苦工。節膳資以游日耳曼，攻書訪友，精於化學、地學、史學，所撰游歷記已行世，而卒以詩名，箋注《果次詩集》尤膾炙人口，游歷中國、日本，俱有紀載。美國因其久與德國都人士游，遂派充公使。蒞任以來，交涉事件秩然有序，德美兩國交誼日深。其人謹厚和平，善誘後進，是功、德、言三者皆不朽。雖謂台勒君未死，可也。今日同使諸公及親友會送，惟祝萬邦協和，永無戰争，則天下蒼生之福，亦台勒君之素願也。"誦畢發引，客亦散。

按：果次爲德國學士巨擘，生於乾隆十四年。十五歲入來伯吸士書院，未能卒業，往士他拉白希習律，兼習化學、骨格學。越三年，考充律师，著《完舍》書。二十三歲，薩孫外末公[二]聘之掌政府。編纂昔勒[三]詩以爲傳奇，又自撰詩詞，並傳於世。二十七歲，游羅馬昔西里，而學益粹。乾隆五十七年，與於湘濱之戰，旋相外末公，功業

[一] 歌德(Goethe)，下文提到之《完舍》應是氏著《少年維特之煩惱》。

[二] 薩克森一魏瑪公爵。

[三] 席勒(Friedrich von Schiller)。

頗著,俄王贈以愛力山得寶星,法王贈以大十字寶星,卒於道光二十年。

是晚,接崇宫保電報,云:"初四日可到柏林,擬住二日。計上人十五,下人二十。"前二日先有電報,囑函托外部照會税關免税,今接外部覆函云:"已轉飭税關,俟崇大臣到時,可請貴署使同來一會。"

是月,賓朋聚談,必及英人征阿富干事,新報亦常及之。

初,本年六月二十三日,俄人派提督士叨吐甫於阿富干,佯爲修好,實欲間英。英人亦遣使桑卜隆往,而阿王西爾阿力拒不納。印度之英督洛令登遺書詰之,不報,遂興兵分兩路征之。一由印度西北境入阿富干爲東路,此路又分南、北兩支:北爲提督步郎一軍,由印度之白瑣阿進兵,向西取阿西摩西、脱搭噶及直拉拉巴脱;南爲提督瓦巴次[一]一軍,由多耳進兵,向西北取科侖、拜瓦及蘇答果屯山路,將以夾攻阿富干都考步耳[二]也。其南路提督士梯爾德,輔以畢多爾甫,合爲一軍,由俾路支國之貴搭進兵,將入據肯答哈,再分兩支:一向東北果士尼,以接應東路;一向西北海哈脱,以扼制俄援。而英督駐印度之拉和,以調度之。

規畫已定,其北支步郎一軍,遂於十月二十七日(倶中曆)分爲三隊,以一隊攻阿里摩西砲臺,而以二隊潛繞

[一] 後文又作俄巴次,即弗雷德里克・羅伯茨(Frederick Roberts)。

[二] 喀布爾(Kabul),後文又作考布耳。

其後,攀緣登山,直逼砲臺。阿兵潰,生擒者衆,獲砲二十一。英兵死傷者四十人。砲臺距邊界三十中里,築於巉巖,以扼開發帕司山路。路寬四丈至二十餘丈,兩崖高一百五十丈,阿有重兵駐之,爲邊疆第一險要。迤西百里,崖路寬仄不等,至直拉拉巴脱而展爲平地。英人既得砲臺,已有建瓴深入之勢。開發巴司多土番劫掠,幸隨征之印度步兵熟其路徑,防禦甚周。十一日,兵抵搭噶,阿兵自潰。土番與阿不洽,咸導英兵,且饋以餉。二十四日,進逼直拉拉巴脱。印度兵畏寒多病,幸有土番應之。阿兵於先三日潰散,英人遂踞之。探得直拉拉巴脱迤西數十里,沿江草地甚肥,可以屯兵度歲。

其南支瓦巴次一軍,於初四日由多耳取科侖山客〔谷〕,奪其砲臺,亦要害也。此間山高地寒,英兵十人九病,常加意撫循,以作鋭氣。卒以步隊二、山砲隊一、象砲隊一,破阿兵六千。初六日,探得前路阿兵修拜瓦砲臺,作久拒計,遂令全軍裹六日糧,趨攻之。拜瓦山勢峭削,上有砲臺,險峻難破。英兵奮勇鏖戰,至十六日,受困絶糧,竭力攀攻,無不以一當百,稍得輜重。十二月初一日,始破其砲臺,殺傷甚多,英兵死者八十人。初十日,進抵蘇答果屯山路,亦險固難攻。至二十三日,阿兵遁走,始克之。此間寒沍尤甚,乃以一半守科侖,一半回拜瓦,仍分兵守多耳後路,各就密林避寒。

其南路士梯爾德,於十一月二十五日進攻科耶克嶺路,克之。畢多爾甫之兵分攻畢興,將前至科耶克取齊,以合攻西北之肯答哈。肯答哈爲南境省會,阿兵深溝固壘，盡力保守，有步隊三營，而無砲隊。英軍有阿蒙士唐四十磅子砲及八寸徑田鷄砲各九尊。

是役也，阿有内亂，兵皆自潰，惟拜瓦則拒戰多日。英人謂非貪一地，只以保印度疆圉。然既興師深入，究必割據其地。意者東踞直拉拉巴脱及科侖，南踞肯答哈，方以爲防備阿人；而阿幾不可爲國矣。

阿國有民五百萬，馬隊四萬五千，步隊二萬五千，而戰具不精，衆心不附，遂至一蹶難支。阿王於十一月十七日释其子亞古柏於囚，二十日北遯。俄人雖於是月召回使臣，而仍令布哈爾王派人駐阿。俄提督阿伯亥摩甫移兵於阿摩大雅江，提督拉麻金亦由高喀索東渡，其結阿拒英，固已顯然。而英人決不聽俄人干涉阿國。恐兩雄之争，不在土而在阿矣。蓋争土則各國必來排解，争阿則各國視同秦越也。

英屬印度卜哈烏巴等邦，咸以兵助，百折不回，英人實賴之。俾路支本以英之勝負爲向背，欲規復蘇阿瓦克省故地，願以三子全入英營，且甘爲之借道，殆未鑒虞虢之前車歟。

十二月初一日　日本參贊引美國公法師湯謨孫來談。頎長莊重，長於言論，曾在美國紐哈芬習公法，其師即撰《公法便覽》之吴爾璽也。湯謨孫現住柏林，常往美公使署。去年在佛郎克福格公法會中，曾與馬建忠論西國與中國所定和約未能合忠恕之道。今其所著書，論索賠兵費應視興兵是否合理，否則弱肉强食，伊於胡底。洋洋萬言，可遏窮兵黷武之心，藹然仁者之言也。其他辯論多有印本。

是日，接學生何心川自南阿非利加之美拉得島來函，云英提督姗笑之曰“今中國將助英拒俄，我輩可安枕矣”。陳季同自噶西努會館回，亦遇某國參贊云“我歐洲各國，莫非姻好，亦莫非世仇，不知中國如何助之”，詢知係香港新聞訛傳中國有“與英同好同仇”之語也，季同力辯新聞之誤。而新聞之喜造謡言，概可見矣。

初二日 歐洲之有童藝院，創於瑞典，繼於丹麥，去年德國亦效之。每年開設兩次，先令地方確查無業子弟，挑選其稍聰慧者，延師教之。今柏林有學生二十人，習花鋸、雕刻、釘書等藝之淺近易學者，限六禮拜内學成。經學部尚書考驗，請賞四百馬克，以奬其師。今方創始，已由紳富捐得三千六百馬克，置器等費六百餘馬克。再議籌款擴充，以廣小民生計。

初三日 爲西曆十二月二十五日“克力斯馬士”，相傳爲耶穌生辰，凡洋教、西教之國，咸以爲大節。上午，男女齊集教堂，唪經聽講，典至重也。德雖不甚崇教，亦以是日爲令節。

先三日，糖果、玩物雜陳市肆，街口遍搭木棚，發售各種食物、耍具。先一夕，以食用之物饋送親友，奬賞婢僕，並分贈彩繪名片，綴以吉語。向晚，每家供一柏樹，密懸五彩、燭枝、玩具、果品，邀集親友，男女長幼團坐一桌，嘉肴旨酒，棗糕糖果，無不畢陳。宴罷，作猜枚、藏鈎一切嬉戲，盡歡而散。雖貧賤之家，亦供盈尺，圍飲苦酒。前後三日，官師放假，傭雇停工，工商百藝咸各休息。

初四日　令博郎爲崇宮保租定客寓，命僕人先往布置。晚七點，到開式好甫大客寓等候，一面令隨員全到車棧備車恭迎。八點半，宮保到寓，命開廳門，觀者如堵。苞東向跪請聖安，宮保立定，答曰："皇太后、皇上安。"談坐半晌，又謁參贊、隨員。命慶常在宮保寓照料一切，聽候帶往俄京。

初五日　十點，崇宮保來答拜。二點，赴宮保寓，陪往外部。既見畢魯，苞謝其前日飭税關免驗，且云："崇大臣因怱怱過此，不能面謁德君，煩爲致意。"宮保亦云："近日德君傷愈復政，煩爲致賀。"畢云："當爲一一致意。德君必甚喜悦，因中國有欽差過此，甚有益於各國交涉也。"宮保曰："現有李某在此，多承照應。"畢曰："分所應爲，且李某在此，極爲相宜。"又談數語而别。

五點，宮保與參贊邵小村、蔣丹如、德明、慶常來晚飯。談及石板印地圖，告以印五百分者約需四萬金，宮保極以爲應辦。八點始散。

初六日　訂隨員、繙譯午飯，僅到俄人夏千，隨員慶禧、純錫，繙譯（俄文）桂榮、塔克什納、（法文）福連而已。七點，赴宮保寓叩送。十點，送至車棧。

是日，柏林新聞譁傳"中國署使跪迎頭等公使"云云，亦聽之而已。

初七日　晚雨。聞德國在百磊門相近之維式廠定造鐵甲砲船，名曰"喀米里阿"，係單輪淺水船，水積一千一百噸，甲厚二十生特。圓臺内置鋼砲一尊，口徑三十生特半，砲彈重三百五十啓羅閣冷，用藥七十五啓羅閣冷，汽機七百馬力,入水十尺,速率每點鐘十海里。下河時,人皆頌海部之功,因前次鋼片皆取貲於英,此次由德國氏丙煤礦所産,不必仰息於人也。又定造此式船二號,明年可成。精於水師者咸謂吃水既淺,鐵甲又堅,最爲合用。擬明春赴廠詳考之。

初八日 聞歐洲關税重輕,恒以户口較量之。德國近來匀計每年收税一萬一千九百六十九萬馬克,合每人輸二馬克十之六。奥國收四千六百四十七萬馬克,合每人輸一馬克三。法國收一萬七千七百二十九萬馬克,合每人輸四馬克八。俄國收一萬九千二十七萬馬克,合每人輸二馬克六。英國收四萬一千一百二十二萬馬克,合每人輸十二馬克六。意大利收八千一百六十四萬馬克,合每人輸三馬克。美國收六萬二千九百萬馬克,合每人輸十六馬克三。是英、美爲重,而奥爲輕矣。

初九日 爲西曆元旦。上午晴,申酉小雨,夜晴。書樓總辦波士們來,談中國史事。

午後,往王宫掛號,並循例到各部署、公使處投刺,不必請見也。

初十日 仍投刺賀年。德國查屢次謀弑之平會,西語"莎舍爾德瑪噶里",各國皆有之。瑞士爲民政國,故混迹尤多。在俄者曰"尼赫力士",在法者曰"廓密尼士"。今各國禁逐,令民間不得自備軍火槍械,如備獵槍,亦應報領憑照。又聞柏林有平會五萬八千人,且有充議員者,德君不能禁也。晚大雪。

十二日 海爲島署使達們來談,述及幼時在美國讀書，曾與容閎交好。且云海爲島在太平洋中心，近年華人甚多，勤苦工作，食少力强，居民亦不陵虐，氣候長春，不寒不暑。

十三日　午後，微霰霏霏，冷風襲人。乘馬車入氐爾噶屯林中，士女甚衆，河凍未堅，尚無冰嬉。

下午，外部總辦古施婁來，談及中國釐金應俟各國會商，非德國所能自主，且須北京定議，非此間所可懸擬。苞謂："進口洋貨，德居三十分之一，而中國實欲與德國實心交好，諒不肯以倡言免釐爲人分謗。今雖巴使欲各國會商，而既由貴國發難，仍須貴國主持，勿損中國餉源爲是。"古謂："釐金既爲養兵衛國，自不便免。奈徵無定額，且多方索阻，各國咸謂病商，故欲會議去之耳。"苞答："極感貴國深明釐金難免，但欲定徵收之額，絶阻索之弊而已，則莫如照章概完子税，嚴定越索之罪，或再加半税，永不重征，似合貴國之意矣。"古謂："會議時請以此爲立説根基。貴署使既知敝國本意，敝國總肯幫助。但各國皆願中國先有保商實據，俾無疑慮，然後徵收，輕重自易定議。其鴉片尤可加税，巴使亦願助之。"苞申明："苟欲免釐，必定子税。未可先頒免釐之據，後定子税之數。還是一面加税，一面免釐，合併爲妥。"古謂："近聞各公使稍有端倪，總以内地苟免釐金，自當一次完納，大約與子税大同小異。"苞謂："一次完納，本有子税向章，何必再議。"古謂："聞各公使會議時必有妥當辦法。應將今日面談轉稟畢尚書，總可諄屬巴使，視力相助也。"

十四日　聞英之蘇格蘭雪深數尺，路爲之梗，火車不能來往，有雙鐵道者，勉强只行單道。汽車停處，積雪没車，高於煙通二尺，時有飛禽怗怗下墜。回憶偕郭筠帥游歷蘇格蘭北境，猶和煦如春，不圖轉瞬三月，而一寒至此也。

十五日 傅蘭雅、劉孚翊連日趕譯《公法論》。無可消遣處，偶談及柏林有法國戲館，言語最清，情景逼真，因邀往一觀，蓋德君亦常往觀也。

十七日 晚五點，偕陳季同往噶西努會館用膳。肴甚精潔，價亦不貴。在第二層樓，縱横五六間，爲閱報、打球、用膳、議事諸廳。僕人數輩，皆絨褲金鈕，執事甚恪。是夕同膳者，提督及營官十餘人，出使者十餘人。溯前年到柏林時，即聞有出使及本國官員之會館，曰噶西努，爲會講學業、訪問時事之地，今令陳季同入其會。

會館爲德君主政，而舉總管、副管及提調六員、幫辦六員以專理之。每西二月下旬總會一次，以議應改章程、應置器具，須與會者三分之二允准，方可舉辦。其會友分爲三等，以殷實官紳有恒產在柏林者，及使署人員、駐防武員，列爲一等，每年納費一百四十四馬克。如無恒産在柏林者，又非出使人員，則列爲二、三等，不得干預選舉之事，不得與於總會，不得引人進會；二等者年納九十馬克，三等者到則納，不到則否。其初進會，俱先納二百馬克。凡欲進會，必由一等會友引入，謁見執事，登記姓氏、籍貫於册，並懸示於廳。越十四日，集會友，設櫃，提調宣言“今有某欲入此會，請各會友定之”，於是各記准否，作紙鬮納於櫃，提調啓櫃檢之，如有二十八人准者，令入會，不足者弗納焉。

按:歐洲都會,每有官商會館,所以聚會友朋、通達時事,法至善也。柏林之噶西努,選擇甚精,規條尤善,冠蓋相望,道誼相資,豈飲食徵逐者可同日語哉。

十八日　大雪。晚五點,學士芍克請茶會,與傅蘭雅、陳季同同往。芍夫人甚恭,獻茶點三四次,酒肴二次,必躬親焉。芍克出所注佛經數種及清文數種,又見《中國文法解》一書,援引甚博,皆其二十年前著作也。同會者,有赫美里及教習夫妻閨女,皆彬彬儒雅者流。

是夕,馬建忠自法國來,述所學政治、交涉之學,頗多心得,近日兼習礦學,亦窺門徑。

十九日　與馬、陳、羅各員觀"格凡爾白繆相",譯言"工件博物院"也。屋宇古樸,地亦陰溼,爲樓一行,計三層,長十六間。中層爲刻石、刻木之簷桶、斗栱及箱籠、橱櫃,小至首飾奩匣,自古及今,工緻樸陋,無不兼搜並蓄。上層爲金銀首飾、鐘錶、洗盆、杯、盞、盤、匜,大半爲刻鏤金類之物,又有各色磁器、玻璃器、陶器。其玻璃之染五彩者,首飾之嵌七寶者,皆工巧絶倫。惟屋宇黑暗,樓板參差,頗不飾觀。

按:西國博物院之設,不但資考證、廣見聞也,往往有構屋置器者擇其式樣,而命工仿製,宜古宜今,各從其願。則由高曾規矩,而無窮出新,博物院誠有益於民生者矣。

二十一日　香港商人羅士脱引廠主氏脱里取來見。是廠向造克鹿卜砲彈及各種機器,其引水機尤爲新奇適用。本爲同治八年美國總監工所創,屢經修改,今始妥善。以整塊鑄鐵爲之，下侈上鋭，形如蒜白；内有兩房，聯以開合之户，上接通水管，以蒸氣入其上口，壓令右房之水達於外管，氣凝而縮，外水復入，其氣即壓左房之水達於外管，及右房水滿，而左房又縮。一虚一實，一出一納，迭相爲用，與雙韝鞴之抽水器相同，且有其利而無其弊，因呼吸甚速，整鐵爲之，不易損壞。今所新製，其力倍蓰，用之更能耐久，且任何安置俱屬相宜，用於救火、開礦、灌田尤爲便利，曾在巴黎大會中得獎金牌。

二十二日 日本使愛俄基來，談及交涉公法爲當今要務，而東邊條約尚多可商之處：如准教士入内地傳教，而不准商人買屋居住；又通商口岸洋人應歸所在國管理，如謂刑罰不同，亦可酌定通商口應用之律；阿公使在中國所議"通商口百里内免釐"，亦屬不妥，當時幸未舉行。又謂明年六月十二日，德君夫婦五十春金婚之慶，應函告中國頒一國書，或届時發電報賀之。談至上燈後方散。

二十三日 新報主筆道克德爾[一]愛孛爾請宴，與陳、博兩員偕往，酒肴甚豐。愛君斷弦未續，令女郎出陪，約十五六齡，善油畫，兼通英法言語。同席者二十餘人，皆書院教習、新報主筆、油畫名師也。愛君示以埃及文字，並講解其字典，不外象形、假借、轉注三類，其假借又多反用之字，如中國"擾"（兆民）作"安"字解，"亂"（臣十人）作"治"字解之類，愛君亦謂埃及與中國古文實爲同源。

[一] 博士（Doktor）。

二十五日　拜客,並往愛爾孛家投刺謝宴。西俗,凡宴客有女人主席者,客必往謝。法國則次日謝之,德國則兩日後謝之,或請見或否。是日,愛君延入,並令其次女出見。才十三齡,通六國語,談中亞細亞事甚詳悉,指陳各國形勢,瞭如指掌。出示文字不同之新報十餘種,土耳其、阿剌伯、波斯無不搜採。羅明尼阿之文,與義、與俄、土、奥俱異,布爾噶亞[1]則全用俄文,而義則迥異,女曰:"此猶滿洲之用蒙古文也。"以垂髫之女子而淹博如此,蓋得益於庭訓者多矣。

二十六日　佛郎克福格之屯杜淖門來謁,爲刊印鈔票之廠主。携來各式鈔票,爲意國、奥國、日本國及拜晏、那播各邦所定造,精微工緻,實無其匹。日本所造,計及二萬五千萬洋錢,行用已久,莫能僞造。

夫自唐以來,始爲飛券鈔引,以便商賈,是執券引以取錢,而非以券引爲錢也。至宋而有交子、會子,直以楮爲錢。元則專用寶鈔,出入無所虧折。至明則出而不入,鈔賤錢貴,上下交困,而後世因噎廢食,遂相戒以爲害民之弊政。然國朝順治八年,嘗歲造鈔十二萬有奇,天下便之,至十八年因財用充足而停止。是行鈔實可以裕國便民,特行之不善,則爲弊政耳。嘗考其弊,一在印造無限制,一在收發多折閲,一在昏爛不倒换,一在法制多更變,一在鏤刻不精工。欲求其有利無弊,則惟印造有限而精細難僞,收發同價而配搭任便而已。泰西各國概行鈔票,

[1] 保加利亞(Bulgaria),後文又作波爾嘎阿。

與錢兼用,上下利便。近聞俄、土兩國,鈔票、現錢已迴分軒輊。蓋其利弊之源,中西一致焉。

是夕八點鐘,赴日本使愛俄基之宴,其夫人則德人也。同席者爲隨員暨學生七八人,有已考取道克德爾及已考取充德國都司者。日本使在德習交涉公法八年,政教風俗均所深悉。飯後,縱談日本地産,謂日本之蝦夷島遠遜於高麗、吉林等處,前年以美國羊種牧於蝦夷島,亦不相宜。又謂:"日本向用中國正朔,或前後一二日,則因用平朔望而不用實朔望也。今改用西曆,惟農工商賈仍用舊曆耳。中國度歲伊邇,使寓有何典禮?"因告以除夕小叙,訂請光顧,愛君欣然允之。

二十八日 傅蘭雅引地圖營官洛君來見。係瑞士人,娶英女,而仕於德。謂德國武弁均能測繪,而另有專繪地圖之員弁,設爲官圖局,提督掌之,分遣詳測。估計德國全圖須七十年而竣,今已開辦十餘年矣。初測者繪成二萬五千分之一,高下、林木、房屋無不畢具;又縮成五萬分之一,而刊以銅板;又縮成十萬分之一,而刊爲總圖。仍隨時復測,如有增添房屋等事,隨即修改其圖。謂行軍勝敗,全在地圖:昔布兵入法,每獲法兵,搜其懷中,必有柏林圖而無法國圖,蓋法人只思破布,未識己國之路;而布弁皆有法國圖,是以所向披靡,直搗巴黎。今法國有鑒於此,亦已設局測繪,恐需數十年方能竣工也。

二十九日 除夕小叙,有日本使青木周藏(即愛俄基)、隨員河島醇、參贊三宫義允、法國武參贊賽和及斯邦道肄業四弁,盡歡而散。日本使云:"中、東兩國須一心保全高麗，以全力北拒俄國，則東海之國即可常有權力。”又云：“日本與中國自應永遠相好，唯臺灣生番，總望中國早日化導。如再有劫船殺人之事，難免因而啓釁。我日本亦知輕於動兵，於己實有大損，無奈沿海多尚武之流，奮不顧身，藉端生釁，國家不得不爲承認，實無可如何耳。”三宫曰：“德國考取道克德爾，較易於英。昔英國惟奥克士福德有太學，只取國教之人。厥後添設倫敦太學，始准兼取他教。”河島讀中國書籍甚多，謂慕維廉所譯英史頗有條理。是夕，與各員筆談，援引《史》《漢》，滔滔不竭，習西國理學，頗有所造，可見日本人之勤學矣。

柏林城内預議明年進出之款，計進款二千三百三十九萬馬克，而貨税居十之一；出款八百四十六萬馬克，而造屋費居百之十一。一城之中，居民僅約百萬，而進出如此之鉅，洵善於理財者已。

德國進口貨，如麥麵、雜糧、牲畜、煤炭、銅、錫、鋼、鐵、皮革、麻綿、絲、枲之類，今年共值二十八萬五千四百二十三萬馬克，向不征税。今村農紛紛具禀，謂客貨日多，土貨日賤，民不聊生，請將進口之貨值十税一，庶幾土貨流通，以甦民困。首相畢士馬克韙之，遂創進口加税之議，將發交議院公議焉。

是月，新報友來，述俄國官報云：“中國之遣使，若爲通商，則只應駐英。何以既駐英，旋駐德？大約均爲謀俄起見。其結好於英者，欲訂與同仇也。其結好於德者，欲斷其右臂也。是皆西諺所謂‘欲謀近鄰，須結遠鄰’之法也。其遣使駐俄，大約只爲伊犁耳。所可異者，適當華人集兵喀什噶爾、英人深入阿富汗之時，不先不後，正在恰好。想華人未必有此深謀，必有爲之晝策者。今英人方與華人親密，必謂乘此良時，所謀易遂。在英人則竭力保護中國，但恐所謂保護者，不過如今日據居伯魯島以保護土耳其而已。”聞俄國新報，凡涉國事者不准傳出境外。稅關查察甚嚴，見新報之涉國事者，每以油墨塗之。惟新報館友裁割入函，可以達諸境外。

是月，英軍在阿富汗東路者俄巴次，攻考次省城，降之。直拉拉巴脱一軍，因山路甚險，不能進取。拜瓦之阿兵頗勇猛，惟分散而不能厚集其力，實爲取敗之道。印度各邦之助英者，克什米耳王最爲出力。英人令取齊塔哈耳，以扼大路，可免俄兵阻截之虞。其南路兩軍，於是月十六日合並進攻肯答哈。十八日，聞阿兵多潰，英以馬隊衝之，死者二十人，降者一千二百人，獲砲二十尊。十九日，英人遂據肯答哈，因糧息兵，爲度冬計。蓋是城東北達布考〔考布〕耳，西南達海哈脱，控制各路，最稱扼要也。又分兵取西北之果士尼，二十八日抵濟爾宰。是時，英兵及印度兵之在阿者不及四萬人，惟邊界尚有防禦及備調之兵。

是年，歐洲大局以俄土之盟爲最有關係。自去年三月間開兵，土耳其勉力支持，終不相敵，遣使求成亦不允，各國俱作壁上觀。臘月二十八日，破噶里波里，長驅土都，英人始恐。是時，俄方要挾多端，土則俯首聽命。今年二月二十七日，强立《生士德發奴之約》，將囊括波爾噶阿、愛舍爾海以及康士旦丁努白爾，直踞西土耳其之全土。

於是歐洲各國始覺剥膚之痛，如夢初醒，英、奥尤惴惴焉。英相沙力士百里[一]執政，函召各國，議舉國會。俄人方師老餉匱，遂勉從之。四月二十九日，英與俄約，將土國海峽遵舊議不得侵占，並予波爾噶阿、羅明里阿以自主之權。五月初四日，英與土約，將居伯魯島讓於英，以保護西土耳其，頓出各國意計之外。

英與俄、土既有成説，遂於十三日開國會於柏林，凡一月而散，主盟者德相畢士馬克也。其所議大略，如波爾噶阿立爲自主邦，南界巴爾岡，不以愛舍爾海爲界；羅明里阿亦得自主，舉羅馬教人爲之總督，而聽土國節制；削比、芒德内堪[二]亦略爲展拓，不屬於土；土國以阿達紅、喀士、巴冬三地割於俄；奥國、希臘亦重定疆界，均得少展。土國既西疆分裂，其政教但能行於新界之内矣。

國會已散，波爾噶阿未有邦主；羅明里阿東境經各國派員會理，未有頭緒；俄君既未畫諾，俄兵亦未退讓；土國則朝官紛更，百廢未舉。惟望明春國會盟約一一遵行，罷兵息民，庶幾可永享升平焉。

〔一〕 第三代索爾兹伯里侯爵（3rd Marquess of Salisbury），1878—1880年任英國外交大臣。

〔二〕 削比：塞爾維亞。芒德内堪：門的内哥羅（Montenegro），即黑山。

附録二　皇清誥授榮禄大夫二品頂戴三品卿銜記名海關道李公墓志銘[一]

德清俞樾撰　仁和吴恒書並篆蓋

國家經緯六合，陶海外爲一家。才智之士，競出其間，人材之盛，超踰唐宋。而同治以來，故大學士曾文正公及今大學士肅毅伯李公所颺言於朝，稱爲奇才異能、當代無兩者，尤莫如丹崖李君（碑刻"君"作"公"，下文同，不再一一注明）。君以諸生受天子知，建旌節，稱使者，周歷海外諸國，時論翕然歸之，浸浸大用矣。復命之後，仍以野服南歸，天下知與不知，咸爲大息，且疑以君之才，當需才之時，何猶未竟其用也？君歸而旋卒，既卒而行狀出。余讀之而嘆曰："向以君爲才智之士也，今乃知君學術之淵深，而又知君志節之高邁也。"《書》曰："有猷，有爲，有守。"君之遭際盛時，致身通顯，猷也，爲也；其不得大用以終，君之守也。雖微其孤之請，猶將昌言之，爲不知君者告，況其孤又以志墓請乎。

[一]　本文根據俞樾《春在堂雜文》（沈雲龍主編，近代中國史料叢刊第四十二輯，第1063—1072頁）收録《三品卿銜記名海關道李君墓志銘》録出，加以標點，略爲分段；並參以崇明縣博物館徵集的墓志銘殘碑校訂，題名即爲碑文，（　）内爲整理者所加之注。

按狀:君諱鳳苞,字海客,李氏丹崖,其自號也。其先句容人,〈始祖善長公〉(此句碑文有,俞樾本無),自元季避亂至崇明(碑文作"避元季亂遷崇明"),遂爲崇明人。曾祖某(碑文作"曾祖諱中陽")、祖瞻雲(碑文作"祖諱瞻雲")、父其壽,皆贈如君官。君幼慧,異常兒,讀《詩》,至"維參與昴"及"定之方中",即究心天象,取《甘石星經》及《丹元子步天歌》諸書讀之。稍長,讀《御制數理精蘊》,博考疇人家言,研究泰西新法,遂通天算之學。乃益泛覽諸史,凡地理、兵法,下至風角、壬遁、劍術、醫藥、卜筮,旁及金石、碑版、篆隸、音韻,靡不通曉。

同治初,大吏奉部文繪輿圖,《崇明縣圖》君所繪也。圖成,上之,咸曰善。時省中設輿圖局,即以公筦其事。巡撫丁公日昌尤倚重君,命周歷大江南北,詢地方利害、官吏賢否。南洋有盜魁曰余錫高,據山筑寨,吏莫能捕。君浮一舸入其巢。盜踞胡牀坐,其曹露刃侍。君直前呵之,曉以大義,慰以好言,盜束手伏焉。嘗以巡撫命,視白茅河工,敝衣草履,乘小舟往,爲風所阻,艤蘆葦間。濬河官吏偵知之,駕巨艦往迎,君匿不出,終不自承爲撫軍使者也。

及丁公以憂去,薦君於曾文正公。公命測量江浙外海各島嶼沙綫,又命至上海閲機器局,並繪《地球全圖》,繙譯諸外國書,參預吴淞砲臺工程。上海爲泰西互市地,西人萃焉。君擇其賢者與之游,因盡得化學、重學諸術,學益大進。

丁公服闋入覲,招君與俱至天津,見大學士李公,縱論天下事，謂："關外旅順一口，爲京師東北要害，宜早爲備。"今於旅順口駐重兵，自君發之也。及丁公拜福建船政大臣，以君總考工之事。事無巨細，悉以屬君。俄丁母憂，歸。

其年冬，朝廷定議遣生徒出洋肄西學。李公奏請君爲監督，秩視三品。君請終制，不可。乃於光緒三年率生徒赴英、法兩國肄業。明年，天子命君署德國欽差大臣。又明年，改署爲授。七年，兼充奥國、義國、荷國欽差大臣。

君感上知遇厚，殫竭心力，以奉厥職，遇事務崇國體，而仍使同歸於好。又於其間講習西人製造之方，駕駛之術，水陸戰陣攻守之法，魚雷、水雷之用，以及諸國治軍、治民之要，刺取精義，各有成書。西人亦雅重君，所歷德、義、奥、和、瑞諸國，其國君皆以頭等寶星爲贈。寶星者，彼國所最重也。

及十年，法蘭西與我屬國越南構釁（殘碑文字内容至此，以下均爲俞本文字），詔以君暫署法國欽差大臣。君與法人辯論是非曲直，侃侃不少屈。已而法事決裂，君奉命回國。當君未使法時，已屢疏請代，至是始得請，蓋居海外八年矣。

歸過澳門，偵知葡萄牙人有據澳之意，即寓書部臣，謂宜請旨，與葡人定約，免後患。當事者持未決，而葡人竟據有其地，論者惜君言之不用也。時兵部尚書彭公玉麟督師廣州，與總督張公之洞一見君，皆大器之，議留粤治軍事。君以當入朝復命辭焉。

既至京師，廷議以君才望出一時右，又久勞於外，周知情僞，皆以爲旦夕必大用。使君委蛇其間，稍自貶屈，或用漢陳太邱周旋侯覽、張讓故事，則龍旌蜺節，指顧間耳。君毅然不屈，有丹不奪赤、石不奪堅之志，每慷慨誦范純夫語曰："吾出劍門，稱范秀才，今復爲一布衣，何所不可！"聞其事者咸爲君惜之。烏呼！此君之有猷、有爲而又有守者也。俄奉命至直隸聽李公指麾，未幾而落職歸矣。

君弱冠入縣學，援例充貢，入訾得官，内至郎中，外至候選道。及出使外國，賜二品冠服、孔雀翎，又加三品卿銜，記名以海關道用。至是還其初服，澹如也。既歸，逾年，醇邸見其所議防海事宜，屬李公招君復出。君居外洋久，風濤震撼，寒暑不時，又心血耗竭，浸以成疾。及李公第三次書至，述醇邸言，殷殷勸駕，而君易簀矣。

君卒於光緒十三年六月癸卯，年五十有四。元配、繼娶皆黄氏，並封夫人。子四人：鍾琦，道庫大使，先卒；鍾英，三品銜候選知府；鍾雋，同知銜，自幼從君至外國，盡通其語言文字，後君月餘卒，毀也；鍾杰，殤。女子亦四人：長女殤，次女適國子監生龔純，三女許嫁王氏而殤，四女許嫁縣學生瞿廷鈺。孫二人：韶生、艫生；孫女亦二人。

君之生也，母夢一老僧入室而生，豐頤廣顙而短脰，行步輒有風，姑布家以爲虎形。性嗜學，積書數萬卷，古碑帖稱是。自非對客及飲食，未嘗須臾釋卷也。所著有《四裔年表》《地球圖説》《泰西日記》《西國聞政彙編》《海防新義》《陸操新義》《李氏自怡軒算書》十二種，皆寫定可讀。其外，地理、音韻皆有論撰。君之所學，無不切於世用，非苟作者。臨卒之夕，神明已離，而口中詁諵不絶，聽之，皆在法國時事也，亦可悲已。君受知曾、李諸巨公，朝廷亦破格用之，不爲不遇，而用之卒不盡其才。行或使之，止或尼之，其命也夫？然不如是，不足見君之有守矣。

君卒之明年，直隸河南大無，鍾英承君遺意，以白金六千兩助振，有詔復君官。九泉有知，庶幾無憾乎。十五年某月某甲子，葬君於某原。余既諾其孤之請，乃撰次其事實，而繫以銘。

銘曰：茂材異等，可使絶域。漢詔所求，豈曰易得。爰至於今，視漢尤難。際天接地，鱗介衣冠。煌煌李君，古之膚使。樽俎口舌，折衝萬里。龍襄雲騰，高步天衢。俄焉一跌，歸卧田閭。人重君才，我慕君節。赤石不奪，表示來哲。